Shigetoshi Wakaki (Hg.)

TERROR – TRIBUNAL

Die Nürnberger »Rechtsprechung« der Siegermächte 1945/46

Dr. Shigetoshi WAKAKI, der Herausgeber dieses Buches, links als Angehöriger der japanischen Kriegsmarine im Zweiten Weltkrieg, rechts als führender Unternehmer seines Landes und Zeitgeschichtsforscher.

Shigetoshi Wakaki
(Herausgeber)

TERROR – TRIBUNAL

Die Nürnberger »Rechtsprechung« der Siegermächte 1945/46

FZ-VERLAG

Druck: DSZ-Druck GmbH, München
Printed in Germany
ISBN 3-924309-33-7

Inhalt

Vorwort

Ein halbes Jahrhundert nach dem Nürnberger Siegertribunal läßt ein Vergleich der Stellungnahmen zu den sogenannten Kriegsverbrecherprozessen die Verwandlung des geistig-politischen Klimas in Deutschland besonders deutlich werden:

Während unmittelbar nach Kriegsende, im Verlaufe des Tribunals und danach, vor allem aber in den ersten Jahren der Bundesrepublik Deutschland – bei aller berechtigten Verurteilung nationalsozialistischen Unrechts – scharfe Kritik an den zweifelhaften Methoden alliierter »Rechtsprechung« vorherrschte und von Politikern, Kirchenführern wie auch deutschen Medien klar zum Ausdruck gebracht wurde, überwiegen heute Lobgesänge. Wenn etabliertenseits denn überhaupt noch grundsätzliche Kritik am Tribunal geäußert wird, dann allenfalls dergestalt, daß die Sieger zu »nachsichtig« verfahren seien. Und man wuchtet dem eigenen Volk auch noch das Tonnengewicht zusätzlicher Anklagen auf, die nicht einmal die Sieger»justiz« erhob. Beispielsweise die Schuld am Luftkrieg gegen die Zivilbevölkerung.

Es nähert sich der Tragikomödie, wenn man feststellen muß, daß jene wenigen Einzelpersonen (wie Fritzsche, Schacht und von Papen) oder Personengruppen (wie OKW und Generalstab), die von den Siegern in Nürnberg freigesprochen worden sind bzw. jene Angeklagten, die von alliierten Tribunalen »nur« begrenzte Freiheitsstrafen erhielten und dann in etlichen Fällen anfangs der 50er Jahre »vorzeitig« haftentlassen wurden, von Glück sagen konnten, daß die Sieger ihre Ankläger und Richter gewesen sind und nicht bundesdeutsche »Volkspädagogen« vom heutigen Schlage der Radikalbewältigung und Extremumerziehung. Auch sie hätten ansonsten den Gang zum Galgen antreten müssen oder wären einem Kollektiv-Schuldspruch unterworfen worden.

Dies führt notwendigerweise zum Schluß, daß die heute in Deutschland grassierende, erbarmungslos antideutsche Volkspädagogik keine Erscheinung ist, die am 8. Mai 1945 oder gar nach dem 23. Mai 1949, dem Tag der Verkündung des Grundgesetzes, über das deutsche Volk hereinbrach, sondern von einer Gemütszerrüttung zeugt, die erst Jahrzehnte später um sich gegriffen hat. Wobei sich mittlerweile eine üppig versorgte Schicht von einigen tausend professionellen »Vergangenheitsbewältigern« gebildet hat, die nur davon lebt, den Deutschen Schuld und Sühne zu predigen und aus Eigeninteresse, nicht etwa hehrer moralischer Grundsätze wegen, jeden Ansatz nationaler Normalisierung als »politisch unkorrekt« verbissen niederkämpft.

Vertreter der katholischen und evangelischen Geistlichkeit, die – wie etwa Kardinal Graf von Galen oder Bischof Theophil Wurm – bereits 1945/46 gegen einseitig-antideutsche Anklagen und Sieger»justiz« aufbegehrten, würden mit diesen Verlautbarungen heute in die »neonazistische« Ecke gestellt und kämen als »Rechtsextremisten« in den sogenannten Verfassungsschutzbericht. Von diesem Schicksal bliebe auch ein Mann wie Kurt Schumacher nicht verschont, wenngleich er zur Hitlerzeit im Gefängnis und KZ schmachten mußte. Daß der SPD-Nachkriegsvorsitzende jede Kollektivbezichtigung des deutschen Volkes strikt ablehnte, gegen Siegerwillkür Front machte und sogar kollektiv verdammten Soldaten der Waffen-SS die Hand reichte, würde alle Kriterien der Volkspädagogen erfüllen, um ihn niederzumachen. Kanzler Adenauer, der 1953 das »Kriegsverbrechergefängnis« Werl demonstrativ aufsuchte, um den dort einsitzenden Deutschen wie etwa dem General »Panzermeyer« Mut zuzusprechen und zu beteuern, alles für ihre baldige Freilassung zu unternehmen, wäre unter heutigem bundesrepublikanischen Vorzeichen beim Verlassen der Haftanstalt von einem johlenden, schwarz vermummten, volkspädagogisch aufgehetzten Chaotenhaufen mit Knüppeln und Steinen erwartet worden. Wobei Meinungsmacher unverhohlene bzw. klammheimliche Freude darüber zum Ausdruck brächten, weil ein derartiger »Neonazi« auch nichts anderes verdient habe. Hätte es eine solche Verwirrung und Verirrung wie heute schon damals in Bundesdeutschland gegeben, wäre die FDP auch niemals in den Wahlkampf zum zweiten Deutschen Bundestag mit der Parole gezogen: »Die FDP hat als erste Partei gegen die ›Kriegsverbrecher-Urteile‹ Front gemacht.« Nicht auszuschließen, daß ein freidemokratischer Justizminister heutiger Prägung, wäre er damals schon in Amt und Würden gewesen, die Staatsanwaltschaften gegen den eigenen Bundesvorstand wegen solcher und zum Teil noch weitergehender »rechtsextremer« FDP-Flugschriften mobil gemacht hätte. Selbstverständlich wäre unter heutigem Vorzeichen auch kein Überleitungsvertrag ausgehandelt worden, in welchem die Bundesrepublik 1955 ausdrücklich die Anerkennung der alliierten Richtersprüche verweigerte.

Die volkspädagogische Raserei geht so weit, daß auch ein US-Verantwortlicher des Nürnberger Prozesses gegen die Hauptkriegsverbrecher wie Thomas Clark, der im nachhinein das Verfahren als grundlegend falsch anprangerte, bundesrepublikanischer Toberei ausgesetzt wäre, wollte er dies im Deutschland von heute offen bekunden. Vor drei Jahrzehnten meldete die Tageszeitung »Die Welt« am 12. Juli 1966 unter Berufung auf die amerikanische Nachrichtenagentur UPI: »Der amerikanische Bundesrichter Thomas Clark hat sich öffentlich von den Nürnberger Kriegsverbrecherprozessen distanziert. ›Ich glaube nicht, daß sie überhaupt einen Sinn gehabt haben‹, erklärte Clark in einem Interview. 1946 war Clark maßgeblich an der Einberufung des Internationalen Nürnberger Gerichtshofes beteiligt gewesen; er nannte seine Mitwirkung daran jetzt ausdrücklich einen der ›Fehler meines Lebens‹.« Als Israels langjähriger Oberrichter Haim Cohn 1993 aufforderte, endlich mit den »Nazi-Prozessen« so lange nach Kriegsende aufzuhören (»Israel-Nachrichten«, Tel Aviv, 5. August 1993), kamen bundesdeutsche »Nazijäger« erst richtig auf Hochtouren: Auf der Grundlage von Stasi-Akten (!) werden seitdem zahlreiche neue Verfahren eingeleitet, um auch noch den letzten, inzwischen über

80- oder gar 90jährigen Befehlsempfänger des NS-Diktators Hitler aus dem Siechenheim auf der Trage vor die Schranken der Gerichtsbarkeit zu schleppen.

Nichts verdeutlicht die heutige bundesdeutsche Verwirrtheit mehr als folgender Vorgang: Während Rußland und Weißrußland neuerdings Abertausende einst als »Kriegsverbrecher« von der Stalin»justiz« verurteilte Wehrmachtsoldaten offiziell rehabilitieren, läuft eine mächtige Kampagne in der Bundesrepublik und Österreich, die gesamte Wehrmacht als verbrecherisch zu denunzieren. Ein Vorwurf, der bei keinem alliierten Siegertribunal erhoben worden ist. Am 22. Januar 1951 hatte US-Präsident Dwight D. Eisenhower bei seinem Deutschlandbesuch erklärt: »Inzwischen habe ich eingesehen, daß meine damalige Beurteilung der Haltung des deutschen Offizierskorps und der Wehrmacht nicht den Tatsachen entspricht, und ich stehe daher nicht an, mich wegen meiner damaligen Auffassungen zu entschuldigen. Der deutsche Soldat hat für seine Heimat tapfer und anständig gekämpft.« Eisenhower war im Zweiten Weltkrieg Oberbefehlshaber der westalliierten Truppen.

Bezeichnend auch der Fall Priebke: Kaum war der einstige deutsche Offizier 1996 vom Militärgericht in Rom freigesprochen worden, bemühte sich Bonn, den 83jährigen ausgeliefert zu bekommen, um ihn in Deutschland vor Gericht zu bringen.

Möge das vorliegende Buch dazu beitragen, die antideutsche Geistesgestörtheit im eigenen Lande einzudämmen, bevor sie vollends in hellen Wahnsinn umschlägt. Diese Gefahr besteht in Deutschland, wie auch die weltbekannte jüdische Schriftstellerin Salcia Landmann bereits 1991 analysierte: »Die kollektive Bußbereitschaft wegen Auschwitz birgt schon lange irrationale massenpsychotische Elemente.«

Dr. Gerhard Frey

Heinrich Zillich

DIE MÜTTER VON DRESDEN

Als sie in Nürnberg saßen, die Großen, zu Gericht,
fragten in Dresden die Mütter: ruft man uns nicht?

Aus den Kellern wollen wir kriechen und starren in euer Gesicht,
wir Rest der Mütter von Dresden, die andern leben ja nicht.
Sie wurden erlegt, und die Toten reden ja nicht.
Aber wir, die in Kellern noch schleichen, ruft man uns nicht?
Unmenschliches zu ahnden, so sagt ihr, sei eure Pflicht.
Da sind wir! Bessere Zeugen findet ihr nicht.

Sie schwebten hoch, die Geschwader, und lösten die Bomben dicht
drei Tage lang ungefährdet, und kamen Schicht um Schicht.
Kinder mit Spielzeug in Händen – ihr saht sie ja nicht! –
zerstückelt wie auf der Fleischbank – und immer noch Bomben dicht.
Das berstende Höllenfeuer, euch brannte es nicht.

Wir starrten in unserer Kinder verkohltes Angesicht.
Habt ihr gewiegt in den Armen den kleinen Leib? Ihr nicht!
In unseren Fingern zerfiel er, den wir geboren ins Licht,
Stück nach Stück von den Knochen, – seht, wie er bricht!
Die Zähne nur blinkten noch weiß. Ach, so grausam
schlachtet man Kälber nicht.

Zu Nürnberg, ihr Großen, nun sitzt ihr zu Gericht.
Ruft ihr die Mütter von Dresden nicht?

Erster Abschnitt

DIE TRIBUNALE

Vorgeschichte, Verlauf, Vollzug

Der Zweite Weltkrieg war im Kern der mit Waffengewalt ausgefochtene Kampf der vier Imperialmächte Britisches Empire, Französisches Weltreich, USA und UdSSR, die in einer Kette blutiger, von Verbrechen gegen die Menschlichkeit und Völkermord gekennzeichneten Eroberungsfeldzügen zwei Drittel der Erdoberfläche, drei Viertel der Weltmeere und über 80 Prozent der Ressourcen des Planeten unter ihre Kontrolle gebracht hatten, mit den Aufsteigerstaaten Deutschland, Italien und Japan, deren diktatorische Führungen sich zu Höherem berufen fühlten und ihrerseits in Imperial- und Gewaltpolitik verfielen.

In Europa entzündete sich der Krieg an den Folgen der das Völkerrecht mißachtenden und den Besiegten ungeheuerliche Bürden aufwuchtenden Diktate der Sieger im Völkerringen von 1914 bis 1918 (Versailles, St.-Germain, Trianon); in Asien ging der Kampf um die Vorherrschaft im pazifischen Raum.

Die Waagschale neigte sich 1942 zugunsten der militärisch, materiell und personell um das Vielfache überlegenen Alliierten, die zahlreiche, eigentlich zur Neutralität entschlossene Staaten zur aktiven Kriegsteilnahme gezwungen hatten und nach sechs Jahren, 1945, den Sieg davontrugen. Es folgte eine grausame Abrechnung mit den besiegten Völkern, der vermutlich 15 bis 20 Millionen Menschen in Europa und Asien zum Opfer fielen. Die Sieger liquidierten die Führungen von zwanzig europäischen und asiatischen Staaten. Die Siegertribunale von Nürnberg und Tokio waren Bestandteile dieser Abrechnung mit den Bezwungenen.

Die Sieger verkündeten eine »neue gerechte Weltordnung«. Als sich fast genau 50 Jahre nach dem Tage der Kapitulation der deutschen Wehrmacht vom 8. Mai 1945 in Kopenhagen mehr als einhundert Staatschefs zum »Welt-Sozialgipfel« trafen, wurde jedoch Klage geführt, daß anderthalb Milliarden Menschen in bitterem Elend und weitere anderthalb Milliarden in großer Not leben müssen; vierzigtausend Kinder auf der Erde sterben täglich Hungers. Seit 1945 tobten weltweit mehr als zweihundert Kriege mit einer Opferzahl, weit höher als im Zweiten Weltkrieg. Nach Berechnungen des Kinderhilfswerkes der Vereinten Nationen, Unicef, sind seit 1945 allein sechzig Millionen Kinder kriegsbedingt ums Leben gekommen. In fast alle blutigen Konflikte seit dem 8. Mai 1945 war mindestens eine der vier Hauptmächte der alliierten Kriegskoalition gegen Deutschland von 1939 bis 1945 direkt oder mittelbar verwickelt.

Was in Nürnberg nicht zur Sprache kommen durfte

Nach den Maßstäben der bei den sogenannten Kriegsverbrecherprozessen zu Nürnberg und Tokio verkündeten Urteile waren auch die Führer der alliierten Hauptmächte des Zweiten Weltkrieges reif für den Galgen. Denn sie hatten sich selbst sämtlicher Anklagepunkte schuldig gemacht. Dennoch maßten sie sich die Rolle sowohl von Anklägern und Richtern als auch von Henkern in den Verfahren gegen die Führungen der Besiegten an.

Massenverbrechen, die auf das Kerbholz von Siegermächten gingen, durften bei den alliierten Tribunalen gegen die Besiegten nicht zur Sprache gebracht werden. Deshalb blieb bei den Prozessen z. B. der erste an Zivilisten verübte Massenmord des Zweiten Weltkrieges, verbrochen gleich zu Anfang des Waffengangs von Polen an Volksdeutschen im Warschauer Machtbereich (Stichwort »Bromberger Blutsonntag«), ebenso unberücksichtigt und ungeahndet wie der letzte Massenmord des Zweiten Weltkrieges an der Zivilbevölkerung, geschehen durch den Abwurf zweier US-amerikanischer Atombomben auf Hiroschima und Nagasaki im längst kapitulationswilligen Japan.

Auch gab es bei den Siegertribunalen keine Bewältigung alliierter Schandtaten, die wesentlich zur Brutalisierung des Zweiten Weltkrieges beigetragen hatten. Zu erwähnen sind in diesem Zusammenhang vor allem die völkerrechtswidrigen Bombardierungen von Wohnvierteln, mit denen – wie britischerseits eingestanden – London unter Churchills Führung begonnen hatte, sowie der ebenso völkerrechtswidrige, auf Stalins Geheiß vom Zaune gebrochene Partisanenkampf, also der Mißbrauch der Zivilbevölkerung als Schutzschild für Angriffe von Freischärlern auf reguläre Truppen aus dem Hinterhalt.

Rechtswidrigkeit und moralische Zweifelhaftigkeit der Siegertribunale ergeben sich mithin allein schon aus der Tatsache, daß die Anklage-, Richter- und Henkermächte selbst Menschheitsverbrechen ungeheuerlichen Ausmaßes begangen hatten, die selbst dann noch fortgesetzt wurden, als die Waffen an den Fronten längst schwiegen und auch zur Zeit der Prozesse von Nürnberg und Tokio Millionen Unschuldiger das Leben kosteten.

Sieger wollten Tribunale schon nach 1918

Bereits im Ersten Weltkrieg hatten sich dieselben alliierten Mächte Völkerrechtsverstöße in erschreckendem Umfang zuschulden kommen lassen. Was die Westmächte nicht hinderte, damals schon die Forderung nach Kriegsverbrecherprozessen gegen die deutschen Führer zu erheben. Im Versailler Vertrag, der dem Deutschen Reich unter Gewaltandrohung 1919 diktiert wurde, verlangten die westlichen Siegermächte die Auslieferung führender Deutscher zur Aburteilung als Kriegsverbrecher. Auf ihrer Liste der sogenannten Hauptkriegsverbrecher standen obenan Kaiser Wilhelm II., der frühere deutsche Reichskanzler von Bethmann Hollweg, dessen Friedensinitiativen samt und sonders im Ersten Weltkrieg auf schroffe alliierte Ablehnung gestoßen waren, der Feldmarschall und nachmalige Reichspräsident von Hindenburg und General Ludendorff. Auf dieser »Kriegsverbrecherliste« befanden sich aber auch Namen hervorragender deutsch-jüdischer Patrioten wie beispielsweise der des genialen Nobelpreisträgers Professor Dr. Fritz Haber. Er hatte im Kriege wesentlich an dem völkerrechtlich zulässigen deutschen Gegenschlag nach französischem Ersteinsatz von Gas als Kampfmittel mitgewirkt.

Die in Versailles geforderten Kriegsverbrecherprozesse gegen führende Deutsche des Ersten Weltkrieges unter der Regie der Sieger fanden nicht statt. Dem Völkerrecht gemäß lehnten die Niederlande, bei denen der Kaiser Exil gefunden hatte, die Auslieferung Wilhelms ab. In Deutschland versteifte sich der Widerstand gegen das Ansinnen, die eigene Führung der Sieger-»Gerichtsbarkeit« auszuliefern. Besonnene Kräfte im einstigen Feindeslager erhoben ihre Stimmen gegen die geplanten Siegertribunale.

Gemäß Gesetz vom 18. Dezember 1919 wurden einige Kriegsverbrecherprozesse vor dem Leipziger Reichsgericht durchgeführt. Es fanden neun Verfahren gegen ehemalige Angehörige des Heeres und der Marine statt. Sie endeten nach eingehender Beweisaufnahme überwiegend mit Freisprüchen, in einigen Fällen mit umstrittenen begrenzten Freiheitsstrafen. Abwesenheitsprozesse in der Art von Schautribunalen, vor allem in Frankreich, erbrachten Urteilssprüche bis hin zur Verhängung der Todesstrafe, konnten aber nicht vollstreckt werden.

Zur Abstrafung von Kriegsverbrechen der Sieger kam es nach dem Ersten Weltkrieg nicht. Es gab auch keine Aburteilung der Verantwortlichen für die britische Hungerblockade gegen Mitteleuropa, die noch lange nach dem Waffenstillstand fortgesetzt worden war und Hunderttausende Menschenleben gefordert hatte.

Deutsche Kriegs- und KZ-Verbrechen

Daß es deutscherseits im Verlaufe des Zweiten Weltkrieges zu verabscheuenswürdigen Verbrechen gekommen ist, kann und sollte nicht in Abrede gestellt werden. Wer diese Verbrechen leugnet, ist nicht Herr seiner Sinne, wer sie gar rechtfertigt, muß als moralisch verkommen bewertet werden. Diese deutschen Verbrechen gingen auf das Schuldkonto kleiner, jedoch leider einflußreicher Personengruppen oder wurden von Exzeßtätern etwa in den Reihen des Millionenheeres der Deutschen Wehrmacht begangen.

Daß es unbestreitbar von Deutschen begangene Kriegsverbrechen gab, belegen allein schon die Akten der Wehrmachtgerichtsbarkeit. In zahlreichen Fällen wurden deutsche Exzeßtäter zu schwersten Strafen, auch zum Tode, verurteilt. Vorangegangen waren Plünderungen, Vergewaltigungen oder gar Mordtaten im Feindesland. Für das deutsche Volk aber gilt, was Bundeskanzler Konrad Adenauer unter dem Beifall auch der Fraktion der Sozialdemokraten (die zur Hälfte aus einstigen Soldaten bestand) am 5. April 1951 im Deutschen Bundestag in bezug auf die Wehrmacht sagte:

❒ Die Kriegsverbrecher, diejenigen, die wider die Gesetze der Menschlichkeit oder gegen die Regeln der Kriegsführung verstoßen haben, verdienen nicht unser Mitleid und unsere Gnade... Aber der Prozentsatz derjenigen, die wirklich schuldig sind, ist so außerordentlich gering und so außerordentlich klein, daß – das möchte ich auch in diesem Zusammenhang sagen – damit der Ehre der früheren deutschen Wehrmacht kein Abbruch geschieht.

Auch kann der verbrecherische Charakter der nationalsozialistischen Judenverfolgung, von der sogar untadelige, vaterländisch gesinnte deutschjüdische Männer und Frauen betroffen waren, nicht geleugnet werden. Die KZ-Barbarei, für die das Todeslager Auschwitz ein Sinnbild geworden ist, geschah ohne Zustimmung, ja ohne Wissen der gewaltigen Masse des deutschen Volkes. Kein geringerer als der sozialdemokratische Bundeskanzler außer Diensten und einstige Wehrmachtoffizier Helmut Schmidt hat – gewiß stellvertretend für die deutsche Kriegsgeneration – geäußert, daß er vom Ausmaß des abscheulichen KZ-Unrechts zur Hitlerzeit keine Kenntnis hatte.

Daß furchtbare Verbrechen in Konzentrationslagern geschahen, ergibt sich neben einer Fülle glaubwürdiger Zeitzeugenbekundungen, die man unterscheiden muß von antideutsch motivierten Übertreibungen und teils hanebüchenen Erfindungen, auch aus der Tatsache, daß eine Vielzahl von deutschen KZ-Verfahren schon vor 1945 stattfand. So wurden 1933 Ermittlungsverfahren wegen schlimmer Übergriffe in KZs eingeleitet, und 1935 kam es zum großen Dresdner KZ-Prozeß. Die dabei zu Freiheitsstrafen verurteilten Übeltäter wurden bedauerlicherweise bald darauf begnadigt.

Im Kriege gab es rund achthundert Verfahren wegen Korruption, Übergriffen und Morden in KZs. Zweihundert dieser deutschen Verfahren gegen deutsche Täter endeten mit Verurteilungen durch die SS-Gerichtsbarkeit, die auch zur Vollstreckung kamen. Zwei KZ-Kommandanten gehörten zu den Hingerichteten. Die Todesstrafe wurde in den Lagern jeweils vor den Augen der Wachmannschaften und der Häftlinge vollzogen. SS-Richter Dr. Reinekke war einer der Chefermittler. Hier ein Auszug seiner Vernehmung beim Nürnberger Siegertribunal:

❐ Vorsitzender: Erinnern Sie sich an die Namen der fünf Lagerkommandanten, gegen die Sie ein Strafverfahren eingeleitet haben?
Reinecke: Es waren dies der Lagerkommandant in Buchenwald, Koch, der Lagerkommandant in Lublin, dessen Name mir im Augenblick entfallen ist, und der Lagerkommandant im Konzentrationslager Hertogenbosch fällt mir eben noch ein, das war ein gewisser Grünwald. Ein Ermittlungsverfahren haben wir ferner noch durchgeführt gegen den Lagerkommandanten Kaindl. Dieses Verfahren ist aber eingestellt worden, weil der Nachweis erbracht wurde, daß zur Zeit des Lagerkommandanten Kaindl keine Tötungen vorgekommen waren.
Vorsitzender: Haben Sie Höß (Kommandant von Auschwitz) gerichtlich verfolgt?
Reinecke: Wir haben Ende des Jahres 1944 gegen Höß ein Verfahren eingeleitet.
Vorsitzender: Welchen Verbrechens haben Sie Höß angeklagt?
Reinecke: Ich darf hier aufklären: Das Verfahren gegen Höß war noch nicht so weit fortgeschritten, daß Höß angeklagt werden konnte. Es stand erst noch im Untersuchungsstadium, es mußte das Material erst gesammelt werden.
Vorsitzender: Aber Sie müssen doch sicherlich zu irgendeiner Entscheidung über Höß gekommen sein. Sie müssen doch gewußt haben, wegen welcher Verbrechen Sie eine Untersuchung geführt haben. Welche Verbrechen wurden im Falle Höß untersucht?
Reinecke: Im Falle Höß wurde das Verbrechen des Mordes an unbestimmten und unbestimmt vielen Insassen des Konzentrationslagers Auschwitz untersucht.

In diesem Zusammenhang ist die Stellungnahme von Großadmiral Karl Dönitz, dem letzten Reichspräsidenten und einem der Nürnberger Angeklagten 1945/46, von besonderem Gewicht. 1969 kam in Paris das Buch »La guerre en 40 questions« (Edition de la Table Ronde) mit ausführlichen Darlegungen Dönitz' heraus. Im folgenden wird gemäß der 1979 in München erschienenen deutschen Ausgabe des Werkes (»40 Fragen an Karl Dönitz«) zitiert. Auf die Frage: »Was wußten Sie von den Verbrechen der Himmlerschen Befehlsstellen, und was haben Sie veranlaßt, als Sie davon erfuhren?« antwortete der Großadmiral und einstige Reichspräsident:

❐ Anfang Mai 1945 befand ich mich in Mürwik bei Flensburg, um als Staatsoberhaupt die deutsche Kapitulation nach meiner Konzeption durchzuführen. Am 5. Mai meldete mir der Standortälteste von Mürwik, daß ein Weichsel-Kahn, der in den letzten Wochen über die Ostsee von Danzig aus mit erheblichen Verzögerungen durch die Kriegslage nach Flensburg geschleppt worden war, mit etwa 300 KZ-Insassen, die sich in einem furchtbaren Zustand befanden, angekommen sei, wie der Hafenkapitän von Flensburg festgestellt hätte. Ich befahl sofortige Hilfe und Unterstützung, vor allem auch in ärztlicher Beziehung, für die überlebenden Insassen dieses Transportes. Eine genaue Meldung über die auf dem Kahn vorgefundenen Verhältnisse, dessen Bewachung anscheinend unmittelbar nach dem Einlaufen des Schiffes dieses heimlich verlassen hatte, sei mir vorzulegen.
Wenn auch die Schwierigkeit des langen Transportes für den Zustand der Insassen eine Rolle gespielt haben mag, so schien es mir doch eindeutig klar zu sein, daß hier verbrecherisch gegen die Gesetze und die Moral verstoßen worden war. Dies war das erste »Alarmzeichen«, das ich und der Kreis meiner Mitarbeiter von verbrecherischen Zuständen in KZ-Lagern bzw. deren Transporten erhielten.
Am 7. Mai 1945 kam der Generaladmiral von Friedeburg, den ich zu Kapitulationsverhandlungen zu Eisenhower geschickt hatte, aus dem amerikanischen Hauptquartier zu mir nach Flensburg-Mürwik zurück. Er brachte mir eine Ausgabe der amerikanischen Soldatenzeitung »Stars and Stripes« mit. In dieser Zeitung waren Bilder aus dem deutschen Konzentrationslager Buchenwald,

das auf dem Ettersberg in unmittelbarer Nähe der Stadt Weimar lag, abgebildet. Diese Bilder von toten und verhungerten Lagerinsassen waren entsetzlich. Wenn auch wiederum das Ende des Krieges durch Erschwerung der Verpflegungsmöglichkeiten des Lagers hierbei eine Rolle gespielt haben mag, so waren doch diese Zustände eindeutig verbrecherisch und in keiner Weise durch irgendwelche anderen Gründe zu rechtfertigen.

Dönitz verwies in diesem Zusammenhang auf folgenden Vermerk, den sein Adjutant, Korvettenkapitän Lüdde-Neurath, am 11. Mai 1945 in das von ihm geführte Tagebuch geschrieben hatte:

❐ In letzter Zeit mehren sich Nachrichten über unhaltbare Zustände und rechtswidrige Vorkommnisse in KZ-Lagern. Auf der anderen Seite ist Bewachung und Betreuung durch Flucht bisheriger Wachmannschaften nun der Wehrmacht zugefallen. Da weder das deutsche Volk noch die Wehrmacht von diesen Zuständen Kenntnis hatte, wird es unter Umständen erforderlich sein, sich öffentlich klar zu distanzieren.

Wenn auch immer noch zu hoffen gewesen sei, fuhr Dönitz fort, daß es sich bei diesen Vorkommnissen nur um Einzelfälle gehandelt habe, sei er doch der Ansicht gewesen, daß sofort »die restlose und rücksichtslose Feststellung der Schuldigen für diese Verbrechen erfolgen« sollte. Er habe dies auch mit Rücksicht auf das deutsche Volk für notwendig erachtet, »dem solche Vorkommnisse, die hinter dem Schleier der strengsten Geheimhaltung in diesen KZ-Lagern erfolgt waren, völlig unbekannt geblieben waren« und das »sicherlich mit Recht einen Anspruch darauf hatte, daß die eigene Sauberkeit durch Klärung dieser Fälle öffentlich klargestellt« werde.

In Übereinstimmung mit seinem Außenminister und Chef der vorläufigen Reichsregierung, Graf Schwerin von Krosigk, erließ Dönitz als Staatsoberhaupt eine Verfügung, die das Reichsgericht als oberste deutsche Rechtsinstanz mit der sofortigen Verfolgung dieser Fälle beauftragte. Diese Verordnung lautete:

❐ § 1: Alle Verstöße bei der Festnahme und Vernehmung von Personen und bei der Einweisung von Häftlingen in Konzentrationslager sowie bei der Unterbringung und Behandlung in diesen Lagern, die den allgemein gültigen Grundsätzen von Recht und Moral sowie den ergangenen gesetzlichen Bestimmungen zuwiderlaufen, werden einer sofortigen Untersuchung unterworfen. Verstöße sind nach den geltenden Strafgesetzen zu ahnden und beschleunigt abzuurteilen und zu vollstrecken.
§ 2: (1) Die Untersuchung dieser Straftaten und die Erhebung der Anklage übertrage ich dem Oberreichsanwalt beim Reichsgericht. (2) Für die Aburteilung ist das Reichsgericht in erster und letzter Instanz zuständig.
§ 3: Diese Verordnung tritt mit dem Tage ihrer Verkündung in Kraft.
Hauptquartier, den 15. Mai 1945

Schwerin von Krosigk sandte diese Verordnung mit einem Anschreiben an den Oberkommandierenden der alliierten Streitkräfte, General Eisenhower. In dem Anschreiben hieß es:

❐ 1. Das deutsche Volk hatte bislang von den Zuständen, die in diesen Lagern herrschten, keine Kenntnis. Die Konzentrationslager waren von der Außenwelt völlig abgeschlossen und alles, was in diesen Lagern vorging, wurde auf das strengste geheimgehalten. Selbst führende deutsche Persönlichkeiten hatten keine Möglichkeit, sich über die tatsächlichen Verhältnisse in den Konzentrationslagern zu unterrichten.
2. Das deutsche Volk lehnt Mißhandlungen und Greueltaten, wie sie in den alliierten Meldungen dargestellt werden, einmütig mit Entrüstung ab, da sie mit den Grundsätzen seiner Wesensart und seinem Moralgefühl schlechthin unvereinbar sind. Es entspricht dem wirklichen und unverfälschten Rechtsempfinden des deutschen Volkes, daß die begangenen Verbrechen sofort mit aller Schärfe geahndet werden.

Um den Urteilssprüchen die größte Autorität und nachhaltige Wirkung zu verleihen, hält es der Großadmiral auf Grund eines von mir erstatteten Berichts, von dem ich Abschrift beifüge, für notwendig, daß die Untersuchung und Urteilsfällung den Institutionen des Reichsgerichts als dem höchsten deutschen Gerichtshof übertragen werden. Der Großadmiral hat auf meinen Bericht mit dem beigefügten Schreiben geantwortet, indem er die sofortige und rücksichtslose Untersuchung und Ahndung der einzelnen Vorfälle durch das Reichsgericht verfügt und hat die anliegende Verordnung erlassen.

3. Ich bitte Sie, Herr General, um dem Wollen des Großadmirals und der Reichsregierung nach Aufklärung und Bestrafung der Verantwortlichen gerecht werden zu können, dem Reichsgericht die Rechtsprechung schnellstens ermöglichen zu wollen.

Der Großadmiral und Reichspräsident bekräftigte das Anliegen am 18. Mai 1945 durch folgenden Tagesbefehl an die deutsche Wehrmacht:

❒ An die deutsche Wehrmacht!

Eine der wesentlichen Voraussetzungen dafür, daß wir auch in den Tagen der Niederlage in unserem schwergeprüften Vaterland Ordnung und Sicherheit erhalten und den uns durch die Kapitulation auferlegten Verpflichtungen nachkommen können, ist es, daß kriminell schwer belastete und sittlich verwahrloste Elemente durch Unterbringung in geschlossenen Lagern verhindert sind, ihren verbrecherischen Einfluß auszuüben.

Mit Abscheu und Bedauern habe ich aber von menschenunwürdigen Zuständen Kenntnis erhalten, die in Konzentrationslagern bei der Behandlung und Unterbringung von Häftlingen festgestellt sind.

Ich weiß, daß der deutsche Soldat und auch die Masse der ihre soldatische Pflicht in unseren Reihen erfüllenden Männer der Waffen-SS nichts davon gewußt haben, wenn in Konzentrationslagern und vornehmlich bei den durch die kriegerischen Ereignisse bedingten Verlegungen Dinge vorgekommen sind, die in krassem Widerspruch zu den allgemeinen Grundsätzen des Rechtes und der Moral stehen.

Ich fühle mich den Millionen deutscher Soldaten, die ehrlich und sauber gekämpft und ihre Pflicht getan haben, und unseren gefallenen Kameraden gegenüber zu der eindeutigen Feststellung verpflichtet, daß wir Soldaten mit Willkürakten, die gegen das soldatische Empfinden und Ehrgefühl verstoßen, nichts gemein haben und sie voll Abscheu ablehnen.

Wenn Menschen im feldgrauen Rock das Ehrenkleid des deutschen Soldaten durch würdelose und niedrige Handlungen beschmutzt haben, dann wollen wir es selbst wieder säubern. Ich werde daher eine sofortige Untersuchung aller Verstöße bei der Festnahme und Vernehmung von Personen und bei der Einweisung, Unterbringung und Behandlung von Häftlingen in Konzentrationslagern einleiten und sie beschleunigt gerichtlich aburteilen lassen, sofern sie den allgemein gültigen Grundsätzen von Recht und Moral sowie den ergangenen gesetzlichen Bestimmungen zuwiderlaufen.

Entsprechend den Kapitulationsbedingungen schickte Dönitz diesen Tagesbefehl zur vorherigen Genehmigung an den Vertreter des alliierten Kontrollrates in Flensburg-Mürwik, den amerikanischen General Lowell W. Rooks, der jedoch das Verbot der Bekanntmachung verfügte. Dönitz fährt in den »40 Fragen« fort:

❒ Ebenso erhielt ich von General Eisenhower auf meine Bitte, die Verordnung für das Reichsgericht zwecks Untersuchung der KZ-Verbrechen in Kraft setzen zu können, überhaupt keine Antwort. Anscheinend hielten die Alliierten uns damals für ungeeignet, diese Verbrechen durch eigene deutsche Gerichte zu verfolgen; wahrscheinlich glaubten sie, daß hierfür nur die Siegermächte zuständig wären. Ich war damals und bin auch heute noch der Ansicht, daß es richtiger gewesen wäre, wenn diese genannten Verbrechen gegen die Menschlichkeit bereits damals sofort durch ein deutsches Gericht verfolgt worden wären.

Die alliierte KZ-Kompetenz

Daß alliierte Mächte sich in KZ-Fragen für kompetent hielten, war insofern berechtigt, als sie mit der KZ-Barbarei im 20. Jahrhundert begonnen hatten und auf ihr Schuldkonto rund gerechnet 90 Prozent aller KZ-Toten dieses Säkulums gegangen sind. Die entsetzlichen britischen KZs für Buren in Südafrika waren die ersten Verbrechen dieser Art im 20. Jahrhundert. Trotzki alias Bronstein, Lenins Co-Diktator, richtete nach der bolschewistischen Machtübernahme im Russischen Reich 1917/18 die ersten Konzentrations- und Vernichtungslager Europas ein, was sich zum riesigen KZ-Gulag-System unter Stalin steigerte, dem auch nach jüdischen Schätzungen (z.B. Jewgenija Albaz und Avraham Shifrin) 60 Millionen Menschen zum Opfer fielen. Die ersten KZs Mitteleuropas wurden in den 20er Jahren im polnischen Machtbereich auf Geheiß der Herrschenden in Warschau eingerichtet; dort hatten vor allem Volksdeutsche zu leiden. Mit der Überwindung der grausamen Hitlerdiktatur war die KZ-Barbarei auf deutschem Boden nicht beendet. Als der Nürnberger Prozeß lief, betrieben Sieger NS-Marterstätten wie Dachau und Buchenwald, Sachsenhausen und Auschwitz als KZs mit entsetzlichen Mordtaten weiter und errichteten zahlreiche neue Konzentrationslager in Deutschland wie in ganz Europa.

Aufschlußreich ist in diesem Zusammenhang das Werk »Konzentrationslager von 1896 bis heute« (Stuttgart 1982) des exilpolnischen Historikers Professors Dr. Andrzej Kaminski, der im Zweiten Weltkrieg aktiv im Untergrundkampf gegen die deutschen Besatzer und NS-Unterdrücker seiner Heimat tätig und deshalb in ein nationalsozialistisches KZ gesperrt worden war. Kaminski diagnostiziert einen »sonderbaren deutschen Chauvinismus mit umgekehrtem Vorzeichen, der sich darauf versteift, die NS-Verbrechen immer wieder als ›unvergleichbar‹ und ›beispiellos‹ zu bezeichnen«. Er fährt fort:

❐ Das wenige, das wir über die gedankliche Konzeption des Übergangs zur Massensklavenarbeit in den sowjetischen KZs wissen, hängt mit dem Namen Naftali Frenkels zusammen. Er war der erste große Organisator dieser Arbeit und der Schöpfer der gesamten Organisationsform der sowjetischen Sklavenarbeitslager... Es ist jedoch äußerst bezeichnend, daß wir so viel über jeden NS-Lagerkommandanten, ja fast über jeden SS-Blockführer wissen, und unglaublich wenig über den Mann, der als Organisator des sowjetischen Systems der Sklavenarbeitslager, das später zum Vorbild für die NS-Sklavenarbeitslager werden sollte, das Schicksal von unzähligen Abermillionen Menschen nicht nur beeinflußt, sondern im verhängnisvollen Sinne entschieden hat.

Wie das Reichsgericht »ausgeschaltet« wurde

Es bleibt noch nachzutragen, daß Karl Dönitz, der mit seinem Ansinnen, deutsches Unrecht durch deutsche Gerichtsbarkeit aburteilen zu lassen, 1945 am alliierten Verbot scheiterte, nach den entsetzlichen antijüdischen Ausschreitungen der sogenannten Reichskristallnacht, November 1938, Protest gegen diese furchtbaren Exzesse erhoben hatte. Damit sprach er der gewaltigen Mehrheit des deutschen Volkes aus dem Herzen, wie auch entsprechende Stimmungsberichte der Geheimen Staatspolizei aus den Tagen nach dem widerwärtigen Pogrom beweisen.

Das Reichsgericht zu Leipzig, das Dönitz mit der Ahndung deutscher Kriegs- und KZ-Verbrechen beauftragen wollte, wurde von den »Befreiern« in der ihnen eigenen Art ausgeschaltet. Am 24. Oktober 1957 hielt der Präsident des Bundesgerichtshofes, Dr. Weinkauff, eine

Rede anläßlich der Enthüllung einer Gedenktafel für die toten Mitglieder des Reichsgerichts und der Reichsanwaltschaft im Gebäude des Bundesgerichtshofes, die einen Eindruck von den Siegermethoden vermittelt. Weinkauff führte aus:

❒ Nach dem Zusammenbruch des Jahres 1945 wurde Leipzig, der Sitz des Reichsgerichts und der Reichsanwaltschaft am Reichsgericht, zunächst von amerikanischen Truppen besetzt. Diese zogen nach etwa zwei Monaten wieder ab, und russische Truppen rückten ein. Einige Wochen danach wurden schlagartig an einem Tage etwa 35 Mitglieder des Reichsgerichtes und der Reichsanwaltschaft von der russischen Geheimpolizei verhaftet und zunächst in die Gefängnisse, später in das Lager Mühlberg an der Elbe gebracht. Bei den Verhafteten wurde gewöhnlich auch das ganze in der Wohnung befindliche Geld weggenommen. Später folgten noch einige Verhaftungen, so daß schließlich 38 oder 39 Mitglieder des Reichsgerichtes und der Reichsanwaltschaft im Lager Mühlberg saßen. Das Schicksal des 39. Mitgliedes ist unklar geblieben.
Die Auswahl, die man bei den Verhaftungen getroffen hatte, war für jeden Kenner der Verhältnisse völlig rätselhaft und unter keinem irgendwie denkbaren Gesichtspunkt zu begreifen. Unter den Verhafteten befanden sich beispielsweise die meisten der Nicht-Parteigenossen am Reichsgericht und verschiedene bekannte leidenschaftliche Gegner des nationalsozialistischen Regimes. Es scheint, wie sich später herausstellte, folgendermaßen zugegangen zu sein: Man hatte einen schon früher verhafteten Richter nach seinen Bekannten am Reichsgericht gefragt und danach einfach die Verhaftungsliste zusammengestellt. Es waltete also der blindeste Zufall.
Von den 38 Verhafteten starben 34 in der Gefangenschaft, und zwar ganz überwiegend schon im ersten oder im zweiten Jahre. Einige wenige kamen später in das Lager Buchenwald und wurden dann bis auf einen in den berüchtigten Waldheimer Prozessen unter nichtigen Vorwänden zu durchschnittlich 25 Jahren Zuchthaus verurteilt und später nach etwa einem Jahrzehnt im »Gnadenweg« entlassen. Wenn ich recht unterrichtet bin, starb einer der Entlassenen auf besonders tragische Weise noch auf der Rückfahrt in seine Heimat. Von den 38 Verhafteten haben also nur drei die mörderische Haft überlebt. Zwei von ihnen sind heute unter uns. Ebenso sind einige Frauen und Kinder der Verstorbenen hier.

Nachdem so die höchste deutsche Richterschaft ausgeschaltet worden war (neben den von Dr. Weinkauff erwähnten Reichsrichtern und -anwälten fielen Aberhunderte weitere führende deutsche Juristen dem Siegerterror zum Opfer), machten sich die Sieger daran, nach ihrem Gusto Gerechtigkeit obwalten zu lassen. Kernstück ihrer Bemühungen war das Nürnberger Tribunal gegen die deutschen Hauptkriegsverbrecher, das am 20. November 1945 begann.

Urheber und Drahtzieher des Tribunals

Grundlage des Tribunals war die »Erklärung über deutsche Grausamkeiten im besetzten Europa«, unterzeichnet von Vertretern der Sowjetunion und der Vereinigten Staaten von Amerika am 30. Oktober 1943 in Moskau. Darin kam die Absicht zum Ausdruck, Kriegsverbrecher zu bestrafen. Bestätigt und bekräftigt wurde dieses sich nur auf die Untaten der Besiegten beziehende Ansinnen auf den Gipfeltreffen der alliierten Hauptmächte 1945 in Jalta und Potsdam, wo Präsident Truman den Befehl zum Einsatz der Atombombe gab; gewissermaßen als besonders origineller Auftakt der proklamierten »neuen, gerechten Weltordnung«.

Unter Vorsitz des einstigen britischen Außenministers, Lordkanzler J. A. Simon, der weiland Hitler »zur Abwehr des Bolschewismus« hofiert hatte, tagte ab 1943 in London eine

»United Nations War Crimes Commission«. Sie stellte »Kriegsverbrecherlisten« zusammen und arbeitete Vorschläge zur strafrechtlichen Verfolgung von Kriegsverbrechern aus.

Auf sowjetischer Seite war Stalins oberster »Völkerrechtler«, Professor A. N. Trainin, Hauptbetreiber der Idee, gegen die Besiegten Tribunale zu veranstalten. Sein Mitarbeiterstab hatte aus den Schauprozessen im Zuge der »Großen Säuberungen« reichhaltige Erfahrungen, die man in Nürnberg einbringen konnte. Am liebsten wäre es dem Genossen »Völkerrechtler«, der ungeachtet seiner jüdischen Herkunft auch führend an den stalinistischen Verbrechen an Juden beteiligt war (dem US-jüdischen Professor Julius Epstein zufolge sind mindestens 1,5 Millionen Juden durch Stalin ums Leben gekommen; »New York Herald Tribune«, 13. April 1961), die Deutschen gleich zu Millionen schuldig zu sprechen. Dr. Joachim Hoffmann, langjähriger leitender Mitarbeiter des Militärgeschichtlichen Forschungsamtes der Bundeswehr, berichtet in seinem 1995 in München erschienenen Werk »Stalins Vernichtungskrieg 1941-1945«:

❒ Professor Trainins Auffassungen werden am besten dadurch illustriert, daß er es am 24. Mai 1945 für zulässig und geboten erklärte, Millionen deutscher Staatsangehöriger als Arbeitssklaven in die Sowjetunion zu deportieren.

Auf besagten Trainin, der am 8. August 1945 namens der Sowjetunion die Londoner Viermächtevereinbarung über die »Verfolgung und Bestrafung der Hauptkriegsverbrecher der Europäischen Achse« unterzeichnete, ist – wie Hoffmann weiter ausführt – der Artikel 21 des Statutes des »Internationalen Gerichtshofes« von Nürnberg zurückzuführen, demzufolge alle Regierungsdokumente, auch beispielsweise die Katyn-Fälschungen der sowjetischen »Außerordentlichen Staatlichen Kommission«, ohne jede Nachprüfung als amtliches Beweismaterial anerkannt wurden. Auf dieser Grundlage brachte die sowjetische Anklage in Nürnberg u. a. vor, das von Stalins Genickschußkommandos verübte Verbrechen an den kriegsgefangenen polnischen Offizieren im Walde von Katyn sei von den Deutschen begangen worden. Wegen »Schuld an Katyn« sind zahlreiche deutsche Offiziere nach vorangegangenen Schautribunalen in der Sowjetunion öffentlich gehängt worden.

Auf US-amerikanischer Seite tat sich in Sachen Kriegsverbrecherprozesse gegen die Besiegten besonders Minister Henry M. Morgenthau jr. hervor. Über ihn berichtet das 1996 in München erschienene Lexikon »Wer ist wer im Judentum?«, herausgegeben von David Korn:

❒ Henry Morgenthau jr. entwarf unter der Schlagzeile »Germany is Our Problem« im Kriege »den ungeheuerlichsten Massenmordplan, der je von menschlicher Rachewollust und Barbarei erdacht wurde« (so der US-Professor Austin J. App). Selbst US-Kriegsminister Stimson, ein hartgesottener Politiker und geschworener Feind NS-Deutschlands, war erschrocken über das »wildgewordene Semitentum« seines Kabinettskollegen. Stimson schätzte die Zahl der Todesopfer bei Durchführung des Planes auf 30 Millionen. US-Außenminister Cordell Hull rechnete vor, der Morgenthau-Plan werde rund 40 Prozent der deutschen Bevölkerung vernichten. Kern des Planes war die Zerstörung der deutschen Industrie, also der Lebensgrundlage des Gros der deutschen Bevölkerung, die Zerstückelung des Reiches und die Abtrennung großer Gebietsteile. Roosevelt und Churchill stimmten dem Morgenthau-Plan bei der Konferenz in Quebec 1944 grundsätzlich zu. Die Verwirklichung des Ansinnens wurde erst gestoppt, als der kalte Krieg ausbrach und man westlicherseits befürchtete, ohne »deutsches Bollwerk« von Stalin überrollt zu werden.

Im »Anhang B«, der dem am 6. September 1944 von Roosevelt und Churchill in Quebec abgesegneten Morgenthau-Plan beigefügt war, hieß es:

❐ 1. Hauptkriegsverbrecher
Eine Liste der Hauptkriegsverbrecher dieses Krieges, deren offensichtliche Schuld von den Vereinten Nationen allgemein festgestellt worden ist, ist so bald wie möglich aufzustellen und den zuständigen Militärbehörden zuzuleiten. Die Militärbehörden sind in bezug auf alle auf dieser Liste stehenden Personen wie folgt anzuweisen:
a) Sie sind so bald wie möglich festzunehmen und so bald wie möglich nach der Festnahme zu identifizieren. Die Identifizierung ist von einem Offizier im Generalsrang zu billigen.
b) Nach erfolgter Identifizierung ist die identifizierte Person alsbald durch Erschießungskommandos, die aus Soldaten der Vereinten Nationen bestehen, hinzurichten.
2. Bestimmte andere Kriegsverbrecher
a) Von der Alliierten Militärregierung sind militärische Kommissionen zur Aburteilung bestimmter Verbrechen, die während des Krieges gegen die Zivilisation begangen wurden, aufzustellen. Vertreter der befreiten Staaten sind so bald wie möglich in diese Kommissionen aufzunehmen. Diese Verbrechen umfassen die im folgenden Abschnitt behandelten und solche, deren Aburteilung diesen militärischen Kommissionen von Fall zu Fall befohlen wird.
b) Jede Person, die verdächtigt wird, durch Erteilung von Befehlen oder auf andere Art für den Tod eines Menschen in folgenden Situationen verantwortlich oder an ihm beteiligt gewesen zu sein, ist festzunehmen und von diesen militärischen Kommissionen sofort abzuurteilen, sofern nicht vor der Aburteilung eine der Vereinten Nationen darum ersucht hat, diese Person zur Aburteilung auf Grund ähnlicher Beschuldigungen wegen in ihrem Gebiet begangener Handlungen in ihren Gewahrsam zu geben:
I) Der Tod wurde durch eine Handlung unter Verletzung der Kriegsregeln verursacht.
II) Das Opfer wurde als Geisel zur Vergeltung der Taten anderer Personen getötet.
III) Das Opfer starb wegen seiner Nationalität, Rasse, Hautfarbe, wegen seines Glaubens oder seiner politischen Überzeugung.
c) Jede Person, die von den militärischen Kommissionen der in Ziffer b) angegebenen Verbrechen überführt wird, ist zum Tode zu verurteilen, sofern nicht die militärischen Kommissionen in Ausnahmefällen feststellen, daß mildernde Umstände vorliegen. In diesem Falle kann eine andere Strafe einschließlich der Deportation in eine Strafkolonie außerhalb Deutschlands zugemessen werden. Bei Überführung ist das Urteil sofort zu vollstrecken.
Inhaftierung bestimmter Gruppen: Alle Angehörigen der folgenden Gruppen sind zu inhaftieren, bis das Ausmaß der Schuld jeder Einzelperson ermittelt ist: a) die SS, b) die Gestapo, c) alle hohen Beamten bzw. Funktionäre der Polizei, SA und anderer Sicherheitsorgane, d) alle hohen Regierungsbeamten und Führer der Nazi-Partei, e) alle führenden Persönlichkeiten des öffentlichen Lebens, die enge Beziehungen zum Nazismus hatten.

Jüdischer Weltkongreß als eigentlicher Urheber?

Man sollte wissen, daß zu den international honorigen Persönlichkeiten, die sich gegen einseitige und ungerechte Siegerjustiz ausgesprochen haben, auch prominente Juden zählen. Beispielhaft sei folgende Notiz aus dem bereits erwähnten Lexikon »Wer ist wer im Judentum?« zitiert:

❐ »Auf beiden Seiten wurden Kriegsverbrechen begangen, und es ist eine zwiespältige Gerechtigkeit, wenn die Übeltäter der einen Seite bestraft werden, während man die der Gegenseite ungeschoren läßt... Ich bin für eine Generalamnestie... Es wäre Wiedergutmachung auf der Grundlage der Gegenseitigkeit notwendig... Mir scheint, daß das deutsche Volk genug gebüßt hat.« So lauteten Kernaussagen eines aufsehenerregenden Interviews, das Rabbiner Professor Dr. Abraham Cronbach Dr. Frey gewährt hatte und das von der »Deutschen National-Zeitung« in ihrer Ausgabe vom 29. Mai 1964 abgedruckt wurde. Cronbach hatte sich schon zur Kriegszeit gegen antideutschen

Haß gewandt, denn, so schrieb er an den jüdischen Juristen Proskauer im März 1943: »Wir wollen die Menschenrechte nicht nur für die Juden. Wir wollen sie für alle Menschen. Wenn wir sie nur für die Juden verlangten, wäre das ein Kampf gegen uns selbst und niedrig und gemein.« Abraham Cronbach war 1882 in Indianapolis (USA) als Sohn einer aus Deutschland stammenden Familie zur Welt gekommen. Er wurde am Hebrew Union College der USA zum Rabbiner ordiniert. 1913 promovierte er am selben College zum Doktor der Theologie, 1922 wurde er Mitglied der Fakultät des Hebrew Union Colleges. Ab 1939 wirkte er führend an der Herausgabe des College-Jahrbuches mit. Auch lehrte er als Professor für Sozialwissenschaften. Zeitweise wirkte er als Assistent von Rabbi Wise in New York und am Chicagoer Synagogenverein. Cronbach starb 1965.

Daß vonseiten der Führung der Zionistischen Internationale erhebliche Anstrengungen zur Durchführung der Siegertribunale gegen die Deutschen unternommen wurden, berichtete der langjährige Präsident der Zionistischen Weltorganisation und des Jüdischen Weltkongresses, Nahum Goldmann, der sogar eine Art Urheberrechtsanspruch auf Nürnberg erhob. Goldmann in seinem 1978 in Köln erschienenen Buch »Das jüdische Paradox«:

❒ Während des Krieges hatte der Jüdische Weltkongreß in New York ein Institut für jüdische Angelegenheiten geschaffen, dessen Sitz heute in London ist. Seine Leiter waren zwei bedeutende litauische Juden, Jacob und Nehemiah Robinson. Nach ihren Plänen wurden zwei absolut revolutionäre Ideen entwickelt: Das Nürnberger Gericht und die deutsche Wiedergutmachung.
Die Bedeutung des Internationalen Gerichtshofes von Nürnberg wird heute nicht ganz richtig eingeschätzt. Denn nach internationalem Recht war es damals in der Tat unmöglich, Militärs, die ihre Befehle befolgt hatten, zu bestrafen. Es war Jacob Robinson, der diese ausgefallene, sensationelle Idee hatte. Als er sie den Juristen des amerikanischen Obersten Gerichtshofes unterbreitete, hielten sie ihn für verrückt: »Was haben denn diese nazistischen Offiziere so Außergewöhnliches getan?« fragten sie. »Man könnte sich vorstellen, daß Hitler und vielleicht auch noch Göring vor Gericht kommen, aber doch nicht einfache Militärs, die Befehle ausgeführt und sich als loyale Soldaten verhalten haben.«
Wir hatten größte Mühe, die Alliierten zu überzeugen: die Engländer waren eher dagegen, die Franzosen desinteressiert, und wenn sie auch später mitgemacht haben, spielten sie dennoch keine große Rolle. Wir hatten endlich Erfolg, weil es Robinson gelang, den Richter am Obersten amerikanischen Gerichtshof, Robert Jackson, zu überzeugen.

Ob die zionistische Einflußnahme tatsächlich derart ausschlaggebend war wie von Goldmann behauptet, bedarf noch der zeitgeschichtlichen Aufklärung.

Rosch Haschana – Haschana Rabba

Wohl zuviel hineingeheimnißt hat der britische Publizist Douglas Reed, wenn er in seinem Buch »Der große Plan der Anonymen« (Zürich 1951/52) schreibt:

❒ Aber was für mich das bedeutungsvollste Ereignis in Nürnberg, wo die ganze Weltpresse versammelt war, zu sein schien - das fand keine Erwähnung in der Massen-Weltpresse. Die Tage der Verurteilung und der Hinrichtung waren jüdische Feiertage! Rosch Haschana, das jüdische Neujahr und der Tag der Buße, fiel auf den 26. September 1946; Yom Kippur, der Tag der Sühne, auf den 5. Oktober; Haschana Rabba (da der jüdische Gott nach einer Pause, während der er seinen Urteilsspruch über jedes einzelne menschliche Wesen erwogen hat und Sünder immer noch begnadigen konnte, sein endgültiges Urteil bekanntgibt) auf den 16. Oktober. Die Urteile in Nürnberg wurden am 30. September und 1. Oktober verkündet (zwischen dem jüdischen Neujahr und dem Tag der Sühne). Die Hinrichtungen wurden gleich nach Mitternacht in den Morgenstunden des 16. Oktober, am Tage Haschana Rabba, vollzogen. Für das Judentum in der ganzen Welt

> lag eine unmißverständliche Bedeutung in der Wahl dieser Tage. Den Nicht-Juden in der ganzen Welt bedeuteten sie nicht mehr als andere Tage.

Immerhin haben sich auch jüdische Wissenschaftler und Medien mit solchen Fragen ausführlich beschäftigt. So berichtete das Mitteilungsblatt der Israelitischen Kulturgemeinde Bayern im Frühjahr 1986 über die Forschungen zweier israelischer Wissenschaftler an der TU Haifa, Dr. Moshe Katz und Dr. Menachem Wiener. Katz und Wiener haben sich demzufolge mit einem mysteriösen Abschnitt im biblischen Buch Esther beschäftigt. Sie sind der Frage nachgegangen, ob die Nürnberger Hinrichtungen in diesem alttestamentarischen Kapitel prophezeit worden seien.

Das Buch Esther erinnert an den Versuch der Perserkönigs Ahasverus (wahrscheinlich der historische Xerxes), die Juden seines Reiches zu beseitigen. Damit beauftragte er seinen Minister Haman. Der Königin Esther, einer Jüdin, jedoch gelang es, ihren Gemahl zum Widerruf des Befehls zu bewegen. Danach kam es zu einer blutigen Abrechnung mit den Judengegnern. Diese Geschehnisse werden bei den Juden als »Purimfest« gefeiert. Auch die zehn Söhne Hamans verloren bei der Abrechnung ihr Leben. Ihre Namen sind im Buch Esther aufgelistet. Nach der Hinrichtung der zehn Haman-Söhne fragte der König seine Frau Esther, was er noch für sie und ihr Volk tun könne. Sie gab zur Antwort: »Die zehn Söhne Hamans soll man an den Galgen hängen.« (Buch Esther 9,13). Das jüdische Mitteilungsblatt: »Diese Antwort gab Gelehrten jahrhundertelang Rätsel auf, da die zehn Söhne doch bereits tot waren, als die Bitte ausgesprochen wurde.«

Katz und Wiener bieten nun folgende Erklärung des Rätsels im Buch Esther an:

- ❒ In der Liste von Hamans zehn erhängten Söhnen erscheinen drei hebräische Buchstaben - »taf«, »schin« und »sajin« -, die kleiner als die übrigen geschrieben sind. Nun bedeuten diese Buchstaben gemäß der Tradition der hebräischen Zeitrechnung das Jahr 1946 des gregorianischen Kalenders. Am 16. Oktober 1946 wurden in Nürnberg zehn Nazi-Verbrecher gehängt, nachdem sie vom Internationalen Militärgerichtshof schuldig gesprochen und verurteilt worden waren.

Hermann Göring habe kurz vor der Hinrichtung mit Gift Selbstmord begangen und Julius Streicher Sekunden vor seiner Hinrichtung »Purim-Fest 1946!« ausgerufen. Schlußfolgerung laut Katz und Wiener:

- ❒ Beide, Streicher und Göring, wurden Werkzeuge der Erfüllung der biblischen Prophezeiung aus dem Buche Esther.

Hinzu komme, so Dr. Katz, daß im Jahre 1946 gemäß dem jüdischen Kalender der 16. Oktober genau auf den Feiertag »Hoschana Raba« (andere Schreibweise für »Haschana Rabba«) gefallen sei, der als der letzte Tag des Gerichts in der Reihe der Hohen Feiertage gelte. Eine solche Erscheinung könne »nicht rational erklärt werden«, meint Dr. Wiener, und er fährt fort:

- ❒ Deshalb brauchen wir eine nichtrationale Erklärung, und die unsrige ist, daß die Bibel von Gott, durch die Hand von Moses, verfaßt wurde.

Solche Deutungsversuche sind natürlich mit äußerster Zurückhaltung zu bewerten. Zumal in Nürnberg offenkundig höchst irdische und weniger göttliche Mächte zugange waren. Befremdlich jedenfalls wirkt das absonderliche Ritual, daß die Kisten mit den Überresten der Hingerichteten von Nürnberg mit jeweils jüdischen Namen versehen wurden, bevor man sie zum Verstreuen der Asche der Delinquenten fortschaffte.

Führende Rolle bei den Tribunalen

Unbestreitbar hatten viele jüdische Personen leitende Funktionen bei den Siegertribunalen. Beispielsweise Morris B. Abram (Jahrgang 1918), der in Nürnberg als »juristischer Berater der Anklagebehörde« fungierte, später zum »brain trust« der Präsidenten Kennedy und Johnson, zum Chef des American Jewish Committee und zum Präsidenten der US-jüdischen Brandeis-Universität aufstieg. John Albert (geboren 1912 in Wien, 1940 in die USA emigriert) war 1945/46 Chefdolmetscher beim Nürnberger Tribunal; in den 60er Jahren wirkte er als Leiter des zentralen Programmdienstes der »Voice of America«. Ossip K. Flechtheim, 1909 in der Ukraine geborener Sproß einer jüdischen Kunsthändlerfamilie und später führender linker Politologe in der Bundesrepublik, war 1946/47 Bürochef des US-Hauptanklägers in Nürnberg. Wolfgang Hildesheimer (Jahrgang 1916), in Bundesdeutschland als »Pionier des absurden Theaters« bekanntgeworden, arbeitete von 1945 bis 1949 als Dolmetscher bei den Nürnberger Tribunalen. Als führendes Mitglied des Jüdischen Weltkongresses ab 1939 hatte Gerhard Jacoby, 1891 in Berlin geborener Sohn des größten Schrotthändlers Deutschlands, Oscar Jacoby (1860-1922), erheblichen Einfluß auf die unmittelbare Vorbereitung des Nürnberger Tribunals; später zählte er zu den Gründern des Zentralrats der Juden in Deutschland. Eine Schlüsselfigur in Nürnberg war Robert Max Wasilij Kempner (Jahrgang 1891, 1935 emigriert). Er war 1945/46 Jacksons Stellvertreter als US-Hauptankläger in Nürnberg; 1947 wirkte Kempner als Nürnberger Hauptankläger gegen den einstigen stellvertretenden Reichsaußenminister und Vater des nachmaligen Bundespräsidenten, Ernst von Weizsäcker (»Wilhelmstraßenprozeß«). Hans Lamm, geboren 1913 in München, der spätere langjährige Präsident der Israelitischen Kultusgemeinde München, dolmetschte beim Nürnberger Siegertribunal. Randolph Henry Newman (1904 als Rudolf Neumann in Berlin geboren; schon 1932 aus Deutschland ausgewandert) war von 1946 bis 1948 als Vertreter des US-Kriegsministeriums Ankläger in Nürnberg. William Perl (geboren 1906 in Prag) war in führender Stellung für die Vernehmung wegen Kriegsverbrechen angeklagter deutscher Soldaten zuständig, vor allem wirkte er als »Vernehmungsspezialist« beim sogenannten »Malmedy-Verfahren« gegen Angehörige der Waffen-SS (Hauptangeklagter: Oberst Peiper). Hans Sachs, Jahrgang 1912, der nicht emigriert war, wobei ihm, dem »Mischling ersten Grades«, gottseidank das NS-KZ erspart blieb, wirkte als Beauftragter des bayerischen Staatsministeriums für Entnazifizierung beim Wilhelmstraßenprozeß gegen Ernst von Weizsäcker unter Führung des erwähnten Kempner. Sachs avancierte in der Bundesrepublik zum Leitenden Oberstaatsanwalt und Chef der Staatsanwaltschaft in Nürnberg-Fürth, wurde durch seine Mitwirkung bei der Fernsehratesendung »Was bin ich?« einem Millionenpublikum bekannt und engagierte sich schließlich für den »Weißen Ring«, Hilfsorganisation für Verbrechensopfer.

Auch bei den Kriegsverbrecherprozessen, die nach Abschluß des Nürnberger Komplexes vor der bundesdeutschen und der DDR-Gerichtsbarkeit durchgeführt wurden, nahmen Personen jüdischer Herkunft wichtige Funktionen ein. Beispiele: Fritz Bauer, Generalstaatsanwalt in Frankfurt/Main von 1956 bis 1968 und gelegentlich als »oberster Nazijäger der Bundesrepublik« tituliert; er war federführend beim großen Frankfurter Auschwitz-Prozeß. Hilde Benjamin, wegen ihrer brutalen Amtsführung »rote Guillotine« genannt, fungierte als Vizepräsidentin des Obersten Gerichtshofes der DDR und als DDR-Justizministerin. Kurt Cohn trat über Jahrzehnte als Oberrichter und Präsidiumsmitglied am Obersten Gericht der DDR hervor. Bevor er stellvertretender Leiter der »Hauptverwaltung Aufklärung« und Stasi-Vizeminister wurde, war Hans Fruck als Leiter des Fahndungsdezernats der Ostberliner Kripo nicht zuletzt mit dem »Aufspüren von Naziverbrechern« beschäftigt. Als Chefjurist der DDR galt Friedrich Karl Kaul, der für das SED-Regime als Richter tätig war und bei bundesdeutschen NS-Verfahren, z. B. dem Auschwitz- und Majdanek-Prozeß, als Nebenkläger in Erscheinung trat. Josef Neuberger beteiligte sich im Auftrage des Zentralrates der Juden in Deutschland als Nebenkläger an großen KZ-Verfahren in der Bundesrepublik (z. B. Treblinka- und Sobibor-Prozeß) und trat als NRW-Justizminister für Härte bei der Verfolgung von NS-Tätern ein, während er sich ansonsten als Strafrechts»liberalisierer« profilierte. Josef Streit saß als oberster DDR-Ankläger und Chef sämtlicher SED-gleichgeschalteter Staatsanwaltschaften über viele Jahre an entscheidender Stelle; er lieferte der Westjustiz reichlich Unterlagen, die als Beweismaterial gewertet wurden und der Verurteilung wegen Kriegstaten angeklagter Personen dienten. Heinrich Toeplitz war von 1960 bis 1988 als Nachfolger des einstigen nationalsozialistischen Kriegsgerichtsrates Kurt Schumann Präsident des obersten DDR-Gerichts. Nicht zu vergessen Simon Wiesenthal, der »Nazijäger« mit seinem Wiener »Dokumentationszentrum«, ein »James Bond der Juden« (Medienbezeichnung) in Sachen »Nazijagd«, der sich allerdings – so der Vorwurf führender amerikanischer und israelischer Zionisten – in vielen Fällen fälschlich rühmte, wegen NS-Taten gesuchte Personen »zur Strecke gebracht« zu haben.

Beachtenswert ist, daß Haim Hermann Cohn, der 1911 als jüdischer Bankierssohn in Lübeck geborene und seit 1930 in Palästina lebende langjährige israelische Oberrichter wie auch Richter am Internationalen Gerichtshof im Haag, 1993 dafür plädierte, die »Nazi-Prozesse« endlich einzustellen: »Es ist an der Zeit, damit aufzuhören.« Ein Appell, der bei der bundesdeutschen Justiz auf taube Ohren stieß. Zusätzlich zu mehreren tausend (!) noch anhängigen Ermittlungsverfahren eröffnete sie trotz Cohns Appell nach 1993 zahlreiche weitere Verfahren wegen NS-Verbrechen, wobei »Beweismaterial aus Stasi-Archiven« als maßgeblich bezeichnet wird.

»Beträchtliche Zahl amerikanischer Neubürger«

Der amerikanische Richter des Internationalen Militär-Tribunals,Charles F. Wennersturm, hatte wegen der ihm unerträglich erschienenen Prozeßmethoden sein Amt aus Protest niedergelegt und gegenüber der »Chicago Tribune« erklärt (zitiert nach »Verheimlichte Dokumente«, Band 1, München 1995, 4. Auflage):

❐ Die Mitglieder der Gruppe der öffentlichen Ankläger waren, anstatt zu versuchen, ein neues, richtungsweisendes Rechtssystem zu formulieren und zu erreichen, nur von ihrem persönlichen Vorteil und ihren Rachegefühlen geleitet... 90 Prozent des Personals des Nürnberger Gerichtshofes bestand aus voreingenommenen Leuten, die entweder aus politischen oder rassischen Gründen die Sache der Anklage unterstützten. Die Anklage wußte genau, weshalb sie alle Verwaltungsposten des Militärgerichts mit »Amerikanern« besetzte, deren Einwanderungsbescheinigungen tatsächlich sehr neu waren und die dann entweder im Verwaltungsdienst oder durch ihre Übersetzungen eine feindliche Atmosphäre gegenüber den angeklagten Personen schufen... Hätte ich sieben Monate früher gewußt, was in Nürnberg passierte, dann wäre ich niemals dorthin gegangen.

Der US-amerikanische Publizist William Henry Chamberlin, Leitartikler des »Wall Street Journal« und enger Vertrauter des US-Präsidenten von 1929-1933, Herbert H. Hoover, der mit seinem 1952 in Chicago erschienenen Werk »America's Second Crusade« (noch im selben Jahr auf deutsch unter dem Titel »Amerikas zweiter Kreuzzug – Kriegspolitik und Fehlschlag Roosevelts«) maßgeblich zur Besänftigung antideutschen Hasses in Amerika beitrug, schrieb:

❐ Zu der mangelnden Rechtsgrundlage der Nürnberger Prozesse gesellte sich erschwerend noch die Tatsache, daß an den Untersuchungen und Polizeiaktionen in Verbindung mit der Anklageerhebung auch eine beträchtliche Anzahl amerikanischer Neubürger beteiligt war, Personen, die aus politischen oder rassischen Gründen aus Nazideutschland geflüchtet waren. Der Rachedurst, von dem sich dieser oder jener leiten ließ, war menschlich verständlich. Doch hätten sich amerikanische Gerichte nicht dazu hergeben dürfen, diesen Rachedurst zu lindern.

Schlüsselfigur Robert H. Jackson

Wie schon vom zitierten Nahum Goldmann erwähnt, fiel der Vorschlag eines Siegertribunals besonders bei dem Mitglied des Obersten Gerichtshofes der Vereinigten Staaten von Amerika und nachmaligen Nürnberger Hauptankläger, Robert Houghwout Jackson (1892-1954), auf fruchtbaren Boden. Er war enger Vertrauter des Präsidenten Franklin Delano Roosevelt. Dieser war schon als Mitglied der US-Delegation in Versailles 1919 für die Forderung »Hang the Kaiser!« eingetreten, hatte sich damit aber gegenüber dem hierbei besonnenen US-Außenminister Robert Lansing nicht durchsetzen können, der Siegerprozesse gegen die Führung der Besiegten ablehnte.

Justice Jackson war 1936 bis 1939 stellvertretender Justizminister und 1940/41 Justizminister in der Regierung Roosevelt. Im XIX. Band, Seite 440, der offiziellen Protokolle des Nürnberger Prozesses ist Jacksons Wort überliefert, das Tribunal stelle »eine Fortsetzung der Kriegsanstrengungen der alliierten Nationen« dar. Vor allem betrachtete Jackson das Nürnberger Tribunal als teilweise Erfüllung jener Doktrin, die er in den letzten Märztagen des Jahres 1941 als Mitglied des Roosevelt-Stabes formuliert hatte: Im zwanzigsten Jahrhundert könne von Kriegen nach juristischen Begriffen des neunzehnten Jahrhunderts keine Rede mehr sein. Man müsse die modernen bewaffneten Konflikte als »universale Bürgerkriege« begreifen. Infolgedessen sei es den USA mit ihrer »Führungsrolle in der Welt« gestattet, in jede kriegerische Auseinandersetzung, wo sie auch im Gange sei, nach eigenem Ermessen einzugreifen und entsprechend zu handeln.

Das Kerbholz von Anklägern und Richtern

Nicht allein, daß die Ankläger, Richter und Henker von Nürnberg im Auftrage von Regimen handelten, die sich selbst abscheuliche Menschheitsverbrechen auf das möglicherweise vorhandene Gewissen geladen hatten – mancher Richter und Ankläger beim Tribunal war auch persönlich tief in Unrecht verstrickt.

Das gilt beispielsweise für die beiden US-amerikanischen Richter, Clark und Biddle. Sie hatten in den USA die juristischen Weichen dafür gestellt, daß weit über einhunderttausend amerikanische Staatsbürger japanischer Herkunft ab Anfang 1942 in Konzentrationslager deportiert wurden. Am 19. Februar 1942 erging ein entsprechender Befehl des US-Präsidenten an das Kriegsministerium, »alles Nötige zu veranlassen« für die Unterbringung der

US-Japaner in Lagern (die der Aufsicht von Milton S. Eisenhower, dem Bruder des alliierten Oberkommandierenden und nachmaligen Präsidenten, unterstanden). Das Justizministerium hatte zuvor bei Bekanntwerden des Planes widersprochen und die vorgesehenen Maßnahmen als »unnötig« bezeichnet. Es war Generalstaatsanwalt Biddle, der spätere US-Richter in Nürnberg, der diesen Einspruch gegen die Deportation von mehr als 100 000 amerikanischen Staatsbürgern in KZs zurückzog und damit den Weg für ein Unrecht freimachte, das auch in den Jahrzehnten seither nicht gesühnt worden ist.

Thomas Campbell Clark, einer der höchsten Richter der USA, verlor sich 1945 als Wegbahner des Nürnberger Tribunals zu der Äußerung, er wünsche sich, in Nürnberg möge man »in der Weise Recht sprechen, die wir in Texas ›law west of the Pecos‹ nennen, ein schnelles Recht, vor allem schnell«. Unter dem »Recht westlich des Pecos-Flusses« versteht man landläufig in den USA die »Justiz« im Wilden Westen, wie sie der berühmt-berüchtigte Justice Roy Bean im Morgengrauen praktiziert hatte. Dessen Galgenvogel-Karriere ist mehrfach von Hollywood verfilmt worden.

Zu Ehren von Richter Thomas Campbell Clark sei erwähnt, daß er später sein Unrecht einsah und dies auch öffentlich bekundete. Er äußerte (zitiert gemäß Ulrich Stern, »Die wahren Schuldigen am Zweiten Weltkrieg«, München 1993, 3. Auflage):

❒ Ich habe in meinem Leben eine gewisse Zahl von Irrtümern begangen. Zwei davon will ich öffentlich bekennen. Der erste war meine Mitwirkung bei Zwangsmaßnahmen, die zu Beginn des Krieges gegen die Japaner ergriffen wurden. Der zweite Irrtum war meine Mitwirkung am Nürnberger Prozeß.

Die Siegerjustiz von Nürnberg, so fuhr Justice Clark selbstzerknirscht fort, habe »Machthabern anderer Länder eine Entschuldigung an die Hand gegeben, um ihre politischen Feinde zu ermorden«. Hintergrund der Clark-Äußerungen waren die Tribunale, die Castro nach seiner Machtübernahme 1959 auf Kuba gegen Militärs und Polizisten des eng mit den USA verbündet gewesenen Regimes seines gestürzten Vorgängers Batista veranstaltete, wobei sich der kubanische Diktator auf das Vorbild Nürnberg berief.

Ein anderer Vertreter der Siegergerechtigkeit bei den Nürnberger Prozessen, der sich persönlich schwere Schuld aufgeladen hatte, war Sir Patrick Dean von der britischen Anklagebehörde. Deans furchtbare Rolle bei der Auslieferung von über zwei Millionen Russen und Angehörigen anderer Nationalitäten an Stalin ist im 1977 in London erschienenen Buch »Victims of Yalta« (deutsch: »Die Verratenen von Jalta. Englands Schuld vor der Geschichte«, München 1977) des englischen Historikers Nikolai Tolstoy (Nachfahre des berühmten russischen Dichters Tolstoi) enthüllt worden. Einhunderttausend der Zwangsrepatriierten wurden unmittelbar nach ihrer Ankunft von der Roten Armee erschossen, weit über eine Million in den folgenden Jahren in den Vernichtungslagern des Archipel Gulag umgebracht.

Dieser Patrick Dean, der spätere englische Ankläger in Nürnberg, war ab 1939 Rechtsberater der Regierung Seiner Majestät in London. Er gehörte zu jenen Leuten, die die britische Zeitung »Spectator« nach Erscheinen der Tolstoy-Enthüllungen wie folgt charakterisierte: »Bande von Beamten im Außenministerium, die die Politik Außenminister Edens mit unmenschlichem Fanatismus durchsetzte« und vor allem verhinderte, daß die Öffentlichkeit davon erfuhr. Berichte von Massenselbstmorden unter den Auszuliefernden, die sich – oft mit ihren Kindern – lieber selbst den Tod gaben, als Stalin in die Hände zu fallen, wurden zensiert. Dean kaltblütig: »Es interessiert uns nicht, ob die Menschen erschossen oder sonst irgendwie härter behandelt werden, als dies unter britischem Gesetz möglich wäre.« Mit brutaler Gewalt trieben britische Soldaten die Opfer auf Schiffe oder pferchten sie zur Weiterfahrt gen Osten in Eisenbahnwaggons. Tolstoys Schlußfolgerung:

- Sir Patrick Dean hat sich mindestens nach einem Hauptkriterium der Anklagen von Nürnberg selbst als Kriegsverbrecher schuldig gemacht.

Über eine weitere »Zierde« der Nürnberger alliierten Rechtsprechung berichtet das 1989 in München erschienene, von Dr. Gerhard Frey herausgegebene Lexikon »Prominente ohne Maske international«:

- Roman Andrejewitsch Rudenko, sowjetischer Ankläger. Geboren 1907 in Nosowka, gestorben 1981 in Moskau. Ab 1929 wirkte er als Mitarbeiter des sowjetischen Generalstaatsanwaltes und trug entscheidende Mitverantwortung für den stalinistischen Terror. 1945/46 war er sowjetischer Chefankläger beim Nürnberger Tribunal gegen die deutsche Führung. Von 1944 bis 1953 fungierte er als Chefankläger in der Ukraine und brachte zahllose Regimegegner vor die Erschießungskommandos oder in den Archipel Gulag. 1953 stieg er zum Generalstaatsanwalt der Sowjetunion auf. Er wirkte persönlich an der blutigen Niederschlagung des Streiks im KZ Workuta mit. Ausgezeichnet wurde er unter anderem mit dem Orden »Held der Sowjetunion« und dreimal mit dem Lenin-Orden. 1961 erfolgte seine Aufnahme ins Zentralkomitee der KPdSU.

In dem 1982 erschienenen Buch »Ohne Paß durch die UdSSR« schildert der Rumäniendeutsche Johann Urwich-Ferry, 1953 einer der Streikführer im sowjetischen Zwangsarbeitslager-Komplex von Workuta, das Auftreten Rudenkos bei der Niederschlagung der Aufstandsbewegung:

- Der 1. August 1953 war der Schicksalstag. Das Lager 29 wurde von allen Seiten von Militäreinheiten des NKWD (Stalins Geheimdienst) umstellt. Selbst die Posten auf den Wachttürmen wurden ausgewechselt. Dort wurden Soldaten in Kampfbereitschaft postiert. Unter Führung von Generalstaatsanwalt Rudenko, dem Vertreter der UdSSR bei den Nürnberger Siegertribunalen, und Generalmajor Derewjanko fuhr eine Kolonne von Militärlastwagen ins Lager. In diesem Moment kam auch die Feuerwehr mit Wasserschläuchen angefahren. Ein Ukrainer riß einem russischen Leutnant die Spritze aus den Händen und warf sie in den Graben. Der Leutnant stürzte. Das genügte, damit Rudenko mit schnellen Schritten in die Richtung eilte, wo der Ukrainer stand. Die Aufrührer bahnten letzterem einen Weg, damit er aus den vorderen Reihen nach hinten verschwinden konnte. In diesem Moment bedachte der ganze Haufen Rudenko mit Flüchen und feindseligen Zurufen. Rudenko blieb nichts anderes übrig, als seine Macht und Überlegenheit einzusetzen. Da er den Schuldigen nicht fassen konnte, packte er den nächststehenden Rebellen am Hemd und versuchte, ihn aus der vorderen Reihe herauszuziehen. Dieser war ein Pole. Er gab nicht nach. Kräftig stieß er Rudenko zurück. Dies nun konnte Rudenko noch weniger zulassen. Er riß eine Pistole aus der Tasche und jagte dem politischen Häftling zwei Kugeln in die Stirn. Der Pole war auf der Stelle tot.

  Nun kam Bewegung in den ganzen übrigen Rebellenhaufen. Die NKWD-Männer bezogen ihrerseits Kampfstellung. Ihre erste Reihe warf sich zu Boden, die nächste Reihe stützte sich aufs Knie, doch die letzte Reihe richtete stehend ihre Waffen gegen die Rebellen. Und dann begann die Todesernte. Aus dem Glied und von den Wachttürmen wurde gefeuert. Die Aufrührer standen in zusammengedrängter Schar und konnten den Kugeln nicht ausweichen. Die Vorderen wurden von hinten noch weiter nach vorne gedrückt. Die Erschossenen und Verwundeten fielen übereinander. Der Boden bedeckte sich mit Blut. Nach einer Weile floß das Blut schon in Strömen in Richtung des Workuta-Flusses. Die Männer des NKWD schossen wie von Sinnen. Als den ersten die Munition ausging, wurden sie von anderen Einheiten abgelöst. Als die Tschekisten und ihr Kommandeur meinten, daß ihre Blutorgie gelungen sei, fuhren zwanzig schwere Lkw auf den Platz. Gemäß Zeugenaussage des Häftlings Mischka Winogradow stammten diese großen Fahrzeuge aus amerikanischer Produktion. Auf sie wurden die Toten und Verletzten in Haufen geworfen.

Welchen Einfluß der brutale und blutige Stalinist Rudenko auf den Verlauf der Nürnberger »Siegergerechtigkeit« nahm, schildert der bereits zitierte Historiker Dr. Joachim Hoffmann in »Stalins Vernichtungskrieg 1941-1945« an folgendem Beispiel:

❒ Der Vorsitzende des Internationalen Militärgerichtshofes, Lordrichter Lawrence, hatte in Nürnberg am 22. März 1946 das von dem Verteidiger Dr. Stahmer beantragte Weißbuch der deutschen Reichsregierung über die »Bolschewistischen Verbrechen gegen Kriegsrecht und Menschlichkeit«, Erste Folge 1941, als Beweisunterlage nicht zulassen wollen. Lawrence folgte dem Verlangen des sowjetischen Hauptanklägers, General Rudenko, der es sich erlaubt hatte, die hier zusammengefaßten gerichtlichen Untersuchungsdokumente als »Erfindungen und Fälschungen« der »faschistischen Propaganda« zu bezeichnen, einzig und allein dazu bestimmt, »die von den Faschisten begangenen Verbrechen zu verbergen«.

Dafür brachte Rudenko in Nürnberg bolschewistische Massenverbrechen, zum Beispiel das bereits erwähnte Massaker an den polnischen Offizieren im Wald von Katyn, als Anklagepunkte gegen die Deutschen vor. Und am 19. Februar 1946 ließ er seinen sowjetischen Anklagekollegen Smirnow als »Beweismaterial« dem Hohen Gericht zu Nürnberg zwei Töpfe »mit fertiger Seife aus Menschenfett« präsentieren, welche die Deutschen aus den Leichnamen Gemordeter gefertigt hätten. Dieser in Nürnberg gewissermaßen amtlich gemachte Greuelvorwurf hält sich in bundesdeutschen Medien, Schul- und Geschichtsbüchern auch noch über ein halbes Jahrhundert später, ungeachtet jüdischer Dementis. Am 24. April 1990 meldete die Nachrichtenagentur dpa:

❒ Mehrere israelische Experten haben die grauenvolle Behauptung bestritten, daß die Schergen des Nationalsozialismus die Leichen jüdischer Holocaust-Opfer zu Seife verarbeitet hätten.

Die Nachrichtenagentur brachte eine Stellungnahme der israelischen Holocaust-Gedenkstätte Jad Vaschem des Inhalts, daß es keinerlei Dokument gäbe, welches beweise, »daß die Nazis aus menschlichem Fett Seife gemacht hätten«.

Leute vom Schlage eines Biddle und Dean und Rudenko also waren maßgeblich an jenem im November 1945 begonnenen »Internationalen Militärgerichtshof« beteiligt, der am 30. September/1. Oktober 1946 zwölf Männer der deutschen militärischen und politischen Führung wegen Verbrechens gegen den Frieden und gegen die Menschlichkeit zum Tode durch den Strang verurteilte.

Nachfolgeprozesse und Nachkriegsmassaker

Dem Prozeß gegen die Hauptkriegsverbrecher mit US-amerikanischen, sowjetischen, britischen und französischen Anklägern und Richtern schlossen sich in Nürnberg zwölf Nachfolgeverfahren in alleiniger US-amerikanischer Regie an, wobei es meist ebenfalls zur Verhängung von Todesstrafen kam:

Fall 1: Ärzte-Prozeß (Urteil vom 19./20. August 1947)

Fall 2: Milch-Prozeß (Urteil vom 16. April 1947)

Fall 3: Juristen-Prozeß (Urteil vom 3./4. Dezember 1947)

Fall 4: Pohl-Prozeß gegen Angehörige des Wirtschafts- und Verwaltungshauptamtes der SS (Urteil vom 3. November 1947)

Fall 5: Flick-Prozeß (Urteil vom 22. Dezember 1947)

Fall 6: IG-Farben-Prozeß (Urteil vom 29./30. Juli 1948)

Fall 7: Generals-Prozeß gegen die Südost-Generäle (Urteil vom 9. Februar 1948)

Fall 8: RuSHA-Prozeß gegen Angehörige des Rasse- und Siedlungshauptamtes der SS (Urteil vom 10. März 1948)

Fall 9: Ohlendorf-Prozeß gegen Angehörige der Einsatzgruppen der SS (Urteil vom 8. bis 10. April 1948)

Fall 10: Krupp-Prozeß (Urteil vom 31. Juli 1948)

Fall 11: Wilhelmstraßen-Prozeß gegen Angehörige des Auswärtigen Amtes und anderer oberster Reichsbehörden (Urteil vom 11. bis 14. April 1949)

Fall 12: OKW-Prozeß (Urteil vom 27./28. Oktober 1948)

Falsch wäre, generell anzunehmen, die nach den vielen Tribunalen von den Siegern Hingerichteten seien unschuldig gewesen und hätten den Tod angesichts der Schwere ihrer Taten nicht verdient. Wenn auch ein großer Teil der Anschuldigungen vor den Siegertribunalen übertrieben, verfälscht oder gänzlich erlogen war, so läßt sich – wie eingangs bereits betont – keinesfalls bestreiten, daß ungeheuerliche Verbrechen auch deutscherseits geschehen sind. Doch selbst der größte Übeltäter hat nach rechtsstaatlichem Empfinden Anspruch auf eine unbefangene, gesetzmäßige Anklage und Urteilsfindung. Diese lag bei keinem der Schuldsprüche durch Siegertribunale vor.

Neben Nürnberg führten die Westmächte zahlreiche weitere Prozesse gegen Deutsche vor »Militärgerichtshöfen« durch, wobei es zu insgesamt 5025 Verurteilungen kam. In 806 Fällen wurde die Todesstrafe verhängt, in 481 Fällen vollstreckt. Die Sowjets nahmen, meist in summarischen Verfahren, mehrere zehntausend Verurteilungen vor; eine auch nur annähernd genaue Zahl der von ihnen Hingerichteten ist unbekannt.

Weiter fanden beispielsweise in Belgien, Frankreich, Jugoslawien, den Niederlanden, Polen und der Tschechoslowakei Siegertribunale gegen Deutsche statt. Abertausende Todesurteile wurden verhängt und vollstreckt.

Unter den Millionen Deutschen, die nach Kriegsende durch Siegergewalt zu Tode kamen, befanden sich Tausende führende Männer und Frauen, die ohne vorangegangenes Tribunal liquidiert wurden oder in Konzentrationslagern der Sieger zugrundegingen. Der Historiker und Jurist Dr. Heinz Nawratil schätzt die Zahl der deutschen Nachkriegsopfer durch Siegergewalt auf fast 5 Millionen (»Die deutschen Nachkriegsverluste«, Ingolstadt 1986). Der kanadische Publizist und Geschichtsforscher James Bacque veranschlagt in seinem 1995 erschienenen Buch »Crimes and Mercies« die Zahl der Deutschen, die nach dem 8. Mai 1945 durch Siegerterror ihr Leben lassen mußten, sogar auf 9 Millionen.

Es ist zu hoffen, daß weitere Geschichtsforschung eine Opferzahl bestätigt, die nicht der höchsten, sondern der niedrigsten im Umlauf befindlichen Schätzung nahekommt. Denn nur seelisch kranke Menschen sehnen sich danach, daß möglichst viele Tote bei einem Massenverbrechen zu beklagen waren.

Die unterdrückten Dokumente

In seinem Werk »Die Nürnberger Geschichtsentstellung« (Tübingen 1970, 2. Auflage) hat der Historiker Gerhard Brennecke überzeugend belegt, daß Nürnberg der Aufrechterhaltung des von den Siegern geprägten Geschichtsbildes gedient hat.

Die wichtigsten Dokumente der deutschen Außenpolitik seien vom Nürnberger Tribunal »wegen Unerheblichkeit« als Beweise abgelehnt worden. Brennecke nennt folgende Beispiele: Als »unerheblich« wurden vom Gerichtshof abgelehnt »Urkunden, die zur Unterstützung der Behauptung verwertet werden sollten, daß der Versailler Vertrag von Deutschland nicht gebrochen wurde, sondern daß das Deutsche Reich nicht mehr daran gebunden war« (offizielle IMT-Veröffentlichung, Band IX, Seite 11). Auch das Deutsche Weißbuch »Bolschewistische Verbrechen gegen Kriegsrecht und Menschlichkeit« mit einer Fülle von Dokumenten betrachtete der Gerichtshof – wie bereits dargelegt auf Rudenkos Initiative – als »unerheblich« (IMT, IX, S. 758). Die Dokumente des zweiten Deutschen Weißbuches zur »Britischen Aufrüstung und Hetze gegen Deutschland« vom September 1938 bis Juli 1939 bezeichnete die Anklagebehörde als »unerheblich« (IMT X, S. 504). Sie wurden vom Gerichtshof abgelehnt (IMT X, S. 525). Die Dokumente des Deutschen Weißbuches über das polnische Vorgehen gegen die deutsche Volksgruppe von 1919 bis 1939 wurden vom britischen Ankläger bis auf wenige Ausnahmen als »unerheblich« bezeichnet (IMT X, S. 505) und vom Gerichtshof abgelehnt (IMT X, S. 525). Die in den Deutschen Weißbüchern Nr. 5 bis 7 enthaltenen Generalstabsdokumente des französischen Generalstabes (Verletzung belgischer Neutralität durch England und Frankreich) sollten abgelehnt werden, »weil wir die Diskussion darüber als eine Zeitverschwendung ansehen« (IMT X, S. 514). Die Deutschen Weißbücher mit Generalstabsdokumenten der Alliierten in bezug auf den Balkan waren nach Meinung des französischen Anklägers »ganz unerheblich« (IMT X, S. 514). Sie wurden vom Gerichtshof abgelehnt (IMT X, S. 525). Die Dokumente des Deutschen Weißbuches Nr. 3 über die Kriegspolitik der USA wurden abgelehnt (IMT X, S. 526). Ebenso für »unerheblich« befand der Gerichtshof die beim Genfer Roten Kreuz abgelieferten Deutschen Weißbücher (IMT IX, Seite 360).

Während alle Dokumenten- bzw. Pseudodokumentensammlungen der Alliierten als »erheblich« in das Tribunal einfließen konnten, waren durch diese Entscheidungen des Gerichts praktisch alle Akten der deutschen Seite, die Schuldanteile der Alliierten belegten, ausgeschlossen. Brennecke schlußfolgert:

❐ Es besteht eine auffallende Übereinstimmung mit der Methode, bestimmte Tatsachen und Dokumente zu verschweigen, um dadurch ein politisch gewolltes Bild von den Ereignissen und Handlungen der damaligen Politiker und Soldaten zu schaffen. Wo diese einseitige, in der Politik als Propaganda bezeichnete Methode nicht ausreichend erscheint, wird, wie in Nürnberg, auf zweifelhafte und zum Teil sogar gefälschte Unterlagen zurückgegriffen.

Der bereits erwähnte amerikanische Richter Wennersturm bestätigte die massive Beeinträchtigung der Verteidigung in Nürnberg:

❐ Die Anklage tat ihr Äußerstes, um es in jeder Weise der Verteidigung unmöglich zu machen, ihren Fall vorzubereiten und Beweise herbeizuschaffen.

In seinem Buch »Auch Du warst dabei« (Göttingen 1959) deckte der ehemalige deutsche Diplomat Peter Kleist die zweifelhaften Methoden der Nürnberger Wahrheitsfindung wie folgt auf:

- Es gibt kaum einen Grundsatz des Rechts, der in Nürnberg nicht mit Füßen getreten wurde: Keine Strafe ohne Gesetz – Tat unter Befehl oder Zwang ist straffrei – niemand darf seinem Richter entzogen werden – niemand darf in eigener Sache richten – niemand darf für die Taten anderer zur Rechenschaft gezogen werden – das alles war Recht von gestern, das alles galt nach der bedingungslosen Kapitulation nicht mehr für die Richter von Nürnberg.

Man habe beim IMT Zeugen auftreten sehen, die in langer Haftzeit entsprechend »bearbeitet«, die unter Androhung der Auslieferung an die Sowjets zum Meineid gepreßt, die zu Angeklagten gemacht worden seien, sobald sie es gewagt hätten, eine Aussage zu machen, die nicht dem Konzept der Anklage entsprochen habe. Kleist weiter:

- Verteidiger, die gegen Rechtsbruch protestierten, wurden in Haft genommen. Dokumente, die die Verteidigung verlangte, verschwanden, und viele Tonnenlasten von Urkundenmaterial, die die Anklage mit einem Riesenstab von Mitarbeitern nach jedem belastenden Wort durchforscht hatte, nahmen ihren Weg nach Übersee und fielen zur Klärung der Wahrheit aus.

Schweizer Zusammenfassung der Einwände

»War es ein faires Verfahren?« fragte das schweizerische historische Magazin »Geschichte« in seiner Ausgabe September/Oktober 1977. Der Geschichtsforscher und Publizist Fritz Hartmann faßte hier Einwände gegen das Tribunal zusammen:

- Das Statut des Nürnberger Gerichts legte ausdrücklich fest, daß nur die Hauptkriegsverbrecher der Achse vor dem Internationalen Militär-Tribunal abgeurteilt und bestraft werden sollten. Gewisse Handlungen waren nur dann Verbrechen, wenn sie von Deutschen begangen worden waren. Die Alliierten, die beispielsweise für die Vorgänge um Dresden und Hiroschima verantwortlich waren, erschienen nicht vor den Schranken des Gerichts, denn sie gehörten der Siegerpartei an und wurden für ihre Heldentaten in der Öffentlichkeit gefeiert. »Wehe dem Besiegten!« Noch während der Vorbereitungen des Prozesses ermordeten Briten unzählige Kosaken bei Lienz in Österreich, weil die Sowjets am 23. Mai 1945 mit den Briten die Auslieferung vereinbart hatten und sie in die Berge zu fliehen versuchten. Von den Ausgelieferten sind nur wenige lebend aus Sibirien herausgekommen.

Schon die Bezeichnung »international« für das Tribunal sei irreführend gewesen, denn der Gerichtshof habe sich nur aus Vertretern der hauptbeteiligten Siegermächte zusammengesetzt. Die Bildung eines neutralen Gerichtshofes (beispielsweise mit schwedischen, schweizerischen, portugiesischen, irischen, spanischen oder auch türkischen Richtern) aber wäre weitaus gerechter gewesen. Treffend habe Robert Jackson das Tribunal als eine »Fortsetzung der Kriegsanstrengungen der alliierten Nationen« bezeichnet. Hartmann fuhr im schweizerischen Geschichtsmagazin fort:

- Der im deutschen Recht unbekannte Tatbestand der Verschwörung, der sich laut Anklageschrift auf den Zeitraum von 1920 bis 1945 erstreckte, wurde in die Anklage mit einbezogen, um einige der deutschen Persönlichkeiten sicher verurteilen zu können, wie sich Jackson in bezug auf Dr. Schacht unumwunden äußerte. Der berechtigte Einwand von Dr. Stahmer, dem Verteidiger von Göring, daß sich ein Diktator nicht mit seinen Gefolgsleuten verschwört, sondern diktiert, blieb vom Gericht unberücksichtigt.

Am umstrittensten sei die Anklage wegen »Vorbereitung und Durchführung eines Angriffskrieges« gewesen, weil jeder kriegführende Staat behaupte, daß er angegriffen worden sei. Wer aber wolle letzten Endes darüber zu Gericht sitzen. Hartmann weiter:

❒ Bis zum heutigen Tage gibt es noch keine völkerrechtlich allgemeingültige Definition des Begriffes »Angriffskrieg«. Jeder an einem Angriffskrieg Beteiligte müßte folgerichtig angeklagt werden, was unmöglich erscheint. Dann müßte nämlich jeder Teilnehmer von seiner Regierung auch den Beweis für das Nichtvorliegen eines Angriffskrieges verlangen können, was das Grundprinzip des Befehls und Gehorsams ad absurdum führen würde.

Besonders die USA hätten mit dem Straftatbestand »Angriffskrieg« der Weltöffentlichkeit zeigen wollen, daß die gesamte deutsche Kriegsführung illegal gewesen sei, um so »gewisse Maßnahmen« Roosevelts völkerrechtlich rechtfertigen zu können. Ende November 1945 habe der amerikanische Hauptankläger in einer nichtöffentlichen Sitzung zum Ausdruck gebracht, daß es das Ziel der USA in diesem Verfahren sei, zu beweisen, daß die Naziregierung so schlecht und verbrecherisch gewesen sei, wie es amerikanischerseits stets dargestellt wurde. »Eine Klärung der politischen Ursachen wäre eine unerläßliche Voraussetzung für eine beweiskräftige Verurteilung gewesen«, findet Hartmann. US-Ankläger Jackson habe die Scheu vor Kriegsursachenforschung beim Tribunal am 8. August 1945 mit dem Wort »Wir dürfen es uns nicht erlauben, in eine Verhandlung über die Ursachen des Krieges hineingezogen zu werden« zum Ausdruck gebracht. Historiker Hartmann führt weiter aus:

❒ Um den Anklagepunkt »Verbrechen gegen den Frieden« rechtlich untermauern zu können, stützte sich die Anklage immer wieder auf den im Jahre 1928 abgeschlossenen und von Deutschland unterzeichneten Briand-Kellogg-Pakt, der den Krieg als Mittel für die Lösung internationaler Streitfälle verurteilte. Er sah jedoch weder für den einzelnen Staat noch für seine Politiker eine strafrechtliche Verantwortung vor. Nur so ist verständlich, daß bis 1945 trotz wiederholter Verletzungen dieser Abmachungen niemand seine Handlungen rechtfertigen mußte.

Der seinerzeitige US-Außenminister Kellogg, nach dem und seinem französischen Amtskollegen Briand bewußter Pakt benannt worden ist, habe die Wirksamkeit der vertraglichen Regelung mit einer verbindlichen Erklärung des folgenden Wortlauts ausdrücklich eingeschränkt:

❒ Das Recht der Verteidigung gehört zum Wesen der Souveränität und ist bei jedem Vertrag vorausgesetzt. Jeder Staat ist ganz allein dazu berufen zu entscheiden, ob die Verhältnisse so liegen, daß er aus Gründen der Verteidigung zum Kriege schreiten muß.

Anzumerken bleibe, ergänzt Hartmann, daß sich die Regierungen Frankreichs und Großbritanniens bei ihren Kriegserklärungen an Deutschland 1939 mit keinem Wort auf den Kriegsächtungspakt von 1928 berufen hätten, welcher im Nürnberger Verfahren zu einem Dreh- und Angelpunkt gemacht worden ist.

❒ Zu den Anklagepunkten der »Verschwörung gegen den Frieden« und des »Verbrechens gegen den Frieden« wurden vier Dokumente von zweifelhaftem Beweiswert vorgelegt, die als »Schlüsseldokumente« in die Geschichte eingegangen sind,

heißt es im schweizerischen historischen Magazin 1977 weiter. Als Beispiel wird das sogenannte »Hoßbach-Protokoll« vom 5. November 1937 erwähnt, welches vom Nürnberger Gericht als überragend wichtig für die »deutsche Verschwörung zum Angriffskrieg« gewertet worden ist. Es handelt sich um ein offiziell nicht autorisiertes, fünf Tage nach der Konferenz angefertigtes Gedächtnisprotokoll von Oberst Hoßbach über eine Aussprache führender Männer des Deutschen Reiches (Hitler, Göring, von Blomberg, von Neurath, Raeder und von Fritsch). Hartmann:

❒ Im Nürnberger Gerichtsurteil wurde wahrheitswidrig behauptet, daß diese Niederschrift in den Archiven der deutschen Regierung aufbewahrt und dort erbeutet worden sei. Tatsache jedoch ist, daß dieses »Schlüsseldokument« Ende 1943 von Oberst Graf von Kirchbach bei den nach Liegnitz ausgelagerten Akten des Oberbefehlshabers des Heeres vorgefunden wurde. Eine von ihm angefertigte Schreibmaschinenabschrift übergab er einem Verwandten zur Aufbewahrung. Dem Gerichtshof lag nur eine beglaubigte Fotokopie einer Abschrift des nicht aufgefundenen Originals vor.

Gleichwohl wurde dieses zweifelhafte Beweisstück, das in keinem Rechtsstaat der Welt vor Gericht als entscheidendes Indiz für die Verurteilung eines Angeklagten, und dann noch zum Tode, akzeptiert werden würde, beim Nürnberger Tribunal als »eines der eindrucksvollsten und aufschlußreichsten aller dieser Dokumente« bewertet, die Angeklagte an den Galgen brachten.

Wobei zu beachten ist, daß das Nürnberger Tribunal nicht darauf abzielte, die fraglos gewichtigen deutschen Schuldanteile am Ausbruch des Krieges unter Beweis zu stellen, sondern Deutschland die ausschließliche Alleinschuld zuzumessen.

Historiker Hartmann fährt in seiner Abhandlung über die Frage, ob Nürnberg ein faires Verfahren gewesen sei, fort:

❐ Ein alter Rechtsgrundsatz besagt, daß nur bestraft werden darf, wer gegen ein zur Zeit seiner Tat bereits bestehendes Gesetz verstoßen hat, das ihm Strafe androht. »Nullum crimen sine lege!« Die Tatbestände »Verschwörung gegen den Frieden« und »Verbrechen gegen den Frieden« wurden erst nachträglich unter Strafe gestellt. Auch die »Kriegsverbrechen« und »Verbrechen gegen die Menschlichkeit« waren völkerrechtlich wohl untersagt, aber nach internationalem Recht nicht mit Strafe belegt, die jedoch in den meisten Fällen aufgrund nationaler Gesetze mit Todes- und Freiheitsstrafe geahndet werden konnten.

Hartmann verweist in diesem Zusammenhang auf die bereits oben erwähnte Verordnung des letzten Reichspräsidenten Großadmiral Dönitz vom 15. Mai 1945, derzufolge die abscheulichen Verbrechen in den KZs durch deutsche Instanzen untersucht und abgeurteilt werden sollten.

❐ Aber eine notwendige Antwort von Eisenhower blieb aus. Eine sorgfältige Untersuchung durch Deutsche hätte gewiß mehr der Erforschung der historischen Wahrheit und der Bewahrung allgemeiner Rechtsgrundsätze gedient als die durchgeführten Prozesse der Sieger.

Das »Handeln auf Befehl« einer Regierung oder eines Vorgesetzten sei in Nürnberg nicht als Strafausschließungsgrund anerkannt worden. Durch Wegfall dieses Strafausschließungsgrundes sei der Grundsatz aller Staaten, Vertrauen zur Führung zu haben, aufs tiefste erschüttert worden. Dieser »Diffamierung soldatischer Tätigkeit« sei, so Hartmann weiter, kein geringerer entgegengetreten als der berühmte britische Feldmarschall Montgomery in einer vom Nürnberger Gerichtshof nicht beachteten Erklärung vom 26. Juli 1946 folgenden Wortlauts:

❐ Pflicht des Soldaten ist es, ohne zu fragen, allen Befehlen zu gehorchen, die die Armee, das heißt die Nation, ihm gibt.

Obgleich die Besorgnis der Befangenheit der Richter aufgrund ihrer Parteilichkeit tatsächlich begründet gewesen sei, sei die Ablehnung eines Richters durch einen Angeklagten bzw. seinen Verteidiger nach dem Statut des Internationalen Militär-Tribunals ausgeschlossen gewesen, fährt Hartmann fort.

❐ Der sowjetische Richter Nikitschenko umriß die Aufgabe des Gerichtshofes damit, daß er das Schuldmaß des einzelnen festzustellen und die erforderliche Strafe zuzumessen habe, da es bereits eine feststehende Tatsache sei, daß die Naziführer Verbrecher seien. Dem Richter solle nicht die Rolle des unparteiischen Dritten zufallen, fügte er seinen Vorstellungen über das anzuwendende Recht hinzu.

Weitere Aspekte, die im Beitrag des schweizerischen Geschichtsmagazins erwähnt wurden:

❒ Der Gerichtshof war gemäß dem Londoner Statut an Beweisregeln nicht gebunden. Die Angeklagten mußten ihre Unschuld selbst beweisen, was praktisch nicht durchführbar war, da das Gericht entschied, welche Urkunden, Dokumente und Zeugen zulässig waren. Aus mehreren tausend Tonnen Aktenmaterial, das die Anklagebehörde prüfte, wurden nur Belastungsdokumente dem Gericht vorgelegt und der Verteidigung zugänglich gemacht... Zahlreiches Entlastungsmaterial, das die Alliierten zum Teil belastet hätte, war plötzlich verschwunden, wodurch der Dokumentenbeweis weitgehend einseitig geprägt und der Prozeß in unfaire Bahnen gelenkt wurde. Unzählige Verteidigungsdokumente wurden mit der Begründung der »Unerheblichkeit« oder »Zeitverschwendung« abgelehnt.

Die Deutschen hätten nicht auf gleiche oder ähnliche Taten der Gegenseite verweisen dürfen. Nur im Falle der U-Boot-Kriegführung sei es dem Verteidiger von Dönitz gelungen, dieses Verbot zu umgehen, so daß sie vom IMT schließlich auch nicht verurteilt wurde.

❒ Auch daß die Schuld des Luftkrieges im Prozeß von der Anklage unerwähnt blieb und das Hervorbringen durch die Verteidigung vom Gericht unterbunden wurde, wirft ein bezeichnendes Licht auf die Verfahrensweise, hätte eine Behandlung dieses Themas doch den Rechtsgrundsatz »tu quoque« auf den Plan gerufen, der die Alliierten aus wohl überlegten Gründen peinlich berührt hätte.

Was den Kriegsausbruch 1939 angehe, so hätten die Sowjets in Nürnberg in eigener Sache gerichtet. Denn durch den Abschluß des deutsch-sowjetischen Nichtangriffspaktes mit dem geheimen Zusatzprotokoll unmittelbar vor Beginn des deutschen Angriffs auf Polen hätte Moskau den Kriegsausbruch erst ermöglicht. Als Dr. Seidl, Verteidiger von Heß, dieses Dokument vorlegen wollte, sei es auf sowjetischen Druck unterbunden worden.

Eine weitere Behinderung der freien Verteidigung müsse darin erblickt werden, daß die Verteidigungsdokumente zuerst der Anklagebehörde bzw. dem Gericht vorgelegt werden mußten, um festzustellen, ob sie »beweiserheblich« seien oder nicht. Dann seien die »erheblichen Stellen« übersetzt worden, wobei auch Sinnentstellungen vorgekommen seien. Die Anklagedokumente seien der Verteidigung oft erst nach Abschluß der Sitzung und in ungenügender Zahl ausgehändigt worden, während sie der Presse schon vor den Verhandlungen in größeren Mengen zur Verfügung gestanden hätten. Im Gegensatz zu den meisten Anklagedokumenten seien die der Verteidigung nicht immer im Gerichtssaal verlesen worden, was sich auf einseitige Berichterstattung verstärkend ausgewirkt habe. Wollten die Verteidiger das gleiche Recht wie die Ankläger in Anspruch nehmen, seien sie vom Gericht darauf hingewiesen worden, daß nach Artikel 19 des Statuts ein »schnelles Verfahren« anzuwenden sei.

❒ Dokumente, die bewiesen, daß der Versailler Vertrag unter Zwang abgeschlossen worden war, durften als Beweismittel nicht angeboten werden, obwohl den Deutschen die Verletzung dieses Vertrages vorgeworfen wurde. Der Verteidiger von Heß, Dr. Seidl, mußte sein Plädoyer auf Anordnung des Gerichts neu fassen – wohl ein einmaliger Vorgang in der Rechtsgeschichte zivilisierter Staaten -, weil es sich mit der Ungerechtigkeit und Rechtsgültigkeit des Vertrages von Versailles befaßte. Die Herausgabe bedeutsamer Akten der britischen Admiralität betreffend Pläne und Vorbereitungen der Alliierten für Finnland und Skandinavien wurde verweigert. Die ausländischen Archive blieben verschlossen, was eine einseitige Beurteilung der im Prozeß angeschnittenen Themen zwangsläufig begünstigen mußte.

Laut Statut hätten sich die Angeklagten selbst verteidigen dürfen, wenn sie es wünschten. Nach der Niederlegung des Mandats durch Dr. Rohrscheidt, seines ursprünglichen Verteidigers, habe sich Heß selbst verteidigen wollen, was vom Gerichtshof jedoch untersagt worden sei. Rosenberg habe zu verstehen gegeben, daß er sich mehr gegen seinen Anwalt zu verteidigen habe als gegen die Anklage. Der Rechtsbeistand des Reichsaußenministers von Ribbentrop habe über keine außenpolitischen Kenntnisse verfügt. Die Verteidiger von Bormann und den Organisationen seien vom Gerichtshof bestimmt worden. Als nachteilig habe sich auch erwiesen, daß der Gerichtshof die Verteidiger zugelassen und ihre Honorare bezahlt habe. Durch diese Abhängigkeit seien sie Gefahr gelaufen, sofort abberufen zu werden, wenn sie sich allzu engagiert mit der Sache ihrer Klienten gemein gemacht hätten. Die Prozeßunkenntnis der Verteidiger hinsichtlich des anzuwendenden angelsächsischen Rechts habe sechs Verteidiger veranlaßt, ein Gesuch einzubringen, ihnen einen mit dem fremden Recht vertrauten Rechtsanwalt zur Verfügung zu stellen, was vom Gericht abgelehnt worden sei. Bei Kreuzverhören hätten sich die Verteidiger nicht vorbereiten können, da sie nicht einmal wußten, welcher Zeuge der Anklage in den Zeugenstand treten würde.

❒ Die Verteidiger jedoch mußten ihre Zeugen rechtzeitig beantragen, die Ankläger konnten ihr Veto einlegen, und das Gericht entschied, ob dem Antrag der Verteidigung stattgegeben werden konnte. Wichtige Zeugen des Auslands wie Churchill, Daladier, Patterson und Molotow wurden unter nicht stichhaltigen Gründen vom Gericht abgelehnt. Sir David Maxwell-Fyfe (britischer Ankläger in Nürnberg) äußerte, daß er nicht wünsche, daß sein Freund Churchill irgendwelchen Mißdeutungen ausgesetzt werde.

Zu Abschluß seiner Darlegungen verweist Hartmann auf Berichte über Zeugen, die in alliierter Haft »zu bestimmten Angaben erpreßt worden sein sollen« (es war, siehe unten, tatsächlich der Fall). Weiter im Hartmann-Text:

❒ Generalfeldmarschall Milch wurde von einem amerikanischen Untersuchungsbeamten gewarnt, man werde auch ihn als Kriegsverbrecher auf die Anklagebank bringen, wenn er weiterhin zugunsten von Göring und Speer aussage. So ist es auch geschehen. Weiter wird berichtet, daß der SS-Obergruppenführer Pohl, Chef des SS-Wirtschafts- und Verwaltungshauptamtes, vor Unterzeichnung einer eidlichen Erklärung, die den Reichswirtschaftsminister Funk schwer belastete und die wesentlich zu seiner Verurteilung beitrug, mißhandelt worden sei. 1948 konnte im Wilhelmstraßenprozeß, in einem der 12 amerikanischen Nachfolgeprozesse, einer Niederschrift des ersten Verhörs von dem Rechtsberater im Auswärtigen Amt, Gaus, entnommen werden, daß ein amerikanischer Hilfsankläger ihm gedroht habe, ihn den Russen auszuliefern, falls er der Anklage nicht behilflich sei.

Solche Zeugen seien »von einer so fragwürdigen Qualität«, daß ihnen in einem normalen Verfahren keine Beweiskraft zugesprochen worden wäre. Wenn Hartmann allerdings vermutet, »daß das Gericht von den Vernehmungsmethoden im unklaren gelassen wurde«, erscheint dies angesichts der Machtfülle und des unbeschränkten Informationszugangs der Richter ausgeschlossen.

Ein unparteiischer Betrachter könne nach den vorliegenden Erkenntnissen schwerlich übersehen, daß durch die Verfahrensweise des Gerichtshofes der Rechtsgrundsatz »Gleiches Recht für alle« mißachtet worden sei, formuliert Hartmann abschließend eher euphemistisch. Die zahlreichen Kriege nach Nürnberg hätten bewiesen, daß der Anspruch des Tribunals, »den Frieden für die Zukunft sicherer zu machen«, gescheitert sei. Telford Taylor, Chefankläger der Vereinigten Staaten von Amerika bei den Nürnberger Nachfolgeprozessen, habe das Versagen eingestanden:

❒ Irgendwie haben wir es versäumt, die Lektionen, die wir in Nürnberg gelehrt haben, selber zu lernen.

»Kronzeugen« vor Siegertribunalen

Auch die Methoden bei anderen Siegerverfahren gegen Deutsche waren, zurückhaltend ausgedrückt, fragwürdig. In »Verheimlichte Dokumente« (Band 1), herausgegeben 1988 in München von Erich Kern, wird folgendes Dokument faksimiliert wiedergegeben:

❐ Ich, der unterzeichnete Stephen F. Pinter, seit dem Jahre 1920 Rechtsanwalt in der Stadt St. Louis im Staate Missouri/USA, erkläre hiermit, daß ich vom Januar 1946 bis Juli 1947 als US-Armeeanwalt in Dachau tätig war, und zwar als Ankläger. Während ich aber in jeder Weise mein Bestes tat, um das wirklich anständige Recht zu vertreten und die Justiz des Hasses zu verhindern, gab es dort eine Anzahl von Personen, die immer wieder falsche und unbegründete Anklagen gegen deutsche Gefangene erhoben und mit Hilfe notorisch meineidiger Zeugen vor den damaligen militärischen Gerichten sehr oft Erfolge erzielen konnten, die den wirklichen Tatsachen nicht entsprachen. Als Resultat solcher Mißjustiz wurden leider viele Unschuldige verurteilt und einige auch hingerichtet.
9. Februar 1960, Stephen F. Pinter.

Joseph Halow, US-Bürger arabischer Herkunft, war 1946/47 Protokollführer bei den amerikanischen Kriegsverbrecherprozessen in Dachau. Darüber berichtet er in seinem 1994 in Berg/Starnberger See erschienenen Buch »Siegerjustiz in Dachau. Die US-Schauprozesse. Ein Amerikaner stellt richtig« (Original: »Innocent at Dachau«, Newport Beach/Kalifornien 1993). Dokumentenfälschungen und Aussagen meineidiger Berufszeugen seien an der Tagesordnung gewesen. Er denke »an die Männer, die wir hingerichtet oder in die Gefängnisse gesteckt haben; vor allem an jene, die wir zu Unrecht verurteilt und bestraft haben«. Halow fährt fort:

❐ So begann ich auch die Selbstgerechtigkeit und Heuchelei der alliierten Kriegsverbrecherprozesse zu erfassen. Dagegen hat es niemals Prozesse oder Bestrafungen hinsichtlich der Grausamkeiten der Sieger gegeben... Die Welt ist müde geworden, nur immer von Greueltaten zu hören, die man den Deutschen aus der Zeit des Zweiten Weltkrieges angelastet hat, egal ob erlogen oder den Tatsachen entsprechend. Es ist an der Zeit, über jene Grausamkeiten zu sprechen, die man von anderer Seite den Deutschen zugefügt hat.

Am 15. Juli 1994 brachte die »Deutsche National-Zeitung« einen Bericht aus Halows Feder, dem folgende Passage entnommen ist:

❐ Es war sicher, daß keiner der Zeugen die angeklagten Männer je gesehen hatte, und trotzdem haben die Zeugen gegen sie ausgesagt.
Das war allerdings typisch für die Berufszeugen, die wir in Dachau allzuoft gesehen haben. Die US-Armee hatte sie im Lager untergebracht und wohl genährt, zu einer Zeit, als es in Deutschland fast unmöglich war, Unterkunft und Nahrung zu finden – und noch dazu wurden die Zeugen bezahlt! Kein Wunder, daß sie monatelang in Dachau geblieben sind und in jedem Fall ausgesagt haben, ob sie die Angeklagten nun kannten oder nie gesehen hatten.
Ein Untersuchungsbeamter, den ich in Dachau kennenlernte, und der später mein Nachbar außerhalb Washingtons wurde, sagte mir, einer von diesen Berufszeugen sei an ihn herangetreten und habe gefragt, was er von ihm als Aussage haben möchte. Der Untersuchungsbeamte sagte, er möchte natürlich, daß er die Wahrheit sage. Ohne Zögern oder Scham antwortete der Zeuge: »Ja, aber Sie wissen, wir können sagen, was wir wollen. Und deswegen frage ich Sie, was möchten Sie, daß ich sage?«

Die aus England stammende US-amerikanische Schriftstellerin, Journalistin und Hochschullehrerin Freda Utley war in den 20er Jahren linksextremistisch, u. a. in der englischen KP, aktiv. Mit ihrem Mann, einem sowjetischen Diplomaten jüdischer Herkunft, ging sie 1940 in die UdSSR. Er wurde Opfer der stalinistischen »Säuberungen«. Freda Utley emigrierte in die USA. 1949 veröffentlichte sie in Chikago das Buch »The High Cost of Vengeance«. Das Werk kam 1950 in Hamburg auf deutsch unter dem Titel »Kostspielige Rache« heraus. »Das volle Pfund Fleisch soll aus Deutschland geschnitten werden«, prangerte Utley die Siegerpolitik an. Und sie bekundete:

❒ Es ist mehr als Zeit, daß wir aufhören, die Deutschen schuldig zu sprechen, denn es gibt nicht ein einziges Verbrechen, das wir nicht selbst begangen hätten.

Sie rief auf zum Widerstand gegen »Apostel des Hasses und der Rache, die Gift in die Adern des amerikanischen Volkes einspritzen«. Wer in den USA Deutschland schuldig spreche, möge bedenken, daß »kein Sieger, nicht einmal die Hunnen, je einen Feind unsittlicher und unmenschlicher behandelt haben als die Vereinigten Staaten von Amerika die Offiziere der besiegten deutschen Armee«. Die Publizistin weiter: »In der Tat hat sich die deutsche Wehrmacht in Frankreich, Belgien und Holland in vieler Hinsicht besser benommen als wir.«

In ihrem erwähnten Buch schilderte Freda Utley als Beispiel einen Fall, in dem der US-Untersuchungsbeamte bei den Dachauer Kriegsverbrecherprozessen Kirschbaum einen Zeugen namens Eisenstein ins Gericht rufen ließ, um zu beweisen, daß der Angeklagte Menzel Eisensteins Bruder ermordet habe. Doch Menzel zeigte plötzlich auf den besagten »ermordeten« Eisenstein-Bruder, der im Publikum des Gerichtssaales saß: »Da sitzt er. Wie kann ich ihn umgebracht haben?« US-Kirschbaum drehte sich ärgerlich zu Eisenstein um und zischte: »Wie kann ich dieses Schwein an den Galgen bringen, wenn Du so blöd bist und Deinen Bruder in den Gerichtssaal bringst?«

Der katholische Weihbischof Dr. Johannes Neuhäusler, der zur NS-Zeit im Hitler-KZ Dachau eingesperrt war, gehörte nach 1945 zu den mutigen deutschen Kirchenführern, die gegen Unrecht bei Siegertribunalen protestierten. Am 7. November 1948 veröffentlichte die »Münchner Katholische Kirchenzeitung« ein Interview, das Bischof Neuhäusler Radio München gewährt hatte. Die amerikanischen Zensoren hatten derart umfangreiche Veränderungen verlangt, daß Neuhäusler die Genehmigung zur Ausstrahlung im Rundfunk verweigerte und das Interview stattdessen im vollen Wortlaut in der Kirchenzeitung kundtat. Hier die entscheidenden Aussagen des Bischofs:

❒ Am 17. September vorigen Jahres waren Mitglieder des amerikanischen Kongresses da, luden auch mich zu einer Konferenz ein und stellten mir dabei die Frage: »Was denkt man über die Prozesse in Nürnberg und Dachau?« Und damals schon äußerte ich aufgrund von Berichten, die ich von Dachau bekommen hatte, große Befürchtungen über diese Art der Prozeßführung und besonders über die Aussagen sogenannter »Berufszeugen«...

Ich habe heute gerade charakteristische Fälle auf den Schreibtisch bekommen. Da trat in einem Prozeß, der mit Todesurteil endigte, ein Kronzeuge auf. Er hatte folgende falsche Aussage gemacht, die ich mir von der Polizei in München heute noch ausdrücklich bestätigen ließ: Er heißt sich Rechtsanwalt, ist aber Kaufmann. Er heißt sich Doktor, ist es nie gewesen. Er gibt oder gab als Geburtsort Berlin an, ist aber in Hagen geboren. Grund für diese falschen Angaben: damit man eben seine Strafliste nicht hätte nachsehen können. Das Strafregister sagt von ihm: »Verbrecherisch veranlagt, 6mal wegen Diebstahl, Unterschlagung und Urkundenfälschung vorbestraft.« Er behauptete, 7 Jahre im KZ gewesen zu sein, in Wirklichkeit 1 1/2 Jahre. Er gab wohl zu, in Dachau als Zeuge aufgetreten zu sein, sagte aber, er hätte niemals geschworen. Die Kriminalpolizei aber besitzt Fotos, wo er mit erhobenen Schwurfingern dasteht und auf dem Zeugenstuhl sitzt. Von den Amerikanern selbst wegen Benzinunterschlagung angeklagt und verhaftet, machte er dann mit eingeschmuggelten Tabletten Selbstmordversuche, kam dann in die psychiatrische Klinik, darauf in das Krankenrevier in Stadelheim, ist aber jetzt wegen »Vernehmungsunfähigkeit« vorläufig in Freiheit.

Durchaus nicht untypisch ist der Fall des Hermann Friedrich Gräbe (1901-1986): 1931 NSDAP-Mitglied geworden, denunzierte er 1933 einen Bürger, der den Hitler-Gruß als »Quatsch« bezeichnet hatte. Während des Krieges verrichtete Gräbes Firma Tiefbauarbeiten in der Ukraine. Ab 1945 stellte er sich den Alliierten als Hauptbelastungszeuge zur Verfügung. Nicht weniger als 145 Belastungsaussagen gegen Einzelpersonen und Organisationen stammten von ihm. Seine Aussagen gingen als »Schlüsseldokumente« in die Zeitgeschichtsschreibung ein. Beim Nürnberger Prozeß gegen die Hauptkriegsverbrecher trat er laut IMT-Dokument 2992 PS wie folgt als Zeuge in Erscheinung:

- Zwei eidliche Erklärungen des Hermann Friedrich Gräbe vom 10. November 1945: Schilderung der Ermordung der Juden von Rowno am 13./14. Juli 1942; Schilderung der Massenermordung von Juden in Dubno am 5. Oktober 1942. Zusätzliche Erklärung vom 13. November 1945 mit Beschreibung der an den Ermordungen beteiligten SS- und SD-Leuten (Beweisstück US-494).

Nach seiner Einwanderung in die USA 1948 wurde er ein erfolgreicher Geschäftsmann und nannte sich Hermann Frederick Graebe. In die Bundesrepublik kam er seit Anfang der 60er Jahre nicht mehr, weil er mit Verhaftung rechnen mußte. Auslösend war ein Prozeß vor dem Schwurgericht Stade 1960. Graebe hatte unter Eid schwere belastende Aussagen gegen den ehemaligen Gebietskommissar des ukrainischen Bezirks Sdolbunow, Georg Marschall, vorgetragen. Das Gericht verurteilte Marschall zu lebenslänglicher Haft. Vier Jahre später konnte Marschalls Anwalt den Nachweis führen, daß Graebe die Unwahrheit gesagt hatte. Marschall wurde auf freien Fuß gesetzt. Graebe stand nun unter dem dringenden Verdacht des Meineids und wurde auch der Falschaussage überführt (Schwurgericht Nürnberg/Fürth 1963). Das Oberlandesgericht Celle befand im selben Jahr, Graebe sei »mindestens des fahrlässigen Falscheids« verdächtig. Meinungen über diesen Kronzeugen:

- Was mag dieser meineidige Kronzeuge sich in seinen 145 Aussagen gegen Deutsche alles zusammengelogen haben? Wie viele Graebes werden in den zahlreichen NS- oder KZ-Prozessen ihr verabscheuenswürdiges und niederträchtiges Spiel treiben? Und wie viele arglose Zeitgenossen werden die Urteile solcher Prozesse ohne jede Kritik hinnehmen? (Emil Aretz, »Hexeneinmaleins einer Lüge«, Stuttgart 1979).
- Eine Dokumentation der Meineide, die in der deutschen Kriegsverbrecher-Justiz geschworen werden, muß noch geschrieben werden... Als ein beinahe schon Berufsbelastungszeuge bewährte sich Graebe, der in 145 Kriegsverbrecheranklagen für die Amerikaner den Kron-Belastungszeugen abgab (Erich Kern, »Meineid gegen Deutschland«, Göttingen 1971, 3. Auflage).
- Man fragt sich unwillkürlich: Wie wird es nun mit den zahlreichen anderen Prozessen, in denen Graebe als Zeuge aufgetreten war? Werden alle diese Verhandlungen, u. a. der Nürnberger Kriegsverbrecher-Prozeß, auch zur Wiederaufnahme kommen? (»Solinger Tageblatt«, 27. Mai 1967).

Die sowjetischen Methoden

Der schon erwähnte Professor Trainin, Stalins oberster »Völkerrechtler« und Wegbahner des Nürnberger Tribunals, hatte in seiner Schrift »Die strafrechtliche Verantwortung der Hitler-Leute« das Prinzip aufgestellt, daß das Reich Hitlers ein Verbrecherstaat gewesen sei und alle Deutschen, die diesem Staat gedient hätten, als Komplizen anzusehen seien und daher bestraft werden müßten. Auf dieser Grundlage kam es in der Sowjetunion zur Verurteilung Zehntausender Deutscher als »Kriegsverbrecher«.

Seit Anfang der 90er Jahre hat Rußland bereits mehrere tausend dieser »deutschen Kriegsverbrecher« offiziell rehabilitiert. Bei einem Symposium des Verbandes der Heimkehrer (VdH) im Mai 1993, das unter russischer Beteiligung in Bad Godesberg stattfand, wurden u. a. folgende Beispiele für die stalinistische »Rechtsprechung« gegen deutsche Soldaten erwähnt:

❐ In Bryansk wurde am 30. Dezember 1945 der Obergefreite Karl Stein zusammen mit dem Kommandierenden General in einem Schauprozeß verurteilt, der General zum Tode, der Obergefreite zu 20 Jahren Zuchthaus, weil er – so der Urteilsspruch – »als Melder die Verbindungen zwischen Stab und Truppe aufrechterhalten und dadurch den Krieg verlängert hatte«. So wurde aus einem kleinen deutschen Melder ein gefährlicher Kriegsverbrecher.
Im November 1947 wurde der Obergefreite Paul Kaß in Stalino öffentlich zu 25 Jahren Gulag wegen »Kriegsverbrechen in der Sowjetunion« verurteilt, obwohl er im Kriege nie in der Sowjetunion eingesetzt war, sondern erst 1945 östlich von Berlin in Gefangenschaft geriet.
Wegen der Requirierung von Holz zum Stellungs- und Bunkerbau wurde der Gefreite Kurt Brinkmann im Mai 1948 zu 25 Jahren Zwangsarbeit verurteilt, da er »Verbrechen gegen die Menschlichkeit« begangen habe.
Der Gefreite der Waffen-SS Brandtner wurde im Juni 1948 wegen Kriegsverbrechen zu 25 Jahren verurteilt, die er 1941/42 in der Sowjetunion begangen haben soll. Allerdings war er damals noch gar nicht Soldat, denn er wurde erst 1943 eingezogen.
Dietrich Scholz wurde in Tiflis schwer mißhandelt und dann »wegen Kriegsverbrechen der 21. SS-Panzerdivision«, begangen angeblich 1942/43, zu 25 Jahren Arbeitslager verurteilt. Alle Anschuldigungen waren falsch, und eine 21.SS-Panzerdivision hat es nie gegeben. Auch war der Heeresleutnant Dietrich Scholz im Krieg niemals in der Sowjetunion, sondern nachweislich auf Kreta und in Deutschland.

Augenzeuge Siegfried Bucher schilderte beim genannten Symposium den Prozeßverlauf gegen Generalmajor Hellmuth Becker, Träger des Eichenlaubes. Der General der Waffen-SS war nach Kriegsende von der US-Armee an die Sowjets ausgeliefert worden. Becker machte man dort später den absurden Vorwurf »Sabotage durch Einbetonieren einer deutschen Granate«. Es handelte sich um einen sogenannten »Ausbläser«, verrostet und wertlos, völlig ungefährlich, den eine Arbeitsbrigade aus Kriegsgefangenen, zu denen General Becker gehörte, gefunden und einbetoniert hatte. Das führte 1952 zum »Becker-Prozeß«: Der General und weitere vier Kriegsgefangene wurden vom Militärtribunal Donez am 9. September 1952 zum Tode durch Erschießen verurteilt, acht andere Beschuldigte erhielten je 25 Jahre Gulag. Vierzig Jahre lang wußte niemand im Westen, ob die zum Tode Verurteilten des »Falles Becker« tatsächlich hingerichtet worden waren. Auf Anfrage des Suchdienstes des Deutschen Roten Kreuzes teilten sowjetische Stellen mit, daß der Generalmajor am 28. Februar 1953 »in der UdSSR verstorben ist«. Erst 1993 hat sich aus der Sichtung Moskauer Archive ergeben, daß der Urteilsspruch vollstreckt und der Eichenlaubträger am 18. Februar 1953 hingerichtet worden ist.

Besonders 1949/50 kam es in Stalins Sowjetunion zu massenhaften Pauschalverurteilungen gemäß der erwähnten Trainin-Doktrin. Je 25 Jahre Zwangsarbeit erhielten »automatisch« alle Angeklagten folgender Gruppen: Die Angehörigen des Ic-Dienstes und der Abwehr, alle Angehörigen der Waffen-SS, der Polizei, der Feldgendarmerie, des Generalstabes und höherer Stäbe, Intendanten, Feldgeistliche, Kommandeure (ohne Einzelbeschuldigung). Die

»Verhandlungen« dauerten jeweils wenige Minuten; die Urteile waren bereits zu Prozeßbeginn ausgefertigt.

Am 11. November 1952 meldete die Nachrichtenagentur dpa:

❒ Der wegen Kameradenschinderei angeklagte 30jährige Heinz K. aus Oerlinghausen wurde von der Großen Strafkammer in Detmold zu dreieinhalb Jahren Zuchthaus verurteilt. K., der Antifa-Leiter in mehreren sowjetischen Kriegsgefangenenlagern war, hatte elf deutsche Soldaten wegen angeblichen Diebstahls von Seife und Fett vor ein sowjetisches Kriegsgericht gebracht, das sie zu insgesamt zweihundert Jahren Zuchthaus verurteilte und nach Sibirien schickte.

Beim Nürnberger Siegertribunal ließ Sowjet-Hauptankläger Rudenko reihenweise »Zeugen« aufmarschieren, die zuvor entsprechend »bearbeitet« worden waren. Im folgenden, zitiert aus dem VII. Band der offiziellen IMT-Protokolle, einige dieser Aussagen von Rudenkos »Kronzeugen«. Kommentar erübrigt sich:

❒ Die deutschen Soldaten machten Bettgestelle aus Ikonen.
Sowjetbürger wurden gezwungen, auf einen Baum zu steigen und andere mußten diesen absägen. Die Menschen, die mit dem Baum umstürzten, wurden getötet. Die Deutschen füllten den Mund der Opfer mit Zement.
Die deutschen Eindringlinge brachten Typhuskranke aus den Krankenhäusern und vermischten sie mit Gesunden in den Lagern.
Die Deutschen gruben die Leichen ihrer Opfer aus und verbrannten sie, zermahlten die Knochen und verstreuten die Asche auf den Feldern. Sie verwendeten die Schlacke, die Reste von Verbrennungen, ebenso das Knochenmehl als Material für die Ausbesserung der Wege und als Düngemittel.
In großen Lagern wurden die gemahlenen Knochen der Opfer an deutsche Firmen verkauft, um Super-Phosphat herzustellen.
Auch wurden technische Öle und Fette für Maschinen, ja sogar Waschseifen aus den Leichen gewonnen.
Die Deutschen setzten hungernden Kindern Kaffee mit vergiftetem Kuchen vor. Der deutsche Feldscher rief Kinder, für die der Kaffee nicht reichte, ins Ambulatorium, wo er ihnen die Lippen mit starkem Gift bestrich. Nach einigen Minuten waren alle Kinder tot.
Die Deutschen schossen sich auf Kinder mit Maschinengewehren ein.
Ein Assistent des deutschen Militärlazaretts in Smolensk verwandte für die Kur der deutschen Militärpersonen das Blut von Sowjetkindern im Alter von 6 bis 8 Jahren, denen er große Mengen Blut entnahm. Infolgedessen starben die Kinder.
Manchmal gab Lagerkommandant Willhaus, um seine 9jährige Tochter zu amüsieren, den Auftrag, 2- bis 4jährige Kinder in die Luft zu schleudern, während er auf sie schoß. Seine Tochter applaudierte und rief: »Papa, mach das noch einmal!« Und er tat es noch einmal.
Die deutschen Eindringlinge nahmen an Kindern und Jugendlichen die bestialischsten Folterungen vor. Unter 160 verwundeten und durch Folter verstümmelten Kindern befindet sich u. a. der 12jährige Wanja Kryukow aus dem Gebiet von Kursk, dem die Deutschen beide Hände abgehackt haben.
Sogar die Leichen der Kinder trugen die Spuren unbarmherziger Verstümmelungen, einigen waren die Finger amputiert, die Gesäßbacken zerschnitten und die Augen ausgestochen worden.
Die SS zwang die Gefangenen, das Stiegenhaus in sieben Aufgängen des vierstöckigen Hauses mit ihren Zungen und Lippen aufzuwischen.

Manche dieser Anschuldigungen von Nürnberg, zum Beispiel »abgehackte Hände«, waren von der allierten Greulpropaganda schon im Ersten Weltkrieg verbreitet worden.

Daß es im Osten, vor allem durch sogenannte Einsatzgruppen, zu schweren Unrechtsakten gekommen ist, denen auch Juden in erschütterndem Ausmaß zum Opfer fielen, und daß die

»Untermenschen«-Propaganda verantwortungsloser, fanatischer NS-Propagandisten verbrecherisch war, kann nicht bestritten werden. Unfaßbar aber erscheint, daß bundesdeutsche Medien, Schul- und Geschichtsbücher sich immer noch auf maßlose Übertreibungen und Fälschungen der Stalin-Propaganda berufen, um die gesamte Wehrmacht beim Ostfeldzug als »Verbrecherbande« zu verleumden, während Rußland selbst bereits Abertausende als »Kriegsverbrecher« verurteilte deutsche Soldaten offiziell rehabilitiert hat.

Die Terrormethoden bei den Tribunalen

Daß man bei den Siegertribunalen nicht nur grundlegende Rechtsprinzipien verletzt, manipuliert und gefälscht hat, sondern auch offener Terror zur Erlangung der Schuldsprüche angewendet worden ist, klang bereits in mehreren der oben zitierten Quellen an. In seinem 1957 auf deutsch erschienenen Buch »Nürnberg oder die Falschmünzer« (Original: »Nuremberg ou les Faux Monnayeurs«) notiert der französische Publizist Professor Maurice Bardèche:

❒ Bei den Vernehmungen, die vor den Prozessen stattgefunden hatten, scheuten sich die Vernehmungsbeamten nicht, außerordentlich starken Druck auf die Personen auszuüben, die auszusagen hatten. Dieselbe Wirkung hatten die Verhaftungen von Zeugen, die monatelang im Gefängnis behalten wurden, bis über die Notwendigkeit befunden wurde, ob sie aussagen sollten. Während der dem Prozeß vorangehenden Untersuchungen wurden Personen vernommen, die anschließend verfolgt wurden, ohne daß sie wußten, ob ihre Vernehmung als Zeuge oder als Angeklagter erfolgte. Es ist sogar vorgekommen, daß Leute, die später unter Anklage gestellt wurden, unter Strafandrohung eidliche Aussagen machen mußten. Eine besonders beliebte Methode zur Erlangung von Zeugenaussagen war die Drohung mit Auslieferung an Fremdmächte, besonders an Polen und Rußland.

Über die Behandlung der deutschen Gefangenen des Nürnberger Tribunals schreibt der britische Historiker David Irving in seinem 1979 erschienenen Buch »Der Nürnberger Prozeß«:

❒ Die Bewacher gingen durchweg mit ihren Häftlingen sehr rauh um, ausschließlich kontrolliert von der US-Army unter Colonel Burton C. Andrus, einem West-Point-Zögling, für den Härte und Brutalität ein- und dasselbe waren... Andrus verbot dem Internationalen Roten Kreuz den Zutritt zu den Gefangenen; die Weihnachtspakete, die ihnen das Rote Kreuz schickte, ließ er beschlagnahmen. Weder Alter noch Rang oder Bedeutung konnten einen Häftling vor den Mißhandlungen der Andrus-Garde bewahren. Dem bereits älteren Hjalmar Schacht wurde verboten, auf der Seite liegend zu schlafen; Keitel plagten Geschwüre im Nacken, die nicht behandelt wurden; die meisten Gefangenen litten an Hunger und Kälte; es zog durch die zerbrochenen Zellenfenster. Ihren verständlichen Haß auf Gauleiter Julius Streicher, den professionellen Verbreiter antisemitischer Hetze und Pornographie, befriedigten die Amerikaner dadurch, daß sie sich auf dessen eigenes Niveau von Gewalttätigkeit und Brutalität begaben. Ein Feldmarschall, der als Zeuge in Nürnberg in Haft saß, schrieb im Oktober 1945 in sein Tagebuch: »Reichsschatzmeister Schwarz bewundert Streicher, der stets aufrechtgeblieben sei trotz fünf Tage Fesseln, nur verfaulte Kartoffelschalen, Peitsche und in den Mund Spucken durch Neger.«

In seiner Ausgabe Nr. 8/1986 brachte der »Deutsche Anzeiger« folgenden Erlebnisbericht des in Nürnberg beim Haupttribunal angeklagten Ministerialdirektors Hans Fritzsche:

❒ Wir wurden wie Schwerverbrecher behandelt. Dürftige Einzelhaft. 10 Meter Abstand beim Gang im Hof des Zuchthauses. Jedes Sprechen oder Flüstern verboten. Tag und Nacht lugte ein Wächter in die erbärmliche Einzelzelle. Er brachte oft einen kleinen Galgen mit einem aus einer Illustrierten ausgeschnittenen Bild und baumelte das Ganze vor den Angeklagten hin und her. Hermann Göring wurde mitunter ohne Grund mit einem Gummiknüppel geschlagen. Nachts wurde jeder mit einem Lichtkegel angestrahlt. Absichtlich wurde die ganze Nacht eine Geräuschkulisse fabriziert, die keinen schlafen ließ. Die Gefangenen mußten, ob krank oder nicht, nur auf der rechten Seite schlafen, sonst wurden sie unsanft durch lautes Klopfen geweckt. So wiederholte sich das grausame Spiel. Dann trat man in einem nervenzerrütteten Zustand tagsüber gut ausgeschlafenen Anklägern gegenüber. Zeugen, wie zum Beispiel die Minister Blomberg und Seldte, starben plötzlich im Krankenhaus. Wir erhielten Hungerrationen, und die knappe Ernährung beeinträchtigte neben anderen Momenten auch die Spannkraft der Nerven.

Massenmordhetzer auf alliierter Seite wie Ilja Ehrenburg (»Tötet alle Deutschen!« »Vergewaltigt die deutschen Frauen!«) oder Walter Winchell (»Laßt die Deutschen Arsen fressen!«) oder Theodore N. Kaufman (»Alle Deutschen sterilisieren!«) wurden zu Lebzeiten nie zur Rechenschaft gezogen. Julius Streicher, mit seinen widerlichen »Stürmer«-Ergüssen zweifellos einer der furchtbarsten antisemitischen Hetzer, aber wurde, obwohl schon seit 1940 politisch kaltgestellt, in Nürnberg als Hauptkriegsverbrecher unter Anklage gestellt und hingerichtet. Bevor er im Oktober 1946 am Strang endete, wurde er in grauenhafter Weise mißhandelt, wie das Irving-Zitat bereits andeutete. In den »Vierteljahresheften für Zeitgeschichte« berichtete US-Professor Jay Baird, daß

❐ im Sommer 1945 eine Fotografie in der amerikanischen Armee zirkulierte, die einen nackten Streicher zeigte mit einem über die Schulter geworfenen Militärmantel, von Schlägen geschwollenen Hoden, einer Stacheldrahtkrone auf dem Kopf und einem Schild mit der Aufschrift »Julius Streicher, König der Juden«.

In »Verheimlichte Dokumente« (Band 2), München 1995, ist folgender handschriftlicher Bericht Streichers wiedergegeben:

❐ Am 22. Mai (1945) wurde ich in Waidbruck/Tirol verhaftet und in das Gefängnis nach Salzburg gebracht. Dort wurden meine Hände von einem jüdischen Polizeioffizier in Handschellen gebracht.

Am 23. Mai wurde ich über Tölz und München nach Freising gebracht. Während der 200 km langen Fahrt war ich bei erheblicher Kälte nur mit Hemd und Hose bekleidet, da mir der Rock nicht ausgehändigt worden war. Die Hände waren gefesselt. In Freising kam ich in eine Zelle ohne Sitz- und Liegemöglichkeit. Das Fenster war herausgenommen, die Zelle durchkältet. Während meines dreitägigen Aufenthaltes in ihr wurde mir folgende Behandlung zuteil:

1. Nach meiner Entkleidung zerrissen zwei Neger mein Hemd in zwei Teile. Nur mit der Unterhose bekleidet und barfuß verbrachte ich die drei Tage im durchkälteten Raum. Während der Nacht und auch einige Stunden am Tag wurde mir ein alter Militärmantel umgehängt. Er wurde mir sofort wieder abgenommen, wenn ich mich den auferlegten Peinigungen zu widersetzen suchte.
2. Täglich 2-3mal mußte ich mich mit über den Kopf gehaltenen Händen an die Wand stellen, worauf mich ein Neger oder der Polizeioffizier bis zu 1 Minute lang mit einer Lederpeitsche auf den Geschlechtsteil schlug. Machte ich mit den in der Fessel liegenden Händen eine abwehrende Bewegung, erhielt ich mit dem Fuß einen Stoß auf die Hoden. Geschlechtsteil und Hoden waren stark angeschwollen.
3. Täglich 2 bis 3mal mußte ich den Mund öffnen, woraufhin der weiße Polizeioffizier und der Neger hineinspuckten. Hielt ich den Mund geschlossen, dann wurde er mit einem Holzstiel gewaltsam geöffnet.
4. Als ich mich weigerte, aus der Pißschale im Abort zu trinken, wurde ich mit der Peitsche geschlagen.
5. Bei jedem seiner Besuche in meiner Zelle riß der weiße Polizeioffizier mir Haare von den

Brustwarzen und Augenbrauen.
6. Während der 3 Tage erhielt ich keine Nahrung, nur 1mal durfte ich im Abort Wasser trinken. Als ich mich weigerte, angefaulte Speisereste aus einer Pappschale zu nehmen und zu essen, wurde ich auf den Boden gedrückt, eine schwere eiserne Kette auf meinen Rücken gelegt und von mir gefordert, die Füße der Neger zu küssen.
7. Am Ende jeder Peinigung mußte ich auf den Boden geworfene brennende Zigarettenstummel barfuß zertreten.
8. Ich wurde immer wieder von Presseleuten photographiert, und zwar in der Unterhose. Dabei war der Geschlechtsteil sichtbar. Die Photographen waren Juden.
9. Am letzten Tag, 2 Stunden vor dem Abtransport nach Wiesbaden, sagte ein Neger, jetzt kommt »kill, kill«. Er machte dazu die entsprechend Bewegung am Hals. Er frug mich noch, was ich essen oder trinken wolle, ich könne wünschen. Ich wünschte Papier, um noch einen Brief an meine Frau schreiben zu können.
10. Vor dem Abtransport holte mich ein Neger in den Abort, warf dann meine Zivilkleidung herein und befahl, mich anzuziehen. Das mußte ich mit gefesselten Händen tun.
Am 26. Mai wurde ich gefesselt nach Wiesbaden transportiert, wo ich in den ersten Stunden des 27. Mai eintraf. Erst in Wiesbaden wurden mir die Handschellen, die ich seit 22. Mai (also 5 Tage) – es folgt ein unleserliches Wort – Tag und Nacht getragen hatte, von den hochgeschwollenen Händen und eiternden Gelenken genommen. Seitdem befinde ich mich in ärztlicher Behandlung. Der Gefängnisdirektor in Wiesbaden (er sagte, er sei ein Jude) hat sich korrekt verhalten.
Julius Streicher, 16.06.45

Wie »rechtsstaatlich« der Nürnberger Ankläger Robert M. Kempner vorging, schilderte Lutz Graf Schwerin von Krosigk, parteiloser Reichsfinanzminister schon in Weimarer Zeit und im Mai 1945 unter Reichspräsident Dönitz Leiter der deutschen Regierung, in seinen 1977 erschienenen Erinnerungen am Beispiel folgenden Falles:

❐ Dem Staatssekretär von Weizsäcker war als einzigem gestattet worden (beim Wilhelmstraßenprozeß 1949), einen amerikanischen Verteidiger zu nehmen. Dieser sorgte für den dramatischsten Zwischenfall des Prozesses, die Vernehmung des Chefjuristen des Auswärtigen Amtes, des Ministerialdirektors Gaus, als Zeuge. Im Kreuzverhör fragte ihn der deutsche Verteidiger des Staatssekretärs von Weizsäcker, Rechtsanwalt Helmut Becker, ob er seine Aussagen unter einem von irgendeiner Seite geübten Zwang gemacht habe. Gaus verneinte. Becker warnte ihn eindringlich, er stehe unter Eid und möge seine Antwort genau überlegen. Gaus blieb bei seinem Nein. Dann müsse er, sagte Becker, zu seinem Bedauern das Protokoll der Vernehmung von Gaus durch Kempner vorlesen. Kempner protestierte lebhaft. Aber der Richter Powers, der an diesem Tag den Vorsitz führte, entschied, das Gericht habe ein großes Interesse daran, das Protokoll zu hören. In den Besitz dieses wertvollen Dokuments hatte sich Weizsäckers amerikanischer Verteidiger gesetzt. Darüber, wie er das gemacht hatte, gingen nur Gerüchte. Er soll es Kempner, als er während einer Unterhaltung aus dem Fenster sah, vom Schreibtisch geklaut haben.
In dem Verhör hatte Kempner dem ängstlichen Gaus stark zugesetzt und ihm, der während des Dritten Reiches Ribbentrops juristischer Berater gewesen war, schließlich die Auslieferung an Rußland angedroht. Als Gaus in panischem Entsetzen den Ankläger anflehte, dieser möge doch an seine Frau und seine Kinder denken, erklärte Kempner, für solche Bitten sei es zu spät, das hätte Gaus sich eher überlegen sollen, jetzt heiße es: mitgegangen, mitgefangen, mitgehangen. Erst als der völlig verzweifelte Mann unter Tränen bat, doch Mitleid mit ihm zu haben, zeigte Kempner den Rettungsweg. Er solle sich der Anklagebehörde als Zeuge gegen seine früheren Kollegen zur Verfügung stellen.
Zwei Tage nach dieser Vernehmung durch Kempner war Gaus aus der Haft entlassen worden. Wenige Tage später unterschrieb er seine berühmte Kollektivschulderklärung für die deutschen

Beamten. Seitdem arbeitete er im Vorzimmer Kempners für die Anklage. Nachweisbar äußerte Gaus in den Vernehmungen, die vor der Haftentlassung lagen, andere Ansichten als in den Aussagen, die später von ihm gemacht wurden. Er mußte für seine Freilassung teuer bezahlen.
Es war schrecklich, als Rechtsanwalt Becker seine Vorlesung schloß und sich an Gaus wandte, ob er immer noch behaupten wolle, nicht unter Zwang vor dem Gericht ausgesagt zu haben. Beide Hände vor das Gericht geschlagen, saß der große Jurist totenblaß und zusammengesunken da und schwieg. Er könne auf die Antwort verzichten, sagte Becker. Es war eine moralische Hinrichtung.

Auch die folgende eidesstattliche Erklärung des Generalfeldmarschalls Milch (zitiert gemäß »Verheimlichte Dokumente«, Band 1) verdeutlicht die Terrormethoden der Siegergerichtsbarkeit:

❐ Ich, Erhard Milch, Generalfeldmarschall, geboren am 30. März 1892 in Wilhelmshaven, augenblicklich vor dem Gericht in Nürnberg, bin belehrt, daß ich mich strafbar mache, wenn ich eine falsche Erklärung unter Eid abgebe.
Ich erkläre unter Eid, daß meine Angaben wahr sind und daß sie einem Gericht in Deutschland als Beweis übergeben werden.
Am 05.11.1945 stattete der mir gut bekannte Major Emery, wie er sich in Deutschland nannte, aber auch Engländer, wie er sich in England nannte, mir einen Besuch in Nürnberg ab. Er war mir schon von England her bekannt. Ich vermute, daß sein wahrer Name anders lautet. Er war, wie er mir einmal erzählte, Bankier in New York. Er leitete das englische Untersuchungslager Nr. 7, zu welchem auch der Captain Tracy (bestimmt auch ein falscher Name) gehörte. Als Major Emery beim Nürnberger Gericht eintraf, beschäftigte sich gerade ein amerikanischer Untersuchungsrichter mit mir. Ich hörte zufällig, daß es ein Major Mahagan sein sollte. Nach einer kurzen Unterhaltung zu dreien bat Major Emery den Major Mahagan, uns allein zu lassen. Emery kündigte mir dann an, wenn ich weiterhin für Göring, Speer und die anderen Angeklagten Aussagen vor dem Internationalen Gericht machen würde, müßte ich meinerseits damit rechnen, wegen Kriegsverbrechen angeklagt zu werden. Ich erklärte, ich hätte keinerlei Kriegsverbrechen begangen und sähe deshalb keinen Grund, mich anzuklagen. Emery erwiderte: »Das ist eine sehr einfache Sache; wenn wir wollen, können wir jeden Deutschen wegen Kriegsverbrechen anklagen und ihm den Prozeß machen, gleichgültig, ob er Kriegsverbrechen begangen hat oder nicht. Warum sprechen Sie für Göring und die anderen, diese würden das für Sie auch nicht tun; ich möchte Ihnen den guten Rat geben: Sprechen Sie gegen diese Leute, es liegt in Ihrem Interesse.«
Ich erwiderte ihm, daß ich nur die Wahrheit sagte, daß meine Person keinerlei Rolle spielte, und daß ich keine Angst vor einem Prozeß hätte. Emery antwortete: »Bedenken Sie, daß Sie noch jung sind, noch eine Rolle spielen könnten und daß Sie auch an Ihre Familie denken müssen.« Ich lehnte den Rat, den er mir gab, natürlich ab, selbst wenn er gut gemeint war. Emery beendete die Unterredung mit den Worten, dann könne er mir nicht helfen. Von diesem Augenblick an wußte ich, daß man versuchen würde, gegen mich einen Kriegsverbrecherprozeß anhängig zu machen. Ich habe dies Kameraden in Nürnberg und Dachau erzählt, ebenso Delegierten des Genfer Internationalen Roten Kreuzes.
Nürnberg, den 9. April 1947
Erich Milch, Generalfeldmarschall

Die Quittung für Milchs Standhaftigkeit folgte auf dem Fuße. Der Feldmarschall wurde in den Strafbunker des Dachauer Konzentrationslagers, das von den US-Siegern weiterbetrieben wurde, geschafft. Schließlich kam er als Hauptangeklagter vor ein Nürnberger Siegertribunal und wurde zu lebenslänglicher Haft verurteilt.

Folter-Fall Höss

Die Geständnisse des Auschwitz-Kommandanten Rudolf Höss, der 1947 in Polen hingerichtet wurde, gelten als »Schlüsseldokumente«. Seit Anfang der 80er Jahre verdichten sich die Indizien zur Gewißheit, daß er unter furchtbaren Foltern zu seinen Aussagen getrieben worden ist.

1983 erschien im Verlag des jüdischen Medienmultis Hamlyn (London) ein Buch mit dem Titel »Legions of Death«. Verfasser Rupert Butler ist mit mehreren antinazistischen Werken wie etwa »Gestapo« bekannt geworden. Eingangs des »Legions«-Werkes dankt Butler einem gewissen Bernard Clarke für »freundliche Unterstützung«. Bei diesem Clarke handelt es sich um einen der Soldaten in britischer Uniform, die Höss am 16. März 1946 in Norddeutschland gefangengenommen hatten. Butler zitiert in seinem Buch auszugsweise aus den Aufzeichnungen Clarkes. Demzufolge erpreßte man zunächst von Frau Höss den Aufenthaltsort ihres untergetauchten Mannes. Dabei wurden Methoden angewandt, die Butler so bezeichnet: »Ausgeklügelte Techniken des ununterbrochenen und erbarmungslosen Verhörs.«

Die Sergeanten in britischer Uniform fanden Höss schließlich auf einem Bauernhof. Clarke erinnert sich:

❒ Er lag ganz oben auf einer dreigeschossigen Schlafkoje und war mit einem seidenen Schlafanzug bekleidet. Wir fanden später heraus, daß er seine Cyanidpille, die ja die meisten von ihnen bei sich trugen, verloren hatte. Nicht daß er eine große Chance gehabt hätte, sie zu benutzen, denn wir hatten ihm schon eine Taschenlampe ins Maul gerammt.

Als Auftakt der »Behandlung« wurde Höss zusammengeschlagen. Man legte ihn nackt auf den Schlachttisch des Bauernhofes und prügelte längere Zeit auf ihn ein. Dann schüttete man ihm größere Mengen Whiskys in den Mund. Wollte der Gefolterte die Augen schließen, stieß ihm Clarke seinen Dienststock unter die Augenlider und befahl in deutscher Sprache: »Halt Deine Schweinsaugen auf, Du Schwein.«

Im Gefängnis Heide wurde dann mit der »Vernehmung« Höss' begonnen, die schließlich in seine »Geständnisse« mündete. Clarke:

❒ Es dauerte drei Tage, bis wir eine zusammenhängende Aussage von ihm hatten. Aber als er einmal zu reden angefangen hatte, konnte ihn keiner mehr halten.

Später sagte Höss im Nürnberger Prozeß aus, das heißt, er antwortete auf das Verlesen seiner »Geständnisse« und die Frage, ob dies alles zutreffe, stets mit einem »Jawohl«. Beobachtern fiel Höss' apathisches Verhalten bei der »Zeugenaussage« auf. Später wurde der KZ-Kommandant nach Polen ausgeliefert, wo nach einem Schautribunal seine Hinrichtung stattfand.

Moritz von Schirmeister, während des Krieges Pressereferent von Dr. Goebbels, traf Höss am 31. März 1946. Beide wurden in demselben Fahrzeug als Zeugen nach Nürnberg transportiert. Viel konnte Höss Schirmeister nicht sagen, doch aufschlußreich sind die wenigen Worte:

❒ Gewiß, ich habe unterschrieben. Es gibt eben Methoden, mit denen man jedes Geständnis erreichen kann.

Der Untersuchungsbericht von Justice van Roden

Zu den furchtbarsten Schindern in US-amerikanischer Uniform, die von Deutschen Geständnisse angeblicher Kriegsverbrechen erfolterten, zählten die Vernehmer Perl und Thon. Sie führten vor allem in Schwäbisch Hall ein Terrorregiment. Gerecht denkende Amerikaner, hauptsächlich Oberst Everett, mobilisierten in den USA die Öffentlichkeit gegen das Unrecht an kriegsgefangenen Waffen-SS-Soldaten. Der amerikanische Richter Colonel Edward Leroy van Roden wurde schließlich zum Mitglied einer offiziellen Untersuchungskommission unter Vorsitz von Gordon Simpson vom obersten texanischen Gerichtshof ernannt. Im folgenden Auszüge aus van Rodens Bericht (zitiert nach: Maurice Bardèche, »Nürnberg oder die Falschmünzer«, Wiesbaden 1957):

❐ Die als »Beweise« vorgelegten »Geständnisse« wurden von Männern erpreßt, die zunächst einmal drei, vier oder fünf Monate lang in vollkommener Abgeschlossenheit gehalten worden waren. Sie wurden in einen Raum mit vier fensterlosen Mauern eingesperrt. Täglich wurden zwei kärgliche Mahlzeiten durch eine an der Zellentür angebrachte Fallklappe hereingeschoben. Sie durften nicht miteinander sprechen. Man verweigerte ihnen jegliche Verbindung mit ihrer Familie, einem Priester oder einem Pastor. In einigen Fällen genügte diese Behandlung bereits, um Deutsche soweit zu bringen, daß sie vorher abgefaßte Geständnisse unterschrieben. Diese im voraus angefertigten Geständnisse belasteten nicht nur den Unterzeichner, sondern oft auch andere Verdächtige.

In anderen Fällen, so fuhr Richter van Roden fort, seien auch direkte körperliche Folterungen sadistischer Art zur Erpressung von »Geständnissen« angewendet worden. Der amerikanische Jurist:

❐ Die Ermittler stülpten den Angeklagten eine schwarze Kapuze über den Kopf, schlugen sie dann mit Schlagringen ins Gesicht, versetzten ihnen Fußtritte und hieben mit Gummischläuchen auf sie ein. Mehreren deutschen Angeklagten waren die Zähne ausgebrochen, bei einigen die Kinnladen zertrümmert. In 139 überprüften Fällen war allen diesen Deutschen – außer zweien – mit solcher Gewalt in die Hoden geschlagen worden, daß eine dauernde Invalidität daraus entstand. Dies war eine Standard-Prozedur unserer amerikanischen Ermittler.

Der US-Richter schildert u. a. folgenden Fall eines jungen deutschen Folteropfers:

❐ Nach einer Reihe brutaler Mißhandlungen erklärte sich ein 18 Jahre alter Beschuldigter bereit, ein Geständnis, das man ihm diktieren werde, niederzuschreiben. Er hatte schon achtzehn Seiten geschrieben, als die Stunde kam, ihn für die Nacht wieder einzuschließen. Bei Tagesanbruch hörten ihn die Deutschen der Nachbarzellen rufen: »Nein, ich werde keine einzige weitere Lüge mehr schreiben!« Als der Gefangenenwärter ihn zur Fortsetzung seines »Geständnisses« aufsuchte, fand er den Jungen an einem Gitterstab seiner Zelle erhängt tot vor. Aber die schriftliche Erklärung dieses jungen Deutschen, der Selbstmord beging, um sie nicht fortsetzen zu müssen, wurde dennoch vorgelegt und als Beweismaterial im Prozeß gegen die anderen Angeklagten zugelassen.

Eward L. van Roden, als Offizier und Richter in Strafsachen nicht zartbesaitet, war über die schrecklichen alliierten Unrechtstaten an Deutschen dermaßen erschüttert, daß er von der »Chicago Tribune« am 12. März 1949 mit dem harten Wort zitiert wurde:

❐ Wenn Gerechtigkeit Platz greifen soll, dann müßte man die ganze amerikanische Armee nach den Vereinigten Staaten zurückführen, um sie dort abzuurteilen.

Auch der britische Marineoffizier, Kriegsgeschichtler und Publizist Captain Russell Grenfell beschäftigte sich mit den Untersuchungsergebnissen van Rodens. In seinem 1954 in New York erschienenen Buch »Unconditional Hatred« (deutsch: »Bedingungsloser Haß?«, Tübingen 1954) schrieb er:

❐ Der Richter fand, daß gefangene Deutsche verschiedenen Formen der Mißhandlung unterworfen wurden, bis – mit den Worten der Zeitschrift »Pictorial« – »starke Männer zu gebrochenen Wracks wurden, bereit, jedes Geständnis zu murmeln, das ihre Ankläger von ihnen verlangten«.

Zu den von den Ermittlern angewandten »Überredungsmethoden« gehörte auch, so fuhr Grenfell fort,

❐ daß brennende Streichhölzer unter die Fingernägel der deutschen Gefangenen getrieben, daß falsche Priester – mit Kruzifix und Kerze – zur Abnahme der Beichte zu den Gefangenen geschickt wurden, in der Hoffnung, auf diese Weise belastende Aussagen zu erlangen.

»Verheimlichte Dokumente«, zweiter Band, bringt folgenden Bericht eines der Geschundenen von Schwäbisch Hall, Heinz Rehagel:

❐ Unter Schlägen und Tritten wurde ich bei der Einlieferung in eine Zelle getrieben. Hohes Fieber und Nierenschmerzen ließen mich sofort nach einem Arzt rufen. Er kam zwar, bedeutete aber, mir nicht helfen zu können. Selbst meine Bitte nach zwei zusätzlichen Decken lehnte er ab. So verblieb ich mit zwei dünnen Decken in kalter Zelle, bei völlig undichtem Fenster, mir selbst überlassen. Wiederholtes Rufen und Bitten wurden ignoriert.
Kurz vor Weihnachten kontrollierte mich ein amerikanischer Dolmetscher. Meine Frage, warum wir eigentlich da seien, beantwortete er mit wüsten Schimpfworten. Die Bitte, von meiner Gattin eine Nachricht erhalten zu dürfen, sie mußte Ende November entbunden haben, begegnete er mit gemeinen Beleidigungen gegen meine Frau. Als ich mir das verbat, schlug er mir mehrmals mit der Faust ins Gesicht.
Als ich zur ersten Vernehmung geführt wurde, erhielt ich Schläge mit einem Knüppel gegen Brust, Leib und Geschlechtsteile. Bei meiner ersten Vernehmung lernte ich Oberleutnant Perl sowie Harry Thon, einen deutschen Emigranten, kennen. Thon gab sich als Major und Oberstaatsanwalt aus.
Thon: »Sie sind Rehagel?« – »Ja.« (Thon schlägt mich ins Gesicht.) »Sie sind auch ein blödes Stück Scheiße.« Das war die Begrüßung durch die Vertreter der späteren Staatsanwaltschaft.
In vielen weiteren Fällen stand ich Rede und Antwort. Doch nicht zur Zufriedenheit der Herren. Nicht die Wahrheit wollte man, sondern einen Prozeß mit Sensation. Mir machte man die herrlichsten Versprechungen, nur sollte ich meinen Kompanie-Chef, den Regimentskommandeur und Oberleutnant Christ, belasten. Als Versprechungen wirkungslos blieben, folgten Drohungen wie: »Na, wir haben ja die Mittel, um Sie zum Sprechen zu bringen«, oder: »Wenn Sie nicht wollen, lassen wir Sie einfach verschwinden; Schnellverfahren sowie Hinrichtungen erfolgen hier täglich«. Am zweiten Abend nach dieser Andeutung wurde ich gegen 21.00 Uhr in Hose und Hemd auf den Hof geführt. Ich hörte das Entsichern von Waffen, dann die Frage: »Sind Sie katholisch oder evangelisch, haben Sie noch einen Wunsch?« Danach überließ man mich etwa 15 Minuten seelischen Qualen und führte mich unter Schweigen zur Zelle zurück.

Als Nachrichten über sadistische Methoden bei den Terror-Tribunalen in Amerika durchsickerten, erhoben sich Stimmen des Protestes. Am 20. Mai 1949 erklärte Senator Joseph R. McCarthy (zitiert in Ulrich Stern, »Die wahren Schuldigen am Zweiten Weltkrieg«, München 1990):

❐ Als Anwalt und als Richter des Kreisgerichtes in Wisconsin kenne und achte ich das amerikanische System der Justiz. Ich glaube, die Welt hat eine Demonstration amerikanischer Rechtspflege erwartet, die selbst auf unsere besiegten Feinde angewendet werden soll. Stattdessen sind Gestapo- und GPU-Methoden angewandt worden. Ich habe Zeugenaussagen gehört und dokumentarische Beweise gesehen, die besagen, daß angeklagte Personen Schlägen und körperlichen Mißhandlungen unterzogen wurden in Formen, wie sie nur von kranken Gehirnen erfunden werden konnten. Sie wurden Scheinprozessen und -hinrichtungen ausgesetzt, man drohte, ihre Familien der Lebensmittelkarten zu berauben, welches alles die Ankläger rechtfertigten als notwendig zur Schaffung »der richtigen psychologischen Atmosphäre zur Erlangung von Geständnissen«. Ich bin fest davon überzeugt, daß unschuldige Personen ebensogut wie schuldige auf diese Weise in die »richtige psychologische Atmosphäre versetzt«, Geständnisse machen oder alles und jedes bestätigen werden. Ich will nicht, daß mörderische Nazis freigesetzt werden. Ich will nur, daß Unschuldige geschützt werden.

Verbrecherische Quälereien

In Lüneburg fand vor einem britischen Militärgericht der erste große KZ-Prozeß der Nachkriegszeit statt (Verfahren in Sachen Bergen-Belsen). Zweihundert Journalisten waren eingeladen, um das Tribunal gegen die 47 Angeklagten zu verfolgen. Wie »Beweise« in Bergen-Belsen beschafft wurden, schildert der britische Publizist Alan Moorehead. Sein Bericht, aus dem der folgende Auszug stammt, erschien 1954 in dem von Cyril Connolly in London herausgegebenen und vom jüdisch geführten Verlag »Weidenfeld & Nicolson« gedruckten Buch »The Golden Horizon«:

❒ Als wir uns den Zellen der gefangenen SS-Männer näherten, begann der aufsichtsführende Sergeant schon im voraus wild zu brüllen. »Wir hatten heute früh Vernehmungen«, lächelte der Captain. »Ich fürchte, der Anblick ist nicht sehr hübsch.« Die Journalisten wurden in die Zellen geführt, die voller stöhnender, blutbesudelter Menschen lagen. Ein Mann dicht zu meinen Füßen, dessen Hemd und Gesicht von Blut dick überkrustet war, machte vergebliche Versuche aufzustehen; endlich kam er auf die Knie und schließlich mühsam auf die Füße und stand nun, heftig zitternd, die blutigen Hände hilflos von sich gestreckt, vor uns. »Auf mit Euch!« brüllte der Sergeant die anderen an. Die Gefolterten rafften sich einer nach dem anderen auf, indem sie sich an der Wand hochschoben. »Weg von der Wand!« Sie stießen sich mühsam ab und taumelten nach der Mitte der Zelle. In einer anderen Zelle hatte der englische Militärarzt soeben eine Vernehmung beendet. »Los!« schrie der Sergeant, »steh auf!« Der SS-Mann lag in seinem Blut auf dem Boden. Er kroch zu einem Stuhl, legte die Arme auf den Sitz und schob sich mühsam halb in die Höhe. Noch ein Schub: Er war auf den Füßen und warf uns flehend die Arme entgegen: »Warum macht Ihr mich nicht tot?« keuchte er mühsam. »Warum macht Ihr mich nicht ganz tot? Ich kann nicht mehr...« – »Das sagt er uns schon den ganzen Morgen, der dreckige Bastard«, grinste der Sergeant.

Auszug aus einem Brief des württembergischen Landesbischofs Theophil Wurm an den Nürnberger US-Hauptankläger Robert Kempner vom Mai 1948 über die Terror-Tribunale:

❒ Am meisten beeindruckt wurde ich von Dokumenten, aus denen zu ersehen war, daß bei den Vorbereitungen der Anklage in diesen Prozessen, die hernach mit Todesurteilen geendet haben, verbrecherische Quälereien angewandt worden sind, um Aussagen und Geständnisse zu erpressen.

Auf Material über Foltermethoden bei den alliierten Terror-Tribunalen, das ihm Kardinal Frings, der Vorsitzende der Deutschen Katholischen Bischofskonferenz zugeleitet hatte, reagierte der Apostolische Visitator Aloisius Muench aus den USA am 27. November 1948 schriftlich wie folgt:

❒ Man schämt sich wirklich, daß so etwas geschehen ist. Meine einzige Genugtuung in der Sache ist, wie aus den Namen ersichtlich, daß es nicht wirkliche Amerikaner waren, die die Vorverhöre führten.

Folterungen im Osten

Auch außerhalb Deutschlands wandten Sieger bei der Vorbereitung von Tribunalen gegen Deutsche schauderhafte Terrormethoden an. Hitler-Emigrant Monsignore Emmanuel Reichenberger, einer der entschiedensten Widersacher der brutalen NS-Diktatur, der sich nach seiner Rückkehr mit gleicher Entschlossenheit gegen Siegerunrecht wandte, schilderte in seinem 1952 erschienenen Werk »Europa in Trümmern« beispielsweise folgenden Fall aus dem tschechischen Machtbereich (KZ Theresienstadt):

- Matz ist jede Nacht und jeden Tag unter den Opfern, die geschlagen werden. Aber ihn schlägt man nicht tot. Man will Geständnisse von ihm. Und eines Tages ist er mürbe geschlagen. Er gesteht, was seine Peiniger wollen. Über hundert Eingeständnisse von Morden an Tschechen schlagen sie aus ihm heraus. Nicht bei einem war er beteiligt... Aus seinem Rücken hängt das rohe Fleisch heraus und die Seiten seines Körpers sind wund von Peitschenhieben. Eines Morgens, nach einer schrecklichen Nacht, ist das eine seiner Augen ausgelaufen, das andere so geschwollen, daß er damit nicht sehen kann... Seine Qual nimmt kein Ende. Durch eine der vielen offenen Wunden seines Körpers zieht er sich eine Blutvergiftung zu. Eine Sepsis bildet sich. Eines Morgens ist sein Oberschenkel so dick wie das Bein eines Elefanten. Sein übriger Körper ist jetzt so schmal wie der eines achtjährigen Kindes. Bei ihrer nächtlichen Visite entdecken seine Peiniger sein deformiertes Bein. Sie zwingen ihn, Kniebeugen zu machen. Nicht eine bringt sein zerquälter, bresthafter Leib zustande. Die Wachposten schütteln sich vor Lachen. Dann schlagen und treten sie ihn, daß er in seiner Zelle herumfliegt wie eine Kaffeebohne in der Mühle. Zwei Tage darauf ist Matz tot.

Es liegen ungezählte Zeugenaussagen über Folterungen im sowjetischen Machtbereich vor, die der Erpressung von »Geständnissen« für dortige Terror-Tribunale gegen Deutsche dienten. Hier ist insbesondere die Lektüre des Buches »Stalins Willkürjustiz gegen die deutschen Kriegsgefangenen« (Bonn 1993) von Günther Wagenlehner aufschlußreich. Dem Buch ist die folgende Berichterstattung des deutschen Soldaten Hans Knopp (Mönchengladbach) entnommen:

- Die Vernehmungen waren in allen Lagern meistens abends und nachts. Nachdem ich im Karzer (Holzlager) versuchte, meinen eigenen Urin zu trinken (was nicht gelang), und ich mal wieder bei Sinnen war, machte man mir deutlich klar, daß man mich verdursten lassen würde, wenn ich nicht irgendein Geständnis ablegen wolle. Ich wollte leben und schrieb eigenhändig in Sütterlinschrift meine Anklage, die mir so ähnlich vorgegeben wurde. Soweit mir noch in Erinnerung, soll ich bei Balta (Rußland) über 2000 Juden erschossen haben! Tatsache: Bei Balta auf dem Rückzug gingen wir nachmittags mitten auf der Rollbahn mit unserer 8,8 cm Flak in Stellung und wurden beim Panzerbeschuß von einem T 34 abgeschossen. Ein Schwerverwundeter. Bei Dunkelheit holten wir unsere Kanone aus der Feuerlinie. Von da an wurden wir als Infanterie eingesetzt.

Knopp erfuhr nach einem ca. fünf Minuten dauernden Prozeß sein Urteil: 25 Jahre Arbeitslager.

Im Gegensatz zu den bundesdeutschen Zuständen der 90er Jahre war man sich hierzulande vor 40 Jahren einig, daß die Sieger-Tribunale mit Gerechtigkeit und Recht nicht das geringste zu tun hatten. Die Bundesregierung ließ eine 22bändige wissenschaftliche Dokumentation über deutsche Kriegsgefangene erstellen. Geschildert wurde darin auch, wie man deutsche Soldaten zu »Geständnissen« gefoltert hatte. Zu den Folterzentren in Titos Machtbereich gehörte Werschetz/Jugoslawien. Der wissenschaftlichen Dokumentation der Bundesregierung folgend, berichten die Zeitgeschichtler Carell und Böddeker in ihrem 1980 in Frankfurt am Main erschienenen Buch »Die Gefangenen« einige Beispiele:

❒ Da war ein Hauptmann der 41. Infanteriedivision des Generalmajors Wolfgang Hauser. Im Lager Werschetz brachte er seine Tage und Nächte auf dem nackten Boden eines Kohlenschuppens zu. Die Hände gefesselt. Eiternde Handgelenke. Eines Tages holten ihn Wachposten aus dem Schuppen vor den jugoslawischen Vernehmungsoffizier, einen Oberleutnant der Partisanen. Das Verhör begann mit zwei Faustschlägen ins Gesicht. Der Jugoslawe fragte den Deutschen, ob er gestehen wolle. Der antwortete, er habe keine Kriegsverbrechen begangen. Der Hauptmann berichtete: »Man legte mir ein Seil um die Füße und warf mich zu Boden, zog das Ende durch die auf dem Rücken zusammengebundenen Hände und schlug mir die Knie mit Eichenstecken, Fußtritten und Gewehrkolben dick.«

Ein Selbstmordversuch des Hauptmanns mißlang, die Folterungen gingen weiter:

❒ Der Offizier wurde wieder mit einem dicken Eichenprügel geschlagen. Der Vernehmer packte den Gefesselten an der Jacke und schlug seinen Kopf gegen die Wand. Dann zwang er den Gefangenen, den Putz, der von der Wand gefallen war, und das Blut, das aus seinen Wunden auf den Boden geflossen war, aufzuwischen... Schließlich unterschrieb der Hauptmann das Protokoll über seine »Verbrechen«: 22 Zivilisten erschossen und Bauernhöfe geplündert zu haben.

Weitere Fälle dieser Art aus Jugoslawien:

❒ Der Gefangene S. Sch. verweigerte bei der ersten Vernehmung ein Geständnis. Daraufhin wurden seine Hände mit Handschellen auf dem Rücken gefesselt. Er wurde in eine Zelle gebracht, in der er stehen mußte. Kein Stuhl, kein Bett und kein Eimer für die Notdurft... Der Gefangene hörte Tag und Nacht die Schreie seiner Kameraden. Unter dem Druck der fest angezogenen Handschellen staute sich das Blut. Die Hände schwollen zu Klumpen an. Aber er wollte immer noch nicht gestehen. Dann banden die Jugoslawen einen Strick um seine Handgelenke und rissen daran. Unter dem fürchterlichen Schmerz versank der Gefolterte in eine Ohnmacht. Dann gestand er die Ermordung von mehr als fünfzig jugoslawischen Männern, Frauen und Kindern. Als Belohnung für das Geständnis erhielt er sechs Zigaretten... Der Oberleutnant der Schutzpolizei F. A. gestand in Werschetz, er habe 1200 Menschen, vor allem Frauen und Kinder, eigenhändig erschossen. Er gestand, nachdem sein Gesicht mit Zigaretten verbrannt worden war.

Und so erging es einem anderen deutschen Wehrmachtoffizier:

❒ Der ehemalige Kommandant des Fliegerhorstes von Agram erfuhr in Werschetz bei der ersten Vernehmung die Rechnung der Jugoslawen: »Ah, Du Major, Du 200 erschossen!« Der Major stritt jede Erschießung ab. Der Vernehmer nahm einen dicken Knüppel und schlug auf den Deutschen ein. Die Schläge hagelten. Der Vernehmer rief: »Du Major, wieviel erschossen, Du Major, Du 200!« Der deutsche Offizier wurde mit Draht gefesselt und in eine Ecke des Raumes gestoßen. Später kam der Folterknecht zurück. Er nahm dem Deutschen die Fessel ab und trieb ihn mit Schlägen auf die Beine. Der Jugoslawe drückte ihm einen Ring auf die Nase. Der Major mußte Tanzschritte machen wie ein Tanzbär und dazu das Horst-Wessel-Lied singen. Der Major wurde mit einem schweren Stock auf die Fußsohlen geschlagen. Die Füße schwollen an. Dann mußte er wieder Tanzschritte machen... Am Nachmittag des dritten Foltertages war der Widerstand des Offiziers gebrochen. Der Vernehmer kam und fragte höhnisch: »Nun, Major, wieviel?« Der Major gestand zwar nicht die verlangten 200, aber 29 Morde; er, der Kommandant einer Einheit, die nie an Vergeltungsaktionen gegen Jugoslawen beteiligt gewesen war.

Kopfschuß für den Ankläger

Zurück zum Nürnberger Terror-Tribunal und dessen Methoden der Wahrheitsfindung: Oswald Pohl, Chef des SS-Wirtschafts- und Verwaltungshauptamtes, der 1951 (zwei Jahre nach Abschaffung der Todesstrafe in Deutschland durch das Grundgesetz) im US-Gefängnis Landsberg am Lech hingerichtet wurde, hatte in Nürnberg eine den dort angeklagten

Ex-Reichsminister Funk schwer belastende eidesstattliche Erklärung abgegeben. David Irving berichtet:

❒ Kaum ein Jahr später erfuhr die Öffentlichkeit, daß er zu seinen damaligen Anschuldigungen durch die abscheuliche Behandlung getrieben worden sei, der er nach der Gefangennahme durch die englischen und amerikanischen Soldaten ausgesetzt gewesen sei: Auf einen Stuhl gefesselt habe man ihn bewußtlos geschlagen, das Gesicht sei ihm zerschnitten und die Wunden mit Salz eingerieben worden.

Irving verdanken wir auch den Hinweis darauf, daß die Nürnberger Ankläger selbst untereinander mit Terror vorgingen:

❒ Rudenko bat Jackson um die Genehmigung, einen Toten aus der amerikanischen Zone abtransportieren zu dürfen. Es handelte sich um den stellvertretenden Ankläger, Generalmajor N. D. Zorja, einen der brillantesten Anwälte aus der sowjetischen Delegation. Er war »verunglückt beim unvorsichtigen Hantieren mit einer Schußwaffe«. Als die Amerikaner dem genauer nachgingen, erzählte man ihnen, Zorja sei die Waffe beim Reinigen plötzlich losgegangen – wozu Jackson nur privat anmerkte, es sei doch unwahrscheinlich, daß ein Anwalt eine Waffe bei sich trage bzw. ein Generalmajor sie sich selber reinige. »Und drittens war es seltsam, daß er sie ausgerechnet mit gegen die Stirn gerichteter Mündung gereinigt haben sollte.« Seine Experten hielten es für möglich, daß Zorja aus nächster Nähe erschossen worden war. Nach reiflicher Überlegung ließ Jackson es dabei bewenden. Wenn die Russen ihre Streitigkeiten auf diese Weise schlichten wollten, dann sollten sie es tun.

Der Vollzug der Todesstrafen

Die »Qualität« der Hinrichtungen nach den Terror-Tribunalen stand jener der Vorermittlungen und der Prozeßführung nicht nach. Als Beispiel sei folgende Passage aus dem Buch »Die Vertreibung-Sudetenland 1945/46« des Zeitgeschichtlers E. Franzel über das tragische Ende des deutschen Bürgermeisters von Prag, Professor Josef Pfitzner, der in einer Prozeßfarce zum Tode verurteilt und im September 1945 hingerichtet wurde, zitiert:

❒ Zwei Stunden nach Verkündung des Todesurteils wurde Pfitzner gefesselt auf den großen Platz vor dem Gefängnis in Prag-Pankraz geführt und im Angesicht von 250 000 Zuschauern gehenkt. Der Henker (in schwarzer SS-Uniform ohne Abzeichen) blies dem gefesselten Todeskandidaten den Rauch seiner Zigarette ins Gesicht, und als Pfitzner mit lauter Stimme schrie: »Ich sterbe für Deutschland!« schlug er ihm, ehe er ihm das Genick brach, mit der Hand ins Gesicht. Die ausländische Presse berichtete so empört über das skandalöse Schauspiel, daß Benesch (Präsident in Prag) sich genötigt sah, weitere öffentliche Hinrichtungen zu verbieten.

Auch bei den Hinrichtungen nach dem Nürnberger Prozeß gegen die Hauptkriegsverbrecher ging es äußerst grausam zu. Henker Woods aus Texas hatte die Falltür absichtlich zu eng bemessen. So wurde manchem Delinquenten – wie im Falle Keitel offensichtlich – das Gesicht zerschlagen. Irving:

❒ Alles in allem waren die Erhängungen sehr amateurhaft vorgenommen worden, die Leichen wurden schwer verstümmelt.

Zeitgeschichtler Heinrich Härtle schreibt, daß der Todeskampf der Woods-Opfer bis zu 16 Minuten gedauert habe.

Der Bitte Jodls und Keitels, erschossen zu werden statt an den Galgen zu kommen, hatte man nicht entsprochen; auch nicht dem Ersuchen von Großadmiral Dr. Erich Raeder, ihn zu erschießen statt lebenslänglich in Siegerhaft zu nehmen.

Prosteste gegen die Tribunale

In der Nachkriegsära fand sich kaum ein führender Vertreter der bundesdeutschen Gesellschaft bereit, die Terror-Tribunale der Sieger für rechtens und gerecht zu erklären. Diese Erscheinung trat erst viel später auf, im Zeichen einer neudeutschen Radikalumerziehung durch professionelle »Vergangenheitsbewältiger«, so daß neuerdings die Siegertribunale in etablierten bundesdeutschen Medien allenfalls deshalb kritisiert werden, weil sie zu lasch mit den angeklagten Deutschen verfahren seien.

Hätten damals in Nürnberg nicht die Alliierten zu Gericht gesessen, sondern nationalmasochistische deutsche »Volkspädagogen« heutigen Zuschnitts, wären wohl auch die zu Zeitstrafen Verurteilten bzw. die Freigesprochenen, Fritzsche, von Papen und Dr. Schacht, an den Galgen gebracht worden. Gewiß hätte es auch keine Freisprüche für das Oberkommando der Wehrmacht, den Generalstab, für den »Lebensborn« oder gar die SA gegeben, zu welchen sich die alliierten Richter durchrangen. Selbst Vorwürfe, die beim IMT nicht erhoben wurden, zum Beispiel eine »deutsche Schuld« am Ausbruch des Bombenkrieges gegen die Zivilbevölkerung, versuchen bundesrepublikanische Volkspädagogen von heute ihrem eigenen Volk aufzubürden.

Wie anders die Stellungnahmen führender Deutscher, die über jeden Verdacht der NS-Sympathie erhaben waren, in der Zeit nach dem Zweiten Weltkrieg! Beispielhaft sei zitiert, wie sich der Bischof von Berlin und Brandenburg, Dr. Otto Dibelius, ein strikter Anti-Nationalsozialist, 1946 in der Schweizer Zeitschrift »Der Bund« äußerte:

❒ Als Christen weigern wir uns rundweg, die Nürnberger Urteile als gerecht anzuerkennen. Diese Urteile sind nichts anderes als eine Vergeltungsmaßnahme, die ein besiegtes Volk gegen seinen Willen über sich ergehen lassen muß, und das Völkerrecht wird in ihnen durch den brutalen Egoismus der modernen Staaten mit Füßen getreten. Ein neues barbarisches Zeitalter hat begonnen.

Als »schwere Verdunkelung des öffentlichen Gewissens« geißelten protestantische Kirchenführer der US-Besatzungszonen in einem Brief an US-General Clay am 20. Mai 1948 die Praxis des Nürnberger Gerichts der Alliierten. Unterschrieben war der Protest von den Landesbischöfen Hans Meiser (Bayern), Julius Bender (Baden), Adolf Wüstemann (Kurhessen-Waldeck) sowie vom Kirchenpräsidenten Martin Niemöller (!).

Am 26. August 1948 wurde in einer Resolution der Fuldaer katholischen deutschen Bischofskonferenz beklagt, die alliierten Tribunale hätten »den verhaßten Charakter von Sondergerichten angenommen«; es würden »Strafurteile aufgrund eines Sonderrechts gefällt, das von den Siegermächten ausschließlich für das deutsche Volk geschaffen wurde«.

Am 26. November 1949 wurde im Erzbischöflichen Ordinariat in München das »Komitee für kirchliche Gefangenenhilfe« gegründet. Auftrag: Den Deutschen in alliierten Gefängnissen beizustehen. Vorsitzender war Weihbischof Neuhäusler, der unter Hitler im KZ Dachau eingesperrt war. In einem Aufruf des Komitees, unterzeichnet von Neuhäusler und Münchens Oberkirchenrat Daumiller, hieß es, es sei notwendig, daß das deutsche Volk den Weg in die Zukunft bestimme »frei von ihm aufoktroyierten Schuldkomplexen«.

Auch der Papst wandte sich gegen die einseitig nur gegen die Besiegten gerichteten Tribunale, die er mehrfach ausdrücklich verdammte. In seiner 1987 in Frankfurt am Main und Berlin erschienenen »Geschichte der Deutschen« zitiert Professor Hellmut Diwald folgende Erklärung Pius' XII. vor einem Kongreß von Strafrechtlern in Rom im Jahre 1953:

❒ Einem unbeteiligten Dritten bereitet es Unbehagen, wenn er sieht, wie nach Abschluß der Feindseligkeiten der Sieger den Besiegten wegen Kriegsverbrechen aburteilt, während sich der Sieger gegenüber den Besiegten ähnlicher Handlungen schuldig gemacht hat.

Bonns Haltung damals

Nicht nur die christdemokratisch geführte Bundesregierung unter Konrad Adenauer, sondern auch die sozialdemokratische Opposition unter dem einstigen Insassen von Hitler-KZs, Kurt Schumacher, distanzierte sich von den Terrormethoden der Siegerjustiz. Unter dem Beifall des gesamten Hohen Hauses prangerte Adenauer am 27. Januar 1950 an:

❒ Besonders erschütternd sind die neuesten Nachrichten über das Schicksal der Kriegsgefangenen, die in Jugoslawien unter dem Vorwand von Untersuchungen über Kriegsverbrechen zurückgehalten worden sind... Wie aus einwandfreien Berichten hervorgeht, erfolgten Untersuchungen und Verhandlungen gegen diese Deutschen ohne Beachtung auch nur der elementarsten Rechtsgrundsätze. Es fanden Verhöre unter verschärften Bedingungen, verbunden mit Schlägen, Folterungen, Einzelhaft und Nahrungsentzug statt.

Unterstützt von der SPD, drohte Adenauer dem Regime in Belgrad an, es könne unter diesem Vorzeichen nicht zum Abschluß des von Jugoslawien begehrten Handelvertrages mit Deutschland kommen (diese Drohung brachte den Kriegsgefangenen eine Besserung ihrer Lage). Zu Abschluß seiner Rede sagte der Kanzler:

❒ Lassen Sie mich weiter ein Wort an die gesamte Weltöffentlichkeit richten. Hier handelt es sich um solche Vergehen und Verbrechen gegen die Menschlichkeit, daß die gesamte Öffentlichkeit auf der ganzen Welt sich dagegen empören muß.

1953 erschien folgende Meldung in den Medien der Bundesrepublik Deutschland:

❒ Werl. Bundeskanzler Dr. Adenauer besuchte am Sonntag, dem 28. Juni 1953 in Werl die dort inhaftierten deutschen Kriegsverurteilten und verschaffte sich ein Bild von den allgemeinen Verhältnissen in der britischen Haftanstalt. Bei der Unterredung in den Zellen sprach der Bundeskanzler den Häftlingen Mut zu. Er versicherte, daß von deutscher Seite alles nur Mögliche für sie getan werde, um ihre Lage zu erleichtern und ihre Fälle schnell zu klären. Unter den Häftlingen, mit denen der Bundeskanzler sprach, befanden sich der ehemalige Obergefreite Neitz aus Hameln, der ehemalige SS-General Kurt Meyer – genannt der »Panzermeyer« – und der frühere Generaloberst Nikolaus von Falkenhorst.

Die Gefangenen von Werl waren bei Schautribunalen der Sieger als »Kriegsverbrecher« verurteilt worden.

Im »Überleitungsvertrag« von 1955, abgeschlossen mit den Westmächten, konnte Bonn einen Passus durchsetzen, der die Anerkenntnis der Nürnberger Urteile durch die Bundesrepublik ausschloß. Und der Bundesgerichtshof bestätigte 1958/59 die Auslegung, daß die Urteile der Nürnberger Prozesse für Bundesdeutschland rechtlich vollends unverbindlich seien. Der BGH hob die Urteile in gewisser Hinsicht sogar auf, mit der Folge, daß Hinterbliebenen der Hingerichteten Anspruch auf Rente bzw. Entschädigung gewährt wurde.

In einer Stellungnahme des Bundesministeriums der Justiz vom 2. Januar 1961 (Az. 9250/1 II-25 244/60) wurde offiziell noch einmal klargestellt,

❒ daß die Bundesrepublik eine ausdrückliche, vertragliche Anerkennung der von den alliierten Militärgerichten in Deutschland gefällten »Kriegsverbrecherurteile« – und dazu gehört auch das Urteil des IMT vom 1. Oktober 1946 – vermieden hat. Dies ergibt sich aus den Paragraphen 6 und 7 des Überleitungsvertrages in der Fassung der Bekanntmachung vom 30. März 1955 (Bundesgesetzblatt II, S. 405). Nach internationalem Recht, d. h. nach Völkerrecht, ist die Rechtslage nicht anders.

Der volkspädagogische Umbruch

Welcher eklatante Umbruch in der Bundesrepublik durch »Volkspädagogik« und »Radikalbewältigung« seit den 70er Jahren stattgefunden hat, zeigt ein Vergleich der Darstellung der »Kriegsverbrecherprozesse« im Großen Brockhaus des Jahres 1955 mit der Brockhaus-Enzyklopädie, die 1990 erschienen ist. Im 1990er »Brockhaus« sind nahezu sämtliche kritischen Einwände gegen die alliierte »Rechtsprechung« getilgt, die 35 Jahre zuvor noch in deutlicher Form in diesem Nachschlagewerk zu finden waren.

Im folgenden jene Passagen aus dem 12bändigen Großen Brockhaus der 50er Jahre zum Stichwort »Kriegsverbrechen«, von denen in der Brockhaus-Enzyklopädie der 90er Jahre nichts übriggeblieben ist:

❒ Der erfolgreiche Friedensbrecher bleibt straflos, und der Besiegte läuft Gefahr, zum Friedensbrecher erklärt zu werden...
Es ist außer Frage, daß die Kriegsverbrecherprozesse sich zum Teil auf wirkliche kriminelle Delikte bezogen; doch litten auch diese Verfahren häufig unter schweren prozessualen Mängeln: unzulässige Beschränkungen der Verteidigung, unzulässige Beweisvermutungen oder unzulässiger Druck auf Zeugen und Angeklagte. Schweren Beanstandungen waren in dieser Hinsicht vor allem die Prozesse in Dachau und die in Frankreich nach der »Lex Oradour« durchgeführten Verfahren ausgesetzt; nach letzterer war die Zugehörigkeit zu einem an einem Kriegsverbrechen beteiligten Truppenteil bereits zur Verurteilung ausreichend. In Nürnberg wurde zudem das rechtsstaatliche Verbot des rückwirkenden Strafgesetzes verletzt (nulla poena sine lege)... Die Mängel der Kriegsverbrecherprozesse sind auch von unvoreingenommenen Angehörigen der Westmächte entschieden getadelt worden. Durch Umwandlung von Todes- in Freiheitsstrafen auf dem Gnadenweg und vorzeitige Entlassungen erfolgten in einem Teil der Fälle Milderungen. Doch ist außer Zweifel, daß in anderen Fällen Unschuldige hingerichtet oder in langer Haft gehalten worden sind. Besondere Kritik hat die lange Ausdehnung des Untersuchungsverfahrens in vielen Fällen ausgelöst...
In der Sowjetunion und in anderen Ostblockstaaten ist es zu vielen Verurteilungen von Deutschen, oft in einem summarischen Verfahren, mit summarischen Beschuldigungen und ohne geordnete Verteidigung gekommen... Nach dem Korea- und Indochina-Krieg wurden keine Kriegsverbrecher-Verfahren eingeleitet, weil keine Seite einen vollen Sieg errungen hatte.

Im 1990er »Brockhaus« hat von diesen wohlbegründeten Einwänden nur einer, in sanfter Form verpackt, überlebt. Nämlich, daß es im Osten »Verurteilungen entsprechend sowjetischer Praxis auch auf administrativem Wege ohne Gerichtsverfahren« gegeben habe.

Aufschlußreich ist der Vergleich der Literaturangaben zum Thema Kriegsverbrecherprozesse im »Brockhaus« der 50er und der 90er Jahre. In der alten Ausgabe waren zahlreiche Werke als weiterführender Lesestoff angegeben, die Rechtswidrigkeit und Terrormethoden bei den alliierten Tribunalen dokumentierten:

❒ H. Laternser: Verteidigung deutscher Soldaten; O. Kranzbühler: Rückblick auf Nürnberg; ders.: Um Recht und Gerechtigkeit; R. Aschenauer: Zur Frage einer Revision der Kriegsverbrecherprozesse; ders.: Um Recht und Wahrheit im Malmedy-Fall; R. Maurach: Die Kriegsverbrecherprozesse gegen deutsche Gefangene in der Sowjetunion.

Auch Werke ausländischer Autoren, die mit der Siegerjustiz scharf ins Gericht gegangen waren, wurden im 1955er »Brockhaus« als weiterführende Literatur erwähnt, beispielsweise

»UNO and War Crimes« von Viscount Maugham und »Politics, Trials and Errors« von Lord Hankey.

All diese Literaturangaben sind im »Brockhaus« der 90er Jahre getilgt worden.

»Dem Erschlagenen entstellt der Schläger die Züge«

War in den ersten beiden Nachkriegsjahrzehnten in der Bundesrepublik die Ablehnung der alliierten Kriegsverbrecherprozesse auch bei etablierten Politikern und Medien die Regel, die Befürwortung die Ausnahme, ist es in den beiden letzten Jahrzehnten umgekehrt. Daß etwa etablierte Meinungsmacher in Bundesdeutschland das Wort gegen die Tribunale erheben, ist zur absoluten Ausnahme geworden. Zu nennen wäre Hermann Eich, langjähriger Chefredakteur der »Westdeutschen Zeitung« (Düsseldorf), der in seinem 1983 erschienenen Buch »Die mißhandelte Geschichte« die alliierte Gerichtsbarkeit einer scharfen Kritik unterzog. Nürnberg und die Folgen ließen sich, so Eich, treffend mit einem Worte Bertolt Brechts charakterisieren, niedergeschrieben, als der Linksliterat angesichts von Hitlers Siegen in den Blitzkriegen noch befürchtete, Deutschland werde die Oberhand gewinnen:

❐ Immer doch/Schreibt der Sieger die Geschichte des Besiegten/Dem Erschlagenen entstellt/Der Schläger die Züge/Aus der Welt geht der Schwächere und zurück bleibt/Die Lüge.

Rudolf Augstein, dessen »Spiegel« sich ansonsten in Hymnen auf die Sieger gefällt, erlaubte sich zum bevorstehenden 40. Jahrestag des Kriegsendes am 7. Januar 1985 in seinem Magazin folgenden nonkonformen »Ausrutscher«:

❐ Das Gespenstische an der Potsdamer Konferenz lag darin, daß hier ein Kriegsverbrechergericht von Siegern beschlossen wurde, die nach den Maßstäben des späteren Nürnberger Prozesses allesamt hätten hängen müssen! Stalin zumindest für Katyn, wenn nicht überhaupt, Truman für die überflüssige Bombardierung von Nagasaki, wenn nicht schon für Hiroshima, und Churchill zumindest als Ober-Bomber von Dresden, zu einem Zeitpunkt, als Deutschland schon erledigt war. Alle drei hatten »Bevölkerungsumsiedlungen« verrückten Ausmaßes beschlossen, alle drei wußten, wie verbrecherisch diese vor sich gingen. Gemessen am Generalbevollmächtigten für den Arbeitseinsatz, Sauckel, der Hitler die Arbeitskräfte zutreiben mußte, hätten sie alle drei hängen müssen. Auch gemessen an Generaloberst Jodl wäre ihr Schicksal der Strick gewesen.

Der deutsche Kaiser auf dem elektrischen Stuhl. Wunschvorstellung des US-Blattes »Life« im Ersten Weltkrieg.

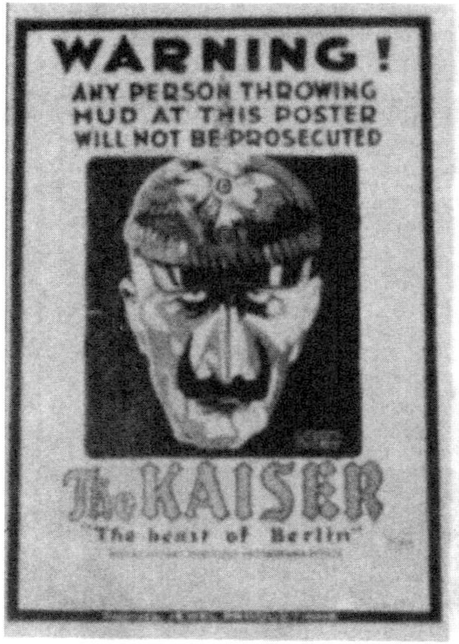

Mit Propaganda wie dieser (US-Film »The Kaiser - The Beast of Berlin«) sollte die westliche Öffentlichkeit im Ersten Weltkrieg auf die damals schon geplanten »Kriegsverbrecherprozesse« gegen die deutsche Führung eingestimmt werden.

Kaiser Wilhelm II. als »Schlächter«. Französische Propaganda im Ersten Weltkrieg.

Frankreichs Marschall Foch, der Schrecken der Kolonialvölker in Afrika und Asien, zieht Deutschland zum Strafgericht nach Versailles. Aus der »New York World« vom 27. Juni 1919.

Auch der deutschjüdische Nobelpreisträger Professor Fritz Haber, für den kriegsrechtlich statthaften deutschen Gegenschlag nach französischem Kampfgaseinsatz im Ersten Weltkrieg zuständig gewesen, stand auf der Liste der »Kriegsverbrecher«, deren Aburteilung die Sieger nach 1918 planten. Hier eine schwedische Briefmarke zu Ehren Habers aus dem Jahre 1978.

Der Krupp-Prozeß (hier eine zeitgenössische Darstellung) war das erste Sieger-Tribunal auf deutschem Boden. Er wurde nach der französischen Ruhrbesetzung 1923 und einem Blutbad der Besatzer unter Krupp-Arbeitern in Essen (13 Tote) veranstaltet. Das Tribunal endete mit hohen Gefängnisstrafen für den Industriellen Krupp und acht seiner leitenden Angestellten.

Mit Schautribunalen hatte vor allem eine der Nürnberger Anklagemächte, die Sowjetunion Stalins, reiche Erfahrung. Hier eine Szene aus einem Moskauer Prozeß »gegen Saboteure« in den 20er Jahren.

»Überführte Angeklagte« eines Moskauer Tribunals der 30er Jahre vernehmen im Zuge der »Großen Säuberungen« ihre Todesurteile.

$1.000.000 Dollar Belohnung in bar

für die Auslieferung von

Adolf Hitler

an den Völkerbund – lebend und unversehrt

„Um weiteres Blutvergießen und weitere Greueltaten in diesem deutschen Angriffskrieg zu verhindern, bin ich von maßgeblichen Amerikanern bevollmächtigt worden, eine Belohnung von einer Million Dollar in bar für den- oder diejenigen auszusetzen, die Hitler lebendig, unverwundet und unversehrt in den Gewahrsam des Völkerbundes bringen. Hitler soll vor einem Obersten Gerichtshof wegen seiner Verbrechen gegen den Frieden und die Würde der Welt zur Rechenschaft gezogen werden. Dieses Angebot gilt für den gesamten Monat Mai 1940.“

Beschreibung: Alter 51; Größe 171,5 cm; Haarfarbe dunkelbraun; Augen dunkel, funkelnd; schwarzer, geschnittener Schurrbart; ledig; nervös, gefühlsbetont, energisch. Beruf: Früher Tapezier und Putzer; Künstler; Gefreiter der deutschen Armee; Diktator.

Staatsangehörigkeit: Österreicher von Geburt; deutsche Staatsangehörigkeit verliehen.

Religion: Keine. Hobbies: Spiritualismus, Astronomie, klassische Musik.

Bezeichnung: Putschist; Aufwiegler; Kanzler; Oberbefehlshaber der Deutschen Wehrmacht; der Führer.

Ist wohlhabend : unterhält Beziehungen zu verschiedenen wichtigen Gangs in Europa. Geht mit Gewalt vor.

Als die USA offiziell noch neutral waren, ließ der Präsident des US-Carnegie Institutes, Samuel Harden Church, diesen Steckbrief verbreiten. In der »New York Times« erklärte er am 1. Mai 1940, die Ergreifung zur Verurteilung Hitlers wäre ein »hervorragender Präzedenzfall«, um künftig Kriege zu verhindern.

Der im Zweiten Weltkrieg gedrehte Hollywood-Film »Mission to Moscow« (Szenenbild) verherrlichte den US-Bundesgenossen Stalin, rechtfertigte die Moskauer Schautribunale und sollte die amerikanische Öffentlichkeit mit dem Gedanken vertraut machen, daß die »Justiz« Stalins an der Aburteilung »deutscher Kriegsverbrecher« beteiligt wird. Wie beim berühmten »Antifa«-Streifen »Casablanca« war Curtiz (alias Kertesz) der Regisseur und waren die Warner Brothers (Brüder Eichelbaum) die Produzenten von »Mission to Moscow«

Bei ihren Kriegskonferenzen berieten Roosevelt, Churchill und Stalin, Herren über zwei Drittel der Erdoberfläche, drei Viertel der Weltmeere, vier Fünftel der Bodenschätze der Erde und neun Zehntel der weltweiten Kriegswaffenproduktion, nicht nur über die Aufteilung des Restes, sondern auch über die beabsichtigten Tribunale gegen die Besiegten.

Gegen Kriegsende arbeitete eine »Internationale Untersuchungskommission« die Grundlagen des Nürnberger Tribunals aus. Ihr gehörten in leitender Stellung an (sitzend von rechts): M. Falco (Frankreich), Robert H. Jackson (USA), Lord Jowitt (Großbritannien), Nikitschenko (Sowjetunion) sowie Stalins oberster »Völkerrechtler« Trainin, maßgeblicher Vordenker des Siegerprozesses von Nürnberg.

Im Mai 1945 war Deutschland von der gewaltigsten Kriegskoalition aller Zeiten militärisch bezwungen worden. Die Bilder oben zeigen US- und SU-Soldaten bei der Verbrüderung auf deutschem Boden.

Feldmarschall Keitel (Mitte) unterzeichnet die Kapitulation der Wehrmacht am 8. Mai 1945.

In Potsdam fand im Juli/August 1945 der letzte Gipfel der Sieger vor dem Nürnberger Tribunal statt. Neu dabei waren Attlee (links sitzend) für England und Truman (Mitte), der in Potsdam den Befehl zum Abwurf der Atombombe auf Hiroschima erteilte, für die USA. Bei Stalin war es allerdings geblieben.

23. Mai 1945, 10 Uhr; am Sitz der deutschen Staats- und Wehrmachtführung in Flensburg-Mürwik: Britische Soldaten vollziehen die »Verhaftung« der Spitze des Reiches.

Generaloberst Jodl (oben) wird in Flensburg, Reichsminister Dr. Seyß-Inquart (rechts) in Hamburg abgeführt. Beide enden in Nürnberg am Strang.

Julius Streicher, der fanatisch antisemitische Einpeitscher, wird in Haft genommen, wo man ihn aufs grausamste foltert.

Den US-Amerikanern in die Hände gefallen, wird Reichsmarschall Göring Pressereportern vorgeführt. Zuvor hatte man ihn gezwungen, Orden und Ehrenzeichen abzulegen.

Reichsminister Rudolf Heß befand sich schon seit seiner gescheiterten Friedensmission vom Mai 1941 in alliierter (englischer) Haft. Das Bild zeigt ihn bei seiner Vernehmung durch US-Colonel John Amen vor Eröffnung des Nürnberger Tribunals.

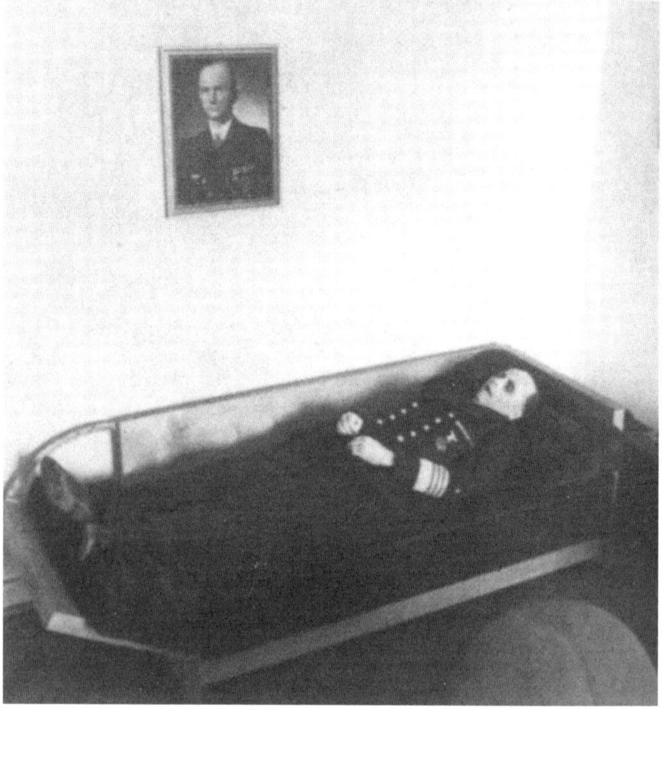

Wie zahlreiche andere führende Personen des Deutschen Reiches wählte auch Generaladmiral Hans Georg von Friedeburg, letzter Oberbefehlshaber der Kriegsmarine, den Freitod statt eines alliierten Tribunals. Bild oben: Friedeburg rechts neben dem später in Nürnberg hingerichteten Generaloberst Jodl bei der Unterzeichnung der Kapitulation in Reims, 7. Mai 1945. Unten: Der tote Generaladmiral, der am 23. Mai 1945 unmittelbar nach seiner »Verhaftung« Gift genommen hatte.

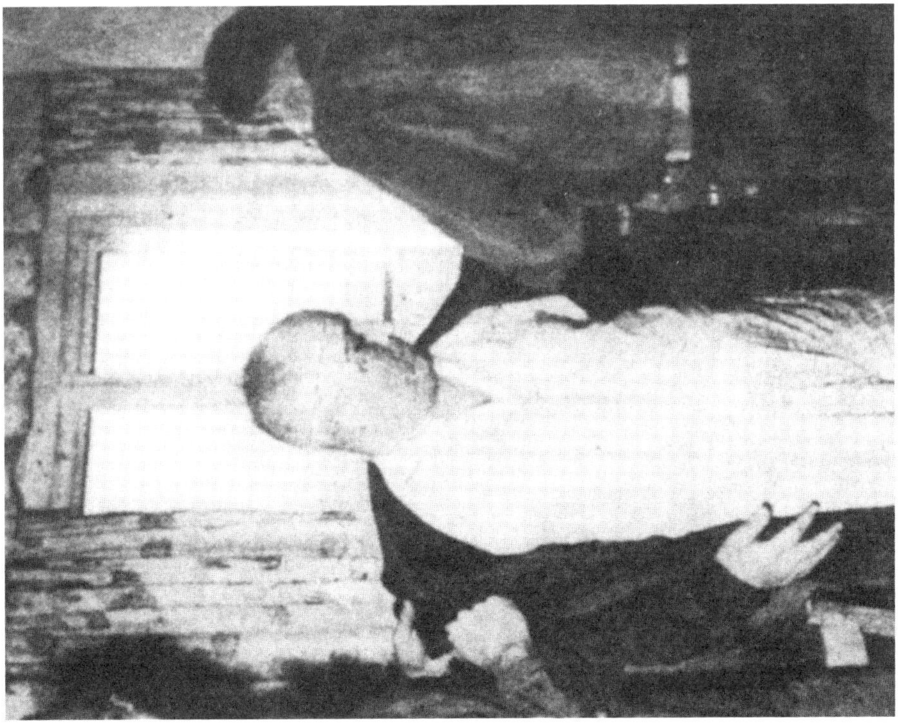

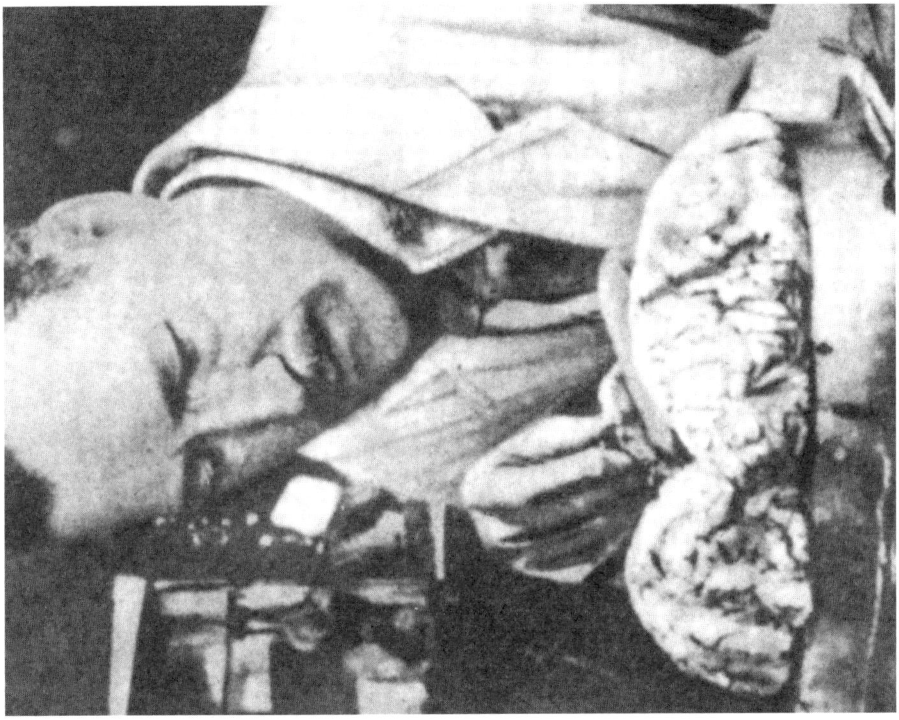

Dr. Robert Ley, Chef der Deutschen Arbeitsfront, in der Gewalt der Sieger (links). Er wird vier Wochen vor Prozeßbeginn in seiner Nürnberger Zelle erhängt aufgefunden. Bild rechts: 1945 erschien in Stockholm die Schrift »Dolmen« eines Gerhard F. Liebenthal mit diesem Foto, das einen alliierten Spezialisten beim Sezieren des Gehirns von Dr. Ley zeigt.

Amerikanische Panzer in Nürnberg. Die Sieger hatten die »Stadt der Reichsparteitage« des NS-Gewaltherrschers Hitler für ihr Tribunal gegen die Besiegten ausgesucht. Zuvor war die fränkische Metropole bei neunundfünfzig angloamerikanischen Bombenangriffen (mit mindestens 8000 getöteten Zivilisten, darunter rund 2000 Kindern) nahezu vollständig zertrümmert worden.

Der im Kriege als eines von wenigen Nürnberger Gebäuden unzerstört gebliebene Justizpalast, Schauplatz des Tribunals der Sieger.

Schwerbewaffnete US-Soldaten mit Panzerfahrzeugen sollten dafür sorgen, daß die Gerechtigkeit nach dem Gusto der Sieger im Nürnberger Gericht störungsfrei ihren Lauf nehmen konnte.

So sahen die Nürnberger Gefängniszellen von innen aus.

Rund um die Uhr wurden die als Hauptkriegsverbrecher angeklagten Deutschen im Nürnberger Zellentrakt überwacht (oben).

Nachts erhellte ein gleißender Lichtkegel durch die Luke die Arresträume. Das rechte Bild zeigt den Wachposten vor der Zelle von Rudolf Heß.

Alliierte Spezialisten setzten im Nürnberger Gefängnis- und Gerichtsgebäude die seinerzeit modernsten Abhörgeräte ein, so daß ihnen kein Wort entgehen konnte.

In den Zellen von Nürnberg: Reichsminister Dr. Frick (links), Reichsmarschall Göring (rechts).

In Nürnberger Haft: Reichsminister Heß (oben links), Generaloberst Jodl (oben rechts), Generalfeldmarschall Keitel (unten links), Reichsminister Freiherr von Neurath (unten rechts).

In Nürnberger Haft: Reichskanzler der Weimarer Republik Franz von Papen (oben links), Großadmiral Dr. Raeder (oben rechts), Reichsminister Dr. Rosenberg (unten links), Reichsminister Dr. Seyß-Inquart (unten rechts).

Reichsminister Professor Speer (links), Gauleiter Streicher (rechts) in ihren Nürnberger Zellen.

Auch bei den Gesprächen mit den Verteidigern immer unter Bewachung. Hier Reichsmarschall Göring; ihn hatte man wegen seines »ungünstigen Einflusses« von den Mitgefangenen isoliert.

Einige der Nürnberger Verteidiger. Jeweils von links: Professor Exner (Jodl), Flottenrichter Kranzbühler (Dönitz), Dr. Laternser (Generalstab und OKW), Dr. Seidl (Heß), Dr. Siemers (Raeder), Dr. Stahmer (Göring), Dr. Steinbauer (Seyß-Inquart), Dr. Thoma (Rosenberg)

Die Hauptankläger: Dubost aus Frankreich (oben links), Jackson aus den USA (oben rechts), Rudenko aus der Sowjetunion (unten links), Shawcross aus Großbritannien (unten rechts).

Birkett und Lawrence, die englischen Richter.

Biddle und Parker, die US-Richter beim Tribunal

Donnedieu de Vabres und Falco, die Richter aus Frankreich.

Stalins Abgesandte auf der Nürnberger Richterbank: Volchkow und Nikitschenko.

Das Nürnberger Tribunal: Eröffnung am 20. November 1945, Urteilsverkündung am 30. September/ 1. Oktober 1946.

Die Angeklagten im Nürnberger Hauptprozeß: Vordere Reihe von links nach rechts Göring, Heß, v. Ribbentrop, Keitel, Rosenberg, Frank, Frick, Streicher, Funk, Schacht. Hintere Reihe von links nach rechts Dönitz, Raeder, v. Schirach, Sauckel, Jodl, v. Papen, Seyß-Inquart, Speer, Fritzsche. Verdeckt: v. Neurath

Das Hohe Gericht und Mitarbeiter. Oben von links die Richter Parker, Biddle, Donnedieu de Vabres, Falco und Volchkow.

Göring im Zeugenstand.

Angeklagte und Ankläger. Oben in vorderster Reihe Göring, Heß, von Ribbentrop, Keitel. Unten: Jackson aus den USA (links) und Pokrowsky aus der Sowjetunion (rechts).

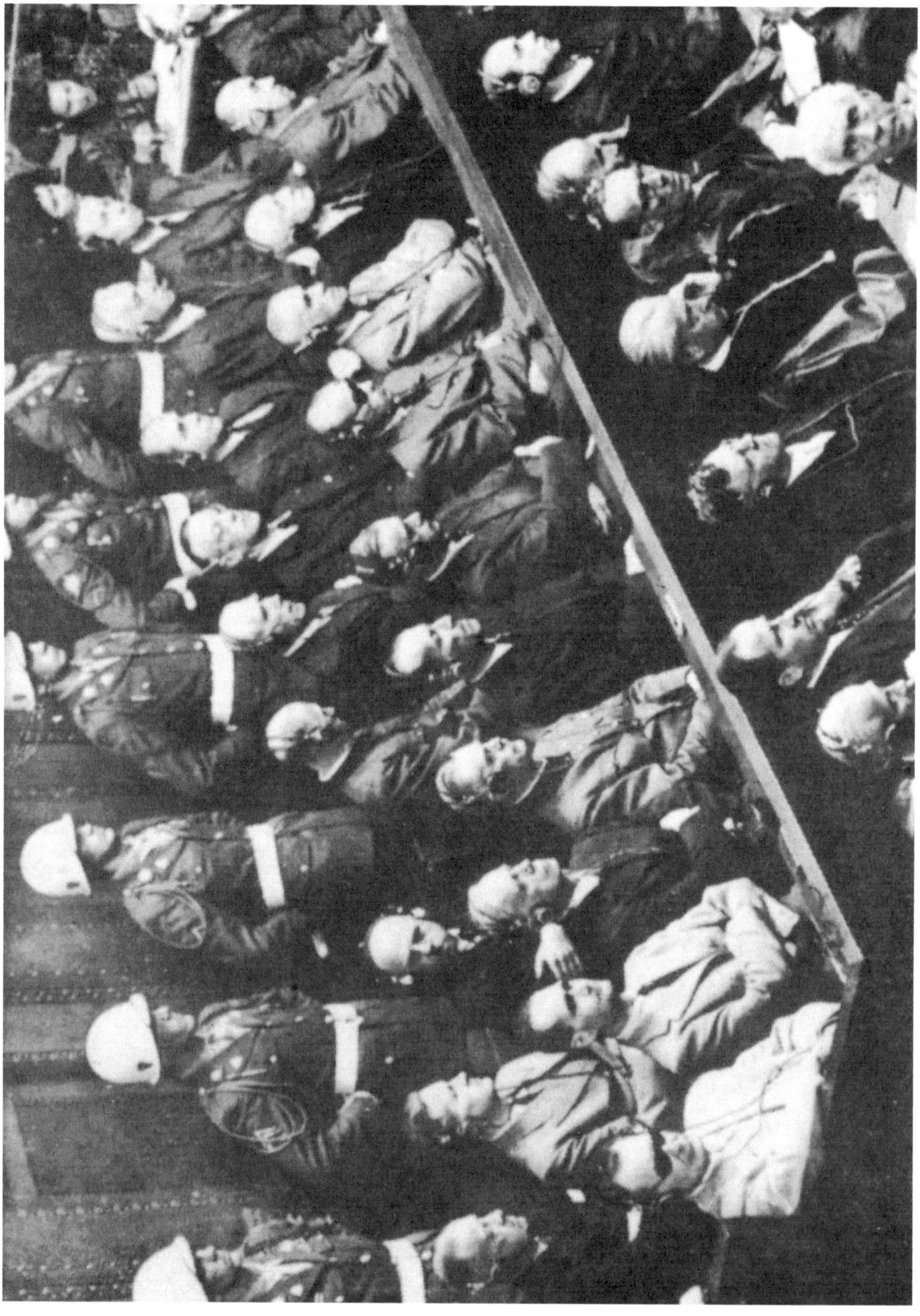

Blick auf die Anklagebank

Reichsaußenminister von Ribbentrop sagt zu einem Anklagedokument aus.

Professor Albert Speer gibt eine Stellungnahme ab.

Generaloberst Jodl im Zeugenstand.

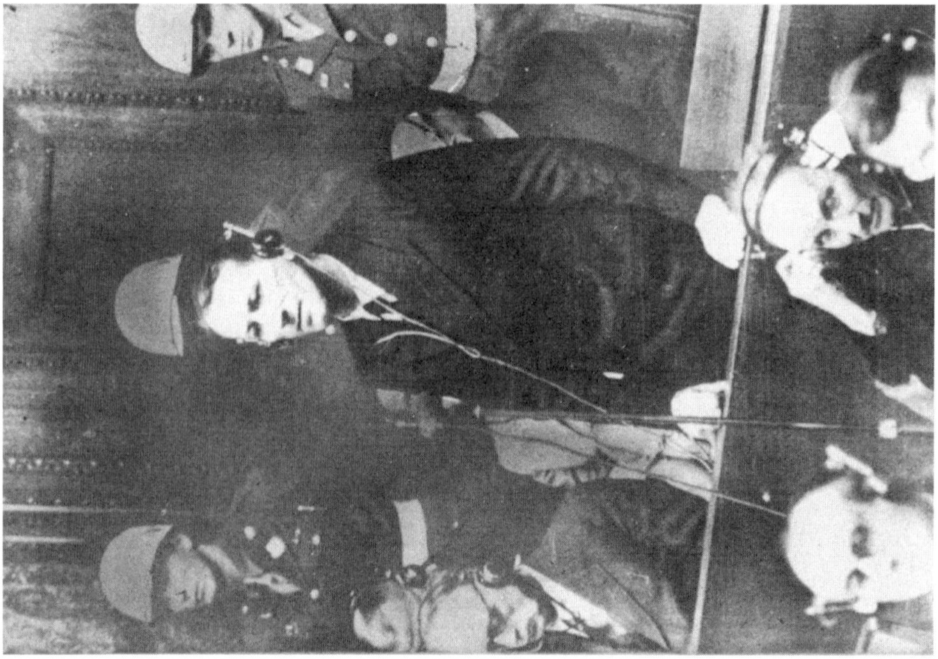

Der Chef des Reichssicherheitshauptamtes, Dr. Ernst Kaltenbrunner, wird befragt.

Reichsminister Heß im Gespräch mit seinem Verteidiger Dr. Seidl (zweiter von links), dem späteren bayerischen Innenminister, bei einer Verhandlungspause.

Blick auf die Front der Ankläger: Am Pult links Britanniens Chefankläger Shawcross.

Der Rat der Nürnberger Richter. Von rechts: Volchkow und Nikitschenko (Sowjetunion), Birkett und Lawrence (England), Biddle und Parker (USA), Donnedieu de Vabres und Falco (Frankreich).

Richter Birkett aus England trägt am 1. Oktober 1946 die Urteilsbegründung vor.

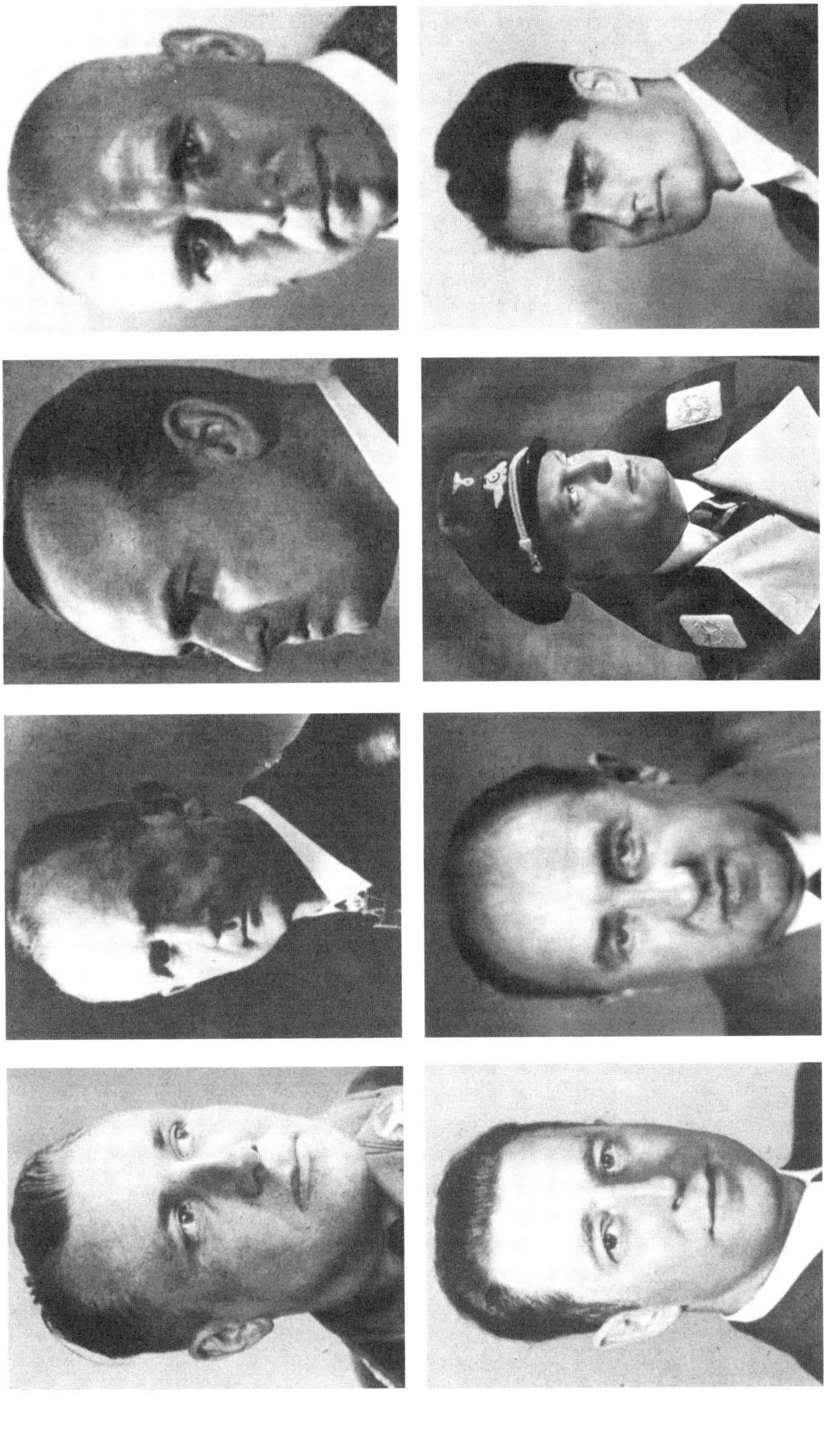

Jeweils von links: Reichsleiter Martin Bormann: Tod durch den Strang (in Abwesenheit verkündet), Reichspräsident Großadmiral Karl Dönitz: 10 Jahre Haft, Generalgouverneur Hans Frank: Tod durch den Strang, Reichsinnenminister Dr. Wilhelm Frick: Tod durch den Strang, Ministerialdirektor Hans Fritzsche: Freispruch, Reichswirtschaftsminister Karl Funk: Lebenslängliche Haft, Reichsmarschall Hermann Göring: Tod durch den Strang, Reichsminister Rudolf Heß: Lebenslängliche Haft.

Jeweils von links: Generaloberst Alfred Jodl: Tod durch den Strang, Chef des Reichssicherheitshauptamtes Dr. Ernst Kaltenbrunner: Tod durch den Strang, Generalfeldmarschall Wilhelm Keitel: Tod durch den Strang, Reichsprotektor und Außenminister a. D. Konstantin Freiherr von Neurath: 15 Jahre Haft, Reichs- und Vizekanzler a. D. Franz von Papen: Freispruch, Großadmiral Dr. Erich Raeder: Lebenslängliche Haft, Reichsaußenminister Joachim von Ribbentrop: Tod durch den Strang, Reichsminister Alfred Rosenberg: Tod durch den Strang.

Jeweils von links: Fritz Sauckel, Generalbevollmächtigter für den Arbeitseinsatz: Tod durch den Strang, Reichsbankpräsident a. D. Dr. Hjalmar Schacht: Freispruch, Gauleiter und Reichsjugendführer a. D. Baldur von Schirach: 20 Jahre Haft, Österreichischer Bundeskanzler a. D. und Reichskommissar Dr. Arthur Seyß-Inquart: Tod durch den Strang, Reichsminister Professor Albert Speer: 20 Jahre Haft, Gauleiter a. D. und »Stürmer«-Herausgeber Julius Streicher: Tod durch den Strang.

Giessener **FREIE PRESSE**

Veröffentl.u.Liz.Nr.36W d.Nachr.Kontr.d.M.-Reg.

Nr.11 · 1.Jahrg. · 20 Pfennig

Dienstag, 1. Oktober 1946

Die Waage der Gerechtigkeit hat entschieden

Nürnberg

Der letzte Akt

URTEIL

Zum Tode durch den Strang:

Hermann Göring
Joachim von Ribbentrop
Wilhelm Keitel
Ernst Kaltenbrunner
Hans Frank
Alfred Rosenberg
Julius Streicher
Wilhelm Frick
Fritz Saukel
Alfred Jodl
Arthur Seyß-Inquart
Martin Bormann in Abwesenheit

Zu lebenslänglichem Gefängnis:

Rudolf Heß
Walter Funk
Erich Raeder

20 Jahre Gefängnis:

Baldur von Schirach
Albert Speer

15 Jahre Gefängnis:

Konstantin von Neurath

10 Jahre Gefängnis

Karl Dönitz

Freigesprochen:

Hjalmar Schacht Franz von Papen
Hans Fritzsche

über die Angeklagten

Kurt Heiges

Die von den Alliierten lizenzierte Presse feiert das Nürnberger Urteil. In diesem Blatt hieß es: »Das neue Nürnberg trägt das Wappen der wiedergefundenen Humanität.«

Dieses Plakat wurde nach dem Spruch des Nürnberger Tribunals verbreitet.

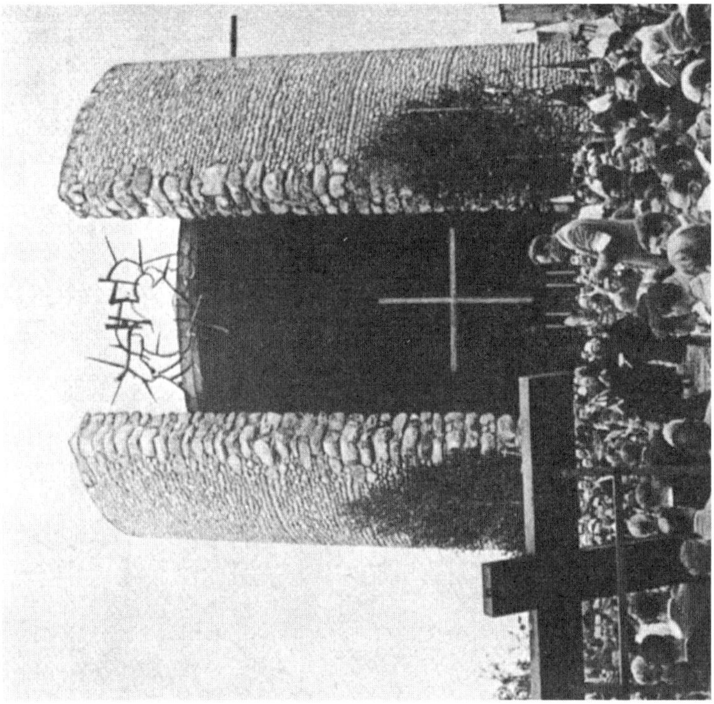

An furchtbare KZ-Verbrechen der Hitlerdiktatur erinnern zahlreiche Mahn- und Gedenkstätten. Links das 1952 von Bundespräsident Heuss eingeweihte Denkmal in Bergen-Belsen, oben die 1960 von Bischof Neuhäusler eingeweihte »Todesangst Christi«-Kapelle auf dem Gelände des ehemaligen KZ Dachau.

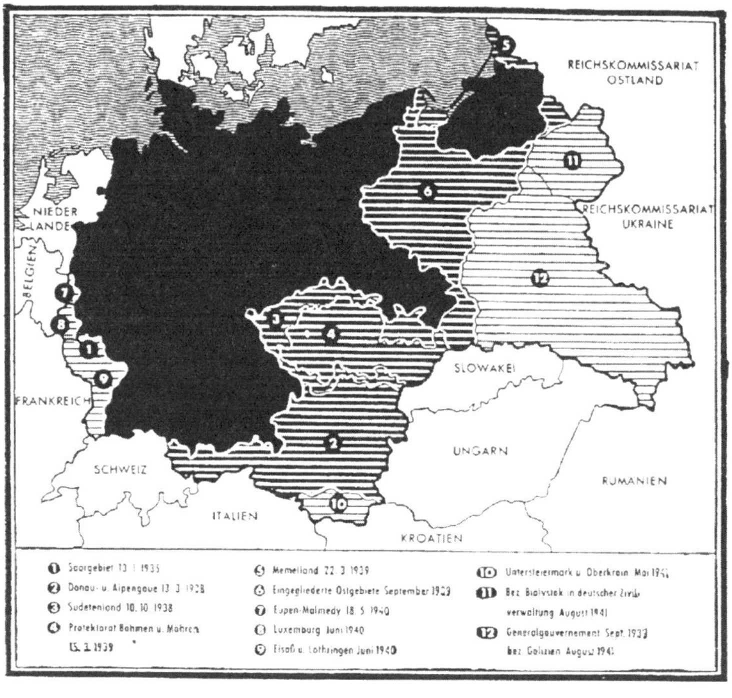

Beispiele für völkerrechtswidrige nationalsozialistische Imperialpolitik: Einmarsch in die »Resttschechei« (oben). NS-Darstellung von 1942 (links) zur Einverleibung auch eindeutig nichtdeutscher (zum Beispiel polnischer) Siedlungsgebiete ins Großdeutsche Reich des Diktators Adolf Hitler.

Rundfunk-Chefkommentator in Nürnberg auf westalliierter Seite war Gaston Oulman (links), der sich bald darauf als Schwerkrimineller entpuppte und untertauchte. Stalin schickte Vertraute wie Markus Wolf, den späteren langjährigen Stasi-Boß in der DDR, als Korrespondenten zum Tribunal. Unten Wolfs Nürnberger Presseausweis.

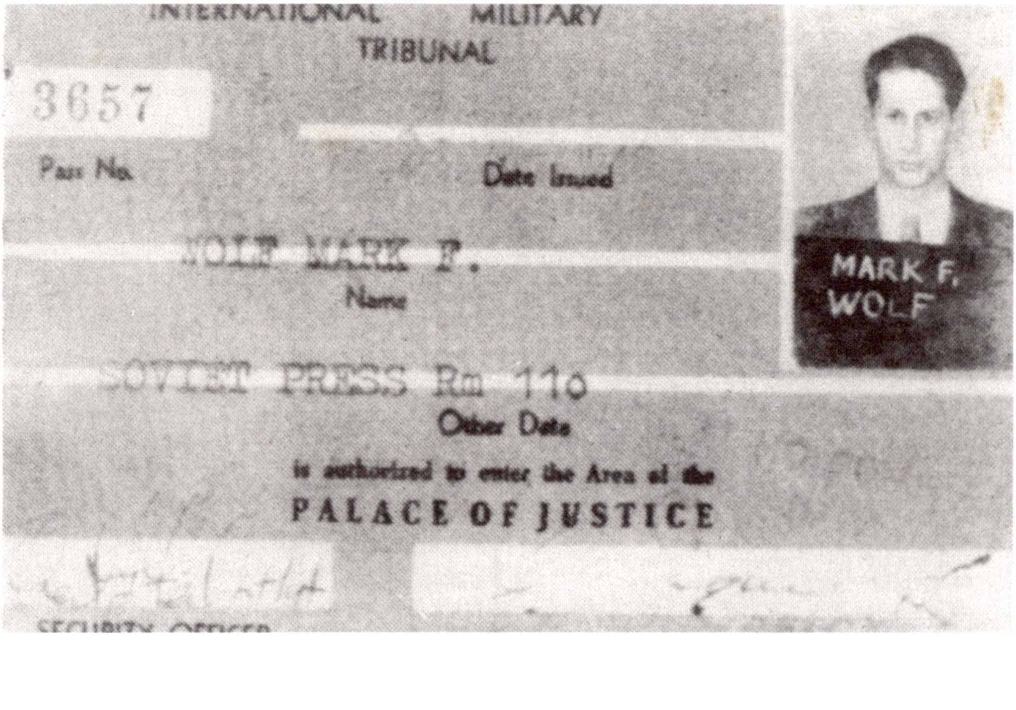

INTERNATIONAL MILITARY TRIBUNAL

3657

Pass No.

Date Issued

WOLF MARK F.

Name

SOVIET PRESS Rm 116

Other Data

is authorized to enter the Area of the

PALACE OF JUSTICE

SECURITY OFFICER

Master-Sergeant John C. Woods aus Texas, der Henker von Nürnberg. Einem Bericht der US-Militärzeitung »Stars and Stripes« zufolge, soll er später beim Ausprobieren des elektrischen Stuhls verschmort sein.

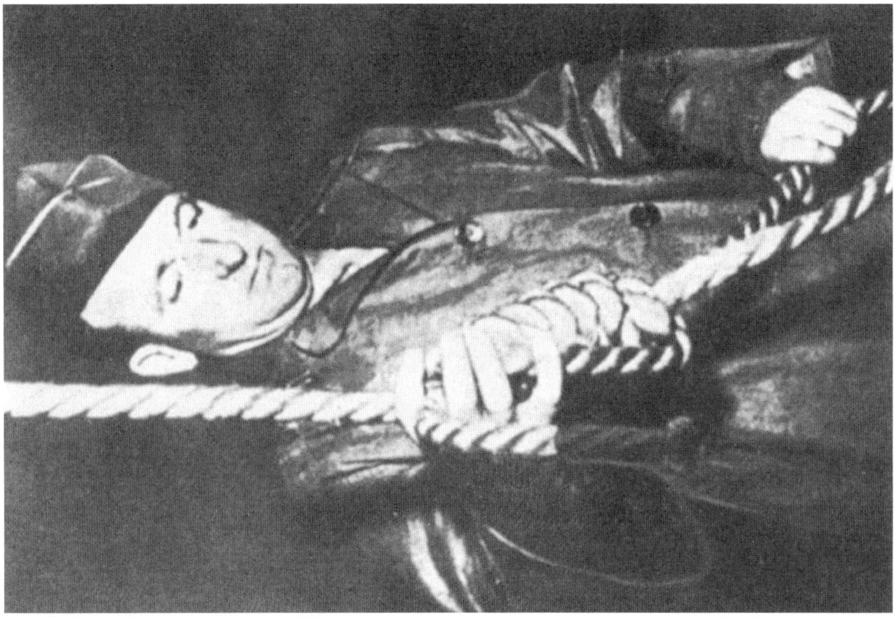

Henker Woods posiert für die Presse mit dem Nürnberger Galgen. Für den Vollzug der Todesstrafen beckte er eine besonders grausame Methode mit zu eng bemessener Falltür aus.

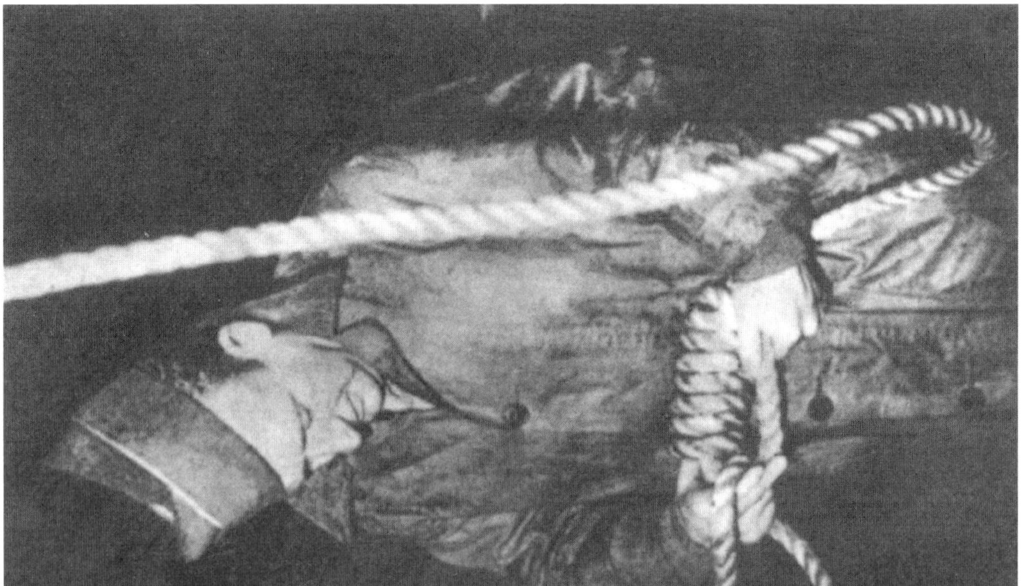

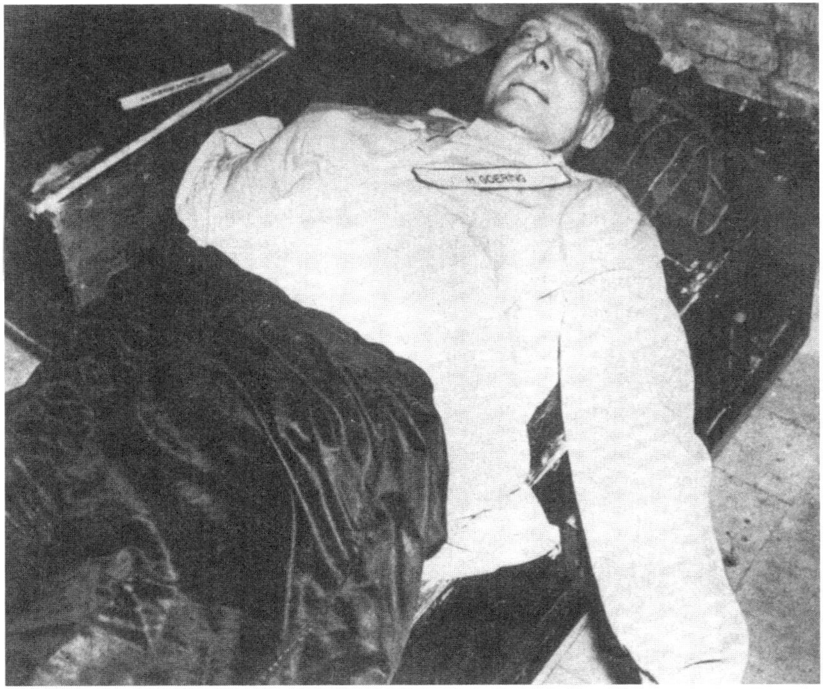

Wenige Stunden vor Vollzug der Todesstrafen nahm sich Hermann Göring mit Gift das Leben. Oben sein Leichnam, rechts einer der letzten Briefe des Reichsmarschalls und einstigen zweiten Mannes der Hitler-Diktatur.

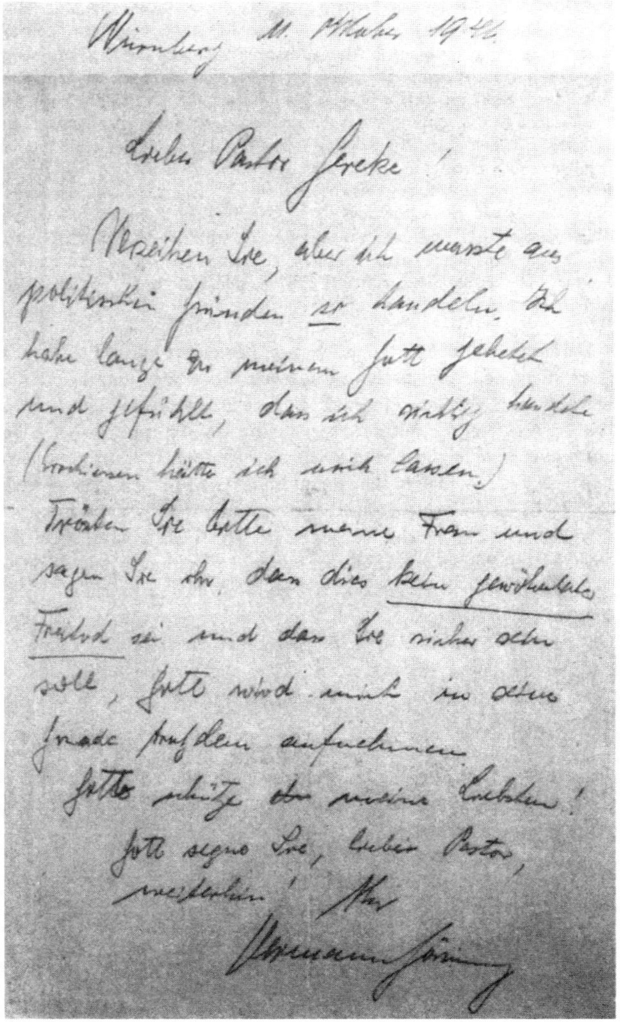

Nürnberg 11. Oktober 1946.

Lieber Pastor Gerecke!

Verzeihen Sie, aber ich musste aus politischen Gründen so handeln. Ich habe lange zu meinem Gott gebetet und gefühlt, dass ich richtig handele (Erschiessen hätte ich mich lassen). Trösten Sie bitte meine Frau und sagen Sie ihr, dass dies kein gewöhnlicher Freitod sei und dass sie sicher sein soll, Gott wird mich in seine Gnade aufnehmen.

Gott schütze die meine Liebsten!

Gott segne Sie, lieber Pastor, weiterhin! Ihr

Hermann Göring

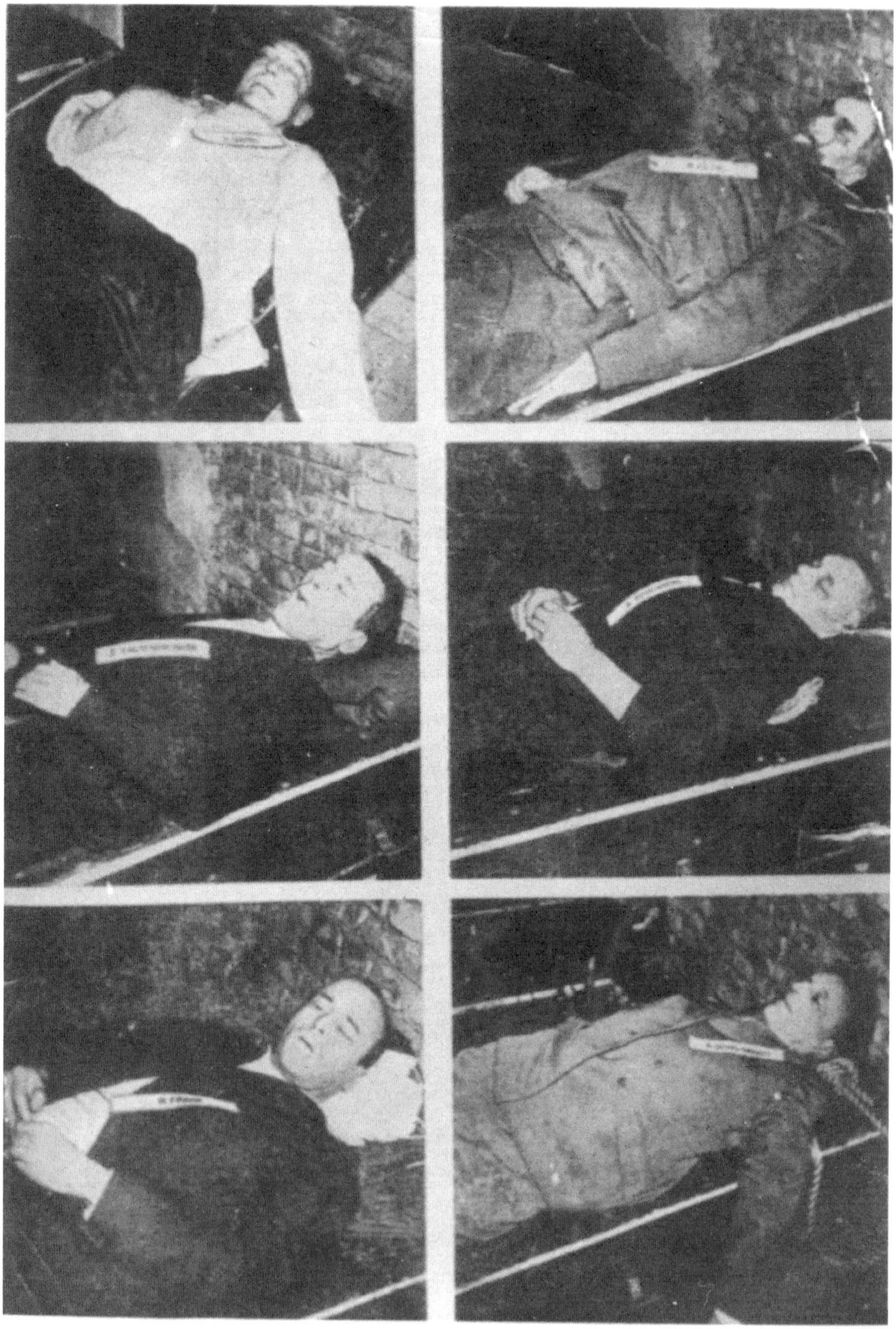

Die Aufnahmen auf dieser und der folgenden Seite wurden unmittelbar nach der Exekution gemacht.

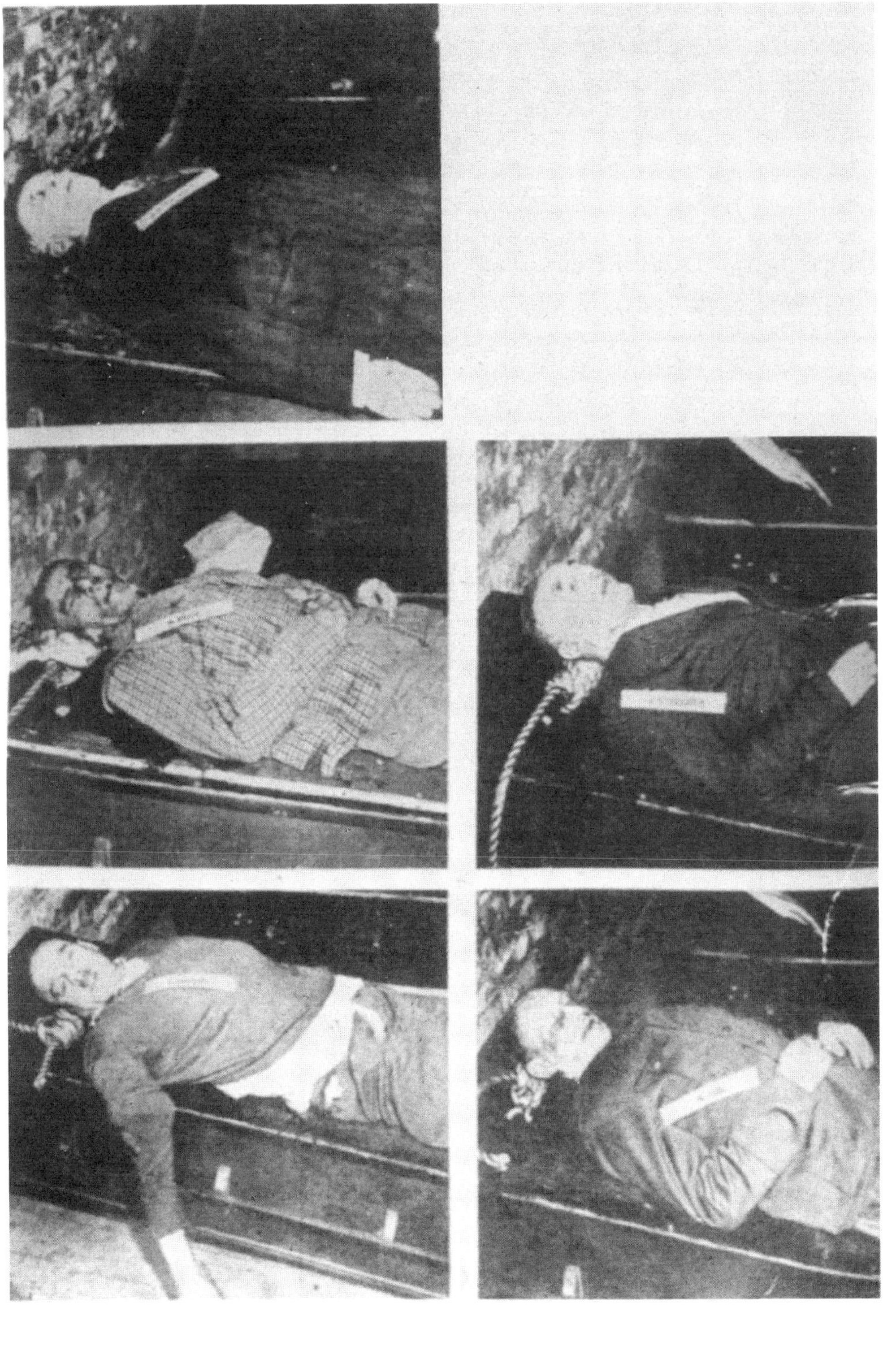

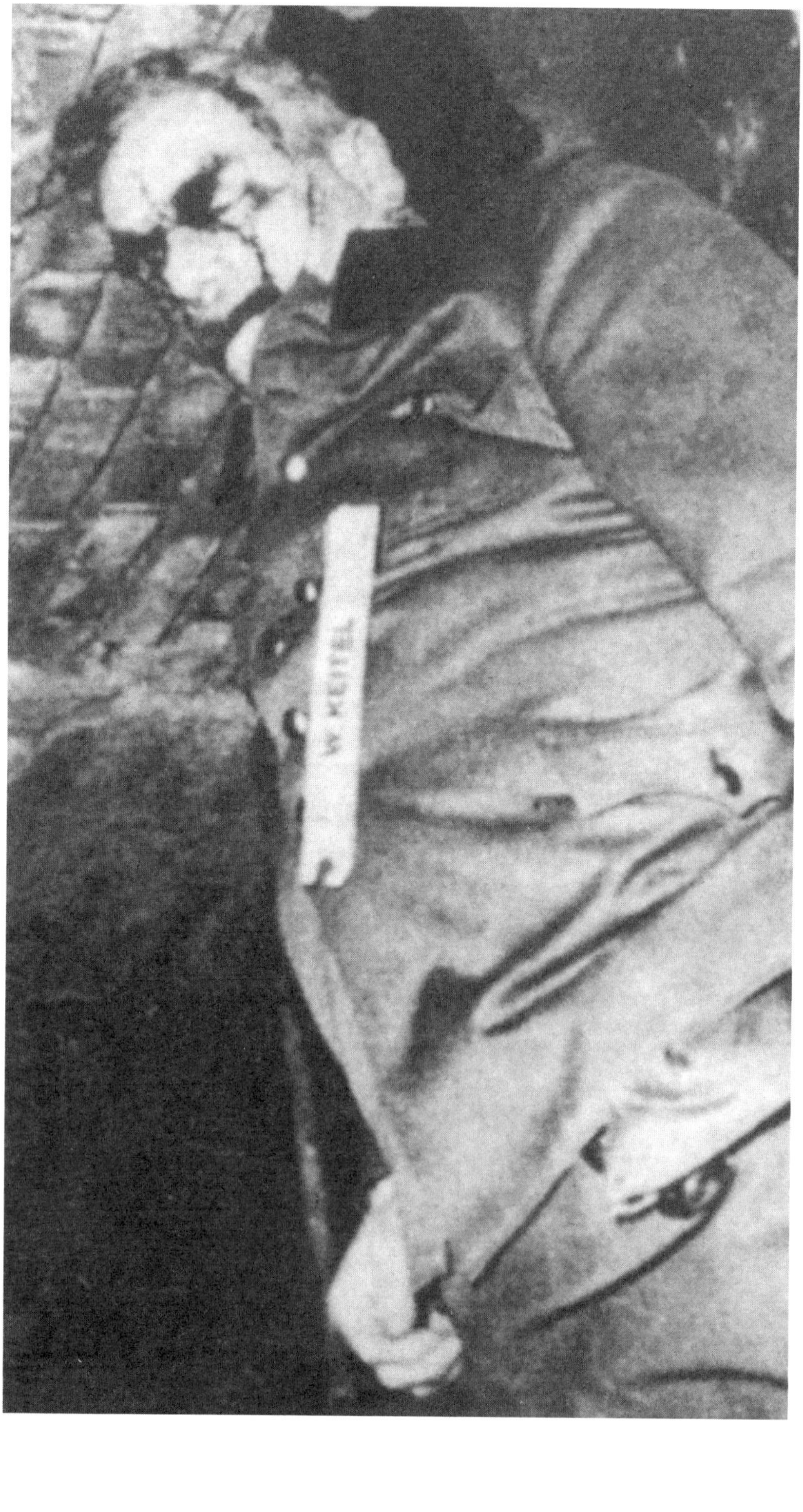

Henker Woods hatte den Delinquenten ein Maximum an Schmerzen zugefügt. Hier der hingerichtete Feldmarschall Keitel mit furchtbar zugerichtetem, blutüberströmtem Gesicht.

ETANCHE 1980 FRS. GARANTIE 8, PL. MADELEINE

VENDREDI 25 OCT. 1946 4 francs

France-soir

DÉFENSE DE LA FRANCE – FONDÉ SOUS L'OCCUPATION (14 JUILLET 1941)

Pour être bien rasé! LE RASOIR ILE DE FRANCE

DERNIÈRE ÉDITION

VOICI LES PHOTOS DES PENDUS DE NUREMBERG

←GŒRING, UN ŒIL OUVERT

SAUCKEL, LE NÉGRIER AU BOUT DE SA CORDE ↓

Les photographies prises à Nuremberg le 16 octobre, après l'exécution des dix condamnés à mort, ont été rendues publiques aujourd'hui, simultanément, à Paris, Washington et Moscou, à titre de témoignage historique. Londres a refusé de leur donner toute publicité. Notre premier cliché montre Gœring après son suicide. On remarquera ses traits calmes et reposés. Les résultats de l'enquête sur sa mort ne sont pas encore connus ; il apparaît certain cependant que Gœring portait le poison « caché à l'intérieur de son corps » depuis son arrestation.

DISETTE DE VIANDE COMPLETE LA SEMAINE PROCHAINE (sauf mouton)

...SI UNE SOLUTION N'INTERVIENT PAS

Ce matin 93 bœufs à la Villette

Les bœufs vendus ce matin à la Villette, deuxième jour du marché, n'augmenteront pas beaucoup notre ration cette semaine. Les arrivages sont un peu plus importants pour les autres catégories d'animaux, qui restent jusqu'au 4 novembre en vente libre.

BOVINS : 93 — VEAUX : 733

MOUTONS : 5.568 — PORCS : 710

La moyenne des entrées de bovins à la Villette, le jeudi, était de 1.300 depuis le mois d'août.

HARO SUR LE PLAN FARGE...

LE PRIX STENDHAL à Jean DUTOUR et René MASSON

M. CAPITANT reste candidat à Paris

TYRONE POWER et ANNABELLA DIVORCENT

Sauckel, l'homme du S.T.O., qui a fait déporter tant de Français...

PASSY à Maurice SCHUMANN :

« Vous avez refusé de sauter en parachute. Vous êtes un lâche ! »

Maurice SCHUMANN réplique :

« Fort du témoignage de Gaulle, j'oppose mon mépris aux faussaires »

PLUS DE PLACES PAR AVION pour New-York avant 4 mois !

Toutes les locations de la T.W.A. sont annulées

Le masque bouleversé de Keitel après que la corde eut été coupée contraste avec celui de Gœring.

VOIR PAGE 3 LA SUITE DU « FILM DE L'EXPIATION »

MARIVAUX & MARIGNAN avez vous vu le film aux 3 victoires ? LA SYMPHONIE PASTORALE

Die Siegermedien melden den Vollzug der Nürnberger Gerechtigkeit.

Die Leichname der Hingerichteten von Nürnberg wurden verbrannt, und die Asche schüttete man in den Conwentsbach bei München. Die Familie Jodl errichtete diesen Gedenkstein auf dem Familiengrab in Bayern.

Die freigesprochenen Schacht (rechts) und von Papen (Mitte) vor ihrer Entlassung mit US-»Sicherheitsoffizier« Andrus.

Von der KPD organisierte »spontane Proteste« gegen die Nürnberger Freisprüche.

Die meisten der (nach Berechnungen des Zeitgeschichtlers und Juristen Heinz Nawratil 5 Millionen, nach Schätzung des kanadischen Publizisten James Bacque sogar 9 Millionen) deutschen Nachkriegsopfer wurden ohne jeden Schein des Rechts umgebracht. Verschiedentlich bewahrte man eine »rechtliche« Fassade. Hier als Beispiel ein »Revolutionsgericht« tschechischer Partisanen in Landskron/Böhmen, das ungezählte Todesurteile gegen Deutsche verhängte.

Prags deutscher Bürgermeister Prof. Pfitzner wurde nach einer Prozeßfarce vor Abertausenden Schaulustigen im September 1945 hingerichtet.

Auch gegen führende Japaner wurde ein Sieger-Tribunal (in Tokio) durchgeführt. Links: Yosuke Matsuoka, Außenminister 1940/41, der noch vor Prozeßbeginn tot in seiner Zelle aufgefunden wurde und vermutlich den Freitod statt der Exekution infolge Urteilsspruch des Tribunals gewählt hatte. Rechts: Ministerpräsident Hideki Tojo vor dem alliierten Gerichtshof, der ihn zum Tode durch den Strang verurteilte.

Das Siegertribunal in Tokio.

Die Japaner errichteten am 15. August 1960 auf dem Berg Sangane bei Gawagoori nahe Nagoja dieses Denkmal für die führenden Japaner, die als »Kriegsverbrecher« hingerichtet worden waren. Die Asche Tojos, Hirotas, Doiharas, Itagakis, Matsuis, Kimuras und Mutos ist in dem Monument eingemauert, vor dem Schinto-Priester ihre Gebete verrichten.

In Italien überließen die Sieger die Abrechnung mit den Besiegten den in ihrem Troß aus dem US-Exil zurückgekehrten bzw. aus Gefängnissen befreiten Mafiosi und den Stalinisten der KPI. Schätzungsweise eine Viertelmillion Italiener, Faschisten oder als solche denunziert, wurden umgebracht. Mussolini und sein Gefolge erschoß man am 28. April 1945 und hängte dann die Leichen auf der Mailänder Piazza Loretto öffentlich zur Schau.

So nahm die Siegergerechtigkeit andernorts ihren Lauf: Die nach einem Schauprozeß stalinistischer Art hingerichteten Mitglieder der ungarischen Führung, mit Deutschland verbündet gewesen, wurden in Budapest im März 1946 grausam umgebracht. Von links nach rechts: Innenminister Vajna, Pfeilkreuzler-Vorsitzender Gera, General Beregfy, Ministerpräsident Szalasi. Dem Siegerterror fielen gleich fünf Regierungschefs Ungarns unterschiedlichster politischer Ausrichtung zum Opfer: Bela Kun, Führer der kommunistischen ungarischen Räterepublik 1919, der 1937 im Archipel Gulag umkam; Stephan Bethlen, Ministerpräsident von 1921 bis 1931, der 1944 verhaftet wurde und im Gulag verschollen ist; Bela Imredy, wie Kun jüdischer Herkunft, Ministerpräsident 1938/39, der 1946 in Budapest hingerichtet wurde; Laszlo Bardossy, Ministerpräsident 1941/42, hingerichtet in Budapest 1946; Ferenc Szalasi, Ministerpräsident 1944/45, ebenfalls in Budapest 1946 hingerichtet. Insgesamt brachten die Sieger des Zweiten Weltkrieges die Führungen von 20 europäischen und asiatischen Ländern um.

Auch in den Jahren vor und nach 1945 ließen sich die »Befreiungsmächte« allerlei einfallen, mißliebige Prominente zu beseitigen. Zum Beispiel wurde Marschall François Darlan (links), Oberbefehlshaber der französischen Streitkräfte und designierter Führer der »Freifranzosen« im Kampf gegen die Deutschen, 1942 von einem Gefolgsmann de Gaulles in Algier ermordet.

Jan Masaryk (unten), im Kriege neben Benesch Führer des tschechischen Exils, dann daheim Außenminster, »rutschte« gleich nach der KP-Machtübernahme in Prag 1948 »unglücklich aus« und stürzte aus dem Fenster der Czernin-Palastes zu Tode

Polens Exil-Ministerpräsident Wladyslaw Sikorski (oben) wurde wegen seiner Proteste gegen Stalins Katyn-Massaker zum Störfall in den alliierten Beziehungen und 1943 Opfer eines britischen Geheimdienstattentats.

Im Anschluß an den Prozeß gegen die als Hauptkriegsverbrecher angeklagten Deutschen fanden in Nürnberg unter US-Regie zwölf »Nachfolgeverfahren« mit zahlreichen Todesurteilen statt. Dabei traten besonders die US-Hauptankläger Robert W. Kempner (links), ein Emigrant aus Deutschland, und Telford Taylor (rechts) hervor.

Zu den Nürnberger »Nachfolgeprozessen« gehörte das Tribunal gegen die Führung des deutschen Industrieunternehmens Krupp, eröffnet am 17. November 1947. Hier die US-Richter Daly, Anderson und Wilkins (von links).

Die Angeklagten des Krupp-Prozesses mit ihren Verteidigern. Auf der Anklagebank von links nach rechts: Alfried Krupp, Professor Dr. Houdremont, Professor Dr. Müller, Dr. Janssen, Dr. Pfirsch, Ihn, Eberhardt, Dr. Korschau von Bülow, Dr. Lehmann, Kupke.

Der Nürnberger »Wilhelmstraßenprozeß« richtete sich gegen führende Männer des deutschen Auswärtigen Amtes. Hauptangeklagter war der ehemalige Staatssekretär Ernst von Weizsäcker (der erste auf der Anklagebank vorn), Vater des späteren Bundespräsidenten Richard von Weizsäcker, der beim Tribunal als Hilfsverteidiger zugelassen worden war. Es wurden Haftstrafen zwischen drei und 25 Jahren verkündet; von Weizsäcker erhielt sieben Jahre.

Beim Nürnberger Ärzteprozeß gegen 23 deutsche Mediziner, die wegen Verbrechen gegen die Menschlichkeit angeklagt waren und von denen sieben hingerichtet wurden.

Nr. 226 / Donnerstag, 30. November 1995 — KOMMENTAR UND DIALOG — Ärzte Zeitung 3

„Monsterbabys" nach Atombombentests auf dem Bikini-Atoll

Von Raimund Schmid

Was Lijon Ehnilang, eine von vielen Atomtestopfern von den Marshall-Inseln, jetzt vor dem Internationalen Gerichtshof in der derzeit laufenden Verhandlung über den Rechtsstatus von Atomwaffen ausgesagt hat, dürfte selbst den hartgesottensten Richtern die Sprache verschlagen haben: „Ich habe sieben Fehlgeburten gehabt. Insgesamt gibt es auf der Insel acht Frauen, die Säuglinge geboren haben, die wie Geleeklümpchen aussehen. Sie haben keine Arme, keine Beine, keinen Kopf, nichts. Andere Kinder werden geboren, die diese Welt und ihre Eltern niemals erkennen werden. Sie liegen nur mit krummen Armen und Beinen da und werden nie sprechen."

Lijon Ehnilang gehört zu den Bewohnern der Marshall-Inseln, die am 1. März 1954 von der Explosion einer Atombombe über dem Bikini-Atoll, das rund 150 Kilomter nordwestlich ihrer Heimat Rongelap liegt, aufgeschreckt worden ist. Damals war sie sieben Jahre alt. Ihre Erlebnisse bei dem amerikanischen Atombombentests hat sie jetzt bei einer Anhörung vor dem Weltgerichtshof geschildert. Die 15 Richter dieses höchsten juristischen Organs der Welt haben auf Initiative der Weltgesundheitsorganisation und der Vereinten Nationen zu prüfen, ob der Einsatz oder sogar bereits die

Im Gespräch

Androhung des Einsatzes von Atomwaffen illegal sind. Die USA haben zwischen 1946 und 1958 im Pazifik auf den Atollen Bikini und Enewetak 66 oberirdische Atombomben gezündet.

„Ich erinnere mich, daß ich geweint habe," berichtete Ehnilang in Den Haag weiter. Daß der radioaktive Fallout für diese und die folgende Generation so zerstörerische Folgen haben werden, hätte sie nicht einmal in den kühnsten Träumen erahnt. Das schlimmste sei jedoch die Geburt der „Monsterbabys" gewesen. Darunter seien Kinder ohne Gliedmaßen oder mit nur einem Auge oder auch Babys mit zwei Köpfen gewesen.

Sie sei nur deshalb so weit gereist, um die Richter in den Haag zu bitten, künftig nicht mehr irgendwo auf der Welt das zuzulassen, was den Bewohnern der Marshall-Inseln passiert sei, sagte Ehnilang weiter. Ob der Weltgerichtshof jedoch den Rechtsstatus von Atomwaffen, wie auch bereits seit langem von der Internationalen Vereinigung der Ärzte für die Verhütung des Atomkrieges (IPPNW) gefordert, tatsächlich verwerfen wird, ist trotz dieser und anderer eindringlicher Appelle noch längst nicht sicher. Insgesamt werden sich 25 Staaten vor dem Gerichtshof erklären. Die Staaten Ägypten, Iran, Japan, Malaysia, Mexiko, Neuseeland und die Philippinen haben sich bis jetzt bereits für die Illegalität von Atomwaffen ausgesprochen.

Infolge „atomaren Feuers" 750.000 Tote

Ärzte: Allein aufgrund der Kernwaffentests 400.000 Menschen an Krebs verstorben

Berlin — Seit Inbetriebnahme des ersten Atomreaktors vor genau 50 Jahren sind weltweit mindestens 750.000 Menschen durch das „atomare Feuer" gestorben. Die Bilanz sei weit schrecklicher, als dies der Öffentlichkeit bisher bewußt ist, sagte Dr. Till Bastian, Vorstandsvorsitzender der deutschen Sektion der Internationalen Vereinigung „Ärzte gegen Atomkrieg" gestern beim 10. Jahreskongreß in Berlin.

So seien bisher allein in Hiroshima und Nagasaki 300.000 Atomopfer registriert worden. Etwa 400.000 Krebstote sind

„Berliner Erklärung", die die fast 3000 Ärzte verabschiedeten. Nur ein Bruchteil der vorhandenen Atomwaffen sei be-

standene Gefahr, daß der verdeckte Handel mit atomarer Technologie und waffenfähigem Nuklearmaterial die Zahl der derzeit elf Atommächte „bedrohlich" anwachsen lassen könne.

Aufgrund dieser neuen Gefahren fordern die Ärzte in ihrer Erklärung eine schrittweise Vernichtung aller Atomwaffen

werdenden gesundheitlichen Schäden durch Niedrigdosis-Strahlen und die „völlig ungelösten Entsorgungsprobleme" der nuklearen Abfälle erforderten ein sofortiges Auslöschen des „atomaren Feuers".

Um den Forderungen Nachdruck zu verleihen, kündigte Bastian die Gründung eines „Anti-Atom-Forums" an. Da-

MENSCHENVERSUCHE DES NKWD

Dr. Mairanowskis geheimes Labor

Wer in Moskau Dr. Mairanowski überantwortet wurde, den erwartete zumeist ein qualvoller Tod. Mairanowski leitete ein 1938 auf Anweisung Berias eingerichtetes Labor des sowjetischen Geheimdienstes, in dem Menschenversuche durchgeführt wurden. Dort experimentierte dieser Mann mit Giften, die trotz ihrer tödlichen Wirkung keine Spuren im menschlichen Körper hinterlassen sollten. Als „Probanden" wurden zum Tode Verurteilte ausgesucht – Opfer des Stalinschen Terror-Regimes, später auch Kriegsgefangene. Die Autoren haben Hinweise gefunden, daß sich

Wladimir Bobrenjow, Wladimir Rjasanzew: Das Geheimlabor des KGB. edition q, Berlin 1993. 218 S., Abb, br., 38 DM.

erhellt werden konnten, der 1978 in London mit logistischer Hilfe des KGB durch den Stich mit der Spitze eines Regenschirms umgebracht wurde. Ob es weiter Menschenversuche gegeben hat, nachdem Mairanowski im Dezember 1951 verhaftet und 1953 kurz vor Stalins Tod zu zehn Jahren Haft verurteilt wurde, können die Autoren ebensowenig aufklären wie den eigentlichen Grund für

gen zu diesem Thema, bei denen 1990 auch ehemalige NKWD-Leute vernommen wurden. Inwieweit Archivmaterialien des KGB selbst verwertet werden konnten bzw. ob dies überhaupt versucht wurde, ist dem Buch nicht zu entnehmen. Was vor allem angesichts des Umstandes unbefriedigend wirkt, daß die Autoren keine Namen von Opfern der NKWD-Mordexperimente herausfanden.

Wie konnte es zu alledem kommen, das in der Tat seine Parallelen findet in den bestialischen Experimenten von Nazi-Ärzten an KZ-Häftlingen? Bobrenjow und Rjasan-

Medizinische Tests

Rund 16 000 US-Bürger als „Versuchskaninchen"

WASHINGTON, 18. August (afp/ap). In den USA sind bis Mitte der 70er Jahre rund 16000 Menschen als „Versuchskaninchen" für medizinische Experimente mit radioaktiven Strahlen benutzt worden. Diese Zahl, die etwa doppelt so hoch ist wie bisher bekannte Schätzungen, wurde am Donnerstag vom US-amerikanischen Energieministerium genannt.

Wie Energieministerin Hazel O'Leary vor Journalisten in Washington sagte,

Rund ein halbes Jahrhundert nach Kriegsende wurden furchtbare Menschenexperimente der Sieger publik. Hier Auszüge aus der Presseberichterstattung. Mit welchem Recht saßen Vertreter solcher Mächte in Nürnberg über Menschheitsverbrechen der Gegenseite zu Gericht?

Beim zwölften und letzten Nürnberger Tribunal, dem »OKW-Prozeß«. Hier ein Bild der dramatischen Zeugenaussage von Ministerialdirektor Dr. Rudolf Lehmann, Chef der Wehrmacht-Rechtsabteilung. Er wies auf die Ermittlungen der Wehrmachtuntersuchungsstelle für Kriegsverbrechen der Alliierten hin: »Es wurden so fürchterliche Grausamkeiten und Ausschreitungen durch diese eidlichen Vernehmungen ermittelt, daß man dieses Ergebnis nur mit Schaudern lesen konnte.« Beim »OKW-Prozeß« wurden zwei Angekagte zu lebenslänglich, neun zu langjährigen Haftstrafen verurteilt, zwei freigesprochen. Bis Mitte der 50er Jahre waren alle Verurteilten wieder auf freiem Fuß.

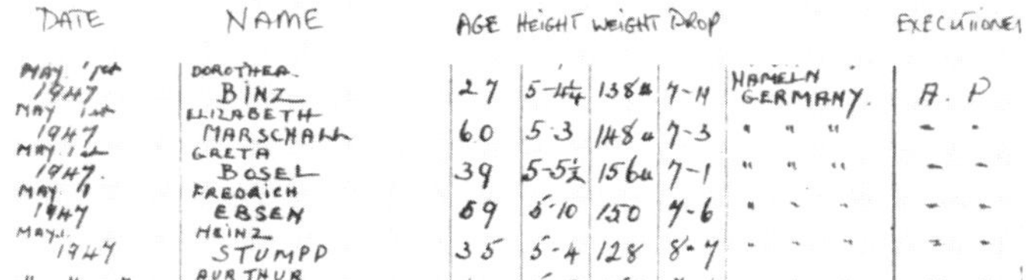

DATE	NAME	AGE	HEIGHT	WEIGHT	DROP		EXECUTIONER
MAY 1st 1947	DOROTHEA BINZ	27	5-4¼	138	7-11	HAMELN GERMANY.	A. P
MAY 1st 1947	ELIZABETH MARSCHALL	60	5·3	148	7-3	" " "	- -
MAY 1st 1947.	GRETA BOSEL	39	5-5½	156	7-1	" " "	- -
MAY 1 1947	FREDRICH EBSEN	69	5-10	150	7-6	" " "	- -
MAY 1 1947	HEINZ STUMPP	35	5-4	128	8-7	" " "	- -
" " "	AURTHUR GROSSE	40	5-9	152	7-4	" " "	- -
" " "	CALL TRUSCHAL	53	5-6	141	7-10	" " "	- -
" " "	JOHANN HEITZ	23	5-5	135	8-2	" " "	- -
MAY 2nd 1947	DOCTOR. GERARD SCHIOLAUSKY	41	5-6½	139	8-0	" " "	- -
" " "	JOHNANN SCHWARZENJUBER	42	6-0	172	6-7	" " "	- -
" " "	ROLR ROSENTHAIL	36	5·7	154	7·3	" " "	- -

Die westlichen Sieger veranstalteten nicht nur in Nürnberg Tribunale mit Hinrichtungen Deutscher. Penibel führte der Chefhenker Großbritanniens, Albert Pierrepoint (A. P.), Buch über die rund 200 Hinrichtungen, die die britische Besatzungsmacht in Hameln vollziehen ließ. An manchen Tagen brachte der Scharfrichter zwanzig Delinquenten hintereinander um. Die letzte Exekution fand am 5. Dezember 1949 statt. Viele Opfer waren Frauen oder zum Zeitpunkt der ihnen zur Last gelegten Taten noch Jugendliche. In der Illustrierten »Revue« Nr. 16/1952 wurde der britische Politiker Lord Hankey wie folgt zitiert: »Jedes der 15 000 in der britischen Zone verhängten Urteile hinterläßt einen Kern von Bitterkeit. Es gibt nur ein Mittel, die Not und das Elend zu beenden - das ist Amnestie.»

Der Gipfel perverser Vernehmungsmethoden wurde beim »Malmedy-Prozeß« der USA gegen Soldaten der Waffen-SS erreicht. Die Bilder zeigen unten einige der Angeklagten und oben die Richter. Ein Untersuchungsausschuß der USA ermittelte später, daß man fast allen Angeklagten die Hoden zerquetscht hatte, um entsprechende »Geständnisse« zu erreichen, die zur Verkündung der Todesstrafen führten.

Im US-Gefängnis für kriegsverurteilte Deutsche in Landsberg/Lech: Letztes Foto eines zum Tode Verurteilten vor dem Vollzug des Urteilsspruches. Erst 1951, zwei Jahre nach Abschaffung der Todesstrafe durch das Grundgesetz, wurde der letzte Deutsche in Landsberg hingerichtet.

Die Sieger in Ost und West brachten Hunderttausende »kleine Nazis«, unpolitische Deutsche, sogar Leute des Widerstandes gegen die grausame Hitler-Diktatur, die ihnen im Wege waren, in Konzentrationslager. Das Bild zeigt einen entsprechenden Abtransport durch die US-Army. Infolge unmenschlicher Lagerbedingungen gab es in den Sieger-KZs eine hohe Todesquote.

Mit sogenannten Spruchkammerverfahren unter deutscher Regie im besetzten Deutschland wurde die »juristische Bewältigung« der NS-Zeit fortgesetzt. Die Bilder zeigen die wegen »Nazi-Verstrickung« angeschuldigten Winifred Wagner (links oben), Wilhelm Furtwängler (oben rechts) und Professor Ferdinand Sauerbruch (unten) vor den »Spruchkammern zur Entnazifizierung«.

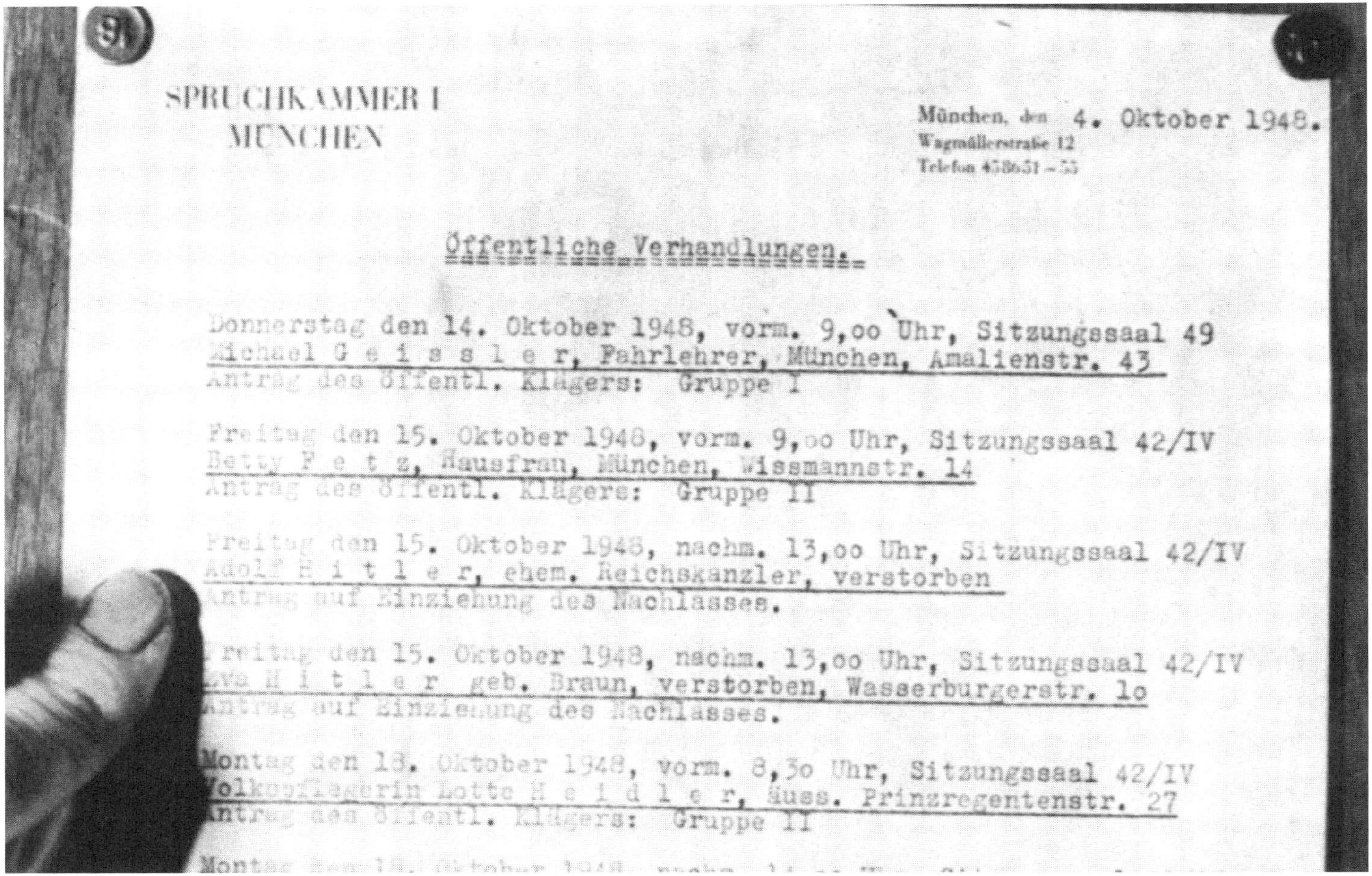
SPRUCHKAMMER I
MÜNCHEN

München, den 4. Oktober 1948.
Wagmüllerstraße 12
Telefon 458651 – 55

Öffentliche Verhandlungen.

Donnerstag den 14. Oktober 1948, vorm. 9,oo Uhr, Sitzungssaal 49
Michael G e i s s l e r, Fahrlehrer, München, Amalienstr. 43
Antrag des öffentl. Klägers: Gruppe I

Freitag den 15. Oktober 1948, vorm. 9,oo Uhr, Sitzungssaal 42/IV
Betty F e t z, Hausfrau, München, Wissmannstr. 14
Antrag des öffentl. Klägers: Gruppe II

Freitag den 15. Oktober 1948, nachm. 13,oo Uhr, Sitzungssaal 42/IV
Adolf H i t l e r, ehem. Reichskanzler, verstorben
Antrag auf Einziehung des Nachlasses.

Freitag den 15. Oktober 1948, nachm. 13,oo Uhr, Sitzungssaal 42/IV
Eva H i t l e r geb. Braun, verstorben, Wasserburgerstr. 1o
Antrag auf Einziehung des Nachlasses.

Montag den 18. Oktober 1948, vorm. 8,3o Uhr, Sitzungssaal 42/IV
Volkspflegerin Lotte H e i d l e r, Auss. Prinzregentenstr. 27
Antrag des öffentl. Klägers: Gruppe II

Auch gegen das Ehepaar Adolf und Eva Hitler geb. Braun gab es ein Spruchkammerverfahren. Es war mehr als eine Farce: Dem bayerischen Staat fiel dadurch Hitlers Erbe zu, darunter auch die Rechte an »Mein Kampf«. Damit verhindert der Freistaat jede Neuauflage des Buches.

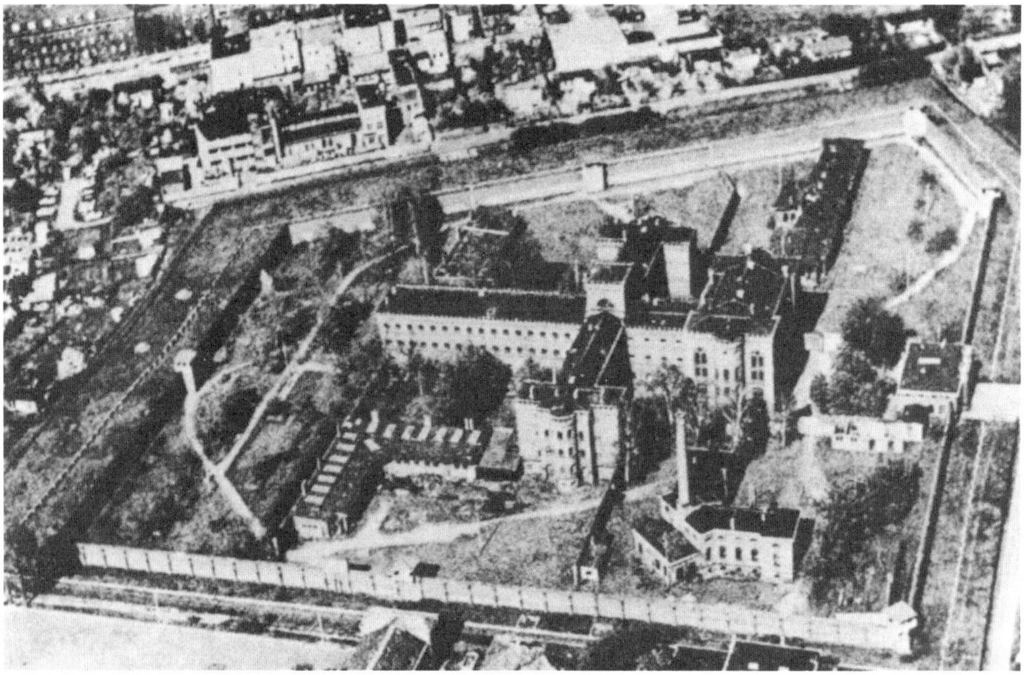

Blick auf das Gefängnis von Berlin-Spandau, in das die beim Nürnberger Haupttribunal zu Freiheitsstrafen verurteilten Männer geschafft und unter der Regie der vier Hauptalliierten bewacht wurden.

Illegal geschossenes Foto vom Gefängnishof Spandau.

Ein gigantischer Aufwand wurde um die sieben Männer in Spandau betrieben, von denen ab 1966 nur noch einer, Rudolf Heß, dort übrigblieb. Hier Bilder von den allmonatlichen Wachablösungen der alliierten »Gewahrsamsmächte«.

Von 1966 bis zu seinem Tode 1987 war Rudolf Heß der einzige Gefangene im gewaltigen 600 Zellen-Komplex von Spandau. Das Bild zeigt ihn beim Rundgang. Gleich nach seinem Ableben unter ungeklärten Umständen wurde das Spandauer Gefängnis abgerissen, »um Mythenbildung und Entstehung einer Weihestätte zu verhindern«.

Die Vierzehn Punkte des Robert Kempner

Am 29.12.1995 veröffentlichte die »Frankfurter Rundschau« eine Stellungnahme des »Freundeskreises Dr. Robert M.W. Kempner« (Frankfurt/Main) mit folgenden 14 Thesen zur Rechtfertigung der Nürnberger Tribunale, verfaßt vom US-Ankläger beim IMT, Kempner (1899-1993):

1. Die Entstehung der Bundesrepublik als demokratischer Staat hatte die Nürnberger Prozesse zur Voraussetzung. Durch die Prozesse wurde ein Augiasstall gereinigt. Die Sozien der Verurteilten, ihre Freunde und Lobbyisten, die erneut an die Staatsführung heran wollten, konnten teilweise ausgeschaltet werden.
2. Die Grundsätze der Nürnberger Prozesse, nämlich das Verbot der Angriffskriege und von Verbrechen gegen die Menschlichkeit, wurden als wichtige Artikel in das Bonner Grundgesetz aufgenommen.
3. Die Menschenrechtskonvention von Straßburg ist eine Folge der Nürnberger Prozesse.
4. Die Konvention der Vereinten Nationen gegen Völkermord ist eine Folge der Nürnberger Prozesse.
5. Der Begriff Angriffskriege ist ein Bestandteil des allgemeinen Völkerrechts geworden.
6. Der Begriff Verbrechen gegen die Menschlichkeit ist ein Bestandteil des allgemeinen Völkerrechts geworden.
7. Der Begriff Völkermord (genocidium) ist ein Bestandteil des allgemeinen Völkerrechts geworden.
8. Die Ermordung von mehr als sechs Millionen Juden Europas, die Endlöung der Judenfrage, wurde in Nürnberg durch Dokumente des Dritten Reiches und Zeugen der Weltöffentlichkeit bekannt.
9. Die schnelle Anerkennung des neuen Staates Israel durch Präsident Harry S. Truman und viele andere Mächte hatte die Nürnberger Prozesse zur Voraussetzung.
10. Das Treffen zwischen David Ben Gurion und Konrad Adenauer hatte die Bereinigung der Atmosphäre durch die Nürnberger Prozesse zur Voraussetzung.
11. Die Nürnberger Prozesse mit ihrer gerichtlichen Enthüllung der furchtbaren Leiden und Verluste vieler Völker, besonders des jüdischen Volkes, waren die Voraussetzung für die Wiedergutmachungs- und Entschädigungsgesetze.
12. Die Nürnberger Prozesse waren die Voraussetzung für die späteren Prozesse vor den Gerichten der Bundesrepublik. Die verschiedenen Zentralstellen – vor allem in Ludwigsburg – zur Ermittlung der NS-Verbrechen wurden eingerichtet. Insgesamt wurden in der Bundesrepublik bis Oktober 1979 6400 Personen verurteilt, weitere NS-Verfahren fanden statt. Bei den Verfahren handelt es sich meist um Verbrechen, begangen in Konzentrationslagern wie Auschwitz, Treblinka, Sobibor, Majdanek usw., und um die Ermordung von »nutzlosen Essern«, fälschlich »Euthanasie« genannt.
13. Die Konferenzen von Helsinki, Belgrad und Madrid haben ihre Wurzeln in den Nürnberger Prozessen.
14. Erst seit den Nürnberger Prozessen wird der Begriff »Menschenrechte« großgeschrieben, ihre Verletzung ist nicht länger die innere Angelegenheit eines einzelnen Staates.

Der Bundesminister der Justiz

Bonn, den 2. Januar 1961
Postfach
Tel. 20171
Hausruf 223

- 9250/1 II - 25 244/60 -

Betr.: Rechtswirkung des Urteils im Nürnberger Kriegsverbrecherprozeß gegen die Waffen-SS

Bezug: a) Ihre Schreiben vom 14. Juni und 30.September 1960
b) mein Schreiben vom 19. November 1960

Das Urteil des Internationalen Militärgerichtshofs in Nürnberg vom 1. Oktober 1946, durch das die SS einschließlich der Waffen-SS zu einer verbrecherischen Organisation erklärt worden ist, hat nach dem Recht der Bundesrepublik k e i n e Rechtswirkungen für die ehemaligen Angehörigen der SS und der Waffen-SS. Das Urteil hat nur deklaratorische Bedeutung. Niemand kann auf Grund dieses Urteils wegen seiner bloßen Mitgliedschaft in der SS strafrechtlich verfolgt werden. Eine Strafverfolgung ist nach den in der Bundesrepublik geltenden Gesetzen nur möglich, wenn sich ein Mitglied der SS persönlich einer Straftat schuldig gemacht hat.

Ich darf Sie weiter darauf hinweisen, daß die Bundesrepublik - aus hier nicht näher zu erörternden Erwägungen - eine ausdrückliche, vertragliche Anerkennung der von alliierten Militärgerichten in Deutschland gefällten "Kriegsverbrecherurteile" - dazu gehört auch das Urteil des IMT vom 1. Oktober 1946 - vermieden hat. Dies ergibt sich aus §§ 6 und 7 des Überleitungsvertrages in der Fassung der Bekanntmachung vom 30. März 1955 (Bundesgesetzbl. II, S. 405).

Nach internationalem Recht, d.h. nach Völkerrecht, ist die Rechtslage nicht anders. Wie die Frage nach dem Recht der sowjetisch besetzten Zone zu beurteilen ist, kann ich Ihnen nicht sagen. Mir ist jedoch nicht bekannt geworden, daß in der sowjetisch besetzten Zone jemand allein deshalb Verfolgungen oder Nachteilen ausgesetzt ist, weil der Internationale Militärgerichtshof in Nürnberg die SS als verbrecherische Organisation erklärt hat.

Mit vorzüglicher Hochachtung
Im Auftrag
Schätzler

Beglaubigt
Regierungsangestellte

Bundesregierung und hohe Bundesgerichte stellten klar, daß die Urteile von Nürnberg für die Bundesrepublik Deutschland keine Rechtskraft haben. Führende Politiker und Medien der Bundesrepublik in den ersten anderthalb Jahrzehnten ihres Bestehens bezeichneten die alliierten Tribunale als eindeutig rechtsstaatswidrig.

Zweiter Abschnitt

»ES WAR DIE NACKTE HEUCHELEI«

Stimmen prominenter Ausländer

Selbst Robert H. Jackson, US-amerikanischer Hauptbetreiber und Hauptankläger beim Nürnberger Siegertribunal 1945/46, verstieg sich nicht zu einer derartigen Kollektivverdammung des deutschen Volkes, wie sie ein halbes Jahrhundert später in der Bundesrepublik Deutschland betrieben wird. Er äußerte:

❐ Wir möchten klarstellen, daß wir nicht beabsichtigen, das ganze deutsche Volk zu beschuldigen... Es ist richtig, daß die Deutschen uns die Schrecken der modernen Kriegsführung erst gelehrt haben; aber die Verwüstungen vom Rhein bis zur Donau zeigen, daß wir - gleich unseren Verbündeten - keine ungelehrigen Schüler gewesen sind. Wenn uns daher auch die Tapferkeit und die Tüchtigkeit der Deutschen im Kriege nicht in Schrecken versetzen konnten und wenn wir auch von ihrer politischen Reife nicht überzeugt sind, so haben wir doch Achtung vor ihrer Geschicklichkeit in den Künsten des Friedens, vor ihren technischen Fähigkeiten und vor dem nüchternen Fleiß und der Selbstzucht der Massen des deutschen Volkes.[1]

Völlig undifferenziert hingegen brechen bundesdeutsche Maßgebliche der 90er Jahre den Stab über alle Deutschen der Kriegszeit und wuchten den Nachgeborenen auch noch eine Kollektivsühne auf. So sagte Bundespräsident Professor Dr. Roman Herzog in Bergen-Belsen im April 1995, unter Berufung auf das Alte Testament:

❐ Unsere Väter haben gesündigt, sie sind nicht mehr. Wir tragen deren Sünden. An diesen Sünden tragen wir Deutschen schwer. Nichts darf verdrängt werden, nichts darf vergessen werden. Wir tragen Verantwortung.[2]

Nicht selten artet neudeutscher Nationalmasochismus in wahnhafte Überspitzung aus. Etwa wenn der bundesrepublikanische Radikalumerzieher Niklas Frank, Sohn des in Nürnberg hingerichteten einstigen Generalgouverneurs Hans Frank, posthum dem eigenen Vater nachruft:

❐ Das Knacken Deines Genicks ersparte mir ein verkorkstes Leben. Wie hättest Du mir mit Deinem Gewäsch das Hirn vergiftet. Wie der schweigenden Mehrheit meiner Generation, die nicht das Glück hatte, den Vater gehängt zu bekommen. Deshalb bin ich froh, Dein Sohn zu sein. Wie arm sind Millionen anderer Kinder daran, deren Väter das gleiche Geschwätz voll Hinterlist und Feigheit, voll Mordlust und Unmenschlichkeit von sich gaben, aber nicht so prominent waren wie Du... Ich habe es gut, ich kann aus den Archiven Europas und der USA die Fleischfetzen Deines Lebens zusammenklauben, kann sie unbehelligt vom lügenhaften familiären Geschwätz beäugen. Wie immer ich sie mit Skalpell oder Hammer bearbeite, es kommt ein typisch deutsches Monster raus.[3]

Obwohl in ihren Ausmaßen lange nicht zu vergleichen mit den Exzessen der 80er und 90er Jahre, rief deutsche Nestbeschmutzungsmanie schon in den 50er und 60er Jahren ausländische Kritik hervor. Dem US-amerikanischen Soziologen und Geschichtswissenschaftler Professor Dr. Harry Elmer Barnes kamen führende Bonner Politiker damals bereits »unterwürfig, fast unbeschreiblich kriecherisch« vor. Er diagnostizierte in der bundesdeutschen Gesellschaft

❐ einen Fall von geradezu unbegreiflicher Selbstbezichtigungssucht ohnegleichen in der Geschichte der Menschheit. Ich kenne jedenfalls kein anderes Beispiel in der Geschichte dafür, daß ein Volk diese nahezu wahnwitzige Sucht zeigt, die dunklen Schatten der Schuld auf sich zu nehmen.[4]

---

1 Hrowe H. Saunders: Forum der Rache. Deutsche Generale vor den Siegertribunalen 1945-1948, Leoni 1986
2 Frankfurter Rundschau, 28. April 1995
3 Ido Abram/Matthias Heyl: Thema Holocaust. Ein Buch für die Schule, Reinbek 1996
4 Deutsche Hochschullehrer-Zeitung, Nr. 4/1969

Mit britischer Bissigkeit notierte seinerzeit der englische Jurist und Publizist Frederick John Partington Veale:

- Es ist ganz entschieden eine Art Arroganz, wenn das deutsche Volk als einziges Volk der Welt die Last der »Kollektivschuld« auf sich nimmt und vor aller Welt seiner Zerknirschung Ausdruck verleiht, während andere Völker, die ganz genauso das Recht hätten, an dieser Bürde mitzutragen, es bescheiden vorziehen, ein diskretes Stillschweigen zu bewahren. Diese Anmaßung Germanias, allein in Sack und Asche dasitzen zu wollen, wird durch die Tatsachen nicht gerechtfertigt.[5]

In dem Maße, in dem sich die deutsche Selbstgeißelung (die mit gebotener und gerechtfertigter Verurteilung des schrecklichen NS-Unrechts nichts mehr zu tun hat) ins Maßlose steigerte, mehrten sich die Stimmen des Auslandes, die diese Auswüchse anprangerten. 1980 schrieb Professor Dr. David P. Calleo (New York), einer der einflußreichsten US-amerikanischen Historiker und Politologen (Johns Hopkins School of Advanced International Studies; Council on Foreign Relations):

- Viele deutsche Autoren scheinen eine Art perversen Vergnügens daran zu finden, ihrem Volk eine einzigartige Schlechtigkeit zuzuschreiben, die es von der übrigen Menschheit unterscheidet.[6]

Der französische Offizier, Militärschriftsteller und Historiker böhmischer Herkunft, Ferdinand O. Miksche, der im Kriege in de Gaulles Generalstab gewirkt hatte, sah sich zehn Jahre später zu folgender Feststellung veranlaßt:

- Selbst an manchen Universitäten scheint die Grundlage der Lehre weitgehend die Kriegspropaganda beider Weltkriege geblieben zu sein, »an denen nur die Deutschen schuld waren«. Infolge all dieser Umstände ist die Geschichtswissenschaft in einem vorher nie gekannten Maße gehemmt. Das betrifft in erster Linie die Besiegten, die ihre eigene Geschichte nicht mehr kennen und sie überhaupt kaum noch verstehen.[7]

Das deutsche Volk, so Miksche weiter, sei in eine »geistgestörte Geschichtslosigkeit gestoßen« worden. »Es glaubt aufrichtig, auch dort schuldig zu sein, wo es gar nicht der Fall ist.«[8]

Zu den zahlreichen Stimmen des Auslandes gegen deutsche Kollektivschuldeinbildungen zählte auch die des US-Geschichtswissenschaftlers Professor Dr. Stefan T. Possony, der 1938 vor dem antisemitischen NS-Regime aus Österreich emigriert war:

- Man tut wohl daran, das Problem der Kollektivschuld der Vergessenheit anheim zu stellen. Wenn es überhaupt echte Kriegsschuld gibt, so fällt diese Schuld auf kleine Gruppen und Einzelpersonen... Die unwiderruflichen Entscheidungen werden oft von Akteuren veranlaßt, die im geheimen wirken und von denen die meisten nie entdeckt werden.[9]

Wolle man die Ursprünge beider Weltkriege ehrlich aufklären, so Possony weiter, müsse man »eine internationale Historikerkommission einsetzen« und in allen beteiligten Ländern »sämtliche Dokumente freigeben«. Erst wenn diese Aufarbeitung des Materials gelungen sei, könne man dazu schreiten, »das Problem in seiner Gesamtheit und seinen internationalen Verflechtungen zu beurteilen«. Am wichtigsten aber sei die Einsicht, »daß Kriegsschuld keinen Urteilsspruch über die Kollektivverantwortung eines ganzen Volkes bedeutet«.[10]

---

5 Robert L. Brock (Hg.): Freispruch für Deutschland. Ausländische Historiker und Publizisten widerlegen antideutsche Geschichtslügen, München 1995
6 David P. Calleo: Legende und Wirklichkeit der deutschen Gefahr. Neue Aspekte zur Rolle Deutschlands in der Weltgeschichte von Bismarck bis heute, Bonn 1980
7 Ferdinand O. Miksche: Das Ende der Gegenwart. Europa ohne Blöcke, München 1990
8 ebenda
9 Stefan T. Possony: Zur Bewältigung der Kriegsschuldfrage, Köln 1968
10 ebenda

Auch maßgebliche Politiker des Auslandes mahnten frühzeitig, deutsche Sucht zur Radikalbewältigung und Sühne zu mäßigen. Beispielsweise Jacques Chaban-Delmas, der langjährige Präsident der französischen Nationalversammlung und Ministerpräsident in Paris und Angehöriger der Resistance im Krieg. Er gewährte dem Herausgeber der »Deutschen National-Zeitung«, Dr. Gerhard Frey, 1963 ein Interview. Auszug:

❒ Dr. Frey: Herr Präsident, Sie sind nicht der Auffassung, daß Deutschland auf Generationen sühnen soll?
Chaban-Delmas: Es ist genug gesühnt. Die Sühne gehört der Vergangenheit an. Lassen Sie sich durch das ewige Gesühne nicht die Zukunft Ihrer Nation vergiften. Haben Sie keine Komplexe! Hören Sie auf damit! Und wofür soll denn überhaupt Eure junge Generation, die an dem Ganzen nicht den geringsten Anteil hatte, sühnen? Das will niemand.
Dr. Frey: Doch, Herr Präsident, einige wollen es und sie geben dem recht deutlichen Ausdruck.
Chaban-Delmas: Die Geschichte wird über jene, die Deutschland zu ewiger Sühne verdammen wollen, hinweggehen.[11]

Zwanzig Jahre später, 1983, richtete Arthur Burns, der 1904 unter dem Namen Bernstein als Sproß einer jüdischen Familie in Galizien zur Welt gekommene US-Botschafter in Bonn, an die Deutschen die Aufforderung, »die Ehre des deutschen Volkes wiederherzustellen« und »das Geschichtsbild, das in den letzten 37 Jahren von bestimmter Seite geprägt worden ist, ins rechte Lot zu bringen«, denn, so Burns:

❒ Der heutigen Generation muß das Schuldgefühl genommen werden, das uns in der Völkerfamilie so sehr schadet.[12]

Die Absicht, beim Deutschlandbesuch 1985 kein KZ zu besuchen (auf Bonner Drängen tat er es schließlich doch) und seine Ehrung eines deutschen Soldatenfriedhofes in Bitburg, auf dem sich auch Grabstätten gefallener Soldaten der Waffen-SS befinden, brachten dem US-Präsidenten Ronald Reagan bei bundesdeutschen Radikalbewältigern viel Schelte ein. Vor seiner Deutschlandvisite stand das amerikanische Staatsoberhaupt in Washington am 21. März 1985 den Medien bei einer Pressekonferenz Rede und Antwort. Auszug:

❒ Frage: Herr Präsident, können Sie uns sagen, warum Sie die Entscheidung getroffen haben, während Ihrer Deutschland-Reise im Mai am Tag des Sieges in Europa kein Nazi-Konzentrationslager zu besuchen?
Reagan: Jawohl, das kann ich Ihnen sagen. Ich bin sehr dafür, daß wir dieses Mal bei dem Gedenken an die Beendigung des großen Krieges statt der Wiedererweckung der Erinnerungen und der Leidenschaften jener Zeit diesen Tag vielleicht als den Tag begehen sollten, an dem vor 40 Jahren Frieden und Freundschaft begannen. Heute finden wir uns als Verbündete und Freunde der Länder, gegen die wir einst gekämpft haben. Und daß wir es beinahe als eine Feier des Endes einer Ära und des Beginns dessen begehen sollten, was jetzt für uns 40 Jahre des Friedens bedeutet. Ich war der Meinung, daß das deutsche Volk ein Schuldgefühl hat, das ihm aufgezwungen worden ist. Und ich halte das für unnötig (... a guilt feeling that's been imposed upon them. And I just think it's unnecessary).[13]

---

11 Deutsche National-Zeitung, 25. Oktober 1963
12 Bonner Ostbrief, November 1983
13 Bernhard Steidle (Hg.): Verheimlichte Dokumente. Was den Deutschen verschwiegen wird. Band 2, München 1995; im amerikanischen Originalwortlaut zitiert in: Ilya Levkov (ed.): Bitburg and Beyond, New York 1987

Im selben Jahre, dem 40. nach Ende des Zweiten Weltkrieges, schrieb Jean-Marie Soutou, ein Mann der Resistance gegen die Deutschen im Zweiten Weltkrieg und nun Generalsekretär des französischen Außenministeriums, deutschen Nationalmasochisten ins Stammbuch:

❐ Wir alle brauchen ein Nationalbewußtsein der Deutschen, das stabil sein sollte, aufrecht, rein, selbstsicher, ohne Befangenheit wie ohne Arroganz, von ruhiger Klarheit.[14]

Eine weitere Dekade später, am 3. Oktober 1995, brachte der estnische Staatspräsident Lennart Meri anläßlich des fünften Jahrestages der Wiedervereinigung von Bundesrepublik und DDR bei einer Ansprache in Berlin zum Ausdruck, was viele im Ausland empfinden. Seine Worte wurden von etablierten bundesdeutschen Medien entweder totgeschwiegen oder gehässig kommentiert. So kreidete beispielsweise ein linksbourgeoises Blatt dem ausländischen Staatsoberhaupt an, es habe bei den Deutschen »nationales Selbstbewußtsein angemahnt« und damit »den Abschied vom deutschen Nachkriegskonsens gefordert«[15]. Aus der Rede des estnischen Präsidenten in Berlin:

❐ Als Este sage ich dies und frage mich: Warum zeigen die Deutschen so wenig Respekt vor sich selbst? Deutschland ist eine Art Canossa-Republik geworden, eine Republik der Reue... Als Nicht-Deutscher erlaube ich mir die Bemerkung: Man kann einem Volk nicht trauen, das rund um die Uhr eine intellektuelle Selbstverachtung vorführt... Um glaubwürdig zu sein, muß man auch bereit sein, alle Verbrechen zu verurteilen, überall in der Welt, auch dann, wenn die Opfer Deutsche waren oder sind. Für mich als Este ist es kaum nachzuvollziehen, warum die Deutschen ihre Geschichte tabuisieren, daß es enorm schwierig ist, über das Unrecht gegen die Deutschen zu publizieren oder zu diskutieren, ohne dabei schief angesehen zu werden - aber nicht etwa von den Esten oder Finnen, sondern von den Deutschen selbst.[16]

Das Wort von Deutschland als »Canossa-Republik« wurde Ende 1995 auch von den in Tel Aviv erscheinenden »Israel-Nachrichten«, der einzigen deutschsprachigen jüdischen Tageszeitung der Welt, aufgegriffen, die sich schon mehrfach gegen deutschen Nationalmasochismus wegen des unbestreitbar schweren Hitlerunrechts gewandt hat. In einem Kommentar des israelischen Blattes hieß es:

❐ Deutschland ist eine »Canossa-Republik«; immer schuldbewußt, immer zerknirscht, immer reuevoll und bereit zum Schadenersatz. Bis in alle Ewigkeit.[17]

Verlangt »das Ausland« von den Deutschen ewige Schuld- und Sühnebekundungen wegen Hitler und Holocaust? Daß man »draußen« anders denkt als oft behauptet wird, bewies auch ein Aufsatzwettbewerb der Deutschen Welle, des Auslandssenders der Bundesrepublik Deutschland, im Sommer 1994:

❐ Es beteiligten sich 6000 junge Hörer im Alter von 15 bis 23 Jahren aus 111 Staaten der Erde; man sollte sich über Erwartungen an Deutschland äußern.
Nach Angaben des Senders kam in 80 Prozent der eingesandten Aufsätze die nationalsozialistische Zeit überhaupt nicht vor. Und wenn die jungen Ausländer aus aller Welt überhaupt das Thema berührten, dann meist in einer Art wie die 22jährige Inderin Chitra: »Deutschland sollte sich wegen seiner traumatischen Nazivergangenheit nicht zu befangen fühlen, eine prominente Rolle in der Welt zu spielen.« Eine typische junge afrikanische Stimme: »Deutschland sollte einen ständigen Platz im Weltsicherheitsrat bekommen. Vom jahrzehntealten Schuldkomplex wegen ihrer Nazi-

14 Michael Stürmer: Deutsche Fragen oder die Suche nach der Staatsräson, München 1988
15 Frankfurter Rundschau, 5. Oktober 1995
16 Rede von Staatspräsident Lennart Meri vom 3. Oktober 1995 in Berlin bei einer Veranstaltung der »Werkstatt Deutschland e. V.«; Archiv des FZ-Verlages
17 Israel-Nachrichten, 29. Dezember 1995

vergangenheit sollten sich die Deutschen endlich befreien.«
In einer Pressemitteilung zum Ergebnis der Umfrage teilte die Deutsche Welle mit, daß es auch kritische Stimmen gegeben habe. Beispiel: »Von der Zukunft der Kunst in Deutschland gibt es nicht viel zu reden; sie kann mit drei Wörtern erklärt werden. ›Importiert aus Amerika!‹ « So die Stellungnahme eines jungen Asiaten.[18]

Um sich hinter »dem Ausland« verschanzen zu können, filtern Vertreter der Radikalbewältigung und Extremumerziehung in Deutschland aus ausländischen Stellungnahmen zur Zeitgeschichte, auch zum Komplex Nürnberger Kriegsverbrecherprozeß, all jene heraus, die nicht einseitig das deutsche Schuldkonto belasten. Tatsächlich gibt es eine große Zahl gewichtiger Meinungsbekundungen prominenter Ausländer, die sich grundsätzlich von antideutschen Tiraden bundesrepublikanischer Nationalmasochisten unterscheiden. Sie gehen das Thema unter einem Leitwort an, das der einflußreiche US-Politiker, -Diplomat und -Publizist George F. Kennan ausgegeben hat:

❒ Wenn die Geschichte über die Grausamkeit dieses Krieges (des Zweiten Weltkrieges) ihr Urteil fällt, wird sie zwischen Siegern und Besiegten nicht unterscheiden.[19]

Im folgenden einige von zahlreichen Beispielen für ausländische Stellungnahmen zum Thema »Nürnberg«, die in der Bundesrepublik der 90er Jahre fast völlig unter den Tisch gekehrt werden:

In ihrem 1992 in Moskau auf russisch und in München auf deutsch erschienenen Werk »Geheimimperium KGB« widerlegt die russische Publizistin jüdischer Herkunft **Jewgenija Albaz** (Jahrgang 1958) die moralische Berechtigung der Sowjets, in Nürnberg über Deutschland Gericht gehalten zu haben. Die Bolschewisten hätten nicht weniger als 66 Millionen Morde begangen. Gerecht wäre es gewesen, findet sie, die bolschewistischen Verbrechen mit Auschwitz-Untaten auf die gleiche Stufe zu stellen und die sowjetischen Greueltaten mit jenen gleichzusetzen, wegen derer »faschistische Kriegsverbrecher« zu Höchststrafen verurteilt worden seien. Doch »ein sowjetisches Nürnberg« habe es eben nie gegeben.[20]

Der französische Literaturwissenschaftler und Geschichtsforscher Professor **Maurice Bardèche** ging wie folgt mit dem Siegergericht von Nürnberg ins Gericht:

❒ Die Sieger haben ihr Angesicht verhüllt vor dem, was sie getan haben; um sich Mut zu machen, haben sie ihr Blutbad in einen Kreuzzug verwandelt. Hinterher haben sie sich ein Recht zum Blutbad im Namen der Menschheit gezimmert.[21]

Bereits wenige Jahre nach Nürnberg brachte der britische Publizist und Zeitgeschichtler **Montgomery Belgion** zum Ausdruck, was viele seiner fair denkenden Landsleute empfanden:

❒ Es bedrückt mich, daß England nach dem Krieg an den Nürnberger Verfahren teilnahm, ja daß diese Verfahren überhaupt durchgeführt wurden. Die Ergebnisse des Nürnberger Internationalen Militär-Tribunals müssen ausgelöscht und vorbehaltlos widerrufen werden.[22]

Zu den ersten prominenten US-Amerikanern, die zur Generalabrechnung mit der Siegerjustiz nach 1945 schritten, zählte **William Henry Chamberlin**, Mitherausgeber des »New

18 Steidle: Verheimlichte Dokumente Bd. 2, aaO.
19 George F. Kennan: Memoiren eines Diplomaten, Stuttgart 1968
20 Jewgenija Albaz: Geheimimperium KGB - Totengräber der Sowjetunion, München 1992
21 Maurice Bardèche: Der Weg nach vorn, Göttingen o. J.
22 Brock: Freispruch für Deutschland, aaO.

Leader«, Leitartikler des »Wall Street Journal« und enger Weggefährte des ehemaligen US-Präsidenten Herbert Hoover. Chamberlin urteilte:

❒ Die internationale Heuchelei erreichte wohl ihren Höhepunkt in den Gerichtsverfahren gegen Tausende von Deutschen und Japanern wegen angeblicher Kriegsverbrechen. Daß einige Handlungen von Deutschen und Japanern, aber ebenso einige Handlungen der Siegermächte, weit über das Maß der etwas dehnbar gefaßten Regeln zivilisierter Kriegsführung hinausgingen, kann nicht geleugnet werden. Dies würde jedoch ein Fall sein, der vor das unparteiische Urteil eines neutralen Gerichtshofes gegen alle Personen gehörte, die mit solchen Taten belastet sind. Aber das internationale Tribunal, das aus amerikanischen, britischen, französischen und sowjetischen Richtern bestand und in Nürnberg und Tokio zu Gericht saß, sowie die nachfolgenden Gerichte, die von den Besatzungsmächten in ihren jeweiligen Zonen eröffnet wurden, ermangelten der elementarsten Kennzeichen eines Gerichtshofes. Die Ankläger waren gleichzeitig Richter und Geschworene. Da war auch nicht die leiseste Andeutung von Unparteilichkeit in diesen Prozessen der Sieger über die Besiegten... Die meisten der Hauptanschuldigungen gegen die »Nazi-Verschwörungen« und »mutwillige Angriffskriege«, gewaltsame Eroberung fremden Bodens, Zwangsarbeit, Einsperren und Unterernährung der Bevölkerung in den besetzten Gebieten, Massenmord von Soldaten und Zivilisten, konnten genauso überzeugend gegen eine oder alle Siegermächte erhoben werden.[23]

Zu den vehementesten Kritikern der Siegerprozesse zählte die **Chicago Daily Tribune**, eine der größten Zeitungen Amerikas. Während das Nürnberger Tribunal noch lief, hieß es beispielsweise in einem Leitartikel des Blattes:

❒ Das Statut, in dessen Namen die Angeklagten abgeurteilt werden, ist eine Erfindung Jacksons (des US-Hauptanklägers) und widerspricht dem Völkerrecht, so wie es in der Zweiten Haager Übereinkunft definiert ist. Durch die Erfindung eines solchen Statutes verleiht Jackson der Lynchjustiz die Legalität.[24]

Winston Churchill verlangte 1948 die Einstellung der »endlosen Gerichtsverfahren gegen Deutsche, die mit dem ehemaligen Nazi-Reich zu tun hatten, besonders gegen die betagten deutschen Feldmarschälle und Generäle«. Und zwar nicht nur aus »soldatischen, rechtlichen und humanitären« Gründen, sondern auch, weil es »so töricht, so sinnlos, ja, ich möchte fast sagen, weil es heller Wahnsinn ist, sich ausgiebig an einer derart erbärmlichen, über lange Zeit hingezogenen Rache zu weiden.«[25]

In bezug auf Nürnberg schrieb der amerikanische Professor und Geschichtsdozent **Michael F. Connors**, es schmerze ihn sehr, »daß so mancher meiner Landsleute bei diesen Vorgängen eine besonders schändliche Rolle spielte, wobei nur das eine tröstlich ist, daß andere Amerikaner unter jenen waren, die Nürnberg unbeirrt und auf das heftigste kritisierten«[26]. Connors weiter:

❒ Das Tribunal war nur eine Fassade für die bewaffnete Macht der Alliierten, und sein Recht war Siegerrecht. In sittlicher, rechtlicher und geschichtlicher Hinsicht war das gesamte Verfahren auf Treibsand gebaut, ungeachtet der seinerzeit lauthals verkündeten Behauptung, hier werde eine neue, weiterführende Entwicklung des Völkerrechts in die Wege geleitet. Ganz offensichtlich war dies eben nicht der Fall. Während des Vietnamkonfliktes wurde vielen Amerikanern klar, was es wirklich mit Nürnberg auf sich hatte, als nämlich ihre eigenen Söhne in der Gefangenschaft vom Feind als »Kriegsverbrecher« eingestuft wurden... Kurzum, wie man es auch betrachten mag, von

---

23 Ulrich Stern (Hg.): Die wahren Schuldigen am Zweiten Weltkrieg. Ursachen und Anstifter im Licht der neuen Forschung, München 1993 (3. Auflage)
24 Chicago Daily Tribune, 10. Juni 1946
25 Winston Churchill: Europe United, Cassell 1950
26 Brock: Freispruch für Deutschland, aaO.

einer rechtlichen, geschichtlichen oder pragmatischen Warte: Die hehren Ansprüche von Nürnberg wurden gewogen und zu leicht befunden.[27]

Achtzehn Jahre nach Kriegsende schrieb **Richard Crossman**, der von 1939 bis 1945 Chef der britischen politisch-propagandistischen Kriegsführung gegen die Deutschen war, unter der Schlagzeile »War Crime« (Kriegsverbrechen):

❒ Die Zerstörung von Dresden war eines jener Verbrechen gegen die Menschlichkeit, deren Urheber man in Nürnberg vor Gericht gestellt hätte, wäre dieses Gericht nicht in ein bloßes Instrument alliierter Rache pervertiert worden.[28]

Ende der 60er Jahre hieß es immerhin noch in einem Nachruf einer bundesdeutschen Zeitung auf den verstorbenen Lord **Douglas of Kirtleside**:

❒ Lord Douglas of Kirtleside, Marschall der britischen Luftwaffe und ehemaliger britischer Militärgouverneur in Deutschland, ist im Alter von 75 Jahren gestorben. Er hatte 1947 sein Amt angetreten, bereits nach einem Jahr aber auf seine Ablösung gedrängt, weil eine Reihe von Kriegsverbrecherprozessen mit anschließenden Hinrichtungen, die er als »legalisierte Schlachterei« bezeichnete, ihn »krank gemacht« hätten. Lord Douglas führte während des Krieges eine Zeitlang die britischen Jagdflieger.[29]

Knapp anderthalb Jahre nach Kriegsende schrieb der US-amerikanische Psychologe Professor **John Duffield**:

❒ Die Behandlung unserer ehemaligen Feinde beruht ihrem Grundsatz nach nicht auf Gerechtigkeit, sondern auf einer Massenneurose. Tatsächlich hat man zu diesem Zwecke eine neue, einseitige »Justiz« erfunden. Ist es denn nicht sonderbar, daß es unter den etwa dreißig Millionen Männern, die für die Alliierten gekämpft haben, keinen einzigen gibt, der für ein Kriegsverbrechen oder wegen Greueln vor Gericht gezogen worden wäre?... Heute ist der Krieg nur die bis zur äußersten Grenze getriebene Gewalt. Er bringt unzählige, ebensogut vorbedachte wie zufällige Grausamkeiten mit sich. Aber der Feind erscheint der öffentlichen Meinung noch grausamer, brutaler und sadistischer als er wirklich ist, denn außer den Verbrechen, die er wirklich begangen hat, scheint er für uns noch mit der ganzen Hölle unseres eigenen Unterbewußtseins beladen, denn alle schlechten Neigungen, die wir mit größter Schärfe verurteilen und die in unserem Unterbewußtsein zurückgedrängt sind, werfen wir nach außen auf ihn. Und so erscheint er uns als Ungeheuer in Menschengestalt, das nichts mit uns gemein hat... In Kriegszeiten wird dieses beliebte Zuschieben aller bösen Triebkräfte auf den Feind täglich von der Propaganda gefördert, das Thema »Greuel« wird zur hauptsächlich dafür angewendeten Methode.[30]

Die von Pastor **Ferrie** geleitete britische Kirchenzeitung »The Monthly Paper of the Presbyterian Church« faßte 1946 die Bedenken zahlreicher Briten gegen das Nürnberger Tribunal wie folgt zusammen:

❒ Schon vor langer Zeit sagten wir in dieser Zeitung, wir könnten unmöglich glauben, daß die Legalität beachtet worden sei; zumindest hätte das mit der Aburteilung der für den Krieg verantwortlichen Männer beauftragte Gericht aus Neutralen zusammengesetzt werden müssen und hätte dieses Gericht ermächtigt werden müssen, ebenso wie gegen die Deutschen auch die zu denselben Punkten gegen die Amerikaner, Engländer und Russen gerichteten Anklagen entgegenzunehmen. Keine dieser Bedingungen ist erfüllt worden.[31*]

---

27 Stern: Die wahren Schuldigen, aaO.
28 New Statesman, 3. Mai 1963
29 Ruhr-Nachrichten, 31. Oktober 1969
30 Maurice Bardèche: Nürnberg oder die Falschmünzer, Wiesbaden 1957
31 ebenda

Der kanadische Zeitgeschichtler **Tony Foster** schilderte 1987 in seinem Buch »Meetings of Generals« das Leben seines Vaters, des kanadischen Generalmajors Harry Foster, und - objektiv und fair - auch das Schicksal von dessen Gegner im Kriege, des Generalmajors der Waffen-SS und Kommandeurs der 12. SS-Panzerdivision »Hitlerjugend«, Kurt Meyer, genannt »Panzermeyer«. Foster senior begegnete »Panzermeyer« nicht nur auf dem Schlachtfeld, sondern auch als Vorsitzender eines Kriegsgerichtes. Wegen angeblicher Kriegsverbrechen wurde der deutsche General zunächst zum Tode verurteilt, dann begnadigt und 1954 aus der Haft entlassen. Der Vater habe ihm gesagt, daß Kurt Meyer im Grunde nicht mehr »schuldig« gewesen sei als alle anderen Soldaten beider Seiten auch, schreibt Tony Foster; die Verurteilung sei nur erfolgt aufgrund von Gesetzen, »die eine verdammte Bande von Kasernenhofanwälten zusammenphantasiert« habe[32]. Bleibt noch zu erwähnen, daß diese Rehabilitierung »Panzermeyers« in Deutschland weitgehend totgeschwiegen, in Kanada aber der Verfasser vom Schriftstellerverband mit der Medaille für das beste Sachbuch des Jahres geehrt wurde. Nach Meinung Fosters sollte sein Buch »jedem Mitglied der Waffen-SS, das Deutschland ehrenhaft gedient hatte, ein Gefühl der Rechtfertigung geben«.[33]

Als »moralische Schwindler von Olympiaformat« bezeichnete der britische Marineoffizier, Kriegsgeschichtler und Journalist Captain **Russell Grenfell** die Richtermächte von Nürnberg. Er nannte zur Begründung dieser Einschätzung beispielsweise das britische Vorgehen gegen aufrührerische Inder im August und September 1942, als »fünfmal Volksansammlungen von Flugzeugen mit Bordwaffen beschossen«worden seien, »eine Form der Befriedung, die sich in einem Nachkriegsprozeß nach Nürnberger Art nicht sonderlich gut ausgenommen hätte«. Die ganze Serie der Nürnberger Prozesse sei ein »epochemachendes Beispiel von Heuchelei« gewesen. Grenfell:

❒ Um dies einwandfrei zu beweisen, braucht man gar nicht nach weiterem Material zu suchen; es genügt anzuführen, daß die Amerikaner mit englischer Zustimmung 80 000 ahnungslose Japaner, Männer, Frauen und Kinder, in Hiroschima und noch mehr in Nagasaki durch die fürchterliche neue Waffe der Atombombe vernichteten und unmittelbar danach mit majestätischer Selbstgerechtigkeit hingingen, um den führenden Deutschen wegen »Verbrechen gegen die Menschlichkeit« den Prozeß zu machen.[34]

An den deutschen Admiral Hansen schrieb Captain Grenfell, der im Zweiten Weltkrieg zwei Söhne verloren hatte:

❒ Bitte danken Sie mir nicht. Ich kämpfe nicht für die deutschen Soldaten, sondern mit den deutschen Soldaten und Seeleuten gegen das Unrecht, das Männern angetan wird, die im Kampf für ihr Heimatland - es sei welches es sei - ihre Pflicht getan haben. Es ist die Höhe des Unrechts, Männer wegen Gehorsams gegenüber Befehlen zu bestrafen, wenn sie im gleichen Fall wegen Ungehorsams bestraft werden können. Schimpflich ist es darüber hinaus, deutsche Männer für die im Dienste des Staates durchgeführten Maßnahmen zu bestrafen, die von den Land-, See- und Luftstreitkräften der Sieger ebenfalls getroffen worden sind. Und es ist entehrend für mein Land, an dieser Straf-Heuchelei teilgenommen zu haben.[35]

---

32 Tony Foster: Meetings of Generals, Toronto 1987
33 Brock: Freispruch, aaO.
34 Russell Grenfell: Bedingungsloser Haß? Preußisch Oldendorf 1972 (Neuauflage; erstmals auf deutsch 1954 erschienen)
35 Stern: Die wahren Schuldigen, aaO.

Über die »Selbstgerechtigkeit und Heuchelei der alliierten Kriegsverbrecherprozesse« führt auch der US-Amerikaner **Joseph Halow** Klage, der 1946/47 offizieller Protokollführer bei den sogenannten Kriegsverbrecherprozessen in Dachau war und die Mißjustiz direkt erlebte. Er prangert an:

❒ Dagegen hat es niemals Prozesse oder Bestrafungen hinsichtlich der Grausamkeit der Sieger gegeben. Weder für die Bombardierung Dresdens durch die Angloamerikaner noch für das Sowjet-Massaker an den Tausenden polnische Offizieren in Katyn - tatsächlich hat man in Nürnberg sogar noch dieses Verbrechen den Deutschen angelastet.[36]

Lord **Maurice Alers Hankey**, während des Ersten wie des Zweiten Weltkrieges Mitglied des britischen Kabinetts, nannte die Siegertribunale einen »schwärzesten Fleck«. Man könne nicht verhehlen,

❒ daß es unter dem schwachen Schein von Gerechtigkeit immer das uralte Drama ist, das man uns vorspielt, das zwischen dem Recht der Sieger und dem Recht der Besiegten unterscheidet - das Vae Victis (Wehe den Besiegten!) der Antike... Wie soll der geschlagene Feind den Eindruck haben, daß man Verbrechen wie Deportation der Zivilbevölkerung, Plünderungen, Meuchelmorde an Kriegsgefangenen, Zerstörungen ohne militärische Notwendigkeit gerecht bestraft, wenn er sehr gut weiß, daß Anklagen derselben Art auch gegen einen oder mehrere der Alliierten erhoben werden könnten, aber nie ausgesprochen wurden?[37]

Lord Hankey an anderer Stelle:

❒ Ich führe die Nürnberger Prozesse auf das Bestreben zurück, die völkerrechtswidrigen Friedensbrüche der neutralen Roosevelt-Regierung gegenüber Deutschland nachträglich zu rechtfertigen. Nach dem Gesetz des damals von allen Staaten anerkannten Völkerrechts waren Roosevelt und Konsorten des Friedensbruchs schuldig, und zwar unter Verletzung amerikanischer Gesetze und Verfassungsbestimmungen. Der eigentliche Hintergrund der Nürnberger Verfahren war nichts anderes als die Absicht, diesen Taten nachträglich den Schein der Gesetzlichkeit zu geben, indem man das Völkerrecht umstieß und die deutschen Politiker zu Kriegsverbrechern erklärte.[38]

Auch der britische Geistliche und Publizist **William Ralph Inge**, Dekan der St. Pauls-Kathedrale in London, wandte sich gegen die Siegerjustiz:

❒ Ich lehnte die Nürnberger Prozesse ab: Erstens sind Prozesse von Siegern gegen Besiegte stets unbefriedigend und im allgemeinen ungerecht. Zweitens schafft der Sieger, der die politischen und militärischen Führer eines geschlagenen Gegners hinrichten läßt, einen höchst gefährlichen Präzedenzfall. Fraglos hatten die Deutschen »Verbrechen gegen die Menschlichkeit« begangen; doch der Krieg ist nun einmal keine humane Angelegenheit, und nach jedem Krieg könnten die Sieger genügend Beispiele begangener Grausamkeiten finden, um damit rachsüchtige Strafen zu rechtfertigen... Wie steht es mit der Zerstörung Hiroschimas durch die Amerikaner, mit der Zerstörung Dresdens durch die Engländer?[39]

US-Journalist **Edgar L. Jones** zählte zu den bekanntesten amerikanischen Kriegsberichterstattern. Er hatte sich an den Brennpunkten der Fronten aufgehalten und wußte wie kaum ein zweiter Bescheid über das grausame Kriegsgeschehen. Wenige Monate nach Kriegsende, als das Nürnberger Tribunal bereits lief, schrieb er:

❒ Wir Amerikaner haben vom internationalen Standpunkt aus gesehen einen gefährlichen Hang, nämlich anderen Nationen gegenüber die Einstellung höherer Moral einzunehmen. Wir glauben,

36 Joseph Halow: Siegerjustiz in Dachau. Die US-Schauprozesse. Ein Amerikaner stellt richtig, Berg 1994
37 Maurice Alers Hankey: Politics, Trials and Errors, London 1950
38 Hankey-Beitrag in der »Tribune«; zitiert in: Steidle: Die wahren Schuldigen, aaO.
39 Inge im Vorwort zu F.J.P. Veales Buch »Der Barbarei entgegen«, Hamburg 1954

edler und moralischer als andere Völker zu sein und demzufolge besser in der Lage, zu entscheiden, was Recht in der Welt ist und was nicht. Was glauben die Zivilisten denn, welche Art Krieg wir geführt haben? Wir haben kalten Blutes Gefangene niedergemacht, wir haben Lazarette pulverisiert, Verwundeten den Garaus gemacht, Sterbende mit Toten in ein Loch zusammengelegt. Im Pazifikkrieg haben wir die Schädel unserer Feinde zerschlagen, sie abgekocht, um aus ihnen Tischgarnituren für unsere Bräute zu machen und haben ihre Knochen ausgemeißelt, um Brieföffner aus ihnen zu verfertigen. Wir haben unsere Phosphorbombenabwürfe und unsere Morde an der Zivilbevölkerung mit dem Abwurf von Atombomben auf zwei beinahe unverteidigte Städte gekrönt und haben so zur Zeit einen unbestrittenen Rekord im Massenmord erreicht. Als Sieger haben wir uns das Recht angemaßt, unsere Feinde für ihre Kriegsverbrechen vor Gericht zu stellen, aber wir sollten Realisten genug sein, zu begreifen, daß wir in einem Dutzend Anklagepunkten für schuldig erklärt werden würden, wenn man uns wegen Bruchs der Kriegsgesetze vor Gericht stellte.[40]

Zu den prominenten jüdischen Persönlichkeiten, die schon früh vor einseitiger Siegerjustiz warnten, zählte der vor Hitler in die USA emigrierte Rechtsprofessor **Hans Kelsen**. Er mahnte 1944:

❐ Mit der Idee der internationalen Gerechtigkeit ist es unvereinbar, daß nur die besiegten Staaten verpflichtet sein sollen, ihre Staatsangehörigen der Gerichtsbarkeit eines internationalen Gerichtshofs zur Bestrafung wegen Kriegsverbrechen zu übergeben. Nur wenn sich die Sieger selbst dem gleichen Recht unterwerfen, das sie den besiegten Staaten aufzuerlegen wünschen, wird die Idee der internationalen Gerechtigkeit gewahrt bleiben.[41]

Anläßlich des Nürnberger Prozesses gegen die Hauptkriegsverbrecher brachte der katholische Publizist und Jesuitenpater **Salvatore Lener** im kirchlichen Verlagshaus Civitta Cattolica (Rom) die Schrift »Kriegsverbrechen und Vergehen gegen die Menschlichkeit« heraus, der folgender Abschnitt entnommen ist:

❐ Daß das Nürnberger Gericht, so wie es auf der Grundlage des Londoner Übereinkommens geschaffen wurde, illegalen Charakters ist, kann mit absoluter Sicherheit bejaht werden... Wer in eigener Sache urteilt, ist nicht nur als Richter zweifelhaft und befangen, sondern kann einfach kein Richter sein. Übt er tatsächlich das Amt eines Richters aus, dann ist der Prozeß ungesetzlich und das Urteil nach den allgemeinen Rechtsgrundsätzen nichtig.[42]

Sir **Basil Liddell Hart** wird als einer der bedeutendsten Militärwissenschaftler des 20. Jahrhunderts eingeschätzt. Der Brite verfaßte Bücher und Schriften, in denen er antideutsche Kollektivschuldbezichtigungen widerlegte, die Mitschuld alliierter Mächte am Kriege unterstrich und das deutsche Soldatentum fair beurteilte. Hinsichtlich Nürnberg fragte er:

❐ Die schlimmsten deutschen Greueltaten waren die Massenmorde durch Nazis. Wie aber ist das schlimmer als unsere eigene Massenbombardierungspolitik, die ab Januar 1942 bewußt gegen die Zivilbevölkerung gerichtet war?[43]

Knapp vier Jahre nach Beginn des Nürnberger Hauptprozesses stellte Liddell Hart fest:

❐ Für die Zwecke der Nürnberger Prozesse genügte die Unterstellung, daß der Krieg mit all seinen Folgen auf Hitlers Aggression zurückzuführen sei. Aber diese Erklärung ist zu simpel. Sie entspricht auch nicht den Tatsachen.[44]

---

40 The Atlantic Monthly, Februar 1946
41 Stern: Die wahren Schuldigen, aaO.
42 Salvatore Lener J.: Crimini di guerra e delitti contra l'umanita, Rom 1948 (3. Auflage)
43 Brock: Freispruch für Deutschland, aaO.
44 Picture Post, 3. September 1949

In Nürnberg wurden deutsche Angeklagte, vor allem die Großadmirale Dönitz und Dr. Raeder, wegen der Norwegen-Invasion 1940 verurteilt, obwohl historisch erwiesen und britischerseits auch zugegeben worden ist, daß Deutschland in Norwegen England nur um Stunden vorauskam. Liddell Hart kommentierte diesen Vorgang wie folgt:

❒ Es ist schwer zu verstehen, wie die britische und französische Regierung die Stirn haben konnten, diese Anklagen zuzulassen, und wie der öffentliche Ankläger für eine Verurteilung in dieser Hinsicht plädieren konnte. Das war eine der auffälligsten Fälle von Heuchelei in der Geschichte.[45]

Seine Zweifel an der Gerechtigkeit der Siegertribunale brachte auch der Chef des Empire-Generalstabes, der britische Feldmarschall Lord **Bernard Law Montgomery** zum Ausdruck:

❒ Die Nürnberger Prozesse haben einen verlorenen Krieg zum Verbrechen gestempelt. Die Generale der besiegten Seite wurden erst vor Gericht gestellt und dann an den Galgen gebracht.[46]

Zu den zahlreichen bedeutenden indischen Juristen, die erhebliche Vorbehalte gegen die Siegerprozesse anmeldeten, zählte Dr. **Savitri Dewi Mukerji**. Er urteilte:

❒ In meinen Augen sind die sogenannten Kriegsverbrecherprozesse von Nürnberg und anderen Orten nichts anderes als die Vollendung jener ekligen Heuchelei, jener hämischen Niederträchtigkeit und jenes grenzenlosen Rachedurstes, welche die angeblichen »Verteidiger der westlichen Zivilisation« schon immer auszeichneten.[47]

US-Richter **Murphy** stellte zur Justiz der Sieger nach 1945 fest:

❒ Die unveräußerlichen Rechte der Persönlichkeit gehören nicht nur den Siegern, sondern jedem in der Welt ob Sieger oder Unterlegener, was immer seine Rasse, Hautfarbe oder sein Glaube sei. Kein Gericht, keine Gesetzgebung oder Verwaltungsbehörde, nicht einmal die mächtigste Armee der Welt, kann dieses Recht zerstören... Das Verfahren von Nürnberg ist unserer Tradition unwürdig. Die Anklage ist ohne Beispiel im internationalen Recht oder in der Militärgeschichte.[48]

Der britische Geschichtswissenschaftler Professor **Gilbert Murray** (Universität Oxford) schrieb während des Nürnberger Prozesses:

❒ Wie kann es gerecht sein oder kommenden Generationen auch nur gerecht erscheinen, wenn nach einem Kriege die Sieger, nur weil sie Sieger sind, sich das Recht anmaßen, über die Verbrechen der Besiegten zu urteilen und sich selbst, einfach weil sie Sieger sind, jedem Rechtsspruch entziehen? Können wir mit Recht bejahen, daß von keinem Angehörigen der englischen, amerikanischen oder russischen Armee irgendein Verbrechen begangen wurde?[49]

Der von einem britischen Siegergericht als »Kriegsverbrecher« verurteilte Feldmarschall von Manstein wurde nach seiner Freilassung mit Billigung Londons von Kanzler Adenauer beim Aufbau der Bundeswehr zu Rate gezogen. Beim Tribunal gegen von Manstein hatte der britische Jurist und Unterhausabgeordnete **Reginald Paget** geäußert:

❒ Ob wir in Afrika, in Italien oder in Frankreich auf die deutsche Wehrmacht stießen, immer fanden wir in ihr einen anständigen Gegner... Der deutsche Soldat hat unter Verhältnissen von unvorstellbarer Grausamkeit ein großes Maß an Zurückhaltung und Disziplin an den Tag gelegt. Wenn Europa überhaupt zu verteidigen sein soll, so müssen diese anständigen Soldaten unsere Kameraden werden... Feldmarschall von Manstein wird für alle Zeiten das leuchtende Beispiel für die

45 Deutsches Soldatenjahrbuch 1991/1992, München 1992
46 Montgomery-Rede vom 9. Juni 1948, zitiert in: Stern: Die wahren Schuldigen, aaO.
47 Stern: Die wahren Schuldigen aaO.
48 Msgr. Emmanuel Reichenberger: Wider Willkür und Machtrausch, Göttingen 1955
49 The Times, 2. Mai 1946

besten deutschen Charakterzüge bleiben: Mut, Standhaftigkeit und das, was die Römer »gravitas« nennen und wofür wir kein entsprechendes Wort haben.[50]

Richter **Radharinod B. Pal** vom Obersten Gerichtshof in Kalkutta, Indiens Vertreter beim Tribunal gegen die besiegten Japaner, protestierte gegen die Methoden der Siegergerichtsbarkeit mit den Worten:

❒ Ein sogenannter Prozeß, der auf Anklagepunkten beruht, die von den Siegern heute als rechtskräftig bestimmt werden, löscht Jahrhunderte der Kultur aus, die uns von der summarischen Hinrichtung der Unterlegenen trennen. Ein Prozeß, der auf einer solchen Rechtsauslegung basiert, ist nichts weiter als der entehrende Gebrauch gesetzlicher Formen zur Befriedigung eines Rachedurstes. Er entspricht keinerlei Vorstellung von Gerechtigkeit.[51]

Etliche alliierte Verfahrensbeteiligte der Siegertribunale haben entweder schon während der Prozesse oder im nachhinein ihren Protest gegen die Methoden der »Rechtsprechung« zum Ausdruck gebracht. Zu ihnen gehörte der US-Jurist **Stephen F. Pinter**, der zeitweise bei den Dachauer Verfahren als Anklagevertreter wirkte und in aufsehenerregender Weise das Treiben meineidiger »Berufszeugen« enthüllte, deren Aussagen zu Todesurteilen geführt hatten. Nachdem er 1960 die Bundesrepublik besucht hatte, brachte er zu Papier:

❒ Wie zur Zeit in der Bundesrepublik üblich, waren auch meine jungen Gesprächspartner zu jedem »Schuld«-Bekenntnis eifrig und geradezu freudig bereit und offensichtlich überzeugt, über die Mißstände in den deutschen Konzentrationslagern weit besser Bescheid zu wissen als ich, der ich doch als Jurist und amerikanischer Gerichtsoffizier die Zustände in Dachau und anderen Lagern viele Monate gründlich untersucht hatte... Sie haben - wie so viele ihrer Landsleute in Deutschland - ganz vergessen, daß die Prozesse in Nürnberg nach dem Zweiten Weltkrieg jeder rechtlichen Grundlage entbehrten... Wir verlangen, daß das deutsche Volk von dem Makel der angeblichen »Kollektivschuld« befreit wird, den ihm die Hetze in den langen Jahren seit dem Kriege in immer neuen Varianten andichtet. Das ewige »Mea Culpa« sollte dem berechtigten Stolz auf das deutschen Volkstum Platz machen. Nur wer Selbstachtung wahrt, kann Achtung und Rücksicht von anderen erwarten.[52]

Der portugiesische Rechtsprofessor **João das Regras** gehörte zu den vielen führenden Juristen weltkriegsneutraler Staaten, die den Nürnberger Prozeß als Unrecht verurteilten. Er meldete sich 1947 wie folgt zu Wort:

❒ Der Prozeß gegen die Kriegsverbrecher ist nicht ein Beispiel des Rechtes der freien demokratischen Verteidigung, sondern ganz im Gegenteil eine Kette von Rechtsbrüchen und der Verteidigung auferlegten systematischen Behinderungen, die in der Rechtsgeschichte ohne Beispiel dastehen... Der Inhalt des Beweismaterials, auf dem der Urteilsspruch beruht, stellt eine Fälschung der wirklichen Geschichte dar, die schwerlich überboten werden kann... Die Phosphorbrandbomben, die Terrorangriffe gegen die Zivilbevölkerung, die Ermordung Hunderttausender unschuldiger Frauen und Kinder, die barbarischen Akte aberwitziger Zerstörungswut, zum Beispiel der Luftangriff auf Dresden, gegen den der alte Gerhart Hauptmann als Augenzeuge heftig protestierte, die Attentate auf die Neutralität und noch vieles anderes mehr - wir wollen gar nicht von den bolschewistischen Verbrechen und den Atombomben reden - seien, so erklärt man, keine Kriegsverbrechen, sondern Handlungen, die mit einer humanen und demokratischen Kriegsführung übereinstimmten... Folgerung eines neutralen Juristen: Wenn es sich um Deutsche handelt, wird

---

50 Aus dem Plädoyer Pagets als Verteidiger von Mansteins; zitiert in: Brock: Freispruch für Deutschland, aaO.; siehe auch: Reginald Paget: Manstein - Seine Feldzüge und sein Prozeß, Wiesbaden 1952

51 Bardèche: Nürnberg oder die Falschmünzer, aaO.

52 Stern: Die wahren Schuldigen, aaO.; Paul Berlin (Hg.): 8. Mai - Befreiung oder Katastrophe, München 1995

die schlechte Behandlung von Gefangenen als Kriegsverbrechen angesehen; handelt es sich aber um Alliierte, so werden die gleichen Verbrechen als »unerheblich« betrachtet.[53]

Monsignore Dr. **Emmanuel Reichenberger**, entschiedener Gegner des NS-Regimes und vor Hitler nach Amerika emigriert, befand angesichts der Siegerverbrechen, zum Beispiel der Vertreibung, wenn es noch eine Gerechtigkeit geben würde, könne das Verdikt für die Schuldigen nur lauten: »Schuldig! Galgen vorbereiten!« Weiter im Reichenberger-Text:

❒ Wer den Morgenthau-Plan annimmt und durchführt, verliert das moralische Recht, Nazis derselben Verbrechen anzuklagen. Wenn das Nürnberger ex post facto-Gesetz Rassenmord als Verbrechen gegen die Menschlichkeit bezeichnet - mit Recht -, so wird es zur Farce, wenn man Mörder zu Richtern bestellt... Die Gerechtigkeit wird geschändet, das Vertrauen in die Gerechtigkeit untergraben. Vor Gott gibt es nur ein Recht und eine Gerechtigkeit; auch der Sieger hat kein Recht zum Mord an den Besiegten. Vor Gott hat jede menschliche Seele und darum auch jedes menschliche Leben denselben Wert, ein deutsches wie ein jüdisches oder amerikanisches... Der Krieg wurde in beiden Lagern ohne Rücksicht auf Menschenrechte und Gottes Gesetz geführt.[54]

Niemand, so fährt Reichenberger fort, könne die Schuld leugnen, die sich gewisse NS-Führer aufgeladen hätten. Doch:

❒ Das Achte Gebot nimmt die Ehre unter seinen Schutz, die Ehre des einzelnen wie einer Volksgruppe. Man kann nicht ein ganzes Volk einzelner Verbrecher wegen diffamieren. Es gibt in jedem Volk Verbrecher, aber auch Heilige. Man kann das Christentum nicht nach Judas beurteilen und Amerika nicht nach den Gangstern. Das gilt auch für das deutsche Volk.[55]

In Kanada verurteilte die größte in französischer Sprache erscheinende Zeitung, »Le Devoir«, den Nürnberger Siegerprozeß. Zitate aus Leitartikeln von Chefredakteur **Paul Sauriol** aus den Jahren 1946 bis 1948:

❒ Aufgrund des Nürnberger Urteils ist es selbstverständlich, daß die Sieger das Recht haben, die Besiegten zu richten und sie kraft rückwirkender »Gesetze«, die erst nach ihrer Niederlage verkündet werden, zu verurteilen. Die Sieger können sich zugleich als Ankläger und Richter einsetzen; sie allein können auch die Handlungen der Besiegten richten, ohne überhaupt auf analoge, von den Siegern begangene Handlungen einzugehen. Schließlich wird also die Tatsache, einen Angriffskrieg vorbereitet zu haben, ein Verbrechen für die Besiegten sein, denn die Sieger werden bestimmen, von welcher Seite der Angriff ausgegangen ist.
Auch von den Alliierten wurden Verbrechen gleicher Art begangen. Es scheint sogar, daß in Greueln die Sowjettruppen die Deutschen noch übertroffen haben. Allein auf dem Einzelgebiet der Verbrechen gegen das allgemeine Recht bedeutet eine solche Handlungsweise (wie in Nürnberg), daß die Justiz zur Dienerin des Sieges gemacht und ihr eine einseitige Rolle zugewiesen wird. Einem von den Siegern gebildeten Militärgericht steht es nicht zu, die Debatte über das ganze Problem der Kriegsursachen anzuschneiden.[56]

Der französische Publizist **Paul Sérant** zog Land für Land die Bilanz der von den Siegern verübten Nachkriegsverbrechen an Menschen, deren einzige Untat es gewesen war, zu den Besiegten zu gehören. Hunderttausende kamen nach seinen Recherchen bei »Säuberungen« etwa in Frankreich und Italien nach dem Abzug der Wehrmacht um. Sérant beschäftigt sich auch in anderer Hinsicht mit der doppelten Siegermoral:

---

53 João das Regras: Un Nuovo Direito International - Nuremberg, Lissabon 1947
54 Reichenberger: Wider Willkür und Machtrausch, aaO.
55 ebenda
56 Stern, Die wahren Schuldigen, aaO.

❐ Der Polizeibeamte, der den Abtransport in die Vernichtungslager organisierte, hatte gewiß ein Verbrechen begangen. Aber war der Generalstabsoffizier, der die Bombardierung einer großen, von Frauen und Kindern bewohnten Stadt in die Wege leitete, frei von jeder Schuld?... Als die alliierten Flieger die Tag- und Nachtangriffe gegen Berlin, Hamburg oder Dresden flogen, war die deutsche Abwehr zu wirksamer Verteidigung gar nicht mehr in der Lage... Im Nürnberger Prozeß untersagten die Richter den Angeklagten, sich auf die Handlungsweise der alliierten Mächte zu berufen. In ganz Europa sprach man nur von nationalsozialistischen und faschistischen Verbrechen. Bald aber sollte der Kalte Krieg die Lage wandeln. Wohl prangerten Demokraten und Kommunisten weiterhin die Verbrechen der Besiegten an; jetzt aber warfen sie sich auch gegenseitig Verbrechen vor. Während die Demokratien die sowjetischen Konzentrationslager mit den KZs der Nazis verglichen, brandmarkten die Kommunisten den Abwurf der Atombombe mit der gleichen Empörung wie Hitlers Völkermord. So wurde der europäischen Öffentlichkeit klar vor Augen geführt, daß Verbrechen gegen die Menschlichkeit nicht nur von den Besiegten begangen worden waren.[57]

Für die Zeit nach 1945 stellte Sérant eine »allgemeine Zunahme der Unmenschlichkeit« fest. Zahlreiche Länder in Afrika und Asien hätten im Zuge der Entkolonialisierung Grausamkeiten und Blutbäder erlebt. Der Franzose weiter:

❐ Auch die Bemühungen der Vereinten Nationen, die Grundlagen einer neuen internationalen Ordnung zu schaffen, konnten die Entfesselung von Gewalten, bei denen uralte Barbarei sich die kriegerischen Hilfsmittel der modernen Technologie zunutze machte, nicht verhindern. Nach dem Bürgerkrieg in China versprachen die blutigen Streitigkeiten in Indien, bei denen der Kommunismus gar keine Rolle spielte, nicht weniger furchtbar zu werden. Der Soziologe Gaston Bouthoul befragte einmal eine offizielle Persönlichkeit Indiens über die Zahl der Opfer. Der Inder antwortete gleichmütig: »Das wird alles sehr übertrieben. Kaum fünf Millionen.«[58]

George Bernard Shaw ließ sich von Anfang an nicht mit »Freiheits-« und »Kreuzzugs-«Parolen des Westens im Kampf gegen Deutschland betören. Nach Ausbruch des Zweiten Weltkrieges erklärte er:

❐ So dick wir auch ein Geschwätz über Freiheit, Demokratie und all das, was wir zu Hause gerade abgeschafft haben, darüberstreichen: Wie der Erzbischof gesteht, haben wir all das Unheil angerichtet, wir und die Franzosen, als wir in Versailles siegestrunken waren.[59]
Wir können nichts tun, um den Polen zu helfen, aber unsere Imperialisten ergriffen diese Gelegenheit als Entschuldigung, um den Waffenstillstand des Jahres 1918 zu beenden und um den Krieg zur Vernichtung Deutschlands unter Wiederholung von Versailles wieder aufzunehmen. Ich glaube, dieser Krieg ist eine ziemlich jämmerliche Angelegenheit unserer stupiden Imperialisten.[60]

In der Nachkriegszeit nahm der Literatur-Nobelpreisträger verschiedentlich auch zu den Themen Kriegsverbrechen und Kriegsverbrecherprozesse Stellung. Shaw äußerte z. B.:

❐ Können wir behaupten, daß die schlimmsten Taten der Nazis schrecklicher waren als das Krepieren einer Brisanzbombe von der Größe einer Londoner Litfaßsäule in einem Berliner oder Bremer Kinderheim? [61]
Die Atombombe hat unseren Moralstolz aus dem Gerichtshof hinausgeblasen. Nach Anwendung der Bombe ohne Warnung oder Ankündigung und nach ihrer unnützen Wiederholung sind wir kaum moralisch in der Lage, irgend jemanden zu hängen.[62]

57 Paul Sérant: Die politischen Säuberungen in Westeuropa am Ende des Zweiten Weltkrieges, Hamburg 1967
58 ebenda
59 New Statesman, 9. Oktober 1939
60 Picture Post, 18. Oktober 1939
61 Berlin: 8. Mai - Befreiung oder Katastrophe? aaO.
62 ebenda

Sir **Hartley Shawcross**, britischer Hauptankläger in Nürnberg, war nicht bereit, das prinzipielle Unrecht beim Siegertribunal einzugestehen. »Ich bleibe dabei, daß die Nürnberger Beschlüsse gerecht und korrekt waren«, erklärte er 1986 gegenüber der »Deutschen National-Zeitung«[63]. Doch immerhin stimmte er 1993 im Oberhaus gegen eine jüdischerseits geforderte und von Premierministerin Thatcher gebilligte Gesetzesmanipulation, die es ermöglichen sollte, auch in England NS-Prozesse durchzuführen (die sich gegen in Britannien lebende einstige osteuropäische »Kollaborateure der Nazis« richten). Gewisse Skrupel brachte Shawcross allerdings angesichts des ausgebrochenen Kalten Krieges bereits 1948 zum Ausdruck:

❐ Schritt für Schritt bin ich immer mehr zu der Überzeugung gekommen, daß die Ziele des Kommunismus in Europa finster und tödlich sind... Ich klagte die Nazis in Nürnberg an. Zusammen mit meinen russischen Kollegen verdammte ich die Nazi-Aggression und den Nazi-Terror. Ich empfinde Scham und Demütigung, jetzt sehen zu müssen, daß unter einem anderen Namen die gleichen Ziele verfolgt und die gleiche Taktik hemmungslos angewendet werden.[64]

Der US-amerikanische Historiker Professor **Bradley F. Smith**, führendes Mitglied der maßgeblichen »American Historical Association«, wartete zwei Jahrzehnte nach Ende der Nürnberger Prozesse mit folgender Kritik auf:

❐ Das Massaker von Katyn, die Angriffe auf Dresden und Hiroschima trugen viel dazu bei, die Selbstgerechtigkeit, mit welcher die Alliierten darangingen, über den geschlagenen Feind Gericht zu halten, in anderem Licht erscheinen zu lassen. Der Krieg, den die Alliierten, besonders im letzten Stadium, in Deutschland führten, war mehr als ein auf die Spitze getriebener totaler Krieg.[65]

Die »moralische Überlegenheit der Alliierten« sei nicht zuletzt dadurch verlorengegangen, »daß sie die Ausübung der Gerechtigkeit mit Flächenbombardements verbanden«. Der furchtbaren Verwüstungen Nürnbergs durch westalliierte Bombenangriffe eingedenk, schrieb Professor Smith weiter:

❐ Anspruch auf Vertrauen hat niemand, der erst die Stadt niederbrennt und dann in den Trümmern Gericht hält. Im Sommer 1945 besichtigte Colonel Bernays, auf den der Plan für den Prozeß gegen die Kriegsverbrecher zurückging, das zerstörte Nürnberg, weil er beauftragt war, zu erkunden, ob der Justizpalast sich für die Zwecke des Tribunals eigne. In einem Brief an seine Frau beschreibt er ausführlich die furchtbare Zerstörung der Stadt, die Ratlosigkeit und das Leiden der deutschen Zivilisten. Wenn man seinen Brief liest, wartet man förmlich darauf, daß Bernays sich irgendwann fragen wird, ob die Alliierten nicht das Recht verloren hatten, hier den Richter zu spielen, nachdem sie sich so offenkundig unmenschlicher Formen der Kriegsführung bedient hatten. Die damalige Stimmung und die beschränkte moralische Betrachtungsweise waren aber übermäßig stark, und nach seinem Marsch durch die Trümmer von Nürnberg kommt Bernays zu dem Ergebnis, daß gerade dieser Ort sich hervorragend dafür eignen würde, den Gerichtshof zu beherbergen.[66]

Der Oberste Gerichtshof der USA drückte sich mit Mehrheit der Richterstimmen um eine Nachprüfung der Nürnberger Urteile. Doch einige der Mitglieder des amerikanischen Höchstgerichtes traten mit klaren Stellungnahmen hervor. Zum Beispiel Oberrichter **Harlan Fisk Stone**, der äußerte:

---

63 Deutsche National-Zeitung, 8. August 1986
64 Shawcross-Rede am 15. März 1948 in Stourbridge, zitiert am selben Tage von der Nachrichtenagentur »Reuter«; im Umlauf befindliche weitergehende Shawcross-Zitate, angeblich von 1984, sind nach Recherchen der National-Zeitung nicht authentisch
65 Bradley F. Smith: Der Jahrhundertprozeß, Frankfurt/Main 1977
66 ebenda

❐ Ich möchte nicht den Hauch des Eindrucks erwecken, daß der Oberste Gerichtshof der Vereinigten Staaten das Geringste mit dem Nürnberger Verfahren zu tun habe. Was dort geschah, ist ein scheinheiliger Schwindel. US-Ankläger Jackson hat dort einen Lynchmob dirigiert.[67]

Ähnlich wie Shawcross rechtfertigte auch **Telford Taylor**, US-Hauptankläger in Nürnberger Nachfolgeprozessen, im Prinzip unbeirrt die Tribunale. Doch kamen ihm wie auch Shawcross einige Skrupel im nachhinein. Daß etwa Dönitz rechtens verurteilt worden sei, hielt Taylor für sehr zweifelhaft. Und die Absicht, ein neues richtungsweisendes Recht für die Menschheit zu schaffen, sei eindeutig gescheitert. Nürnberg habe »keineswegs den Standard der Moral wiederhergestellt«. Die Rolle der USA in Indochina vor Augen, schrieb Taylor ein Vierteljahrhundert nach den Nürnberger Prozessen:

❐ Wir haben in Vietnam das Land in Stücke geschlagen und uns nicht einmal die Mühe gemacht, Blut und Trümmer zusammenzukehren. Irgendwie haben wir es nicht geschafft, die Lektionen zu lernen, die wir in Nürnberg als Schulmeister lehren wollten.[68]

In mehreren Druckwerken hat der US-Publizist **A. O. Tittman** in der unmittelbaren Nachkriegszeit Siegerheuchelei, antideutsche Lügen und Verbrechen der Alliierten angeprangert. Nach Vollzug der Nürnberger Todesstrafen schrieb er, den Anklagepunkt »Verschwörung zur Entfesselung eines Angriffskrieges« könne man ohne weiteres auch gegen die Staaten erheben, die sich zu Deutschlands Richtern aufgeworfen hätten, und:

❐ Die Aufzählung der deutschen Verbrechen: Deportation von Arbeitern, Ermordung und Mißhandlung von Kriegsgefangenen, Plünderung des öffentlichen und privaten Eigentums, blindwütige Zerstörung von Städten und Dörfern, Verwüstungen, die durch militärische Erfordernisse nicht gerechtfertigt waren, kann ebenso gut auch gegen Deutschlands Feinde gerichtet werden; sie setzen sich heute im Friedenszustand, der zwar nicht rechtlich, aber doch tatsächlich besteht, mehr als ein Jahr nach Beendigung der Feindseligkeiten noch fort.[69]

Der US-Geschichtswissenschaftler und Völkerrechtler Professor Dr. **Alfred Maurice de Zayas** hat auf das erste Massenverbrechen an Zivilisten im Zweiten Weltkrieg hingewiesen, verübt gleich nach Beginn der Kampfhandlungen von Polen an Volksdeutschen (es blieb in Nürnberg unerwähnt und ungeahndet):

❐ Nach jahrelang vorbereiteten Listen, zum Teil in der Regie unterer Organe, wurden 15 000 Deutsche in das östliche Polen verschleppt... Mehr als fünftausend Volksdeutsche wurden in den ersten Tagen des Krieges ermordet. Sie waren Geiseln und Sündenböcke zugleich.[70]

Die Nürnberger IMT-Rechtsprechung habe festgestellt, daß Massendeportation als Kriegsverbrechen und Verbrechen gegen die Menschlichkeit zu werten seien. Doch, so fährt de Zayas fort:

❐ Zur gleichen Zeit, als der Nürnberger Prozeß lief, wurden Millionen von Deutschen aus ihrer Heimat vertrieben, auf Beschluß oder zumindest mit Billigung derselben Mächte, deren Ankläger und Richter in Nürnberg über nationalsozialistische Kriegsverbrechen befanden, unter anderem über Massendeportationen.[71]

---

67 Deutschland in Geschichte und Gegenwart, Nr. 1/1995
68 Telford Taylor: Nürnberg und Vietnam. Eine amerikanische Tragödie, München/Wien/Zürich 1971
69 A. O. Tittman: The Nuremberg Trial, New York 1947
70 Alfred Maurice de Zayas: Anmerkungen zur Vertreibung der Deutschen aus dem Osten, Stuttgart 1986
71 ebenda

DOENITZ AT NUREMBERG – A RE-APPRAISAL (Dönitz in Nürnberg – eine Neubewertung) lautete der Titel eines 1976 in New York erstmals erschienenen und 1983 in den Vereinigten Staaten von Amerika als Neuauflage herausgebrachten besonders bemerkenswerten Buches: Annähernd vierhundert bedeutende Persönlichkeiten aus aller Welt – Staatsmänner und hochrangige Soldaten (darunter ein Großteil der US-Admiralität), Rechts- und Geschichtswissenschaftler, Theologen und Diplomaten, Philosophen, Schriftsteller und Künstler – bekunden, daß sie die beim sogenannten Kriegsverbrecherprozeß von Nürnberg erfolgte Verurteilung des Großadmirals Karl Dönitz zu zehn Jahren Haft für Unrecht halten und den Oberbefehlshaber der deutschen Kriegsmarine und letzten Präsidenten des Deutschen Reiches als Ehrenmann ansehen. Viele von ihnen gehen einen Schritt weiter, indem sie das gesamte Siegertribunal als ungerecht verwerfen.

Die einzigartige Dokumentation wurde von H. Keith Thompson jr. und Henry Strutz herausgegeben. Thompson, der in Yale in Geschichte und Seekunde graduiert wurde, diente als Marineoffizier und ist mit zahlreichen Fachbüchern hervorgetreten; Professor Strutz lehrte unter anderem an der Columbia Universität, an der Rutgers Universität und an der Yeshiva Universität, außerdem wirkte er als Mitarbeiter des Marineinstituts der Vereinigten Staaten von Amerika.

Hätten die beiden Amerikaner Dönitz und Deutschland belastendes Material zusammengetragen und veröffentlicht, wäre ihr Werk alsbald von einem etablierten deutschen Verlag publiziert worden. Da aber das Gegenteil der Fall ist, unterblieb die Herausgabe des Buches in Deutschland. »Doenitz at Nuremberg« wurde auch von den etablierten deutschen Meinungsmachern in Presse, Funk und Fernsehen so gut wie völlig totgeschwiegen.

Zum fünfzigsten Jahrestag der Nürnberger Urteilsverkündung ist auf Veranlassung von Dr. Gerhard Frey die Mauer des Schweigens durchbrochen worden. Der nun folgende Teil dieses zweiten Abschnittes des vorliegenden Buches stützt sich im wesentlichen auf die wertvolle amerikanische Dokumentensammlung von H. Keith Thompson und Professor Henry Strutz, denen an dieser Stelle ein Wort des aufrichtigen Dankes für ihr bahnbrechendes Wirken im Sinne der geschichtlichen Wahrhaftigkeit und Gerechtigkeit gewidmet sei.

Möge das deutsche Volk erkennen, daß es nicht »das Ausland« oder »die einstigen Kriegsgegner« sind, die es zu ewigen kollektiven Schuld- und Sühneübungen verdammen wollen, sondern Kräfte im Inneren, die ein Interesse daran haben und davon leben, jeden Funken deutscher Selbstbesinnung und Selbstbestimmung auszulöschen.

FZ-Verlag

In den folgenden Stellungnahmen ausländischer Persönlichkeiten kommen häufig einige lateinische Wendungen vor:

Nulla poena sine lege (keine Strafe ohne Gesetz), **nullum crimen sine lege** (kein Verbrechen ohne Gesetz), **nemo iudex sine lege previa** (niemand darf ohne zuvor festgelegtes Recht richten): Dadurch wir der rechtsstaatliche Grundsatz im Strafrecht ausgedrückt, daß eine Tat nur dann vor Gericht geahndet werden darf, wenn Strafbarkeit und Strafe gesetzlich bestimmt waren, bevor sie begangen wurde.

Ex post facto - Recht bzw. - Gesetz: Damit wird rechtsstaatswidriges, rückwirkendes Strafrecht zu Lasten der Angeklagten zum Ausdruck gebracht.

Das Prinzip **tu quoque** - auch Du (hast es getan) - besagt, daß niemand als Richter über ein Delikt befinden darf, das er selbst begangen hat.

Vae victis! (Wehe den Besiegten!) soll der senonische Heerführer Brennus bei der Lösegelderpressung in Rom ausgerufen haben; es drückt Unrecht und Maßlosigkeit von Eroberern aus.

DOENITZ AT NUREMBERG: A RE-APPRAISAL

War Crimes and the Military Professional

Preface by Justice William L. Hart
(Supreme Court of Ohio)

Edited by H. K. Thompson, Jr., and Henry Strutz

»Doenitz at Nuremberg«
Einleitende Worte der Herausgeber

Mit der Arbeit, auf die sich dieses Buch stützt, haben die Herausgeber anläßlich der Freilassung von Großadmiral Dönitz aus dem Spandauer Gefängnis im Jahre 1956 begonnen. Es ging um eine Sammlung beispielhafter Meinungsbekundungen aus berufenem Munde zu den bald nach Ende des Zweiten Weltkrieges von den Alliierten betriebenen Nürnberger »Kriegsverbrecherprozessen« gegen Persönlichkeiten der Achsenmächte, wobei der Schwerpunkt auf dem Fall Dönitz liegen sollte. Die Anfangserfolge dieser Arbeit ermutigten uns, sorgfältig und nach methodischen Gesichtspunkten fortzufahren.

Uns haben die verschiedensten Stellungnahmen erreicht, wovon durchaus nicht alle nahtlos unseren Auffassungen entsprachen. Unter denen, die immer noch den Sieger-Verfahren zuneigen, gibt es mehrere Kategorien: 1. Ein harter Kern solcher, die weiterhin an der Rechtmäßigkeit der Vorgehensweise festhalten, und zwar im Vertrauen auf die große Zahl von Personen, die in irgendeiner Weise an den »Prozessen« beteiligt gewesen waren; 2. solche, die zwar eingestehen, daß die Verfahren illegal gewesen sind, sie jedoch aus politischen Gründen für notwendig erachten; 3. jene, die in den Verfahren den Versuch sehen, eine neue völkerrechtliche Körperschaft mit dem Ziel zu schaffen, »Angriffskriege« zu verhindern, wobei jedoch viele aus dieser Gruppe der rückwirkende Charakter des neu geschaffenen »Rechts« irritiert. Weil die von den Befürwortern der Verfahren vertretenen Ansichten immer noch sowohl offiziell wie auch in Medien vorherrschen, haben wir es nicht für nötig erachtet, ihnen in diesem Buch ein zusätzliches Forum zu bieten. Statistisch machten sie nur einen recht kleinen Prozentsatz der Antworten aus, die uns erreicht haben.

Für die Auswahl der Beiträge dieses Buches war es erforderlich, einige tausend Briefe, Kurzstellungnahmen und Manuskripte in der Länge von einem Satz bis zu 30 Seiten zu sichten und auszuwerten. Wir haben uns um einen repräsentativen Querschnitt der vorgebrachten Argumente und eine ebensolche Auswahl der zu Worte kommenden Personen nach Rang, Stellung sowie Nationalität bemüht. So findet der Leser als Ergänzung zu den Stellungnahmen von Soldaten auch Einlassungen von Vertretern der Kirche, Schriftstellern, Diplomaten, Journalisten, Juristen, Publizisten, Staatsmännern wie auch von Persönlichkeiten des Bühnenwesens.

In nur ganz wenigen Fällen hat eine der berücksichtigten Persönlichkeiten Beiträge anderer vorher gekannt. Jeder hat seine eigene Sicht der Dinge auf seine eigene Art und Weise dargelegt und ist daher auch nicht verantwortlich für die Meinungskundgabe eines anderen. Das trifft ebenso auf die Herausgeber zu. Manche Stellungnahmen beziehen sich nur auf den Fall Dönitz, andere behandeln das Problem Nürnberg generell, dritte verbinden beides miteinander.

Viele durchaus interessante Stellungnahmen, die uns erreicht haben, sind aus rein technisch-praktischen Gründen nicht zum Abdruck gekommen. Wir hielten es nicht für sinnvoll, die gleichen Argumente zigfach in ähnlicher Wortwahl zu wiederholen, nur damit ein noch dickeres Buch dabei herauskommt. Dann gab es in manchen Fällen, u.a. wegen der Schwierigkeit, den Aufenthaltsort des Betreffenden oder auch den seiner Hinterbliebenen zu ermitteln, Probleme mit den Abdruckrechten.

Hier nur einige Beispiele für nicht im einzelnen wiedergegebene Stellungnahmen: Douglas Horton, Dekan der theologischen Fakultät in Harvard, teilte uns mit, daß er unsere Argumente für unwiderlegbar halte. General Walter Bedell Smith, 1944/45 Stabschef der US-Streitkräfte in Europa, von 1946 bis 1949 Botschafter in der Sowjetunion, 1950 bis 1953 Chef der Central Intelligence Agency (CIA) und 1953/54 Staatssekretär im Außenministerium, bekundete, daß er wegen seiner indirekten Verwicklung in die Nürnberger Prozesse jahrelang unter Gewissensbissen gelitten habe. Vizeadmiral Emory Scott Land, Chef der US-Schiffahrtskommission von 1938 bis 1946 und der Kriegsflottenverwaltung von 1942 bis 1945, stimmte voll den Ansichten von Admiral Gallery (siehe Prolog weiter hinten) zu. Rechtsanwalt Joseph N. Welch, bekannt als Rechtsvertreter der US-Armee bei den McCarthy-Anhörungen, brachte seine Mißbilligung der Nürnberger Prozesse, die er für einen Fehler hält, zum Ausdruck. Lee Duncan, Besitzer und Ausbilder des berühmten Hollywood-Filmhundes Rin Tin Tin, sandte uns einen Gruß an Admiral Dönitz. Zu guter Letzt in diesem Zusammenhang der Hinweis, daß alle Original-Unterlagen, auch die nicht abgedruckten, der Forschung in der Sammlung H.K. Thompson des Hoover-Institutes an der Stanford-Universität zur Verfügung stehen.

Im Zuge der Arbeiten an diesem Buch stießen wir auch auf einiges unveröffentlichtes Quellenmaterial. Wie der Leserschaft zweifellos bekannt ist, war einer der größten Fehler von Nürnberg und ähnlicher Verfahren, den Persönlichkeiten der Achsenmächte das Recht zu verwehren, sich auf Befehlsnotstand berufen zu können. Diese besondere Nürnberger »Erbschaft« läuft darauf hinaus, daß jedweder Kommandeur genötigt wird, zuerst einmal die ihm erteilten Befehle nach irgendwelchen ethischen und moralischen Kriterien zu begutachten, um dann jene Anordnungen zurückzuweisen, die ihm als unpassend erscheinen. Diese absurde Doktrin auf das bürgerliche Leben übertragen, und das amerikanische Erziehungssystem beispielsweise wäre unterminiert. Im militärischen Bereich kann das alles nur im totalen Chaos enden. Bei unseren Recherchen gelangten wir in den Besitz eines belangreichen Schreibens von Jefferson Davis (Absolvent der Kriegsakademie West Point, US-Kriegsminister und Ex-Präsident der Konföderierten) an General C.J. Wright mit Datum vom 18. Januar 1883, in dem es hieß: »Ohne Umschweife antworte ich auf Ihre Nachfrage, ob es ins Ermessen eines Offiziers während des Kampfes gestellt sei, den Befehl eines Vorgesetzten zu befolgen oder nicht. Nichts würde den Sieg in der Schlacht mehr gefährden als das völlige Durcheinander, was aus einem solchen Ermessen folgen würde. Selbst wenn einem Offizier aufgeht, daß er bei Befolgen des Befehles seine ganze Einheit opfern muß, darf er Sinn und Zweck der Anweisung nicht anzweifeln, sondern muß deren Erfüllung als notwendig für den Sieg der Armee voraussetzen, von der er nur ein kleiner Teil ist, und, wie es sich für einen wahren Patrioten gebührt, willig sein Leben geben.« Ähnlich die Worte von Präsident Dwight D. Eisenhower. Gemäß »New York Times« vom 13. Mai 1954 befand er, daß »der Gehorsam eines Offizieres absolut sein muß und nicht Gegenstand privater Skrupel werden darf. Das eigentliche Wesen einer Armee besteht in der Ausführung der Befehle ihrer Führer sowie der Richtlinien der Staatsmacht. Und das ohne lange zu fackeln. Die Verantwortung liegt allein beim Oberkommandierenden. Der Treueeid der Soldaten verpflichtet zu Unterordnung gegenüber den Kommandeuren und ihren Befehlen. Nicht eine Sekunde würde ich jemals Ungehorsam oder Aufsässigkeit dulden.«

In »Bitterer April«, einem ausgezeichneten Beitrag des von der Gesellschaft der US-Marineakademie herausgegebenen Magazins »Shipmate«, erörterte der Marinehistoriker Konteradmiral John D. Hayes im April 1949 die Zwickmühle, in der sich Marineoffizier aus den Südstaaten bei Ausbruch des amerikanischen Bürgerkrieges 1861 befanden, sowie ihr unterschiedliches Schicksal nach dem Sieg der Union 1865. Admiral Hayes schrieb (im Hinblick auf die von Castro auf Kuba veranstalteten Prozesse gegen Offiziere des gestürzten Präsidenten Batista): »Nach mehr als einem Jahrzehnt hören und lesen die Amerikaner wieder von › Kriegsverbrechern‹ . Diesmal aber geht es nicht um frühere Feinde, sondern um eine Armee, die bis vor einigen Monaten noch von der US-Militärgesandtschaft protegiert worden ist. Zur selben Zeit läuft eine Kampagne, um den Makel, › Kriegsverbrecher‹ zu sein, von dem aus Spandauer Haft entlassenen Großadmiral Karl Dönitz zu nehmen. Zahlreiche hervorragende Marineoffiziere haben diesen Bemühungen ihren Segen gegeben. Denn sie sind der Meinung, daß das ›Verbrechen‹, das zu Dönitz' Verurteilung geführt hat, in Wahrheit darin bestand, daß er die Kriegsmarine seines Vaterlandes zur Kriegszeit als Könner zur Schlagkräftigkeit geführt hat; ein ›Straftatbestand‹ also, wegen dem jeder Offizier verurteilt werden könnte.« Bei der Beleuchtung von Fällen amerikanischer Marineoffiziere im Bürgerkrieg, die Südstaatler von Herkunft waren, kam Admiral Hayes zu folgendem Schluß: »Der einzige bekannte Fall von Rache betraf Raphael Semmes aus Alabama. Marineminister Gideon Welles aber wagte es nicht, ihn ohne Einverständnis der Marinegerichtsbarkeit und Zustimmung von Präsident Johnson der zivilen Justiz zu unterwerfen. Nach drei Monaten wurde Semmes wieder auf freien Fuß gesetzt. Die Ähnlichkeit in der Behandlung von Semmes und Dönitz ist offenbar. Doch der unterschiedliche Ausgang der Angelegenheit erweckt nicht gerade Vertrauen in die spätere amerikanische Generation.«

Direkte und mittelbare Auswirkungen der Doktrinen von Nürnberg waren in den Jahren seit dem Zweiten Weltkrieg besonders in Korea, Kuba, Vietnam und Kambodscha spürbar. Beim Einmarsch der Engländer, Franzosen und Israelis in Suez 1956 wurde Englands Premierminister Anthony Eden verschiedentlich als »Kriegsverbrecher« im Nürnberger Sinne bezeichnet. Hier allerdings blies kein internationales Tribunal in dasselbe Horn. Im Falle Korea waren die entscheidenden Streitfragen, wie Nordkorea zu begegnen sei und ob der Präsident ohne Zustimmung des Kongresses Truppen auf fremde Schlachtfelder entsenden dürfe. Letzteres war allerdings ein rein innenpolitisches Problem. Niemand berief ein »Internationales Tribunal« irgendwelcher Machart ein; die gesamte Korea-Affäre wurde unter den Teppich der UNO gekehrt; natürlich in ex post facto-Manier, unter Absegnung der US-Aktion, die im Kern ein Alleingang gewesen war.

Auch Kuba stellte so einen Fall dar. Zusammenfassend hieß es in der »Capitol Stuff«-Kolumne der »New York Daily News« am 26. Januar 1959: »Es juckte das Außenministerium in Washington, im Namen der Menschlichkeit Protest gegen das fortgesetzte Abschlachten von Angehörigen der kubanischen Armee und der Polizei Batistas durch Fidel Castros siegreiche Rebellen zu erheben. Doch fiel es durch Amerikas eigenes schlechtes Vorbild ganz schön auf die Schnauze, als Castro nämlich entgegnete, daß wir Amerikaner es doch gewesen seien, die als erste die Ideen von › bedingungsloser Kapitulation‹ und › Todesstrafe für Kriegsverbrecher‹ aufgebracht hätten. Wenn wir aber diese Praxis gegenüber den geschlagenen Deutschen als korrekt befunden hätten, was, so fragte er, könne dann falsch sein, wenn die Kubaner dasselbe Verfahren auf ihre feindlichen Landsleute im Jahre 1959 anwendeten.

Castros Argumente sind fundiert. Wir haben ihm gezeigt, wie es gemacht wird. Die ganze Sache ging, verfassungswidrigerweise, auf den früheren Präsidenten Franklin D. Roosevelt zurück und steht in Zusammenhang mit dessen anderem göttlichen Ratschluß, nämlich der Forderung nach bedingungsloser Kapitulation. Wir haben die Richtung vorgegeben, Castro marschiert nur hinterher. Roosevelt, der verstorbene Richter am Obersten Gerichtshof Robert Jackson, sowie andere kriegsentflammmte Personen sind gewissermaßen seine Assistenten auf der Richterbank beim Unrecht. Sie alle vergaßen bzw. übersahen bei ihrem Nürnberger Verfahren eine kleine, aber durchaus wichtige Bestimmung der amerikanischen Verfassung, die sich im Artikel 1 Absatz 9 so liest:› Es darf kein Strafgesetz geben, daß unehrenhaft ist oder ex post facto wirkt.‹ «

Das vietnamesische Abenteuer, in das auch Kambodscha hineingezogen worden ist, hat die Vereinigten Staaten innerlich gespalten und hat den Ruf nach einem neuen Nürnberg laut werden lassen. Die unglückseligen Präzedenzfälle, die bei dem sogenannten Internationalen Militär-Tribunal gesetzt worden sind, spornte jede Art von Protestierern an, auch jene, die ihre Einberufungsbescheide verbrannten. Lord Bertrand Russell ließ sich vor den Karren eines internationalen »Kriegsverbrecherprozesses« nach Nürnberger Muster und mit Verhandlungsort Schweden spannen. Ziel war, die USA anzuklagen. Nicht im eigentlich rechtlichen Sinne, weil diese Veranstaltung keinerlei juristische Kompetenz hatte, jedoch in den Augen der Weltöffentlichkeit. Und wieder fiel Amerika in die Grube hinein, die es anderen gegraben hatte.

Telford Taylor, einer der US-Chefankläger in Nürnberg und Hauptbefürworter dieses, des Tokioter und ähnlicher Verfahren, hat in seinem 1970 in New York erschienenen Buch »Nuremberg and Vietnam: An American Tragedy« einiges einräumen müssen. Auf Seite 86 seines Werkes schreibt er: »Karl Dönitz war zu Kriegsbeginn lediglich Befehlshaber einer kleinen U-Boot-Flotte; das Nürnberger Tribunal stellte fest, daß er weder an Hitlers Konferenzen teilgenommen hatte noch in dessen Pläne eingeweiht war. Es begründete seinen Schuldspruch damit, daß er einen Angriffskrieg geführt habe, weil seine U-Boote voll zur Kriegführung vorbereitet gewesen seien. Nach diesem Maßstab hätte jeder Befehlshaber von Kampftruppen oder Schiffen eine gleiche Schuld auf sich geladen. Doch für diese weitreichende Konsequenz entwickelte das Tribunal kein Bewußtsein. Indirekt, wenn auch nicht ausdrücklich, ist der Schuldspruch gegen Dönitz widerrufen worden, als ein späteres Nürnberger Tribunal Kommandeure, die wegen gleicher Vorwürfe angeklagt und noch höheren Ranges als Dönitz waren, mit der Begründung freisprach, sie hätten nicht der politischen Führung angehört.« Dieser indirekte, jedoch nicht ausdrückliche Widerruf des Schuldspruchs nutzte Admiral Dönitz auch nicht viel. Das »Tribunal« hatte ihn verdammt, zehn lange Jahre im Spandauer Gefängnis abzusitzen, unter Bedingungen, wie man sie Kerkermeistern der Achsenmächte zum Vorwurf gemacht hatte. Und dieses offenkundige Unrecht wurde von der US-Regierung offiziell abgesegnet.

Telford Taylor hatte sich ab 1965 zu einem scharfen Gegner der US-Beteiligung am Vietnamkrieg entwickelt, den er in seinem erwähnten Buch auf Seite 207 den »teuersten und tragischsten Irrweg der Nation in der amerikanischen Geschichte« nannte. Er schreibt zusammenfassend: »So kam es dazu, daß der gegen Aggression gerichtete Geist von Nürnberg und die Charta der Vereinten Nationen angerufen wurden, um unser Eingreifen in Vietnam zu rechtfertigen, wo wir das Land in Stücke schlugen und uns nicht einmal die Mühe gemacht haben, das Blut abzuwaschen und die Trümmer wegzuräumen. Dafür werden wir von niemandem jemals Dank ernten. Nur wenige außerhalb sehen in unserem Land etwas anders als eine Art Steinbeckschen › Lennie‹ , gewaltig und mächtig, doch mit dem Hang zu zerschmettern, was wir retten wollen. Irgendwie haben wir versäumt, jene Lektion selber zu lernen, die wir in Nürnberg geben wollten. Dieses Versäumnis ist heute Amerikas Tragödie.« So sind sich die USA wegen ihrer Beteiligung an den Nürnberger Prozessen abermals selbst in die Falle gegangen.

Zu den vielen Unstimmigkeiten und Ungerechtigkeiten, die die Nürnberger, aber auch andere Prozesse ihrer Art null und nichtig machen, zählte das völlige Ausblenden der Flächenbombardements. Stattdessen suchte man sich Dönitz' U-Boot-Streitkräfte zur Verdammnis heraus, so als ob es einen grundsätzlichen Unterschied geben würde zwischen dem Torpedo, der von unten, und der Bombe, die von oben her kommt. Die Sache mit der »Vorwarnung« war in beiden Fällen wohl auch gleich gelagert. Doch Flächenbombardements verursachen ungleich schwerwiegendere Schäden. Alliierte Taten wie die Bombardierung Dresdens oder die Entfesselung der Atombombe gegen Japan wären gemäß der Definition des Tribunals eigentlich »Kriegsverbrechen« par excellence gewesen und mußten deshalb in Nürnberg unter den Teppich gekehrt werden. Die unvermeidliche Behauptung der Verteidiger der Flächenbombardements, diese hätten »den Krieg verkürzt«, wäre leicht zu widerlegen gewesen. Es ist doch ganz klar, daß die unglaublich dumme alliierte Politik der »bedingungslosen Kapitulation« es war, die den Krieg verlängert hat und »den feindlichen Widerstand auf Kosten ungezählter Menschenleben auf seiten Amerikas und seiner Alliierten noch hartnäckiger werden ließ« (John O'Donnell in der »New York Daily News« vom 26. Januar 1959). Robert H. Jackson führte beim Nürnberger Prozeß aus: »Wenn es (das Nürnberger Verfahren) einen Sinn hat, dann den, eine Aggression jeder Nation zu verdammen, auch eine derer, die hier Gericht halten.« Genau das aber geschah nicht. Übrigens: Richter sitzen nicht in eigener Sache zu Gericht, wie Richter Jackson wohl gewußt haben dürfte.

Im Hinblick auf das Ausmaß der Verwicklung der USA in die Nürnberger Verfahren und der Beteiligung von US-Strafverfolgungsbeamten dabei stellt man sich die Frage, warum die Verfassungswidrigkeit des Vorganges nicht Gegenstand eines Revisionsverfahrens vor der US-Gerichtsbarkeit geworden ist, und zwar gemäß Habeas Corpus und dem Artikel 26 der Charta des Tribunals (»Das Urteil des Tribunals ist endgültig; eine Berufung ist nicht möglich«) zum Trotze. Mit diesem Artikel 26 sollten die Politbürokraten der USA, Englands und Frankreichs wegen des daheim zu erwartenden Widerstandes aus dem Schneider sein. Tatsächlich richteten Verteidiger verschiedener Angeklagter von Nürnberg und ähnlicher Prozesse Eingaben an den Obersten Gerichtshof der USA. Zunächst einmal drückte man sich mit dem Hinweis auf »Nichtzuständigkeit«. Am 20. Dezember 1948 wurden die Petitionen endgültig abgewiesen. Wobei der Oberste Gerichtshof sich auf den bemerkenswerten Standpunkt stellte: »Wir sind der Überzeugung, daß das Tribunal, welches diese Häftlinge verurteilt hat, keine Einrichtung der Vereinigten Staaten von Amerika ist.« Warum aber, so fragt man sich, waren dann US-Staatsbürger und Regierungsoffizielle als Ankläger und Richter mit von der Partie? Und warum hat sich die US-Regierung an der ganzen Affäre beteiligt und ein Tribunal gutgeheißen, das den Angeklagten nicht dieselben Rechte einräumte, die Angeklagten vor Gerichten der USA zustehen?

Am 5. Juni 1950 schließlich mußte der Oberste Gerichtshof eigentlich Farbe bekennen. Strafverteidiger hatten eine Verfügung des Appellationsgerichtshofes des Distriktes Columbia (mit der US-Bundeshauptstadt Washington) erwirkt, in der es hieß: »Niemandem, dem das Recht zusteht, sich auf Habeas Corpus zu berufen, kann dies dadurch verwehrt werden, daß es in einem Gesetz des Bundes diesbezüglich eine Lücke gibt.« Durch diesen Grundsatzentscheid wurde der ganze Hokuspokus vom »internationalen Charakter« des Nürnberger und ähnlicher Verfahren entlarvt. Nunmehr gezwungen, einen Ausweg zu finden, raffte der Oberste Gerichtshof seinen ganzen legalen Mut zusammen, um sich wie folgt um eine Entscheidung zur Sache zu drücken: »Einem nicht in den USA ansässigen feindlichen Ausländer ist der Weg zu unserer Gerichtsbarkeit verwehrt, erst recht, wenn er Angehöriger der Streitkräfte des Feindes ist.« So also wurde das Rechtsproblem »gelöst«!

Oberrichter Hugo L. Black entlarvte in seinem abweichenden Votum die kaum zu überbietende Heuchelei: »Trotz aller Rhetorik hat das Hohe Gericht nicht in Abrede gestellt, daß sich unsere Gerichtsbarkeit ganz sicher mit den Beschwerden der Angeklagten gemäß Habeas Corpus beschäftigen müßte, wären sie in den Vereinigten Staaten inhaftiert. Darf aber das Recht eines Angeklagten, die Gesetzmäßigkeit seines Schuldspruches prüfen zu lassen, davon abhängen, in welcher Gegend die Regierung ihn einzusperren beliebt? Uns bewegt nur die Frage, ob das Militär-Tribunal rechtmäßig konstituiert und wirklich dafür zuständig war, in diesen Fällen Strafen zu verhängen. Die Berufung auf Habeas Corpus in einem bestimmten Rahmen ist das Recht eines jeden Bürgers der Vereinigten Staaten, ob Zivilist oder Soldat. Daß eine ähnliche Chance den Strafgefangenen, um die es hier geht, eine Bevorrechtigung geben würde, kann ernsthaft nicht behauptet werden.«

US-Höchstrichter William O. Douglas hielt in Sachen »Hirota gegen MacArthur« (338 U.S. 197, Dezember 1948) folgendes fest: »Daß das Tribunal eine Einrichtung der Alliierten war, kann uns an sich nicht davon abhalten, Ermittlungen anzustellen. Sie richten sich nicht gegen das Vorgehen der alliierten Mächte insgesamt, sondern gegen unsere eigenen Beamten. Eine Entscheidung unsererseits bezöge sich nicht auf einen Staatsdiener irgendeiner alliierten Macht, sondern auf einen der unsrigen. Wir hätten es nicht mit Nachforschungen über das Handeln irgendwelcher Verantwortlicher aus den Reihen unserer Alliierten zu tun, sondern damit, wie unsere eigenen Verantwortlichen gehandelt haben. Hält ein amerikanischer General jemanden gefangen, muß unsere Gerichtsbarkeit zuständig sein, wo auch immer der Haftort liegen möge. Die Verfassung muß gewissermaßen der Fahne auf dem Fuße folgen. Der betreffende General kann sich nicht darauf berufen, für die alliierten Mächte tätig zu sein. Er ist vielmehr ein amerikanischer Staatsbürger im Dienste unseres Staates. Es ist unsere Verfassung, die er zu beachten und zu bewahren hat. Er kann sich dieser Verpflichtung nicht mit dem Hinweis entziehen, daß er im Namen einer anderen Nation handle. Niemandem ist einer unserer Staatsdiener mehr verpflichtet als der eigenen Nation. Ich will voraussetzen, wir seien wirklich nicht für eine Revision der Urteilssprüche eines internationalen Tribunals zuständig – wenn nun aber einer unserer Generale ungesetzlicherweise jemanden in Gefangenschaft halten sollte, muß es möglich sein, die Freilassung aufgrund Habeas Corpus zu erwirken. Die Prüfung der Rechtmäßigkeit eines Freiheitsentzuges ist ja gerade die historische Bestimmung dieser Vorschrift. Wir dürfen nicht zulassen, daß eine solche Nachprüfung nur deshalb unterbleibt, weil jemand nicht nur für die Vereinigten Staaten , sondern auch für andere Nationen als Gefängniswärter wirkt.«

Die Leistungen der amerikanischen Rechtsexperten in Nürnberg waren, um es sehr zurückhaltend auszudrücken, äußerst fragwürdig. Einer der Richter, Francis Biddle, enthüllt in einem Beitrag über Nürnberg in »American Heritage« (Band 3, Nummer 5, August 1962), daß die US-Rechtsvertreter wissentlich gefälschte Beweise gegen die Angeklagten durchgehen ließen, die von den sowjetischen Anklagevertretern vorgebracht worden waren (Seite 70). Mehr noch: Richter Jackson trat als Gastgeber einer Party auf, bei der die amerikanischen Richter in den Trinkspruch von Andrej Wyschinski, dem berüchtigten sowjetischen Ankläger bei den blutigen »Säuberungen« Stalins, einstimmten: »Auf die deutschen Gefangenen! Mögen sie alle hängen!« (Seite 71). Nach den Maßstäben der Juristenschaft der gesamten westlichen Welt hätten sich solche »Richter« disqualifiziert und selbst auf die Anklagebank gehört.

Krieg ist eine politische Waffe in der Hand souveräner Mächte. Es gab ihn während der gesamten Menschheitsgeschichte. So sehr auch das Ideal ewigen Friedens und immerwährender Eintracht erstrebt wird – die Natur des Menschen und der Zustand der heutigen Welt geben allen Anlaß zur Vermutung, daß es auch weiter Krieg geben wird. Es scheint, daß wir von Jesajas Tag, da alle Völkerschaften immerdar Frieden halten, noch ein ganzes Stück weit entfernt sind. In der Zwischenzeit ist es die Pflicht aller Generalstäbe, den Fall des Falles eines »Angriffskrieges« einzuplanen, und der Militärbefehlshaber, dafür gerüstet zu sein. Alles andere ist Unfug. Was einstweilen bei aller wachsenden Kritik an den Nürnberger Prozessen bleibt, ist, daß ein Generalstab, der seine Nation unter Aufbietung sämtlicher Kräfte zu verteidigen sucht, als schuldig wegen »Verbrechens gegen den Frieden« und ein Befehlshaber, der seine Truppen bzw. Schiffe kampfbereit hält, als schuldig wegen »Verschwörung zum Führen eines Angriffskrieges« dasteht. Da hilft nur die völlige Absage an die »Prinzipien« von Nürnberg, die für immer über Bord geworfen gehören. Doch es gibt keinen Mechanismus dafür, keinerlei Gerichtshof, keine gesetzliche Körperschaft überhaupt, die man deshalb anrufen könnte. Historiker können fortfahren, auf ihre Weise Nürnberg Scheibchen für Scheibchen wegzusäbeln und die ganze Affäre ins rechte Licht zu rücken. Doch nützt das den Berufssoldaten und auch anderen Staatsdienern wenig, die ihre Pflicht tun und weiter die Anweisungen höherer politischer Stellen befolgen müssen. Es ist eines der Ziele dieses Buches, die solchen Männern und Frauen aufgebürdete Last etwas zu erleichtern. Enthalten ist eine Fülle von Fakten, Argumenten und Meinungen rechtlicher wie anderer Natur, die häufig im fortdauernden Kampf gegen Nürnberg und gegen das , was dort angerichtet wurde, ins Feld geführt werden können.

H. K. THOMPSON jr. / HENRY STRUTZ

»Doenitz at Nuremberg«
Danksagung

Keine Arbeit dieser Art kann verrichtet werden, ohne daß eine große Dankesschuld gegenüber einer Vielzahl von Personen abzutragen wäre. Besonderer Dank gebührt allen, die ihre Stellungnahme zum Thema eingesandt haben, einschließlich jener, deren Ansichten allein deshalb nicht zum Ausdruck gekommen sind, weil ansonsten der gebotene Umfang des Buches gesprengt worden wäre. Außerordentlicher Dank gilt Admiral Thomas C. Hart und Vizeadmiral Charles A. Lockwood, die wegweisend waren und ohne deren wertvolle und tatkräftige Mithilfe dieses Vorhaben nicht hätte glücken können. Gleichen Dank schulden wir einem hochrangigen wie hochgeachteten Mann der U-Boot-Waffe, dessen Namen wegen seiner Stellung im aktiven Dienst ungenannt zu bleiben hat. Vorzüglicher Erwähnung wert sind Mrs. Janis Eisenhower Causin, Frederick Williams, Konteradmiral Chester W. Nimitz jr., Sidney Linder und General Matthew B. Ridgway wegen hilfreicher Ratschläge. In tiefer Schuld stehen wir bei den publizistischen Vorreitern auf diesem Gebiet, insbesondere bei F.J.P. Veale mit seinen Werken »Advancc to Barbarism« und »Crimes Discretely Veiled«, Konteradmiral Dan V. Gallery (»Twenty Million Tons Under the Sea«), Viscount Maugham (»U.N.O. and War Crimes«), Hon. Reginald T. Paget (Verfasser des Buches über Generalfeldmarschall Manstein), Montgomery Belgion (»Epitaph on Nuremberg«; in den USA unter dem Titel »Victor's Justice« erschienen), A. Frank Reel (»The Casc of General Yamashita«), Peter Calvocoressi (»Nuremberg«), Captain der Royal Navy Russell Grenfell (»Unconditional Hatred«) und R.W. Cooper (»The Nuremberg Trial«). Schließlich gebührt auch den Abteilungen Öffentlichkeitsarbeit der US-Armee, Marine und Luftwaffe Dank, ebenso der US Naval Academy Alumni Association, die allesamt hilfreich und kooperativ gewesen sind.

DIE HERAUSGEBER

»Doenitz at Nuremberg« Vorwort von Richter William C. Hart

Zu meiner Person ist anzumerken, daß ich nach juristischer Ausbildung mehr als vierzig Jahre im Staatsdienst von Ohio tätig war, bis ich 1939 als Richter in den Obersten Gerichtshof dieses Bundesstaates gewählt wurde und das Amt ununterbrochen bis zum Eintritt in den Ruhestand am 2. Januar 1957 bekleidete. Bevor ich Mitglied des Obersten Gerichtshofes wurde, habe ich Internationales Recht am Mount Union College of Alliance in Ohio gelesen.

Zum Verständnis meiner Stellungnahme erscheint mir eine kurze historische Betrachtung der Ursprünge und des Verfahrens der sogenannten Nürnberger Prozesse erforderlich. Das betreffende Tribunal und die von ihm abgeurteilten Verbrechenstatbestände wurden geschaffen bzw. gestaltet und definiert durch die Charta von London vom 8. August 1945 – eine Vereinbarung zwischen vier Staaten, nämlich den USA, der Sowjetunion, Großbritannien und Frankreich, also Siegernationen des Zweiten Weltkrieges. Absicht war, gewisse Taten, die im Verlaufe des Krieges begangen worden waren, als Kriegsverbrechen zu definieren und bestimmte Vertreter des öffentlichen Lebens des besiegten Deutschland wegen Begehens solcher Verbrechen vor Gericht bringen zu können.

Die Charta erschuf und bezeichnete drei Arten von Verbrechen näher. Diejenige, wegen der die meisten Angeklagten verurteilt wurden, beschrieb das Delikt wie folgt: »Planung, Vorbereitung, Auslösen oder Führen eines Angriffskrieges unter Bruch internationaler Verträge, Übereinkommen oder Verpflichtungen bzw. Beteiligung an einem gemeinschaftlichen Plan oder an einer Verschwörung zur Begehung einer der vorgenannten Taten.«

Das sogenannte Internationale Militär-Tribunal eröffnete den Prozeß am 20. November 1945 und schloß die Verhandlungen am 1. Oktober 1946. Zwölf der 22 Angeklagten wurden zum Tode durch den Strang verurteilt, gegen sieben wurden Freiheitsstrafen von zehn Jahren bis zu lebenslänglich verhängt, drei wurden freigesprochen. Die Todesurteile wurden am 16. Oktober 1946 vollstreckt, ausgenommen gegen Martin Bormann, der nicht auffindbar war und gegen den in Abwesenheit verhandelt worden war, und Hermann Göring, der wenige Stunden vor der Vollstreckung der Todesurteile Selbstmord begangen hatte.

Während der Prozesse und danach gab es viele kritische Stimmen von Rechtsexperten und der Presse. Kern dieser Einwendungen war, daß die Verfahren moralisch unfair gewesen seien, weil sie von den Siegern gegen die Besiegten in Gang gesetzt und durchgeführt worden waren und daß es sich um eine »politische Justiz« gehandelt habe, geleitet vom Verlangen nach Rache, womit »demokratische« Vorstellungen »totalitären« geopfert worden seien.

Unter der Schlagzeile »Angreiferstaaten« brachte die »Chicago Tribune« am 2. Oktober 1946, einen Tag nach Verkündung der Urteile, einen Leitartikel, in dem es hieß: »Wahr ist, daß keine der Siegermächte frei von jener Schuld ist, welche die aus ihren Reihen stammenden Richter den Besiegten angelastet haben.« Legt man die Elle dieser Prozesse an, kann einem angst und bange werden, wie es den hohen Offizieren unserer amerikanischen Streitkräfte ergangen wäre, hätte man sie wegen ihrer Rolle bei der Ausradierung von Hiroschima und Nagasaki angeklagt, geschehen am 6. und 9. August 1945, also zwei Tage vor bzw. einen Tag nach Verabschiedung der Charta von London, die unter Beteiligung der Vereinigten Staaten geschlossen wurde.

Nach meinem Urteil steckten das Verfahren, dem gemäß das Nürnberger Tribunal geschaffen wurde, sowie die durchgeführten Prozesse voll Unrecht. Ich möchte dies in Kurzfassung begründen. Zunächst einmal: Amerikanische Experten haben sich einmütig auf den Standpunkt gestellt, daß der einzelne als Angehöriger der Streitkräfte eines Nationalstaates nicht wie ein Privatmann wegen eines kriminellen Deliktes zur Rechenschaft gezogen werden kann, wenn er die Tat auf Befehl verübt hat. Solche Taten sind genau kalkulierte Staatsakte und nicht individuell zuzurechnen.

Im Fall Dow gegen Johnson (100 U.S. 158, 163) hat der Oberste Gerichtshof der Vereinigten Staaten festgehalten, daß ein Offizier der US-Armee nicht für befehlsgemäße Unrechtstaten im Dienste der Vereinigten Staaten im Feindesland zur Verantwortung gezogen werden kann. Dies ist als Rechtsdoktrin in unserem Land konsequent anerkannt worden.

Im Zusammenhang mit dem berühmten Fall McLeod (1840) schrieb Daniel Webster, damals Außenminister der USA, dem britischen Gesandten folgendes: »Daß ein einzelner Angehöriger der Streitkräfte nicht wie ein Privatmann als Rechtsbrecher oder Missetäter zur Verantwortung gezogen werden kann, wem er auf Regierungsbefehl gehandelt hat, ist ein von allen zivilisierten Völkern anerkanntes Rechtsprinzip, welches anzuzweifeln die Regierung der Vereinigten Staaten keineswegs geneigt ist.«

Nach dem Ersten Weltkrieg schlug die mit dem Friedensvertrag zwischen Deutschland und seinen alliierten Feinden beschäftigte Pariser Konferenz vor, Vorbereitungen zur Anklage und Bestrafung des deutschen Kaisers wegen des Vorwurfs der Kriegsverbrechen zu treffen. Die beiden amerikanischen Vertreter auf der Konferenz, Minister Robert Lansing und Dr. James Brown Scott, eine herausragende Autorität auf dem Gebiet des Völkerrechts, jedoch verweigerten einem solchen Ansinnen ihre Zustimmung. Sie vertraten die Haltung: »Wenn der frühere Kaiser gemäß Völkerrecht für Taten, die ihm als Staatschef zur Last gelegt werden, eigentlich strafrechtlich nicht belangt werden darf, leuchtet nicht ein, wie ein von den alliierten und assoziierten Mächten errichtetes Tribunal mit Strafrechtsbefugnis gegen ihn stattfinden könnte, ohne daß der Mißbrauch von Macht offenkundig wäre.«

Charles Cherry Hyde kommentierte in seinem Werk über das Völkerrecht diese Einstellung der amerikanischen Konferenzvertreter im zweiten Band, Seite 850, wie folgt: »Die amerikanische Haltung war vernünftig. Wenn es in der Absicht der alliierten und assoziierten Regierungen lag, ihren Feinden Respekt vor dem Völkerrecht einzuflößen, das sie verletzt hatten, war es wohlbegründet, nicht die strafrechtliche Verurteilung einzelner Besiegter wegen Taten zu verlangen, die auf internationaler Ebene gar nicht strafbar sind.«

Darüber hinaus hatten die vier Mächte, die das Nürnberger Tribunal errichteten, weder einzeln noch im Verbunde eine derart unumschränkte Machtbefugnis, um einen Sondergerichtshof zur Aburteilung von kriminellen Delikten zu schaffen, die von Fremden und außerhalb ihres Staatsgebietes verübt worden waren. Es wurde geltend gemacht, daß es Verbrechen gemäß »allgemeingültigem Recht«, das nicht auf normalen Gesetzeswegen zustandegekommen ist, gäbe. Derlei Verbrechen existierten für das Nürnberger Tribunal und wurden von ihm bestraft. Doch diese Ansicht von der »Allgemeingültigkseit« wurde dadurch Lügen gestraft, daß die bewußten Mächte es für nötig erachteten, das spezielle Verbrechen in derselben Charta zu definieren, mit welcher das Tribunal geschaffen wurde.

Es ist allgemeine Überzeugung, daß aus dem Völkerrecht keine solche unumschränkte Macht erwächst. Das ist auch aus Artikel 13 der Charta der Vereinten Nationen zu schließen. Er sieht vor, daß die UNO-Vollversammlung für den Fortschritt des Völkerrechts und seine Kodifizierungen Anregungen und Empfehlungen geben könne. Der Wortlaut verdeutlicht, daß die Vollversammlung selbst nicht ermächtigt ist, international gültiges Recht zu schaffen bzw. festzuschreiben, sondern nur die Entwicklung und Kodifizierung solcher Regeln durch die bestehenden Staaten oder durch nach reiflicher Überlegung erst noch zu schaffende internationale Rechtsinstanzen zu fördern.

Es gab in unserem Land sehr stichhaltige Einwände schon zur Zeit der Nürnberger Verfahren und auch danach mit der Folge, daß die an den Prozessen beteiligten Nationen den Gerichtshof unmittelbar, nachdem er den Zweck, für den er geschaffen worden war, erfüllt hatte, von der Bildfläche haben verschwinden lassen. Von Rechts wegen ist die Kritik an den Nürnberger Prozessen nicht widerlegt worden; sie war völlig berechtigt. Tatsache ist, daß es irgendeinen internationalen Gerichtshof mit berechtigter Urteilsgewalt über die in der Londoner Charta als solche bezeichneten Verbrecher nicht gibt und auch nie gegeben hat.

Die in der Londoner Charta nach Tatbegehung erfolgte Schaffung und Definition sogenannter Verbrechenstatbestände, denen gemäß in Nürnberg Anklage erhoben wurde, verletzen das gute alte Prinzip, das ex post facto-Recht im Strafverfahren ausschließt. Diese allgemein anerkannte Doktrin kommt in der überlieferten Weisheit »Nullum crimen sine lege« zum Ausdruck.

Meines Erachtens gibt es keine gesetzliche Rechtfertigung für die Anklage und Verurteilung sogenannter Kriegsverbrecher beim Nürnberger Tribunal. Wir haben einen bösartigen Präzedenzfall gesetzt, dem man die Gefolgschaft in der Zukunft verweigern sollte.

WILLIAM C. HART

»Doenitz at Nuremberg« Prolog von Konteradmiral Dan V. Gallery

Die folgenden Darlegungen stammen aus US-Konteradmiral Daniel V. Gallerys Nachwort zu seinem Buch »Twenty Million Tons Under the Sea«:

Wenn Staatsmänner bei der Erledigung ihres Jobs derart lausig versagen, daß sie die Soldaten brauchen, die ihnen die Kastanien aus dem Feuer holen sollen, geht es auch jeder Menge unbeteiligter Zuschauer ans Leder. Wenn sich Nationen einmütig dafür entscheiden, das Gebot »Du sollst nicht töten« in den Wind zu schlagen, ist es verdammt schwer für die militärischen Befehlshaber, es so einzurichten, daß es nur die Richtigen trifft.

Man sollte meinen, daß – nachdem unsere U-Boote mit derselben Methode vorgegangen sind wie die Deutschen – wir die Frage, wer den ersten Preis im Schönheitswettbewerb beim Kriegführen errungen hat, nach 1945 unter den Teppich gekehrt hätten. Unsere Marineoffiziere jedenfalls waren vollends bereit dazu. Unsere Staatsmänner und Juristen jedoch dürstete es nach Rache. Nach Kriegsende beharrten sie darauf, die deutschen Admirale Raeder und Dönitz in Nürnberg als Kriegsverbrecher vor Gericht zu stellen, weil sie ihren U-Booten genau dasselbe zu tun befohlen hatten, was unsere taten. Ein Richter unseres Obersten Gerichtshofes erhob Anklage gegen sie und war bestrebt, ihnen einen Strick zu drehen.

Zu unserer ewigen Schande sprachen wir die deutschen Admirale wegen Verletzung der Kriegsgesetze auf See schuldig und verurteilten sie zu langen Jahren Gefängnis: Raeder erhielt lebenslänglich, Dönitz zehn Jahre.

Das Affentheater zu Nürnberg ist unter dem offiziellen Namen »Internationales Militär-Tribunal« bekanntgeworden. Diese Bezeichnung ist eine Verhöhnung des Soldatentums. Das Tribunal war in keiner Weise ein Militärgericht. Die einzigen Militärs unter den Richtern waren die Russen. Einige militärische Titel schmückten Personen in den Stäben des Gerichts und der Anklagevertretung, doch das hängt mit der vorübergehenden Maskerade einer Menge Juristen als Männer des Militärs zusammen.

Tatsächlich war Nürnberg ein Juristen-Tribunal, und mir leuchtet ein, weshalb der Juristenstand sich dessen schämt und es vorsätzlich mit falschem Etikett versah. Ich bin nur froh, daß unsere wahren Soldaten mit dieser Karikatur des Rechts nichts zu schaffen haben, die in Nürnberg von Rechtsgelehrten und »Staatsmännern« betrieben worden ist. Raeder und Dönitz haben ganz einfach ihre vaterländische Pflicht im Zweiten Weltkrieg erfüllt. Sie hatten den Schlamassel ihrer Politiker auszubaden und handelten eidgetreu, wie es Pflicht eines jeden Soldaten ist. Unsere Politiker und Juristen haben einen extrem blödsinnigen

Präzedenzfall gesetzt, indem sie diese Offiziere vor Gericht stellten, die Befehle irregeleiteter Politiker ausgeführt hatten.

In der Tat war die Entscheidung, die deutsche militärische Führung vor ein Strafgericht zu bringen, der Stümperei ebenbürtig, »bedingungslose Kapitulation« zu fordern, was den Krieg eher verlängerte als abkürzte. Seit Nürnberg haben die führenden Militärs gute Gründe, bis zur letzten Patrone zu feuern und lieber im Schützengraben zu sterben, denn als hoffnungslose Fälle über Kapitulation zu verhandeln. Es hat keinen Sinn zu kapitulieren, wenn man weiß, daß man ohnehin nur eine Prozeßfarce zu erwarten hat und gehängt wird, wie es den meisten Nürnberger Angeklagten erging.

Nur wenige wissen heutzutage, daß die deutsche Kriegsmarine in der Schlußphase des Krieges zigmal mehr Flüchtlinge aus Ostpreußen evakuiert hat als die britische Marine Soldaten aus Dünkirchen herausgeholt hat. Sofort nachdem Dönitz seine Landsleute in den Westen Deutschlands in Sicherheit gebracht hatte, kapitulierte er. Doch einer der Anklagepunkte, mit denen unser höchstrichterlicher Ankläger ihm einen Strick zu drehen versuchte, lautete, er habe den Krieg verlängert!

Hätte das deutsche Volk es für richtig befunden, seine eigenen militärischen Führer wegen der Niederlage im Kriege anzuklagen, könnte ich Verständnis dafür haben. Wenn unsere Staatsmänner Gewicht darauf gelegt haben, die Naziführer zu hängen und vorher noch einen Scheinprozeß für nötig erachteten, kann ich darin noch eine gewisse Logik erkennen. Doch unsere Politiker und Juristen untergruben ihre eigene Autorität, als sie die deutschen Generale und Admirale schuldig sprachen. Schließlich gilt auch für den besten Soldaten in einer Demokratie, wie in einer Diktatur, daß er seine eigenen Vorstellungen, welche auch immer, zurückstellen muß und zu tun hat, was ihm die Staatsführung vorschreibt.

In Nürnberg standen die Menschheit und unsere gegenwärtige Zivilisation vor Gericht, wobei auf der Richterseite Personen saßen, an deren Händen Blut klebte. Einer der Richter kam aus einem Staat, der das Massaker von Katyn verübt hatte und reihenweise Zeugen aufmarschieren ließ, die es auf ihren Eid nahmen, die Deutschen hätten es getan. Möglicherweise müssen Verbrechen vom Ausmaße derer, die in Nürnberg Gegenstand der Anklage waren, zur Aburteilung für das Jüngste Gericht aufgespart werden.

Das hervorstechendste Beispiel nackter Heuchelei in Nürnberg war das Verfahren gegen Admiral Dönitz. Wir klagten ihn in drei Punkten an: Verschwörung zum Führen eines Angriffskrieges; Führen eines Angriffskrieges; Bruch des Kriegsrechtes auf See. Wenn der Gerichtshof ihn auch vom ersten Punkte freisprach, so erfolgte doch der Schuldspruch wegen der beiden anderen Anklagen. Wie in Gottes Namen ein Offizier irgendeine andere Art von Krieg führen kann als einen angreifenden, ohne Verräter am eigenen Vaterland zu werden, werde ich nie begreifen können. Als ich vor beinahe 40 Jahren in die US-Kriegsmarine eintrat, habe ich einen Eid abgelegt, die Vereinigten Staaten gegen alle Feinde zu verteidigen. Und dabei war keine Rede davon, daß dies nicht angriffsweise geschehen dürfe. Hätte das Nürnberger Beweismaterial ergeben, daß Dönitz einen »Nichtangriffskrieg« geführt hatte, wäre das deutsche Volk berechtigt gewesen, ihn aufzuknüpfen.

Der Schuldspruch gegen Dönitz wegen des dritten Anklagepunktes (Verletzung des Kriegsrechtes auf See) war eine Beleidigung unserer eigenen U-Boot-Fahrer. Admiral Dönitz ersuchte schon in der Anfangsphase des Prozesses um die Einvernahme unseres Admirals Nimitz als Zeuge der Verteidigung, auf daß er aussage, wie unsere U-Boote im Pazifik operiert haben. Unser höchstrichterlicher Ankläger ging regelrecht rückwärts, als man ihm diese heiße Kartoffel zuwarf, schluckte und geriet ins Stottern. Auf Befragen durch Dönitz' Verteidiger erklärte schließlich Admiral Nimitz – Gott segne diesen ehrenhaften Seemann! – unter Eid, daß unsere U-Boote im Pazifik in derselben Art und Weise uneingeschränkten Krieg geführt haben wie es die Deutschen im Atlantik taten.

Ungeachtet dessen verurteilten wir Admiral Dönitz wegen Bruchs des Kriegsrechtes auf See. Wenn der alte Gentleman aus dem Gefängnis herauskommt, kann ich nur hoffen, ihm niemals zu begegnen. Ich könnte ihm nicht unter die Augen treten. Das einzige Verbrechen, das er begangen hat, bestand darin, daß er uns in einer blutigen, doch »gesetzmäßigen« Schlacht um ein Haar geschlagen hätte.

Dönitz' Verurteilung wegen Verletzung des Seekriegsrechtes infolge Ausführung der Befehle seiner Staatsführung wirft eine ernste Frage auf. Wir haben an unsere Frontkämpfer einen Verhaltenskodex ausgegeben, um sie gegen eine Gehirnwäsche im Falle der Gefangennahme gefeit zu machen und sie auch vor Anklage vor unseren eigenen Militärgerichten wegen schlechter Führung als Kriegsgefangene zu schützen. Um unsere Soldaten vor einer Anklage durch ein Tribunal nach Nürnberger Muster zu bewahren, sollten wir vielleicht ihren Treueeid beim Eintritt in den Dienst erweitern. Nach dem, wie wir mit Dönitz umgesprungen sind, sollte folgende Vorbehaltsklausel in unseren Eid eingebaut werden: »Vor Ausführung der Befehle meines Vorgesetzten werde ich genaue Nachforschungen anstellen, um sicherzugehen, daß sie im Einklang mit den von uns eingegangenen internationalen Verpflichtungen, mit der Charta der Vereinten Nationen usw. usf. stehen.«

Der einzige Präzedenzfall von Wert, der in Nürnberg gesetzt worden ist, war meines Erachtens, daß sie wenigstens keinen Admiral gehängt haben!

Die Nürnberger Prozesse geben dem Seekriegsrecht ein Gepräge, das von uns selbst im Zweiten Weltkrieg nicht beachtet worden ist, das uns jedoch künftig noch Kummer machen könnte.

Gegenwärtig sind wir eifrig mit dem Bau von Atom-U-Booten beschäftigt, die wochenlang unter Wasser bleiben können. Absurd anzunehmen, diese U-Boote könnten sich an den archaischen Kodex aus Segelschiffzeiten halten, den wir zum geltenden Seekriegsrecht des Atomzeitalters erklärt haben, als wir Dönitz ins Gefängnis warfen.

Um jedem Mißverständnis vorzubeugen, beeile ich mich zu betonen, daß ich keineswegs für den gegenwärtigen Wettlauf beim Bau von Atom-U-Booten bin. Ich bin dafür, Abkommen aufzukündigen, die in Kriegszeiten ohnehin nicht befolgt werden können und dafür, zu verkünden, was sowieso jeder weiß: Greift man uns an, werden wir uns mit allen in unseren Arsenalen befindlichen Waffen zur Wehr setzen.

DAN V. GALLERY

»Doenitz at Nuremberg«
John F. Kennedy über Robert A. Taft

Auszug aus »Profiles in Courage« von John F. Kennedy (US-Präsident 1961-1963):

Der Senator von Ohio, Robert A. Taft, war im Oktober 1946 Sprecher der Republikaner in Washington, Hauptmatador seiner Partei in der politischen Arena der Vereinigten Staaten und als Präsidentschaftskandidat für das Jahr 1948 nominiert. In dieser Zeit, als für Bob Taft so viel auf dem Spiele stand, wäre es eigentlich ratsam gewesen, er hätte seine Zunge im Zaum gehalten. Doch Senator Taft war beunruhigt. Und wenn er über etwas beunruhigt war, war er es gewöhnt, dies auch offen auszusprechen. Ihn versetzten die Kriegsverbrecherprozesse gegen die Führer der Achsenmächte in Unruhe. Jene in Deutschland waren schon abgeschlossen, diejenigen in Japan im Anfangsstadium.

Die Nürnberger Prozesse wegen »Führens eines Angriffskrieges« waren damals weltweit in aller Munde und besonders in den USA populär. Doch um welche Sorte von Gerichtsverhandlungen ging es eigentlich?

Die Verfassung der Vereinigten Staaten war für den Senator von Ohio wie ein Evangelium, das all sein politisches Handeln bestimmte. Aus ihr schöpfte er Kraft, sie war seine Wehr und Waffe, und sie verhieß ihm das Seelenheil. Und wenn die Verfassung rückwirkende Gesetze verbot, so war dies für Bob Taft absolut wahr und allgemeingültig: Die Verfassung – nicht etwa als Sammlung unverbindlicher politischer Verheißungen, offen für jede Menge Ausdeutungen, keine Liste von gefälligen Plattitüden, die man nach Bedarf beiseitelegen kann, sondern als Fundament der amerikanischen Rechtsordnung. Taft fand die Vorstellung, sein Vaterland könnte Verfassungsgrundsätze über Bord werfen, um einen besiegten Feind zu bestrafen, widerwärtig.

Diese Ansichten werden heute, wie ich annehme, von einer großen Zahl amerikanischer Bürger vertreten. Und ein guter Teil äußerte sich auch 1946, hinter vorgehaltener Hand, in dieser Weise.

Kein maßgeblicher Politiker jedoch wagte es, das offen auszusprechen. Keiner, außer Senator Taft.

Die Nürnberger Prozesse wurden zu keinem Zeitpunkt dem Kongreß zur Beschlußfassung vorgelegt, sie waren in keiner Weise Gegenstand einer demokratischen Debatte. Das alles aus freien Stücken beim Namen zu nennen, konnte einem politisch nur schaden und nichts einbringen. Doch Bob Taft nannte es beim Namen.

Am 6. Oktober 1946 trat Senator Taft bei einer Konferenz über unser anglo-amerikanisches Erbe auf, veranstaltet vom Kenyon College in Ohio. Er stellte seine Ansprache unter das Motto »Gleichheit vor dem Gesetz«. Taft warf seinen Widerwillen, sich auf sensationelle Neuigkeiten in dramatischer Weise einzulassen, über Bord. »Wenn Sieger über die Besiegten zu Gericht sitzen«, rief er seinem aufmerksamen und zugleich staunenden Publikum zu, »so kann es nicht unparteiisch zugehen, egal, wie man das alles rechtlich verbrämen will. Über dem ganzen Verfahren schwebt der Geist der Rache, und Rache hat nur selten etwas mit Recht zu tun. In diesen Prozessen haben wir die russische Vorstellung von derartigen Verfahren übernommen, daß also Politik und nicht Recht vorherrscht, was wenig mit unserem angelsächsischen Erbe zu tun hat. Indem wir Politik als gesetzmäßige Prozesse verkleiden, könnten wir die gesamte Idee der Gerechtigkeit in Europa auf Jahre hinaus madig machen. Denkt man über die Probleme nach dem Ende eines solch schrecklichen Krieges konsequent nach, können wir nur dann der Zukunft erwartungsvoller entgegenblikken, wenn auch unsere Feinde erkennen, daß wir sie in gerechter Weise gemäß den gesetzlichen Grundsätzen der englischsprachigen Welt bei der Gewährung von Hilfen und in bezug auf die Regelung von Grenzfragen behandeln.«

Der Senator beharrte darauf, daß Nürnberg ein Schandfleck in der amerikanischen Verfassungsgeschichte und eine Mißachtung unseres angelsächsischen Erbes hinsichtlich Fairneß und Gleichbehandlung gewesen sei – ein Erbe, das unserem Land in aller Welt Achtung verschafft hat. »Nicht einmal unseren eigenen Leuten können wir die wohltönenden Prinzipien von Freiheit und Gerechtigkeit wirklich begreiflich machen«, schloß Taft seine Ansprache.

JOHN F. KENNEDY

Chicago Daily Tribune
THE WORLD'S GREATEST NEWSPAPER
FOUNDED JUNE 10, 1847

Sat., Oct. 6, 1956 H★ Part 1—Page 16

Großadmiral Karl Dönitz, Befehlshaber der deutschen Kriegsmarine bei Ende des Zweiten Weltkrieges, hat seine zehnjährige Haft als »Kriegsverbrecher« abgesessen und ist aus dem Gefängnis von Berlin-Spandau auf freien Fuß gesetzt worden. Seine Verurteilung erfolgte durch ein internationales Tribunal in Nürnberg aufgrund eines im nachhinein zu diesem Zwecke erfundenen »Rechtes«. Ein derartiges Strafrecht ist von keiner gesetzgebenden Körperschaft beschlossen worden, sondern von Regierungsvertretern der Siegerstaaten, die auch die Anklagevertretung übernahmen.

Daß Admiral Dönitz sich unter den Angeklagten befand, stürzte die Sieger in eine unvorhergesehene Peinlichkeit. Er wurde nämlich der uneingeschränkten U-Boot-Kriegsführung bezichtigt, und das Tribunal mußte mit Hängen und Würgen einräumen, daß man diesbezüglich vor einem Befehl der britischen Admiralität vom 8. Mai 1940, alle feindlichen Schiffe im Skagerrak ohne Vorwarnung zu versenken, nicht die Augen verschließen kann. Das Tribunal kam auch nicht an der unbestreitbaren Tatsache vorbei, daß die Vereinigten Staaten vom ersten Tag des Krieges an ebenfalls uneingeschränkten U-Boot-Krieg geführt hatten.

Die Regeln des U-Boot-Krieges waren im Londoner Seerechtsabkommen von 1930 klar und deutlich bestimmt worden. Es schrieb vor, daß Angriffe nur auf eindeutig erkannte Kriegsschiffe zu richten seien – unter Vorsorge für die Rettung der Seeleute. Die US-Kriegsmarine hat in ihrem offiziellen Bericht über den U-Boot-Krieg gegen Japan eingestanden, daß sie keine Unterschiede machte und neun von zehn versenkten japanischen Schiffen keine Kriegsschiffe gewesen seien. Etwa 276 000 Japaner ertranken bei diesen Angriffen, 105 000 davon waren Zivilisten.

Unter diesen Umständen konnte das Nürnberger Tribunal eigentlich nichts gegen Admiral Dönitz hervorbringen. Wie gleichartige Handlungen auf alliierter Seite bei der Urteilsfindung zu Nürnberg berücksichtigt wurden, führte zu einer prinzipiellen Neuerung in der Rechtswissenschaft: Ob eine bestimmte Tat ein kriminelles Delikt ist oder nicht, hängt davon ab, ob die Anklagevertretung es auch begangen hat. Hatten die Sieger es verübt, konnte es kein Verbrechen sein.

Nichtsdestotrotz reichten die Pauschalbezichtigungen, die Angeklagten hätten einen Angriffskrieg geplant, vorbereitet, ausgelöst oder geführt, aus, um doch noch irgendwie einen Schuldspruch gegen Admiral Dönitz zu fabrizieren – vermutlich wegen des Verbrechens, als Berufsoffizier im Dienste seines Vaterlandes gekämpft zu haben. Er bekam zehn Jahre Haft. Dieses Urteil bestätigt wieder einmal, daß Macht vor Recht geht und daß Heuchelei jede Hürde nimmt.

Artikel »Doenitz goes free« in der Chicago Daily Tribune, 6. Oktober 1956

»Doenitz at Nuremberg«
Dönitz zu diesem Buch

Meines Erachtens ist die vorliegende Sammlung von historischem Wert. Die Verfasser der einzelnen Beiträge haben mutig ihre Auffassungen zum Ausdruck gebracht. In unabhängiger Weise haben sie niedergeschrieben, wie sie die Ereignisse selbst erlebt haben bzw. wie sie sie werten. Dafür meine Anerkennung und meinen Dank an alle Mitwirkenden. Zu besonderem Dank bin ich Keith Thompson und Professor Henry Strutz verpflichtet, die diese Sammlung von Meinungsbekundungen initiiert und zusammengestellt haben.

KARL DÖNITZ
Großadmiral

»Doenitz at Nuremberg« Zur deutschsprachigen Ausgabe

Diese deutschsprachige Ausgabe von »Doenitz at Nuremberg« begrüße ich von ganzem Herzen. Die darin enthaltenen Meinungsäußerungen prominenter Persönlichkeiten aus aller Welt sollten vielen umerzogenen Deutschen zu denken geben.

In Torgau an der Elbe gab es ein Wehrmachtsarchiv, das dokumentarische Unterlagen über alliierte Verbrechen enthielt. Eine traurige Ironie der Geschichte ist es, daß es gerade Torgau war, wo die aus Ost und West heranrückenden Armeen der Siegermächte – zumindest eine Zeitlang – sich so schön »verbrüdert« haben. Die unzähligen von Siegermächten gegen deutsche Soldaten und Zivilisten begangenen Verbrechen blieben ungeahndet und ungesühnt.

Die von den Siegermächten inszenierten Nürnberger Prozesse sollten als Tarnung, als Ablenkung dienen, nicht nur für die von ihnen im Kriege begangenen Verbrechen, sondern auch für die nach dem Krieg von ihnen verübten Greueltaten. Derselbe barbarische Geist, der für die Bombardierung von wehrlosen Städten verantwortlich war, pflanzte sich in den Nürnberger Prozessen und den brutalen Vertreibungen aus dem deutschen Osten fort.

In beiden Weltkriegen erfanden die Sieger Greuelmärchen, um Opfern eine Schuld aufzuhalsen. Zur Zeit des Ersten Weltkrieges waren die Unterseekabel in britischem Besitz, und Amerika bekam nur die Nachrichten, die den Engländern genehm waren. Britische Propagandisten wie der Fiktionalist und Geisterseher Arthur Conan Doyle setzten viele Greuelmärchen in Umlauf. Darunter Berichte über »Leichenfabriken«, in denen die Deutschen ihre toten Soldaten wieder lebendig machten, sowie Geschichten von zu Wurst verarbeiteten Brüsten belgischer Frauen. Unvergeßlich sind die an die Pforten der Kathedralen genagelten französischen Babys.

In Amerika wurde ein dermaßen hysterisches deutschfeindliches Klima geschaffen, daß man die Deutschen »Hunnen« nannte, daß Dackel getreten wurden (mit deutschen Schäferhunden ging man wahrscheinlich vorsichtiger um), daß Sauerkraut in »victory cabbage« umgetauft wurde und dergleichen mehr.

Es ist ein Trost, daß es auch unter den Alliierten des Zweiten Weltkrieges Aufrichtige gab, die den Mut hatten, wahnsinnigem Propagandawirbel Widerstand zu leisten. Robert Jackson, Richter am amerikanischen Obersten Gerichtshof, aber trat als amerikanischer Hauptankläger in Nürnberg auf.

Nichts kann die Schande der Mitwirkung eines Richters des Obersten Gerichtshofes der USA an den Nürnberger Prozessen aufwiegen. Dennoch gereicht es Amerika zur Ehre, daß zwei Richter desselben Obersten Gerichtshofes sich in diesem Buch gegen die Nürnberger Schauprozesse aussprechen. Ihnen schließen sich Hunderte Juristen, Staatsmänner, kirchliche Würdenträger und andere ehrliche Leute aus aller Welt an.

Mögen ihre Stimmen dazu beitragen, den Nürnberger Präzedenzfall als gefährlich und ungültig zu erkennen.

New York, 1996 *H. KEITH THOMPSON*

ABDOH: Es ist höchst erfreulich, daß Sie eine internationale Befragung zum Thema »Kriegsverbrecherprozesse«, insbesondere zum Verfahren gegen Großadmiral Dönitz, in Gang gesetzt haben. Ich bin froh, daß das Ergebnis scharfe Kritik an den »Prozessen« erbracht hat sowie eine entschlossene Rechtfertigung pflichttreuer Marineoffiziere in aller Welt. Ich erinnere mich, daß ich als junger Rechtsanwalt unmittelbar nach dem

ABDOH

Zweiten Weltkrieg Mühe hatte, Verständnis für die Art und Weise aufzubringen, in der das Nürnberger Tribunal die Verfahren gegen solche Offiziere führte, die in Erfüllung ihrer Pflichten und gemäß dem Befehl höherer Stellen gehandelt hatten. Für die Prozesse gab es keinerlei Vorbild im Völkerrecht. Dieses enthielt seinerzeit keine Bestimmungen darüber, was im Kriege als Verbrechen verboten, was erlaubt ist. Hier möchte ich gleich hinzufügen, daß meines Erachtens Verbrechen gegen den Frieden im allgemeinen und Kriegsverbrechen insbesondere – genau definiert – ins Völkerrecht aufgenommen gehören und von kompetenten internationalen Gerichtshöfen geahndet werden sollten. Dementsprechend habe ich als Abgesandter meines Landes im Rechtsausschuß der Vereinten Nationen das Wort erhoben, als dort mit diesem Thema zusammenhängende Fragen erörtert wurden. Ich erhielt breite Zustimmung. Ich bin überzeugt, daß die vorliegende Sammlung von Meinungsbekundungen zum Verständnis der Richtigkeit dieses Anliegens beitragen wird. Zusammenfassend möchte ich meiner Hoffnung Ausdruck geben, daß dieser lobenswerte Versuch glückt, ungünstige Auswirkungen des Nürnberger Präzedenzfalles auf ein künftiges internationales Strafrecht zu verhindern.

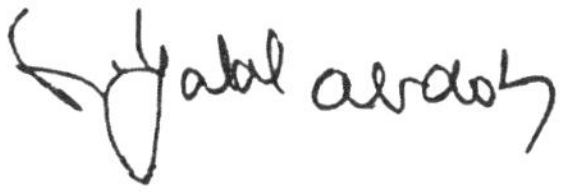

JALAL ABDOH

Iranischer Diplomat und Jurist; Staatsanwalt von 1944 bis 1948, Mitglied des Verwaltungsrates der UNO 1949-1953; Leiter der iranischen Abordnung bei der Konferenz von Bandung 1955; Ständiger Vertreter und Botschafter bei der UNO 1955 bis 1959; iranischer Außenminister 1959; UN-Kommissar bei der Volksabstimmung in Kamerun 1959-1961; Botschafter in Indien 1965-1968 und in Italien 1968-1972; Präsident der Internationalen Rechtswissenschaftlichen Gesellschaft des Iran ab 1973; Mitglied des UN-Schiedsgerichtshofes ab 1946

ACWORTH: Ich stimme Admiral Gallery zu, daß die Kriegsverbrecherprozesse eine Verhöhnung der Kriegsmarine und des Soldatentums insgesamt waren, daß die Anklage und Verurteilung von Admiral Dönitz eine Beleidigung auch der britischen und amerikanischen U-Boot-Fahrer darstellt und daß dasselbe – hinsichtlich des Schuldspruchs gegen Admiral Raeder – für die hervorragenden Offiziere gilt, die die amerikanische und die britische Kriegsmarine geführt haben. Sie alle waren treue und vaterlandsliebende Seeleute, deren gemeinsames »Verbrechen« wohl darin bestand, der zivilen Staatsmacht militärische Durchschlagskraft verliehen zu haben – einer Staatsmacht, die erfahrungsgemäß kriegerischer und blutrünstiger gesinnt ist als der ihr dienende Frontsoldat. Hinsichtlich des uneingeschränkten U-Boot-Krieges habe ich 1931 niedergeschrieben: »In bezug auf unsere eigenen U-Boote ist klar, daß sie niemals in jener Piratenart zum Einsatz kommen werden, über die Deutschland neuerdings klagt. Wie auch immer. Wahr ist, daß sie – setzt man sie so nicht ein – einzeln nicht wirksam genug sind, die Handelswege zu zerstören.« Durch ihre Bewaffnung verwandelten sich Handelsschiffe in Kriegsschiffe, während der U-Boot-Einsatz beschränkt wurde und die Unterseeboote über Wasser besonders verwundbar sind. Das nötigte die U-Boote, Handelsschiffe in Sichtweite zu versenken, sollte ihr Kampfwert nicht gleich Null sein. Das hat man im Zweiten Weltkrieg rasch begriffen. So wurde die vorwarnungslose Versenkung von Handelsschiffen zur gängigen Praxis der alliierten U-Boot-Kriegführung, wie es ja auch US-Admiral Nimitz bei seiner honorigen Zeugenaussage von Nürnberg zugunsten Admiral Dönitz' bestätigt hat. Weil Handelsschiffe ein überlebenswichtiger und zugleich verwundbarer Faktor im Verteidigungskampf von Inselstaaten sind, die sich wie England und Japan nicht selbst versorgen können, müssen wir uns mit der unvermeidlichen Tatsache abfinden, daß sie ein ganz legitimes Angriffsziel im Falle eines erneuten großen Krieges darstellen.

BERNARD ACWORTH

Diente 18 Jahre auf U-Booten und kommandierte eine britische U-Boot-Bekämpfungsflottille; Fachautor für Marinefragen

ADAMS: Bitte setzen Sie meinen Namen auf die Liste, die Admiral Dönitz vorgelegt wird. Ich halte die Nürnberger Prozesse ganz gewiß für eine irrsinnige Schädigung der Ideale der westlichen Zivilisation und einen entsetzlichen Mißbrauch der Justiz – insbesondere gegen Berufsoffiziere und andere Staatsdiener. In etlichen Fällen gab es bösartige Beweismittelfälschungen. All das wird eines Tages als schockierendes Zerrbild hoher rechtlicher und moralischer Grundsätze auffliegen.

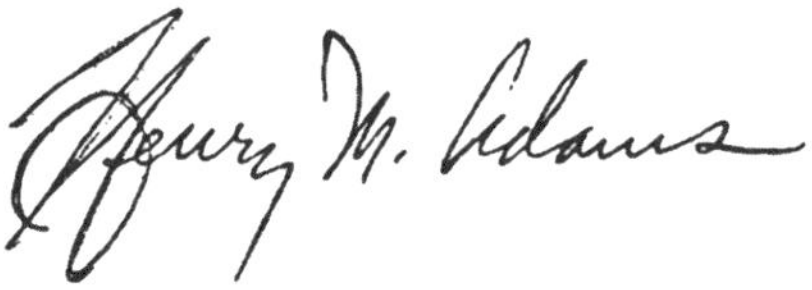

HENRY M. ADAMS

Geschichtsprofessor an der Universität von Kalifornien; diente bei der Militärpolizei und im zivilen Verwaltungsdienst in Italien während des Zweiten Weltkrieges; Stellvertretender Kommandeur der Militärregierung im Saarland 1945

AFRICA: Voll und ganz stimme ich jenen zu, die der Ansicht sind, daß Prozeß und Schuldspruch gegen Admiral Dönitz durch

AFRICA

das Internationale Militär-Tribunal in Nürnberg nicht in Einklang mit den uns vertrauten Verfassungsgrundsätzen zu bringen sind. Der Prozeß gegen die sogenannten Kriegsverbrecher führt in Sachen Weltfrieden keinen Schritt voran, sondern vertieft nur die Wunden, die der Krieg geschlagen hat und schürt in den Herzen der Besiegten das Feuer der Rache. Wir sollten den weisen Ratschlag von Lord Stowell befolgen: »Ein Friedensvertrag ist das Übereinkommen, auf alle weiteren Erörterungen darüber zu verzichten, welche der beteiligten Parteien denn nun im Recht gewesen sei, und all das zu vergessen und zu begraben, was den Krieg verursacht hat.«

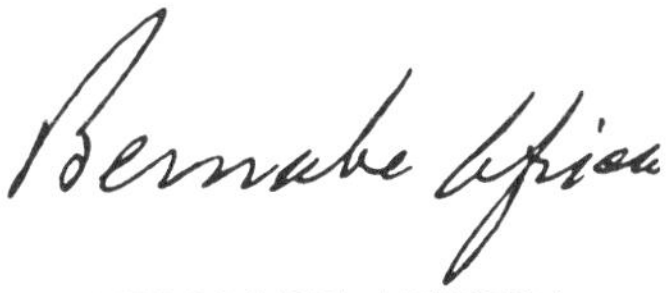

BERNABE AFRICA

Philippinischer Diplomat und Staatsmann; Bevollmächtigter für auswärtige Beziehungen; Staatssekretär für Äußeres; Botschafter in Japan und Thailand; Delegierter beim SEATO-Pakt

AINSWORTH: Voll und ganz stimme ich mit der Meinung überein, die viele unserer hervorragendsten Offiziere zum Ausdruck gebracht haben: Daß es für jeden Offizier, der seines Ranges würdig ist, eine Frage der Pflicht und des Standesstolzes darstellt, im Kriege bei allen Waffengattungen, ob unter oder über Wasser oder in der Luft, sein Bestes zu geben. Admiral Dönitz hat allen Anlaß, stolz darauf zu sein, was die Offiziere und Mannschaften der U-Boot-Waffe unter seinem Kommando geleistet haben, und auch auf die Qualität der Boote, die in beispielloser Zahl unter extremer Anspannung im Kriege gebaut worden sind. Ich teile die Ansicht, daß die Rechtsgrundlage der Nürnberger Prozesse fadenscheinig bis zum Äußersten war – mit ex post facto-Charakter und ohne Vorbild im Völkerrecht. Schon in meiner Besprechung von Admiral Ruges Buch »Der Seekrieg« habe ich festgestellt: »Kein Berufsoffizier der Seestreitkräfte kommt daran vorbei, den meisterlichen Leistungen der deutschen Kriegsmarine Bewunderung zu zollen.« Admiral Dönitz meine aufrichtige Hochachtung für seine fachlichen Kenntnisse und meine besten Wünsche für sein künftiges Wohlergehen.

AINS-WORTH

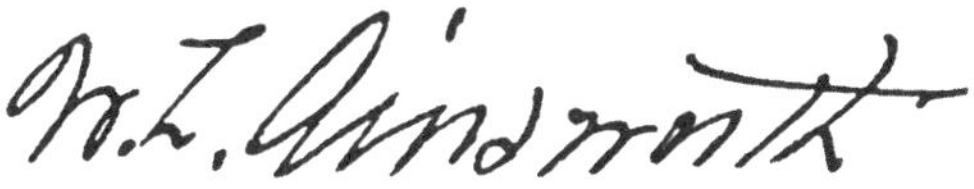

WALDEN L. AINSWORTH

Vizeadmiral der US-Kriegsmarine; kommandierte Zerstörer der Pazifik-Flotte im Zweiten Weltkrieg (Schlachten um den Golf von Kula und die Salomonen)

AJUB KHAN: Es stellt einen extrem bösartigen Präzedenzfall dar, Staatsdiener der Besiegten einzusperren, weil sie ihre Pflicht im Einklang mit den Befehlen ihrer Regierung erfüllt haben. Richtig ist es, sie zur Rechenschaft zu ziehen, wenn sie sich an der Genfer Konvention oder am Kriegsrecht

AJUB KHAN

vergangen haben. Es ist aber meines Erachtens besser, daß die Ahndung durch die Regierung, der sie dienen, geschieht und nicht durch Sieger, die auf Blut und Rache aus sind. Meines Erachtens geben die Kriegsverbrecherprozesse, die nach dem letzten Krieg abgehalten worden sind, ein schlechtes Vorbild für die Zukunft ab. Jene Staaten, die sie betrieben haben, werden es wohl auf lange Sicht bereuen.

MOHAMMED AJUB KHAN

Feldmarschall; Präsident von Pakistan

ALA'I: Für mich ist klar, daß die Soldaten ein Werkzeug sind, um Befehle ihrer Staatsführungen, die die Entscheidungen treffen und die Richtlinien der Politik bestimmen, auszuführen. Verweigern Soldaten die Erfüllung ihrer Aufgaben und Pflichten, werden sie eines Schwerverbrechens angeklagt und dementsprechend bestraft. Nach Lage der Dinge aber kann ein Werkzeug nicht kriminell sein. Was noch an unverdorbenen Instinkten in uns ist, sollte einen Weg zur Verständigung und Menschenliebe eröffnen. Denn der wissenschaftliche sowie der technische Fortschritt mit den weit verbesserten Transport- und Verständigungsmitteln macht unsere Welt sehr klein. Es ist Zeit für das Zusammengehen der einsichtigen und friedliebenden Kräfte. Nicht nur, um jenen Amt und Würden abzuerkennen, die in die Irre gegangen sind, sondern um das erhabene Ziel eines umfassenden Friedens zu erreichen.

SHOAULLAH ALA'I

Generalmajor der Kaiserlich Iranischen Armee

ALEXANDRIS: Zur speziellen Frage, ob der uneingeschränkte U-Boot-Krieg als Kriegsverbrechen klassifiziert werden kann, verfechte ich die Ansicht, daß jede Beschränkung des U-Boot-Einsatzes gegen die feindliche Flotte den Erfolg der Operationen beeinträchtigt. Selbstverständlich müssen Einzelfälle mutwilliger und unnötiger

ALEXANDRIS

Grausamkeit gegen die Besatzung eines torpedierten Schiffes unter Strafe stehen, doch solche Vorfälle können nicht als Regel gelten und dem Oberkommando zur Last gelegt werden. Daraus folgt, daß Admiral Dönitz für keinen derartigen Zwischenfall verantwortlich gemacht werden kann. Es war seines Amtes, den Gesamtfeldzug zu leiten, was er so tat, wie es jeder Berufsoffizier seines Dienstranges zu tun bestrebt ist. Die Rechtmäßigkeit des »Internationalen Militär-Tribunals« wurde durch die aufgepeitschten Emotionen zweifelhaft, die mit dem Anliegen der Justiz unvereinbar sind.

CONSTANTINE ALEXANDRIS

Konteradmiral der Königlich Griechischen Kriegsmarine; Oberkommandierender der griechischen Seestreitkräfte 1943-1945

ALFONSO VON BOURBON: Unsere schwierige Lage ist überwiegend das Ergebnis des Ersten Weltkrieges und der miserablen Verträge, mit welchen er endete. Dieser Krieg brachte einen erheblichen Rückschritt in bezug auf gesittetes Verhalten, Menschlichkeit und Anständigkeit. Die Nürnberger Prozesse widersprachen Recht und Gesetz. Großadmiral Karl Dönitz ist nur ein Opfer mehr.

ALFONSO

ALFONSO VON BOURBON UND ORLEANS

Infant von Spanien; Urenkel von Königin Victoria von England und König Louis Philippes von Frankreich; General der Luftwaffe

ALLARD PINTO: Gestatten Sie mir, mich über das »Internationale Militär-Tribunal« zu äußern, das von den Siegern errichtet wurde, um solche höchste Militärbefehlshaber ihrem Strafgericht zu unterwerfen, die in Erfüllung ihrer Pflicht und auf Befehl ihrer Regierung Operationspläne für den Krieg entworfen hatten. Meine Ansicht ist: 1. Die Beschaffenheit des Tribunals war eine Schande für die Nationen, die das alles angerichtet haben und wirft einen Schatten auf den Glanz des von ihnen errungenen Sieges. 2. Ein fürchterlicher Präzedenzfall ist geschaffen worden. Das Unrecht, das

ALLARD PINTO

Großadmiral Karl Dönitz widerfahren ist, traf auch Admiral Raeder. Ich hatte die Ehre, ihn 1928 in Kiel persönlich kennenlernen zu dürfen, als er den dortigen Marinestützpunkt befehligte, und ich als Kommandant eines chilenischen Kriegsschiffes Kiel als Hafen ansteuerte. Soweit ich Gelegenheit zum Zusammentreffen mit Raeder hatte, entweder bei ihm oder an Bord meines Schiffes, gewann ich den Eindruck, daß der Admiral alle Qualifikationen eines ranghohen Soldaten aufwies und er als solcher auch bei seinen Untergebenen großes Ansehen genoß. Er hatte als Stabschef des Kampfgeschwaders gedient, welches im Ersten Weltkrieg von Admiral Hipper befehligt worden war und zu Beginn der gewaltigen Schlacht vor dem Skagerrak dem von Admiral Beatty geführten englischen Geschwader schwere Verluste durch Versenken zweier Kreuzer beigebracht hatte. Es will mir einfach nicht in den Kopf, wie Führer vom Format eines Dönitz oder Raeder als »Kriegsverbrecher« angeklagt und verurteilt werden konnten.

JULIO ALLARD PINTO

Vizeadmiral der Kriegsmarine der Republik Chile; Chef der U-Boot-Flottille 1929; Oberkommandierender der chilenischen Kriegsmarine 1938; Innenminister im Kabinett von Präsident Juan Antonio Rios 1943

ALMOND: Die Praxis, militärische Führer am Kriege beteiligter Nationen nur deshalb zu geißeln, weil sie ihre Pflicht, also ihren patriotischen Dienst für ihr jeweiliges Vaterland, erfüllt haben, ist scheußlich und erniedrigt alle jene, die auf ein solches Vorgehen beharrt haben. Ein hoher Offizier, der

ALMOND

seine Aufgabe verrichtet und seinem Vaterland mit persönlicher Integrität und Ehrenhaftigkeit gedient hat, verdient Beifall und Respekt von Freund und Feind. Fair play gerade gegenüber dem Feinde ist eine Leitidee, von der der Geist Amerikas stets erfüllt war. All jene, die an illegalen Urteilssprüchen beteiligt waren und in diesem Zusammenhang an der Inhaftierung des Großadmirals der deutschen Kriegsmarine, Karl Dönitz, sollten selbst verurteilt werden, und zwar von allen Menschen mit Gewissen in allen Völkern rund um die Welt.

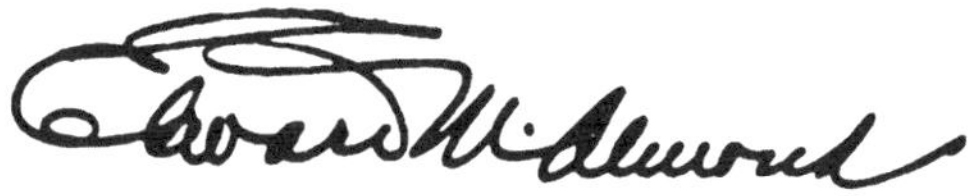

EDWARD M. ALMOND

Generalleutnant der US-Armee; Kommandeur der 92. Infanteriedivision 1942-1945; Stabschef des Fernost-Kommandos 1949/50

ALVARADO-GARAICOA: Die leidenschaftslose Analyse des Verfahrens gegen die sogenannten Kriegsverbrecher beim Internationalen Militär-Tribunal in Nürnberg muß zwangsläufig zum Schluß führen, daß erhebliche Fehler im formell- wie materiellrechtlichen und im prozeßrechtlichen Sinne zu beklagen sind. Vor allem aber ergibt sich, daß das, was im Prozeß von übergreifender Bedeutung war – die Anmaßung, ein neues Strafrecht schaffen zu wollen – gekennzeichnet ist durch die Verletzung von Rechtsgrundsätzen und durch den schwerwiegenden Präzedenzfall der Vermischung politischer mit rechtlichen Erwägungen. Im Falle Nürnberg kann gar nicht davon die Rede sein, daß die internationale Staatengemeinschaft zu Gericht gesessen habe, denn präsent waren nur die Sieger des Zweiten Weltkrieges. Italiens Ministerpräsident Orlando charakterisierte seinerzeit in Versailles die rechtlichen Gesichtspunkte von Kriegsverbrecherprozessen als »wirklich monströs, wegen der Anmaßung, gleichzeitig als Richter und verfahrensbeteiligte Partei Recht zu sprechen«. Das Londoner Übereinkommen vom 8. August 1945 bestimmte – neben der sogenannten Deklaration von Moskau – die Grundlagen der Bildung eines Internationalen Militär-Tribunals zur Aburteilung der »Hauptkriegsverbrecher«. Bei einer Analyse der Deklaration von Moskau (3. Oktober 1943), dem Ursprung des Nürnberger Tribunals, zeigt sich, daß politische Erwägungen gegenüber den rechtlichen bei weitem das Übergewicht hatten. Die »Hauptkriegsverbrecher« kamen unter Mißachtung jeglicher gesetzlicher Prinzipien vor Gericht. Man hat versucht zu beweisen, daß Artikel 6 des Internationalen Militär-Tribunals in Nürnberg den Tatbestand des Verbrechens festgeschrieben habe. Wenn es aber eine unklare und vage Bestimmung gibt, dann diese. Der Strafrechtler Jiminez de Asua äußerte hierzu: »Dieser Artikel 6 enthält eine reine Aufzählung, die keineswegs klar ist. Vieles wird total durcheinandergebracht, was denn nun Verbrechen und Aggression, das heißt Angriffskrieg, bedeuten soll.« Die aufmerksame Lektüre des Artikels 6 belehrt uns, daß er nichts anderes bietet als eine konfuse Aufzählung ohne befriedigende Definition des Verbrechenstatbestandes. In der Rechtswissenschaft ist es unstreitig, daß niemand verurteilt werden darf außer durch ein gesetzmäßig geschaffenes Gericht und wegen vor der Tat bestimmter Verbrechen: »Nemo judex sine lege previa.« Dieser Grundsatz enthält das Gebot, daß ein Gesetz nie rückwirkend gelten darf, es sei denn, es begünstige den Angeklagten. Dieser Grundsatz ist unvereinbar mit »ad hoc« geschaffenen Sondergerichten. In Artikel 3 und 8 der Charta von London ist ein ernster Rechtsfehler begangen worden, weil die Berufung gegen das Urteil für Ankläger und Angeklagte ausgeschlossen wurde. Der bekannte mexikanische Jurist Leyva stellte beim Studium der Nürnberger Prozesse fest: »Es gab keine klare und präzise Definition der Verbrechen, was dem Richter die Möglichkeit zu willkürlicher Auslegung einräumte und ihn zum Gesetzgeber in jedem konkreten Falle machte. So etwas wird im Recht ausnahmslos verworfen.« Nicht einmal die entschlossensten Befürworter der Charta von London haben sich getraut, das Internationale Militär-Tribunal voll und ganz zu rechtfertigen. Doktor Antonio Quintano Ripolles, Staatsanwalt am Obersten Gerichtshof in Bilbao und ehemaliger Richter der Internationalen Schiedskommissionen an der Saar

ALVARADO-GARAICOA

und in Kairo, stellte mit unerreichter Genauigkeit fest: »Die drei Grundsätze (kein Verbrechen ohne Gesetz, keine Strafe ohne Gesetz, keine Anklage post factum) – seit langer Zeit axiomatisch und sakrosankt im juristischen wie politischen Bewußtsein der westlichen Zivilisation – sind durch die Rechtsprechung von Nürnberg brutalen Stürmen ausgesetzt worden, ebenso durch die Rechtsprechung in Tokio. Das ist gewiß, und dementsprechend wuchs die Kritik, so daß sich nach und nach auch die Haltung der Richter änderte. Wurden in Nürnberg 1946 die Entscheidungen noch einmütig getroffen, erreichte man im November 1948 in Tokio die Verurteilungen nur noch mit Mehrheit; die französischen, philippinischen und holländischen Richter widersprachen.«

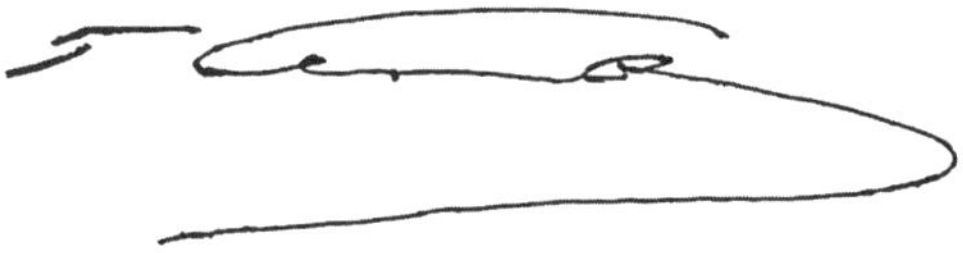

TEODORO ALVARADO-GARAICOA

Doktor der Rechte; Rechtsanwalt und Jurist; Außenminister von Ekuador 1952/63; Minister für den obersten ekuadorianischen Gerichtshof

AMOSS: Für mich ist es unzweifelhaft so, daß die Nürnberger »Kriegsverbrecherprozesse« mehr ein Mittel der Rache als der Gerechtigkeit waren. Wir haben hierbei ein neues Recht angewandt, das nicht in Kraft war, als die angeblichen Verbrechen begangen wurden; ein Recht, bewerkstelligt von einer für Gesetzgebung gar nicht zuständigen Körperschaft. Ich weiß wirklich nicht, kraft welcher hinreichenden Befugnis das »Internationale Militär-Tribunal« überhaupt handelte. Unser eigener Oberster Gerichtshof hat eine Nachprüfung der Verfahren verweigert. Weder in unseren Gesetzen

AMOSS

noch in unserer Verfassung gibt es irgendeine Vorschrift, die die Vereinigten Staaten dazu verpflichten würde, an einem Gerichtshof in der Art eines Standgerichts teilzunehmen, das ohne Absegnung durch den Senat zusammentritt. Über die deutsche Kriegsmarine und über Admiral Dönitz ist mir nichts bekannt geworden, was seine Berufsehre tatsächlich in Zweifel ziehen könnte. Ich bedaure es und bin beschämt darüber, daß Admiral Dönitz durch einen illegalen Gerichtshof, an dem sich unser Land illegal beteiligt hat, schuldig gesprochen und zu zehn Jahren Haft verurteilt werden konnte. Als amerikanischer Bürger entschuldige ich mich bei Admiral Dönitz.

ULIUS L. AMOSS

Oberst der US-Luftwaffe; Stellvertretender Stabschef der 9. Luftflotte im Zweiten Weltkrieg; führend im Nachrichtendienst tätig

F. L. ANDERSON: Ich stimme grundsätzlich Prozessen nicht zu, in denen Berufssoldaten angeklagt werden, Befehle ihrer politischen Vorgesetzten ausgeführt zu haben.

FREDERICK L. ANDERSON

Generalmajor der US-Luftwaffe; Kommandierender General des 8. Bomber-Kommandos 1943; Stellvertretender Kommandeur der Strategischen US-Luftflotte in Europa 1944; Stellvertretender US-Sonderbeauftragter in Europa im Range eines Botschafters 1952

J. B. ANDERSON: Ein Offizier – von Beruf oder auch nicht und ungeachtet seines Ranges – muß die Befehle seiner Vorgesetzten ausführen. Im Falle höchster militärischer Befehlshaber ist das Staatsoberhaupt dieser Vorgesetzte. Ein Offizier ist verpflichtet, dessen Befehlen zu gehorchen. Tut er es nicht oder verweigert er sie, macht er sich der Auflehnung schuldig. Soll er nun wegen Beachtung der Befehle seiner Vorgesetzten durch Gerichte der Sieger bestraft werden? Meine Antwort ist ein ganz entschiedenes »Nein!«. Uneingeschränkter U-Boot-Krieg ist im Vergleich zur Bombardierung von Wohngegenden durch die Luftwaffe human. Sind die Bombenabwürfe zu rechtfertigen, dann ist es der uneingeschränkte U-Boot-Krieg ebenso, wenn nicht noch mehr: als legitimes Mittel, den Feind zu schlagen.

JOHN B. ANDERSON

Generalmajor der US-Streitkräfte; Kommandierender General des 16. Korps im Zweiten Weltkrieg

O. A. ANDERSON: Die »Kriegsverbrecher«-Prozesse sprachen altgediente Offiziere eines militärisch bezwungenen Feindes schuldig, weil sie ihre Pflichten erfüllt und Befehle, die ihnen zur Kriegsführung erteilt worden waren, befolgt hatten. Wenn Gefühle die Vernunft als Leitfaden im Gesetz und bei Gericht untergraben, ist eben

O. A. ANDERSON

Rechtsverdrehung so gut wie sicher. Es ist fraglich, ob diese Feststellung Admiral Dönitz über die zehn Jahre Gefängnishaft hinwegtrösten kann, zu der er von einer schrägen Justiz verurteilt worden ist. Doch wäre es auch nur ein schwacher Trost, wäre dieses Schreiben meines Erachtens schon der Mühe wert gewesen.

ORVIL A. ANDERSON

Generalmajor der US-Luftwaffe; Direktor »The Air Force Historical Foundation«; Stellvertretender Kommandeur der 8. Luftflotte 1944/45; Leitender militärischer Berater des US-Strategic Bombing Survey 1945/46

W. S. ANDERSON: Die Akten bestärken mein stets empfundenes Unbehagen gegenüber der Mehrzahl der Kriegsverbrecher-

W. S. ANDERSON

prozesse, die ein Zerrbild an Gerechtigkeit darstellten mit ihren »ex post facto«-Verordnungen statt wirklicher Gesetzgebung oder vertraglicher Verankerung. Was nun Großadmiral Dönitz – wie auch andere Betroffene – angeht, so erachte ich seine Verurteilung und Inhaftierung, nur weil er seine Pflicht in Respekt gebietender Art und Weise erfüllt hat, als höchst ungerecht. Meine besten Wünsche gelten ihm. Zutiefst bedaure ich es, daß mein Land mit diesem Vorgang überhaupt etwas zu tun hatte.

WALTER S. ANDERSON

Vizeadmiral der US-Kriegsmarine; befehligte Schlachtschiffe der Pazifik-Flotte; Kommandeur der 4. Kreuzerabteilung im Zweiten Weltkrieg; Direktor beim Nachrichtendienst der Marine

ARMANAZI: Ein einfaches altes Sprichwort sagt: »Wie kann der Gegenspieler Schiedsrichter, der Feind Richter sein?« Genau das aber geschah beim Internationalen Militär-Tribunal in Nürnberg – und das im 20. Jahrhundert mit all seinen modernen Fortentwicklungen des Völkerrechts. Die Verurteilung von Großadmiral Dönitz auf ex post facto-Grundlage war eine Vergewaltigung zahlreicher Verfassungsgrundsätze und des Völkerrechts. Sie basierte auf dem Vorwurf, Handlungen begangen und Befehle erteilt zu haben, die sich von denen anderer Admirale und Regierungen im Kriege nicht unterschieden. Die grundsätzliche Schwäche der Nürnberger Tribunale bestand darin, daß ihre Urteile von Vertretern der Sieger gesprochen wurden, was an das Prinzip »Macht geht vor Recht« gemahnt. Ein solches Tribunal hätte aus Vertretern neutraler Staaten gebildet werden müssen, die die Kriegführung aus den Blickwinkeln beider Parteien hätten prüfen können. Der Berufsstand des Soldaten wird als einer der ehrenwertesten angesehen. Wenn Männer, die ihre Verantwortung für die Verteidigung des Vaterlandes durch Erfüllung ihrer Pflicht wahrnehmen, unausweichlich dem Recht des Siegers ausgesetzt werden, wird

ARMANAZI

aus diesem ruhmvollen ein schandbarer Stand. Das erinnert an finstere Zeiten und beweist, wie stark die geistige Entwicklung unserer Welt dem erstaunlichen naturwissenschaftlich-technischen Fortschritt hinterherhinkt. Betrachten wir den uneingeschränkten U-Boot-Krieg oder den totalen Krieg insgesamt, können wir den Schluß ziehen, daß beide Kriegsparteien sehr ähnlich gehandelt haben. Zum Abschluß möchte ich einfach nur zitieren, was einer der Angeklagten in Nürnberg gesagt hat: »Unser einziges Verbrechen war, daß wir den Krieg verloren haben.«

NAJEEB-AL-ARMANAZI

Generalsekretär des Präsidenten der Republik Syrien 1932-1945; syrischer Botschafter in Indien, in der Türkei, in Ägypten und Großbritannien

ARNOLD: Ich empfinde starkes Unbehagen wegen der Grundlagen der »Kriegsverbrecherprozesse« und der flagranten Rechtsverzerrung, die der dortigen Scheinheiligkeit entsprang. Nach allen Erfahrungen aus der vergangenen Dekade ist es offenkundig, daß diese Prozesse gegen Berufsoffiziere keinerlei Einfluß auf Kriegsverhinderung hatten noch zur Verminderung des Säbelrasselns und der Aufrüstung in der Welt beigetragen haben. Admiral Dönitz spreche ich mein Mitgefühl für all die Ungerechtigkeiten aus, die er infolge des Nachkriegswahns zu erleiden hatte, sowie meine Glückwünsche zu seinem ausgezeichneten Ruf, den er sich wegen seiner meisterhaften Leistungen als Soldat erworben hat.

JAMES E. ARNOLD

Konteradmiral der US-Kriegsmarine; Befehlshabender Offizier des Stützpunktes der Amphibischen Streitkräfte in England 1943/44

ARRIAGA ADAM: Ich konnte mir den Begriff »Kriegsverbrecher« nie zu eigen machen und kann es auch jetzt nicht. Nur ge-

ARRIAGA ADAM

wöhnliche Verbrecher im Zivilleben können als Kriminelle bezeichnet werden, nicht jedoch jene, die im Kriege in Erfüllung ihrer Pflichten Opfer unter der Zivilbevölkerung hervorrufen. In künftigen Kriegen wird diese Tragik nur umso deutlicher hervortreten, und es wird nicht gerecht sein, daß die Besiegten für Taten und Handlungen abgeurteilt werden, die zum modernen Kriegshandwerk gehören, sowie für Vorfälle, die im Kriege beim Sieger genauso wie beim Besiegten geschehen, für die also beide gleichermaßen verantwortlich sind.

DON ALFONSO ARRIAGA ADAM

Admiral der spanischen Kriegsmarine; befehligte Torpedo-Boote, Zerstörer und Kreuzer; Kommandant der Marinebasis auf den Kanarischen Inseln; Stabschef der spanischen Marine 1942-1951

AYALA: Ich halte die hier zu erörternde Frage aus historischem, juristischem und militärischem Blickwinkel für außerordentlich interessant und meine, daß eine unparteiische Klärung vonnöten ist. Obwohl der Fall als vollendete Tatsache an sich erledigt ist, so besteht doch weiter das Erfordernis, die Grundsätze internationaler Gerechtigkeit zu verteidigen und sie vor Verfahrensweisen zu schützen, die sie mißachten. Auch erachte ich eine Klärung der Frage für erforderlich, ob das mit den zuvor erwähnten anerkannten Rechtsnormen nicht zu vereinbarende Vorgehen gegen die der »Kriegsverbrechen« bezichtigten Angeklagten zu korrigieren ist. Eine der vornehmsten Aufgaben ist es, zu verhindern, daß sich ein schlechter Präzedenzfall festsetzt, der sich gegen die Würde des Menschen und gegen seine unveräußerlichen Rechte auswirkt.

JULIO C. AYALA

Konteradmiral der kolumbianischen Kriegsmarine; Botschafter der Republik Kolumbien in Schweden

AYYAR: Schon zur Zeit des Prozesses und der Verurteilung von Großadmiral Dönitz hatte ich eingewandt, daß man ihm gleiches Recht und Gleichheit vor dem Gesetz verweigert hatte, indem man ihn wegen eines Deliktes anklagte, in das britische und amerikanische Admirale ebenso verwickelt waren. Die Moralprinzipien des bürgerlichen Lebens auf Soldaten im Kriege anzuwenden, war völlig ungerecht. Es lief auf ex post facto-Konzepte hinaus und auf eine einseitige Anklageerhebung. So mancher Soldat des Heeres, der Marine und der Luftwaffe könnte als Mörder schuldig gesprochen und zum Tode verurteilt werden, weil er Leute der anderen Feldpostnummer getötet hat. Dies aber ist ein Unding, das kein Jurist im Rahmen des geltenden Völkerrechts billigen

AYYAR

kann. Wäre dieses verrückte Prinzip unparteiisch auf beide Seiten angewendet worden, wäre ein solches Verfahren und wären die Urteile gar nicht erst möglich gewesen. Ich schreibe den Prozeß und den Schuldspruch gegen Dönitz Gefühlsaufwallungen zu, die durch den Krieg verursacht worden sind und die entmoralisierende Auswirkungen gerade auf Juristen und im Normalfall anständige Menschen hatten. Es war ein Kriegsverbrechen, wenn auch von einem Internationalen Tribunal verübt. Keine andere Entschuldigung oder Erklärung ist möglich, außer der, daß Nürnberg eine rachsüchtige Tat war, verübt im Zorn; eine Tat, die nicht einmal mit der Gesetzgebung eines Hammurabi rechtlich begründet werden kann.

AYILAM SUBRAHMANYAYYAR PANCHAPAKESA AYYAR

Richter an verschiedenen indischen Gerichtshöfen 1932-1948; Richter am Obersten Gerichtshof in Madras/Indien ab 1948; Direktor des Rechtswissenschaftlichen Institutes des Bundesstaates Madras; Verfasser von 28 Fachbüchern

BAADE: Stets vertrat ich die Ansicht, daß die »Kriegsverbrecherprozesse«, in der Art wie sie vorbereitet und durchgeführt worden sind, im ganzen ein schwerer Fehler waren. Sie eignen sich höchstens als böses Vorbild für alle künftigen skrupellosen Sieger, um Offiziere vor Gericht zu bringen, die nichts als ihre Pflicht erfüllt haben. Soweit ich über die Sache unterrichtet bin, treffen diese meine Anmerkungen ganz besonders auf den Fall des Admirals Dönitz zu.

PAUL W. BAADE

Generalmajor der US-Armee; Kommandierender General der 35. Infanterie-Division 1943-1945; Militär-Gouverneur von Hannover und Koblenz 1945

BAILEY

BAILEY: In der Bewertung der Kriegsverbrecherprozesse, insbesondere des Verfahrens gegen Admiral Dönitz, stimme ich zweifellos mit den meisten Berufsoffizieren des Heeres, der Luftwaffe und der Marine überein. Der Krieg zur See war von 1939 bis 1945 (und ist es heute sogar noch mehr) von einem derartigen Tempo gekennzeichnet, daß der U-Boot-Kommandant sich keinerlei Gefährdung seines Auftrages, also der Vernichtung des Feindes, leisten konnte. Oft setzte der Feind mehrere Schiffe und Flugzeuge zusammen ein. Stets hatte ich es im Gefühl, daß die »Kriegsverbrecherprozesse« eine Ausgeburt des Hirnes Stalins waren und daß er die USA und England damit hereingelegt hat. Eigentlich wollte Stalin alle umbringen lassen. Das ganze Nürnberger Verfahren atmete den Geist der Rache wie auch schon zuvor das Ultimatum »bedingungslose Kapitulation« des Herrn Morgenthau. Sinn des Krieges ist es, den Sieg zu erringen. Es geht nicht an, den Soldaten zu Lande, zu Wasser und in der Luft, der die ihm von den vorgesetzten Stellen erteilten Befehle in ehrenhafter Weise ausführt, zu bestrafen. Ich bin froh, daß Admiral Dönitz Gelegenheit erhält, diese Ansichten von Berufsoffizieren der USA zu erfahren.

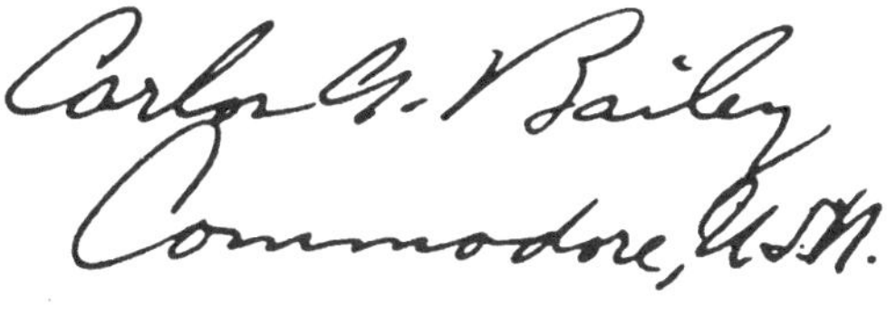

CARLOS AUGUST BAILEY

Geschwaderführer der Kriegsmarine der Vereinigten Staaten von Amerika; befehligte unter anderem Zerstörer im Zweiten Weltkrieg

BAKER: Ich stimme mit Ihnen überein und unterstütze Ihre Bemühungen. Sie können mich als Mitwirkenden nennen im Sinne dessen, was im Leitartikel der Chicago

Daily Tribune am 6. Oktober 1956 zum Ausdruck gebracht worden ist.

WILDER D. BAKER

Vizeadmiral der US-Kriegsmarine; Kommandeur der 14. Kreuzerabteilung im Zweiten Weltkrieg; Stabschef der 2. Schnellen Einsatztruppe der Pazifik-Flotte

BALL: Ich kann nur sagen, daß ich mit den Ansichten des verstorbenen Senators Taft in bezug auf die sogenannten Kriegsverbrecherprozesse vollkommen übereinstimme. Ich glaube, daß die Prozesse insgesamt eine Karikatur des Rechts waren.

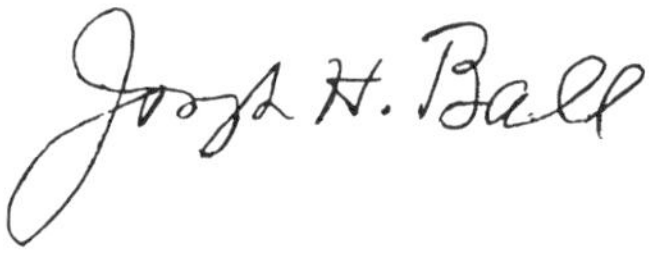

JOSEPH H. BALL

Senator von Minnesota; Vizepräsident der staatlichen Schiffahrtslinien

BANDEIRA DE MELLO: Ich verwerfe alles an diesem Nürnberger Gerichtshof von Falschmünzern, in welchem sich die Siegerseite selbst anmaßte, die Rolle der Ankläger und Richter über Persönlichkeiten zu spielen, die man sich aus dem Kreis der Kriegsverlierer herausgepickt hatte. Ein Gerichtshof, der Grundlagen widerspricht, wie sie das Strafprozeßrecht vorsieht und dem Konsens aller Menschen guten Willens entsprechen, ist nicht rechtens. Grundregel eines fairen und rechtsgültigen Urteils, das auf den Menschenrechten beruht, ist: Niemand soll vor ein Gericht gestellt werden, das ein Eigeninteresse an der Verurteilung des Angeklagten hat. Deshalb ist kein von den Siegern eines Krieges eingesetzter Gerichtshof moralisch hinreichend befähigt, über Angehörige der Verliererseite zu urteilen, die man sich als Sündenböcke auserwählt hat. Der Sieger haßt den Besiegten, der ihn zum Kampf herausgefordert hat, und normalerweise hat er dieselben Verbrechen wie sein Widersacher begangen. Hängt der Sieger seine eigenen Kriegsverbrecher zusammen mit denen des geschlagenen Volkes auf, dann könnte man von Gerechtigkeit sprechen. Doch auch dann würde er sich die Rolle eines Weltstaates anmaßen mit einem Weltstrafrecht, einem Weltstrafprozeßrecht, übernationaler Rechtsprechungsbefugnis und einer Armee, die stark genug ist, dieses Recht auch gegenüber widerspenstigen Völkern durchzusetzen. Im übrigen hat der Terminus »Kriegsverbrecher« keine rechtliche Bedeutung. Im Krieg wird dem Recht zum Trotze gehandelt und dem Verstand nicht gehorcht. Heutzutage bringt ein kriegführendes Volk massenhaft Zivilisten, mehrheitlich Frauen und Kinder, um und zerstört unersetzliche Werte, die über viele Generationen geschaffen worden sind. Und heute sind die Waffen so grausam, so raffiniert zum Zerstören und Brandschatzen ausgeheckt, daß ein Dante die Verse seines »Inferno« nicht angemessen fände, die unfaßlichen Folgen deren Einsatzes zu beschreiben. Eine Nation, die über eine andere das Netz unentrinnbarer tödlicher Gase wirft oder Großstädte mit Atombomben ausradiert, hat kein Recht, irgendwen wegen Kriegsverbrechen zu verurteilen; sie hat selber die unvergleichlich größte Greueltat begangen und Hunderttausende Unschuldiger unter unaussprechlichen Qualen ermordet. Wollen wir annehmen, es würde einen Weltstaat und ein Weltstrafrecht geben mit dem Tatbestand »Kriegsverbrechen«: eine Handlung höchst unnötiger Grausamkeit, ein Greuel, eine offenkundige Unmenschlichkeit, vom Weltstrafgesetzbuch unter Strafe gestellt. Ein solches Delikt könnte von Offiziellen oder Soldaten sowohl der Sieger- als auch der Verliererseite begangen werden. Wie auch immer: Dem Angeklagten stünde es doch zu, seine Handlungsweise vor einem Weltgericht zu rechtfertigen, das unparteiisch zu urteilen hat, wobei er sich auf dieselben Rechte berufen dürfte, als stünde er in seinem eigenen Lande vor Gericht. Der Angeklagte hätte das Recht, a) alle Anklagepunkte zu bestreiten, b) alle gegen ihn vorgebrachten Beweise anzufechten, c) den Gerichtshof wegen Befangenheit abzulehnen, d) unter Beweis zu stellen, daß er im Rahmen jenes Rechts sein Vaterland verteidigt hat, welches das Weltstrafgesetzbuch vorzeichnet, e) zu beweisen, daß er in einer Zwangslage war, also genötigt, ein Übel zu begehen, um ein noch größeres zu verhindern, f) zu beweisen, daß er gemäß einem Befehl einer höheren Stelle gehandelt hat, der er den Gehorsam nicht verweigern durfte, weil sie mit den Insignien der gesetzmäßigen Ordnung ausgestattet war. Greift und verurteilt eine Gruppe siegreicher Nationen vorher schon abgestempelte Persönlichkeiten aus dem Kreis der führenden Leute des Besiegten als Kriegsverbrecher heraus, so handelt es sich nicht um einen Richterspruch, sondern um Vergeltung.

LYDIO MACHADO BANDEIRA DE MELLO

Doktor der Rechte; brasilianischer Erzieher und Jurist; Professor für Strafrecht an der Universität von Minas Gerais 1952-1971; Professor für Vergleichendes Strafrecht 1959-1971; Verfasser von mehr als 40 Werken über Recht und Philosophie

BARNER: Ich stimme Admiral Gallery zu, daß die Kriegsverbrecherprozesse eine Verhöhnung des Soldatentums waren und künftig bestimmt gegen unsere eigenen Offiziere aller Waffengattungen angewendet werden, sollte uns das Unglück widerfahren, einen Krieg zu verlieren. Es gab keine Vollmacht und kein Vorbild im Völkerrecht für diese Prozesse. Ich erachte den Präzedenzfall, der gesetzt worden ist, für den gegenwärtig gefährlichsten und für eine internationale Schande.

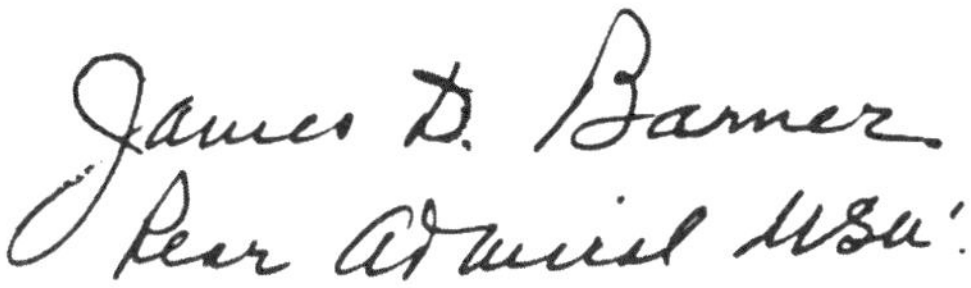

JAMES D. BARNER

US-Konteradmiral; Kommandierender Offizier auf Flugzeugträgern im Zweiten Weltkrieg

BARNES (der folgende Beitrag war ursprünglich als Vorwort zu F.J.P. Veales Buch »Advance to Barbarism« gedacht, wurde aber an dieser Stelle erstmals veröffentlicht): Veale untersucht, wie der Krieg allmählich zivilisierter wurde – von der wilden Steinzeit, als alle Feinde massakriert wurden, bis zur kodifizierten, gemäßigten Kriegsführung im Gefolge des 18. Jahrhunderts. Der Kern war die Unverletzlichkeit der Nichtkombattanten außerhalb des Kriegsgebietes. Dieser Ehrenkodex wurde von Präsident Lincoln und seinen Generalen im amerikanischen Bürgerkrieg über Bord geworfen. Doch diese Entartung hatte nur geringfügige Auswirkungen auf die Ideale und Praktiken der Alten Welt. Zivilisierte Kriegsführung wurde auch im Ersten Weltkrieg durchgehalten. Die einzige bemerkenswerte Ausnahme war die Fortsetzung der britischen Blockade gegen Deutschland noch viele Monate nach dem Waffenstillstand, was zum Hungertod von etwa 800 000 Männern, Frauen und Kleinkindern führte. Es war die wahllose Bombardierung der Zivilbevölkerung durch die sogenannten strategischen Luftstreitkräfte im Zweiten Weltkrieg – mit dem Höhepunkt der Vernichtung Dresdens (ein absolut nichtmilitärisches Ziel) im Februar 1945 -, was den Kodex zivilisierter Kriegführung in tausend Fetzen gerissen und auf ein Niveau der Behandlung des Kriegsgegners und der Zivilisten wie bei den Wilden, den Assyrern und den mittelalterlichen Mongolen zurückgeworfen hat. Anhand höchst beweiskräftiger britischer Quellen macht Veale deutlich, daß es die Briten und nicht die Nazis waren, die mit dem wahllosen strategischen Bombardement begonnen haben – trotz Hitlers Anstrengungen, diesen Rückfall in barbarische Praktiken abzuwenden. Die Geburtsstunde dieser Methode schlug 1936, als dem neu errichteten britischen Bomberkommando ein entsprechender »Geistesblitz« kam. Der erste vorsätzliche Schlag gegen ein Bevölkerungszentrum wurde von der britischen Bomberflotte am 11. Mai 1940 geführt. Vorangegangene Bombardierungen beider Seiten waren auf legitime militärische Ziele begrenzt. Es gibt keine abschließende Berechnung über die Zahl der gemordeten Zivilisten als Folge der Massenbombardierungen; zwei Millionen dürfte eine eher zurückhaltende Schätzung sein. Trotz alledem wurden einige noch vernichtendere, gleichwohl verfügbare Kriegsmittel zurückgehalten, und zwar aus Angst, daß der Feind mit gleicher Münze heimzahlt (beispielsweise Giftgas und bakteriologische Kampfmittel). Von den Kriegsverbrecherprozessen dachten viele, sie würden der Rückkehr zur früheren zivilisierten Kriegsführung dienen. Doch es war unvermeidlich das Gegenteil der Fall, wie sich schon im Korea-Krieg gezeigt hat. Der Präzedenzfall wurde gesetzt, daß die Führer der Besiegten eines Krieges von den Siegern liquidiert werden. Demzufolge wird keine Seite in einem künftigen Krieg es sich leisten können, irgendein todbringendes Mittel zurückzuhalten, wenn es die Niederlage möglicherweise abwendet. Atombomben, chemische und bakteriologische Waffen und was sonst noch ersonnen wird – all das würde zum Einsatz kommen.

BARNES

Wahllose Bombardierungen sind die Garantie für militärische Barbarei. Die Kriegsverbrecherprozesse verknüpften militärische mit rechtlicher Barbarei, was das Barbarentum im Kriege wiederum verstärken wird. Veales Buch hat die Kriegsverbrecherprozesse zum Thema und hält sich eng ans Recht. Es zerreißt das ganze juristische Lügengespinst, mit dem diese Prozesse erschaffen und geführt worden sind. Es zeigt, daß die treibende Kraft von Anfang bis Ende die hartnäckige russische Absicht war, deutsche Führer nach dem Kriege abzuschlachten, wie Stalin ja schon rund 15 000 polnische Offiziere 1940 im Wald von Katyn und andernorts ermordet hatte. Roosevelt und besonders Churchill aber wünschten Scheinprozesse vor den Hinrichtungen. Stalin ging gnädigerweise darauf ein, unter der Voraussetzung, daß das Massaker garantiert sei. Vorbereitung und Durchführung der Nürnberger Prozesse stellten das gewünschte Ergebnis sicher. Dasselbe gilt für die Prozesse von Tokio. Veale beweist, daß diese Kriegsverbrecherprozesse auf völliger Mißachtung allen geltenden Rechts, aller entsprechenden Grundsätze und Verfahrensweisen beruhten. Der Gerichtshof hatte keine Rechtsprechungsgewalt über die Angeklagten; er erfand ex post facto-Delikte; er erlaubte es den Anklägern, auch als Richter und Hinrichter aufzutreten; er ließ als Ankläger jene zu, die Verbrechen schuldig waren, welche an Zahl und Grausamkeit denen gleichkamen, die man den Angeklagten anlastete. Von daher ist es kein Wunder, daß diese Prozesse die Rechtsprechung international degradiert haben wie nichts zuvor in der Geschichte. Diese entscheidenden Gesichtspunkte sind von Veale brillant herausgearbeitet worden. Er folgert schlüssig, daß das schlimmste Menschheitsverbrechen darin bestehe, in einem Krieg zu den Verlierern zu gehören. Die praktischen Konsequenzen hat der britische Feldmarschall Bernard L. Montgomery in seiner Pariser Erklärung vom 9. Juni 1948 wie folgt beim Namen genannt: »Die Nürnberger Prozesse haben es zum Verbrechen gestempelt, einen nicht erfolgreichen Krieg zu führen. Die Feldherren der Besiegten wurden vor Gericht gestellt und gehängt.« Einige der führenden Nürnberger Ankläger, beispielsweise Sir Hartley Shawcross, haben behauptet, daß die Kriegsverbrecherprozesse bestimmte große und hehre Prinzipien für alle Zeiten festgelegt und dadurch der Menschheit »die Gunst zahlloser Wohltaten« erwiesen hätten. Diese Behauptung ist von Viscount Maugham, dem früheren englischen Lord Chancellor, eindeutig widerlegt worden, indem er feststellte, daß »das Nürnberger Tribunal niemals bezweckte, Prinzipien für die gesamte Menschheit festzulegen«. Die angeblichen hehren Grundsätze waren nichts anderes als eine Anzahl Willkürbeschlüsse, festgeschrieben, um auf die geschlagenen Nazis angewendet zu werden. Jene Internationalisten, die jetzt einen ständigen Gerichtshof nach Art von Nürnberg befürworten, täten gut daran, Veales Buch zu lesen. Dann zügeln sie sich vielleicht in ihrer Lust, die Menschheit in den Selbstmord zu treiben. Kraftvoll setzt sich Veale mit dem erschreckenden Unrecht auseinander, das zur Verurteilung von Männern wie Admiral Dönitz und Admiral Raeder zu erbarmungsloser Haft in Spandau geführt hat. Sogar in der amtlichen Britischen Geschichte des Zweiten Weltkrieges ist eingeräumt worden, daß Churchill und Genossen die Invasion Norwegens schon vorbereitet hatten, als solche Vorschläge in Deutschland vorgebracht und aufgegriffen wurden. Die entsetzlichen Gefängnisjahre von Männern wie Dönitz waren in mancher Hinsicht schmerzlicher als es eine Hinrichtung auf der Stelle gewesen wäre. Diese Zeit der Rachsucht wird auf ewig einen dunklen Schatten auf die Geschichte der Alliierten werfen.

HARRY ELMER BARNES

Amerikanischer Geschichtsprofessor, Soziologe, Strafrechtler, Erzieher und Autor; Herausgeber der Scripps-Howard Newspapers 1929-1940; Berater des Kriegsrüstungsausschusses im Zweiten Weltkrieg; Professor an der Columbia Universität, der New School for Social Research, der Temple Universität, der Universität von Colorado, der Universität von Indiana und des Washington State College von 1919 bis 1955

BASS: Admiral Dönitz war ein großer Offizier der Kriegsmarine. Zu unserem größten Bedauern stand er nicht auf unserer Seite. Er und seine paar tausend Mann in den U-Booten waren nahe dran, die Alliierten durch Unterbrechung der Verbindungen über See in die Knie zu zwingen. Mit gerade 1100 U-Booten und rund 50 000 Mann Besatzung operierte er. Das entspricht nur ungefähr drei durchschnittlichen Divisionen. Ich bezweifle, daß irgendwelche anderen drei Divisionen im Kriege jemals mehr erreicht haben als seine. Militärische Erfolge zu erzielen ist kein Verbrechen.

RAYMOND H. BASS

Konteradmiral der US-Kriegsmarine; Kommandant der U-Boote »Plunger« und »Runner« 1943-1946; Befehlshaber des 10. US-U-Boot-Geschwaders 1952/53; Kommandant der U.S.S. »Bremerton« 1956-1959; Stellvertretender Generaldirektor von The Bendix Corp.

BASTARRECHE: Meines Erachtens kann kein normaler Mensch billigen, was beim Nürnberger Tribunal passiert ist. Dort hat man alle Gesetze der Zivilisation verletzt. Das Tribunal trat sowohl als Ankläger wie als Richter auf. Der Verfall der Disziplin ist geschürt worden. Man verlieh einem Recht rückwirkende Kraft, das für die Zwecke der selbsternannten Richter hervorgezaubert worden war. Das Tribunal stellte Patriotismus unter Strafe; einen Patriotismus, der Gehorsam gegenüber der rechtmäßigen Regierung, besonders im Kriege, gebietet. Am traurigsten aber stimmt der Gedanke, daß mehrere Nationen an all dem mitgewirkt haben. Admiral Dönitz war ein Ehrenmann, ein bewundernswerter und hochachtbarer Soldat, der sein Vaterland so verteidigt hat, wie es einem ehrenhaften Manne geziemt. Das Urteil zu revidieren, ist dringend notwendig, wenn wir darin übereinstimmen,

BASTARRECHE

daß Gerechtigkeit der einzige Weg ist, um zu verhindern, daß die Welt erneut in jene Barbarei verfällt, der sie unglücklicherweise so nahegekommen ist. Jedermann, der eine naturgegebene Liebe zu seinem Vaterland fühlt, der Ehre und Selbstachtung empfindet, müßte Admiral Dönitz nacheifern.

DON FRANCISCO BASTARRECHE

Admiral der spanischen Flotte; Mitglied des Spanischen Königlichen Rates

BAUERNSCHMIDT: Im folgenden eine Zusammenfassung meiner Ansichten über die Behandlung von Großadmiral Dönitz und anderer rein militärischer »Übeltäter« durch das Internationale Militär-Tribunal von Nürnberg: Generell bewerte ich es als höchst bedauerlich, wie man als Ausdruck einer Massenhysterie mit diesen angeschuldigten Militärs umgegangen ist. Dies widersprach Grundlagen rechtmäßiger Verfahren und der Fairness im Verständnis von Menschen anglo-amerikanischer Traditionen. Es ist der Präzedenzfall geschaffen worden, daß die besiegte Nation als solche der Aggressor ist und daß regelwidrige Handlungen von Offizieren der siegreichen Nationen untadelig sind. Der Kern der Nürnberger Doktrin lautet, daß militärische Verteidigung ein Hauptkriegsverbrechen darstellt.

GEORGE W. BAUERNSCHMIDT

Konteradmiral der US-Kriegsmarine; Kommandierender Offizier der Marinenachschubbasen Algerien und Marianen im Zweiten Weltkrieg

BEALS: Sie haben um meine Meinung zu den sogenannten Kriegsverbrecherprozessen gegen Berufssoldaten nach Ende des Zweiten Weltkrieges ersucht. Ich halte jene, die die Prozesse durchgeführt haben, für die größeren Verbrecher. Sie haben Gesetz und Recht zum Gespött der Menschheit gemacht. Die Mitglieder des Obersten Gerichtshofes und führende Rechtskundler

BEALS

verfuhren in den Prozessen so, daß man sich die Frage stellen muß, ob es etwas wie Gerechtigkeit überhaupt gibt oder ob Gerechtigkeit nur ein Wort ist, das man benutzt, wenn man den Ausdruck Rache nicht gut verwenden kann. Es gibt keine Entschuldigung dafür, daß man diese Berufssoldaten, die pflichtgemäß gehandelt hatten, bestraft hat; es ist unentschuldbar, daß sie überhaupt vor Gericht angeklagt worden sind.

FRANK L. BEALS

Amerikanischer Autor und Erzieher; Stellvertretender Schuldirektor in Chikago 1935-1946; Verfasser von 25 Büchern

BEIGHTLER: Seit geraumer Zeit verfechte ich eine ganz entschiedene Ansicht zu den Gerichtsverfahren gegen Soldaten. Ich habe sie stets als politische »Verbrechen« betrachtet. Tatsächlich hatte mich das Thema so stark bewegt, daß ich um Entschuldigung

BEIGHTLER

bat, den mir angebotenen Vorsitz des Militärgerichtshofes, vor dem General Homma in Manila angeklagt werden sollte, nicht übernehmen zu können. Ich stimme voll und ganz der Ansicht zu, daß die »Kriegsverbrecherprozesse« im Anschluß an den Zweiten Weltkrieg einen unseligen Präzedenzfall geschaffen haben. Entschieden weigere ich mich, diese Nachkriegspolitik zu unterschreiben. Das schließt natürlich auch das Verfahren gegen Admiral Dönitz ein.

ROBERT S. BEIGHTLER

Generalmajor der US-Armee; Befehlshaber der 37. Infanterie-Division 1940-1945; Befehlshaber der 5. Panzerdivision 1948/49

BELEN: Die Verurteilung des Oberbefehlshabers der deutschen Kriegsmarine bei Ende des Zweiten Weltkrieges, Großadmiral Dönitz, kann man nur mit Widerwillen und Trauer zur Kenntnis nehmen, ebenso ähnliche »Heldentaten«, die nicht nur unrühmlich für die Sieger waren, sondern auch der Fortentwicklung der Moralvorstellungen der Menschheit behinderten. Verschiedene Ereignisse, deren Zeugen wir während beider Weltkriege geworden sind, haben gezeigt, daß die Menschheit nicht gänzlich befreit worden ist vom Geist des Mittelalters. Wobei es auch Beispiele nobler Gesten selbst in Kriegen des Mittelalters gab! Wie rücksichtsvoll und höflich Alp Arslan, der Herrscher der Seldschuken, mit dem Kaiser von Byzanz verfuhr, legt dafür ein glänzendes Zeugnis ab. Ungeachtet dessen, daß die an türkischen Staatsmännern und führenden Militärs im Ersten Weltkrieg begangenen Grausamkeiten von der Menschheit irgendwie vergessen oder ignoriert wurden, möchte ich als jemand, der manche solcher Greuel selbst erlebt und erlitten hat, feststellen, daß der Prozeß gegen Großadmiral Dönitz nur mit Trauer und tiefinnerstem Bedauern be-

BELEN

trachtet werden kann. Unglücklicherweise scheint sich die Menschheit nicht über das Motto »Der Sieger hat immer recht« erhoben zu haben.

FAHRI BELEN

Generalleutnant der türkischen Armee; Stabschef der türkischen Armee 1941; Befehlshaber eines Armeekorps 1944-50; Mitglied des Parlamentes ab 1950; Minister für Öffentlichkeitsarbeit 1950/51; Professor an der Türkischen Kriegsakademie und Buchautor

BELGION: In meinem Buch »Victors' Justice« habe ich 1949 rechtliche, moralische und praktische Einwände gegen die Prozesse gegen Deutsche und Japaner vor Siegergerichten nach Deutschlands und Japans Niederlage erhoben. Seither habe ich allerhand hinzugelernt. Das läßt es mich wagen, ein paar Worte über Prozeß, Verurteilung und Inhaftierung von Großadmiral Karl Dönitz zu äußern. Er wurde angeklagt, Vorbereitungen für einen Angriffskrieg getroffen zu haben. Wie es der verstorbene Captain der britischen Royal Navy, Russell Grenfell, im Zeugenstand des amerikani-

BELGION

schen Gerichtshofes zu Nürnberg im Fall des Admirals Schniewind bekundete, standen im Dienste jeder der alliierten Regierungen Offiziere, die »Vorbereitungen für Kriege trafen«. Keiner dieser Offiziere, ja überhaupt niemand hätte während solcher Vorbereitungen mit Bestimmtheit sagen können, daß der kommende Krieg nicht etwa ein Angriffskrieg sein werde. Hauptsächlich aus diesem Grunde wurde Admiral Schniewind freigesprochen. Man schob den Präzedenzfall des Internationalen Militär-Tribunals zu Nürnberg diesmal beiseite. Admiral Dönitz wurde wegen »Führens eines Angriffskrieges« für schuldig befunden. Das Tribunal hat sich nicht darum geschert, ob irgendein Marineoffizier irgendwo jemals Lob und Anerkennung dafür erfahren hätte, daß er vor dem Kampf fürs Vaterland zurückschreckte, indem er einwendete, daß der Krieg, in welchen sein Land verwickelt war, ein Angriffskrieg sei, oder daß es für einen Soldaten bis dahin ein Verbrechen gewesen sein soll, im Kriege zu kämpfen oder daß dies für sonst wen außer einem Deutschen strafbar sei. Admiral Dönitz ist zu 10 Jahren Haft verurteilt und mit anderen vom Internationalen Militär-Tribunal ähnlich bestraften Deutschen nach Spandau geschafft worden. Von den Siegern andernorts eingesperrten Deutschen und auch Japanern wurden die Haftzeiten teilweise erlassen. Zum Beispiel gewährte die Regierung der Vereinigten Staaten Gefangenen dieser Art ab 1950 bedingte Haftentlassung in Form von Freiheit auf Ehrenwort. Die australische Regierung ließ solche Gefangene nach einem Drittel der Haftzeit frei, im Falle lebenslänglicher Haft nach zehn Jahren. Admiral Dönitz aber mußte die volle Haftzeit, zu der er verurteilt worden war, absitzen. Auch wurde ihm die Zeit im Gefängnis vor dem Urteilsspruch nicht auf die Haft angerechnet. Weshalb man sagen kann, daß er Opfer eines doppelten Mißbrauchs der Justiz geworden ist. Der Fall des Großadmirals Dönitz zeigt sehr genau, wie bedauerlich es ist, daß in der Generalversammlung der Vereinten Nationen der Versuch unternommen wurde, das Unrecht der Nürnberger Prozesse am Ende eines jeden Krieges wiederholen zu lassen, wenn ein UN-Mitgliedsstaat siegreich geblieben ist: 1951 wurde die Generalversammlung veranlaßt, a) einen Kodex internationaler Verstöße gegen den Frieden und die Sicherheit der Menschheit und b) den Entwurf eines Status für einen internationalen Strafgerichtshof zu erarbeiten – beides nach dem Vorbild des Nürnberger Internationalen Militär-Tribunals und seiner Charta. Die beiden UNO-Dokumente wurden einstweilen auf Eis gelegt, um bei Gelegenheit hervorgeholt werden zu können.

MONTGOMERY BELGION

Englischer Buchautor und Journalist; Herausgeber des »New York Herald« (europäische Ausgabe) im Ersten Weltkrieg; Mitarbeiter der »London Daily Mail« und der »Westminster Gazette«; Schriftführer des Westwood House School Trust

BELKNAP: Meine Meinung über den Prozeß gegen Großadmiral Dönitz ist, daß das Verfahren gänzlich ungerechtfertigt und eine Schande für die Regierungen, die es abgesegnet haben, war.

REGINALD R. BELKNAP

Konteradmiral der US-Kriegsmarine; Leiter der Verminung und Minenräumung der US-Atlantikflotte 1915-1917

BENEDETTI MIRANDA: Die Veröffentlichung meiner Meinung über die ungerechte Verurteilung von Großadmiral Dönitz möge ein Akt der Entschuldigung unseres Berufsstandes ihm gegenüber sein. Ich bin sicher, daß jeder wahre Berufssoldat diese Ansicht teilt. Die Leistungen des deutschen Soldaten – vaterlandsliebend, tapfer, verwegen, tüchtig, selbstaufopfernd – nötigte mir Bewunderung ab. Sowohl als Mann des Militärs wie als politische Persönlichkeit erwies sich Dönitz als geschickter Profi, tapfer und patriotisch. Er handelte so, wie es jeder alliierte General oder Admiral unter denselben Umständen getan hätte, der sich der moralischen Verpflichtung der aus seinem Amt erwachsenen Verantwortung klar ist. Ich werte es als Beleidigung, was Juristen der vier Siegermächte an neuen und beispiellosen Kriegsgesetzen ausgeheckt haben, um das jämmerlich infame Nürnberger Tribunal in Gang setzen zu können. Den abgekarteten Urteilsspruch gegen Großadmiral Dönitz kann keiner der Beteiligten wie einen stolzen Orden tragen und als Ausfluß von Gerechtigkeit betrachten. Das gilt auch für jene Befehlshaber von Heer, Luftwaffe und Kriegsmarine, die die kriminelle Behandlung, welche Dönitz während des Verfahrens widerfuhr, hingenommen haben; eine Behandlung, die unvereinbar mit der Würde eines hohen militärischen Amtsträgers war, der tapfer gegen sie gekämpft hatte und vor allem erfüllt von Pflichtbewußtsein war. Vom militärischen Standpunkt aus gibt es

BENEDETTI MIRANDA

keinen Zweifel, daß der Schuldspruch des Nürnberger Tribunals gegen Großadmiral Dönitz zunächst einmal hinsichtlich jeder Art von Autorität Verwirrung in den Oberkommandos stiftet. Zum anderen wird ein Truppenchef jeden Ranges künftig bestrebt sein, sich seiner Verantwortung zu entziehen, um nur nicht als Kriegsverbrecher angeklagt zu werden. Das bringt Chaos in alle militärischen Planungen bzw. verführt höhere Offiziere zur grausamen Kriegführung, damit sie ja nicht durch die Niederlage einem Siegerprozeß ausgeliefert werden. Anders gesagt: Sie werden nicht mehr aus Vaterlandsliebe kämpfen, sondern wegen des egoistischen Grundsatzes, die eigene Haut zu retten. Denn es ist ja neue Doktrin, daß ein hoher Offizier, ist der Krieg erst vorbei, entweder zum ordensüberschütteten Helden wird oder sich in einen Kriegsverbrecher verwandelt, der gedemütigt und verfolgt und infamerweise zum Galgentod oder zu Jahren strenger Gefängnishaft verurteilt wird, wobei alles davon abhängt, ob man Sieger oder Besiegter ist. Ich hoffe, daß dieser kurze Kommentar des Generals einer Republik, die nicht mächtig ist, bei der jedoch Demokratie und Gerechtigkeit in hohem Ansehen stehen und die eine stolze militärische Tradition hat, als Ausdruck des Respekts, der Bewunderung und Zuneigung für Großadmiral Dönitz angesichts seiner ungerechten zehnjährigen Haft als Kriegsverbrecher gewertet wird.

HUMBERTO BENEDETTI MIRANDA

General der peruanischen Armee; Befehlshaber des Infanterie-Regiments »Maipo« 1932-1934; Verwalter der Provinz Valparaiso 1938; Generalstabschef der peruanischen Armee 1941

BESKOW: Als ich aus der Presse vom Internationalen Gerichtshof zu Nürnberg und seinem Urteil gegen Admiral Karl Dönitz erfuhr, war ich tief erschüttert. Ich habe mich gefragt, wie so etwas in unserem aufgeklärten Zeitalter überhaupt geschehen kann. Die einzige Erklärung, die ich mir denken konnte, lautete, daß die Mitglieder des Tribunals derart haßerfüllt gegen ihre Widersacher im soeben beendeten Kriege waren, daß sie zu einer realistischen und unparteiischen Sicht der Dinge, vornehmste Pflicht eines Gerichts, nicht kommen konnten. Und ich dachte darüber nach, welche Folgen das Urteil wohl für künftige Konflikte zwischen Staaten haben würde. Ich bin völlig davon überzeugt, daß der Schuldspruch gegen Admiral Dönitz ein schändlicher, ungesetzlicher Akt der Gewalt war. Absolut pflichte ich den Ausführungen des Konteradmirals der US-Kriegsmarine, Dan V. Gallery, in Sachen Urteil gegen Dönitz bei.

BESKOW

Es ist wohl nicht möglich, Admiral Dönitz vollständige Genugtuung zu geben, aber es dürfte tröstlich und erbaulich für ihn sein zu wissen, daß ihn seine Berufskollegen verschiedener Nationen ihrer Sympathie versichern.

KARL E. BESKOW

Generalmajor der Königlich Schwedischen Armee; befehligte verschiedene Infanteriedivisionen

BEWLEY: Jetzt, da der Zweite Weltkrieg mehr und mehr der Vergangenheit angehört und sich die düsteren Wolken der durch Propaganda aufgebrachten Vorurteile verziehen, kann es nur noch wenige Menschen mit unvoreingenommener Sicht geben, die ernsthaft behaupten wollen, daß die Verurteilung von Großadmiral Dönitz und anderer deutscher »Hauptkriegsverbrecher« in Nürnberg rechtmäßig gewesen sei. Hier ist nicht der Platz, alle Gründe auszubreiten, warum der Prozeß, wie er vom Internationalen Militär-Tribunal geführt wurde, auch des letzten Restes von Recht entbehrte. Es soll ausreichen, folgendes herauszustreichen: 1.) Gemäß der Grundsätze des bis 1945 allgemein akzeptierten und ausdrücklich von den alliierten und assoziierten Mächten nach dem Ersten Weltkrieg anerkannten Völkerrechts hatten die Alliierten kein Recht auf Jurisdiktion über die Bürger eines anderen souveränen Staates wegen Handlungen, die im Dienste dieses Staates verrichtet worden waren. 2.) Die »Verbrechen«, wegen derer die Angeklagten verurteilt wurden, waren größtenteils zur Tatzeit nicht als strafbar deklariert. Die Urteilssprüche waren daher eine flagrante Verletzung der Rechtsgrundsätze eines jeden zivilisierten Staates. Rückwirkend geschaffenes Strafrecht war gerade einer der Anklagepunkte in Nürnberg. 3.) Das Tribunal setzte sich aus Personen aus Staaten zusammen, die in einen Kampf auf Leben und Tod verwickelt gewesen waren – und zwar mit dem Land, dessen Bürger die Angeklagten waren. Um den hervorragenden Juristen und Theologen Pater Salvatore Lener S.J. zu zitieren: »Wer in eigener Sache urteilt, ist nicht nur ein zweifelhafter und daher abzulehnender Richter, er ist einfach überhaupt kein Richter. Sitzt er dennoch auf dem Richterstuhle, ist das Verfahren ebenso absolut und unheilbar illegal wie der Urteilsspruch null und nichtig.« 4.) Das Tribunal hat die Angeklagten wegen Handlungen wider das Kriegsrecht, verübt von den Deutschen, verurteilt, aber keine Beweiserhebung, nicht einmal die Erwähnung zugelassen, daß präzise dieselben Taten von Angehörigen der alliierten Streitkräfte verübt worden sind, auch von alliierten Staatsmännern. 5.) Die Charta des Tribunals hob die Regeln der Beweiswürdigung auf, wie sie in jedem zivilisierten Staat eingeführt worden sind – zum Schutze der Angeklagten vor Voreingenommenheit und unzulässigen Anwürfen. Das Tribunal ließ sich auf jede Menge unsubstantiierter, bösartiger Gerüchte zu Lasten der Angeklagten ein, während es den Beschuldigten das elementare Recht verweigerte, die Zeugen ins Kreuzverhör zu nehmen. Man könnte die Aufzählung von Ungerechtigkeiten bei der Prozeßführung des

BEWLEY

Tribunals endlos fortsetzen. Ich ziehe es vor, einen Satz von Justice Jackson, des amerikanischen Chefanklägers, zu zitieren, um zu beweisen, daß sich solche Verantwortliche des Tribunals bewußt waren, wie sie das Recht überschritten hatten. Jackson: »Einer der Gründe, warum dies ein Militär-Tribunal statt eines ordentlichen Gerichtshofes war, lag darin, zu vermeiden, daß der hier zu setzende Präzedenzfall Auswirkungen auf unser eigenes Recht hat.« (Trial of the Major War Criminals, Vol. III, p. 543). Mit anderen Worten: Nicht einmal die der gemeinsten Schwerverbrechen bezichtigten Angeklagten werden des Rechtsschutzes beraubt, wie es den Staatsmännern und Soldaten des besiegten Deutschland in Nürnberg widerfuhr. Ungezählte Rechtsbrüche geschahen im Verlaufe des monatelangen Nürnberger Prozesses. Keiner war skandalöser als das, was man Großadmiral Dönitz antat, gegen den nichts anderes jemals vorgebracht werden konnte, als daß er seine Pflicht gegenüber seinem Vaterland erfüllt hatte. Es muß jeden mit Sinn für Gerechtigkeit mit Genugtuung erfüllen, zu wissen, daß er endlich in Freiheit ist. Es ist nur zu bedauern, daß seine Freilassung nicht von irgendeiner Entschuldigung für das Unrecht seiner Inhaftierung begleitet war.

CHARLES BEWLEY

Irischer Jurist und Staatsmann; Parlamentsabgeordneter des Freistaates Irland; irischer Gesandter beim Vatikan und in Deutschland; Verfasser zahlreicher Bücher

BIBB: Sie gewähren mir die Möglichkeit, meine Ansichten zu den sogenannten Kriegsverbrecherprozessen kundzutun. Dieses Thema bewegt mich seit langem und hat mich veranlaßt, mich mit der Feindseligkeit und der grundlegenden Ungerechtigkeit zu beschäftigen, die bei dieser possenhaften Abart internationaler »Rechtswissenschaft« eine Rolle spielten. In diese Kategorie ordne ich die Pseudo-Gerichtsverhandlungen gegen Deutsche und Japaner und auch gegen Eichmann ein. Niemals gab es irgendeine Grundlage im Völkerrecht oder im innerstaatlichen Recht, die Befugnis verliehen hätte, eine Person wegen Kriegstaten anzuklagen oder zu verurteilen, welche der Befehlsgewalt eines Oberkommandos oder ähnlichem unterstand. Es hat von Zeit zu Zeit manche Versuche gegeben, das Kriegsgeschehen zu »humanisieren«, doch sind alle letztlich gescheitert. Offenkundig liegt der eigentliche Grund für diesen permanenten Fehlschlag darin, daß die Kriegführenden stets mit allen ihnen zur Verfügung stehenden Mitteln siegen wollen. Der Krieg war immer ein kolossaler Fehler, von dem die Menschheit über die Zeiten fort heimgesucht worden ist. Und heute noch reden wir von nationaler Ehre, die um jeden Preis hochzuhalten sei, einschließlich Massenmord und Zerstörung. Die jämmerlichen »Kriegsverbrecher«-Prozesse sind ein zusätzlicher Beweis für die Unfähigkeit der Menschheit, verstandesgemäß statt gewalttätig zu leben.

EUGENE SHARP BIBB

Brigadegeneral der US-Armee; Kriegsveteran der Strafexpedition gegen Mexiko (1916), des Ersten und des Zweiten Weltkrieges; Rechtsanwalt seit 1912 und Mitglied der Anwaltschaft beim Obersten Gerichtshof der USA; Rundfunkkommentator, Dozent und Buchautor

BIERI: Meiner Ansicht nach ist ein Offizier, der Aufträge oder Befehle seiner Regierung ausführt, niemand anderem als seiner eigenen Regierung verantwortlich. Ganz gewiß hätte Admiral Dönitz als Anklagepunkt bei den sogenannten Kriegsverbrecherprozessen nicht zur Last gelegt werden dürfen, daß er die Kriegsführung seiner Regierung unterstützt bzw. ihre Befehle ausgeführt hat.

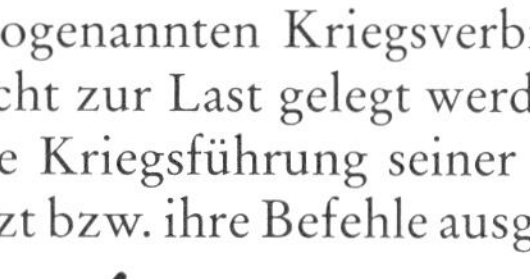

BERNHARD H. BIERI

Vizeadmiral der US-Kriegsmarine; Befehlshaber der US-Seestreitkräfte im Mittelmeer 1946-1948; Abgeordneter im Komitee für Militärfragen der Vereinten Nationen

BOGAN (an Großadmiral Dönitz): Es erfüllt mich mit Befriedigung, zum Kreise jener zu zählen, denen das Vorrecht zufällt, Ihnen auf diese Weise zu salutieren. Unser Beruf ist nicht gerade einfach. Bei Erfüllung der politischen Vorgaben unserer Regierungen werden wir oftmals über die Grenzen unserer Befehlsgewalt hinaus zur Rechenschaft gezogen. Sie haben einen hohen Preis für diese Wirrnis entrichten müssen. Möge Ihnen die Versicherung Genugtuung geben, daß Sie auf Ihrem Felde Vorzügliches an Geschicklichkeit und Befähigung bewiesen haben. Was in der Vergangenheit geschehen ist, schmälert in keiner Weise die Hochachtung, die Sie in den – wie ich hoffe – glücklichen Lebensabend begleitet.

BOGAN

GERALD F. BOGAN

Vizeadmiral der US-Kriegsmarine; Kommandeur der Luftwaffe der Atlantik-Flotte; Kommandant der U.S.S. »Saratoga« und verschiedener Flugzeugträger im Zweiten Weltkrieg

BORGHESE: In meinem Buch »Seeteufel« habe ich folgendes geschrieben: »Ich bewahre mir die herzlichsten Erinnerungen an die Gastfreundlichkeit im deutschen U-Boot-Hauptquartier und an die Persönlichkeit von Admiral Dönitz. Meine guten Wünsche gelten dem ehrenvollen und ritterlichen Seemann in seinem Spandauer Gefängnis, in dem er – vom Nürnberger Tribunal zu zehn Jahren Haft verurteilt – nun ein Bußopfer bringen muß für ihm von den Siegern zugeschriebene Untaten, deren größte es war – ohne daß es die heuchlerischen Beteiligten an dieser tragischen juristischen Farce eingestanden hätten -, auf der Seite der Besiegten gefochten zu haben.« Geschrieben 1950. Heute kann ich diesen Gedanken und dieselben Empfindungen nur wiederholen, verbunden mit besten Grüßen an den tapferen Admiral Dönitz, der mittlerweile nach zehn Jahren Haft in Spandau freigelassen worden ist.

PRINZ J. VALERIO BORGHESE

Kommandant von Torpedobooten der Königlich Italienischen Kriegsmarine

BOUTOURLINE: Ich habe gegen die Deutschen von 1914 bis 1917 gekämpft und wurde zweimal verwundet, als ich die Ehre hatte, in der Kaiserlich Russischen Armee zu dienen, ursprünglich in der Kaiserlichen Kavallerie und zeitweise, 1915, in der Infanterie. Auch habe ich während des Bürgerkrieges in den Reihen der Weißgardisten gefochten und dabei den Rang eines Obersten bekleidet. Als ich von den Nürnberger Prozessen erfuhr, insbesondere vom Fall des Großadmirals Karl Dönitz, wirkte dies auf mich wie eine Beleidigung des Soldatentums der ganzen Welt. Die neuzeitlichen pseudochristlichen »Demokratien« könnten in Sachen Moral eine Lehrstunde beim heidnischen Julius Cäsar oder bei den mahometianischen mongolischen Eroberern nehmen. Diese haben sich in dunkler Vergangenheit als vornehmere Gentlemen und bessere Juristen erwiesen als jene, die heute vorgeben, es zu sein. In unserer modernen Ära »fortgeschrittener Kultur« müssen Generäle Kriege gewinnen oder sie werden gehängt. Ich habe von 1902 bis 1905 internationales Recht an der Kaiserlichen Universität zu Moskau studiert. Soweit ich mich erinnern kann, gab es keinerlei aus dem Völkerrecht abzuleitende Ermächtigung für das »Internationale Militär-Tribunal« in Nürnberg noch ein Vorbild dafür im überstaatlichen Recht. Ich bin erfreut zu wissen, daß Admiral Dönitz endlich freigelassen worden ist. Doch den Opfern der null und nichtigen Nürnberger Prozesse ist immer noch keine offizielle Entschuldigung zuteil geworden.

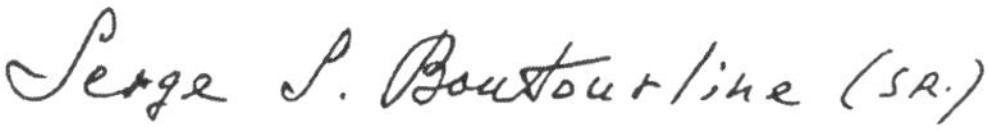

SERGEJ S. BOUTOURLINE sr.

Oberst der Kaiserlich Russischen Armee

BOWMAN: Meiner Meinung nach waren die Kriegsverbrecherprozesse ein ernster und jämmerlicher Fehler. Für mich sind sie ein Beispiel für Nachkriegshysterie. Mit Justiz, wie ich sie mir vorstelle, hatten sie nichts zu tun. Strafgerichtsbarkeit muß zweierlei im Auge behalten: Erstens, einen Menschen aus der Gesellschaft zu entfernen, der unzweideutig bewiesen hat, daß er unfähig ist, einer zivilisierten Gemeinschaft anzugehören, und zweitens, ein Exempel zu statuieren, das andere von ähnlichen Untaten abschreckt. All das trifft nicht auf jene zu, die ihr äußerstes für den Sieg ihres Vaterlandes im Kriege gegeben haben. Ich bin sicher, daß die Richter dieser Prozesse unter den ersten wären, die jedweden ihrer Landsleute verurteilen würden, der im Kriege nicht alles für sein Vaterland gäbe. Jeder von hohem Range, der diesen Einsatz nicht brächte, würde als Verräter angeklagt. Ich hoffe zuversichtlich, daß sich kein Bürger der Vereinigten Staaten durch die Urteile von Nürnberg aus Furcht vor Nachkriegsstrafe davon abschrecken läßt, im Ernstfall sein äußerstes zu geben. Der bloße Gedanke an ein solches Verhalten stempelt uns alle zu Verrätern.

FRANK O. BOWMAN

Generalmajor der US-Armee; Offizier der Pioniere des 2. Korps und der 5. Armee im Zweiten Weltkrieg; Kommandierender General von Fort Leonard Wood und der 6. Panzerdivision

BRADEN: Stets habe ich die Nürnberger Prozesse wegen ihres ex post facto-Charakters sowie wegen weiterer Gesichtspunkte

BRADEN

als ungerecht und in ihren Prinzipien grundsätzlich als falsch empfunden.

SPRUILLE BRADEN

Stellvertretender US-Außenminister; US-Botschafter in Argentinien

BRATT: Nur einige wenige deutsche Offiziere begingen im Zweiten Weltkrieg aus eigenem freien Antrieb Taten, die geeignet wären, sie als Kriegsverbrecher zu betrachten. Nach einem Krieg ist es nicht nur berechtigt, sondern sehr wünschenswert, den Versuch zu unternehmen, herauszufinden, wer Exzeßtaten begangen bzw. Völkerrecht und Abkommen gebrochen hat, um die Schuld zu ahnden. Doch müssen die Richter solcher Verfahren über jeden Zweifel an ihrer Unparteilichkeit erhaben sein. Es ist offenbar, daß die Nürnberger Prozesse diesen Anforderungen nicht entsprachen. Ganz im Gegenteil müssen diese Prozesse stattdessen als Akt der Rache an den Besiegten bewertet werden, wobei die Sieger sowohl als Ankläger wie als Richter wirkten. Das Gros ihrer Urteile gegen deutsche Offiziere war zweifellos weder richtig noch rechtens. Zudem war das Nürnberger Tribunal einseitig, weil es einzig und allein Besiegte aburteilte. Doch auch vonseiten der Streitkräfte der Siegermächte waren Untaten, Greuel und Verstöße gegen die Menschlichkeit verübt worden – ohne jede Konsequenz für die Schuldigen. Zwei Beispiele nur: Kein Russe wurde, soweit mir bekannt, für die Massaker an den polnischen Offizieren zur Rechenschaft gezogen, obschon zweifelsfrei erwiesen ist, daß Rußland und nicht Deutschland hinter diesen Gewaltverbrechen steckte. Kein Zweifel, daß Stalin selbst den Befehl gab; doch blieb er von jeder Anklage verschont. Auch die sinnlosen und kulturvernichtenden Terrorschläge bei-

BRATT

spielsweise gegen Lübeck und Dresden, ausgeführt von alliierten Piloten, hätten untersucht und vor ein ordentliches Gericht gebracht gehört.

H. BRATT

Generalmajor der Königlich Schwedischen Armee; befehligte mehrere Divisionen im Zweiten Weltkrieg; Kommandeur des 3. Militärbezirks 1942-1946

BRIZGYS: Die Nürnberger Prozesse waren keine rechtmäßigen Verfahren, sondern ein Akt der Rache gegen die Besiegten. Ohne näher auf rechtliche Zuständigkeitsfragen und das gesamte Verfahren einzugehen, war Nürnberg schon allein durch die Tatsache gotteslästerlich, daß sich Russen unter den Richtern befanden. Sie hatten sich selber der Verbrechen und Greueltaten

BRIZGYS

schuldig gemacht. Als Rechtswissenschaftler und als Christ verabscheue ich die Nürnberger Justiz.

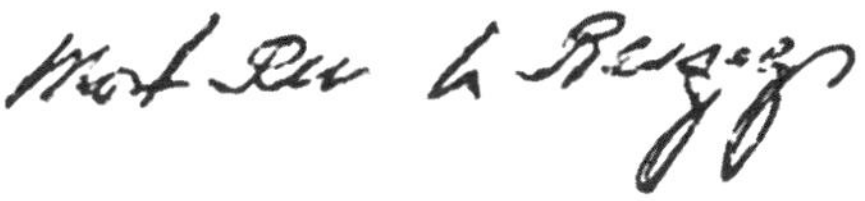

VICENTAS BRIZGYS

Römisch-Katholischer Bischof von Litauen

BROMLEY: Unter Bezug auf Ihr Schreiben betreffs Admiral Gallerys Buch »Twenty Million Tons Under the Sea« kann ich nur mitteilen, daß ich die Anlagen mit großem Interesse gelesen habe und den zu den Kriegsverbrecherprozessen geäußerten Ansichten voll zustimme: Daß sie nämlich ihrer Natur nach ex post facto waren, es kein Beispiel im Völkerrecht für solche Verfahren gibt und daß sie einen gefährlichen Präzedenzfall geschaffen haben.

CHARLES V. BROMLEY

Generalmajor der US-Armee; diente in der 12. Panzerdivision in Frankreich und Deutschland 1944/45; Zivilverwalter der Ryukyu Inseln; Kommandierender General der Zentralstelle für Panzerwesen

BRUCE: Eingangs muß betont werden, daß das Völkerrecht höchst umstritten ist und Festlegungen nur selten möglich sind. Solange die internationale Gemeinschaft weder über Gesetzgebungskraft verfügt noch über ein System von Gerichtshöfen mit bindender Rechtsprechung, ist das Völker»recht« kaum mehr als Recht im herkömmlichen Sinne. Die Regeln dieses sogenannten Rechtes sind nur aus den Gepflogenheiten der Nationalstaaten abzuleiten, die sich aber sehr unterschiedlich gestalten. Meinungsverschiedenheiten kommen von daher häufig vor. Wie auch immer. Nach meinem Eindruck sind in der Zeit vor dem Ersten Weltkrieg gewisse Grundsätze von den größeren Mächten und der weit überwiegenden Mehrheit der Experten als verbindlich anerkannt worden. Erstens: Das Völkerrecht band die souveränen Staaten, doch gab es den einzelnen Staatsbürgern weder Rechte noch Pflichten auf. Für den einzelnen galt die oberste Verpflichtung dem eigenen Staate gegenüber, und seine vornehmste Schuldigkeit bestand darin, den staatlichen Autoritäten Gehorsam zu zollen. Zweitens: Auf internationaler Ebene brauchte der einzelne nicht für die politischen Entscheidungen seiner Staatsführung im rechtlichen Sinne geradezustehen. Das traf für die Zivilisten zu und doppelt und dreifach für Staatsdiener, die damit beauftragt und dafür angeworben worden waren, aus politischen Entscheidungen resultierende militärische Operationen durchzuführen. Drittens: Der Krieg an sich widersprach nicht dem Völkerrecht. Ganz im Gegenteil war er eine allgemein akzeptierte Institution, und ein Regelwerk – aus Gewohnheitsrecht und speziellen Verträgen – wurde für ihn entwickelt. Nichtangriffsverträge zwischen Staaten wurden oftmals geschlossen und ebenso häufig gebrochen. Was den einzelnen betrifft, so waren die Beschlüsse seiner eigenen Staatsmacht für ihn bindend. Nicht im Traum war damit zu rechnen, daß er dereinst – unter welchen Umständen auch immer – deshalb strafrechtlich zur Verantwortung gezogen wird, weil er den Befehlen seiner gesetzmäßigen militärischen oder politischen Führung Folge leistete. Genausowenig war es vorstellbar, daß Jahre später Soldaten vor ein Tribunal – bestehend aus Vertretern feindlicher Mächte in feindseliger Absicht – kommen, weil sie ausdrücklich erteilte, notwendige und saubere Befehle zur Kriegführung erfüllt haben. Da der Erste Weltkrieg in beispielloser Weise die gesamte Bevölkerung in Mitleidenschaft gezogen hatte, stauten sich Emotionen und Feindseligkeiten auf. Das entlud sich in einem Druck auf die siegreichen Staatsführungen, Rache an einzelnen Staatsmännern und Soldaten der geschlagenen Nationen auszutoben, ohne Rücksicht auf die anerkannten Regeln des Völkerrechts zu nehmen. Seinerzeit verhinderten die Umstände die Ausführung eines solchen rachsüchtigen Programms. In der Zeit zwischen den beiden Weltkriegen sah eine aufgeklärte öffentliche Meinung dies als ein Glück an. Die Forderung »Hängt den Kaiser!« wurde als bedauerlicher Exzeß infolge der Kriegshysterie abgehakt. Die Geschichte wiederholte sich nach dem Zweiten Weltkrieg. Nun war das Verlangen nach Rache noch größer – wegen der noch schwerwiegenderen Kriegsfolgen und, noch mehr, wegen der politischen Umwälzungen, die das Völkerringen in vielen Bereichen hervorgerufen hatte. Zweifellos hatte es einen Zusammenbruch traditioneller Kriegführung gegeben, besonders im Hinblick auf die Zivilbevölkerung. Gleich nach Ende der Feindseligkeiten dachte man, daß dies hauptsächlich auf das Kerbholz der Achsenmächte gehe. Doch nach und nach stellte sich heraus, daß gewisse Alliierte sich ebenso bösartiger Exzesse schuldig gemacht hatten. Zugleich ist zweifellos richtig, daß neue Waffen und Taktiken die Einhaltung überlieferter Kriegsregeln schwierig gestalteten, besonders wenn die

BRUCE

Luftwaffe oder U-Boote im Spiele waren. Nach dem Zweiten Weltkrieg gab es keine Umstände, welche die Gerichtsverfahren gegen Soldaten und Staatsmänner der geschlagenen Nationen verhindern konnten. Die alliierten Großmächte gaben dem Druck gewisser Kreise ihrer Bevölkerung nach und entwarfen einen Plan für Verfahren nach dem Muster von Strafprozessen. Um dies zu rechtfertigen, entwickelten sie neue Theorien vom »Recht«. Diese waren aus der Sicht Rechtskundiger zweifelhaft; insbesondere vom Standpunkt staatsmännischer Weisheit erschienen sie dubios. Bedenkenswerte Kritik aus berufenem Munde war damals zu hören, und die Geschehnisse seither haben die Kritiker bestätigt. Die Nürnberger Prozesse teilten die den Angeklagten vorgeworfenen Verbrechen in vier Kategorien auf: a) Führen eines Angriffskrieges, b) Verschwörung zum Führen eines Angriffskrieges, c) Verbrechen gegen die Menschlichkeit, d) Bruch des Kriegsrechtes.

Die ersten beiden Punkte sind schwer voneinander zu trennen. Sie setzen voraus, daß es so etwas wie einen »Angriffskrieg« gibt, der rechtlich von anderen Kriegsakten unterschieden werden kann. Von den vier Kategorien hatte nur die letzte damals einige völkerrechtliche Substanz. Die Anklagen wegen Verletzung des Kriegsrechtes stellten die schwerstwiegende Abweichung vom Grundsatz dar, daß ein einzelner rechtlich nicht für seine Beteiligung an militärischen Unternehmungen seines Staates belangt werden darf. Derlei Anklagen könnten damit begründet werden, daß alle Großmächte Kriegsregeln anerkannt und die meisten auch entsprechende Abkommen unterzeichnet hatten – wie etwa die Genfer Konvention mit ihren detaillierten Bestimmungen. Diese Regeln hätten daher als Bestandteil des innerstaatlichen Rechts der beteiligten Nationen betrachtet werden können. Ein Offizier oder Soldat, der sie verletzte bzw. sie zu verletzen befahl, hätte deshalb als jemand abgeurteilt werden können, der das Recht seines eigenen Staates gebrochen hat. Es kam zur Anklageerhebung, und mehrere Personen wurden zum Tode oder zu Haftstrafen verurteilt. Zwischenzeitlich haben sich die Emotionen etwas abgekühlt. Es bleibt zu überlegen, ob der in Nürnberg gesetzte Präzedenzfall vernünftig und wünschenswert ist. Nach meiner Ansicht: Nein! Dafür gibt es viele Gründe. Erstens: Der Präzedenzfall führt zu nichts anderem als dazu, jeden Kriegsschluß wie auch die Wiederherstellung von Frieden und Freundschaft auf internationaler Ebene zu erschweren. Früher hatte eine von der Niederlage bedrohte kriegführende Regierung allen Anlaß, zum frühestmöglichen Zeitpunkt Frieden zu schließen. Nach den neuen Gepflogenheiten ist es das stärkste Motiv, den Krieg bis zum bitteren Ende fortzusetzen. Ein großer Teil der Bevölkerung steht nämlich in Gefahr, vor Gericht gestellt und von den Siegermächten als kriminell gebrandmarkt zu werden (in Erinnerung sei gerufen, daß in Nürnberg ganze Organisationen schuldig gesprochen wurden). Staatsdiener in Schlüsselstellungen haben als erste den Hals in der Schlinge und deshalb die stärksten Beweggründe, den Kampf fortzusetzen. Zweitens ist es praktisch unmöglich, die Unparteilichkeit des Tribunals zu sichern. Vertreter der Siegermächte können und wollen nichts anderes, als die Standpunkte ihrer eigenen Staatsführungen zu verfechten statt nach Wahrheit und ordentlichem Recht zu suchen. Auch ist es ausgeschlossen, den Folgen des ex post facto-Rechtes zu entgehen. Wenn bei den Prozessen auf Grundelemente der Zivilisation und des Strafrechtes verzichtet werden kann, ist es unmöglich zu erwarten, daß die Besiegten und fair gesinnte Angehörige der Siegernationen die Verfahren als gerecht empfinden. Drittens wird der Staatsführung und den höheren Offizieren eines im Krieg befindlichen Landes eine unerträgliche Last aufgebürdet. Es ist ihre Pflicht, alles in ihrer Macht Stehende zu unternehmen, um den Sieg sicherzustellen. Auch ist es ihre Pflicht, Vorgesetzten zu gehorchen. Widrigenfalls werden sie zurecht bestraft. Sie wegen Ausführung eines Befehls zur Rechenschaft zu ziehen, den ein Siegertribunal womöglich später einmal als ungesetzlich einstuft, hieße, sie für etwas zu bestrafen, das ihnen als Erfüllung höchster beschworener Pflicht erschien. Schließlich bedeuten solche Verfahren – wie man sie auch immer rechtlich bemänteln mag – in Wahrheit nichts anderes als Rache und Vergeltung. Dies fördert den Zusammenbruch von Grundregeln, die über Jahrhunderte für die Kriegführung unter zivilisierten Staaten maßgeblich waren und bedeutet eine Rückkehr zum Gesetz des Dschungels. Praktisch laufen die vergangenen Kriegsverbrecherprozesse auf das Prinzip hinaus, daß viele aus den Reihen der

Besiegten den Tod oder Gefängnis zu erleiden haben. Was zum Gedanken verführt, daß für den Sieg jedes Mittel im Kriege recht sei. Man sollte vom Glauben Abschied nehmen, daß dies alles einen Fortschritt darstellte. Die Schlußfolgerung lautet, daß die »Kriegsverbrecherprozesse« nichts zur Zivilisation oder zur Kriegsverhütung beigetragen haben, sondern stattdessen die Gefahr uneingeschränkter Kriegführung haben wachsen lassen.

A. D. BRUCE

Generalleutnant der US-Armee; Kanzler der Universität Houston; organisierte und kommandierte 1941 das Panzervernichtungs-Zentrum; Befehlshaber der 77. Division im Pazifik während des Zweiten Weltkrieges; erster Gouverneur von Hokkaido (Japan), stellvertretender Kommandeur der 4. Armee 1947; Kommandant der Generalstabsakademie

BRYANT: Im Falle der Normandie und der Provence bestand für unsere Marineartillerie die Notwendigkeit, zur Unterstützung der Landungstruppen das Feuer zu eröffnen und Häuser, Schlösser sowie, in einem Falle, eine Kirche zu zerstören. Unsere Aufgabe war, die feindliche Küstenverteidigung auszuschalten, um die Landung unserer Truppen zu erleichtern. Wir nahmen an, daß jene Gebäude feindliche MG-Nester oder Beobachtungsposten verbargen. Hätten nun die Deutschen den Krieg gewonnen, wäre ich dann etwa vor Gericht gebracht worden wegen meines besonderen Anteils am Kriege, den ich nach besten Kräften geführt habe? Das kann ich mir nicht vorstellen! Wäre Admiral King vor Gericht gestellt worden für seine eigenen oder für meine Handlungen? Unmöglich, mir das auszu-

BRYANT

malen! Und jetzt ist genau das im Falle des Admiral Dönitz passiert. Ich stimme voll mit Admiral Gallerys Sicht in bezug auf das Verfahren gegen Admiral Dönitz überein und bedaure, daß gewisse Machthaber ihn zwingen, eine solche Erniedrigung erleben zu müssen.

CARLETON F. BRYANT

Vizeadmiral der US-Kriegsmarine; Kommandeur der 5. Schlachtschiff-Abteilung im Zweiten Weltkrieg

BUFFETT: Abgesehen von der ungeheuerlichen Forderung nach »bedingungsloser Kapitulation« waren die sogenannten Nürnberger Prozesse der größte politische Blödsinn, den Amerika im Zusammenhang mit dem Zweiten Weltkrieg beging. Vom Standpunkt des Rechtes und Gesetzes aus handelte es sich bei diesen Prozessen um eine Karikatur angelsächsischer Traditionen. Und was ebenso schwer wiegt: Sie schufen einen Präzedenzfall, der unsere Kinder eines Tages heimsuchen könnte. Was Frieden und Versöhnung unter den Völkern des Westens anbelangt, so haben die Prozesse nur Schaden angerichtet. Ein Glück für den Westen, daß sich das deutsche Volk für milde Nachsicht gegenüber den Verantwortlichen dieses tragischen Fehlers entschieden hat. Als tapferer und patriotischer Offizier verdient Admiral Dönitz den Respekt aller denkfähigen Menschen für die Durchhaltemoral, die er bei den Attacken auf seine Pflichttreue und seinen Ruf als Marinefachmann gezeigt hat.

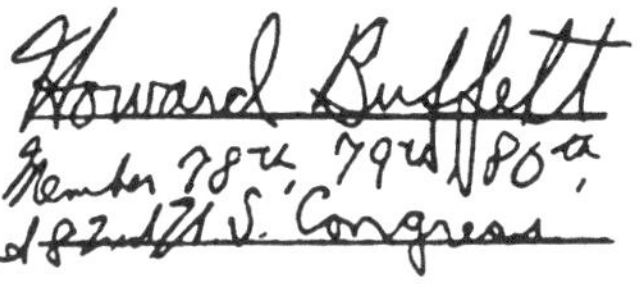

HOWARD BUFFETT

US-Kongreßabgeordneter von Nebraska (78.-80. und 82. Legislaturperiode); Rechtsanwalt

BUNKLEY: Mit aller Deutlichkeit bin ich der Auffassung, daß der Prozeß gegen Admiral Dönitz und seine Inhaftierung ein Zerrbild der Gerechtigkeit darstellten und daß ein gefährlicher Präzedenzfall für die Zukunft gesetzt wurde. Wir, die wir unser Leben dem Dienst in den Streitkräften geweiht haben, müssen nun immer damit rechnen, als Kriminelle angeklagt zu werden. Ich grüße Admiral Dönitz. Möge ihm trotz allem ein langes und glückliches Leben beschieden sein.

BUNKLEY

JOEL W. BUNKLEY

Konteradmiral der US-Kriegsmarine; Inspektor des Hafens von New York 1942 bis 1946

BURDICK: Die Strafverfahren gegen militärische Führer Deutschlands am Ende des Zweiten Weltkrieges standen weder in Einklang mit dem Völkerrecht, noch gab es für

BURDICK

sie eine gesetzliche Grundlage in irgendeinem zivilisierten Staat. Die erfolgreichen Führer der deutschen Wehrmacht wurden zur Bestrafung herausgepickt, und der eigentliche Grund für die Anklagen war, daß ihr Heimatland den Krieg verloren hatte. Admiral Dönitz war ein tapferer Befehlshaber und hatte es nicht verdient, vor Gericht gestellt zu werden, genausowenig wie unsere Marineoffiziere. Hätten denn, falls wir die Verlierer gewesen wären, unsere Befehlshaber der Seestreitkräfte wegen ihres

Verhaltens gemäß dieser heimtückischen und ungerechten Nürnberger Doktrin vor Gericht kommen sollen?

USHER L. BURDICK

Stellvertretender Gouverneur von Nord-Dakota; Mitglied des Kongresses von 1934 bis 1944 und von 1948 bis 1954

BURNS: Ich stimme den Ansichten zu, die in Ihrem Memorandum zum Fall Dönitz zum Ausdruck kommen. Das heißt: Die Kriegsverbrecherprozesse standen nicht im Einklang mit dem damaligen Völkerrecht und mit den überlieferten Kriegsbräuchen.

E.L.M. BURNS

Kanadischer Armeeoffizier, Staatsmann und Publizist; Stellvertretender Minister für Kriegsveteranen 1950-1954; Stabschef der UNO-Organisation zur Überwachung des Waffenstillstandes in Palästina 1954-1956; Kommandant der UNO-Hilfstruppen für Notstandsgebiete 1956-1959; Vertreter Kanadas bei den Abrüstungs-Konferenzen 1960 bis 1968

BURROUGH: Es schiene mir nur zu natürlich, würden alle Soldaten solche Verfahren wie die »Kriegsverbrecherprozesse« verabscheuen und sich die Regierungsstellen dessen auch bewußt sein. Daher glaube ich, daß unsereins nichts zur Beeinflussung der öffentlichen Meinung in dieser Sache ausrichtet, wenn nicht eine Vielzahl prominenter Zivilisten Stellung bezieht, damit künftig Prozesse gegen Militärs vom Schlage eines Großadmirals Dönitz verhindert werden.

EDMUND W. BURROUGH

Vizeadmiral der US-Kriegsmarine

CAFFERY: Trotz mancher gegenteiliger Argumente drängt es mich zu bekunden, daß ich Kriegsverbrecherprozesse gegen Berufssoldaten prinzipiell nicht billige.

JEFFERSON CAFFERY

US-Botschafter in El Salvador, Kolumbien, Kuba, Brasilien, Frankreich und Ägypten; im Mitarbeiterstab des Außenministeriums in Washington tätig

CALDWELL: Seit Jahren schon macht mich der Gedanke an die »Kriegsverbrecherprozesse« rasend. Sie waren nämlich

CALDWELL

nach meiner Ansicht geradezu jämmerlich und verachtenswert und hatten mehr den Beigeschmack der Barbarei im alten Rom als den eines sogenannten zivilisierten Staates. Die Hände unseres Landes sind nicht rein von blutigen Verbrechen, ungeachtet unseres Geheuchels von »Demokratie« und »edlen Absichten« usw. usf. bis zum Erbrechen. Nicht allein die Kriegsverbrecherprozesse waren ein schwärzester Fleck in unserer schwarzen (und blutroten) Geschichte. Auch der Abwurf der Atombombe auf die beiden japanischen Städte im August 1945 war ein zum Himmel schreiendes Unrecht. Das Verfahren gegen Admiral Karl Dönitz als »nackte Heuchelei« zu bezeichnen, ist die größte Untertreibung aller Zeiten. Es ist abscheulich, einen Mann als »Kriminellen« zu erachten, der seinem Vaterland ehrenvoll und patriotisch gedient hat. Und ausgerechnet ein Staat stempelt ihn ab, der sein eigenes Kontingent an Kriminellen hat, allerdings nicht solche von der ehrenvollen und patriotischen Sorte.

TAYLOR CALDWELL

Amerikanische Schriftstellerin

CALVO GALLEGOS: Als Berufssoldat bin ich der Auffassung, daß Großadmiral Karl Dönitz seine Pflichten loyal und tapfer erfüllt hat, indem er alles in seiner Kraft Stehende tat, den Sieg seines Vaterlandes im Zweiten Weltkrieg zu sichern. Beherzt nahm er die Bürde der Führung auf sich. Ich bin sicher, daß niemals irgendein Berufssoldat Großadmiral Karl Dönitz als Kriegsverbrecher betrachten wird. Meines Erachtens sollte das ungesetzliche und ungerechte Urteil, das ihn zu zehnjähriger Haft verdamm-

CALVO GALLEGOS

te, ganz einfach als Ausdruck des Machtmißbrauchs von Siegern im Zustand der Gefühlsaufwallung begriffen werden.

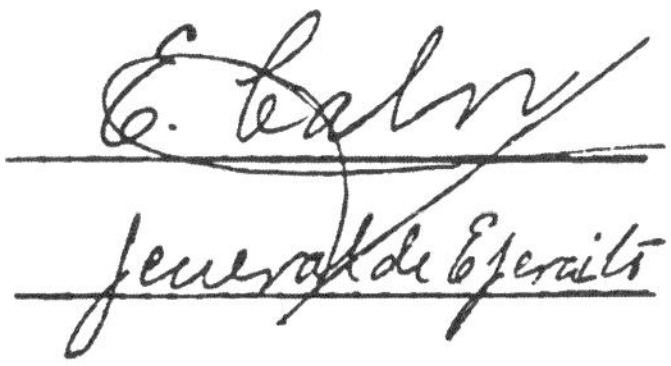

ENRIQUE CALVO GALLEGOS

General der chilenischen Armee; Befehlshaber der 5. Division; Generalstabschef Chiles 1944

CAMERON: Ich erinnere mich noch gut an mein tiefes Unbehagen, das ich zur Zeit der Nürnberger Prozesse wegen eines Gerichtsverfahrens empfand, das sich gegen altgediente wie auch andere Offiziere richtete und sie anklagte, Befehle höherer Stellen ausgeführt zu haben.

CYRIL ST. CLAIR CAMERON

Vizeadmiral der britischen Royal Navy; Chef der Abteilung Torpedoboote im Stab der britischen Kriegsmarine

CAMPBELL: Ich beglückwünsche Sie erfreut, daß Sie sich der Sache des Großadmirals Dönitz angenommen haben. Nach allen vorliegenden Informationen steht für mich unzweifelhaft fest, daß Admiral Dönitz in höchstem Maße unanständig und unfair behandelt worden ist und daß es dem geltenden Völkerrecht widersprach, ihn eines Verbrechens zu bezichtigen. Eher noch wurde an ihm ein Verbrechen begangen als daß er eines verübt hätte. Ich hoffe, Sie haben Gelegenheit, Großadmiral Karl Dönitz mitzuteilen, was ich aus seiner Nürnberger Verurteilung zu zehn Jahren Gefängnis schlußfolgere.

WILLIAM P. CAMPBELL

Brigadegeneral der US-Armee; Beiratsmitglied des President Harding-College; Stellvertretender Leiter des Finanzwesens der US-Armee 1950-1953; Mitglied des Generalstabes der US-Armee 1949-1950; Berater der peruanischen Armee 1945-1947

CASEY: Es ist tatsächlich traurig, daß ganz offenbar ein Präzedenzfall gesetzt wurde, demzufolge vaterlandsliebende hohe Offiziere des Heeres, der Kriegsmarine und der Luftwaffe im Falle einer Niederlage – von einem Strafgericht verurteilt – eingesperrt oder unter beschämenden Umständen hingerichtet werden können. Und das wegen Erfüllung ihrer Pflicht, wie sie es gelobt haben und wozu sie bestimmt sind. In Kriegszeiten ist es die Pflicht eines jeden patriotischen Staatsbürgers eines jeden Landes, erst recht, wenn er Angehöriger der Streitkräfte ist, alles in seiner Macht Stehende zu unternehmen, um den Sieg seines Vaterlandes zu erreichen. Im Fall der U-Boot-Unterneh-

CASEY

mungen ist es so, daß ein Kommandant pflichtvergessen handeln würde, der das Scheitern seiner Mission sowie Verlust von Boot und Mannschaft riskierte, wenn er vor dem Angriff eine Warnung abgeben würde und zunächst die Räumung des ins Fadenkreuz genommenen Schiffes »aus humanitären Gründen« gestattete. Verheißt ein »uneingeschränkter U-Boot-Krieg« größeren Erfolg, ist es zwingend für einen Kommandanten, dementsprechend zu handeln. Ebenso kann ein ranghoher Offizier nicht dafür verurteilt werden, daß gewisse Untergebene oder untergeordnete Einheiten gegen das Kriegsrecht verstoßen haben, vorausgesetzt, solche Verirrungen geschahen ohne sein Mitwissen, seine Billigung oder gar seinen Befehl. Ich schließe mich der Auffassung vieler hoher alliierter Militärs und Mitglieder der politischen Führungen an, die gegen die Hauptkriegsverbrecherprozesse opponiert haben, wobei der Fall des Großadmirals der deutschen Kriegsmarine, Karl Dönitz, typisch war. Ferner bedaure ich die strengen Strafen, die gegen solche führenden Persönlichkeiten verhängt worden sind, die nur erfüllt haben, was sie als ihre vaterländische Pflicht ansahen, jedoch das unverzeihliche »Verbrechen« begangen hatten, den Krieg zu verlieren.

HUGH J. CASEY

Generalmajor der US-Armee; Kommandierender General des Nachschubwesens 1944-1945, Chef der Pioniere des Fernostkommandos, 1946-1949

CAWADIAS: Ich kann mich dafür verbürgen, daß mir in fünfjähriger Kampfzeit im Dienste unserer Flotte, meist der britischen Flotte beigeordnet, nie Beschwerden über

CAWADIAS

grausame U-Boot-Kriegführung zu Ohren gekommen sind. Das gilt uneingeschränkt, einschließlich unserer griechischen U-Boote, für beide Kriegsparteien. Noch habe ich irgend etwas Belastendes über Großadmiral Dönitz vernommen. Er kann für individuelle Vergehen Untergebener nicht verantwortlich gemacht werden. Deshalb kann er nicht wegen »Kriegsverbrechen« schuldig gesprochen werden. Doch die öffentliche Meinung annulliert den Schuldspruch gegen ihn nicht. Nur eine saubere Revision des Verfahrens durch eine juristische Körperschaft könnte die Schande dieses und vielleicht auch anderen Unrechts tilgen.

EPAMINONDAS P. CAWADIAS

Vizeadmiral der Königlich Griechischen Kriegsmarine; befehligte eine U-Boot-Flottille 1935-1937: Oberbefehlshaber der griechischen Flotte 1939-1942; Marineminister 1943/44; im Kronrat von König Paul 1947-1951

CHAMBERLIN: Meiner Ansicht nach müssen die sogenannten Kriegsverbrecherprozesse, wie sie in Nürnberg und andernorts abgehalten worden sind, als Karikatur der Gerechtigkeit und höchst unglückseliger Präzedenzfall im internationalen Recht betrachtet werden. Kein Gericht der Sieger über die Besiegten in der Zeit unmittelbar nach einem großen Kriege, der furchtbares Leid mit sich gebracht hat, kann die Voraussetzungen einer objektiven, unparteiischen Justiz erfüllen. Ein wahrhaft grotesker Umstand in der Nürnberger Anklage war, daß sie den Vorwurf einschloß, die Deutschen hätten Abertausende polnische Kriegsgefangene im Wald von Katyn massakriert, deren Leichname im Frühjahr 1943 entdeckt wurden. Tatsächlich sind die Beweise, daß die sowjetische politische Polizei diese Gefangenen ermordet hat, so erdrückend, daß der Anklagepunkt im Urteil schamhaft weggelassen worden ist und man nichts mehr davon gehört hat. In anderen Fällen klagte man die Deutschen der Kriegsverbrechen wie etwa vorwarnungsloser Versenkung von Schiffen durch U-Boote an, die von den Vereinigten Staaten und anderen alliierten Mächten genauso begangen worden waren.

Die Frage, inwieweit ein Offizier Befehle Vorgesetzter mißachten darf, wurde ohne befriedigende Antwort aufgeworfen. Was besonders anstößig an den sogenannten Kriegsverbrecherprozessen erscheint, ist, daß sie ein Vorbild dafür schufen, daß künftig alle Kriege mit einem Massaker unter den Führern der Verliererseite enden. Egal auf welcher Seite das Recht beim Ausbruch des Krieges gewesen sein möge: Nun haben die Sieger ein Beispiel, wie man als Richter in eigener Sache auftreten kann. Schon hat es Drohungen in kommunistischen Staaten gegeben, jene als »Kriegsverbrecher« anklagen zu wollen, die für Verteidigungsbereitschaft in nichtkommunistischen Ländern eintreten. Vielleicht gibt es rein theoretisch in der Juristerei den Fall eines unabhängigen neutralen Tribunals, das unparteiisch alle verurteilt, die Greueltaten im Kriege begangen haben. Doch in der Praxis erscheint dies undurchführbar. Weder mit dem Recht noch mit Moral oder politischen Zweckmäßigkeitserwägungen kann man die Schaffung sogenannter Siegergerichte mit abgekarteten Schuldsprüchen begründen.

CHAMBERLIN

WILLIAM HENRY CHAMBERLIN

Autor und Publizist; Korrespondent des »Christian Science Monitor« und des »Wall Street Journal«

CHAMBERS (an Admiral Dönitz): Ihre unselige Inhaftierung hat viele Amerikaner aller Gesellschaftsschichten in Trauer und Scham versetzt. Sie waren ein Militärprofi und haben nur ihrem Vaterland gedient. Die Nürnberger Prozesse schufen einen beklagenswerten Präzedenzfall im internationalen Recht.

SAMUEL T. CHAMBERS

Geschichtsprofessor an der Universität von Baltimore/USA

CHAND: In seinem brillanten und geradlinigen, abweichenden Urteil beim sogenannten Kriegsverbrecherprozeß von Tokio bemerkte Richter Radharinod Pal (Indien), daß, wenn die Zeit die Leidenschaften und Vorurteile gedämpft habe und die Vernunft nicht mehr die Maske der Verwirrung trage, Justitia wieder sehend sein, vieles des Geschehenen tadeln und ein löblicher Wandel stattfinden werde. Dies gilt ebenso für Berufsoffiziere und Seeleute wie Großadmiral Karl Dönitz, der im Nürnberger Kriegsverbrecherprozeß wegen des neuartigen und ziemlich dubiosen Anklagepunktes »Verschwörung bzw. Führen eines Angriffskrieges« abgeurteilt wurde. Aus heutigem Blickwinkel und nach dem Abkühlen der Leidenschaften der Nachkriegszeit wird kaum noch jemand zögern, einzuräumen, daß nicht Gerechtigkeit obwaltete, sondern daß zu Kopf gestiegene Siegestrunkenheit und eine unvermeidliche Logik der Niederlage die marktschreierisch verkündete Rechtfertigung der harten Urteilssprüche gegen Berufsoffiziere wie Großadmiral Karl Dönitz geschaffen haben, der seine Seestreitkräfte pflichtgemäß, tüchtig und wirkungsvoll geführt hatte. Wäre der Krieg für die Angeklagten nicht verlorengegangen, wären sie als Nationalhelden gefeiert worden, und kein von den Siegern eingesetztes Militärtribunal hätte sie als Kriegsverbrecher gebrandmarkt. Sieger und Besiegte haben sich gleichermaßen des uneingeschränkten U-Boot-Krieges und der wahllosen Bombardierung ziviler Ziele »schuldig« gemacht. Großadmiral Karl Dönitz aber hat gewiß nicht eine Massenschlächterei begangen wie den Abwurf der Atombomben auf Hiroschima und Nagasaki. Die Nazis wollten das »Diktat« von Versailles revidieren und die Vorherrschaft des »Herrenvolkes« errichten. Doch Dönitz gehörte keinesfalls der politischen Hierarchie im Umkreis des Führers an. Der Berufssoldat hat einen stark ausgeprägten Sinn, der politischen Führung zu gehorchen. Das ist besonders bei den Deutschen der Fall. Eine allgemein anerkannte Definition von »Angriffskrieg« wird immer noch gesucht, und häufig ist es schwierig, einen Trennungsstrich zwischen Angriffskrieg und Selbstverteidigung zu ziehen. Solange die Vorstellung vom Nationalstaat besteht – und es wird noch Generationen dauern, bis die Ideen von Weltbürgerschaft und Gehorsamkeit gegenüber internationalem Recht Wurzeln schlagen –, kämpft der Berufssoldat für sein Vaterland – »right or wrong« –, und er hält der Staatsführung die Treue bis in den Tod. Das Nazi-Phänomen wuchs wegen des Wunsches der Deutschen, sich für die Niederlage von 1918 zu rächen und einen Platz an der Sonne als kräftigste europäische Nation zu erlangen. Es war die Fortsetzung des Kampfes zwischen den »Habenichtsen« und den »Besitzenden« unter den europäischen Großmächten, die über einen Zeitraum von mehr als zwei Jahrhunderten ihren politischen und wirtschaftlichen Würgegriff über große Teile der Erde ausgedehnt hatten. Kein Mensch kann ernsthaft behaupten, politische Intrige und unprovozierte Aggression sowie in manchen Fällen Völkermord hätten beim Aufbau der ausgedehnten Imperien keine Rolle gespielt. Der wissenschaftliche Fortschritt hat die Entwicklung der menschlichen Wertvorstellungen überholt. Wir leben im Atomzeitalter und in der Ära der Eroberung des Weltraumes. Zeit und Raum schrumpfen zusammen. Jeder künftige Krieg – atomar, thermonuklear, chemisch, bakteriologisch oder wirtschaftlich geführt –, wird, wenn ihn die Weltgemein-

CHAND

schaft nicht wirksam an die Kandare nimmt, gleichbedeutend mit dem Selbstmord der Menschheit sein. Altüberlieferte Werte schwinden, und die Menschheit driftet führerlos ihrer Zerstörung entgegen. Die Zeit ist gekommen für die Rückkehr zu den ewigen grundlegenden menschlichen Werten. Eine weltbürgerliche Kultur ist das Gebot der Stunde – ohne rassistische Überheblichkeit, ohne Vorherrschaft eines Volkes oder einer Regionalmacht über andere –, in der Not und Armut beseitigt sind. Wie der große Philosoph und Staatsmann Radhakrishnan ausgeführt hat: »Wir können es nicht zulassen, von Kräften vernichtet zu werden, die wir zwar zu erschaffen, nicht aber zu beherrschen verstehen.« Das Problem wird nicht durch die Bestrafung des besiegten Feindes wegen Kriegsverbrechen behoben, sondern durch Ausschaltung des Krieges als Mittel zur nationalen, rassischen oder machtpolitischen Überhebung.

KHUB CHAND

Generalmajor; indischer Staatsmann und Diplomat; indischer Hoher Kommissar in Pakistan 1950-52; Botschafter in Italien und Albanien 1957-1960; Hoher Kommissar in Ghana und Sierra Leone, Kommissar in Nigeria und Botschafter in Liberia, Guinea und Mali 1960-1962; Botschafter in Schweden und Finnland 1962-1965; Botschafter im Libanon, in Jordanien und Kuweit; Hoher Kommissar in Zypern 1966/67; Botschafter in der Bundesrepublik Deutschland 1967-1970; Vizepräsident des Indischen Rates für Weltpolitik 1974

CHANDLER: Der Entschluß, die militärischen Befehlshaber der geschlagenen Völker des Zweiten Weltkrieges vor Gericht zu bringen, hat einen Präzedenzfall im Völkerrecht geschaffen, der zweifellos ähnliche Verfahren gegen hohe Militärs anderer besiegter Völker in der Zukunft bringen wird. Die führenden Soldaten eines Krieges sind in Wahrheit Instrumente der nationalstaatlichen Politik, die von ihnen nicht gestaltet wird. Deshalb können sie auch nicht für eine Politik verantwortlich gemacht werden, deren bloßes Werkzeug sie sind. Die bei allen Nationen im Zweiten Weltkrieg übliche Art des U-Boot-Einsatzes wird, dessen bin ich sicher, von kommenden Generationen und im Lichte künftiger Kriege, die wir schon vor unserem geistigen Auge haben, als ihrer Natur nach verhältnismäßig human und zurückhaltend bewertet werden. Im großen und ganzen vertraue ich darauf, daß der Durchschnittsmensch erkannt hat, daß die Kriegsverbrechergerichte dieser Generation nichts Gutes gebracht haben (und auch nicht kommenden Generationen), sowie, daß sie einer Nachprüfung unterzogen werden sollten, und zwar im Zeichen der Vernunft, nicht der Emotionen.

ALVIN D. CHANDLER

Vizeadmiral der US-Kriegsmarine; Kommandeur der 41. Zerstörer-Abteilung im Zweiten Weltkrieg; Präsident des College of William and Mary

CHANEY: Die Nürnberger Prozesse waren ein tragischer Fehler. Sie werden wie eine immerwährende Heimsuchung für uns sein.

JAMES E. CHANEY

Generalmajor der US-Luftwaffe

CHASSIN: Es ist geraume Zeit her, daß ich meine Ansichten über die illegalen, bedauerlichen Nürnberger Prozesse veröffentlicht habe. 1948 übersetzte ich General J.F.C. Fullers Buch »Armament and History« aus dem Englischen. In meinem ausführlichen Vorwort stellte ich fest: »Angesichts des tiefen Sturzes der Moral sei es einem Soldaten gestattet hervorzuheben, daß im letzten

Kriege nur noch die Soldaten sich darauf verstanden haben, das Kriegsrecht zu achten. Auch in härtesten Augenblicken verhielten sich die Armeen im Felde anständig gegenüber ihrem Feinde, kümmerten sich um die Verwundeten, egal wer sie waren, behandelten die Gefangenen menschlich.« Und das macht verständlich, warum General Fuller schrieb: »Ich protestiere energisch gegen die Verdammung der besiegten Generale als Kriegsverbrecher. Tatsächlich gibt es keinen Zweifel, daß die führenden Politiker der Alliierten sich mit dem Befehl, Großstädte zu vernichten, die unverzichtbarer Bestandteil europäischer Kultur und Zivilisation waren, schreckliche Schuld vor der Geschichte aufluden.« Meine Meinung ist bis heute gleichgeblieben. Churchill und Roosevelt hätten es im selben Maße wie Hitler und ungleich mehr als Dönitz verdient gehabt, vor ein Tribunal der zivilisierten Menschheit gebracht zu werden. Die Bombenangriffe etwa auf Köln, Dresden und Aachen waren nicht nur militärisch töricht, sie waren teuflisch. Um auf den Fall führender deutscher Militärs zurückzukommen: Die Prozesse gegen sie waren ein Skandal. Wo kommen wir hin, wenn man Führer der Besiegten automatisch vor Gericht bringt? Wer will dafür die Verantwortung übernehmen? Und ich möchte an dieser Stelle den Unterschied im Verhalten der amerikanischen Admirale und Generale in bezug auf Nürnberg herausstellen. Die amerikanischen Admirale zeigten Mut. Sie verteidigten ihre einstigen deutschen Widersacher und retteten deren Leben. Warum taten die Generale des Feldheeres nichts dergleichen? Sie drucksten herum, während meines Erachtens das deutsche Heer keine Verbrechen begangen hat. Diese alte Geschichte beweist auch, daß das moralische Niveau der Menschheit seit barbarischen Zeiten noch nie so tief gesunken ist, und zwar als unvermeidliche Folge einer Entchristlichung des Westens, die im 18. Jahrhundert begann und uns alle bald zu Sklaven des kommunistischen, materialistischen Imperialismus macht.

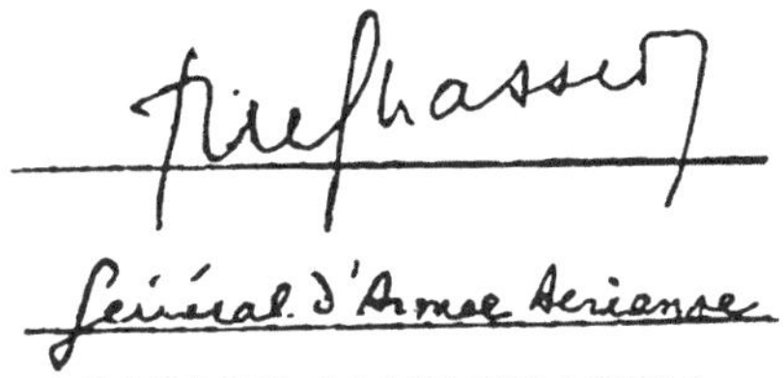

LIONEL-MAX CHASSIN

Französischer Luftwaffengeneral; Mitglied des Stabs der französischen Luftwaffe 1943; Kommandeur der 31. Bomberstaffel; Chef des Nationalen Verteidigungsstabes 1944/45; Befehlshaber der Luftwaffe in Indochina 1951-1953; Befehlshaber der französischen Land-Verteidigungsstreitkräfte 1953-1956; Koordinator der europäischen Luftverteidigung 1956/57; Verfasser mehrerer Werke über Kriegsgeschichte

CHATFIELD: Es ist nicht richtig, Offiziere oder auch Soldaten aus dem Mannschaftsstand vor Gericht zu bringen, die auf Befehl Vorgesetzter gehandelt haben. Die brutalste Tat des Krieges war der Abwurf der Atombomben auf Japan. Meines Erachtens ist es falsch, Admirale, Generale und Luftmarschälle anzuklagen, weil sie ausdrückliche Befehle ihrer höchsten Vorgesetzten ausgeführt haben. Die Alliierten waren von Schuldlosigkeit weit entfernt und sollten dies reiflich bedenken.

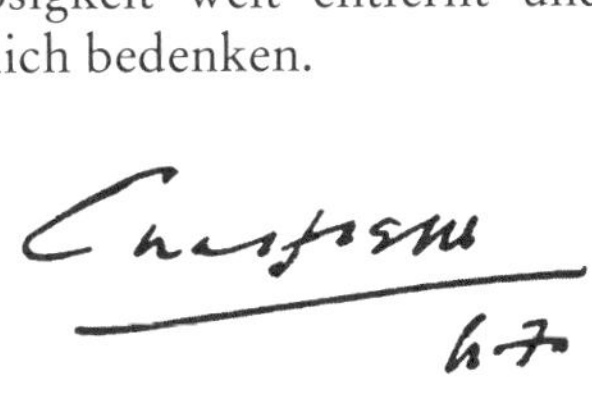

LORD CHATFIELD

Großadmiral; Oberkommandierender der britischen Atlantik-Flotte; Erster Seelord und Chef des Stabes der Kriegsmarine; Mitglied des englischen Kriegskabinetts im Zweiten Weltkrieg

CHAUDHURI: In der heutigen modernen Kriegsführung überlappen sich bei einem ranghohen Offizier Verantwortungsbereiche und Aufgabengebiete und gehen über die Pflichten, für die er ausgebildet worden ist, weit hinaus. Hinzu kommt, daß er – besonders im Abwehrkampf – häufig die Hauptlast falscher Entscheidungen seiner politischen Herren und Meister tragen muß; Entscheidungen, bei deren Zustandekommen er nichts zu sagen hatte, mit denen er möglicherweise nicht übereinstimmte, die er dennoch pflichtgemäß erfüllen muß. Keith Thompsons Buch über den Fall Dönitz klärt für die Zukunft, wie dieses besondere militärische Dilemma gesehen und behandelt werden sollte. Damit schließt es eine wesentliche Lücke in den Betrachtungen über die Kriegsfolgen.

JOYANTO NATH CHAUDHURI

General der indischen Armee; diente in der indischen Kavallerie im Mittleren Osten und in Burma 1939-1945; Militärgouverneur von Haiderabad 1948/49; Kommandeur der Operation Goa 1962; Stabschef der indischen Armee 1962-1966; Botschafter in Kanada 1966-1969; Vizepräsident des Internationalen Instituts für Strategische Studien; Vorsitzender und Generaldirektor Andrew Yule & Co. Ltd. ab 1973

CHETWYND: Als die Prozesse liefen, konnte ich gar nicht begreifen, daß solche verfassungswidrigen und ungerechten Verfahren überhaupt möglich waren. Der Idee zu verfallen, ein Zivilgericht zur Aburteilung von Befehlshabern der Kriegsmarine, des Heeres und der Luftwaffe zu schaffen, war unverzeihlich. Männer anzuklagen, die im Kampf gegen den Feind ihres Vaterlandes gestanden und nur ihre Pflicht getan haben, erscheint als ungeheuerlichste Verzerrung des Rechts. Unparteiische Justiz, die stets wie ein Fanal unser Land zu er-

CHETWYND

leuchten schien, kommt mir, die ich mein ganzes Leben im Rahmen militärischer Tradition verbracht habe und mich den Idealen von Pflichterfüllung, Vaterlandsliebe und Fairness ergeben fühle, durch diese Travestie des Fair play arg in Mitleidenschaft gezogen vor. Ich hege nicht den geringsten Zweifel, daß die Offiziere, die an der Spitze der drei Waffengattungen stehen, der Meinung zustimmen, daß das Verfahren gegen Admiral Dönitz und andere Soldaten seines Ranges ein Fehlurteil war und allen Vorstellungen von aufrichtiger Kriegführung widersprach. Nicht eine Sekunde zweifle ich daran, daß unsere Befehlshaber genauso gehandelt hätten wie Admiral Dönitz, hätten sie vor denselben Problemen gestanden wie er. Solche Verfahren wie die Nürnberger Prozesse gegen ritterliche Gegner lassen nichts Gutes für künftige Friedensschlüsse erwarten. Sie beschwören nur noch mehr Böses und noch mehr Härte für die Verlierer eines Krieges herauf und mindern das Ansehen der Sieger. Ich hoffe aufrichtig, Admiral Dönitz erkennt, daß viele von uns, gewiß aber die Angehörigen der Streitkräfte, den Prozeß gegen ihn beklagen. Und ich hoffe, daß er noch viele, viele glückliche und friedvolle Jahre vor sich hat.

LADY EVELYN MARGARET CHETWYND

CLARK (an Großadmiral Dönitz): Gestatten Sie mir, daß ich meine Bewunderung für Ihre Fähigkeiten als hervorragender Führer der Kriegsmarine Ihres Landes ausdrücke. Auch wenn wir auf verschiedenen Seiten gekämpft haben, geziemt es sich, Ihre vortrefflichen Leistungen in der Kriegskunst zur See anzuerkennen. Es ist zu hoffen, daß es nie wieder zu einer bewaffneten Auseinandersetzung zwischen unseren beiden großen Ländern, Deutschland und den Vereinigten Staaten von Amerika, kommt.

JOSEPH J. CLARK

Admiral der US-Kriegsmarine; Befehlshaber der Flugzeugträger-Abteilungen 3 und 4 von 1948 bis 1951

COLEGROVE: Ich betrachte es als Vorrecht, einem hervorragenden, fähigen und patriotischen Marineoffizier wie Großadmiral Karl Dönitz meine Hochachtung und Bewunderung erweisen zu dürfen. Wie ich auch wiederholt meinen Studenten des Völkerrechts an der Northwestern Universität dargelegt habe, war das Verhalten von

COLEGROVE

Großadmiral Dönitz im Zweiten Weltkrieg vorbildlich und hat er seine schmerzliche Pflicht bei Kriegsende in außerordentlicher Würde erfüllt. Die Nürnberger Prozesse waren eine Schande für die zivilisierte Menschheit. Gerade als Lehrer junger Männer und Frauen habe ich es zutiefst bedauert, daß mein Land an diesem abscheulichen Unterfangen teilhatte. Es handelte sich um eine Vergewaltigung des Völkerrechts, eine Verletzung der Völkerverständigung und der internationalen Moralvorstellungen. Was auch immer getan werden kann, dafür Abbitte zu leisten, sollte geschehen.

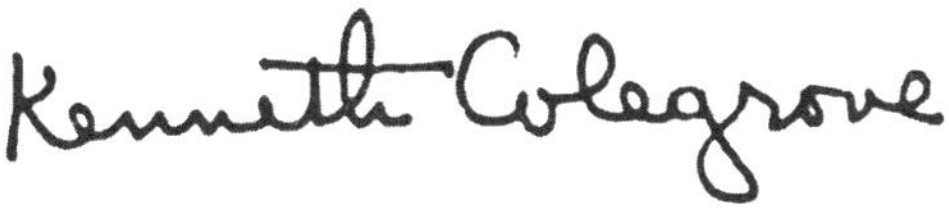

KENNETH COLEGROVE

Professor (emeritus) der Politischen Wissenschaften an der Northwestern Universität; Berater von General Douglas MacArthur während der Besatzungszeit in Japan; Buchautor

COLLINS: Ich heiße die Anschauungen, wie sie in Ihrem Memorandum zum »Prozeß« gegen Großadmiral Dönitz zum Ausdruck gekommen sind, ausdrücklich gut. Diese Begutachtung des Falles ist von großer Bedeutung, um all jenen im aktiven Dienst stehenden Offizieren von heute und

COLLINS

morgen, die Befehle höherer Stellen zu befolgen haben, Sicherheit zu geben. Ich halte es für meine Pflicht und bin erfreut darüber, meinen Namen denen vieler meiner Freunde sowie denen von Kameraden gleichen Ranges aus den Reihen der Royal Navy und der US-Kriegsmarine hinzufügen zu können, die Ihren Ansichten zustimmen.

JOHN A. COLLINS

Vizeadmiral der Königlich Australischen Kriegsmarine; befehligte H.M.A.S. »Sydney« 1939-1941 und die »Shropshire« 1943/44; Kommodore der Einsatzkräfte des China-Kommandos 1942; Stabschef der Kriegsmarine 1948-1955; Australischer Hoher Kommissar in Neuseeland 1956-1962

COODY: Die Nürnberger Prozesse haben sich die Bezeichnung »infam« wahrlich verdient. Ich nehme an, es ist das erste Mal in der Geschichte meines Landes, daß wir die Doktrin des »ex post facto-Verbrechens« angewendet haben. Die ganze Sache war ebenso beispiellos wie bösartig und unmoralisch. Die Ehre meines Landes ist dadurch untilgbar befleckt worden. Admiral Dönitz war ein tapferer und fähiger Befehlshaber und diente dem Land seiner Geburt so, wie es alle Menschen tun sollten. Es steht ihm zu, daß alle tapferen und treuen Patrioten ihm gebührende Ehrung erweisen.

ARCHIBALD S. COODY

Amerikanischer Jurist und Buchautor; stand 38 Jahre im öffentlichen Dienst

COOKE: Ich kann sagen, daß ich die Nürnberger Prozesse von Anfang an mißbilligt habe, und ich glaube, daß ich – wie Senator Taft – zu den wenigen gehörte, die sich dazu auch bekannt haben. In derselben Weise denke ich über die Tokioter Prozesse. Beides schoß weit über das Ziel der Verurteilung jener hinaus, die das Kriegsrecht und die Regeln der Menschlichkeit verletzt hatten. In der US-Kriegsmarine war ich intensiv beschäftigt mit den Vorbereitungen für den Krieg sowohl gegen Deutschland wie auch gegen Japan. Doch ist mir klar geworden, daß unser wahrer Hauptfeind unser »Verbündeter« Sowjetrußland ist. Und ich weiß, daß die Hände einer der Nürnberger Gerichtsmächte, Sowjetrußlands, mit dem Blut des Massakers von Katyn besudelt waren. Anfang 1946 ging mir auf, daß wir sowohl Deutschland als auch Japan gegen den wahren Feind wiederbewaffnen mußten; zu dieser Zeit liefen die Prozesse noch.

CHARLES M. COOKE

US-Admiral; Kommandeur der 7. Flotte 1945-47; Befehlshaber der Seestreitkräfte im westlichen Pazifik 1947/48

CORK: Was die Rechtmäßigkeit dieser Kriegsverbrecherprozesse betrifft: Kann bezweifelt werden, daß es ungesetzlich gewe-

CORK

sen ist, voreingenommen zu richten? Im Hinblick auf die Richter bin ich entschieden der Meinung, daß sie höchst ungerecht und grausam waren. Hochrangige Offiziere mit einem derartigen Anklagepunkt wie »Planung eines Angriffskrieges« vor Gericht zu bringen oder auch wegen Missetaten im Bereich ihrer Befehlsgewalt, sowie schwere Strafen gegen solche Persönlichkeiten zu verhängen, weil sie nichts anderes getan haben, als offenkundig ihre Pflicht gegenüber ihrem Vaterland zu erfüllen, schmeckt für mich mehr nach Rache als nach Gerechtigkeit.

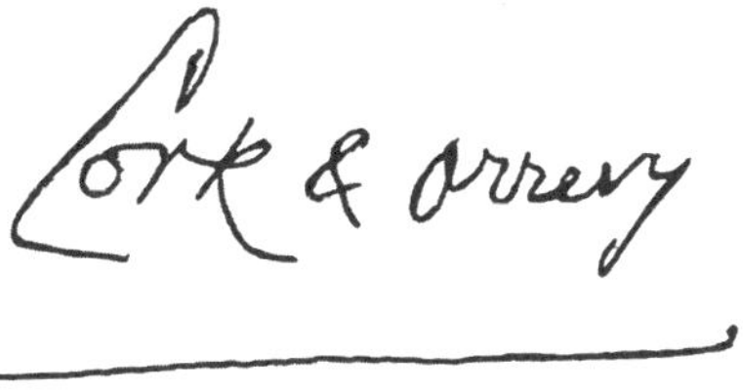

EARL OF CORK AND ORRERY

Großadmiral der britischen Kriegsmarine; Oberkommandierender der Home Fleet; Teilnehmer des Norwegen Feldzuges 1940

CORNWELL: Von Herzen stimme ich Admiral Gallery zu, wenn er die »Kriegsverbrecherprozesse« als eine »Verhöhnung des Soldatentums« bezeichnet. Überdies erfüllt es mich, wie wohl jeden klardenkenden Menschen, mit Abscheu, daß Admiral Dönitz und andere, deren einziges Verbrechen es war, ihre militärische Pflicht zu erfüllen, als Kriminelle gebrandmarkt wurden. Ich hoffe aufrichtig, daß, indem man diese Heuchelei ans Licht der Weltöffentlichkeit bringt, das Entstehen eines Präzedenzfalles verhütet und damit verhindert werden kann, daß den militärischen Führern allerorts ein Messer an die Kehle gehalten wird.

DELBERT S. CORNWELL

Vizeadmiral der US-Kriegsmarine; befehligte U.S.S. »Suwanee« und »Philippine Sea«; Kommandeur der Träger-Abteilung 4 und 15, 1951-1956; Kommandant des Flottenluftwaffenstützpunktes Jacksonville, Florida 1955

COSGRAVE: Meiner Meinung nach standen die alliierten Strafverfahren der Nachkriegszeit nicht im Einklang mit der Ge-

COSGRAVE

rechtigkeit. Es ist mein innigster Wunsch, Großadmiral Karl Dönitz möge erfahren, daß er als ein großartiger Offizier der Kriegsmarine geachtet wird und daß er das ihm widerfahrene Leid nur wegen Pflichterfüllung ertragen muß.

WILLIAM COSGRAVE

Präsident des irischen Parlamentes 1922; Präsident des Exekutivrates des Freistaates Irland 1922-1932; Finanzminister 1922/23; Verteidigungsminister 1924; Präsident der United Ireland Party 1935-1944

CREASY (an Großadmiral Dönitz): Ein altes Sprichwort sagt bei uns: Wer zu nahe am Wald ist, kann die Bäume nicht mehr

CREASY

voneinander unterscheiden. Wir sind noch vergleichsweise nahe an den Ereignissen des Zweiten Weltkrieges, und es wird noch viele Jahre dauern, bis die Geschehnisse mit dem ruhigen, leidenschaftslosen Auge des Historikers betrachtet werden können. Wenn aber dieser Tag gekommen ist, so bin ich überzeugt, wird Ihr Ansehen als Offizier der Kriegsmarine und als Admiral im Kampfe gesichert und gefestigt dastehen. (An die Herausgeber): Als einem U-Boot-Admiral, von dem ich weiß, daß er von Offizieren und Mannschaften der U-Boot-Flotte im höchsten Maße bewundert und respektiert wird, zolle auch ich persönlich Dönitz meine Hochachtung. Es unterliegt keinem Zweifel, daß er seine U-Boot-Waffe mit meisterhafter Geschicklichkeit und Tüchtigkeit handhabte; seine Männer dienten ihm mit großartiger Loyalität.

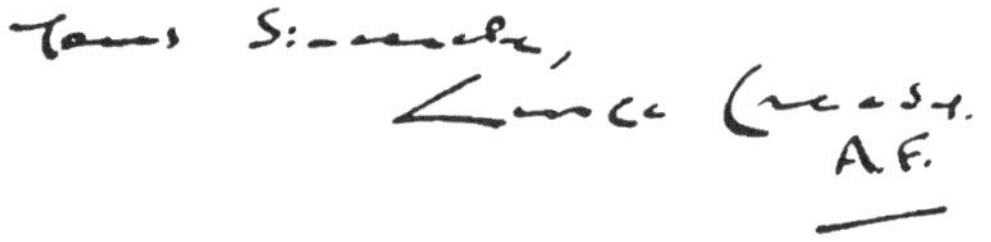

SIR GEORGE E. CREASY

Großadmiral der britischen Kriegsmarine; Leiter des U-Boot-Abwehrkampfes im Marinestab; befehligte das Schlachtschiff »Duke of York«; Konteradmiral der U-Boot-Waffe; Fünfter Seelord; Stellvertretender Stabschef der Marine; Oberbefehlshaber der Home Fleet; Oberbefehlshaber des alliierten Kanalinsel-Kommandos der NATO

CRESPIGNY: Dönitz ist der Kriegsverbrechen nicht mehr schuldig als andere, die auf unserer Seite gefochten haben. Der uneingeschränkte U-Boot-Krieg gegen die alliierte Flotte, den er geführt hat, war um nichts mehr ein Verbrechen als die alliierten Massenbombardements deutscher Städte. Die häufig vorgebrachte Entschuldigung, daß die bombardierten Städte militärische Angriffsziele bargen, kann insofern nicht überzeugen, als ja auch für die Schiffe letztlich zutrifft, daß sie ihre Fahrten zur Unterstützung der alliierten Kriegsanstrengungen unternommen haben. Der Nürnberger Gerichtshof kann im Grunde gar nicht als »Militär-Tribunal« bezeichnet werden, da politische Erwägungen unter Ausschluß des Rechts im Vordergrund standen. Ich bin der festen Überzeugung, daß die Nürnberger Prozesse dem Ansehen des von den Briten und Amerikanern so lange hochgehaltenen

CRESPIGNY

Rechtes schweren Schaden zugefügt haben und daß viele Urteile im Widerspruch zu heiligsten Grundsätzen der Verfassung stehen . Es stimmt, daß die Gerechtigkeit untergeht, wenn Politik auf sie Einfluß nehmen kann. So sieht unsere Gegenwart, Jahre nach den Geschehnissen, auch aus.

HUGH CHAMPION DE CRESPIGNY

Vizemarschall der Luftstreitkräfte der RAF; Kommandierender General des Luftwaffengeschwaders 1943/44; Alliierter Militär-Gouverneur in Schleswig-Holstein 1946/47

CROMWELL: Mit dem Beweismaterial der sogenannten »Kriegsverbrecherprozesse« habe ich mich gar nicht erst näher befaßt, weil das gesamte Verfahren durch die Teilnahme sowjetischer »Richter« eine ekelerregende Farce geworden war. Die Anwesenheit dieser Lakaien einer barbarischen und mittelalterlichen Despotie schießt das ganze schimpfliche Ereignis in die Stratosphäre der Heuchelei.

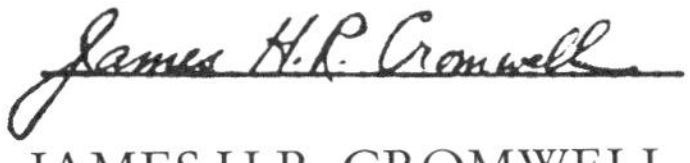

JAMES H.R. CROMWELL

US-Gesandter in Kanada 1940; US-Berater des späteren koreanischen Präsidenten Singman Rhee 1941-1945

CRUZEN: Nach meiner Überzeugung waren die Kriegsprozesse eine der schändlichsten Offenbarungen damaliger Kriegshysterie. Mir ist völlig klar, daß Admiral Dönitz' Verurteilung eine ungeheuerliche Mißhandlung des Rechtes darstellte.

RICHARD H. CRUZEN

Vizeadmiral der US-Kriegsmarine; Kommandeur der Seestreitkräfte auf den Philippinen 1951; Kommandeur der Einsatzgruppe bei der Byrd Antarktis-Expedition

F. H. CUNNINGHAM (an Großadmiral Dönitz): Die Nürnberger »Prozesse« waren eine schändliche Episode, derer sich ein jeder richtige Amerikaner schämen sollte. Die Hinrichtung bzw. Inhaftierung deutscher militärischer Führer hat unsere nationale Integrität besudelt. Sie, Admiral Dönitz, haben ihre Befehlsgewalt ehrenhaft und bestens ausgeübt. Wir bedauern es, daß Ihr Dienst für das Vaterland unberechtigterweise zu zehn Jahren Gefängnishaft geführt

CUNNINGHAM

hat – als Rache jener, die unsere Zivilisation zerstören.

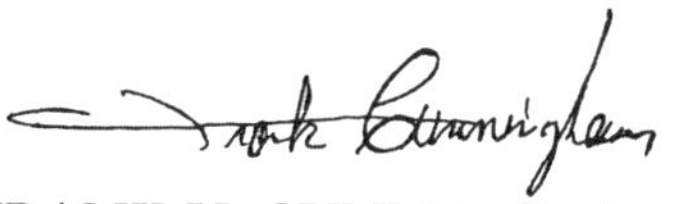

FRANK H. CUNNINGHAM

Amerikanischer Hochschullehrer, Autor und Herausgeber; Vizepräsident der Sequoia-Universität

W. S. CUNNINGHAM: Hinsichtlich Prozeß, Verurteilung und Inhaftierung des Admirals der deutschen Kriegsmarine Dönitz möchte ich feststellen, daß ich den Ausführungen von Admiral Dan Gallery und des Verfassers des Leitartikels der Chicago Tribune völlig beipflichte. Schon als ich das erste Mal von diesen Prozessen, auch von jenen gegen hochrangige Japaner, erfuhr, erschienen sie mir grundsätzlich falsch. Ich stellte mir die Frage, wie wohl unsere eigenen hohen Offiziere eine ähnliche »Justiz« im Falle einer Kriegsniederlage der Vereinigten Staaten finden würden. Aber ich nehme an, die Vorstellung von unserer eigenen Niederlage fällt unter den Begriff »undenkbar«. Jedenfalls bliebe bei einem Atomkrieg ohnehin niemand mehr übrig, der sich den Kopf zerbrechen müßte, wie man Kriegsverbrechen rückwirkend aushecken kann.

WINFIELD SCOTT CUNNINGHAM

Konteradmiral der US-Kriegsmarine; Kommandant von Wake Island 1941; Kriegsgefangener der Japaner vom 23.12.1941 bis 1945; Kommandant des Marine-Ausbildungszentrums 1947-1950

CURTIS: Ganz allgemein gesagt war ich nie der Auffassung, daß die Nürnberger Prozesse ein gutes Licht auf die Alliierten werfen. Ich fürchte, daß sie keineswegs als ein legitimes bzw. legales Verfahren in die Geschichte eingehen. Insbesondere das Prinzip, Soldaten vor Gericht zu bringen, weil sie ihr Vaterland verteidigt haben, erscheint mir geeignet, einen üblen Präzedenzfall zu setzen.

EDWARD P. CURTIS

Generalmajor der US-Luftwaffe; Kampfflieger im Ersten Weltkrieg; Stabschef der Strategischen Luftstreitkräfte in Europa während des Zweiten Weltkrieges; Vizepräsident und Direktor der Eastman Kodak Company; Berater von Präsident Eisenhower in Luftwaffenfragen

DAHANAYAKE: Meiner Meinung nach waren die Kriegsverbrecherprozesse illegal. Würden die Sieger nach jedem Kriege ein Kriegsverbrecher-Tribunal veranstalten – die besten Männer der Unterlegenen wür-

DAHANAYAKE

den auf dem Altar des Blutdurstes der Sieger geopfert. Warum können Sieger und Besiegte nicht vergeben und vergessen?

W. DAHANAYAKE

Ministerpräsident von Ceylon; Mitglied des Parlamentes von Ceylon; Minister der Verteidigung, des Äußeren und für Landwirtschaft

DANFORD: Sie bitten um meine persönliche Einschätzung des Verfahrens zur Verurteilung von Admiral Karl Dönitz gleich

DANFORD

nach Ende des Zweiten Weltkrieges. Sollten Gericht, Urteilsspruch und Strafe unangefochten Eingang finden in den Lebenslauf von Männern bester Motive und in die Geschichte des Berufssoldatentums der ganzen Welt, dann kann grundsätzlich nur der Sieg große Feldherren vom Schlage unserer McArthur, Hart, Eisenhower und Halsey davor bewahren, als »Kriegsverbrecher« angeklagt und bestraft zu werden.

ROBERT M. DANFORD

Generalmajor der US-Armee; Chef der Feldartillerie 1938-1942; Kommandeur der US-Militärakademie West Point

DANIELSEN: Das internationale Tribunal war in keinerlei Hinsicht ein Militär-Tribunal. Es fußte auf ex post facto-Vorstellungen, was einer Vergewaltigung angloamerikanischer Verfassungsgrundsätze gleichkommt. Das Völkerrecht kennt keine Strafbestimmungen, sondern beruht ausschließlich auf Einvernehmen zwischen den Nationen. Mit großem Interesse habe ich Konteradmiral Gallerys Meinung zum Prozeß gegen Admiral Dönitz gelesen. Er bezeichnet das Verfahren als eine »nackte Heuchelei« und als eine »Beleidigung unserer U-Boot-Fahrer«. Ich finde, dem ist tatsächlich so.

EDVARD CHRISTIAN DANIELSEN

Konteradmiral der Königlich Norwegischen Kriegsmarine

DAVIDSON: Meines Erachtens waren die Nürnberger Prozesse der größte Fehler, den unsere Regierung begehen konnte. Ich prophezeie, daß der dabei gesetzte Präzedenzfall unser Land auf Jahrhunderte heimsuchen wird. Der Krieg sollte beendet werden, wenn der Feind entscheidend geschwächt

DAVIDSON

ist. Die Verursacher von Kriegen sind Politiker und Nichtmilitärs fernab der Front. Wenn man den Kriegswillen brechen kann, ist auch der Kampf zu stoppen. Frontsoldaten verursachen keine Kriege und wissen oft nicht einmal, was das alles soll. Die Moral der Zivilbevölkerung in den Städten ist der verwundbare Punkt. Der nächste Krieg wird genau dort ansetzen, trotz all unseren Gejammers über das Töten von Frauen und Kindern bzw. über die Vernichtung der Zivilisation.

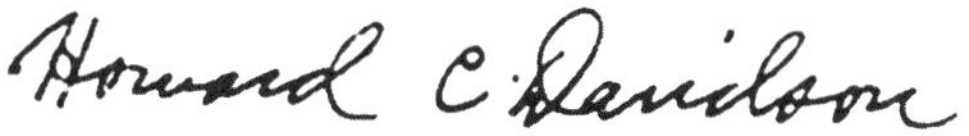

HOWARD C. DAVIDSON

Generalmajor der US-Luftwaffe; US-Luftwaffenkommandeur in Indien während des Zweiten Weltkrieges

DAVIES: Daß man im Kriege mit entschlossener Angriffslust vorgehen muß, wird allgemein als notwendig anerkannt. In einem solchen Zeitabschnitt schlagen die Haßgefühle hoch. Oftmals ist der allgemeine Zeitgeist haßerfüllter als das Frontsoldatentum. Wie man aber Frieden betreibt, steht auf einem anderen Blatt. Immer wieder hat die Geschichte gezeigt, daß Eroberer und Unterworfene binnen kurzer Frist unter einer Decke stecken müssen. Dies in anständiger Weise über die Bühne zu bringen, macht die Abkühlung des Hasses erforderlich, der sich insbesondere bei den Nichtkombattanten aufgestaut hat. Die sogenannten Kriegsverbrecher sollten in ihrem jeweiligen Heimatland in eine Art von Sicherungsverwahrung genommen werden, die ihrem Rang angemessen ist – und zwar für eine Zeitspanne, bis sich die aufgewallten Gefühle bei den Siegern gesetzt haben. Wäre dies im Falle von Admiral Dönitz geschehen, hätte die Öffentlichkeit in aller Ruhe die Fakten durchdenken können, so daß er niemals zu zehn Jahren Haft verurteilt worden wäre.

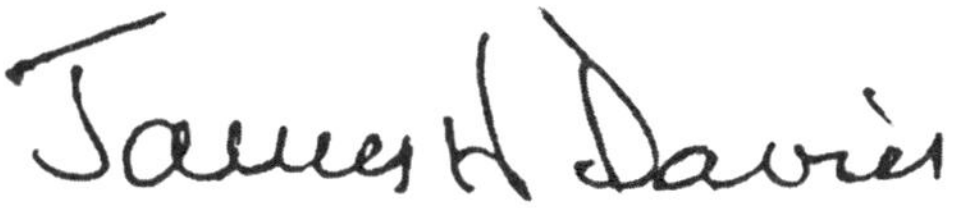

JAMES H. DAVIES

Generalmajor der US-Luftwaffe; Kommandierender General des Luftwaffen-Kommandos Alaska, des 5. Bomber-Kommandos und des 313. Bomber-Geschwaders

G. B. DAVIS: Meiner Meinung nach waren die Kriegsverbrecherprozesse Ausfluß

G. B. DAVIS

einer Hysterie von Hintermännern. Hinzu tritt die Unfähigkeit, den Wandel in der Art der Kriegführung zu begreifen. Viele Faktoren trugen zu diesem Wandel bei: Wissenschaft, Erfindungen, Kommunikationstechniken usw. Im Ersten Weltkrieg ist klar geworden, daß es mit der sogenannten Kriegsromantik aus und vorbei ist. Der Krieg wurde unter Anspannung aller Kräfte geführt, und es gibt nur mehr wenige bzw. überhaupt keine am Kriegsgeschehen Unbeteiligten. Die alten Regeln, einschließlich Einschränkungen bei der Kriegsführung, sind unter dem Druck der Notwendigkeiten verschwunden. Daher ist es in der Tat, wie Admiral Gallery feststellt, eine »Verhöhnung des Soldatentums«, einzelne Offiziere zur Rechenschaft zu ziehen, nur weil sie befähigt genug waren, hohe Kommandostellen einzunehmen. Der Fall Admiral Dönitz führt das tragische Ergebnis solchen Denkens beispielhaft vor Augen.

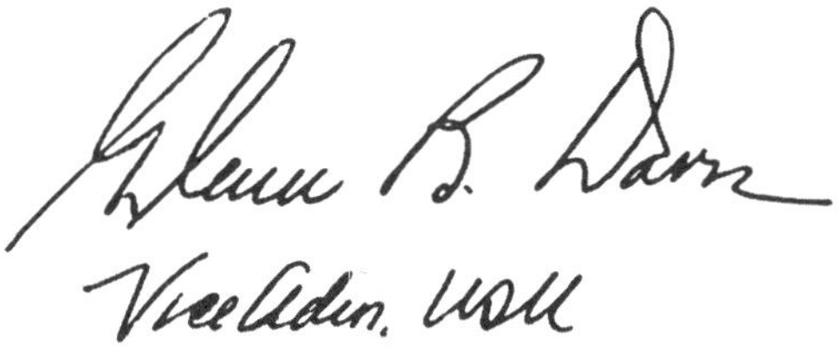

GLENN B. DAVIS

Vizeadmiral der US-Kriegsmarine; Befehlshaber der 8. Schlachtschiff-Abteilung im Zweiten Weltkrieg; Kommandeur des Potomac River Kommandos und des 6. Marinedistriktes

W. DAVIS: Ich stimme völlig der Ansicht zu, daß die Bestrafung der in Nürnberg als Kriegsverbrecher für schuldig befundenen Berufssoldaten unredlich war. Ganz und gar bin ich überein mit Admiral Gallerys Feststellung, daß die Kriegsverbrecherprozesse eine »Verhöhnung des Soldatentums« und eine freche Heuchelei darstellten.

WILLIAM CHURCH DAVIS

US-amerikanischer Generalmajor

DE BURGH: Es erschien mir stets als ungeheuerlich unfair, militärische Befehlshaber, die die ordnungsgemäßen Befehle ihrer

DE BURGH

Staatsmacht ausgeführt haben, als Kriminelle zu brandmarken.

SIR ERIC DE BURGH

Britischer General; Generalstabschef in Indien während des Zweiten Weltkrieges

DECOUX: Das Nürnberger Verfahren war ein schwerwiegender Fehler. Wir befinden uns in der Tat – ob es uns paßt oder nicht

DECOUX

– im Zeitalter des »totalen Krieges« zu Lande, auf See und in der Luft. Daher ist es unzulässig, hohe militärische Befehlshaber des Krieges später als »Kriegsverbrecher« zu behandeln und als solche vor Sondertribunale zu bringen, nur weil sie in ihrer Stellung die der Kriegspolitik ihrer Staatsführung entspringenden allgemeinen Befehle ausgeführt haben. Der Prozeß gegen Admiral Dönitz war in dieser Hinsicht ein ganz besonders schwerer Mißgriff. Den uneingeschränkten U-Boot-Krieg führten im Kriege nicht nur die Deutschen, sondern auch die Alliierten selbst. Jedenfalls war er weniger grausam als die schreckliche Verwüstung, die von der amerikanischen Luftwaffe – nur zu Versuchszwecken – in den japanischen Bevölkerungszentren Hiroschima und Nagasaki angerichtet wurde, und das zu einer Zeit, als Japan sich praktisch schon zur bedingungslosen Kapitulation entschlossen hatte (August 1945).

JEAN DECOUX

Admiral der französischen Flotte; Oberbefehlshaber der französischen Seestreitkräfte in Fernost 1939/40; Generalgouverneur von Französisch-Indochina und Hoher Kommissar Frankreichs in der pazifischen Region (1940-44)

DEL VALLE (an Großadmiral Dönitz): Die Presseberichte über Ihre Freilassung riefen in mir erneut Gefühle der Scham für mein Land hervor, die ich schon während dieser Karikatur der Gerechtigkeit, genannt Nürnberger Prozesse, empfunden hatte. Ich habe den sicheren Eindruck, daß die gewaltige Mehrheit von uns diese Verfahren heftig ablehnte. Doch man war genötigt, hilflos zuzuschauen, wie Ehrenmänner, die genau wie wir als Berufssoldaten ihr Vaterland verteidigt hatten, wegen Verbrechen angeklagt und für schuldig befunden wurden, die gar nicht existierten – von einem voreingenommenen Gerichtshof, zusammengesetzt aus

DEL VALLE

Feinden, auf der Grundlage eines Gesetzbuches, das in keinem zivilisierten Land galt. Die Absicht dieses meines Schreibens an Sie, Sir, ist es, meine persönliche Verehrung einem hervorragenden und ehrenhaften Krieger zu übermitteln, der ans Kreuz geschlagen worden ist wegen der Sünde, für sein Vaterland edel gekämpft zu haben. Wir salutieren vor Ihnen, Admiral Dönitz.

PEDRO A. DEL VALLE

US-Generalleutnant; befehligte im 2. Weltkrieg die 1. Marine-Division; Vizepräsident der I.T.&T.Corp. New York von 1948-52

DEURS: Die Kriegsverbrecherprozesse sehe ich, neben etlichen anderen Punkten, ganz genauso wie Admiral Gallery. Sie stinken. Ich habe sie stets als legalistischen Hokuspokus bewertet. Mit ihnen sollte einer barbarischen Vergeltung an Gegnern auf der Verliererseite, die nur ihre Pflicht erfüllt haben, der Anschein der Achtbarkeit gegeben werden. Eine primitive Idee, die auf Jahrhunderte Schande bringt. Wird dieser Präzedenzfall zur allgemeinen Übung, bedeutet dies Abschreckung vor jedem Verhandlungsfrieden in künftigen Kriegen. Die Prozesse bekräftigen die schädliche Vorstellung, daß ein Friedensschluß nur nach völliger Vernichtung einer der Kriegsparteien in Frage komme.

GEORGE VAN DEURS

Konteradmiral der US-Kriegsmarine; Kommandierender Offizier auf der U.S.S. »Philippine Sea« im Zweiten Weltkrieg

DEVEREUX: Auch beim größten Wohlwollen gegenüber Prinzipien, die in Nürnberg eine Rolle spielten, kann ich selbstverständlich nicht zustimmen, daß Offiziere angeklagt worden sind, nur weil sie die Kriegführung betreffende Befehle ausgeführt haben.

JAMES P. S. DEVEREUX

Mitglied des US-Kongresses; Brigadegeneral; Verteidiger von Wake Island; geriet in japanische Kriegsgefangenschaft

DEWAR: Die Charta von Nürnberg, unter deren Vorzeichen Dönitz verurteilt worden ist, schuf Verbrechensvorwürfe ohne Beispiele und ohne Grundlage im Völkerrecht bzw. in internationalen Gepflogenheiten. Unparteiisch angewandt, hätte sie auch Offiziere der alliierten Streitkräfte als gleichermaßen Straffällige erfaßt, hätten deren Staaten zu den Besiegten gehört. Hohe Offiziere sind für Taten Untergebener zur Rechenschaft gezogen worden, von denen sie keine Kenntnis und die sie nicht gebilligt hatten. Ebenso wurden Untergebene strafrechtlich belangt, weil sie gehorsam gegenüber Befehlen waren, obschon sie bei Befehlsverweigerung gegen ihre eigenen Gesetze verstoßen hätten. Es ist bedauerlich, daß zivilisierte Staatsführungen an Offizieren Rache genommen haben, die – im Lichte der Geschichte betrachtet – nichts anderes als ihre Pflicht taten.

KENNETH G.B. DEWAR

Britischer Vizeadmiral; Kommandant der H.M.S. »Royal Oak« und »Tiger«

DIAZ SALVO: Die »Militärtribunale« der Alliierten zur Aburteilung militärischer und ziviler Führungspersönlichkeiten des be-

DIAZ SALVO

siegten Landes hatten keine wie auch immer geartete rechtmäßige Grundlage. Es handelte sich einzig und allein um einen Mißbrauch, um einen Kniff der Sieger. Es gab Zeiten, da wurden in Kriegen weder Gefangene gemacht noch nahm man Rücksicht auf die Zivilbevölkerung. Obschon der Krieg Ausdruck des Willens ist, unter Aufbietung äußerster Mittel die Rechte des Volkes, die Zivilisation und Kultur zu verteidigen, besteht doch die Pflicht für uns, möglichst viel Menschlichkeit in dieser Art des Konfliktes zu bewahren. Die Schuldsprüche gegen hohe Militärbefehlshaber wie Dönitz, Keitel, Raeder, Jodl usw. erscheinen umso mißbräuchlicher, wenn man sie vor dem Hintergrund betrachtet, daß diese hohen Offiziere zum unbedingten Gehorsam gegenüber Entscheidungen der Staatsführung ihres Vaterlandes verpflichtet waren.

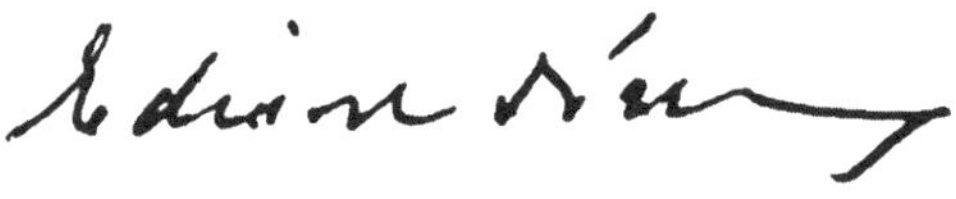

EDISON DIAZ SALVO

Chilenischer Luftwaffengeneral; Stabschef der chilenischen Luftstreitkräfte während des Zweiten Weltkrieges

DOMVILE: Jedem, der den rechtsbrecherischen Nürnberger Prozessen zum Opfer gefallen ist, spreche ich meine tiefempfundene Sympathie aus. Ich bin überrascht, daß so viele an sich wohlbeleumundete Männer der Vereinigten Staaten und Großbritanniens sich bereitgefunden haben, an dieser Verzerrung des Rechtes mitzuwirken. Admiral Dönitz war ein hervorragender Vertreter seines vornehmen Berufsstandes. Ich hatte die Ehre, im Ersten Weltkrieg gegen ihn zu kämpfen. Man kann nicht von mir erwarten, daß ich die gegen den Admiral erhobenen Anklagen anders als mit Mißtrauen betrachte. Die Nürnberger Prozesse haben alle be-

DOMVILE

teiligten Staaten untilgbar befleckt. Ich habe die »Harry Dexter White Papers« studiert, die 1955 von der US-Regierung herausgegeben worden sind, und fand darin meine Ansichten über den Ursprung der Prozesse bestätigt.

SIR BARRY DOMVILE

Admiral der britischen Kriegsmarine; Stabschef der Mittelmeer-Region 1922-1925; Chef des Marine-Nachrichtendienstes 1927-1930; Befehlshaber des 3. Kreuzer-Geschwaders 1931-32; Rektor der Königlichen Marine- und der Kriegsakademie 1932-1934

DONOHUE: Ich lehne die sogenannten Kriegsverbrecherprozesse gegen Berufsoffiziere, die wegen Ausführung von Befehlen oder Pflichterfüllung im Zusammenhang mit ihrer militärischen Stellung geführt werden, entschieden ab.

TIMOTHY F. DONOHUE

Konteradmiral der US-Kriegsmarine; befehligte den Minenräumeinsatz auf Okinawa; führender Mitarbeiter des Verteidigungsministeriums; Nachrichtendienstoffizier

DOUGLAS: Ich halte die Nürnberger Prozesse wie schon seinerzeit so auch heute für gewissenlos. Recht wurde im nachhinein geschaffen, und zwar nach der Kragenweite des damaligen Wutgeschreis. Die Vorstel-

DOUGLAS

lung von einem ex post facto-Recht hat mit dem anglo-amerikanischen Begriff von Gerechtigkeit nicht das geringste zu tun. Bevor eine Strafe verhängt werden kann, muß es eine klare Warnung gegeben haben, daß der entsprechende Tatbestand kriminell sei. Im Völkerrecht aber gab es nie eine strafrechtliche Bestimmung des Angriffskrieges. Eine Bestrafung wegen dieses Delikts gemäß innerstaatlichem Recht wäre unzulässig gewesen. Ich meine, daß eine Nation auch nach außen hin beherzigen muß, was sie daheim praktiziert und predigt, wenn sie ihren Platz unter den Völkern der Welt einnehmen und gleichwohl den eigenen Idealen treu bleiben will. Wie verrückt haben Rechtsgelehrte nach den geringsten Hinweisen im Völkerrecht gesucht, um die Schlußfolgerung zu begründen, daß der Angriffskrieg ein kriminelles Delikt sei, und sie haben im Geiste Bruchstücke zusammengezimmert. Sinn von alledem ist, auf Teufel komm raus irgendeine nachträgliche Rechtfertigung dafür zu finden, was angerichtet worden ist.

WILLIAM O. DOUGLAS

Professor der Rechte an der Yale-Universität 1928-1939; Beigeordneter Richter am Obersten Gerichtshof der USA 1939-1975; Verfasser von 27 Fachbüchern

DOYLE: Die Nürnberger »Kriegsverbrecherprozesse« sind nach meinem Dafürhalten einer der dunkelsten Flecken aller Zeiten auf der Weste der ach so aufgeklärten Führerschaft der Welt. Diese Verfahren der Siegernationen dienten dem Zweck, Kriegsgegner wegen nichts anderem zu bestrafen als wegen ehrenhafter Pflichterfüllung. Die Prozesse waren wirklich eine Schande für alle, die sie betrieben haben. Ohne jede Sympathie mit den militärischen Zielen der Angeklagten, muß man gleichwohl deren Pflicht in Rechnung stellen, den ihnen vom eigenen Staate und dessen Führung erteilten Befehlen Folge zu leisten. Es ist ganz besonders zu bedauern, daß unser Land als Ankläger aufgetreten ist. Hoffen wir nur, daß sich

DOYLE

ein solcher Vorgang nicht wiederholt. Das amerikanische Ideal von Gerechtigkeit ist geschändet worden. Als ehemaliges Mitglied des Ständigen Internationalen Schiedsgerichtshofes im Haag bin ich durch und durch an der Sache des Friedens interessiert. Frieden aber kann niemals mit Mitteln erreicht werden, wie wir sie während dieser angeblichen Gerichtsverfahren angewandt haben. Dauerhaften Frieden kann es nur im Zeichen des Rechtes geben, nicht aber durch die Verhöhnung des Rechts.

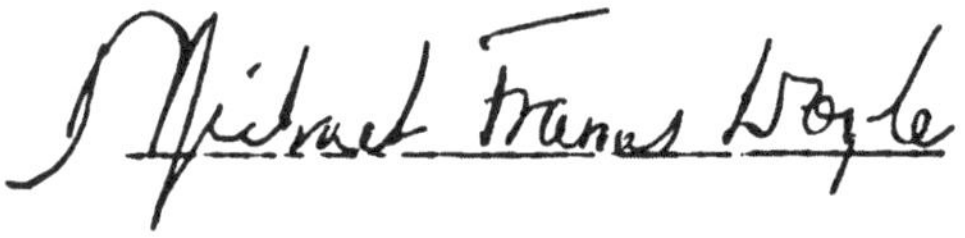

MICHAEL FRANCIS DOYLE

US-Völkerrechtler und Päpstlicher Geheimkämmerer; Mitglied des Ständigen Schiedsgerichtshofes im Haag; Präsident des US-Wahlmänner-Kollegiums 1945-1949

DROMAZOS: Daß sich die Alliierten ein Recht nach eigenem Gutdünken geschaffen haben, mit dem sie über ihre geschlagenen Feinde Gericht hielten, war mit Gerechtigkeit unvereinbar. Dies gilt ganz besonders im Fall des Admirals Dönitz. Dieser Oberkommandierende führte die Kriegsmarine ausschließlich in den anerkannten Grenzen des Berufssoldatentums.

G. DROMAZOS

Generalleutnant der Königlich Griechischen Armee

DU BOSE: Die Prozesse fußten weder auf Gerechtigkeit noch auf dem Völkerrecht und waren beispiellos. Sie haben einen bösartigen Präzedenzfall geschaffen, der einem militärischen Befehlshaber bei einem künftigen Krieg nur die Wahl zwischen einem Prozeß wegen Befehlsverweigerung oder, wenn er auf der Verliererseite steht, wegen Kriegsverbrechen läßt. Selbstverständlich wird er lieber die Anklage als Kriegsverbrecher riskieren als den Befehl zu verweigern. Ich bin sicher, daß unter den Soldaten die Meinung über die »Kriegsverbrecherprozesse« einmütig ist.

LAURENCE T. DU BOSE

Admiral der US-Kriegsmarine; befehligte die 13. Kreuzer-Abteilung im Zweiten Weltkrieg; Chef des Marine-Personalamtes

DUCKWORTH: Als Mann des Militärs bin ich der Auffassung, daß es ein schwarzer Tag für meinen Berufsstand war, als selbsternannte »Wohltäter« die Kontrolle über die Nürnberger Prozesse übernahmen. Jetzt haben wir einen Präzedenzfall gesetzt, daß es sich kein militärischer Befehlshaber mehr leisten kann zu unterliegen, will er sich nicht automatisch als »Kriegsverbrecher« schuldig gemacht haben und wahrscheinlich seinen Kopf verlieren.

HERBERT S. DUCKWORTH

Vizeadmiral der US-Kriegsmarine; Kriegsakademie 1946; im Stab der Luftwaffenakademie; Marine-Planungsstelle für Flugeinsätze

DUVAL: Ihre Bemühungen, die ganzen »Kriegsverbrecherprozesse« nach dem Zweiten Weltkrieg einer historischen Betrachtung zu unterziehen, kommen zur rechten Zeit und verdienen allgemeinen Beifall. Die erschreckende Fehljustiz, wie sie besonders in der Verurteilung von Großadmiral Dönitz zu zehnjähriger Haft, verhängt durch das »Internationale Militär-Tribunal« in Nürnberg, zum Ausdruck kam, entlarvt den tragischen Rückfall zivilisierter Nationen in die Barbarei, der schon während des Zweiten Weltkrieges begann. Die Verfahren stehen auch für die Rückkehr zu einer urzeitlichen Kriegführung; man denke etwa an Stalins Vorschlag in Teheran 1943, mindestens 50 000 »deutsche Kriegsverbrecher« gleich nach Gefangennahme durch Erschießungskommandos umzubringen. Viele nachdenklich gewordene Berufsoffiziere haben den Nürnberger Präzedenzfall von Anfang an als verhängnisvoll beklagt und sind auch heute noch dieser Ansicht. Bedauerlicherweise bekleideten sie keine Ämter, die es ihnen gestattet hätten, diesen offenkundigen Skandal abzuwenden oder die daraus folgenden Strafmaßnahmen der Sieger gegen die Besiegten zu verhindern. Im nachhinein veröffentlichte Enthüllungen über die ungeheuerliche Heuchelei etlicher dieser »Kriegsverbrecher«-Tribunale und über Ankläger, die weder die Regeln der Beweiswürdigung beachteten noch auf die Rechtsgrundsätze der US-Verfassung Rücksicht nahmen, haben die schlimmsten Befürchtungen übertroffen. Ihre gesetzlose Handlungsweise spiegelt den Geist blinder Rache wider, wie er westlicher Zivilisation eigentlich fremd ist. Ähnliches kam ab 1959 in Kuba wieder zum Vorschein. Erfahrene Offiziere, die sich eingehend mit der Geschichte der »Kriegsverbrecher«-Prozesse und ihren von Rache triefenden Strafurteilen beschäftigt haben, wünschen sich, daß die schwere Prüfung, die Großadmiral Dönitz zu bestehen hatte, nicht vergebens war. Sie erhoffen, daß er dadurch einen Blick hinter die Kulissen gewann und daß diese seine

DUVAL

Erfahrungen, verbunden mit seiner Persönlichkeit als herausragender Marineoffizier, ihm eine Schlüsselrolle bei dem schweren Unterfangen zuweisen, den durch Nürnberg bedingten Rückfall in die Barbarei abzuwehren und eine Wiederherstellung der Prinzipien zivilisierter Kriegführung zu erreichen, – vor allem hinsichtlich des Umgangs mit Kriegsgefangenen. Es kann überhaupt nicht nachdrücklich genug betont werden, daß – wenn der gefährliche Präzedenzfall von Nürnberg und anderer Nachkriegsprozesse nicht formell verworfen und die Unterdrückung des Rechtes nicht rückgängig gemacht wird – die Vorarbeit geleistet ist für die ultimative Vernichtung der Zivilisation durch brutale und gnadenlose Kriegführung.

MILES P. DUVAL jr.

Kapitän der US-Kriegsmarine; Erster Offizier an Bord der U.S.S. »Dupont« (1933-1935), der »Antares« (1939/40) und der »Dade« (1944-1946); führte die Marine-Unternehmen am Panama-Kanal 1941-1944 und entwickelte den »Terminal Lake-Third Locks Plan«

EARLE: Die Verurteilung und Inhaftierung von Großadmiral Dönitz empfinde ich leidenschaftlich als völlig ungerecht und ganz und gar widerwärtig.

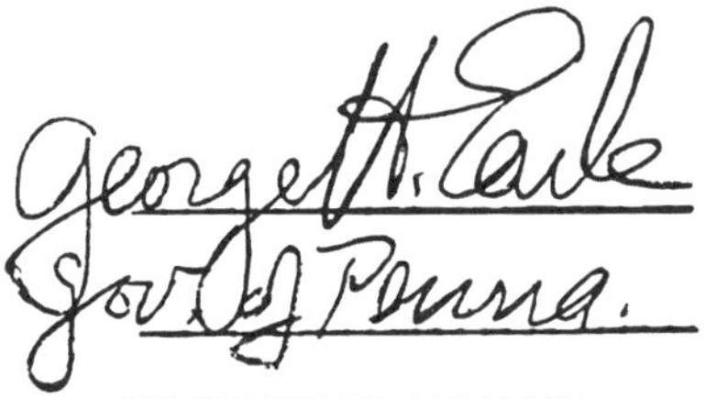

GEORGE H. EARLE

Gouverneur des US-Bundesstaates Pennsylvanien 1935-1939; US-Gesandter in Bulgarien und der Türkei; Marineoffizier im Zweiten Weltkrieg; Stellvertretender Gouverneur von Samoa 1945

EBERLE: Ganz entschieden stehe ich der Anklage gegen einen Offizier wegen Erfüllung seiner Dienstpflichten ablehnend gegenüber, sei sie nun ex post facto oder sonstwie begründet. Es ist meine Überzeugung, daß das Verfahren gegen Admiral Dönitz unverantwortlich, ungerecht und ungesetzlich war.

GEORGE L. EBERLE

Generalmajor der US-Armee; Chef des alliierten Planungsstabes in Italien 1944; Stellvertretender Stabschef, O.&T., War Dept.; Stellvertretender Kommandeur der Nationalen Kriegsakademie 1952-1954

EICHELBERGER: Im Zweiten Weltkrieg habe ich im pazifischen Raum und danach einige Jahre im besetzten Japan gedient. Für

EICHELBERGER

die großen Prozesse in Tokio trug ich keine Verantwortung, jedoch für die wegen Kriegsverbrechen veranstalteten Verfahren der Militärkommission der 8. US-Armee, die andauerten, als ich Japan im August 1948 verließ. Ich hatte erhebliche Vorbehalte in bezug auf die Fälle jener Personen, die wegen »Heraufbeschwörens eines Krieges« angeklagt worden sind.

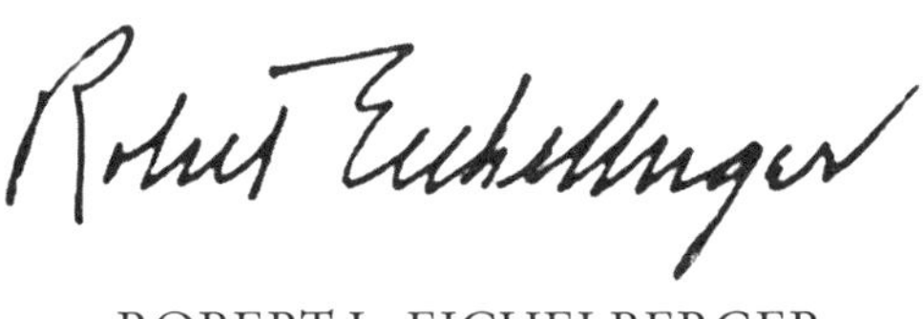

ROBERT L. EICHELBERGER

US-General; befehligte die 8. Armee im Zweiten Weltkrieg

EISENHOWER: Ich bin der Auffassung, daß die Nürnberger Prozesse ein dunkles Kapitel der Weltgeschichte sind. Ich habe die Rechtmäßigkeit dieser Prozesse mit einigen der beteiligten Juristen und Richter durchdiskutiert. Sie haben erst gar nicht versucht, ihre Handlungsweise mit dem Gesetz zu rechtfertigen, sondern sich darauf gestützt, daß ihrer Ansicht nach die schuldig Gesprochenen eben schuldig gewesen seien. Dieses Vorgehen widerspricht Rechtsgrundsätzen, unter deren Vorzeichen unser Land über die Zeiten fort lebte und kann meines Erachtens durch keinerlei Beweis-

EISEN-HOWER

führung gerechtfertigt werden. Ich meine, daß der Eichmann-Prozeß in Israel genau unter dieselbe Kategorie fällt wie die Verfahren von Nürnberg. Als Rechtsanwalt habe ich stets die Ansicht vertreten, daß ein Verbrechenstatbestand genau bestimmt sein muß, soll man sich seiner Erfüllung schuldig gemacht haben. Das aber war bei keinem der von mir erwähnten Verfahren der Fall.

EDGAR N. EISENHOWER

Amerikanischer Rechtsanwalt; Bruder des US-Präsidenten Dwight D. Eisenhower

ELIOT: Von Beginn an war ich unglücklich über die Nürnberger Prozesse. Die Schwachpunkte solcher Verfahren sind offenkundig: Es handelt sich um Prozesse der Sieger gegen die Besiegten statt eines unparteiischen Tribunals; überdies sind nur die den Besiegten angelasteten Verbrechen Gegenstand des Verfahrens gewesen, und die Tatsache, daß etwa das Massaker von Katyn an polnischen Offizieren nicht gründlich untersucht worden ist, weckt Zweifel an der

ELIOT

Prozeßführung. Das einzige Gericht, von dem ich mir vorstellen kann, daß es solche Verfahren anständig bewältigt, dürfte ein vom Vatikan einberufenes sein.

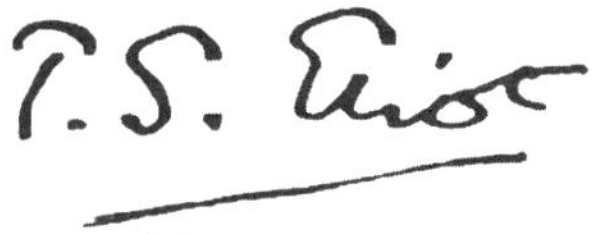

T. S. ELIOT

Englischer Dichter und Schriftsteller; Literatur-Nobelpreisträger

ESTEBAN-INFANTES: Wegen seiner Gewalttätigkeit und zerstörerischen Wirkung kann der Krieg in den Beziehungen zwischen zivilisierten Staaten nicht als normal akzeptiert werden. So soll es auch in Zukunft bleiben. Doch ebenso wissen wir, daß Kriege unvermeidlich sind wie andere Leiden auf der Welt. Vor Jahrhunderten wurden Anstrengungen zur Humanisierung des Krieges unternommen; internationale Abkommen auf der Grundlage von Ritterlichkeit und Großmut gegenüber den Besiegten sollten dies erreichen. Schon im 19. Jahrhundert war es bei aller Bösartigkeit des Krieges möglich, sich darauf zu verständigen, in Kriegszeiten die Anstrengungen für den Fortschritt der Wissenschaft und Industrie zu verstärken, damit dies im Frieden in die Praxis umgesetzt werden kann. Nicht zu bestreiten ist beispielsweise, daß einige Feldzüge Napoleons zur Aufklärung von Geheimnissen uralter Zivilisationen etwa in Ägypten beigetragen haben und daß die Nutzung der Motorkraft, des Stahls sowie von Energiereserven in Friedenszeiten

ESTEBAN-INFANTES

durch technischen Fortschritt in den Weltkriegen verbessert werden konnte. Hätte sich der Krieg zu einem noblen Wettstreit unter ritterlichen Feinden entwickelt, bräuchte er nicht nur Vernichtung und Zerstörung bringen. Doch von dem Augenblick an, da die Besiegten wie die Sklaven behandelt werden – mit allen Arten der Demütigung und Strafen -, ist aus dem Kriege die dringend notwendige Ritterlichkeit zur Humanisierung des Kampfgeschehens geschwunden, und wir sind in Sachen Verteidigung geheiligter Ideale um Jahrhunderte zurückgeworfen worden. Was nach Ende des Zweiten Weltkrieges bei den Nürnberger Prozessen geschah, ist ungeheuerlich (allein schon das Wort »Kriegsverbrecher« als Bezeichnung der Sieger für die Besiegten!). Das einzige, was mit dergleichen erreicht wird, ist die unendliche Verlängerung jenen Hasses, den jeder Krieg unweigerlich mit sich bringt. Moderne Vernichtungsmittel sind imstande, die Menschheit auszulöschen, wenn solche abscheulichen Methoden gegenüber Besiegten wie Verfolgung und Rache nicht unterbleiben.

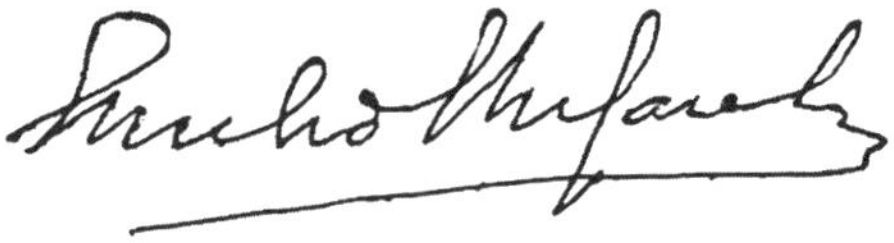

EMILIO ESTEBAN-INFANTES MARTIN

Generalleutnant; Generalstabschef der spanischen Armee

FAGERNAS: Der Spruch »Im Krieg verstummt das Recht« ist in unserer heutigen Welt leider nur zu wahr. Moralische Zielsetzungen haben nur selten wirklich entscheidende Auswirkung auf die Methoden der Streitkräfte. Und das Wort, in der Politik und der Diplomatie seien alle Mittel erlaubt, wird für gut befunden; auch in Friedenszeiten. Das kommt in Unverschämtheit, Skrupellosigkeit und Lügenhaftigkeit zum Ausdruck, die heute gewissermaßen wuchern. Nichtsdestoweniger gibt es moralische Grundsätze, internationale Konventionen und Prinzipien der Ehre, die wir uns im Namen des Anstands auch in Kriegszeiten nicht nehmen lassen dürfen. Die Urteile gegen die Großadmirale Raeder und Dönitz kamen zustande, weil das Nürnberger Tribunal kein objektiver Gerichtshof war. Hätte man wirklich nach dem geheiligten Recht der Kriegführung zur See im Zweiten Weltkrieg gesucht, hätte das Kriegsverbrecher-Verfahren vom Haager Gerichtshof geführt werden müssen – unter Hinzuziehung neutraler Fachleute in erforderlicher Zahl. So hätte es eine gewisse Garantie gegeben, daß die Urteile rein rechtlich nicht anfechtbar wären. Ein Gerichtshof jedoch, in dem nur die Sieger sitzen – sowohl als Ankläger wie als Richter –, kann weder theoretisch noch in der Praxis eine unparteiische Entscheidung fällen. Angesichts des makabren Spektakels von Nürnberg war es schwer, sich des Eindrucks zu erwehren, daß man an der Pforte zum Gerichtssaal unsichtbar die wohlbekannte Devise angebracht hatte: Vae Victis! (Wehe den Besiegten!). Die Moral des Gerichtshofes war schon dadurch ernsthaft erschüttert, daß sich unter den anklagenden und richtenden Großmächten eine befand, die selber furchtbarer Greueltaten und Massenverschleppungen von Menschen aus besetzten Ländern schuldig war, die ein objektives Gericht wegen unprovozierter Angriffshandlungen während desselben Zweiten Weltkrieg verurteilt hätte und die zudem noch aus dem Völkerbund ausgeschlossen worden war. Die beiden Großadmirale hatten keine politischen Verwicklungen und nachweislich keinen Anteil an Kriegsverbrechen. Als ehrenhafte Marineoffiziere standen sie in den Diensten einer rechtmäßigen militärischen Institution, die der Nürnberger Gerichtshof vom Vorwurf einer Kollektivschuld entlastet hat. Trotz allen Eifers und bösartiger Versuche der Ankläger konnte ihnen keine persönliche Initiative und kein Befehl angelastet werden, die international anerkannte Grundsätze der Kriegführung zur See verletzt hätten. Es ist wohl so, daß Raeder die Initiative zum Angriff auf Norwegen und Dänemark ergriffen hatte, um die Basis der U-Boot-Kriegführung zu erweitern und den Briten zuvorzukommen. Aber gewiß ging von ihm nicht der Wahnsinn aus, der damals weltweit tobte und von dem die Besetzung Norwegens und Dänemarks nur ein kleiner Teil war. Keiner der allgemeinen oder der detaillierten Nürnberger Anklagepunkte berührte eigentlich Großadmiral Dönitz. Er tat nur seine beschworene Pflicht gemäß dem Ehrenkodex, der für alle Kriegsmarinen gilt. Jeder Mann von Ehre sollte einräumen, daß Dönitz keine Möglichkeit hatte, Hitlers Politik zuwiderzuhandeln oder sie zu sabotieren, als dieser auf dem Höhepunkt seiner Macht war. Daß Dönitz trotzdem wegen Verbrechen gegen die Menschlichkeit und den Frieden verurteilt worden ist, kann nur als rechtliche Spitzfindigkeit und geheucheltes Moralpathos bewertet werden. Ein Freispruch in seinem Falle wäre weltweit

FAGERNAS

von allen objektiv denkenden pflichtbewußten Marineoffizieren befriedigt aufgenommen worden. Die Nürnberger Prozesse waren in meinen Augen gewissermaßen ein Diktat, dem die Verteidigung nichts entgegensetzen konnte, weil sie oftmals des Rechtes beraubt war, gewichtige Entlastungsbeweise vorbringen zu können. Das betraf besonders den Fall Dönitz. Einen Abklatsch dieses umstrittenen Verfahrens in Kleinformat gab es beim späteren Kriegsschuldprozeß in Helsingfors (Finnland), als eine Siegermacht eine Gesetzgebung mit rückwirkender Kraft erzwang, damit die Angeklagten verurteilt werden konnten.

Uno Fagernäs

UNO FAGERNAS

Generalmajor der finnischen Armee; Regiments- und Brigadekommandeur bei den Kämpfen am Ladoga-See 1939/40; Befehlshaber finnischer Divisionen und eines Armeekorps 1941-1944; Befehlshaber der finnischen Streitkräfte 1945-1954

FAHRNEY: Ich behaupte, daß der Schuldspruch gegen Großadmiral Dönitz ein Unrecht war und daß seine Bestrafung den für jeden Mann des Militärs gefährlichen Präzedenzfall, wegen Pflichterfüllung in Kriegszeiten angeklagt zu werden, geschaffen hat. Wenn Dönitz' Hauptverbrechen der uneingeschränkte U-Boot-Krieg gewesen sein soll, haben wir uns durch den Einsatz unserer U-Boote gegen die Japaner im Pazifik genauso schuldig gemacht. Darüber hinaus schrumpft die Verdammung des uneingeschränkten U-Boot-Krieges zur Bedeutungslosigkeit zusammen, vergegenwärtigen wir uns die Auswirkungen der einen einzigen Atombombe auf Hiroschima, deren Einsatz von unserem Staatsoberhaupt und vieler unserer führenden Militärs abgesegnet worden ist.

D.S. FAHRNEY

Konteradmiral der US-Kriegsmarine; »Vater« der ferngelenkten Geschosse, die nach ihm benannt sind, die er entwickelt und deren ersten erfolgreichen Einsatz er im September 1938 geleitet hat; Chef der Abteilung Fernlenkwaffen im Luftfahrtamt 1940-1943 und 1945-1948; Kommandant des Testzentrums für Fernlenkgeschosse der Kriegsmarine in Kalifornien 1948-1950

FARID

FARID: Als Soldat haben mich Laufbahn, Prozeß und schließliche Inhaftierung von Admiral Dönitz, dem Oberbefehlshaber der deutschen Kriegsmarine im Zweiten Weltkrieg, stets stark beschäftigt. Ich meine, daß sich Admiral Dönitz einen Platz in den Annalen des Kriegswesens redlich verdient hat. Wir wissen doch alle, daß Deutschland 1939 de facto und de jure ein Staatswesen, also eine Rechtspersönlichkeit, war. Admiral Dönitz war ein aktiver Offizier im Dienste seines Vaterlandes. Als Führer der U-Boote war er lediglich ein Werkzeug des Staates. Das gilt für alle Offiziere, die alliierten wie die deutschen. Es gibt keinen substantiierten Beweis, daß Deutschland allein gegen das Londoner Seerechtsabkommen von 1930 verstoßen hätte. Admiral Dönitz hat sich, wie es mir scheint, den allgemeinen Kriegsgepflogenheiten gemäß verhalten. Ich möchte gar nicht erst gewisse Nationen erwähnen, die man ebenfalls wegen uneingeschränkter U-Boot-Kriegführung unter Anklage hätte stellen können. Noch paradoxer ist, daß der Einsatz der Atombombe gegen Japan, der zu furchtbarer Vernichtung von Leben, Hab und Gut Unschuldiger geführt hat, der Aufmerksamkeit der Nürnberger Richter entgangen ist. Die Alliierten wollten den Krieg genauso gewinnen wie Deutschland. Rache der Alliierten wurde dann zum ausschlaggebenden Faktor. Die Welt hätte aus den Folgen des Krieges 1914-1918 lernen müssen. Rache taugt nicht dazu, einen dauerhaften Frieden in dieser unruhigen Welt zu schaffen. Eine mehr menschliche Problembewältigung sollte für heutige Staatsmänner die Regel sein. Ganz gewiß kann ein nur auf Gewalt beruhender Friede keinen Bestand haben. Auch zwei Holzwege machen keinen rechten Pfad. Man traut seinen Augen kaum, daß Befehlshaber einer Streitmacht persönlicher Schuld an einer Kriegführung bezichtigt werden können. Die Inhaftierung von Admiral Dönitz ist ein Makel für Recht und Rechtsprechung. Man kann sogar soweit gehen, zu behaupten, daß es sich um eine gerichtliche Heuchelei handelte. Karl Dönitz war ein großer Soldat, der ganz regulär seine Pflicht erfüllt hat. Ein Soldat wie ich kann nur hoffen, daß sein Name vom Vorwurf des Verbrechens gereinigt wird; ein Vorwurf, der auch für den juristischen Laien erkennbar von Rachsucht getragen und darauf berechnet war, die Arroganz der Sieger zu veredeln und die Ehre der Besiegten herabzuwürdigen. Dönitz von besagtem Vorwurf reinzuwaschen, wäre in meinen Augen ein Ausdruck guten Willens und der Mitmenschlichkeit.

MOHAMED TALAAT FARID

Generalmajor der sudanesischen Streitkräfte; Mitglied des Obersten Rates der Republik Sudan; Arbeitsminister; offizieller Regierungssprecher

FARRUKH: Ich persönlich meine, daß die Nürnberger Prozesse auf schierer Gewalt beruhten. Unter den Arabern gab es keinerlei Begeisterung für diese Verfahren. Bei internationaler, rein objektiver Betrachtungsweise verdient keine Tat die Bezeichnung »kaltblütiger Mord« mehr als der Abwurf der beiden Atombomben auf Hiroschima und Nagasaki.

FARRUKH

OMAR A. FARRUKH

Libanesischer Pädagoge und Verfasser zahlreicher literarischer Werke; Mitglied der Arabischen Akademie zu Damaskus; Professor der Islamischen Philosophie und der Arabischen Literatur an der Syrischen Universität Damaskus; Mitglied der Islamischen Forschungsgesellschaft, Bombay

FELLERS: Die Kriegsverbrecherprozesse waren abscheulich und werden für unser Volk eine Heimsuchung auf Jahrhunderte sein.

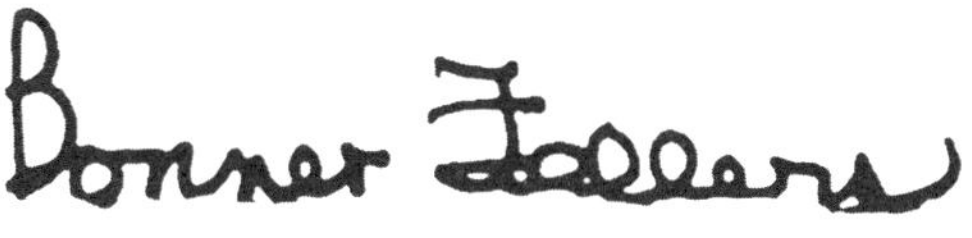

BONNER FELLERS

US-Brigadegeneral; Mitglied der Planungsgruppe Strategie im Zweiten Weltkrieg; Sekretär von Armeegeneral Douglas MacArthur

FERNANDEZ-CUESTA: Es spielt überhaupt keine Rolle, wie viele moralische oder rechtliche Argumente für die Bestrafung von Kriegsverbrechern angeführt werden können; ganz sicher trifft zu, daß keines dieser Argumente ausreicht, um aufzuwiegen oder zu zerstreuen, was an Bedenken gegen das System von Nürnberg und Tokio vorgebracht wird. Nach meinem Dafürhalten verletzt dieses System nicht nur die Gerechtigkeit und die christliche Zivilisation. Es wurde überdies ein besonders ernster Fehler begangen, dessen Ursprung mehr in den Eigenarten und im Verfahren des Internationalen Tribunals denn in seiner Konstruktion zu finden ist. In der Tat mangelte es dem Internationalen Tribunal zu Nürnberg an allen Garantien der Unabhängigkeit und Unparteilichkeit, wie sie unbedingt zu jedem rechtmäßigen Gerichtshof gehören. Denn das Tribunal wurde ausschließlich aus Richtern der Siegerstaaten gebildet. Einer dieser Richter repräsentierte die Sowjetunion, die gegenüber Polen dieselbe Aggression im selben Jahre und mit denselben imperialistischen Absichten verbrochen hatte wie das angeklagte Deutschland. Nicht nur diese, auch viele andere Taten, derer man die Besiegten anklagte, waren genauso von den Siegern begangen worden. Man darf ferner nicht übersehen, in welcher Klemme Deutschland steckte, das um sein nacktes Überleben kämpfte und wo Hitler uneingeschränkte Macht auch über die hohen Amtsträger, über die Streitkräfte und über das Volk insgesamt besaß, welche es jedem unmöglich machte, sich gegen ihn aufzulehnen oder ihm den Gehorsam zu verweigern. Was konkret den Fall von Admiral Dönitz betrifft, so fallen all diese Argumente besonders ins Gewicht. Er wurde am 1. Oktober 1946 zu zehn Jahren Haft verurteilt, weil man ihn für schuldig befand, gemäß Artikel 6 der Statuten des Nürnberger Tribunals Verbrechen gegen den Frieden und Kriegsverbrechen begangen zu haben. Die ersten Anklagepunkte beinhalteten Vorbereitung und Führen eines Angriffskrieges. Er wurde nicht für schuldig befunden, den Krieg vorgeplant und ausgelöst zu haben. Das Tribunal befand, daß er ein Offizier mit dem Grundsatz gewesen sei, sich auf die Erfüllung der ihm von Berufs wegen obliegenden Pflichten zu beschränken. Andererseits sprach man ihn wegen des zweiten Vorwurfes schuldig, nämlich Führen eines Angriffskrieges. Der Schuldspruch wurde auch damit begründet, daß Dönitz im Oktober 1939 ein paar theoretische Überlegungen in bezug auf U-Boot-Basen in Norwegen unter-

FERNANDEZ

breitet und daß er in Hitlers Nachfolge als Regierungschef des Reiches die Fortsetzung des Krieges gegen die Sowjetunion befohlen hatte. Die schwerwiegendste Anklage jedoch war, er habe in Verletzung des Londoner Protokolls von 1936 uneingeschränkten U-Boot-Krieg geführt. Das Tribunal erklärte dieses Protokoll für ausschlaggebend und verkündete, daß U-Boot-Kommandanten – wenn keine Rettung der Mannschaften von Handelsschiffen möglich gewesen sei – diese nicht hätten versenken dürfen, sondern sie an ihren Periskopen hätten vorbeiziehen lassen müssen, ohne ihnen ein Leid anzutun. Wenn das Tribunal an diesem Punkte Schluß gemacht hätte, wäre als Konsequenz das Verbot der Vernichtung von Handelsschiffen durch U-Boote herausgekommen. Doch kraft der famosen Argumente des Gerichtes wurde eine strafrechtliche Verantwortung der Alliierten gemäß dem Prinzip »tu quoque« ausgenommen. Im Hinblick auf die nachgewiesenen Tatsachen, insbesondere den Befehl der britischen Admiralität vom 8. Mai 1940, alle nachts im Skagerrak fahrenden Schiffe zu versenken, und eingedenk der Aussage des nordamerikanischen Admiral Nimitz beim Nürnberger Prozeß, daß die USA im Pazifischen Ozean uneingeschränkten U-Boot-Krieg geführt haben, konnte der Urteilsspruch von Nürnberg schwerlich ausschlaggebend damit begründet werden, daß Admiral Dönitz mit seiner U-Boot-Kriegführung das Völkerrecht verletzt habe. Er hätte nicht verurteilt werden dürfen, bedenkt man, daß insbesondere die britischen und nordamerikanischen U-Boote in derselben Weise vorgegangen sind. Was folgt daraus? Eben weil das tu quoque-Argument von der Gerichtsverhandlung rigoros ausgeschlossen wurde bzw. nicht als entlastend im Urteil berücksichtigt worden ist, läßt sich folgende Konsequenz ableiten: Es liegt kein strafbares Verbrechen der Siegerseite vor, wenn ihr dieselben Taten angelastet werden können wie den Besiegten. Wenn man Admiral Dönitz eigentlich nicht hätte schuldig sprechen dürfen wegen offenkundiger Verbrechen, sondern dies nur aus vagen Gemeinplätzen heraus und ohne vorherige gesetzliche Tatbestandsbestimmung geschah, so ist das Unrecht mit Händen zu greifen. Kaum war die Tinte der Unterschriften unter dem Urteil trocken, wurde dessen Ungültigkeit von den Vereinten Nationen gewissermaßen selbst festgestellt. Sie nämlich verkündeten in der Menschenrechtserklärung vom 10. Dezember 1948, daß niemand verurteilt werden dürfe, wenn nicht alle notwendigen Rechte zur Verteidigung garantiert gewesen seien und daß niemand aufgrund eines zum Zeitpunkt der Tat nicht existierenden Rechts bestraft werden könne. Die Schuldsprüche von Nürnberg haben zweifellos die Menschenrechte, wie sie von der Vollversammlung der Vereinten Nationen proklamiert worden sind, verletzt. Weder wurden die Angeklagten von einem unparteiischen Gericht abgeurteilt noch hat man auf sie ein zum Tatzeitpunkt geltendes Strafrecht angewandt noch gewährte man ihnen unverzichtbare Rechte der Verteidigung. Die Nürnberger Urteile sind nicht geeignet, weitere Greuel oder Exzeßtaten in einem künftigen Krieg zu verhindern. Wie Feldmarschall Montgomery es ausgedrückt hat, wurde in Nürnberg zum Verbrechen erklärt, einen Krieg zu verlieren. Alles was wir, die wir in den Nürnberger Urteilen reihenweise Ungerechtigkeiten und Fehler sowohl rechtlicher wie moralischer Natur erkennen, wünschen, ist, daß die Verantwortlichen für Verbrechen, wenn es sie denn tatsächlich gibt, unparteiisch und mit allen Rechtsgarantien abgeurteilt werden.

RAIMUNDO FERNANDEZ-CUESTA
Y MERELO

Spanischer Jurist, Staatsmann und Diplomat; Marineminister ab 1957; Landwirtschaftsminister 1938/39; Justizminister 1945-1951; Präsident des Staatsrates (1945); Botschafter in Brasilien und in Italien 1939-1942; Mitglied des Nationalen Rates und der Königlichen Akademie der Rechtswissenschaften; Verfasser des Buches »Seekriegsrecht und Gesetzgebung«

FLANAGAN: Es ist überflüssig zu betonen, daß die bei den Kriegsverbrechertribunalen versammelten Autoritäten keine Rechtsprechungskompetenz in bezug auf Tatorte, Personen oder angebliche Verbrechen, die bei den Prozessen eine Rolle spielten, hatten, als die Delikte angeblich begangen worden waren. »Kriegsverbrechertribunale« hatten denselben gesetzmäßigen Status wie ein Affentheater, und so wurden die Prozesse mit derselben Beachtung des Rechtes geführt, wie man es von einem Af-

FLANAGAN

fentheater eben erwarten kann. Was nun die legalisierte »Massenschlächterei«, sprich: Krieg, angeht, so wird nicht klar, daß man ihn führen könnte, ohne irgendjemanden zu Tode zu bringen und anderen wehzutun. Die Verstöße gegen die sogenannte humane Kriegsführung sind auf dem Kerbholz der »Brutalitäten« beider kämpfender Parteien in etwa gleich. Klar, daß die Leute fernab der Front bei Greueltaten nur die eine Seite der Medaille erkennen und dies an die große Glocke hängen. Aus der Sicht der Streitkräfte müßten alle Nationalarmeen abgeschafft werden, wollte man die Kriegsverbrecherprozesse als Präzedenzfall für die weitere Zukunft gelten lassen. Kann ein Soldat die Vorgaben und Befehle seiner eigenen Staatsführung und seiner vorgesetzten Offiziere nicht mehr ausführen, ohne Gefahr zu laufen, von einem illegal zusammengesetzten Tribunal angeklagt und auf Geheiß fremder Machthaber gehängt zu werden, wird er wahrscheinlich nicht geneigt sein, Kopf und Kragen im Einsatz für die eigene Staatsmacht zu riskieren. Die Alternative wäre eine internationale Streitmacht unter Beseitigung jeder nationalen Eigenständigkeit. Das nähert sich genau dem an, was die Urheber der Doktrin der Kriegsverbrecherprozesse im Sinne hatten. Hätten diese Urheber sich in irgendeinem Grade von Gerechtigkeit und vom Wunsche leiten lassen, jene zu bestrafen, die extreme Greueltaten im Kriege verbrochen haben, hätten sie doch schließlich irgendwelche Versuche unternehmen können, Hunderte russischer Offizieller vor Gericht zu bringen: Wegen Begehung der abscheulichsten jemals unter zivilisierten Völkern verübten Grausamkeiten – an den Polen, an den Deutschen und zweifellos an allen anderen Nationen, die unter russische Kontrolle geraten sind. Nur Marxisten, Leninisten, Stalinisten und Doktrinäre des New Deal sind imstande, die »Kriegsverbrecherprozesse« zu rechtfertigen.

Henry C. Flanagan

HENRY C. FLANAGAN

Konteradmiral der US-Kriegsmarine; befehligte die Transporteinheiten im Pazifik während des Zweiten Weltkrieges

FLANDIN: Ich empfinde die Verurteilung von Großadmiral Dönitz – um in den Worten Admiral Gallerys zu bleiben – als nackte Heuchelei. Seit es sie gibt, ist die U-Boot-Kriegführung nicht krimineller als jede andere Form der Vernichtung des Feindes, die ja im Grunde genommen das Ziel des Krieges ist. Darüber hinaus bin ich der Ansicht, daß all das, was unter dem Titel »Kriegsverbrechen« abgehandelt wurde, in Wirklichkeit Ausdruck einer skandalösen Heuchelei ist. Unterstellen wir einmal, morgen bräche ein Atomkrieg aus. Als was sonst, wenn nicht als die Verkörperung eines scheußlichen Kriegsverbrechens könnte eine solche Massenvernichtung Unschuldiger eingestuft werden? Wenn es geltendes internationales Recht zwischen Staaten im Kriege geben soll, ist dessen Verkündung im gegenseitigen Einvernehmen geboten. In diesem Falle – und nur dann – können jene zur Rechenschaft gezogen werden, die die Regeln dieses internationalen Rechtes gebrochen haben. Bis zu diesem Zeitpunkt aber kann ein Recht, das post facto ersonnen ist und von offenkundig befangenen Tribunalen angewendet wird, unmöglich als moralisch bestandsfest bewertet werden.

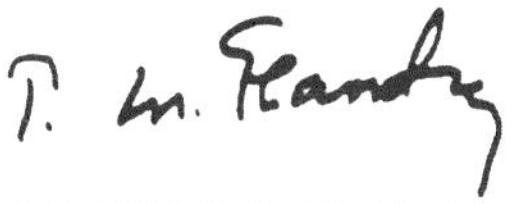

PIERRE ETIENNE FLANDIN

Französischer Jurist und Staatsmann; Anwalt beim Appellationsgerichtshof; Generalanwalt im Departement l'Yonne 1955; Ministerpräsident von Frankreich 1934/35; Staatsminister 1935/36; Außenminister 1936

FLETCHER: Das Bestreben, die Aufmerksamkeit auf das Unrecht der Nürnberger Kriegsverbrecherprozesse und auf den von ihnen geschaffenen gefährlichen Präzedenzfall zu lenken, kann ich nur gutheißen. Die Rede, die der verstorbene Senator Robert A. Taft zu diesem Thema gehalten hat, drückt ganz und gar meine Meinung aus und verdient weiteste Beachtung.

HENRY P. FLETCHER

US-Staatsseketär im Außenministerium; Botschafter in Chile, Mexiko, Belgien und Italien

FOOTE: In Kriegszeiten ringt das sogenannte Gesetz der Notwendigkeit das Völkerrecht nieder, woraus viele Mißbräuche entstehen. Nach dem Zweiten Weltkrieg konnten die Sieger festschreiben, was sie unter »Recht« und »richtig und falsch« verstanden. Gerade die, die in Kriegsverbrecherprozessen angeklagt und in vielen Fällen verurteilt wurden, waren von diesem »Gesetz« betroffen. Ein solches »Gesetz« aber war keines im allgemein anerkannten Sinne des Wortes, sondern es handelte sich mehr um die Übernahme dessen, was ganz im Sinne einer »veröffentlichten Meinung« lag.

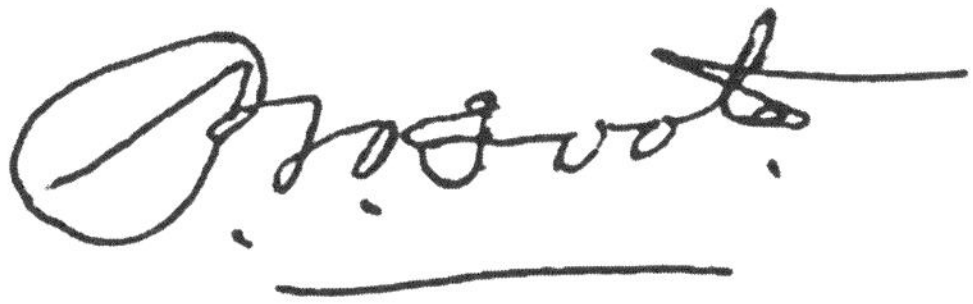

PERCY W. FOOTE

Konteradmiral der US-Kriegsmarine; Kommandeur der Zerstörer-Abteilung 26 (1921); befehligte U.S.S. »Arkansas« 1931-1933; Befehlshaber der motorisierten Polizei in Pennsylvanien 1937-1939; Inspekteur des Marine-Materialwesens im Distrikt Houston 1942

FOSTER: Mit Freude schließe ich mich jenen hervorragenden militärischen Führern der Land-, Luft- und Seestreitkräfte an, die ihre Mißbilligung der Verfahrensweise des Internationalen Militär-Tribunals in Nürnberg zu Papier gebracht haben, unter besonderer Beachtung des Kriegsverbrecherprozesses gegen Großadmiral Karl Dönitz. Stets hatte ich den Eindruck, daß die Kriegsverbrecherprozesse von Nürnberg den Geist der Rache atmeten, ohne Rücksicht auf das Völkerrecht geführt wurden und in Schuldsprüchen mündeten, die das Ansehen des anglo-amerikanischen Rechtes befleckt haben.

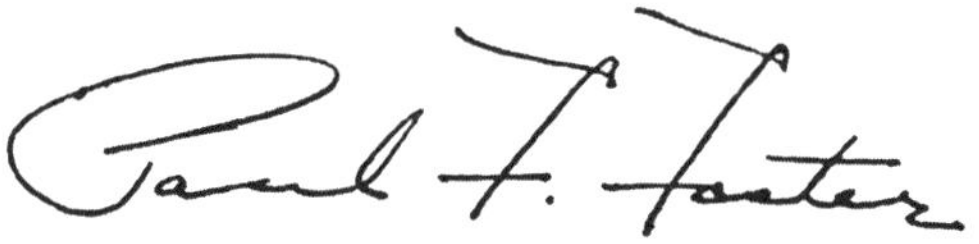

PAUL F. FOSTER

US-Vizeadmiral; Generaldirektor der Atomenergie-Kommission der Vereinigten Staaten; US-Abgesandter bei der Internationalen Atomenergiebehörde; Träger der Medal of Honor des Kongresses

G. FOWLER: Unter welchen Umständen Admiral Dönitz inhaftiert wurde, muß uns mit Scham und Schmerz erfüllen. Ich sage dies mit allem Nachdruck als amerikanischer Staatsbürger und kann nur meine Hoffnung hinzufügen, dieses Schreiben möge dazu beitragen, die Tatsache zu veranschaulichen, daß sich viele Menschen in den Vereinigten Staaten von Ehre, Redlichkeit und Prinzipientreue leiten lassen.

GEORGE FOWLER

Kaufmännischer Leiter und Finanzdirektor der Valley Paper Company

G. B. FOWLER

G. B. FOWLER: Niemand, der je in der Kriegsmarine gedient und begriffen hat, was »unbedingte Pflichterfüllung« bedeutet, kann etwas anderes als Sympathie für Großadmiral Karl Dönitz empfinden. Für mich waren die ganzen »Kriegsverbrecherprozesse« – die in Deutschland wie die in Japan – stets dubios. Mir ist es unbegreiflich, wie man einen Offizier wegen Gehorsams oder Pflichterfüllung anklagen kann, egal, unter welcher Fahne er gedient hat. Meines Erachtens veranschaulichen die Kriegsverbrecherprozesse von Nürnberg und andernorts die größte Gefahr unserer Zeit: Druck durch die Massen im höchstem Ausmaße.

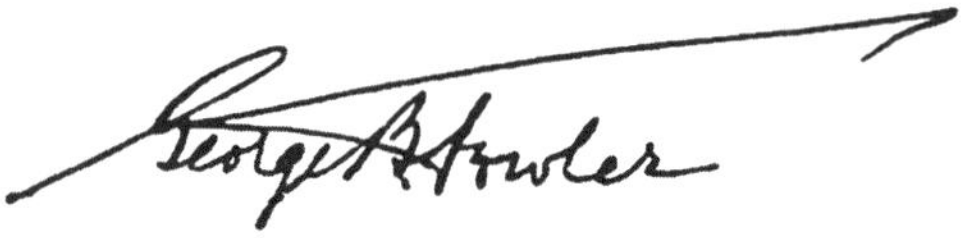

GEORGE B. FOWLER

Dr. phil.; Geschichtsprofessor an der Universität Pittsburgh; Mitglied des Instituts für Angewandte Studien in Princeton 1953-1955

FREUNDT ROSELL: Jene als Kriegsverbrecher zu verurteilen, die als Chefs der Streitkräfte ihrem Vaterland mit patriotischer Einsatzfreude und großartigem Heldenmut gedient haben, wie dies beklagenswerterweise im Kielwasser des Krieges geschehen ist, war eine traurige, tadelnswerte Episode im Zusammenhang mit dem Zweiten Weltkrieg. Die ungerechten und unglückseligen Nürnberger Prozesse werden auf ewig das Gewissen der Sieger belasten. Großadmiral Karl Dönitz, dem Oberkommandierenden der deutschen Kriegsmarine, der durch das von ihm erlittene Martyrium

FREUNDT ROSELL

nur umso ruhmreicher geworden ist, sei unsere glühende Bewunderung mitgeteilt.

ALBERTO FREUNDT ROSELL

Peruanischer Jurist; Professor für Strafrecht an der San Marcos-Universität 1922-1940; Dekan 1940; Außenminister und Justizminister; peruanischer Botschafter in England und Brasilien

FULLER: Meine Meinung war stets, daß die Nürnberger Kriegsverbrecherprozesse Akte der Rache darstellten. Krieg ist ein politischer, kein rechtlicher Vorgang. Wenn bei Kriegsende vermutet wird, es sei politisch zu gefährlich, einen bestimmten feindlichen Führer auf freiem Fuß zu lassen, dann sollte man ihn wie Napoleon auf irgendeine Insel verbannen. Ihn unter rückwirkendem Recht, nur ausgeheckt, um ihn schuldig zu sprechen, vor Gericht zu bringen, ist ein Stück voll häßlicher Heuchelei und Humbug. Als sich die »National-Zeitung« im September 1870 über die rücksichtsvolle Behandlung beschwerte, die dem gefangenen französischen Kaiser widerfahren war, war Bismarck ganz anderer Ansicht. »Gefühl und Meinung der Öffentlichkeit«, so sagte er, »schlagen immer diese Richtung ein. Die Leute beharren darauf, daß bei Konflikten zwischen Staaten der Sieger über den Besiegten Gericht halten solle – mit einem Moralkodex zur Hand – und verlangen nach Bestrafung. Das ist eine alles in allem unvernünftige Forderung. Strafe und Rache haben nichts mit Politik zu tun. Politik sollte sich nicht mit dem Schrei nach Nemesis einlassen oder nach Ausübung des Richteramtes trachten.« Unglücklicherweise, für die Welt als ganzes gesehen, haben die westlichen Alliierten keinen Staatsmann vom Kaliber eines Bismarck hervorgebracht.

FULLER

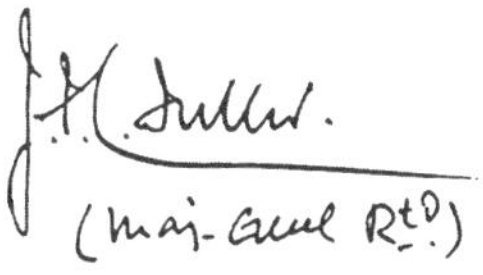

J.F.C. FULLER

Generalmajor; britischer Militärhistoriker und -publizist

GARDNER: In Beantwortung Ihres Schreibens mit Stellungnahmen gegen die Verurteilung und Bestrafung von Großadmiral Karl Dönitz als Kriegsverbrecher in der Anlage möchte ich Ihnen mitteilen, daß für mich ein solcher Urteilsspruch und eine derartige Strafe auf einer höchst zweifelhaften Logik beruhen.

GRANDISON GARDNER

Major der US-Luftwaffe; Befehlshaber der Flugschulung des Bodenpersonals im Zweiten Weltkrieg; Mitglied des U.S. Strategic Bombing Survey

GARRITY: Mit großer Freude stoße ich zu jenen, die mit mir die Ansicht teilen, daß die Kriegsverbrecherprozesse unserer amerikanischen Tradition schändlich widersprachen und daß sie, was ebenso übel ist, einen Präzedenzfall geschaffen haben, der, sind erst Kommunisten bei uns an der Macht, nichts anderes als die Vernichtung aller Ideale der Vereinigten Staaten zur Folge haben wird. Für die Verurteilung von Großadmiral Dönitz gab es nach meiner Ansicht auch nicht den Hauch einer Berechtigung.

DEVIN A. GARRITY

Präsident des Verlages Devin-Adair Company (USA)

GEHRES: Wie andere Berufssoldaten war auch ich tief betroffen über den Präzedenzfall, der in Nürnberg und Tokio gesetzt worden ist. Durch unsere aktive Teilnahme an diesen Nachkriegsprozessen haben wir ein Vorbild dafür mitgeschaffen, daß auch führende Soldaten der Vereinigten Staaten angeklagt, verurteilt und hingerichtet wer-

GEHRES

den, falls unser Land in irgendeinem künftigen Krieg geschlagen werden sollte. Von jedem Berufsoffizier der Streitkräfte eines jeden Landes der Welt wird seiner üblichen Amtspflichten wegen erwartet, Vorkehrungen für einen möglichen künftigen bewaffneten Konflikt mit jedem potentiellen Feind zu treffen. Wenn dies später zu einem Menschheitsverbrechen erklärt werden kann, so ist jeder Berufsoffizier sein ganzes Leben der Gefahr der Anklage ausgesetzt. Großadmiral Dönitz war ein höchst sachkundiger Berufsoffizier. Auch wenn er im Kriege unser Feind war, so haben wir doch seine professionellen Leistungen bewundert. Unsere eigene Marine hat in der Tat manche Taktik und Methode übernommen, die von Admiral Dönitz entworfen und praktiziert worden war. Weil sie zu den Siegern zählten, waren unsere U-Boot-Fahrer Helden; gemäß der Nürnberger Doktrin wären sie im Falle der Niederlage Verbrecher gewesen.

LESLIE E. GEHRES

Konteradmiral der US-Kriegsmarine; Kommandeur des 3. Marine-Fluggeschwaders im Zweiten Weltkrieg

GEORGE: Ich stimme Admiral Gallery zu, daß diese Prozesse eine »Verhöhnung des Soldatentums« und in bestimmten Fällen eine »nackte Heuchelei« waren. Seit Anbeginn der Zeiten haben Völker im Kriege ihre Anstrengungen auf den Sieg gerichtet – durch Niederzwingung des feindlichen Widerstandswillens und Brechung der Mittel des Feindes zur Fortsetzung des Kampfes.

GEORGE

Um den Sieg zu erreichen, führten die Vereinigten Staaten uneingeschränkten U-Boot-Krieg und setzten ihre Luftwaffe genauso wie England sowohl gegen Wohngebiete wie gegen rein militärische Ziele ein. Wenn aber die Alliierten diesen Einsatz ihrer Streitkräfte für vereinbar mit ihren Kriegszielen gehalten haben, ist es für mich nur schwer verständlich, warum bestimmte Offiziere der Feindseite wegen Verbrechens gegen die Menschlichkeit angeklagt und entweder mit Hinrichtung oder mit Haft bestraft worden sind.

HAROLD L. GEORGE

Generalleutnant der US-Luftwaffe; Mitarbeiter des Stabschefs für Kriegsplanung A.A.F. 1941/42; Befehlshaber des Lufttransport-Kommandos 1942-1946; Vorsitzender der Luftwaffendelegation im Militär-Stabskomitee der Vereinten Nationen

GHIKAS: Als griechischer Armeeveteran, der in sämtlichen bewaffneten Konflikten mitgekämpft hat, in die Griechenland seit 1918 verwickelt war, bin ich der Überzeugung, daß es die Pflicht aller militärischen Führer eines Landes im Kriegszustand ist, den Sieg zu erringen. Die Sicherheit des Vaterlandes ist der Leitgedanke, der Strategie und Mittel der Kriegführung der Militärbefehlshaber zu beherrschen hat, auch dann, wenn dies als sehr grausam erscheint. Selbstverständlich müssen inhumane Handlungen verdammt werden, wenn gewiß ist, daß sie den Kriegszwecken weder direkt noch mittelbar dienen und auch nicht von der Feindseite angewendet werden. Aus dieser Sicht betrachte ich auch den Fall Großadmiral Dönitz.

SOLON GHIKAS

Griechischer Generalleutnant; Stabschef der Kavallerie 1940/41; Kommandeur der Armeeschule in Palästina 1942-1944; Militärattaché in den USA 1942-1948; Befehlshaber der 42. Brigade, der 7. und 8. Division 1949; Kommandeur des 3. Armeekorps 1950/51; Chef des Generalstabes der Armee 1954-1956; Minister für Kommunikationswesen und Öffentlichkeitsarbeit

GIBSONE: Ich möchte betonen, daß ich seinerzeit – wie auch heute unverändert – die Nürnberger Prozesse als überwiegend für Propagandazwecke geschaffen betrachtet und für unklug gehalten habe.

WILLIAM W.F. GIBSONE

Generalmajor der Königlich Kanadischen Armee

GILBREATH: Es jagt mir einen gehörigen Schrecken ein, daran zu denken, daß, wenn nun die Würfel anders gefallen und unsere Feinde die Sieger gewesen wären, sie mit oder ohne Gerichtsverfahren unsere Befehlshaber in Europa wegen des Todes so vieler Unschuldiger eingesperrt oder gehängt hätten. Vermutlich hätten sie unter

GILBREATH

ähnlichen Voraussetzungen etwa Herrn Churchill diese Behandlung angedeihen lassen. Und im Pazifik – würden dann, hätten die Japaner gewonnen, General MacArthur und Admiral Nimitz am Galgen baumeln? Wäre der Herr Truman geköpft worden? Gott behüte! Allein der Gedanke daran ist fürchterlich für Patrioten, die ihr Leben für das Vaterland eingesetzt haben und dabei Zivilpersonen unter den Feinden den Tod brachten. Wenn es denn so etwas wie zivilisierte Kriegführung gibt, waren die Alliierten meines Erachtens in manch besonderen Fällen des Verrates an der Zivilisation schuldig. Sich jedoch ein paar Offiziere herauszupicken, um sie zu bestrafen, ist weder fair noch gerecht und auch nicht vernünftig. Ein Offizier jeden Staates, der im Kriege nicht alles in seiner Macht Stehende unternähme, den Feind zu schlagen – sei es auf Land, zur See oder in der Luft –, ist pflichtvergessen. Unter Nürnberger Vorzeichen wäre eine hochrangige Person, die ihr Leben im Dienste für das Vaterland riskiert, und das im Bewußtsein, daß sie sich deswegen das eigene Grab schaufeln kann, ganz außergewöhnlich unterwürfig, alle Maßstäbe sprengend tapfer oder einfach nur tollkühn. Warum sollte irgendein hoher Offizier von einem gestrengen Eroberer bestraft werden, wofür er in den Reihen des Siegers Lob, Orden und Beförderung erhalten hätte?

FREDERICK GILBREATH

US-Generalmajor; Kommandierender General des Verladehafens von San Franzisko 1941-1944; Befehlshaber des Basis-Kommandos Südlicher Pazifik 1944/45

GILDERSLEEVE: Ich stimme mit den im Leitartikel der Chicago Tribune zum Ausdruck gekommenen Ansichten überein. Mein Vater wirkte als Richter am Obersten Gerichtshof des Staates New York. Wenn ich an die Zeit der Prozesse zurückdenke, erinnere ich mich, wie empört er über den ex post facto-Charakter der Verfahren war, unter deren Vorzeichen die Schuldsprüche standen. Mit Freude schließe ich mich der Bitte um Verzeihung bei Admiral Dönitz an.

VIRGINIA C. GILDERSLEEVE

Amerikanische Hochschullehrerin; Dekan (em.) des Barnard College

GILLIN: Admiral Dönitz und anderen führenden Persönlichkeiten, die inhaftiert wurden, gebührt Wiedergutmachung dafür, wie man sie behandelt hat. Wir können niemals angemessen wettmachen, was den zu Gefängnisstrafen oder gar den zum Tode verurteilten maßgeblichen Persönlichkeiten angetan worden ist.

JOHN L. GILLIN

Emeritierter Kriminologie-Professor der Universität von Wisconsin (USA); Fachbuchautor und Verbrechensexperte

GINGRICH: Für mich ist ganz klar, daß wir nicht nur keinen Fortschritt erreicht haben, sondern durch unser eigenes Verhalten wie das des Feindes, was die Behandlung von Kriegsgefangenen betrifft, einen Schritt zurück vollzogen haben. Im Zweiten Weltkrieg haben gewiß beide Seiten die Regeln der Haager Konvention verletzt, von denen wir hofften, daß sie internationales Gesetz geworden seien. Im Koreakrieg hat sich der

GINGRICH

Feind kaum um das Kriegsrecht geschert. Aufgrund dieser unglückseligen Präzedenzfälle bin ich der Auffassung, daß in künftigen Kriegen die Behandlung der Kriegsgefangenen nur zu genau dem Grad der Humanität des Siegers entsprechen wird. Durch die »Kriegsverbrecherprozesse«, in welchen der Sieger die Besiegten richtete, haben wir ein Vorbild geschaffen, das nur deshalb nicht auf unsere eigenen Befehlshaber angewandt worden ist, weil wir die Sieger waren. Unsere eigene U-Boot-Flotte war dazu bestimmt, feindliche Schiffstonnage zu versenken, ohne daß sie über Mittel verfügt hätte, die Besatzungen zu retten. Auch daß die Deutschen die U-Boote uneingeschränkt eingesetzt hatten, bevor wir es taten, ändert nichts an der Tatsache, daß wir später auf dieselbe Art und Weise handelten, für die Admiral Dönitz angeklagt und verurteilt worden ist. Ich habe die »Kriegsverbrecherprozesse« noch stets eher als ungerechte, von Rache erfüllte Verfahren denn als einen Hort der Gerechtigkeit angesehen.

JOHN F. GINGRICH

Admiral der US-Kriegsmarine; Stellvertretender Chef der Marine-Unternehmen 1953; Direktor der Abteilung Sicherheit und Nachrichtendienst der Atomenergiebehörde; Befehlshaber der Seestreitkräfte im Koreakrieg; Vizepräsident der International Telephone and Telegraph Corp.

GIPSON: Wie mein guter Freund, der verstorbene Senator Robert A. Taft, empfand auch ich die Kriegsverbrecherprozesse als Schande für Amerika. Sie hätten niemals stattfinden sollen. Besonders unfaßbar ist für mich, daß den Kommunisten gestattet wurde, bei derartigen Verfahren auf der Richterbank zu sitzen.

J. H. GIPSON sr.

US-Ökonom; Publizist; Präsident von The Caxton Printers, Ltd.

GLASSFORD: Als ich nach dem Zweiten Weltkrieg Kommandeur der US-Marinestreitkräfte in Deutschland war, wurde in meinem Berliner Amt ein Sonderstab Berichterstattung über die Verhandlungen zur Seekriegführung beim Nürnberger Prozeß (Fälle Dönitz und Raeder) gebildet. Begleitet von General Mark Clark habe ich etliche Sitzungen des Gerichts als Beobachter verfolgt, sofern die Kriegsmarine von Belang war. Ich bin absolut sicher, daß in den Verfahren gegen die beiden Admirale Raeder und Dönitz nichts vorgebracht worden ist, das in irgendeiner Weise einen Schatten auf ihre Ehre werfen würde.

WILLIAM GLASSFORD

Vizeadmiral der US-Kriegsmarine; Befehlshaber der Marinestreitkräfte Südlicher Pazifik im Zweiten Weltkrieg; Präsident Franklin Delano Roosevelts persönlicher Abgesandter in Dakar

GOOCH: Da ich weder Offizier noch Jurist bin, darf ich eigentlich keinen Anspruch erheben, mich über den Gerichtshof einlassen zu können. Aber mir ist schon klar, daß es immer falsch ist, wenn der Sieger über den geschlagenen Feind Gericht hält, und daß es sich um einen Präzedenzfall handelt, dem Nationen, die gemeinhin als zivilisiert gelten, nicht nacheifern sollten.

GEORGE PEABODY GOOCH

Britischer Historiker und Autor; Mitglied des Trinity College der Universität Cambridge; Präsident der Historischen Gesellschaft

GOOCH

GOODWIN: Es scheint mir, daß das gesamte Konzept der »Kriegsverbrecherprozesse« einer ziemlich weit verbreiteten, doch komplett kindischen Vorstellung von der Rolle der Soldaten bei der Wahrnehmung ihrer Verantwortung als Staatsdiener entsprungen ist. Viele an und für sich intelligente Menschen meinen wohl, daß Kriege einfach so nach der Kriegserklärung ausgefochten werden und daß alle vorbereitenden Planungen, besonders gegen eine bestimmte Macht, unmoralisch seien. Ich habe fast fünf Jahre lang, von 1923 bis 1928, auf dem Typ »Holland« der US-U-Boot-Waffe gedient und nie Zweifel gehabt, daß die Völkerrechtsgesetze im Falle der U-Boote rein idealistisch und unrealistisch gewesen sind. Das Thema ging bei uns in der Marineakademie 1933/34 umher, stets mit der Schlußfolgerung, daß U-Boote von allen Kriegführenden beim nächsten Waffengang genauso eingesetzt werden würden, wie es dann in der Tat im Zweiten Weltkrieg der Fall war. Richter Jackson hielt nach seiner Zeit bei den Nürnberger Prozessen Vorlesungen am National War College, an dem ich mich 1946/47 zur Ausbildung befand. Ich bezweifle, daß er danach Lust verspürt hat, dort erneut aufzukreuzen. Denn die aus erstklassigen Offizieren des Heeres, der Marine und der Luftwaffe bestehende Studentenschaft hat mit ihrer Feindschaft gegenüber seinen Thesen nicht hinter den Berg gehalten. In der Fragestunde wurde das ge-

GOODWIN

samte Konzept der angeblichen Rechtmäßigkeit der Nürnberger Prozesse zerfetzt. In einer abschließenden Bemerkung eines der Studierenden hieß es im Kern, daß der Präzedenzfall, den diese Prozesse geschaffen hätten, nur in einer einzigen Hinsicht von »Wert« gewesen sei, daß nämlich die Prämie für die Sieger so hoch wie noch nie zuvor angesetzt worden sei.

HUGH H. GOODWIN

Vizeadmiral der US-Kriegsmarine; Kommandeur der 2. Träger-Abteilung 1953/54: Kommandeur der Seestreitkräfte auf den Philippinen 1954/1956; Kommandeur der Seestreitkräfte im Kontinentalen Luftverteidigungskommando 1956-1958

H. G. GRANT: Wie ich schon zur Zeit der Nürnberger »Kriegsverbrecherprozesse« öffentlich erklärt habe, verdamme ich diese Verfahren als ex post facto, absolut ohne Vorbild oder Grundlage im Völkerrecht, und deshalb als Verbrechen gegen die angeblichen Verbrecher. Die Prozesse entsprangen dem Verlangen nach Rache auf der Seite der militärischen Sieger. Im Falle eines erneuten Weltkrieges, den Gott verhüten möge, könnten wir uns selbst auf der Verliererseite wiederfinden, wobei dann die Führer unserer eigenen Streitkräfte als Kriminelle gebrandmarkt, eingesperrt und angeklagt werden würden, weil sie ihr Vaterland verteidigt haben. Ich bin erfreut, mit anderen amerikanischen Bürgern in der Verurtei-

H. G. GRANT

lung solcher Verfahren einig zu sein. Admiral Dönitz war eines der unglücklichen Opfer der Nürnberger Prozesse.

HUGH G. GRANT

Amerikanischer Diplomat; im Außenministerium für die Abteilung Westeuropa zuständig; US-Gesandter in Albanien und in Thailand

U. S. GRANT: Nach meinem Gefühl war der Nürnberger Prozeß gegen Offiziere und auch gegen zivile Staatsdiener unglückselig und ungerecht, eine Schändung des Völkerrechts größten Ausmaßes. Ich fürchte, unsere Führung hat sich dem Rachedurst der Sowjets ergeben, und bin sicher, daß wir

U. S. GRANT

Anlaß haben werden, unsere Beteiligung daran aus folgenden Gründen zu bereuen: Weil sie unvereinbar war mit unserer zuvor verkündeten großmütigen und vornehmen Haltung und weil für den Sieger künftiger Kriege ein Präzedenzfall gesetzt worden ist, an Einzelpersonen Rache nehmen zu können. Eine solche Vergewaltigung des Völkerrechts, nur um irgend jemandes Zorn auf Leute, die ihre Befehle hatten, Luft zu machen, wird gewiß zum Bumerang und uns künftig selbst heimsuchen. Ich bin froh zu erfahren, daß auch andere diese Einschätzung teilen, die zum geeigneten Zeitpunkt dem amerikanischen Volk zur Kenntnis gebracht werden sollte.

ULYSEES S. GRANT III.

US-Generalmajor; Präsident der Amerikanischen Friedensgesellschaft

GREENSLADE: Unter allen Angeklagten vor dem Nürnberger Tribunal galt meine Sympathie Admiral Dönitz. Was wohl prinzipiell daran liegt, daß ich mit ihm die Begeisterung für die Seefahrt und die Berufsmarine teile. Mir erschien es als Unrecht, ihn vor diesen »Gerichtshof« wegen Handlungen zu bringen, die er von Berufs wegen tun mußte. Als Befehlshaber der deutschen Seestreitkräfte war es seine Pflicht, für sein Vaterland auf den Meeren erfolgreich Krieg zu führen. Eine solche Kriegführung kostet unvermeidlich Menschenleben. Unglücklicherweise waren unsere eigenen Marinebefehlshaber genötigt, ganz ähnliche Operationen zu planen und durchzuführen, um unsere Ziele zu erreichen. Ich sehe Admiral Dönitz seine Handlungen nach, wenn ich bedenke, daß unser eigener Befehlshaber zur See, Admiral King, sich in einer ähnlichen Lage befand wie er. Ich empfinde Re-

GREENSLADE

spekt und Bewunderung für Admiral Kings hervorragende Leistung. Und ich habe andererseits auch Respekt vor Admiral Dönitz, der sich bemüht hat, seine Aufgaben ebenso zu verrichten wie King, wobei ich allerdings heilfroh bin, daß er dabei nicht siegreich blieb. Dönitz wegen krimineller

Schuld an Tötungshandlungen anzuprangern, sollte jedermann als falsch einschätzen.

JOHN F. GREENSLADE

Konteradmiral der US-Kriegsmarine; Kommandierender Offizier auf der U.S.S. »Kitkun Bay« 1945/46; 1947 im Amt des Chefs der Marineoperationen tätig; Kommandeur der Streitkräfte in der Straße von Formosa 1950-1952

GREW: Hocherfreut habe ich von der Freilassung Admiral Dönitz' aus dem

GREW

Spandauer Gefängnis erfahren. Gut zu wissen, daß so zahlreiche ausgezeichnete Offiziere und Zivilisten ihm Anerkennung zollen.

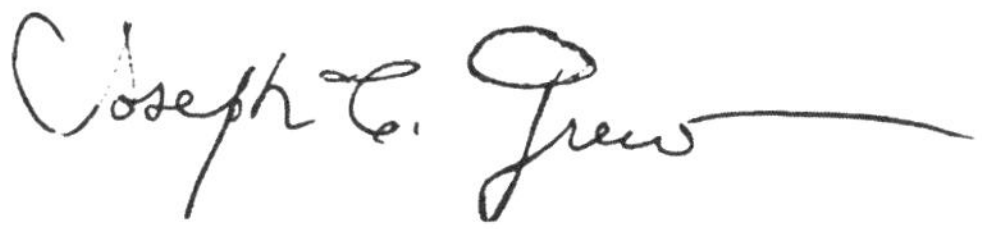

JOSEPH C. GREW

US-Botschafter in Japan 1932-1941; US-Staatssekretär im Außenministerium 1924-1927 und 1944/45

GROW: Mein Fronteinsatz im Zweiten Weltkrieg bestand darin, eine Panzerdivision während des Feldzuges in Europa zu befehligen, und zwar von der Normandie bis hinein nach Sachsen. Wir verloren im Zeitraum zwischen Juli 1944 und April 1945

GROW

eine ganze Anzahl von Offizieren und Mannschaften durch Gefangennahme. Nicht in einem einzigen Falle habe ich von Angehörigen unserer Division etwas anderes über ihre Zeit als Kriegsgefangene der Deutschen gehört, als daß sie genau gemäß der Landkriegsordnung behandelt worden seien. Was die 6. Panzerinfanteriedivision in ihren 280 Tagen Fronteinsatz angeht, gab es keine Probleme mit Greueltaten. Freimütig muß ich gestehen, daß ich – wie auch viele meiner Zeitgenossen – ganz entgeistert war, als wir von dem Vorwurf der »Kriegsverbrechen« in Prozessen hörten und daß Militärbefehlshaber unter den Angeklagten waren. Unter uns Divisionskommandeuren ging das Wort um: »Ein General muß jetzt ganz sicher gehen, auf der Seite der Gewinner zu sein.« Wie ich es sehe, wurden die »Kriegsverbrecher«-Prozesse von keiner rechtmäßig befugten Macht eingerichtet und durchgeführt. Die Sieger erließen im nachhinein Regeln zur Rechtfertigung ihrer Verfahren.

Durchaus möglich, daß dies eine Nachwirkung der Politik der »bedingungslosen Kapitulation« war, die unnötigerweise so viele Menschenleben gekostet hatte, ohne das Ausmaß des Sieges zu erhöhen. Ich bin überzeugt, daß die »Kriegsverbrecherprozesse« boshaft von Anfang an waren und rachsüchtig durchgeführt wurden. Darüber hinaus: War es ihr Zweck, Aggressoren abzuschrecken, so waren sie ein schauriger Fehlschlag. Ich kenne keinen Offizier, der die Prozesse billigt.

ROBERT W. GROW

US-Generalmajor; befehligte die 6. Panzerdivision in Europa im Zweiten Weltkrieg

GYANI: Ihre Bemühungen, solche verwikkelten Prozesse wie auch das zweierlei Maß in bezug auf die Verantwortlichkeit hochrangiger Soldaten bei der Ausführung von Befehlen der Staatsführung zu beleuchten, finde ich lobenswert. Es ist äußerst schwierig, wenn nicht unmöglich, genau zu bestimmen, ab wann ein Offizier die Moral und Berechtigung der Befehle und Anweisungen seiner ordnungsgemäßen Staatsführung hinterfragen darf. Die Waffensysteme und ihre Einsatzmöglichkeiten sind einem ständigen Wandel unterworfen, und die Welt ist mit der Wahrscheinlichkeit des Einsatzes von Nuklearwaffen konfrontiert. Bislang gibt es noch keine internationale Übereinkunft zur Begrenzung ihrer Verwendung. Jeder Versuch, die Bestrafung von Befehlshabern der Streitkräfte einer geschlagenen Nation ohne vorherige internationale Übereinkommen zu legalisieren, ist unfair. Beispiele, daß die Sieger den Besiegten ganz nach Lust und Laune von Machthabern übel mitgespielt haben, gibt es ja.

PREM SINGH GYANI

Generalleutnant der indischen Armee; Regimentskommandeur auf dem burmesischen Kriegsschauplatz 1944/45; Kommandierender Offizier einer Infanteriedivision 1959; Kommandeur der UNO-Streitkräfte im Gasa-Streifen 1959-1964; Kommandeur der UNO-Streitkräfte auf Zypern 1964; Präsident des Birla-Institutes für Technologie 1963-1967; Mitglied des Verwaltungsrates der Universität von Punjab 1971-1973

GYGAX: Die Kriegsverbrecherprozesse gegen Soldaten wegen Handlungen, die im Einklang mit ihren Pflichten standen, haben einen nicht wünschenswerten, gefährlichen Präzedenzfall geschaffen, der eines Tages auf uns zurückschlagen wird. In einem Krieg, in dem es um alles oder nichts geht und der eine reine Überlebensfrage ist, wird man immer zu Maßnahmen wie dem uneingeschränkten U-Boot-Krieg Zuflucht nehmen. Alles andere ist unrealistisch. Admiral Dönitz wurde zu Unrecht angeklagt und bestraft.

FELIX X. GYGAX

Konteradmiral der US-Kriegsmarine; Kommandeur der 3. Kreuzerabteilung im Zweiten Weltkrieg

GYLLENSTIERNA: Kriegsverbrecherprozesse gegen Soldaten, die nichts anderes als ihre Pflicht erfüllt haben, passen mir überhaupt nicht. Großadmiral Dönitz ist in meinen Augen schuldlos. Ich stimme Konteradmiral Gallery zu.

BARON GORAN GYLLENSTIERNA

Generalmajor der Königlich Schwedischen Armee; Inspekteur der schwedischen Kavallerie

HAND: Die Nürnberger Prozesse habe ich stets als einen Rückschritt im internationalen Recht aufgefaßt sowie als einen Präzedenzfall, der sich in Zukunft als unangenehm, wenn nicht gar als katastrophal erweisen wird.

HAND

LEARNED HAND

Distriktrichter in New York von 1909 bis 1924; Oberrichter von 1924 bis 1951

HANKEY: Ich kann auf eine lange Zeitspanne meines Widerstandes gegen die Nürnberger Prozesse verweisen, beginnend mit Reden im Oberhaus noch während des Zweiten Weltkrieges bis heute. Zumal ich mit Freunden besondere Anstrengungen für eine vorzeitige Haftentlassung von Admiral Dönitz unternommen hatte, steuere ich gern einen Beitrag zu Ihrem Buch bei. Wobei ich mich insbesondere Ihrer Hoffnung anschließe, daß das Werk ein Meilenstein zur historischen Neubewertung des in Nürnberg – und, wie ich ergänzen möchte, in Tokio – geschaffenen Präzedenzfalls werden möge.

HANKEY

LORD MAURICE ALERS HANKEY

Mitglied des britischen Kriegskabinetts im Zweiten Weltkrieg; Mitglied der ständigen Mandatskommission des Völkerbundes in Genf 1939

HANSON: Zur Zeit der Nürnberger Prozesse befehligte ich unsere Marinebasis Pearl Harbor. Nach Meinung verantwortungsbewußter Nichtmilitärs waren die Nürnberger Verfahren wegen Schaffung eines auch für unsere eigenen Berufsoffiziere furchtbaren Präzedenzfalles zu verwerfen. In den Offiziersmessen und Kasinos der Kriegsmarine warfen die Prozesse düstere Schatten. Aus der Sicht eines Dienstes, in dem ausdrücklich das Gesetz des Gehorsams gegenüber Befehlen höherer Stellen

HANSON

gilt und in dem unser Eid verlangt, daß wir die Verfassung gegen alle inneren und äußeren Feinde zu verteidigen haben, ist unsere Regierung wohl zu weit gegangen, besonders als sie Offiziere der feindlichen Streitkräfte vor Gericht gebracht hat für Handlungen, die ihnen nur als Pflichterfüllung vorkommen konnten. Viele von uns empfanden ein solches Verfahren als despotisch und mit der Demokratie nicht vereinbar.

EDWARD W. HANSON

Vizeadmiral der US-Kriegsmarine; Kommandeur der 9. Schlachtschiff-Abteilung im Zweiten Weltkrieg

HARDIN: Die Nürnberger Prozesse haben mich aufgewühlt. Meines Erachtens war die ganze Prozedur Ausfluß einer Massenhysterie und vom Geist gewalttätigen Pöbels getragen. Das Konzept der Nürnberger Prozesse anzuerkennen, hieße, jeden Mann in Uniform dazu zu nötigen, seinen Eid, das eigene Vaterland zu schützen, zu brechen und seinen Siegeswillen unter Strafe zu stellen. Ich hoffe inständig, daß man niemals wieder zu so etwas ähnlichem wie den Nürnberger Prozessen zurückkehrt und daß, sollte es doch der Fall sein, die Vereinigten Staaten jede Beteiligung verweigern. Hoffentlich ist meine Ansicht klar geworden. Sie haben freie Hand, mich jederzeit an jedem Orte zu zitieren.

THOMAS O. HARDIN

US-Generalmajor; Kommandeur der Lufttransportkräfte in Afrika und im Pazifik während des Zweiten Weltkrieges; Technischer Inspekteur 1950-1952; Vorstandsmitglied der Pan American World Airways.

HARRIS: Ich bin der Ansicht, daß die »Kriegsverbrecherprozesse« unklug und ohne Rückhalt im Recht waren, sowie daß sie einen Präzedenzfall schufen. Sollten die USA in einem künftigen Kriege geschlagen werden, wird der Robert E. Lee oder der Douglas MacArthur jener Tage wegen Pflichterfüllung und Ausführung ordnungsgemäßer Befehle seiner Staatsführung wohl angeklagt und gehängt. Ferner möchte ich festhalten, daß ich von einem Gericht geschaffene Gesetze nicht billige, weder jetzt noch in der Vergangenheit. Gerichtshöfe sind dazu da, geltende Gesetze anzuwenden, nicht neue Gesetze zu bilden. Admiral

HARRIS

Dönitz gehörte zu denen, die illegal vor Gericht gestellt worden sind, weil es eine Hysterie und die Gier, irgendwen zu bestrafen, gab.

CHARLES T. HARRIS jr.

US-Generalmajor; Stellvertretender Leiter im Artillerieamt des Kriegsministeriums 1938-1942; Kommandierender General der Übungsplätze von Aberdeen 1942-1946

HART (an Großadmiral Dönitz): Eine meiner ersten Pflichten, nachdem wir in den Zweiten Weltkrieg eingetreten waren, bestand darin, den Befehl unseres Marineministeriums an meine Unterseeboote weiterzuleiten, gegen Japan »uneingeschränkten« Krieg zu führen. Denke ich an die Einzelheiten Ihres sogenannten Prozesses zurück, lag der Hauptvorwurf darin, daß Sie genau dasselbe getan haben. Ich handelte, wie mir befohlen worden war. Sie, mein geschätzter Admiral, mußten zehn Jahre Haft erdulden dafür, daß sie in gleicher Weise die Befehle Ihrer Staatsmacht ausgeführt haben. Natürlich war das Verfahren gegen Sie ein ungeheuerliches Unrecht; es befleckt die Geschichte meines Landes. Ich könnte noch viel mehr in dieser Richtung schreiben, doch möchte ich ein klein wenig Befriedigung zum Ausdruck bringen: Ungeachtet aller Titel und Uniformen, die meine Landsleute bei dem Skandal von Nürnberg trugen – keiner von ihnen dort war wirklich Soldat oder Seemann. Admiral, Sie haben viel durchmachen müssen. Seien Sie versichert,

HART

daß Sie letztlich als einer der Besten in die Geschichte eingehen werden. Sie fochten im Krieg in einer Art und Weise, wie es Ihnen befohlen worden war – über lange schwere Jahre hinweg, mit großer Durchschlagskraft, sowohl was die Fachkenntnis angeht als auch in der Führung Ihrer Männer, die von Ihnen begeistert waren. Dann am Schluß mit der Last der vollen Verantwortung für Wohl und Wehe Ihres Vaterlandes auf den Schultern, bestanden Sie auch diese Prüfung in überragender Weise. Sie sehnen sich vielleicht nicht unbedingt nach einer Sympathiebekundung von unsereinem – darf ich vor Ihnen gleichwohl salutieren?

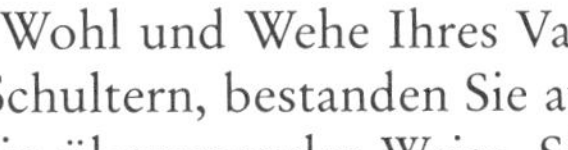

THOMAS C. HART

Admiral der US-Kriegsmarine; Oberkommandierender der Asien-Flotte im Zweiten Weltkrieg; US-Senator von Connecticut 1945-1947

HAYES: Ich stimme den Kritikern der »Nürnberger Prozesse« zu.

CARLTON J. H. HAYES

Amerikanischer Historiker und Diplomat; US-Botschafter in Spanien 1942-1944

HEARD: Nehmen Sie mein Lob für Ihr Vorhaben, zu enthüllen, wie fürchterlich die Kriegsverbrecherprozesse die zivilisierte Kriegführung befleckt haben. Von Beginn dieser Verzerrung der Gerechtigkeit an

HEARD

konnte ich die Geisteshaltung nicht fassen, einen Offizier für nichts anderes als für die Erfüllung der von ihm beschworenen Pflicht zu belangen. Daß man solche Offiziere zum Tode oder zu Gefängnisstrafen verurteilt hat, bedeutet einen Rückfall in die Barbarei. Es ist unbegreiflich, wie sich die Vereinigten Staaten an so etwas beteiligen konnten. Was nun insbesondere Admiral Dönitz angeht, so habe ich ihn stets bewundert und ebenso respektiert wie Admiral Nimitz. Er wurde nicht etwa im eigentlich rechtlichen Sinne angeklagt und verurteilt, er wurde geradezu ans Kreuz geschlagen. Ich vertraue darauf, daß Sie ihn wissen lassen: Jeder zivilisierte Amerikaner mit auch nur einem Funken Ritterlichkeit verabscheut die ihm widerfahrene Behandlung und wünscht ihm alles erdenklich Gute.

JACK W. HEARD

US-Generalmajor; Kommandant der Flugfelder von Kelly (Texas), Scott Field (Illinois), Payne Field (Missouri) 1917-1940; Befehlshaber der 13. Kavallerie in Fort Knox; Kommandeur der 5. Panzerdivision 1942; Leiter der Arbeitskräfte-Kommission im Kriegsministerium 1944

HELLWEG: Großadmiral Dönitz hat lediglich das getan, was jeder Seeoffizier einer jeden anderen Kriegsmarine mit ähnlicher Aufgabe auch getan hätte. Er führte seine Befehle aus. Wenn das ein Verbrechen sein soll, dann sind wir alle schuldig. Doch die eigentlich Schuldigen säßen dann in der britischen Admiralität, im französischen Marineministerium und in den Marineministerien überhaupt aller Staaten, unseren eingeschlossen. Die sind dann die Schuldigen, nicht die Offiziere, die ihren Befehlen gehorchen. Admiral Gallerys energische Mißbilligung der sogenannten Kriegsverbrecherprozesse ist eigentlich noch zu sanft und höflich ausgefallen. Wer waren denn eigentlich die Mitglieder des Gerichts? Woher nahmen sie die Befugnis, derart wichtige und weitreichende Fragen zu entscheiden? Sollen wir sie als neue Besen, die gut kehren, ansehen oder als verdammte alte

Mistgabeln? Unglücklicherweise gibt es jede Menge verdammte alte Mistgabeln auf Erden.

JULIUS F. HELLWIG

Geschwaderführer der US-Kriegsmarine; befehligte die 4. Zerstörer-Abteilung; Kommandierender Offizier der U.S.S. »Oklahoma«

HENDREN: Offiziere und andere Deutsche, die Vaterland und Staatsmacht zu Treue verpflichtet waren und einen entsprechenden Eid geleistet hatten, haben sich bestimmt keiner Verbrechen schuldig gemacht, als sie nach Ausbruch des Krieges die Führung der deutschen Streitkräfte übernahmen. Dies trifft meines Erachtens besonders auf die Großadmirale Dönitz und Raeder sowie auf die gewaltige Mehrheit der Admirale und Generale der deutschen Wehrmacht zu. Hätten sie irgendeinen anderen Kurs eingeschlagen, wäre dies ein abscheulicher Verrat an der deutschen Staatsführung und am deutschen Volk gewesen. Jeder Soldat eines jeden Landes ist ausdrücklich an den Eid gebunden, für sein Vaterland zu kämpfen, wird es in einen Krieg verwickelt. Meines Erachtens ist die uneingeschränkte U-Boot-Kriegführung voll gerechtfertigt. Kein deutscher Offizier, der daran mitgewirkt hat, ist eines Verbrechens schuldig.

HENDREN

PAUL HENDREN

Vizeadmiral der US-Kriegsmarine; Kommandierender Offizier der U.S.S. »Philadelphia« 1940-1942; Kommandeur der Seestreitkräfte im Südpazifik 1945/46

HENRY: In unseren Zeiten sollte kein Offizier angeklagt werden, weil er uneingeschränkten U-Boot-Krieg geführt hat. U-Boote können gar keine andere Art Krieg führen. Neuerdings gehört die Rakete zur Bewaffnung eines U-Bootes. Auch wenn sie auf rein militärische Ziele an der Küste gerichtet ist, können die Auswirkungen auf die Zivilbevölkerung in dicht besiedelten Gegenden ungeheuerlich sein. Dies ist, wie der uneingeschränkte U-Boot-Krieg, als legitim hinzunehmen.

GUY V. HENRY

Generalmajor der US-Armee; kämpfte im Zweiten Weltkrieg auf dem europäischen Kriegsschauplatz; Chef der Interalliierten Personalbehörde; Vorsitzender des Verteidigungsrates USA-Kanada

HEWITT (an Großadmiral Karl Dönitz): Es will mir scheinen, daß Sie ein Opfer Ihrer Treue zum Heimatland und Ihrer Entschlossenheit, die Ihnen von der Staatsmacht zugewiesenen Aufgaben zu erfüllen,

HEWITT

geworden sind. Ungeachtet der Tatsache, daß die Streitkräfte unter meinem Befehl unter Ihrem Wirken zu leiden hatten, empfand ich als Offizier stets Achtung und Bewunderung für die höchst erfolgreiche Art und Weise, in der Sie Ihre U-Boot-Unternehmungen geführt haben. Auch wie Sie die letzte schwierige Aufgabe, die auf Ihnen lastete, bewältigt haben, war tadellos.

H. KENT HEWITT

Admiral der US-Kriegsmarine; Kommandeur der Seestreitkräfte in Europa 1945/46

HOBBS: Ich bin der festen Überzeugung, daß die Prozesse nie stattgefunden hätten, hätten wir in den USA die Hintergründe damals so erkennen können wie heute. Ob Sieg, Niederlage oder unentschiedener Ausgang eines Krieges: Berufssoldaten aller Streitkräfte müssen vor Massenhysterie, Skrupellosigkeit und ungesetzlichen Machenschaften von Machthabern geschützt werden, wenn sie lediglich nach besten Kräften ihre Pflicht im Kampfe für das Vaterland erfüllt haben. Im Kriege kann sich der Frontsoldat vielfach nicht die Zeit nehmen, zwischen Kombattanten und Nicht-

HOBBS

kombattanten zu unterscheiden; manche der Letztgenannten haben zu leiden, sei es unter uneingeschränktem U-Boot-Krieg oder durch die Zündung von Nuklearwaffen. Was die »Kriegsverbrecherprozesse« insgesamt angeht und das Verfahren gegen Admiral Dönitz insbesondere (in seinem Falle spielte die Frage der uneingeschränkten Kriegführung eine herausragende Rolle bei der Anklage), bin ich der Auffassung, daß es aus dem Blickwinkel dauerhaften Rechts und einer gestärkten Humanität vorteilhafter gewesen wäre, wären sie gar nicht erst abgehalten worden.

LELAND S. HOBBS

US-Generalmajor; Befehlshaber der 30. Infanteriedivision im Zweiten Weltkrieg und des 9. Korps in Japan 1947-1949

HOCKING: Es ist doch ganz offenkundig, daß bei den Kriegsverbrecherprozessen des Jahres 1946 und danach das ex post facto-Recht angewandt worden ist, wenn denn überhaupt hierbei so etwas wie Recht zur Anwendung kam.

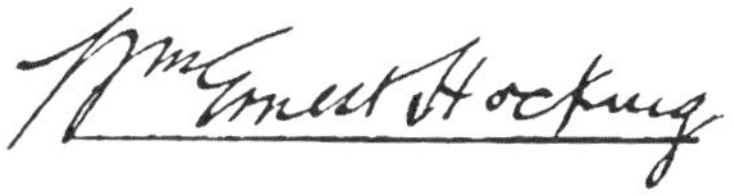

WILLIAM ERNEST HOCKING

Emeritierter Professor der Harvard-Universität; Vorsitzender der Harvard-Abteilung für Philosophie und Psychologie

HOLMES: Eine eindrucksvolle Liste mit Namen hervorragender Männer und Frauen ist zusammengestellt worden, um den Angriff auf die »Kriegsverbrecherprozesse« in der Öffentlichkeit zu führen und zu untermauern. Ich fühle mich geehrt, dieser Gemeinschaft wichtiger Persönlichkeiten des öffentlichen Lebens beitreten zu dürfen und mache freudig mit, indem ich hiermit meinen Namen den anderen hinzufüge. Es drängt mich zu sagen, daß die »Kriegsverbrecherprozesse« meines Erachtens ein Verbrechen waren.

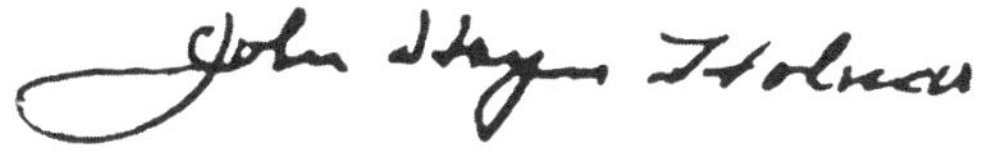

JOHN HAYNES HOLMES

Geistlicher; Doktor der Theologie; Jüdisches Institut für Theologie; Vizepräsident und Direktor der NAACP; Direktor der Amerikanischen Union für Bürgerrecht

HOOK: Ohne auf den allgemein bekannten Mangel an völkerrechtlicher Ermächtigung, die Beispiellosigkeit der Prozesse, die ex post facto-Konzeptionen, die eine Rolle spielten, und die Vergewaltigung angloamerikanischer Verfassungsprinzipien näher eingehen zu wollen, betrachte ich die Verfahren gegen Berufssoldaten wegen Planung und Vorbereitung eines Krieges im Dienste ihres Vaterlandes als eine grobe Rechtsverzerrung. In meinen Augen ist Admiral Dönitz Opfer ausgearteter Gefühle auf seiten der siegreichen Alliierten geworden. Es ist ein Präzedenzfall herausgekommen, der uns künftig wieder und wieder heimsuchen wird.

CLIFFORD E. VAN HOOK

Konteradmiral der US-Kriegsmarine; Befehlshaber an der Panama-Seegrenze 1942/43; stellvertretender Befehlshaber der 7. Flotte 1943-1945; Chef der US-Seestreitkräfte im Bereich Australien/Neuguinea 1945/46

HOOVER (an Großadmiral Dönitz): Ich beglückwünsche Sie zu Ihrer guten körperlichen Verfassung und zu Ihrem Gleichmut, mit dem Sie die Stürme der Zeiten im Deutschland der unmittelbaren Nachkriegszeit überstanden haben. Bei allen Un-

HOOVER

terschieden dürfte dies für Sie ebenso nervenaufreibend gewesen sein wie für mich die Jahre 1941 bis 1943. Ich war Befehlshaber in der Karibischen See, als wir in dieser Region mit voller Wucht von Ihrem erstaunlichen Unterseeboot-Feldzug getroffen wurden. Beste Grüße.

JOHN HOWARD HOOVER

Admiral der US-Kriegsmarine; Befehlshaber auf den Marianen im Zweiten Weltkrieg

HOPKINS: Admiral Dönitz habe ich nie persönlich kennengelernt. Sein Fall ist für mich ein schlagender Beweis für die extremen Methoden, mit denen die Alliierten Einzelpersonen bestraft haben. Wenn von nun an der Sieger bewaffneter Konflikte das Recht hat, die Führer der Besiegten hinzurichten oder einzusperren, werden Kriege eher noch länger dauern und zur Einbuße all dessen führen, was von zivilisierten Gesellschaften früher an Ritterlichkeit und Menschlichkeit als unabdingbar erachtet worden ist. Ich gehöre zu den zahlreichen Amerikanern, die nicht gerade stolz auf die Rolle ihres Landes bei den »Kriegsverbrecherprozessen« sind.

GARLAND EVANS HOPKINS

Methodistischer Pfarrer und Buchautor; US-Feldgeistlicher im Zweiten Weltkrieg; Generalsekretär der Welt-Bruderschaft von Moslems und Christen; akkreditierter Abgesandter nichtstaatlicher Organisationen bei den Vereinten Nationen

HORNE: Wie es meine Überzeugung war, daß die Hysterie der Nachkriegszeit für die Anklage und Inhaftierung hochrangiger deutscher Offiziere der Land- und Seestreit-

HORNE

kräfte verantwortlich gewesen ist und daß wir mit Scham an unsere Anstrengung zurückdenken sollten, Rache an Männern zu nehmen, die dasselbe für ihr Vaterland getan haben wie wir für unseres, so setze ich jetzt meinen Namen freudig unter jegliche Anstrengung, Abbitte für das Admiral Dönitz zugefügte Unrecht zu leisten. Das gilt auch für alle anderen, die ähnlich unfair behandelt worden sind, nur weil sie ihr Vaterland liebten.

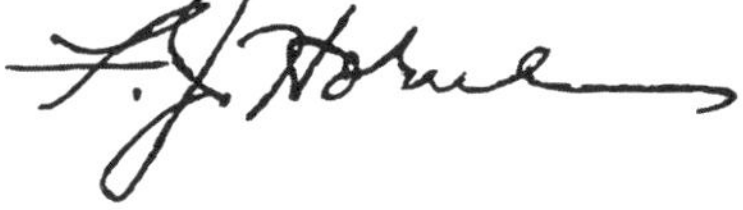

FREDERICK J. HORNE

Admiral der US-Kriegsmarine; Befehlshaber der Luftwaffenkampfverbände; Stellvertretender Leiter der Marinekampfeinsätze im Zweiten Weltkrieg

HORVE: Schon zur Zeit der Nürnberger Prozesse war ich der Auffassung, die ich auch heute noch vertrete: Mit den betroffe-

HORVE

nen Offizieren ist keineswegs in einer Art und Weise verfahren worden, die im Einklang mit den Grundsätzen von Gerechtigkeit und Demokratie steht.

THORE HORVE

Vizeadmiral der Königlich Norwegischen Kriegsmarine; Oberkommandierender der norwegischen Kriegsmarine 1946-1949; Chef der norwegischen Nato-Vertretung; befehligte den kaiserlich äthiopischen Küstenschutz ab 1955

HUBBARD: Als altgedienter Soldat und Veteran des Ersten Weltkrieges war ich empört über die Nürnberger Prozesse, bei denen Ehrenmänner wie gewöhnliche Kriminelle behandelt wurden, weil sie ihrem Vaterland in der Kriegszeit gedient hatten. Dieses infame »Gerichtsverfahren« wird als ein dunkles Kapitel in die Geschichte der beteiligten alliierten Regierungen eingehen. Mit mir schämen sich Millionen von Amerikanern, daß die Regierung der Vereinigten Staaten mitgemacht hat.

BELA HUBBARD

Amerikanischer Geologe (Erdöl-Experte) und Fachbuchautor

ISORNI: Stets habe ich die Ansicht vertreten, daß es ein schwerer Fehler ist und jede richtige Disziplin untergräbt, einen Soldaten deshalb zu verurteilen, weil er seinen Befehlshabern Gehorsam gezollt hat. So-

ISORNI

weit es die Prozesse gegen deutsche Militärs angeht, war ich immer der Auffassung, daß es besonders irrig gewesen ist, sie nach Abschluß des Waffenstillstandes angeklagt und verurteilt zu haben. In bezug auf Admiral Dönitz vertraue ich auf die Richtigkeit der Einschätzung von General Weygand und Monsieur Pierre-Etienne Flandin.

JACQUES ISORNI

Französischer Jurist und Staatsmann; Verteidiger von Marschall Pétain; Abgeordneter von Paris in der Nationalversammlung

JANSSENS: Meine Ansicht ist schlicht und ergreifend, daß solche Tribunale ein heuchlerisches Unrecht darstellen. Unrecht deshalb, weil jemand eigentlich nur wegen eines zur Tatzeit geltenden Gesetzes und nur vor unparteiischen Richtern angeklagt werden darf. Heuchlerisch, weil derartige Prozesse keinem anderen Zweck dienen als dem, Rache an den Besiegten zu nehmen, während man der Masse der Bevölkerung vorgaukelt, daß Recht gesprochen werde. So bin ich gegen Nürnberg und jede Art dieser Justiz. Wenn Völker sich in Kriege flüchten, sind die Soldaten aller kämpfenden Parteien verpflichtet, ihrer Staatsmacht zu gehorchen. Wenn überhaupt, dann ist es nur das Gewissen, das ihrem Handeln Schranken diktiert. Es gibt kein Siegertribunal, das ein wie auch immer geartetes Recht hätte, Verhalten und Taten von Soldaten der Gegenseite im Kriege bzw. deren Gehorsamkeit gegenüber Befehlen abzuurteilen. Ich will einräumen, daß der Sieger nach einem Kriege die Führung des bezwungenen Volkes vielleicht absetzen darf. Aber auch das muß human geschehen und hat mehr dem Zwekke zu dienen, künftigen Gefährdungen der Freiheit vorzubeugen denn vergangene Untaten zu ahnden. Doch muß die Ausschaltung der Führung des Feindes als ein Willkürakt erkannt werden, den man nicht heuchlerisch mit dem unwahrhaftigen Urteilsspruch eines unwahrhaftigen Tribunals aufgrund unwahrhaftigen Rechts bemänteln sollte.

EMILE JANSSENS

General der Königlich Belgischen Armee; befehligte das 3. belgische Infanterie-Bataillon in Ägypten 1943 und die belgische Infanterie in Belgien und den Niederlanden 1944/45; Oberbefehlshaber der belgischen Truppen im Kongo 1954-1960

JENKINS: Von vornherein hatte ich das Gefühl, daß das Vorgehen der alliierten Mächte gegen die »Kriegsverbrecher« vielfach eher von »Kriegsleidenschaften« denn von der Vernunft geleitet war. Das betrifft besonders Offiziere und Mannschaften der Streitkräfte unserer Feinde des Zweiten Weltkrieges. Mir ist es wirklich kaum möglich, dem zuzustimmen, wie man mit Soldaten umgegangen ist, die einfach nur die Befehle ihrer Staatsmacht ausgeführt haben. Läge es im Ermessen etwa der Kommandeure unserer Streitkräfte zu entscheiden, welche Regierungsweisungen richtig, welche falsch sind – welche Garantien gäbe es dann noch für Freiheit und Sicherheit unseres Volkes? Unser Eid enthält die uneingeschränkte Bekundung, daß »ich den Befehlen des Präsidenten der Vereinigten Staaten und der mir vorgesetzten Offiziere gehorchen werde«. Es ist keine Rede davon, ob die Befehle nun von moralisch richtigem oder falschem Geist erfüllt sein mögen, auch nicht davon, ob sie denn mit dem Völkerrecht im Einklang stehen oder nicht. Der Soldat im aktiven Dienst hat keine Wahl.

REUBEN E. JENKINS

Generalleutnant der US-Armee; Stellvertretender Generalstabschef der 6. Armeegruppe im Zweiten Weltkrieg; in Korea im 9. US-Korps; im Generalstab G-3 der US-Armee

JENNER: Ich bin froh, meine völlige Mißbilligung des gesamten Konzepts der Nürnberger Prozesse aus folgenden Gründen zu Protokoll geben zu können: Die Verfahren hatten seinerzeit keinerlei Grundlage in der Geschichte geschriebenen Rechts. Sie schufen einen äußerst gefährlichen Präzedenzfall

JENNER

im internationalen Recht, der die amerikanischen Streitkräfte in künftigen Kriegen treffen könnte. Unser Land hat stets die Ideale des Rechtsstaates hochgehalten. Doch unter Recht verstehen wir von verfassungsmäßigen gesetzgebenden Körperschaften beschlossene Regelungen, die mit der bestehenden Rechtsordnung in Einklang stehen und sich nur gegen solche Tatbestände richten, die zum Zeitpunkt ihrer Erfüllung vom Gesetz formell erfaßt gewesen sind. Mit anderen Worten: Wir sind als Nation energisch gegen Gesetze, die von der Exekutive verordnet oder von Gerichten geschaffen werden, gegen rückwirkende Gesetze und gegen alles andere, was den Rechtsstaat im Ansehen der Staatsbürger abwertet.

WILLIAM E. JENNER

Amerikanischer Jurist; Senator des US-Bundesstaates Indiana 1934-1942 und 1944-1959

JENNINGS (an Großadmiral Dönitz): Bitte gestatten Sie mir, verbunden mit meinen Grüßen, Ihnen zu versichern, daß nach Ansicht aller Berufsoffiziere der Seestreit-

JENNINGS

kräfte, um deren Meinung ich weiß, die gegen Oberbefehlshaber und ihre Untergebenen gerichteten Kriegsverbrecherprozesse wahrhaft eine »Verhöhnung des Soldatentums« und eine »schamlose Heuchelei« gewesen sind, um in den Worten unseres Admirals Gallery zu bleiben.

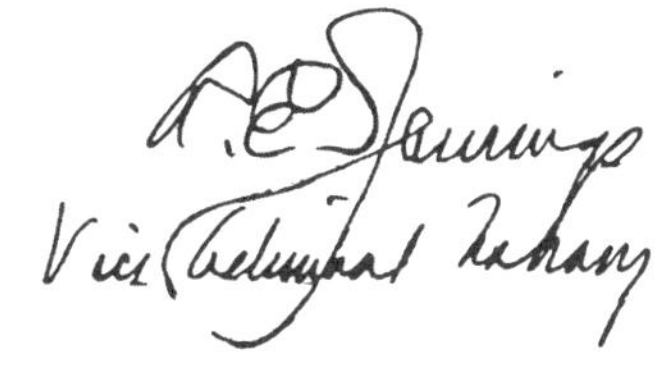

RALPH EDWARD JENNINGS

Vizeadmiral der US-Kriegsmarine; Befehlshaber der 12. Flugzeugträgerabteilung im Zweiten Weltkrieg; Stellvertretender Chef der Marineflieger-Einsätze

JIMENEZ PACHECO: Im Völkerrecht ist ein Tribunal wie das Nürnberger nicht vorgesehen, und es gibt in der Weltgeschichte auch kein Beispiel für ein solches Tribunal. Ein Abkommen zwischen Großbritannien, den Vereinigten Staaten, Frankreich und Rußland bildete die Grundlage des »Internationalen Militär-Tribunals«. Wie die deutschen Seestreitkräfte unter Großadmiral Dönitz den Krieg geführt haben, kann ich nur bewundern. Die augenfälligen Erfolge der Kriegsmarine seines Vaterlandes waren die Früchte einer auf Admiral Dönitz zurückgehenden entschlossenen Ausbildung. Was die »uneingeschränkte Kriegführung« betrifft, mit der die deutsche U-Boot-Waffe von Beginn des Krieges an vorging, so

JIMENEZ PACHECO

muß man sie als militärische Notwendigkeit bezeichnen, geboren aus den Erfahrungen des Ersten Weltkrieges und bedingt durch den Fortschritt in der elektronischen Ortung von U-Booten ebenso wie im konzertierten Kampf von Flugzeugen und Schiffen gegen Unterseeboote. Wenn schon trotz uneingeschränkter Kriegführung (wie sie auch von der US-Kriegsmarine im Pazifik betrieben wurde) die deutschen U-Boote in den Monaten gegen Kriegsende zahlenmäßig größere Verluste erlitten als die Alliierten an versenkten Schiffen, wären die U-Boot-Befehlshaber verrückt gewesen, ein noch größeres Risiko durch eingeschränkte Kriegführung einzugehen. Diese unumstößlichen Tatsachen führten eben dazu, daß die US-Unterseeboote in genau derselben Weise vorgingen. Ihr Kampf im Pazifik glich – mit Ausnahme vielleicht der Anfangserfolge – dem der deutschen U-Boote im Atlantik. Eigentlich ausgeschlossen, einen Mann als »Kriegsverbrecher« zu brandmarken, der allein schon von Berufs wegen sein Vaterland mit den Waffen auf den Pfad des Sieges zu führen hatte. Während der Nürnberger Prozesse machten Keitel, Jodl und Dönitz geltend, daß sie nur als Soldaten, nicht als Politiker gehandelt hätten. Der Vorwurf, sie seien Handlanger von Hitlers Politik der »Angriffskriege« gewesen, hängt mit Artikel 8 des Tribunals von Nürnberg zusammen, in dem es hieß: »Wenn ein Angeklagter geltend macht, daß er in Erfüllung eines Befehls seiner Regierung oder seiner Vorgesetzten gehandelt habe, befreit ihn das nicht von Schuld.« Diese Bestimmung zerstört das grundlegende Prinzip der Disziplin in der militärischen Ordnung. Weil Furcht vor Verantwortung geschaffen wird, könnten Untergebene so weit gehen, Befehlen nicht mehr zu folgen. Das würde in der Konsequenz chaotische Zustände in die Planungen der Führung bringen.

ARTURO JIMENEZ PACHECO

Konteradmiral der peruanischen Kriegsmarine; hatte das Kommando über verschiedene Schiffe, darunter eine Fregatte, ein Unterseeboot und ein Kreuzer; Stabschef der peruanischen Kriegsmarine; Mitglied des Staatsrates

A. W. JOHNSON: Als jemand, der die ordnungsgemäßen Befehle seiner Vorgesetzten in den vergangenen 50 Jahren ausgeführt hat, empfinde ich die Verurteilung von Admiral Dönitz selbstverständlich als Unrecht. In meinem Besitz befindet sich die Kopie einer Generalanweisung des Befehlshabers unserer Seestreitkräfte an der kalifornischen Küste während des Krieges gegen

A. W. JOHNSON

Mexiko 1847/48. Dieser Befehl war an die Offiziere und Mannschaften jenes Geschwaders gerichtet, in welchem mein Vater einst diente. Einige Männer des Geschwaders zögerten, Befehle auszuführen, die auf Zerstörung von Hab und Gut der einheimischen Bevölkerung und andere unbarmherzige Maßnahmen gerichtet waren. Sie wandten ein, solche Befehle seien ungesetzlich. Der Geschwaderkommandeur machte ihnen klar, daß es nicht Sache eines Befehlsempfängers sei, über die Legalität eines Befehls zu entscheiden. Der einzige Punkt, der ihn etwas angehe, sei, ob der Befehl von einer ordnungsmäßig dazu befugten Stelle ausgegangen sei. Im übrigen stimme ich mit der Auffassung überein, daß das Völkerrecht keine Strafbestimmungen kennt, sondern ausschließlich auf Einvernehmen zwischen Völkern beruht.

ALFRED W. JOHNSON

Vizeadmiral der US-Kriegsmarine; Vertreter der US-Marine im Verteidigungsrat der nord-, mittel- und südamerikanischen Staaten 1942-1945

F. JOHNSON: Hinsichtlich des Prozesses gegen den oftmals boshaft verleumdeten Admiral Dönitz meine ich, daß dieser Offizier unter schwierigen Umständen hervorragende Arbeit als Oberbefehlshaber der Kriegsmarine seines Vaterlandes geleistet hat. Hätten die Deutschen gewonnen und dieselben Maßstäbe beim Heraussuchen von Kriegsverbrechern zur Aburteilung angelegt, hätten die US-Admirale King, Nimitz und Lockwood ganz oben auf ihrer Liste gestanden. Diese meine Einschätzung gilt für die meisten Fälle hochrangiger Offiziere, die vor Gericht gebracht wurden.

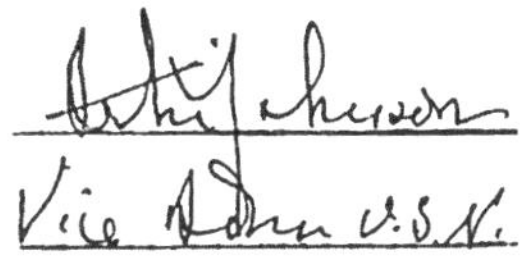

FELIX JOHNSON

Vizeadmiral der US-Kriegsmarine; Mitarbeiter des Stabschefs im Südpazifik während des Zweiten Weltkrieges; Kommandeur der US-Zerstörer der Atlantik-Flotte 1948/49; Direktor des Nachrichtendienstes der Kriegsmarine 1949-1952

J. G. JOHNSON (an Großadmiral Dönitz): Fester Bestandteil des Völkerrechts ist es, daß Kriegsgefangene vom Sieger stets äußerst rücksichtsvoll zu behandeln sind. Mir scheint es so zu sein, daß ein vom Willen zur Gewalt erfüllter Ungeist all jene in seinen Klauen hatte, die Ihnen wegen Ihrer Kriegszeit entgegengetreten sind. Daß sie im Kampfe gegen unsere Streitkräfte ihre Pflicht erfüllt haben, dafür erweise ich ganz gewiß unseren Feinden im Kriege alle Achtung.

JESSE G. JOHNSON

Konteradmiral der US-Kriegsmarine; Stellvertretender Einsatzgruppen-Kommandeur im Atlantik 1943/44; brachte 1944 das deutsche U-Boot U-505 auf; befehligte die U.S.S. »Webster«

JOUBERT DE LA FERTE: Das Prinzip, das hinter den Kriegschuldsprozessen steckt, mißbillige ich grundsätzlich. Nachdem die Führung nun einmal entschieden hatte, daß uneingeschränkter U-Boot-Krieg zu führen sei, tat Dönitz nichts anderes als seine Pflicht. Durch die Entscheidung seiner Vorgesetzten müßte er eigentlich vor Verfolgung geschützt gewesen sein.

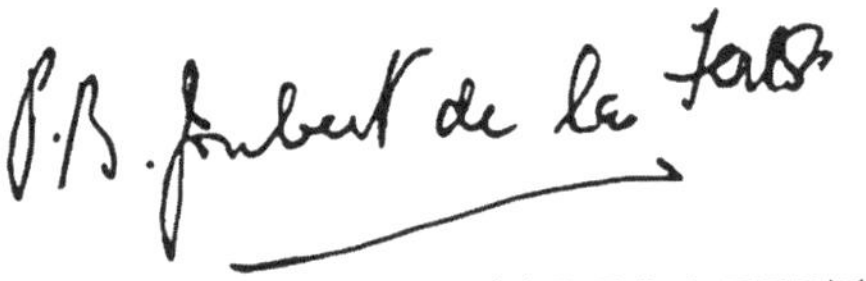

SIR PHILLIP JOUBERT DE LA FERTE

Britischer Luftmarschall; Oberkommandierender des Küstenschutzes 1941-1943; Direktor des Amtes Öffentlichkeitsarbeit im Luftfahrtministerium 1946/47

JOYCE: Ich bin der festen Überzeugung, daß Berufssoldaten wegen im Krieg begangener Handlungen, die strikt im Einklang mit den ihnen von der politischen Führung erteilten Befehlen standen, nicht vor Gericht gestellt werden durften. Vor einigen Jahren habe ich mich Richter Jackson gegenüber in unmißverständlicher Weise bezüglich der Gerichtsverfahren gegen Generale und Admirale nur wegen ihrer Pflichterfüllung zur Kriegszeit geäußert. Ich habe nicht den geringsten Zweifel, daß bewußte Prozesse gegen Deutsche einer politisch motivierten Rache dienten.

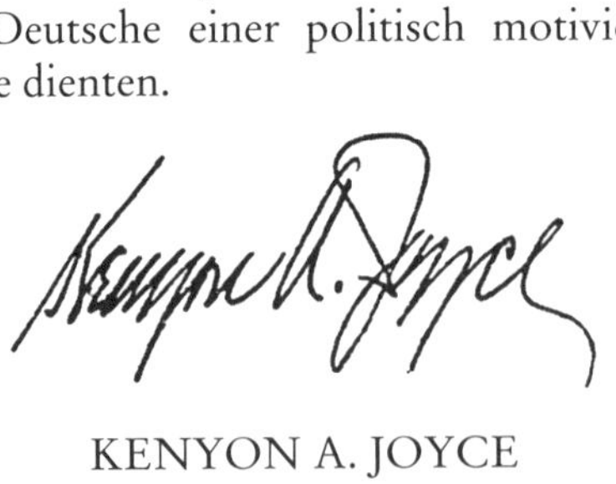

KENYON A. JOYCE

Generalmajor der US-Armee; Befehlshaber des 9. Armeekorps im Zweiten Weltkrieg; Vorsitzender der alliierten Militärkommission in Italien 1943/44

KEMPFF (an Großadmiral Dönitz): Der Verfasser dieses Schreibens, Sohn von Konteradmiral Louis Kempff (US-Kriegsmarine, Marineakademie Jahrgang 1861), erachtet es als Privileg, seine Ansichten zu den Nürnberger Kriegsverbrecherprozessen zum Ausdruck bringen zu dürfen. Die Tatsache, daß die »Prozesse« auf ex post facto-Konzeptionen beruhten, macht den »Gerichtshof« komplett abwegig und zeigt, daß Sie, hochverehrter Großadmiral, völlig im Recht waren. Sie sind Ihrem Eid treu geblieben. Nürnberg hat seinen Sinn verfehlt, und zwar gründlichst.

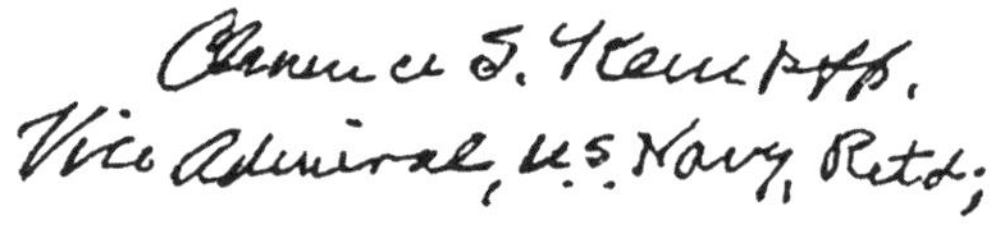

CLARENCE SELBY KEMPFF

Vizeadmiral der US-Kriegsmarine; Befehlshaber der Schlachtschiffe der Pazifik-Flotte; Kommandant der Marine-Schiffswerft von Mary Island

KEPNER: Ich möchte einige Gedanken zum Thema vorausschicken. Obwohl kein Jurist, habe ich doch ein paar Gesetzbücher gelesen und mir viele Gedanken darüber gemacht, welche gesetzliche Rechtfertigung ein solches Kriegsverbrechergericht wohl haben mochte. Über dieses heikle Problem habe ich mit Richter Jackson in London diskutiert, als er sich gerade auf die »Nürnberger Prozesse« vorbereitete. Jackson gab frank und frei zu, daß kein Präzedenzfall ins Feld zu führen war. Mehr noch, ich hatte den Eindruck, daß er meiner Meinung zustimmt, daß hier ein ganz neues Recht geschaffen werde. Vorrangig bei diesen Prozessen ist meines Erachtens: Haben sie – erstens – irgend etwas zum Wohle der Menschheit beigetragen oder nicht? Zweitens: Widerfuhr den einzelnen Angeklagten Gerechtigkeit? Was den ersten Punkt anbelangt, bezweifle ich, daß die Mehrheit der Menschheit irgendeinen Nutzen aus den Prozessen ziehen kann. Zum zweiten Punkt: Wird das Verfahren zum anerkannten gesetzlichen Vorbild für künftige Siegernationen, muß jeder Befehlshaber, ungeachtet seines Ranges, mit einem Kriegsverbre-

KEPNER

cherprozeß rechnen, sollte der Kampf für ihn mit einer Niederlage enden. Das dürfte zur Folge haben, daß er – womöglich mit all seinen Leuten – lieber bis zum Tode weiterkämpft als aufzugeben. Das würde bedeuten, daß wir Offiziere bekommen, die, einer fatalistischen Lebenseinstellung ergeben, zu allem bereit sind. Sie wagen nicht mehr, an Kapitulation zu denken, entweder wegen der zu erwartenden Todesstrafe oder wegen der noch schlimmeren lebenslänglichen Gefängnishaft für den Besiegten. Sie werden ihr ganzes Handeln danach ausrichten. Dreierlei erscheint mir besonders belangreich: 1. Führt der Offizier die ihm erteilten Befehle nicht aus, kommt er vor ein Kriegsgericht und wird unehrenhaft aus dem Dienst entlassen. 2. Verteidigt er sein Vaterland nicht gemäß hoher patriotischer Grundsätze in der besten ihm möglichen Art und Weise, hat er versagt und verfällt der Ächtung durch seine eigene Nation. 3. Egal wer den Krieg verliert und gleichgültig, wie sinnlos der Krieg auch sein mag: der Berufsoffizier hat keine Alternative zum Tod, wenn er zu den Verlierern zählt. Das Prinzip, das ich befürchte, lautet, daß sich eine Siegernation einbilden kann, sie habe ein Recht, Befehlshaber der Verlierernation vor Gericht zu stellen. Konnte dies bei den »Nürnberger Prozessen« ohne jede Rücksicht auf das Völkerrecht geschehen, dann steht es dem nächsten siegreichen Volk oder Kriegsbündnis frei, entsprechend nach Gutdünken und aus Eigensucht zu verfahren.

WILLIAM E. KEPNER

Generalleutnant der US-Luftwaffe; Befehlshaber der 4. Air Force 1943, der 2. Luftwaffenabteilung in England 1944, der 8. und 9. Luftflotten 1945; Kommandeur der Luftstreitkräfte und stellvertretender Kommandeur der Atombomben-Testeinheiten auf Eniwetok (Marshall-Inseln) 1948; Oberkommandierender der US-Luftwaffeneinheiten in Alaska 1950-1953; Vorstandsvorsitzender der Radiation Inc. 1955-1960

KEUREN: Ich zögere, zum Fall Dönitz Stellung zu nehmen, da ich kein Frontoffizier gewesen bin, sondern die meiste Zeit meines aktiven Dienstes dem Entwerfen, Bau und Instandsetzen von Schiffen der Kriegsmarine gewidmet habe. Wie auch immer. Denke ich über die Sache nach, erscheint es mir, daß als Konsequenz der Grundsätze, auf denen das Verfahren gegen Admiral Dönitz beruhte, jene unter uns, die U-Boote konstruiert und gebaut haben, ebenso schuldig wären wie der Admiral. Darüber hinaus fällt mir – meiner Studien an der Akademie der Kriegsmarine eingedenk – keine rechtliche Grundlage für eine Anklage wie die gegen den Admiral erhobene ein, die eine Verankerung im Völkerrecht hätte. Deshalb sei Dönitz meiner Sympathie versichert.

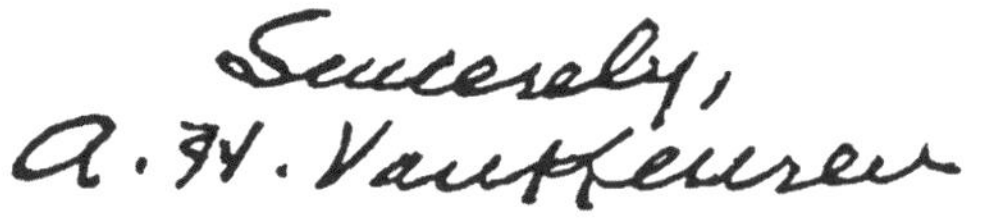

ALEXANDER H. VAN KEUREN

Konteradmiral der US-Kriegsmarine; Technischer Berater bei der Londoner Seekonferenz 1930 und bei der allgemeinen Abrüstungskonferenz 1932; Chef des Schiffbauamtes 1942; Direktor der Marine-Forschungsstätten 1942-1945

KILBOURNE: Mit den Prozessen gegen »Kriegsverbrecher« haben wir einen Präzedenzfall geschaffen, so daß wir – sollten wir mit den Sowjets in einen Krieg geraten und sollten sie siegen (nicht unwahrscheinlich,

KILBOURNE

wenn sie als erste losschlagen) – damit rechnen müssen, daß unser Präsident, der Verteidigungsminister und jeder hohe Befehlshaber als »Kriegsverbrecher« unter Anklage gestellt wird. Wir würden das selbstverständlich für barbarisch halten; doch niemand anderes als wir hat damit angefangen. U-Boot-Krieg ist nicht mehr zu verdammen als jede andere Form des Überraschungsangriffs, zum Beispiel Bombardements zur Nacht, Attacken in der Dunkelheit und Atombombenabwürfe auf Städte. Verschiedentlich waren wir es, die mit solcher Art der Kriegführung begonnen haben. Die Kriegführung ist wie in den Zeiten Tamerlans entartet. Wer trägt die Schuld? Ich weiß es nicht. Doch ich weiß, daß wir unseren Teil dazu beigetragen haben. Die Sache mit den »Kriegsverbrechern« war unser übelster Fehler.

CHARLES E. KILBOURNE

Generalmajor der US-Armee; Generalleutnant der Nationalgarde von Virginia; Direktor des Kriegsplanungsamtes der Armee 1932-1935; Leiter der Philippinen-Abteilung; Befehlshaber der 2. Armee; Zweiter Direktor des Militärinstituts Virginia 1937-1946

KIMMEL: Mir ist kein Vorwurf gegen Admiral Dönitz bekannt, der seine Verurteilung und Gefängnishaft gerechtfertigt hätte. Er bekleidete während des Krieges ein Amt von herausragender Bedeutung und hat, so bin ich überzeugt, seiner Staatsführung gu-

KIMMEL

ten Glaubens gedient. Die Kriegsverbrecherprozesse waren ein Rückfall in die uralte Übung, den geschlagenen Feind, insbesondere dessen Führung, brutal auszutilgen. Der bei diesen Verfahren geschaffene Präzedenzfall wird auf die Urheber zurückschlagen. Admiral Dönitz gelten meine Sympathie und besten Grüße.

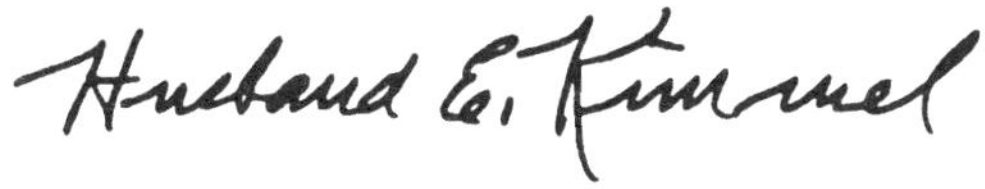

HUSBAND E. KIMMEL

Admiral der US-Kriegsmarine; Oberkommandierender der US-Flotte 1941

KINKAID: Die Nürnberger Prozesse vor einem sogenannten Internationalen Militärgerichtshof (der gar keiner war) haben aus dem Recht ein Zerrbild gemacht und die grundlegenden Prinzipien der Gerechtigkeit, die Teil unseres hochgeschätzten Erbes sind, vergewaltigt. Sie waren eine Verhöhnung des Soldatentums. Sie beraubten uns des moralischen Sieges und eines Ansehens, das uns nach einem langen, verlustreichen Krieg gut angestanden hätte. Vor dem Hintergrund unserer eigenen Kriegspraktiken Admiral Dönitz anzuklagen und zu verurteilen, und zwar wegen Verletzung des Kriegsrechtes (uneingeschränkter U-Boot-Krieg), war einfältig, ja die reine Heuchelei. Wenn nach einem Krieg Berufssoldaten mit großem Tamtam vor Gericht gestellt werden, einzig und allein wegen ihrer herausragenden Stellung als militärische Befehlshaber, haben wir allen Anlaß anzunehmen, daß sie künftig bis zum bitteren Ende kämpfen werden – ohne jeden Gedanken ans Aufgeben. Die unbesonnene Forderung nach bedingungsloser Kapitulation hat den Krieg verlängert und einen vorzeitigen Verhandlungsfrieden mit Rettung von Menschenleben und Sachwerten verhindert. Diese beiden groben Fehler – »bedingungslose Kapitulation« und »Kriegsverbrecherprozesse« – ließen alles vermissen, was eigentlich für einen erfolgreichen Kriegsausgang charakteristisch sein sollte.

THOMAS C. KINKAID

Admiral der US-Kriegsmarine; Befehlshaber der alliierten Seestreitkräfte im südwestlichen Pazifik während des Zweiten Weltkrieges

KOSMAS: Ich persönlich halte den deutschen Admiral Dönitz nicht für schuldig. Er hat – der Sicherheit seiner U-Boote wegen –

KOSMAS

»uneingeschränkten U-Boot-Krieg« geführt, um zu verhindern, daß seine eigenen Einheiten von als Handelsschiffen getarnten feindlichen Kriegsschiffen versenkt werden. Es ist das Schicksal Führender, Leiden zu ertragen: Das von Demagogen aufgehetzte

Volk von Athen verhängte Todesurteile über jene Admirale und richtete sie hin, die den Sieg im Krieg gegen Spartas Flotte bei den Arginusen, 406 v. Chr., errungen hatten; und zwar deshalb, weil sie es infolge Sturms nicht geschafft hatten, Schiffbrüchige während der Schlacht zu retten.

GEORGE KOSMAS

General der Königlich Griechischen Armee; befehligte Divisionen, Armeegruppen und Korps im Krieg in Albanien 1940/41; Generalstabschef der griechischen Armee; Mitglied des Abgeordnetenhauses 1947/48; Minister für Nordgriechenland 1954/55

KRUIS: Meiner Ansicht nach gemahnen die Verfahren gegen Berufssoldaten, zum

KRUIS

Beispiel die Nürnberger Prozesse, an Zeiten der Barbaren, als Kriegsgefangene nur deshalb umgebracht wurden, weil sie gekämpft hatten. Das soll nicht heißen, daß Anklagen gegen Soldaten beider kriegführender Parteien, die tatsächlich gegen Gesetz und Kriegsrecht verstoßen haben, ausgeschlossen wären. Ganz im Gegenteil. Doch müssen sie auf dem Völkerrecht beruhen.

HENDRIK JOHAN KRUIS

General der Königlich Niederländischen Armee; Abteilungschef im Kriegsministerium während des Londoner Exils 1941-1944; niederländischer Generalstabschef 1945-1951; Präsident des Rates der Generalstäbe 1948-1951

LAHM: Es gab meiner Ansicht nach keine rechtmäßige Grundlage für das Verfahren gegen Admiral Dönitz. Er hat die Befehle seiner übergeordneten Stellen ausgeführt. Jeder Mann des Militärs, uns eingeschlossen, setzt wie Dönitz im Krieg alles ein. Zweifellos haben einige unserer Befehlshaber genauso gehandelt wie er.

FRANK P. LAHM

Brigadegeneral der US-Luftwaffe; erster Luftschiff- und Ballonfahrer der US-Streitkräfte; stellte mit Orville Wright zwei Rekorde mit lang andauernder Gültigkeit auf; Leiter des Flugwesens der 2. Armee des Alliierten Expeditionsheeres; Gewinner des Bennet-Pokals bei der internationalen Ballon-Wettfahrt 1906; Chef des Flugwesens der 1. Armee 1940/41

LANGER (an Großadmiral Dönitz): Wie seit eh und je habe ich das Empfinden, daß Sie im Eifer des Gefechts unfair und feindselig behandelt worden sind und daß Ihr

LANGER

Schuldspruch beim Nürnberger Militär-Tribunal ein Fehlurteil war. Auch in Ihrer kurzen Amtszeit als Oberhaupt der deutschen Regierung haben Sie wie ein disziplinierter Offizier gehandelt, der – so die Worte eines altgedienten Soldaten – »gottbefohlen seine Pflicht erfüllt hat«. All jene, die gleichen Sinnes sind, freuen sich über Ihre Freilassung und Ihre Rückkehr in ein tatkräftiges, nutzbringendes Leben.

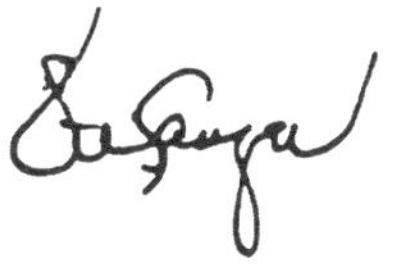

WILLIAM LANGER

US-Senator; ehemaliger Gouverneur von Nord-Dakota

LATTIK: Zusammensetzung und Urteilssprüche des Nürnberger Gerichts sind in der freien Welt ganz allgemein, wie auch im einzelnen scharf kritisiert worden. Diese Kritiken haben gezeigt, daß nicht so sehr streitig ist, welche Rechtsgrundsätze zur Bestrafung von Verbrechen angewandt wurden, sondern daß von Siegern Rache an Besiegten genommen worden ist. Tatbestandsbestimmung und Strafbarkeit der Delikte wurden erst nach Tatbegehung festgelegt. Das allein widerspricht dem uralten Rechtsprinzip nulla poena sine lege, nullum crimen sine lege. Über die Jahrhunderte war der Grundsatz, daß ein Verbrechen nur bestraft werden kann, wenn es bei seiner Begehung strafbewehrt war, ein Eckstein des Rechtes. Die Menschenrechtserklärung des Völkerbundes gründete auf diesem Prinzip (Artikel 11). Vertreter der Sowjetunion haben an den Nürnberger Verfahren teilgenommen. Als das Internationale Militär-Tribunal geschaffen wurde, wußte alle Welt, daß die Sowjetunion jede Menge Verträge und Abkommen mit anderen Staaten gebrochen hatte. Als Este erwähne ich insbesondere die vielen Verträge mit Estland, die die

LATTIK

Sowjetunion einseitig gebrochen hat, bevor sie meinem Land die Freiheit gänzlich raubte. Neutrale Untersuchungskommissionen haben herausgefunden, daß das furchtbare Massenmordverbrechen an mehr als zehntausend polnischen Kriegsgefangenen im Wald von Katyn von den Sowjets verübt worden ist. Zehntausende Esten sind von der Sowjetunion umgebracht und noch mehr zur Zwangsarbeit unter unmenschlichen Bedingungen nach Sibirien verschleppt worden. Wegen Verbrechen gegen die Menschlichkeit gehören eigentlich auch solche Regierungen vor Gericht, die die Vernichtung deutscher Städte befohlen haben, wobei unersetzliche kulturelle Werte zerstört wurden und Frauen und Kinder sich in lebendige Fackeln verwandelten. All die Verbrechen, die in Nürnberg den Angeklagten zur Last gelegt wurden, waren lange vorher schon von der Sowjetunion begangen worden. Doch keine der Demokratien klagte die Kriminellen im Kreml an oder suchte um ihre Verurteilung nach. Faßt man die Akte Nürnberg zusammen, muß festgehalten werden, daß das Fundament des Gerichtshofes die Rache der Sieger an den Besiegten war, daß die Sache vom Standpunkt des Rechtes und der Rechtsprechung unanständig war und daß die Urteilssprüche nicht nur ungesetzlich, sondern auch unmenschlich waren. Das Nürnberger Gericht stellt auch insofern ein Unikum dar, als es keine Berufungsinstanz gab und die Alliierte Kontrollkommission keine Kompetenz besaß, die Strafen zu mildern, was denn auch in keinem einzigen Falle geschah.

JAAN LATTIK

Lutherischer Pastor und Dekan; estnischer Staatsmann, Diplomat, Historiker und Verfasser von 20 Büchern; Erziehungsminister 1925-1927, Außenminister 1928-1931

LEDERREY: Ihre faszinierende Arbeit wäre von nur akademischer Bedeutung, ginge es nicht um die Kritik an einem gefährlichen Präzedenzfall und insbesondere darum, Großadmiral Dönitz Gerechtigkeit widerfahren zu lassen. Ich nehme an, Sie sehen die Dinge von hoher Warte aus und sind bemüht, Mittel und Wege zu finden, daß solche Fehler wie Nürnberg in der Zukunft vermieden werden können. Ich gestatte mir, dem Leitartikel der Chicago Herald Tribune beizupflichten, wenn ich auch der Ansicht bin, daß die Meinung eines Neutralen wenig gilt im Vergleich zum Zeugnis hoher alliierter Persönlichkeiten, die sich weigern, der Vorgehensweise ihres eigenen Landes zuzustimmen, was sie ehrt.

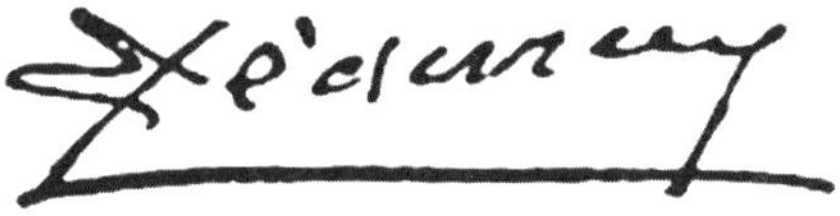

ALFRED-ERNST LEDERREY

Oberst der schweizerischen Armee; Kommandeur der 3. Gebirgsjäger-Brigade 1938-1946; Inspekteur des 2. Armeekorps 1938-1953; Professor für Militärgeschichte und Verfasser von fünf Fachbüchern

F. LEE: Meiner Ansicht nach war die Verurteilung von Admiral Dönitz durch das Nürnberger Tribunal ein Fehler und Unrecht. Es würde mich freuen, wenn Admiral

F. LEE

Dönitz dies erführe. Er hat im Kriege mit Ehre und Würde gefochten.

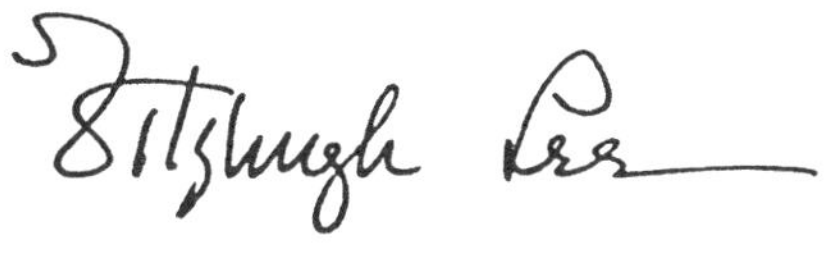

FITZHUGH LEE

Vizeadmiral der US-Kriegsmarine; Kommandant des Marine-Luftwaffen-Ausbildungszentrums in Memphis; Stellvertretender Kommandeur der US-Atlantikflotte 1960; Kommandant der Nationalen Kriegsakademie

J. B. LEE: Ich zögere nicht, die von den Siegern des Zweiten Weltkrieges gegen Berufssoldaten durchgeführten Kriegsverbrecherprozesse an sich als eines der schwersten Verbrechen zu bezeichnen, die jemals

J. B. LEE

von sogenannten zivilisierten Menschen begangen worden sind. Es gibt nichts daran zu deuteln, daß sich militärische Führer der sogenannten Alliierten gleichermaßen schuldig im Sinne jener Anklagepunkte gemacht haben, die gegen die Abgeurteilten vorgebracht worden sind. Niemand, der gerecht denkt und ehrenhaft ist, kann sich bereitfinden, das Unrecht hinzunehmen, daß Besiegte durch einen aus Siegern bestehenden Gerichtshof verurteilt werden.

J. BRACKEN LEE

Gouverneur des US-Bundesstaates Utah

LEES: Die von Engländern hingeschmierten »Barbarei«-Anklagen gegen deutsche und andere Truppen rufen bei mir Entrüstung über solch heillose Heuchelei hervor. Das Schicksal hat es gewollt, daß ich es während meiner militärischen und zivilen Laufbahn hauptsächlich mit der Unterdrückung bzw. dem Versuch der Unterdrückung bewaffneter Aufstände und heftiger Unruhen in der Zivilbevölkerung zu tun bekam. Und ich habe genug an Greueln, begangen von Truppen Großbritanniens, gesehen bzw. untersucht, daß man etliche Bücher damit füllen könnte. Die Erfahrung lehrte mich, daß – obwohl diese Exzesse vielfach loser Moral oder purer Blutrunst einzelner Befehlshaber zuzuordnen waren – dies in zahlreichen Fällen (in Palästina stets) mit stillschweigender Duldung der Regierung geschah und London ein Auge zudrückte. Indem ich Ihnen respektvoll gratuliere, möchte ich mich Ihrem Versuch anschließen, die monströsen Ungerechtigkeiten wiedergutzumachen, die einem Manne widerfuhren, dessen sittlich begründete Tapferkeit und einzigartiger Mut den Beifall der gesamten denkfähigen Menschheit finden müßte. Als Hitler tot war, wußte jeder Deutsche, daß das Ende nahte. Es wäre für Admiral Dönitz vermutlich ein leichtes gewesen, die Führerschaft über sein geschlagenes Volk abzulehnen. Und dennoch übernahm er sie mit Kühnheit, wohl in vollem Bewußtsein, was das für ihn persönlich bedeutete. In der Tat ist die Gelegenheit günstig, offen und uneingeschränkt zu bejahen, was man hört, wann immer zwei oder drei Engländer die Sache Nürnberg unter sich diskutieren, nämlich daß es sich um eine Neuerung in unserer Geschichte handelte, für die wir fortdauernd gründlich um Verzeihung zu bitten haben und derer wir uns zutiefst schämen müssen: Admirale und Generale eines geschlagenen Feindes als Verbrecher anzuklagen.

AUBREY T. O. LEES

Englischer Kolonialverwalter und Armeeoffizier; diente in Irland während der Revolution (1920-1922), im Irak (1922-1925) und zehn Jahre in Palästina

LE FEVRE: Die schändlichen »Kriegsverbrecherprozesse« werden zweifellos künftigen Bewohnern dieses besoffenen Planeten die Schamröte ins Gesicht steigen lassen. Nur mit Widerwillen kann man, insbesondere, wenn man menschlich empfindet, zugestehen, irgend etwas zu tun zu haben mit den selbsternannten Staatsanwälten, die Männer verfolgten, einfach nur, weil sie erfüllt hatten, was sie als ihre Pflicht erkannten. Jeder Versuch, Menschen für ein Verbrechen schuldig zu sprechen, dessen Begehung zur Tatzeit nicht als Verbrechen galt, ist der Gipfel der Tyrannei. Es handelt sich tatsächlich um eine Perversion von Recht und Gesetz und reiht sich ein in eine ganze Serie barbarischer Akte. Wollen wir es als das bezeichnen, was es ist: nackte Rache.

LE FEVRE

ROBERT LE FEVRE

Amerikanischer Pädagoge und Publizist; Rektor der »Freedom School«

LEMLEY: Zu keinem Zeitpunkt habe ich in irgendeiner Weise mit den Verfahren sympathisiert, die sich in Nürnberg abspielten. Es handelte sich meiner Ansicht nach um eine Vergewaltigung amerikanischer Vorstellungen von Recht. Solche Prozesse haben mit dem Militär absolut nichts zu tun, und die Angeklagten standen meines Erachtens keineswegs vor einem unparteiischen Tribunal. Was nun den Fall des Großadmirals Dönitz, wie ich ihn sehe, betrifft, so war er ganz einfach ein Marineoffizier, der befolgte, was ihm seine Staatsführung befahl. In Nürnberg wurde ein höchst gefährlicher Präzedenzfall gesetzt, von dem ich nur hoffen kann, daß unsere Soldaten und Seeleute ihn nicht eines Tages bitter bereuen müssen.

HARRY J. LEMLEY

US-Distriktsrichter (östlicher und westlicher Bezirk von Arkansas) von 1939 bis 1958

LENER: Während der Nürnberger Prozesse, ab März 1946, veröffentlichte ich in »La Civitta Cattolica« vier umfangreiche Artikel kritischen Inhalts, die rasch ins Deutsche, Französische, Englische und Niederländische übersetzt wurden. Diese Übersetzungen wurden auf Privatinitiative an die Prozeßparteien verteilt. Die amerika-

LENER

nischen und niederländischen Übersetzer bekamen Scherereien mit ihren Verlegern, der Nachkriegsatmosphäre entsprechend. Einen Kurzkommentar, den ich zum Schuldspruch verfaßt hatte, druckte die Zeitung »Politica Estera«. Diese Schriften wurden, durchgesehen und um einiges erweitert, in Buchform unter dem Titel »Crimini di guerra e delitti contra l'umanita« herausgebracht (Rom, dritte Auflage 1948). Ich erörterte darin die komplizierten völker-, straf- und prozeßrechtlichen Aspekte und fügte eine genaue Übersicht der belangreichen Gesetze und Dokumente bei. Mir erschien eine Rechtmäßigkeit des sogenannten Internationalen Tribunals mit Sicherheit ausgeschlossen und von daher auch seine Befähigung zu vorbildlichen Urteilssprüchen, die Fortschritte im internationalen Justizwesen bringen und einen Beitrag zum Frieden unter den Menschen leisten.

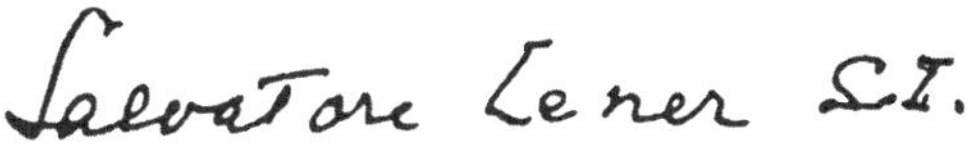

SALVATORE LENER

Jurist; Jesuitenpater; Mitarbeiter des Lehrstuhls für Prozeßrecht der Universität Rom; Professor für Völkerrecht an der päpstlichen Lateran-Universität; Redaktionsmitglied von »La Civitta Cattolica«

LESMES: Ich möchte Großadmiral Karl Dönitz meine herzlichsten Grüße übermitteln und meine Bewunderung für einen Mann ausdrücken, der seine Pflicht zu erfüllen wußte und der als schutzloser Gefangener die Rache mächtiger Eroberer heroisch durchgestanden hat. Er soll wissen, daß wir, die wir von Berufs wegen seinen Fall besser beurteilen können, über seine Freilassung erfreut sind und hoffen, daß das illegale Urteil, das ihn zum »Kriegsverbrecher« stempelte, eines Tages von einem wirklich fachkundigen Tribunal widerrufen wird, so daß die Gerechtigkeit wiederhergestellt und er rehabilitiert ist. Für ein »Kriegsverbrecherurteil« sind zunächst folgende Klärungen erforderlich: 1. Was sind Kriegsverbrechen? 2. Welche Strafen sind besagten Verbrechen angemessen? 3. Welches Gericht soll urteilen? 4. Wie soll ein solches Urteil vollstreckt werden? Diese Punkte hätten vorab geklärt werden müssen, wenn es in Nürnberg wahrhaft um Gerechtigkeit gegangen wäre, denn rückwirkendes Recht darf nicht angewendet werden. Die Klärung hätte in Gesetzen mit internationalem Charakter und ebensolcher Geltung erfolgen müssen, die von allen Beteiligten zu akzeptieren gewesen wären. Nichts dergleichen ist geschehen; alles hing einzig und allein von der Gnade der Siegerstaaten ab. Vor dem Zweiten Weltkrieg hatten Völker lobenswerte Versuche unternommen, den Krieg zu lindern und etwas vom Geist des Christentums einzubringen, um den Kampf weniger grausam zu gestalten als in Urzeiten. Einige Normen wurden festgeschrieben und von allen Völkern anerkannt, besonders hinsichtlich der Behandlung Nichtkriegführender und Kriegsgefangener. Unglückseligerweise brachte der Zweite Weltkrieg einen Rückschritt um

LESMES

Jahrhunderte und einen höchst bedauerlichen Präzedenzfall, wie er in Nürnberg gesetzt wurde. Die Sieger erklärten sich selbst zu Richtern, definierten willkürlich die Verbrechen, verhängten Strafen und traten als Kerkermeister wie als Henker auf. Was alles noch schlimmer machte, war, daß die »Verbrechen«, derer man die Besiegten bezichtigte, auch von ihnen, den Siegern, selbst verübt worden waren. Die »Urteile von Nürnberg« stellten ein flagrantes Unrecht dar. Im Hinblick auf Großadmiral Dönitz ist das Unrecht besonders deutlich geworden, weil er als Berufsoffizier der Streitkräfte seines Landes und speziell als Befehlshaber der Kriegsmarine nichts anderes getan hat, als seine Befehle auszuführen und geheiligte Pflichten zu erfüllen. Es ist in der Tat höchst bedauerlich, daß man so viele Jahre nach Ende der Feindseligkeiten und angesichts des Bestehens einer UNO, der die einst kriegführenden Völker angehören und deren wichtigste Aufgabe der dauerhafte Weltfriede ist, immer noch nicht versucht hat, die Fehler der Vergangenheit zu korrigieren, um das Recht wiederherzustellen. Wünschenswert wäre, ginge von der UNO eine Initiative aus, die unter dem Einfluß der Kriegsleidenschaften gefällten Urteile zu revidieren. Dafür sollte ein Tribunal mit Mitgliedern aus solchen Staaten benannt werden, die nicht zu den Kriegführenden gehört haben.

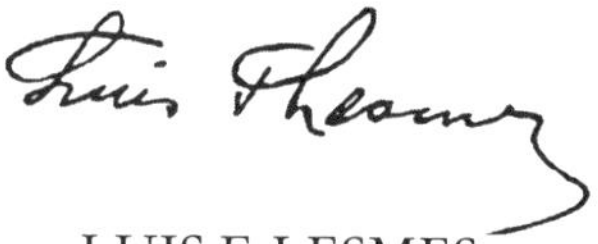

LUIS F. LESMES

Kolumbianischer Armeegeneral; Chef des Nationalen Rundfunkkomitees

LEWIS: Ich schließe mich den hier geäußerten Ansichten über den »Prozeß« und das »Urteil« gegen die sogenannten Kriegsverbrecher an, besonders was die Verzerrung des Rechts anlangt, die Großadmiral Karl Dönitz für zehn Jahre hinter Gitter gebracht hat. Es müßte eigentlich niederschmetternd für jeden denkfähigen Bürger der Vereinigten Staaten sein, zu erfahren, daß wir unserer Feinde und unser eigenes Handeln mit doppelter Moral gemessen haben.

MAYS LIVINGSTON LEWIS

Konteradmiral der US-Kriegsmarine; Kommandierender Offizier auf der US-Marinebasis Mers-El-Kebir, Algerien, 1943; Kommandeur der Nordgruppe der 16. Flotte 1945

LIBBY (an Großadmiral Dönitz): Endlich kann ich Ihnen erfreut mitteilen, wie glücklich ich bin, daß Sie aus der Spandauer »Kriegsverbrecher«-Haft in Freiheit gekommen sind. Wie Senator Taft empfinde auch ich Widerwillen gegen die ganze Idee, Führer von Streitkräften, die gegen unser Land gekämpft haben, abzuurteilen und einzusperren. Wie es schon so treffend in Buchtiteln und Zeitungsartikeln zum Thema heißt, hatten Sie und Kameraden von Ihnen unter einer »Sieger-Justiz« zu leiden, die ihrer ganzen Natur nach Unrecht war. Die Schlußfolgerung lautet zweifellos, daß – wenn sich die Waagschale des Sieges in die andere Richtung geneigt hätte – die Befehlshaber unserer Streitkräfte Opfer ähnlicher Gerichte und gleichen Unrechts hätten werden können. Meine Hoffnung ist, daß Sie Ihren großen Einfluß, den Sie jetzt in Freiheit wiedergewinnen werden, dafür einsetzen, daß Deutschland eine Führungsrolle bei der Schaffung eines immerwährenden Weltfriedens einnimmt.

FREDERICK J. LIBBY

Generalsekretär des Nationalen Rates zur Kriegsverhütung (USA)

LINDSSTROM: Ich stimme den Ansichten von Admiral Gallery voll und ganz zu.

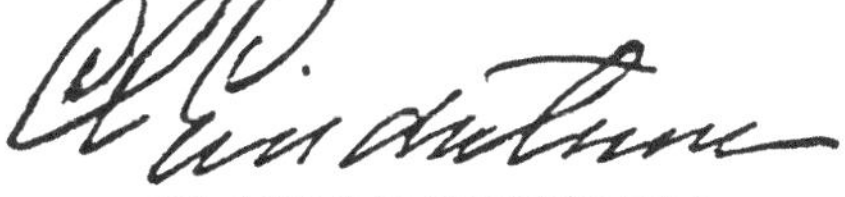

CLAES LINDSSTROM

Vizeadmiral der Königlich Schwedischen Kriegsmarine; Chef der U-Boot-Flotte 1930; Befehlshabender Admiral an der Ostküste 1937-1942

LJUNGBERG: Meiner Meinung nach ist ein Offizier, der seine Pflicht im Einklang mit den Befehlen seiner Regierung erfüllt hat, wie ein Kriegsgefangener, nicht aber wie ein krimineller Häftling zu behandeln.

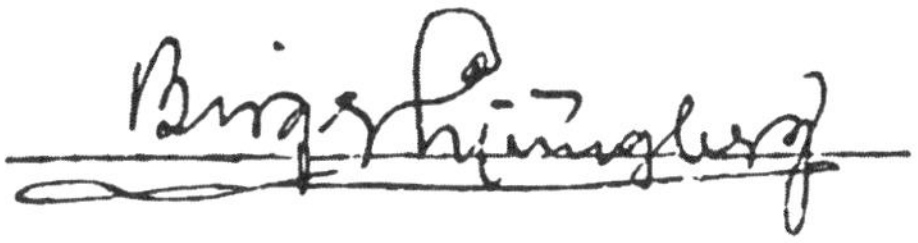

BIRGER LJUNGBERG

Generalmajor der Königlich Norwegischen Armee; Verteidigungsminister 1939-1942; Abgesandter der norwegischen Streitkräfte in den USA 1943

LOCKWOOD (an Großadmiral Dönitz): Ich bin glücklich zu erfahren, daß die Jahre der Gefangenschaft für Sie zu Ende sind. Ihr Name hat stets all jenen von uns Respekt geboten, die sich mit dem Einsatz von U-Booten auskennen. Unabhängig davon, was das Seekriegsrecht vorschreiben mag, ist sich jeder Experte, jeder Realist überhaupt, der Tatsache bewußt, daß die U-Boot-Waffe nicht auf der Grundlage der traditionellen Methode »Entern und Durchsuchen« geführt werden kann. Wie ich hatten auch Sie Order, uneingeschränkten U-Boot-Krieg

LOCKWOOD

zu führen. Wir beide haben unsere Befehle erfüllt. Hätten wir Einspruch eingelegt, weil die Befehle illegal seien, wären andere auf unsere Posten berufen worden, die sie ausgeführt hätten. Ihre Pflichttreue und Ihr Gehorsam haben Ihnen zehn Jahre Haft eingebracht. Von uns aber ist nie jemand zur Rechenschaft gezogen worden.

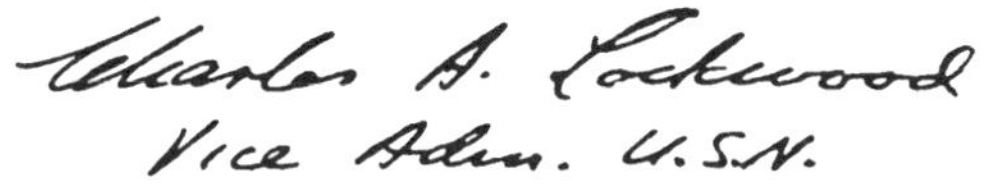

CHARLES A. LOCKWOOD

Vizeadmiral der US-Kriegsmarine; Kommandeur der U-Boote der US-Pazifikflotte im Zweiten Weltkrieg

LOEB: Die Grundprinzipien der Kriegsprozesse erscheinen mir als heuchlerische Methode, den Feind fertigzumachen. Gefühlsmäßig sehe ich es so: Will man als Sieger eines Krieges die Führer des Besiegten umlegen, tut man es einfach, aber man nennt es »Gerichtsverfahren«. Die Vorstellung, daß ein Sieger über den bezwungenen Feind »Gericht« hält, ist aus der Sicht angloamerikanischer Rechtsideale derart widerlich, daß es fast schon wieder lachhaft wirkt. Was den Fall zumindest eines Mannes angeht, der als Vertreter unseres Landes eine Hauptrolle bei den Kriegsprozessen spielte, so habe ich den leisen Verdacht, daß er nur Kommunist oder unter Kontrolle der Kommunisten gewesen sein kann.

WILLIAM LOEB

Amerikanischer Verleger (»Manchester Union Leader«, »New Hampshire Sunday News«)

LOW: 1916 brachte ich die Abschlußprüfung des ersten U-Boot-Lehrgangs in New London, Connecticut, hinter mich und leistete fortan Jahr um Jahr, fast bis zum Ausbruch des Zweiten Weltkrieges, U-Boot-Dienst. Für kurze Frist war ich im Ersten Weltkrieg auch an der U-Boot-Bekämpfung beteiligt. Im Zweiten Weltkrieg bestand meine Arbeit grundsätzlich darin, als Stabschef der 10. Flotte (unsere U-Boot-Be-

LOW

kämpfungsflotte) zu dienen. An der Seite unseres Oberkommandierenden, Admiral King, war ich einer der vielleicht wichtigsten Widersacher von Admiral Dönitz. Nach meinem Eindruck hatte Admiral Dönitz alle Tricks auf Lager. Ich stimme Konteradmiral Gallerys Auffassungen vollkommen zu. Dönitz hat seinen Job anständig erledigt. Hätte er sich nicht mit mangelnder Zusammenarbeit Görings herumzuplagen gehabt, hätte er uns das Leben noch schwerer gemacht. Vermutlich werde ich niemals das Vergnügen haben, mit Dönitz zusammenzutreffen. Doch wäre ich aufs höchste erfreut, könnte ich mit ihm über »alte Zeiten« plaudern.

FRANCIS S. LOW

Admiral der US-Kriegsmarine; Stabschef der 10. Flotte (Atlantik) im Zweiten Weltkrieg; Befehlshaber der Versorgungskräfte der Pazifik-Flotte; Stellvertretender Chef des Amtes für Marine-Operationen

LOWE: Meines Erachtens gab es keine rechtmäßige Grundlage und keine moralische Berechtigung für die »Kriegsverbrecherprozesse« vor dem »Internationalen Militär-Tribunal« im Falle von Admiral Dönitz oder anderer Offiziere, deren »Verbrechen« aus der wirkungsvollen Erfüllung der von ihnen beschworenen vaterländischen Pflicht bestand. Wollte man ein anderes Prinzip des Kriegswesens anerkennen, entstünde in allen Ländern, unser eigenes eingeschlossen, eine gesellschaftliche Diskussion darüber, ob Offiziere das Recht haben, zu entscheiden, welchen Befehlen sie zu gehorchen haben und welchen nicht. Ich meine, daß das Handeln der alliierten Führer damals von Wut diktiert, nicht aber von staatsmännischer Weisheit geleitet worden ist. Sie hatten einige Grundsätze aus dem Blickfeld verloren. Vom ersten Tag unseres Dienstes in den Streitkräften an lehrte man uns, daß Befehle der Staatsmacht unter allen Umständen und ohne lange zu fackeln verbindlich sind. Von diesem Geist ist auch unser Eid erfüllt. Die einzige gefestigte Grundlage, auf der das ganze Militär steht, wird durch den Sinnspruch symbolisiert: »Mein Vaterland möge stets im Recht sein. Doch: Right or wrong, my country!« Warum wird nicht gegen beide Kriegsparteien gleichermaßen vorgegangen? Wir selbst haben eine solche Kriegführung während des Zweiten Weltkrieges im pazifischen Raum betrieben. Es gab ganz gewiß keine Grundlage im Völkerrecht für solche Prozesse. Nur wenige Prinzipien mit allgemeiner Anerkennung sind im Völkerrecht verankert, doch weder ein Gerichtshof noch eine sonstige Institution zur Erzwingung dieser Handvoll Grundsätze. Manche hatten gehofft, daß der Internationale Gerichtshof im Haag eines Tages genug Respekt genießt, um dieses Defizit teilweise auszugleichen. Doch dem ist nicht so. Mir scheint, daß unsere Einstellung unhaltbar war. Meines Erachtens war das Verfahren gegen Admiral Dönitz und andere Offiziere, deren »Verbrechen« in der Erfüllung ihrer Pflichten bestand, nicht nur beispiellos, sondern auch falsch. Macht dieser Präzedenzfall Schule, kommt es zu Siegergerichten gegen alle Führer von Verliererstaaten künftiger Kriege, egal, welche Seite der Aggressor und im Unrecht war. Man wird sich stets gegenseitig als Aggressor bezeichnen, ungeachtet aller Tatsachen. Als unsere Truppen im Koreakrieg hoffnungslos in die Defensive gedrängt worden und die Nordkoreaner durch ihre Offensive obenauf waren, hieß es in Presseberichten, daß die Nordkoreaner damit drohen würden, unsere Befehlshaber nach Gefangennahme wegen Führens eines Angriffskrieges vor Gericht zu bringen. So drängt sich mir der Eindruck auf, daß die ganzen Kriegsverbrecherprozesse gegen Militärs ein schlechtes Vorbild abgegeben haben.

F. L. LOWE

Vizeadmiral der US-Kriegsmarine; Befehlshaber der Schweren Kreuzer im Südpazifik 1942/43; Mitglied des Rates für Versorgung bei den vereinigten Stabschefs 1943/44; Mitarbeiter des Marine-Generalanwalts 1944/45

LOYD: Den Nürnberger Prozessen habe ich mehrere Tage als Gast eines der beteiligten Juristen beigewohnt. Man kann sich des Eindrucks nicht erwehren, daß am Recht herumgefingert worden ist, um das Ding entsprechend zu drehen, was gewiß nicht in Ordnung war. Meines Erachtens haben die Anklagen gegen Leute vom Range eines Dönitz oder Jodl einen Präzedenzfall geschaffen, der künftig von skrupellosen und unehrenhaften Machthabern mißbraucht werden kann. Ferner halte ich es für sehr fraglich, ob die Verfahren etwa gegen Dönitz und Jodl überhaupt in einem gesetzlichen Rahmen abliefen.

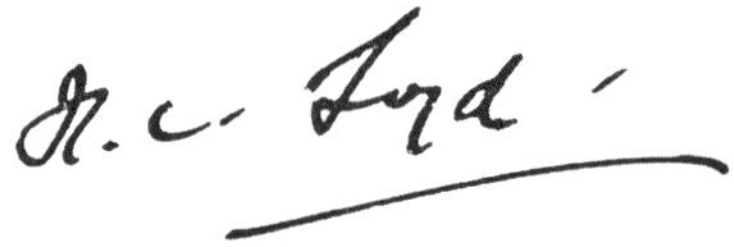

SIR HENRY CHARLES LOYD

Britischer General: Oberbefehlshaber des Kommandos Süd 1942/43; Befehlshaber im Bereich London 1944-1947

LOZORAITIS

LOZORAITIS: An den Verfahren des Internationalen Militär-Tribunals von Nürnberg war das Sowjetregime beteiligt, also eine Staatsführung, die selbst der schwerwiegendsten in der zivilisierten Welt bekannten Menschheitsverbrechen schuldig ist. Dadurch sind die Urteilssprüche dieses Gerichtshofes null und nichtig. Daraus folgt die Pflicht der Regierungen Frankreichs, Großbritanniens und der Vereinigten Staaten, eine Revision und Nichtigkeitserklärung jener Urteile von Nürnberg in Gang zu setzen, die unter Mitwirkung der Sowjets gefällt worden sind. Zu diesem Zweck müßten die erwähnten Staaten unter Ausschluß der Sowjetunion einen internationalen Kassationsgerichtshof schaffen, der sich mit den entsprechenden Verfahren beschäftigt. Auf jeden Fall müssen die Personen, die immer noch aufgrund der obengenannten Urteilssprüche von Nürnberg einsitzen, auf der Stelle freigelassen werden.

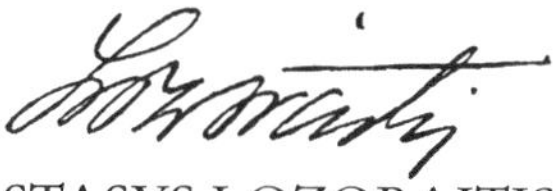

STASYS LOZORAITIS

Außenminister der Republik Litauen; Chef des litauischen Diplomatischen Korps

LUCAS: Als die Nürnberger Prozesse aus der Taufe gehoben wurden, beschlich mich das Gefühl, daß da ein äußerst gefährlicher Präzedenzfall gesetzt wird. Mir scheint, daß die siegreichen Alliierten, die eingestandenermaßen in dieselben Praktiken verfallen waren (uneingeschränkter U-Boot-Krieg), keine gesetzliche, logische oder ethische Rechtfertigung dafür besaßen, Admiral Dönitz anzuklagen und zu verurteilen. Indem sie es doch taten, brachten sie sich selbst in den Verdacht der Heuchelei und des Mißbrauchs der Macht, die ihnen durch den Sieg zugefallen war. Mir erscheint das Vorbringen nicht ausreichend, daß Admiral Dönitz unter Anklage zu stellen gewesen sei, weil

LUCAS

Deutschland mit dem uneingeschränkten U-Boot-Krieg begonnen habe.

FRANK A.W. LUCAS

Richter am Appellationsgerichtshof der Südafrikanischen Union; Richter des Obersten Gerichtshofes von Südafrika für den Bereich Transvaal

LUDOVICI: Der Ungeist, der das britische und amerikanische Volk verleitete, in aller Selbstzufriedenheit zuzuschauen, wie ihre Obrigkeiten die ungeheuerlich ungerechten Nürnberger Prozesse veranstalteten, war nicht neu. Er schlummert auch in jeder wilden Bestie. In der zivilisierten Menschheit wird er nur in Schach gehalten durch Würde und Ritterlichkeit, die höherer Kultur und Sittlichkeit erwachsen. Der Ungeist geht einher mit der Gier nach Rache und mit einer durch verletzte Eitelkeit hervorgerufenen Erbitterung. 1918 gab es ebenfalls Rachedurst und gnadenlose Erbitterung, weil die Alliierten weitaus mehr militärische Schlappen hatten erleiden müssen als von ihnen jemals erwartet, weshalb sie mehr als die Hälfte des Restes der Welt zur Hilfe rufen mußten, um der Niederlage zu entgehen. Dadurch war ihr Selbstwertgefühl gründlich verletzt. Im Verhalten der alliierten Besatzungstruppen und in der Durchsetzung der Waffenstillstandsbedingungen durch die Alliierten in Deutschland kam der Geist der Rache und Bitternis voll zum Ausbruch, und das in einem Ausmaße, daß der Amerikaner Herbert Hoover – ein herausragender und außergewöhnlich human gesinnter Zeitzeuge – sich zu folgender Erklärung veranlaßt sah: »Die Alliierten legen die Saat für künftigen Haß, sie türmen Qual und Leid auf, nicht nur für die Deutschen, auch für sich selbst. In einigen Jahren wird die Mine, die sie gelegt haben, direkt vor diesen Weltfriedensmachern hochgehen.« (Memoirs of Herbert Hoover, 1952, 39. Kapitel). Wie sich die Alliierten gegenüber den deutschen Soldaten und deren Führern sowohl während des Krieges als auch danach verhalten haben, war weder fair noch stand es im Einklang mit Ritterlichkeit früherer Zeiten oder mit Wilsons Vierzehn Punkten. So verhinderte nur der ultimative Einspruch des englischen Königs Georgs V. den törichten und unmenschlichen Plan des Kabinetts, gegen die Mannschaften der deutschen U-Boote vorzugehen. »Nach Ansicht des Königs«, schrieb Lord Stamford an den Premierminister, »haben sie nur Befehlen gehorcht, so brutal und unmenschlich diese auch gewesen sein mögen.« Erneut schritt Georg V. weise ein, als im Juni 1919 der Oberste Rat der Friedenskonferenz entschieden hatte, den Kaiser vor Gericht zu bringen. Der König warnte die Verantwortlichen vor dem Mangel an Unparteilichkeit eines jeden Tribunals, dessen Richter aus den Reihen der alliierten Nationen stammten und die auch noch als Ankläger auftreten würden – das Fair play wäre nur noch ein Schatten seiner selbst (Harold Nicolson: King George V., 1952, Kapitel 7 und 20). Dieselbe Kontroverse zwischen dem König und seinen Ministern spielte sich ab, als die Alliierten die Auslieferung einer ganzen Anzahl deutscher Generale und ranghoher Offiziere verlangten, um sie als »Kriegsverbrecher« vor Gericht zu stellen (nachzulesen im erwähnten Buch von Nicolson). Hätten wir doch einen Georg V. nach dem Zweiten Weltkrieg gehabt! Der Zweite Weltkrieg brachte den Alliierten noch größere Demütigung als der Erste. Man denke nur daran, wie die britische und die französische Armee mit dem Höhepunkt ihrer Flucht aus Dünkirchen geschlagen wurde, um sich das klarzumachen. Infolgedessen hat Englands Weste in Sachen Ritterlichkeit, Gerechtigkeit und Fair play noch mehr Flecken abbekommen als nach dem Ersten Weltkrieg. Barbarei wie Unmenschlichkeit wurden noch weniger im Zaum gehalten – beginnend mit der Ausplünderung und sadistischen Mißhandlung der wehrlosen Bevölkerung durch alliierte Truppen und Besatzungsbehörden – Engländer, Franzosen, Russen und Amerikaner – bis zum jämmerlichen Theater in der Manier bestialischer Höhlenmenschen beim Nürnberger Prozeß, als Engländer, Franzosen und Amerikaner auf das Niveau von russischen Anklägern der »Großen Säuberungen« sanken und auch noch die Sonderheuchelei zustande brachten, vorzuspiegeln, diese Verfahren seien »legal« und »gerecht«. Bevor die Altvorderen militärische oder andere Führer ihrer geschlagenen Feinde »liquidierten«, ließen sie einen Caractacus oder Vercingetorix durch Roms Straßen marschieren; sie peitschten die Gefühle aber wenigstens nicht noch dadurch auf, daß sie das alles als Ergebnis eines gerechten und nach Treu und Glauben geführten Prozesses erscheinen ließen. Die Welt ist nun Zeuge geworden, daß der Fortschritt im zivilisierten Verhalten es möglich gemacht hat, daß ein Richter des obersten englischen Gerichtshofes Seite an Seite mit einem Kollegen vom Moskauer Roten Platz sitzt, um Männer wie Keitel und Dönitz entweder zum Tode oder zu Gefängnis zu verurteilen, nachdem ein ganzes alliiertes Tribunal so getan hatte, als hätten sie einen »fairen« Prozeß. Was die Nürnberger Verfahren angeht, möchte ich die Aufmerksamkeit auch auf folgendes Wort des verstorbenen Dekans der St. Pauls-Kathedrale in London, Inge, lenken: »Mir widerstreben die Nürnberger Prozesse aus drei Gründen. Erstens sind Prozesse der Sieger gegen die Besiegten niemals befriedigend und generell unfair. Zweitens setzt die Hinrichtung der politischen und militärischen Führer der besiegten Seite durch die Sieger einen höchst gefährlichen Präzedenzfall. Drittens hätte eine der Prozeßmächte, Rußland, gewiß auf die Anklagebank gehört, nicht aber auf die Richterbank.« (Vorwort zu F.J.P. Veales Buch »Advance to Barbarism«). Lord Norwich pflichtete dem letzterwähnten Punkte bei. »Können wir«, fragt er, »als Verbündete von Marschall Stalin in einem Gerichtshof mit reinem Gewissen und sauberen Händen Platz nehmen?« Das können wir gewiß nicht! Doch die verletzte angelsächsische Eitelkeit hielt sich nicht damit auf, solche peinlichen Fragen zu

LUDOVICI

beantworten. Noch ein weiterer herausragender Engländer sei zitiert. Am 5. Mai 1949 erklärte Lord Hankey im Oberhaus, daß »etwas Zynisches und Abstoßendes« in dem »Spektakel« liege, daß britische, französische und amerikanische Juristen auf einer Richterbank gesessen hätten mit einem Kollegen, der einen Staat repräsentiere, welcher vor, während und nach dem Tribunal ständig alle denkbaren politischen Verbrechen begangen habe.

ANTHONY M. LUDOVICI

Englischer Armeeoffizier im Ersten Weltkrieg; Privatsekretär und Biograph von Auguste Rodin; Philosoph und Verfasser von 33 Werken

LUTES: Soldaten »machen« und verursachen normalerweise auch keinen Krieg zwischen fest im Sattel sitzenden Machthabern. Der Normalfall ist, daß ordnungsgemäß an der Macht befindliche Regierungen Kriege schaffen. Soldaten, insbesondere Berufssoldaten, sind nur ausführende Organe ihrer Staaten, die zu verteidigen sie geschworen haben. Deshalb können sie nicht für Handlungen zur Rechenschaft gezogen werden, die sich entweder innerhalb der Grenzen des Kriegsrechtes bewegen oder allgemein üblich sind. Ferner können sie nicht für kriminell erklärt werden, wenn ihre Unternehmungen definitiv auf den militärischen Erfolg ihres Vaterlandes gerichtet waren, vorausgesetzt, sie haben den Befehlen ihrer Staatsführung gemäß gehandelt.

LEROY LUTES

US-Generalleutnant; Befehlshaber der Armee-Versorgungstruppen 1946; Kommandeur der 4. US-Armee 1949

MAGLOIRE: Ich bin der Auffassung, daß die »Kriegsverbrecherprozesse«, zu denen der Fall des Großadmirals Dönitz zählte, höchst umstritten sind. Die Lösung, die es übereinstimmend zu finden gilt, sollte durch hervorragende Autoritäten der Rechtswissenschaft erfolgen. Sie wären als Mitglieder der Völkerrechtskommission der Vereinten Nationen mit dieser schwierigen Materie zu betrauen. Ich weiß Ihre höfliche Aufforde-

LUTES

MAGLOIRE

rung, mich den vielen Persönlichkeiten aus Politik und Militärwesen hinzuzugesellen, die ihre Meinung zu diesem Gegenstand bereits ausgedrückt haben, wirklich zu schätzen und nutze hiermit diese Gelegenheit.

PAUL E. MAGLOIRE

Präsident der Republik Haiti von 1950 bis 1957

MALONY: Bei den Entscheidungen, die zu den »Kriegsverbrecherprozessen« führten, wurde ich nicht zu Rate gezogen. Wäre dies geschehen, hätte ich mich ihnen mit allem Nachdruck widersetzt.

HARRY J. MALONY

US-Generalmajor; Befehlshaber der 94. Infanteriedivision 1942-1945; Gesandter des US-Präsidenten in Griechenland 1946; Berater des Verteidigungsministers 1950/51

MANN: Wenn es um die Verurteilung dieser Kriegsverbrecherprozesse nach dem ex post facto-Prinzip geht, stimme ich den von Ihnen zusammengetragenen zahlreichen Meinungsbekundungen zu. Alle Berufsoffiziere werden über die anerkannten Regeln der Kriegführung belehrt, wie zum Beispiel über die Genfer Konvention usw. In unserer Zeit kann niemand mehr unterscheiden zwischen dem Feind in Uniform und der Zivilbevölkerung in einem Abschnitt, auf den sich der Angriff richtet – weder auf See noch an Land noch bei der Luftkriegführung. Die Zerstörungskraft moderner Kriegswaffen scheint den erwähnten Abkommen und Konventionen über den Kopf zu wachsen. Meine persönliche Bekanntschaft mit Offizieren der deutschen Wehrmacht beschränkte sich auf die Zeit der Kapitulation und danach, als sie ihre Truppen unserer Befehlsgewalt unterstellen mußten. Das ging peinlich genau über die Bühne. Ich hatte und habe hohen Respekt vor den professionellen Fähigkeiten der deutschen Streitkräfte und bin geradezu entzückt, daß wir uns nun wieder in einem Bündnis mit ihnen befinden. Es war unverzeihlich, daß die Allianz zwischen ihnen und uns aus napoleonischer Zeit in den folgenden anderthalb Jahrhunderten nicht fortgeführt worden ist. Der Ehrenkodex der deutschen Offiziere unterscheidet sich, soweit ich das beurteilen kann, nur unwesentlich von dem unsrigen. Es ist der bare Unsinn, von einzelnen Offizieren eine Abwägung zu erwarten, ob nun die Politik ihrer Staatsmacht im Einklang mit Entscheidungen steht, die nach Abschluß der Kampfhandlungen getroffen werden sollten. In meinen Augen gab es keine unterschiedliche Praxis der bewaffneten Streitkräfte, auch wenn man die Einzelfälle an Exzessen in Betracht zieht, die vermutlich wohl auf beiden Seiten vorgekommen sind. Die unterschiedlichen Einstellungen zum Leben und zur Würde des Menschen im Abendland und im Osten sind meiner Meinung nach in stärkerem Ausmaß für die japanischen Prozesse belangreich. Den uneingeschränkten U-Boot-Krieg zu verdammen, die strategischen Bombenangriffe aber – ob atomar oder anders ausgeführt – für verzeihlich zu halten, kann ich nicht nachvollziehen. Wenn das Vaterland zum Kriege ruft, wird vom Berufsoffizier erwartet, daß er die Gesetze und Regeln der Kriegführung beachtet, sich den Befehlen unterwirft, die er auf dem Dienstweg erhält, und daß er alle seine Mittel so einsetzt, daß es der Feind so schwer wie nur möglich hat. Ziel ist, daß die

Feindseligkeiten zu einem aus der Sicht des eigenen Vaterlandes günstigen Abschluß kommen.

CHURCHILL MANN

Generalmajor der Königlich Kanadischen Armee; Stabschef der 1. kanadischen Armee beim Feldzug in Europa 1944/45; Stellvertretender Armeestabschef Kanadas 1946-1948

MARTIN: In emotionalisierten Zeiten ist Heuchelei allgegenwärtig. Und so war es natürlich auch im Kriege der Fall. Ein Soldat schwört, alles zur Verteidigung der Staatsmacht, der er dient, einzusetzen. Genau das

MARTIN

haben die Deutschen getan, zumindest in den meisten Fällen. Wenn jemand nicht auf eigene Faust gehandelt und keine Greueltaten über die Kriegserfordernisse hinaus verübt hat, darf er nicht schuldig gesprochen werden. Denn er hat nur die politischen Vorgaben seines Vaterlandes ausgeführt. Ich denke an den Fall Wirz in Andersonville, dessen Taten weit über das ihm gesteckte Ziel hinausgingen. Im Falle Dönitz stellte der Prozeß nichts anderes dar als eine Rechtsheuchelei, die wir Sieger uns herausnehmen konnten, weil wir eben gewonnen hatten. Keine Instanz, die es hätte wagen können, das Gebaren des Gerichtshofes zu überprüfen, ging den Nürnberger Entscheidungen nach. So falsch das alles auch war, diente es vielleicht doch einem wertvollen Zweck, nämlich, eine weitere Karikatur des Rechts dieser Art in Zukunft zu verhüten. Ich vertraue darauf, daß die Welt die Ungerechtigkeit solcher Anklagen eingesehen hat.

HAROLD M. MARTIN

Admiral der US-Kriegsmarine; Kommandeur der 23. Transporteinheit und der Kampfgruppe 49 im Pazifik; Kommandeur der 2. und 5. Transporteinheit 1947; Kommandeur der 1. und 7. Flotte 1951-1956

MASON: Jeder militärische Führer, der nicht sein äußerstes für die Nation gibt, der er dient, macht sich ganz gewiß des Treue-

MASON

bruchs schuldig. Unbedingter Gehorsam, Loyalität, Beharrlichkeit und Fleiß sind allzeit von solchen hohen Offizieren erwartet worden. General Robert E. Lee war aktiver Offizier der US-Armee vor dem Amerikanischen Bürgerkrieg. Daß er seinen Posten verließ und militärischer Führer der Konföderierten wurde, hat man nie zum Anlaß genommen, ihn später vor Gericht zu stellen und zu bestrafen. Lee wurde stets seinem Range gemäß respektiert und geehrt. Er glaubte an die Sache seiner Heimat und tat alles, um sie zum Triumph zu führen. In derselben Weise hätte man den deutschen Offizieren begegnen müssen, die alles für ihr Vaterland gegeben haben.

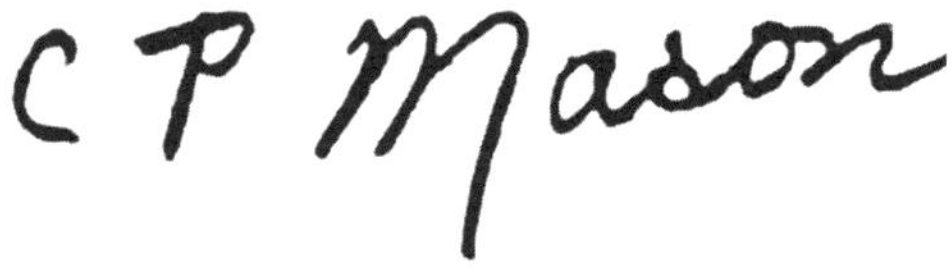

CHARLES P. MASON

Vizeadmiral der US-Kriegsmarine; Kommandant der U.S.S. »Hornet« in den Schlachten von Midway und Santa Cruz; Kommandant der Luftwaffenmarinebasis Hawaii; Bürgermeister von Pensacola in Florida

MATHEWS: Unsere Regierung hat einen Präzedenzfall geschaffen, der eines Tages auf uns zurückschlagen könnte. Die Russen bezeichnen bereits General MacArthur und General Marshall als »Kriegsverbrecher«.

WILLIAM R. MATHEWS

Herausgeber und Verleger des »Arizona Daily Star«

MATTHEWS: Bedanke mich für die Möglichkeit, die Kriegsverbrecherprozesse gegen Berufssoldaten kommentieren zu dürfen. Als ich erfuhr, daß unser Land im Zusammenspiel mit seinen Alliierten beabsichtigte, Berufssoldaten wegen sogenannter Kriegsverbrechen anzuklagen, war ich tief bestürzt. Auf Anhieb kam mir der Gedanke, daß die Betroffenen lediglich die Befehle höherer Stellen ausgeführt hatten. Ich sagte mir damals, daß wir selbst gottseidank gerade nochmal davongekommen sind. Ich vermutete, daß dasselbe meinen Söhnen passieren könnte, falls sie Berufsoffiziere werden würden und unserem Land das Schicksal widerführe, zu ihren Lebzeiten Verlierer eines Krieges zu sein. Ich bin überzeugt, daß jene, die damals die Prozesse gegen Berufsoffiziere in Schutz genommen haben, dabei aufrichtig waren. Doch hoffe ich, daß sie anderen Sinnes geworden sind, obwohl dies die Haltung, die unser Land damals einnahm, auch nicht mehr zu ändern vermag.

MITCHELL D. MATTHEWS

Konteradmiral der US-Kriegsmarine; Kommandeur des 14. Zerstörer-Geschwaders 1949/50; Befehlshaber der 60. Minenlegereinheit 1945 und der 34. Zerstörer-Einheit 1944; Kommandierender Offizier der U.S.S. »Butler« 1942-1944

MC CANN: Wie jeder weiß, der auch nur ein bißchen Ahnung vom U-Boot-Krieg hat, ist es unmöglich, Unterseeboote »eingeschränkt« einzusetzen. Das alte Prinzip »Entern und Durchsuchen« ist undurchführbar. Deutschland betrieb uneingeschränkten U-Boot-Krieg im Ersten Weltkrieg. Wir versuchten es zur selben Zeit auch und waren höchst erfolgreich damit im Zweiten Weltkrieg im Kampf gegen die Japaner. Ganz gewiß fühlte sich niemand von uns dabei in ein kriminelles Delikt verwik-

MC CANN

kelt. Ich meine, daß Admiral Dönitz nicht vor Gericht gehört hätte, weil er die U-Boot-Waffe unter seinem Kommando uneingeschränkt zum Einsatz gebracht hat. 1944 wurde ich als Stabschef zu Admiral Kings 10. Flotte, der sogenannten Anti-U-Boot-Flotte, abkommandiert. In dieser Funktion hatte ich den Kampf gegen Admiral Dönitz' U-Boote zu führen. Wir fanden in ihm einen gewieften, ausdauernden und zähen Gegner, gewiß aber keinen Kriminellen. Wollen wir hoffen, daß es niemals wieder einen Weltkrieg gibt. Doch ist er denn unvermeidlich, möge der in Nürnberg gesetzte gefährliche Präzedenzfall nicht erneut zur Anwendung kommen.

A.R. MC CANN

Vizeadmiral der US-Kriegsmarine; U-Boot-Kommandeur der Pazifik-Flotte 1945-1948; Chef der Generalkommission der US-Kriegsmarine; Generalinspekteur der Seestreitkräfte

MC DONNELL: Im Falle von Admiral Dönitz bin ich ganz entschieden der Auffassung, daß der Schuldspruch ein Fehler war. Ich glaube, daß er sich wie ein rechter Marineoffizier und Patriot verhalten hat.

EDWARD O. MC DONNELL

US-Vizeadmiral; befehligte Flugzeugträger im Zweiten Weltkrieg; Träger der Medal of Honor des Kongresses; Teilhaber von Hornblower & Weeks

MC EATHRON: Die sogenannten Kriegsverbrecherprozesse waren nur eine Spielart von Unterwürfigkeit gegenüber dem gottlosen Kommunismus, und diese Unterwerfung dauert noch heute an. Gewisse Leute führten im Schilde, einen Präzedenzfall zu schaffen, als die Wogen der Emotionen hochschlugen. Ein Richter des Obersten Gerichtshofes nahm es sich heraus, dies auszunutzen. Kriegshandlungen wurden im nachhinein zu Verbrechen erklärt. Seither ist dieser Präzedenzfall schon mehrfach angewandt worden, ganz besonders auf Kuba.

E. D. MC EATHRON

Konteradmiral der US-Kriegsmarine; Kommandant der U.S.S. »Grebe« zur Zeit des Angriffs auf Pearl Harbor; Kommandant des Minenleger-Geschwaders 10 (Pazifik) im Zweiten Weltkrieg; im Stab der Minenlegereinheiten Pazifischer Raum 1945/46

MC KAY: Ich bin der festen Überzeugung, daß der Prozeß gegen Großadmiral Dönitz und andere Soldaten, die – wenn man es so nennen soll – »schuldig« waren, nichts anderes getan zu haben, als die unter ihrem Befehl stehenden Streitkräfte in Angriff und Verteidigung zu führen, unrechtmäßig war. Krieg ist keine humanitäre Angelegenheit. Man kann nicht erwarten, daß internationale Verträge eingehalten werden, wenn sie – je nachdem, wer Sieger, wer Besiegter ist – der Mißachtung anheimfallen können.

D. E. MC KAY

Konteradmiral der US-Küstenwache; Leitender Verbindungsoffizier im Hauptquartier des Küstenschutzes; Kommandant des 14. Bezirks der Küstenwache

MC LEAN: Ich bin erfreut über die Möglichkeit, meine Stimme einer solch erlesenen Gesellschaft von Bürgern der westlichen Welt hinzufügen zu dürfen, die es bedauern,

MC LEAN

daß Berufssoldaten nach dem Zweiten Weltkrieg wegen »Kriegsverbrechen« vor Gericht gebracht worden sind. Ich stimme US-Vizeadmiral Gallery sowie den Darlegungen der Chicago Daily Tribune vom 6. Oktober 1956 vollinhaltlich zu. Der Prozeß gegen Großadmiral Karl Dönitz widerstrebte all meinen Überzeugungen und Gefühlen als Berufsoffizier der Kriegsmarine mit 35 Dienstjahren. Meine Anerkennung für Ihre Bemühungen.

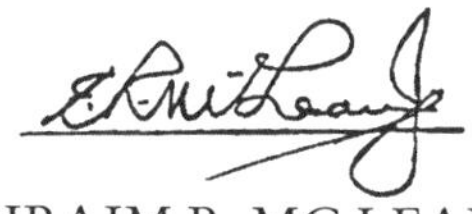

EPHRAIM R. MC LEAN jr.

Vizeadmiral der US-Kriegsmarine; befehligte Zerstörer-Abteilungen und Geschwader im Zweiten Weltkrieg; Kommandierender Offizier der U.S.S. »Columbus« 1948-1950; Kommandeur der 2. Kreuzerabteilung 1955/56

MC MULLEN: Meines Erachtens stellten die »Kriegsverbrecherprozesse« ganz allgemein einen Rückfall in barbarische Zeiten dar. Sie waren ein Beweis dafür, wie inhuman Menschen untereinander sein können, sie zeugten von völligem Mangel an Rücksichtnahme auf Wohl und Wehe unserer eigenen Leute und waren eine Verletzung aller Wesensbestandteile von Recht und Anstand. Jeder verständige und rechtschaffene Mensch ist, so mein fester Glaube, froh darüber, daß Admiral Dönitz erleben kann, wie eine klüger gewordene Welt die schrecklichen Irrtümer bedauert. Andere weniger berühmte, doch ebenso ehrbare Opfer wie

MC MULLEN

etwa der japanische General Homma haben für ihre Niederlage mit dem Leben bezahlt. Freudig nehme ich die Gelegenheit wahr, meine Meinung zu diesem Thema kundzutun. Ich hoffe, daß so manchem Opfer irgendeine Art der Wiedergutmachung zuteil wird.

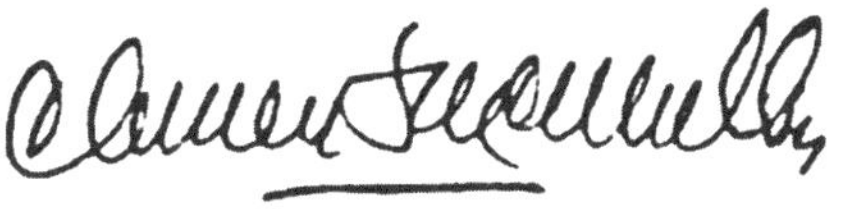

CLEMENTS MC MULLEN

Generalmajor der US-Luftwaffe; Kommandierender General der Luftwaffen-Wartungstruppe Fernost im Zweiten Weltkrieg; Stabschef des Pazifischen Luftwaffenkommandos 1946

MEDARIS: Unter keinen Umständen kann ich der Bestrafung von Offizieren zustimmen, die lediglich die Befehle Vorgesetzter ausgeführt haben, wobei es andernfalls aus mit ihnen gewesen wäre. Ich kann doch nicht guten Gewissens jemanden wegen Geschehnissen für schuldig befinden, die nicht seiner Kontrolle unterliegen. Amtsgewalt und Verantwortlichkeit müssen zusammenkommen. Wenn jemand von einem Gericht für schuldig gehalten, verurteilt und eingesperrt wird, so muß bewiesen worden sein, daß er auch befugt war, das zu tun oder zu unterlassen, was zu seinem Schuldspruch geführt hat. Für mich jedenfalls ist es offenkundig, daß Großadmiral Dönitz kein Amt bekleidet, welches gegen die Genfer Konvention verstoßende Vorgänge seiner Befehlsgewalt unterworfen hätte. Deshalb ist er für mich in solche Geschehnisse nicht aktiv verwickelt gewesen. Meines Erachtens hätte er nicht verurteilt werden sollen.

MEDARIS

JOHN B. MEDARIS

US-Generalmajor; Artillerieoffizier der 1. Armee in Europa im Zweiten Weltkrieg; Chef der US-Gesandtschaft in Argentinien 1948-1952; Kommandierender General der Ballistischen Flugkörper 1956-1958 und des Artillerieraketenkommandos der US-Armee 1958-1960; Ordinierter Geistlicher der Episkopalkirche ab 1970; beigeordneter Rektor der episkopalen »Church of the Good Shepherd«

MELANDER: Großadmiral Karl Dönitz war von Berufs wegen ein Mann des Militärs. Seine Pflicht bestand darin, seinem Va-

MELANDER

terland und der deutschen Kriegsmarine zu dienen. Von einem Offizier wird erwartet, daß er seinem Eid treu bleibt. Genau das hat Großadmiral Dönitz getan. Deshalb können wir das Urteil des »Internationalen Militär-Tribunals« von Nürnberg nicht anders begreifen als eine Wiederbelebung der alten Denkweise »Wehe den Besiegten!«, was einer zivilisierten Nation unwürdig ist.

L. MELANDER

Generalmajor der finnischen Armee; Chef der 2. Abteilung des Generalstabes 1937-1942; Oberkommandierender der finnischen Kavallerie 1942-1945

MENJOU: Ich erinnere mich lebhaft an die Ansprache von Senator Robert Taft in Gambier/Ohio, in der er die ex post facto-Regeln, unter denen die Nürnberger Prozesse abgehalten worden waren, verdammte. Ich habe ihm zugestimmt. Doch infolge der Gleichgültigkeit der Öffentlichkeit wurden seine Ausführungen mißachtet. Auch war ich entsetzt über Sowjetrußland als Richter, der sich selbst schuldig gemacht hatte. Mit Freude verbinde ich meinen Namen mit dem Versuch, Admiral Dönitz Wiedergutmachung zuteil werden zu lassen.

MENJOU

ADOLPHE MENJOU

Amerikanischer Schauspieler

MERCER: Es möchte doch gewiß kein aktiver Offizier auf ex post facto-Grundlage verurteilt werden, nur weil er ordnungsgemäße Befehle einer übergeordneten Instanz ausgeführt hat, die den Gepflogenheiten der Zeit entsprachen.

Preston V. Mercer
R Adm. USN (Ret.)

PRESTON V. MERCER

Konteradmiral der US-Kriegsmarine; Mitarbeiter des Stabschefs der US-Pazifikflotte im Zweiten Weltkrieg; Kommandeur des 1. und des 54. Zerstörer-Geschwaders; Mitglied des Kriegsplanungsamtes im Büro des Marine-Einsatzleiters

MERRILL: Für mich waren die »Kriegsverbrecherprozesse« insgesamt und das Verfahren gegen Admiral Dönitz insbesondere

MERRILL

Fälle von Massenheuchelei als Relikt der Kriegszeit. Es stimmt schon, daß Politiker dafür verantwortlich waren. Doch erinnere ich mich nur an wenige seinerzeitige Proteste des »Mannes auf der Straße«. Das Militär, das eigentlich größere Berechtigung zu Zornesausbrüchen hatte, sprach sich damals gegen die Prozesse aus – besonders Berufssoldaten.

A. STANTON MERRILL

Vizeadmiral der US-Kriegsmarine; Kommandeur der 12. Kreuzerabteilung im Zweiten Weltkrieg

MESSERVY: Meines Erachtens kann ein Befehlshaber eines Kriegsverbrechens dann nicht für schuldig befunden werden, wenn er nur Anordnungen höherer Dienststellen oder seiner Staatsmacht ausgeführt hat. So war es beim uneingeschränkten U-Boot-Krieg der deutschen Kriegsmarine. An mich wurde das Ansinnen herangetragen, dem Gerichtshof anzugehören, vor dem Feldmarschall von Manstein um 1948 angeklagt wurde. Doch ich habe das abgelehnt, weil ich schon vom Gefühl her das ganze Prinzip dieser Kriegsverbrecherprozesse für falsch hielt. Ein anderer mir zur Kenntnis gelangter Fall war der des Generals Itagaki, Oberbefehlshaber der japanischen Streitkräfte in Malaya zu jener Zeit, als wir das Land zurückeroberten. Ich fungierte 1945/46 als Chef des Malaya-Kommandos. General Itagahi hielt kraft seiner Autorität einige hunderttausend japanische Soldaten ohne jede Bewachung durch uns unter striktester Disziplin. Jeder von mir erteilte Befehl wurde buchstabengetreu ausgeführt. Während meiner Zeit dort ist mir keine einzige Beschwerde der Zivilbevölkerung über Fehlverhalten irgendeines japanischen Soldaten zur Kenntnis gelangt. Itagahi wurde gehenkt. Soweit ich weiß, nicht etwa wegen irgendeiner besonderen Beteiligung an Ver-

MESSERVY

brechen, sondern er wurde als Ex-Verteidigungsminister krimineller Verantwortung für den Kriegsausbruch mit China bezichtigt. Wenn man schon eine solche Verantwortung einer Person aufhalsen wollte, dann dem Kaiser von Japan, nicht jedoch seinem Verteidigungsminister. Das aber paßte nicht ins politische Konzept der Alliierten. In der Tat scheinen mir die Grundlagen der meisten Kriegsverbrecherprozesse nicht aus wahrhaft demokratischer Gerechtigkeit bestanden zu haben, sondern sie wurzelten im rachsüchtigen Verlangen, eine Anzahl militärischer Führer für all die Sünden, das Elend und die Leiden zu bestrafen, die untrennbar mit dem Kriege verbunden sind.

SIR FRANK W. MESSERVY

Britischer General; Oberkommandierender des Malaya-Kommandos 1945/46; Oberbefehlshaber der Pakistan-Armee 1947

METRE: Mir ist keine Legitimation, kein überzeugender Grund bekannt, warum Admiral Dönitz für seine Handlungen im Kriege eine Strafe verdient hätte. Er diente Hitlers Regime im Einklang mit den Gepflogenheiten des Kriegshandwerkes zur See. Verhält sich ein Marineoffizier anders, sind sein Eid und seine Ausbildung nichts wert. Admiral Dönitz ist nicht der erste und vermutlich auch nicht der letzte, der zu leiden hatte, weil er bis zuletzt hinter seiner Staatsführung stand.

THOMAS E. VAN METRE

Geschwaderführer der US-Kriegsmarine; befehligte die Zerstörergeschwader 7, 11 und 26 in der Zeit von 1938 bis 1941; stellvertretender Marine-Generalinspekteur 1942-1945

MEYER: In Gesprächen über die Prozesse gegen militärische wie auch zivile deutsche Führer stieß ich auf keinen Mann des Militärs, der nicht zugestimmt hätte, daß solche Verfahren einen bösartigen Angriff auf die Haltung von Persönlichkeiten bedeuten, deren Kenntnisse und Fähigkeiten von ausschlaggebender Bedeutung für jede Nation sind, deren Existenz im Krieg bedroht ist. Wie wir alle hat Admiral Dönitz nichts anderes getan als das zu erfüllen, was er für seine Pflicht hielt.

G. RALPH MEYER

US-Generalmajor; Kommandierender General der Luftabwehr- und Hafenverteidigungs-Streitkräfte in der Panama-Kanal-Zone; Befehlshaber der Luftabwehr der US-Armee

MILLS: Prozesse gegen Berufssoldaten und Offiziere zur See wie etwa Großadmiral Dönitz sind nach meiner Auffassung unberechtigt. Alle Kampfkraft und jede energische Kriegführung hängen von Aufträgen und Befehlen der Staatsmacht ab. Aus beruflicher Sicht habe ich persönlich Hochachtung vor Admiral Dönitz. Ich glaube, daß Kriegsverbrecherprozesse gegen Berufssoldaten und Marineoffiziere einen gefährlichen Präzedenzfall gesetzt haben.

Sincerely,

EARLE W. MILLS

Vizeadmiral der US-Kriegsmarine; Chef des Schiffswesens im Kriegsmarineamt; Präsident der »Foster Wheeler Corporation«

MITTER: Gerät jemand mit einem anderen privat in Streit oder bekämpfen sich Nationen, gibt es – mag die Schlacht zu Lande, auf

MITTER

hoher See oder in der Luft toben – bestimmte Gesetze, die wir im täglichen Leben vielleicht »Spielregeln« nennen. So soll es auch sein. Wenn es bei Einzelmenschen zutrifft, daß es in der Liebe und im Kampfe keine Fairness gibt, so gilt dies gleichermaßen auch bei kriegführenden Nationen. Wenn das klar ist, so muß nach der Einstellung der Feindseligkeiten unter Völkern, wenn die entsprechenden Verträge unterzeichnet, Fragen der Reparationen erörtert und geklärt sind usw., mit üblen Emotionen und Boshaftigkeiten zwischen Siegern und Besiegten Schluß gemacht werden. So ist es das ewige Gesetz des Lebens. Zweitens: Ein Soldat hat seinen Befehlshabern zu gehorchen und muß auf seinem Posten bleiben. Von daher war Großadmiral Dönitz' Verurteilung zu zehn Jahren Haft nicht nur unmenschlich, sondern auch ein illegaler Urteilsspruch, der unter keinem Blickwinkel gebilligt werden kann. Wahr ist, daß – so die Worte eines herausragenden Juristen – »das Völkerrecht ein blinder Fleck der Rechtsprechung ist«. Doch dies muß durch internationale Moral gemäßigt werden. Von dieser Warte aus haben das Internationale Militär-Tribunal bzw. haben die »Kriegsverbrecherprozesse« jede Bedeutung eingebüßt, weil ja nach Kriegsende Haß, Groll und Bitterkeit zwischen den siegreichen und den besiegten Nationen eigentlich aus den Herzen getilgt und ein neues Kapitel aufgeschlagen werden sollte. Diese Art von Prozessen, beispielsweise das Verfahren von Nürnberg, schafft gefährliche Präzedenzfälle für die Zukunft. Es handelt sich um eine Erfindung der Nachkriegszeit. Die Weltöffentlichkeit muß gegen solche Präzedenzfälle mobil gemacht werden, und die UNO ist gehalten, diese Frage aufzugreifen, und zwar aus übergreifenden humanitären Erwägungen. Denn, so ein Wort von Robert Browning: »Es bedeutet einen Triumph mehr für den Teufel wie mehr Sorgen für Engel, einen Fehler der Menschheit zusätzlich und gleichermaßen eine zusätzliche Gotteslästerung.«

SUDHIR C. MITTER

Indischer Jurist; dienstältester Anwalt am Obersten Gerichtshof Indiens

MOEN: Das Nürnberger Gericht war insbesondere im Falle Dönitz eine häßliche Mißgeburt des Rechts. Nur Haß und

MOEN

Kriegshysterie konnten einen solchen abartigen Begriff von Kriegsverbrechen zulassen. Stets war ich der Ansicht, daß, wenn Admiral Dönitz sich irgendeines Verbrechens im Zusammenhang mit dem U-Boot-Krieg schuldig gemacht haben soll, es überhaupt keine Obergrenze bei der Anzahl von Offizieren mit gleicher Schuld an kriminellen Delikten, verbrochen auf staatliches Geheiß, mehr gibt.

ARTHUR T. MOEN

Konteradmiral der US-Kriegsmarine; diente im Zweiten Weltkrieg bei den Amphibienstreitkräften; U.S.S. »Geo. Clymer« 1942-1943; Kommandeur der 60. Amphibien-Abteilung 1945

MOMSEN: Es ist allgemein bekannt, daß Krieg ausbricht, wenn die Diplomatie bei Zuspitzung der Lage versagt. Können wir wirklich den Grundsatz akzeptieren, daß so lange nicht von Aggression die Rede sein kann, bis der Soldat den ersten Schuß abgibt? Inwieweit darf die eine Nation eine andere herumstoßen, bis zu den Waffen gegriffen wird? Wenn beide Seiten nicht angriffslustig sind, bricht auch kein Krieg aus. Von daher kann man sagen, daß schon während der vorkriegerischen Eskalation beide Seiten auf ihren Prinzipien reitende Aggressoren sind. Bereiten sie sich dann auf den Krieg vor, verhalten sich beide Parteien angriffsmäßig. Es erscheint mir eine traurige Tatsache zu sein, daß nur die Verliererseite formell wegen Aggression unter Anklage gestellt wird. Mit anderen Worten: Pech, wenn man nur als Zweiter durchs Ziel geht. Großadmiral Karl Dönitz entwarf Pläne für den Fall eines Krieges, der auszufechten war, nachdem andere Druckmittel versagt hatten. Ich kann es nicht fassen, daß er als Befehlshaber der Seestreitkräfte anders als ehrenhaft gehandelt haben soll, und ich finde, daß seine Untergebenen im allgemeinen wie ehrenhafte Profis gefochten haben. Sind denn nur die Leute auf der Verliererseite an Kriegsverbrechen schuldig?

CHARLES B. MOMSEN

Vizeadmiral der US-Kriegsmarine; Kommandeur des 2. und 4. U-Boot-Geschwaders im Zweiten Weltkrieg; Befehlshaber der U-Boot-Streitkräfte im Pazifik 1951-53; Erfinder der »Momsen U-Boot-Rettungs-Lunge«

MONTGOMERY: Ich stimme der Meinung zu, daß die Prozesse gegen ausgezeichnete Offiziere der deutschen Seestreitkräfte ganz und gar unpassend und ungerechtfertigt gewesen sind. Ich glaube aufrichtig, daß Admiral Dönitz zu Unrecht hat leiden müssen. Er sei meines Mitgefühls für die lange Haftzeit, die er wegen seines Marinedienstes zu ertragen hatte, versichert. Vielleicht ist ihm dies eine kleine Hilfe.

ALFRED E. MONTGOMERY

Vizeadmiral der US-Kriegsmarine; Kommandeur der 3. und 12. Flugzeugträger-Abteilungen im Zweiten Weltkrieg; Befehlshaber der 5. Pazifik-Flotte 1946

MOORE: Meines Erachtens haben die Nürnberger Prozesse einen äußerst gefährlichen Präzedenzfall geschaffen. Diesem Vorbild entsprechend könnte der Präsident der Vereinigten Staaten vor Gericht gestellt und für schuldig befunden werden, weil er Urheber des Abwurfs der Atombombe auf Hiroschima gewesen ist. Das könnte dann auch alle Kabinettsmitglieder, die Generalstäbe und ihre direkten Untergebenen wegen Ausführung des Befehles treffen. Der Prozeß gegen Admiral Dönitz war der abscheulichste Fall unter den Ungerechtigkeiten, die man sich beim »Internationalen Militär-Tribunal« herausgenommen hat. Sollten wir Gefahr laufen, einen Krieg zu verlieren, könnten all unsere Führer, die politischen wie die militärischen, vor einem Tribunal landen, bei dem Unrecht und Rachsucht vorherrschen. Jede Rechtfertigung der Nürnberger Prozesse spielt nur Pazifisten und Verrätern in die Hände, die unser Land wehrlos machen wollen.

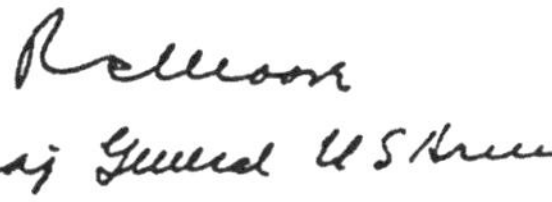

RICHARD CURTIS MOORE

Generalmajor der US-Armee; befehligte die Panama-Kanal-Zone und die 18. Infanteriedivision 1938/39; Stellvertretender Stabschef der US-Armee 1940-42; Mitarbeiter der Produktionsplanung des Stabschefs 1943-45

MORAND: Stets habe ich die Nürnberger Prozesse als moralisch unfair und politisch höchst gefährlich eingestuft. Es ist zu befürchten, daß dieser geradezu lächerliche Versuch zur Ausbildung moralischer Urteilskraft im nächsten Krieg dafür ausgenutzt wird, Todesurteile nur so auf jene einprasseln zu lassen, die nicht rechtzeitig ihr Mäntelchen nach dem Wind gehängt haben. Hieß es gestern: »Ein Soldat muß gehorchen«, wird morgen die entscheidende Parole lauten: »Kommt immer darauf an, wem.«

PAUL MORAND

Französischer Schriftsteller und Diplomat; französischer Donau-Kommissar 1938; Botschafter in Großbritannien (1940), Rumänien (1943), der Schweiz (1944); Verfasser von mehr als 30 literarischen Werken

MORSELL: Ich bin glücklich, ein paar Worte des Grußes und der guten Wünsche an Großadmiral Dönitz beisteuern zu können, nachdem er nach langen Jahren der Haft, zu denen er ungerecht verurteilt wurde, in die Freiheit zurückgekehrt ist. Die Kriegsverbrecherprozesse gegen Offiziere, deren einziges »Verbrechen« darin bestand, im Zweiten Weltkrieg die Land- und Seestreitkräfte ihres Staates geführt zu haben, bedeuteten einen Verfall der modernen Maßstäbe von Zivilisation und Recht in Richtung auf unzivilisierte, finstere Abschnitte vergangener Epochen. Wir alle sollten von ganzem Herzen hoffen, daß wir Zeugen des letzten Vorgangs dieser Art geworden sind.

MORSELL

EVERETT G. MORSELL

Vizeadmiral der US-Kriegsmarine; leitendes Mitglied der Vertragsabschlußkommission über die Philippinen 1946

MOSS: Erreicht ein Offizier den Rang eines Oberkommandierenden wie Admiral Dönitz, kennt er das Risiko, gewaltige Verantwortung zu tragen ohne entsprechende politische Macht zu haben. Diese Macht obliegt der Staatsführung. Mit anderen Worten: Er geht das Risiko ein, indem er unbedingt den Weisungen seiner Regierung folgt. Vom durchschnittlichen Laien kann man nicht erwarten, daß er begreift, welche Philosophie einen Berufsoffizier leitet, wenn er sich dem Vaterland – sei es, welches es sei – weiht.

JOHN B. MOSS

Vizeadmiral der US-Kriegsmarine; Marineflieger 1925-1953; Chefassistent im Amt für Luftfahrtwesen

MUIR: Wenn sein Fall definitiv künftig ähnliche Fehlurteile verhütet, dann hat Großadmiral Karl Dönitz nicht vergebens gelitten. Möge dies ihm für seinen Lebensabend wenigstens eine kleine Genugtuung sein.

JAMES I. MUIR

US-Generalmajor; befehligte die 24. und 44. Divisionen sowie das 23. Armeekorps im Zweiten Weltkrieg

MULCAHY: Meines Erachtens haben die Kriegsverbrecherprozesse unermeßlichen Schaden angerichtet. Sie fielen in eine Zeit,

MULCAHY

die eigentlich schon durch Rückkehr zu konstruktiver internationaler Zusammenarbeit und Friedenssicherung nach den fürchterlichen Brutalitäten des Krieges hätte gekennzeichnet sein sollen. Spiegeln diese Verfahren tatsächlich das künftige Verhältnis zwischen Politik und Krieg wider, dann bin ich davon überzeugt, daß die Festschreibung der Idee von Prozessen gegen Chefs der Streitkräfte und hochrangige Offiziere nur dazu dienen wird, Kriege zu verlängern. Denn der potentielle Verlierer wird den Kampf bis zum Allerletzten weiterführen. Ein Mann wird es wohl eher vorziehen, ehrenhaft im Kampf zu fallen, als später schimpflich am Galgen zu enden. Sollten Soldaten, welchen Ranges auch immer, in Verdacht geraten, sich bestimmter krimineller Handlungen schuldig gemacht oder das Völkerrecht gebrochen zu haben, ist dies ein Fall für ihre eigenen Kriegsgerichte.

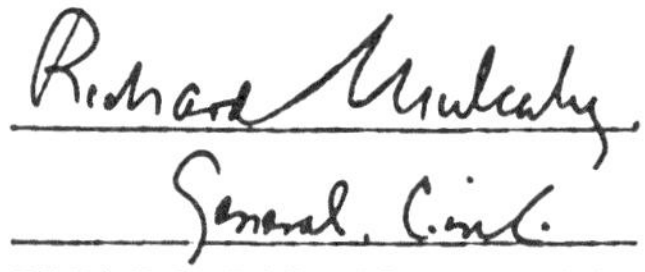

RICHARD JAMES MULCAHY
OF IRELAND

Irischer General und Staatsmann; Verteidigungsminister im ersten irischen Kabinett 1919 und 1922-1924; Oberkommandierender 1922/23; Minister für Gemeindeverwaltung und öffentliche Gesundheit 1927-1932; Mitglied des irischen Parlaments 1918-1948; Präsident der United Ireland Party ab 1944; Erziehungsminister 1948-1951 und ab 1954

MULLINS: Zur Zeit der »Kriegsverbrecherprozesse« stattete Oberst McCormack von der »Chicago Tribune« General MacArthur in Japan einen Besuch ab. Dabei hatte ich die Ehre und das Vergnügen, drei Tage beim Obersten in Osaka zu Gast zu sein. Mein Standpunkt zu den Kriegsverbrecher-

MULLINS

prozessen läßt sich in den Worten zusammenfassen, mit denen mir McCormack kurz und bündig auf meine Frage nach seiner möglichen Teilnahme an den Gerichtsverhandlungen antwortete: »Niemals werde ich mich auch nur mit meiner bloßen Anwesenheit für legalisierten Mord hergeben.« Haben Sie vielen Dank für die mir eingeräumte Möglichkeit, zumindest ein wenig zur Verdammung dieser Urmenschen-Methoden beizutragen.

CHARLES L. MULLINS JR.

Generalmajor der US-Armee; Kommandeur der 25. Armeedivision im Zweiten Weltkrieg; Stellvertretender Befehlshaber der 2. US-Armee; Vorsitzender der Delegation der Streitkräfte bei der Militärkommission USA-Brasilien

MURPHY: Man sollte meinen, daß ein militärischer Befehlshaber bei der Befolgung der Befehle seiner Vorgesetzten davon ausgehen kann, daß diese im Einklang mit der Politik der Staatsmacht stehen. Ein solcher Befehlshaber ist nicht für die politischen oder militärischen Entscheidungen seiner Regierung verantwortlich. Es hat nicht den Anschein, als hätte sich Großadmiral Karl Dönitz etwas anderen schuldig gemacht als der Ausführung seiner Befehle, die letztlich von Hitler selbst ausgingen. Somit hat er gehandelt, wie es jeder loyale Soldat getan hätte. Deshalb ist seine Verurteilung in Nürnberg meines Erachtens ein schweres Unrecht gewesen. Die Zeiten ändern sich. Heute pflegen Amerikaner offenkundige Freundschaft mit Deutschen und Japanern, was auf Gegenseitigkeit beruht. Es wäre interessant, darüber zu spekulieren, wie es ausgegangen wäre, hätte man die Kriegsverbrecherprozesse um zehn oder auch nur fünf Jahre verschieben können. Eines ist klar: Es hätte mehr Ruhe und Objektivität gegeben und der Gerechtigkeit wäre mehr gedient gewesen.

MARION E. MURPHY

Vizeadmiral der US-Kriegsmarine; Stabschef der Amphibischen Streitkräfte der Pazifik-Flotte; Direktor des Forschungsprogramms für Lenkwaffen; Stellvertretender Leiter im Amt für Artillerie

MURPHY

MUTTUKUMARU: Der Prozeß gegen Admiral Dönitz drängt die Frage auf: Kann die rein berufsmäßige Kriegsführung ein Kriegsverbrechen sein, wenn keine signifikanten Beweise vorliegen, daß es im Zusammenhang damit zu Taten gekommen ist, die der Verbrecherdefinition im kriegsrechtlichen Sinne entsprechen? Rücksichtsloser Einsatz ist noch stets als kennzeichnend für einen im Interesse seines Vaterlandes kämpfenden Soldaten gewertet worden. Deswegen kann man doch nicht vor Gericht gestellt werden.

ANTON MUTTUKUMARU

Generalmajor der Armee von Ceylon (Sri Lanka); Anwalt beim Obersten Gerichtshof Ceylons 1934-1939 und 1946-1948; Armeebefehlshaber 1955-1959; Hoher Kommissar in Pakistan 1960-1962; Botschafter im Irak, in Iran, Australien, Neuseeland und Ägypten; war akkreditiert in Jugoslawien, im Libanon, Sudan und in Jordanien

NAKROB: Meine Meinung gründet sich auf persönliche Erkenntnisse und Erfahrungen aus meiner langen Militärzeit, in der ich vom Unteroffizier zum General der thailändischen Armee aufgestiegen bin. Ganz allgemein, unabhängig vom Fall der Kriegsverbrecherprozesse, sollten zwei Begriffe genau begutachtet werden: »Verantwortung« und »Sieger«. Irgend jemand kam darauf, daß »Verantwortung« von der Gnade der Machthaber und »Recht« von der der Sieger bestimmt wird. Ihr Wort ist »Gesetz«. Ich möchte in diesem Zusammenhang an die Barbarei »Macht geht vor Recht« und »Es gibt keine Gerechtigkeit in dieser Welt« erinnern. Unter Anwendung dieser Sprüche ihre Macht demonstrierend, konnten die Sieger Admiral Dönitz ohne weiteres verantwortlich machen und das »Militärtribunal« veranlassen, ihn für zehn Jahre ins internationale Gefängnis zu schicken. Zusammenfassend bin ich der Meinung, daß ganz offenkundig nur die Siegergewalt die Grundlage der »Kriegsverbrecherprozesse« bildete.

NAKROB

LUANG CHATI NAKROB

Thailändischer General; Direktor der Kommission für Öffentliche Dienste

NEILSON: Erfreut erfahre ich, daß Admiral Dönitz endlich in Freiheit ist. Die Nürnberger Prozesse stellten ein rachsüchtiges Zerrbild aller Grundsätze des altüberlieferten Kriegsrechtes dar. Dönitz wurde für Handlungen verurteilt, die Admiral Fisher gepriesen hatte, als von Tirpitz sie gegen die britische Flotte anwandte.

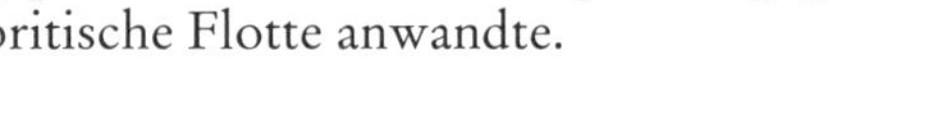

FRANCIS NEILSON

Amerikanischer Schauspieler, Schriftsteller und Dramatiker; Librettist von Victor Herbert; Sachbuchautor und Historiker

NICKERSON: Ich halte die sogenannten Kriegsverbrecherprozesse für eine Schändung der guten Sitten, eine Absurdität vom Standpunkt des Völkerrechts her und einen beklagenswerten politischen Fehler. Sie haben einen Präzedenzfall geschaffen, der auf die legalisierte Lynchjustiz gegen die Führer der Verliererseite in allen künftigen Kriegen hinausläuft. Eine solche geistesschwache Heuchelei von Recht wird null und nichtig durch die Tatsache, daß das sogenannte Gesetz, das zur Anwendung kam, rückwirkend war. Man konnte von den Deutschen nicht erwarten, daß sie an die Gerechtigkeit der Prozesse glaubten. Denn die Verfahren wurden nicht etwa von neutralen und unparteiischen Richtern, sondern ausschließlich von einer Siegerkoalition geführt. Ich bin erfreut, daß Admiral Dönitz freigelassen worden ist und hoffe, daß alle sogenannten Kriegsverbrecher, die immer noch eingesperrt sind, ebenso auf freien Fuß kommen.

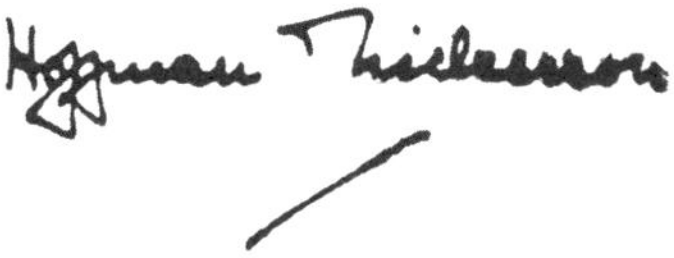

HOFFMAN NICKERSON

Amerikanischer Schriftsteller

NIMITZ: Am späten 7. Dezember 1941 gab der Oberkommandierende der Unternehmen unserer Kriegsmarine mit Eildepesche den Befehl an die Oberbefehlshaber der Pazifischen und Asiatischen Flotte sowie an den Marine-Küstenschutz, »uneingeschränkten Luft- und U-Boot-Krieg gegen Japan zu führen«. Dementsprechend wurde es gängige und von oben abgesegnete Praxis, keine Versuche zur Rettung von Opfern der U-Boot-Angriffe zu unternehmen, es sei denn, solche Rettungsversuche konnten ohne Nachteil für die weitere Kriegführung gegen Japan vonstatten gehen. Die genannten Tatsachen waren in einer eidesstattlichen Erklärung enthalten, die ich auf Wunsch des Verteidigers von Admiral Dönitz abgegeben hatte und die bei den Nürnberger Prozessen

NIMITZ

vorgetragen wurde. Meines Erachtens wird die amerikanische Praxis des uneingeschränkten U-Boot-Krieges in künftigen Kriegen der Normalfall sein.

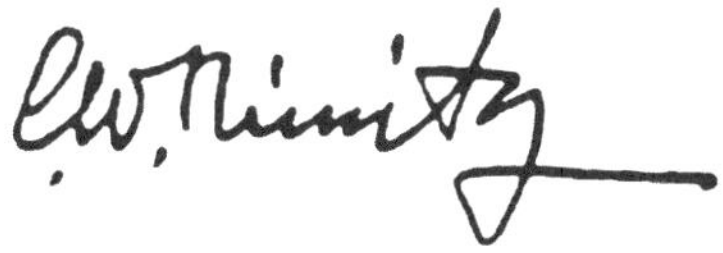

CHESTER W. NIMITZ

Flottenadmiral der US-Kriegsmarine; Befehlshaber der 1. Schlachtschiff-Abteilung 1938/39; Chef des Schiffahrtsamtes 1939-1941; Oberkommandierender der US-Pazifikflotte 1941-1945; Chef der Marineoperationen zur See 1945-1947

NUÑEZ MORGADO: Während der Nürnberger Prozesse war ich zutiefst entrüstet. Regierungsmitglieder und Befehlshaber der Streitkräfte des niedergeworfenen Deutschland als Kriegsverbrecher zu verurteilen, unter anderen Außenminister von Ribbentrop zum Tode und Admiral Dönitz

NUÑEZ MORGADO

zu zehn Jahren Gefängnis, entsprach – ganz abgesehen von der sadistischen Art, in der sie während der langen Zeit ihrer Prüfung eingekerkert waren – ohne den geringsten Zweifel einem Rückfall in die Barbarei. Es ist meine tiefinnere Hoffnung, daß sich dieser abscheuliche Präzedenzfall nicht wiederholt und daß die traurige Erinnerung an ihn der Vergessenheit anheimfallen kann – zur Huldigung einer Zivilisationsstufe, die wir glaubten erreicht zu haben.

ENRIQUE NUNEZ MORGADO

Brigadegeneral der chilenischen Luftwaffe

ODDIE: Den Aussagen über die Heuchelei und Gesetzwidrigkeit der Nürnberger Prozesse stimme ich voll und ganz zu. Grundlage des Verfahrens war die Definition einer Reihe von Verbrechen im nachhinein. Wie sich der Gerichtshof zusammensetzte, ließ die Moral der Prozesse zur zynischen Farce schrumpfen. Die Nürnberger Prozesse schufen einen gefährlichen Präzedenzfall und sind entsprechend zu entlarven.

ODDIE

G. S. ODDIE

Geschwaderführer der britischen Luftwaffe; Stellvertretender Leiter der RAF-Flugausbildung im Zweiten Weltkrieg

OLDENDORF: Ich habe Konteradmiral Dan Gallerys Buch »Twenty Million Tons Under The Sea« gelesen und glaube, daß er mit seinem Vorwort der Mehrheit der Offiziere der US-Kriegsmarine im Hinblick auf die Nürnberger Prozesse aus dem Herzen spricht. Eigentlich ist es kaum vorstellbar, wie in diesen aufgeklärten Zeiten ein berufsmäßiger Marineoffizier in hoher Stellung von den Bezwingern seines Vaterlandes vor Gericht gebracht werden konnte, und das wegen 1. Verschwörung zum Führen eines Angriffskrieges, 2. Führens eines Angriffskrieges und 3. Bruchs des Kriegsrechtes zur See. Selbst Politiker mit kaum Ahnung vom U-Boot-Krieg müßten kapieren, daß die alte Seekriegsregel »Entern und Durchsuchen«

OLDEN-DORF

für U-Boote keine Gültigkeit haben kann. Warum ist denn das Kriegsrecht für die Zwecke der geächteten U-Boote nicht entsprechend verändert worden? Uneingeschränkter U-Boot-Krieg scheint nicht gerade irgendwie brutaler als die Bombardierung unverteidigter Städte aus der Luft zu sein.

JESSE B. OLDENDORF

Admiral der US-Kriegsmarine; Kommandeur der 2. Schlachtschiff-Abteilung der Pazifikflotte 1944

OREM: Das ex post facto-Konzept der beispiellosen Kriegsverbrecherprozesse ist auf dem Gebiet der Rechtsprechung selbstverständlich illegal. Meines Erachtens basierten die Prozesse in Nürnberg und Tokio auf diesem Konzept. Der internationale Charakter der Verfahren kommt mir wie eine Abartigkeit unseres innerstaatlichen Rechtes vor. Ich war zwei Jahre lang als Fregattenkapitän der US-Kriegsmarine in Deutschland. Ich traf mit verschiedenen altgedienten ehemaligen Offizieren der deutschen Kriegsmarine zusammen und schloß Freundschaft mit ihnen. Ich kann mich an keine einzige Handlung der alliierten Mächte erinnern, die diese Offiziere mehr erzürnt hätte als die Verurteilung und Inhaftierung des einstigen Großadmirals Dönitz.

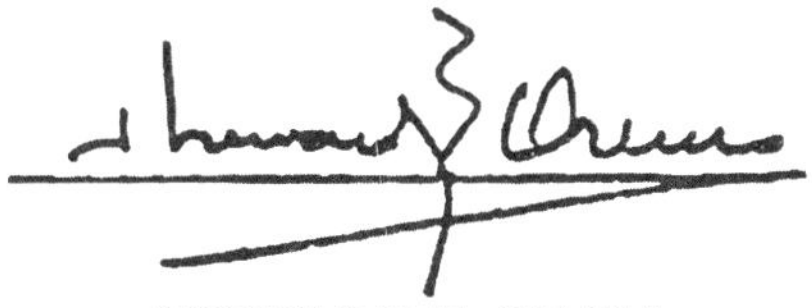

HOWARD E. OREM

Vizeadmiral der US-Kriegsmarine; Direktor des Amtes für Internationale Angelegenheiten der C.N.O. 1949/50; Kommandeur der 4. Amphibiengruppe der US-Atlantikflotte 1951/52; Forschungsdirektor des Stevens Institute of Technology

ORNBERG: Es ist schwer für den Bürger eines Landes, das im Kriege neutral war, in einer derart heiklen Angelegenheit sein Urteil abzugeben. Man muß festhalten, daß der Krieg an sich unmenschlich ist und infolgedessen auch jede Kriegshandlung mehr oder

ORN-BERG

weniger inhuman. Wo nun die Trennungslinie zwischen »zulässiger« und »unzulässiger« Unmenschlichkeit zu ziehen ist, kann man nur schwer abschätzen. Um jemanden für einen »Kriegsverbrecher« zu halten, ist es meines Erachtens erforderlich, daß er nicht nur die so schwer zu definierende Trennungslinie übertreten hat, sondern auch, daß er dabei über seine Befehle und militärischen Pflichten hinausgegangen ist. Kann dies von Großadmiral Dönitz angenommen werden? Ich will und kann es nicht glauben.

ARTHUR ORNBERG

Generalmajor der schwedischen Luftwaffe; Chef der Flugverwaltung 1936-1942

OSTERHAUS: Oft habe ich über Grundsatzfragen der Nürnberger Prozesse nachgedacht und sie mit anderen erörtert. Voll und ganz bin ich dagegen, führende Soldaten nach einem Kriege vor ein Strafgericht zu bringen, nur weil sie die Befehle der Staatsführung in die Praxis umgesetzt haben. Nach meinem Empfinden hätte man Admiral Dönitz einem solchen Verfahren nicht unterziehen dürfen. Ich halte nichts von einer Schuld des Admirals wegen des Befehls, warnungslos Handelsschiffe anzugreifen. Aus dem Verborgenen heraus zu zerstören, ist ja die einzige Existenzberechtigung der U-Boot-Waffe. Sich an Kriegsvorbereitungen im Einklang mit der Staatsführung als Schachzug gegen einen Feind zu beteiligen, ist gewiß kein Kriegsverbrechen, sondern die allgemein anerkannte Pflicht eines hohen Soldaten. Also meine ich, Dönitz hätte nicht vor Gericht gestellt werden dürfen. Alle Nationen im Besitz von U-Booten haben während beider Kriege ähnliche Taktiken angewendet, und ich wage die Behauptung, daß US-U-Boote im letzten Kriege mehr japanische Schiffe unter Verlust von Menschenleben versenkt haben als dies gegen uns die Deutschen taten.

HUGO W. OSTERHAUS

Konteradmiral der US-Kriegsmarine; Kommandeur des 4. U-Boot-Geschwaders im Zweiten Weltkrieg; Kommandierender Offizier der U-Boot-Basis Pearl Harbor

PACKER: Das für die Nürnberger Verfahren errichtete Tribunal ist beispiellos und anmaßend gewesen. Natürlich verwerfe ich die Vorstellung, einen hohen Offizier dafür zur Rechenschaft zu ziehen, daß er die politischen Vorgaben seines Staates in Kriegszeiten in die Tat umgesetzt hat, und ihn, weil zu den Unterlegenen gehörend, durch den Feind aburteilen und bestrafen zu lassen.

PACKER

SIR HERBERT A. PACKER

Admiral der britischen Kriegsmarine; Vertreter der Krone bei der Admiralität 1948-1950; Oberkommandierender im Bereich Südlicher Atlantik 1950-1952

PAGET: Wesentlicher Bestandteil staatlicher Souveränität ist die Befehlsgewalt über die ihrer Hoheit unterworfenen Bürger. Daher ist es ein Grundstein des Völkerrechts, daß keine Einzelperson wegen Gehorsams gegenüber den Befehlen ihrer Obrigkeit im Rahmen von deren Rechtssystem straf- oder zivilrechtlich zur Rechenschaft gezogen wird. Genau darum aber ging es in den Nürnberger Anklagen, die ein Schlag wider die Grundfesten des Völkerrechts waren. In künftigen Kriegen werden alle Parteien den jeweiligen Feind vor Gericht bringen wollen. Mit dem Galgenstrick vor Augen, wird es jedem unmöglich gemacht, mit dem Krieg aufzuhören und einen Kompromißfrieden zu schließen. Nur der Sieg bringt dann noch Rettung, und wir befinden uns wieder in barbarischen Zeiten. Was die in Nürnberg angeklagten Seeleute anbetrifft, kann ich in ihrer persönlichen Vergangenheit nichts entdecken, was unvereinbar wäre mit ehrenwertesten Traditionen eines Dienstes, den ich mit Stolz geleistet habe. Bei einem Zusammentreffen mit Admiral Dönitz hätte ich das Empfinden, einem Mann zu begegnen, dessen Freund zu sein eine Ehre wäre.

REGINALD T. PAGET

Kronanwalt; Mitglied des britischen Parlamentes

PAKSTAS: Das Nürnberger Tribunal war einzig in der Weltgeschichte. Die größten Kriminellen saßen als ehrenwerte Sieger mit berühmten Juristen der freien Welt gemeinsam am Richtertisch.

KAZYS PAKSTAS

Professor der Geographie an der Universität von Litauen; Professor für Sowjetische Geopolitik der Sprachenschule der US-Armee; Professor für Ökonomische Geographie an der Duquesne-Universität

PARONA: Die Nürnberger Prozesse waren eine unverschämte Verletzung des Völkerrechts. Das Bestreben, die legitimen Befehlshaber der deutschen Wehrmacht vor

PARONA

ein angebliches Militärgericht zu bringen, das von den Siegern auf ex post factum-Grundlage errichtet wurde, hat einen äußerst traurigen Präzedenzfall geschaffen. Vor allem sei erwähnt: 1. Die Zusammensetzung des Gerichtshofes nimmt diesem weitgehend den Charakter eines Militärgerichts, wenn man sich anschaut, welche Posten die Mitglieder des Tribunals zuvor innehatten. 2. Der Gerichtshof wurde einberufen, um strenge Strafen auszusprechen, ohne daß es dafür eine Grundlage in irgendeinem internationalen Gesetzeswerk gegeben hätte; man konnte den Urteilen nicht einmal ein rechtliches Mäntelchen umhängen oder den Anschein der Gesetzmäßigkeit erwecken. 3. Die Todesstrafe oder andere strengste Strafen gegen Berufsoffiziere höchsten Ranges zu verhängen, weil sie ihrem Vaterland im Krieg gedient oder gemäß Befehl ihrer eigenen Staatsführung das Heer, die Marine oder die Luftwaffe auf den Zweiten Weltkrieg vorbereitet hatten, schafft einen höchst schwerwiegenden und ungerechten Präzedenzfall in der Weltgeschichte und in den Beziehungen zwischen den Völkern. 4. Die Sieger erklärten den Krieg erst im nachhinein zu einem Angriffskriegsdelikt. Wenn irgendein Befehlshaber der deutschen Streitkräfte sich der Verbrechen gegen die Menschlichkeit schuldig gemacht oder geltendes Völkerrecht verletzt hat, dann gehörte er vor ein deutsches Gericht, am besten noch zur Besatzungszeit – mit der Garantie, daß dieser Gerichtshof das Völkerrecht auch beachtet. Sei dem wie es sei. Die Grundsätze, auf denen das Nürnberger Tribunal basierte, waren juristisch absurd und gaben ein schlechtes Vorbild, das Verantwortungsfreude und Würde – Voraussetzungen für jede Befehlsgewalt über Streitkräfte – bedrohlich in Frage stellt. Juristen aus der ganzen Welt, die die Tragödie in aller Ruhe und objektiv untersucht haben, beurteilen die Nürnberger Prozesse als nichts anderes denn als grausame Rache der Sieger an den Besiegten. Anklage und Inhaftierung von Großadmiral Dönitz sind in der Tat am aller-absurdesten gewesen. Die Anklage wegen Vorbereitung eines Angriffskrieges zog in seinem Falle überhaupt nicht, weil er vor Kriegsausbruch gar nicht Chef der deutschen Kriegsmarine gewesen war, sondern nur einer der Admirale unter Großadmiral Raeder. Die Anklage wegen Führens uneingeschränkten U-Boot-Krieges kann nicht aufrechterhalten werden, nachdem US-Flottenadmiral Chester Nimitz als Zeuge bekundet hatte, daß die Vereinigten Staaten vom ersten Tage ihrer Kriegsbeteiligung an den uneingeschränkten U-Boot-Krieg geführt hatten. Die Verurteilung Großadmiral Dönitz' beweist einmal mehr, daß das Nürnberger Tribunal nichts anderes war als Rache ohne juristische oder moralische Grundlage. Die traurige Zeitspanne der Inhaftierung von Großadmiral Dönitz dehnte sich zusätzlich noch um mehr als ein Jahr aus, weil nämlich – der Strafprozeßordnung eines jeden Landes zuwider – die Gefängniszeit vor dem Urteilsspruch nicht auf die Haftzeit danach angerechnet wurde.

ANGELO PARONA

Flottenadmiral der italienischen Kriegsmarine; Kommandeur der im Atlantik operierenden Unterseeboote 1940-1942; Oberbefehlshaber in der Adria 1943-1947

E. C. PARSONS: Ich bin der festen Überzeugung, daß Admiral Dönitz schweres Unrecht erleiden mußte und daß ein gefährlicher Präzedenzfall gesetzt worden ist. Träfe der undenkbare Fall ein, daß die Vereinigten Staaten auch einmal einen Krieg ähnlich verlören, könnte jeder befehlshabende Offizier und jeder Oberbefehlshaber wegen Erfüllung seiner Berufspflichten als Kriegsverbrecher vor Gericht kommen. Es ist weder logisch noch gerecht, wenn der uneingeschränkte U-Boot-Krieg nur beim Besiegten als Kriegsverbrechen gewertet wird, während er doch von allen Beteiligten geführt wurde und zweifellos ebenso zum Kriegsgeschehen gehört hat wie der Abwurf der Atombombe. Alle meine guten Wünsche gelten Admiral Dönitz.

EDWIN C. PARSONS

Konteradmiral der US-Kriegsmarine; Flugpionier und Flieger-As des Ersten Weltkrieges

J. K. PARSONS: Ich halte den Prozeß gegen die deutschen Amtsträger nach dem Zweiten Weltkrieg für abscheulich und unverzeihlich.

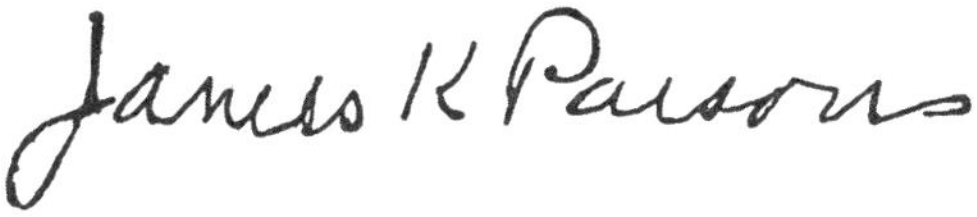

JAMES KELLY PARSONS

Generalmajor der US-Armee; Kommandierender General des 3. Korps und der 2. Division

PEYREFITTE: Es gibt keine Kriegsverbrechen. Der Krieg ist das Verbrechen! Das war schon Ende des Ersten Weltkrieges offenkundig. Damals verweigerten die Niederlande, bei denen der frühere Kaiser Wilhelm II. Zuflucht gesucht hatte, dessen Auslieferung an die Alliierten. Im Kriege, von dem die Alliierten behaupteten, er gelte der Verteidigung der Zivilisation, hatte der englische Premier Lloyd George proklamiert, daß der Kaiser in England in einem eisernen Käfig zur Schau gestellt werden solle. Später sprach der Leipziger Reichsgerichtshof die führenden Deutschen, die sich die Alliierten als Kriegsverbrecher herausgepickt hatten, frei. Die einzigen klaren Verbrechen im Kriege sind jene, die an der Zivilbevölkerung begangen werden. Ein grundlegendes Ziel der Sowjets war es am Ende des Zweiten Weltkrieges, sich Kriegsverbrecher auszusuchen. Ihnen war bewußt, daß sie damit die Kluft zwischen den Westmächten vertieften, die sich im Kriege auseinandergelebt hatten. Das führte zu den Nürnberger Prozessen. In der breiten Masse der deutschen Generale und Admirale gab es keine Kriegsverbrecher. Sie waren nur schuldig, den Krieg verloren zu haben. Vae victis! Die einzig wirklichkeitsnahe Rechtfertigung eines Krieges ist, Sieger zu sein. Hätten die Japaner den Krieg gewonnen, hätten sie nach diesem Prinzip versucht, jene in Amerika an den Galgen zu bringen, die für die Atombombe auf Hiroschima verantwortlich gewesen waren. Wie beim Nürnberger Tribunal übers Ziel hinausgeschossen worden ist, zeigte die Strafverfolgung von Krupp, dessen einzige Schuld darin bestand, daß er

PEYRE-FITTE

Kriegswaffen hergestellt hatte. Wie kann man die lebenslängliche Haftstrafe von Rudolf Heß rechtfertigen, der sich darum bemüht hatte, den Krieg zu beenden? Die zehnjährige Haft für Großadmiral Dönitz war ein widerwärtiges Unrecht. Die fortgesetzten Bemühungen von Keith Thompson sowie vieler anderer fairer Amerikaner um eine aufrichtige Geschichtsschreibung in heutiger unruhiger Zeit nötigt mir Achtung und Bewunderung ab. So sollten nach meinem Dafürhalten alle empfinden, die noch an historische Gerechtigkeit glauben.

ROGER PEYREFITTE

Französischer Schriftsteller; Verfasser von 22 Büchern; im französischen diplomatischen Dienst 1931-1940; 1943-1945 und ab 1962

PHILIPPS: Ich bin besonders erfreut, mich an den Grußbotschaften und den besten Wünschen an Großadmiral Dönitz beteiligen zu können. Es ergab sich, daß ich einer Sitzung des Nürnberger Gerichts beiwohnen konnte. Ich empfand damals besonders stark, daß die Verurteilung von Berufssoldaten ganz und gar unanständig und ungerecht war. Von jener Zeit an war ich überaus empört und beunruhigt über diesen internationalen Prozeß, der auf dem Höhepunkt der Emotionen vom Zaune gebrochen worden war.

WILLIAM PHILIPPS

US-Staatssekretär im Außenministerium; Gesandter in den Niederlanden und Luxemburg 1920-1922, in Belgien 1924-1927, in Kanada 1927-1929 und in Italien 1936-1941; Chef der Londoner Abteilung des Nachrichtendienstes O.S.S. 1942; Persönlicher Abgesandter von Präsident Roosevelt in Indien 1942-1945; politischer Berater von General Eisenhower 1943/44

PITTMAN: Die wahren Übeltäter bei den »Kriegsverbrecherprozessen« waren nicht die Angeklagten sondern die Ankläger.

R. CARTER PITTMAN

Amerikanischer Jurist und Geschäftsmann; Präsident der North Georgia Oil Company

PIZARRO: Ich stimme der Einschätzung zu, daß gegen Großadmiral Dönitz ein ungerechtes und ungesetzliches Verfahren betrieben worden ist. Ein Sondergericht als Unikum fernab jeden Völkerrechts zu schaffen, um Handlungen von Befehlshabern gerichtlich zu ahnden, die nichts als ihre Pflicht getan haben, war von der Ab-

PIZARRO

sicht diktiert, vorfabrizierte Urteile zu verkünden. Die Nationen der Körperschaften, die daran ohne Wenn und Aber mitgewirkt haben und die dabei den Grundsatz des Gehorsams gegenüber Befehlen außer acht gelassen und sich um kein Recht geschert haben, sind wirklich tief gesunken. Die Leitlinie muß die Beachtung und Einhaltung des Völkerrechts sein, das nicht von Siegerwillkür abhängt, sondern auf strikter, wahrhaftiger Menschlichkeit fußt. Ohne Respekt vor dem Recht ist niemand frei. Nach meiner Überzeugung handelt am besten zum Wohle des Vaterlandes, wer seine soldatischen Pflichten am sorgsamsten erfüllt. Wer dies auch beim Gegner zu erkennen und anzuerkennen vermag, achtet die Gerechtigkeit und tut auch etwas für das Ansehen seines eigenen Landes. Das Tribunal von Nürnberg zur Verurteilung eines Befehlshabers, der wußte, wie man sein Amt verantwortungsvoll ausübt, hat zu einer ungeheuerlichen, unbeschreiblichen Mißjustiz geführt. Man sagt, der Krieg habe zwei Seiten, die menschliche und die göttliche. Die menschliche wird durch die rein materiellen Abläufe gekennzeichnet. Der göttliche Bereich offenbart sich im Geiste, der die Kämpfer beseelt. Dieser Geist ist die Disziplin, wie man sie Soldaten von Anfang an gelehrt hat, ist, Leid zu ertragen, zu kämpfen, alles zu überwinden, zu sterben – doch stets unter Beachtung des Menschen- und Völkerrechts. Im Zeichen dieses Geistes setzt das Oberkommando besondere Waffen zur Verteidigung des Vaterlandes ein. Pflichten auszuführen, kann nicht als Verbrechen bezeichnet werden, schon gar nicht von den USA, die sich letztendlich beim uneingeschränkten U-Boot-Krieg, wie von Admiral Nimitz höchstselbst zugegeben wurde, von niemandem übertreffen ließen. Die Kampagne zur Rehabilitierung von Admiral Dönitz wird nach Verbüßung seiner Haft stärker werden. Dieser ausgezeichnete Admiral ist ein unschuldiges Opfer wilder Gefühlsausbrüche geworden.

THOMAS PIZARRO

Admiral der peruanischen Kriegsmarine

POWELL: Meiner Meinung nach waren die Prozesse gegen führende Persönlichkeiten der Kriegszeit, nur weil sie Führer waren, einer der größten Fehler, den eine sogenannte zivilisierte Nation begehen konnte. Soweit mir bekannt, stehe ich mit dieser Ansicht nicht allein da. Ich denke, daß General Eichelberger, Kommandeur der 8. Armee, mit dem ich eng verbunden gewesen bin, substantiell gleicher Auffassung ist. Mit der Durchführung dieser Prozesse haben wir uns selbst keinen Gefallen getan, und wir haben einen außerordentlich gefährlichen Präzedenzfall für die Zukunft gesetzt.

PAULUS P. POWELL

Konteradmiral der US-Kriegsmarine; befehligte verschiedene Einsatzkommandos im Pazifik während des Zweiten Weltkrieges; Stabschef der 3. Amphibischen Kampfgruppe; Marineadjutant des Weißen Hauses unter den Präsidenten Hoover und Franklin D. Roosevelt

PRATT: Ich bin sehr erfreut darüber, gemeinsam mit anderen meine Hochachtung für Großadmiral Karl Dönitz namentlich zum Ausdruck bringen zu dürfen. Obschon ich ihn nie persönlich kennengelernt habe, möchte ich als Marineoffizier, der für den

PRATT

gesamten Abwehrkampf unter Wasser gegen die deutschen U-Boote im Ersten Weltkrieg zuständig war, ein paar Worte äußern. Zu Beginn des Zweiten Weltkrieges war die deutsche U-Boot-Waffe weit davon entfernt, den Erfordernissen der deutschen Seekriegführung zu entsprechen. Deshalb wurde, was an U-Booten verfügbar war, gegen die Konvois entlang der Nordküste Norwegens nach Murmansk eingesetzt. Rußland wurde seinerzeit als Hauptgegner betrachtet, mit dem es Deutschland zu tun hatte. Der Erfolg der neuen deutschen Angriffstaktik war phänomenal. Alle Konvois im Nordmeer erlitten Verluste, einer wurde total vernichtet. Die Deutschen wurden des grausamen U-Boot-Krieges angeklagt. Vor dem Hintergrund dessen, was zum Wohle ihres Vaterlandes zwingend war, waren die Deutschen keineswegs so grausam, wie man es ihnen vorhält. Im Pazifik gab es ein paar Stoßtrupps von ihnen, die widerstandslos operierten; sie attackierten frechweg einige Schiffe. Mögen die aufgebrachten Schiffe auch versenkt oder in die Dienste der Deutschen übernommen worden sein – kein Passagier und kein Mitglied der Mannschaften wurde umgebracht; man setzte sie sicher in südlich gelegenen Häfen ab. Im Gegensatz dazu stand die von Russen verübte Grausamkeit. Während des Boxeraufstandes in China sah ich auf der Fahrt nach Tientsin auf dem Teiho, daß auf dem einen Ufer die Russen weder Männer noch Frauen noch Kinder verschonten, während die Japaner auf der anderen Uferseite alles unbehelligt ließen. Der Unterschied war bemerkenswert. Aus den zuvor bereits erwähnten Gründen erkenne ich Karl Dönitz als den Meister der Taktik an, der er war. Ich empfehle sein System der U-Boot-Kriegführung allen Amerikanern in jedem künftigen Kampf auf See.

WILLIAM V. PRATT

Admiral der US-Kriegsmarine; Oberbefehlshaber der US-Flotte 1929; Chef der Marine-Einsätze 1930-1933; Kolumnist von »Newsweek« für Marinefragen im Zweiten Weltkrieg

RASTIKIS: Selbst Soldat, kann ich immer noch nicht verstehen, wie es das Internationale Militär-Tribunal in Nürnberg fertigbringen konnte, einen Mann wie Admiral Dönitz zu verurteilen und zu bestrafen. Wofür? Für das »Verbrechen«, als Berufsoffizier im Dienste seines Vaterlandes gekämpft zu haben? Oder wegen erfolgreicher Führung der Marine seines Landes zur Kriegszeit? Oder wegen Führens »uneingeschränkten U-Boot-Krieges«? Beinahe jeder russische, britische, französische oder auch amerikanische Berufssoldat könnte wegen solcher »Verbrechen« verurteilt werden. Warum aber soll etwas, begangen durch einen Offizier der Besiegten, verbrecherisch sein, was, begangen von den Siegern, laut Anklagebehörde kein Verbrechen sein darf? Folgen wir hier dem uralten wie urfalschen Prinzip »Macht geht vor Recht«? Wo bleibt denn da die Gerechtigkeit? Die Nürnberger »Kriegsverbrecherprozesse« gegen Berufssoldaten waren und sind ein äußerst gefährlicher Präzedenzfall für alle Länder, einschließlich der Vereinigten Staaten von Amerika.

STASYS RASTIKIS

Litauischer General; früherer Oberkommandierender der litauischen Armee

RAWLINGS: Im Hinblick auf die Nürnberger »Kriegsverbrecherprozesse« kann ich absolut keine Rechtfertigung für solche Verfahren erkennen, was besonders auf den Fall des Großadmirals Karl Dönitz zutrifft, den Oberbefehlshaber der deutschen Kriegsmarine. Mir ist angst und bange, daß die Alliierten einen Präzedenzfall geschaffen haben, der sich gegen alle militärischen

Befehlshaber künftiger Kriege auswirkt. Ich vermute mal, Castro könnte von ihm verfügte Exekutionen auf dieser Grundlage rechtfertigen.

NORBORNE L. RAWLINGS

Konteradmiral der US-Kriegsmarine; Direktor der Newport News Shipbuilding and Dry Dock Company; Kommandant der Trockendocks der Kriegsmarine in San Franzisko im Zweiten Weltkrieg

RAY: Die »Kriegsverbrecherprozesse« in Nürnberg nach dem Zweiten Weltkrieg sind unverzeihlich. Admiral Dönitz ist ganz gewiß ein beeindruckender Marineoffizier gewesen. Seine Verurteilung wegen »Kriegsverbrechen« war eingestandenermaßen ungesetzlich. Es scheint so zu sein, daß Kriegführende sich ihre eigenen Gesetze zurechtzimmern, die dem Feind aufgezwungen werden.

HERBERT J. RAY

Konteradmiral der US-Kriegsmarine; Kommandierender Offizier der U.S.S. »Maryland« im Zweiten Weltkrieg; Kommandeur der San Franzisko-Gruppe der 19. Flotte

REEVES: Was ich Admiral Dönitz übermitteln möchte, ist, daß ich persönlich die Beteiligung meines Landes an seiner Inhaftierung zutiefst bedaure. Mit diesem Vorgehen haben wir uns selbst noch mehr geschadet als den Opfern. Das Gebot der Gnade

REEVES

geriet in Vergessenheit. Was uns jetzt nur zu tun bleibt, ist, zu sagen: Wir haben Sie, Admiral Dönitz, verdammt für Handlungen, die nach Ihrer Überzeugung Ihre Pflicht und Schuldigkeit Ihrem Lande gegenüber waren. Vergeben sie uns. Wir sind in die Irre gegangen.

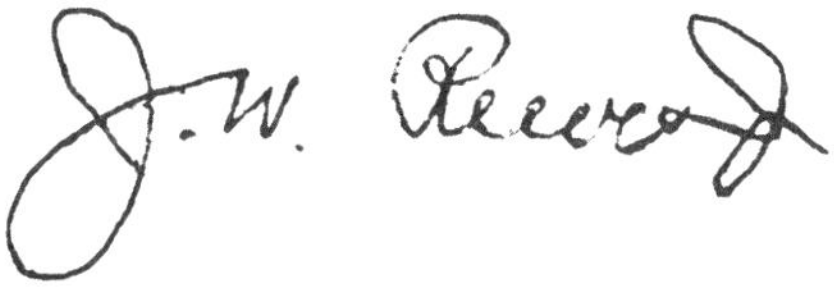

JOHN W. REEVES

Admiral der US-Kriegsmarine; Befehlshaber der Flugzeugträger-Abteilungen im Zweiten Weltkrieg

RIDGWAY: Ich bedaure, daß die »Kriegsverbrecherprozesse« stattgefunden haben. Eine Person zu ergreifen, sie vor Gericht zu stellen und anzuklagen wegen mutwilligen Tötens – oder, wenn man so will: Mordens – beispielsweise von Kriegsgefangenen ist die eine Sache. Vergleichsweise mit Personen zu verfahren, die Krieg in der Uniform des Feindes geführt haben und dem Befehl Vorgesetzter unterstanden, steht auf einem anderen Blatt. Das erstgenannte Vorgehen ist voll gerechtfertigt, das andere unberechtigt und dem Kodex einer jeden aufgeklärten Staatsführung eigentlich zuwider. Bis zu jenem fernen Tage, wenn es denn überhaupt je

RIDGWAY

dazu kommt, an dem die Völker sich zu einem weltumspannenden politischen System zusammenschließen mit Gerichten, deren Rechtsprechung allgemein Anerkennung findet, halte ich Verfahren der zweiten oben erwähnten Kategorie für Rückschritte in eine graue Vorzeit, als das Schicksal eines besiegten Volkes von Lust und Laune des Siegers abhing. Ich stimme Ihrem Memorandum im Grundsatz zu, besonders was den Fall von Großadmiral Karl Dönitz betrifft, und Sie haben mein Einverständnis, meine Stellungnahme hinzuzufügen.

MATTHEW B. RIDGWAY

US-General; befehligte die 82. Infanteriedivision, die 82. Luftlandedivision und das 18. Luftlandekorps in Europa im Zweiten Weltkrieg; Befehlshaber der Einsätze auf dem Kriegsschauplatz Mittelmeer und Stellvertretender Oberkommandierender der Alliierten im Mittelmeer-Raum 1945/46; Oberkommandierender in der Karibik 1948/49; Kommandeur der 8. Armee in Korea 1950/51; Oberkommandierender der Truppen in Fernost und Oberbefehlshaber der alliierten Kräfte in Japan 1951/52; Oberbefehlshaber der Alliierten in Europa 1952/53; Stabschef der US-Armee 1953-1955; Vorsitzender des Sachverständigenrates des Mellon-Institutes zur industriellen Forschung 1955-1960

RIHNER: Das folgende betrifft den Fall militärischer und politischer Führer: Ist ihnen das Kriegsglück hold oder sind sie bei Verhandlungen erfolgreich, werden sie gefeiert und als Helden ihres Volkes mit Orden geschmückt. Wenn nicht, schleppt man

RIHNER

sie vor irgendeine Art Gerichtshof und verurteilt sie aufgrund alter oder auch neuer Sondergesetze, die zu diesem Zwecke ad hoc geschaffen wurden, zu Gefängnis bzw. zum Tode. Genauso verfuhr man mit Großadmiral Karl Dönitz. Er stand auf der Verliererseite, seine Sache ging schief, er mußte – wie so viele andere – ins Gefängnis. Schuldig oder offenkundig nichtschuldig – das ist nur ein kleiner Unterschied in Zeiten, da Gesetze rückwirkend aus Zweckmäßigkeitserwägungen ausgeheckt werden, in denen das Leben des einzelnen so wenig zählt und in denen aus Mördern Helden werden.

FRITZ RIHNER

Schweizer Generalmajor; Oberkommandierender der Luftwaffe und der Luftverteidigungskräfte der Schweiz 1943; Mitglied des Schweizer Nationalen Verteidungsrates 1947; stellte verschiedene Flugrekorde auf

S. M. ROBINSON: Es ist anzunehmen, daß sämtliche Offiziere Gerichtsverfahren gegen ihre einstigen Kriegsgegner ablehnen. Ein solches Vorgehen hat nie wirklich internationale Anerkennung erfahren. In vergangenen Zeiten haben Eroberer gelegentlich ihre Gegner umgebracht. Nie aber habe ich von Versuchen gehört, dies noch groß rechtlich zu verbrämen. Mein eigener Staat, Texas, hat wohl ein Vorbild für das Verhalten in einem solchen Falle gegeben, als Santa Anna gefangengenommen worden war. Vermutlich alle Texaner wünschten, daß er erschossen wird und gewiß hat er auch mit seiner Exekution gerechnet. Doch General Houston blieb standfest und schickte ihn nach Hause. Wahrscheinlich war der Prozeß gegen Dönitz das Schrecklichste, was wir begingen, doch bin ich mir sicher, daß wir nur dem Druck Rußlands nachgegeben haben.

SAMUEL M. ROBINSON jr.

Admiral der US-Kriegsmarine; Chef des Maschinenbauamtes und Schiffsbau-Koordinator: Chef des Amtes für Beschaffung 1942-1945

W. M. ROBINSON: Alles was ich eigentlich dazu sagen kann, ist, daß es für die Alliierten einen monströsen Präzedenzfall in den USA gab, nämlich den Prozeß (August bis November 1865) und die Hinrichtung von Captain Henry Wirz aus den Reihen der Konföderierten Staaten wegen angeblicher Kriegsverbrechen. Prozeß und Hinrichtung brachen meines Erachtens staatliches wie internationales Recht und befleckten die Ehre der Vereinigten Staaten.

WILLIAM M. ROBINSON jr.

Amerikanischer Ingenieur und Verfasser von Werken über den Bürgerkrieg; Oberst der US-Armee; baute im Zweiten Weltkrieg das Flugfeld von Guadalcanal

ROCKWELL: Hinsichtlich des Prozesses gegen Großadmiral Dönitz möchte ich zu Protokoll geben, daß ich völlig mit den von Admiral Gallery zum Ausdruck gebrachten Anschauungen übereinstimme. Meine Anerkennung gilt Ihnen für Ihre sehr lobenswerten Bestrebungen, die Sache zurechtzurücken.

FRANK W. ROCKWELL

Vizeadmiral der US-Kriegsmarine; Kommandeur der Amphibischen Streitkräfte im Pazifik während des Zweiten Weltkrieges

RODEN: Mir erscheint es höchst angemessen, gerade jetzt zur Freilassung von Großadmiral Karl Dönitz nach zehn Jahren Haft infolge Verurteilung durch ein Kriegsverbrechertribunal einige Anmerkungen zu diesem Thema zu machen. Nach vierjährigem Kriegsdienst in der US-Armee, davon mehr als drei Jahre in Europa (einschließlich Landung in der Normandie, Utah-Bucht, am D-Day), wurde ich im Dezember 1945 verabschiedet. Ich war noch während meiner Militärzeit in die Richterschaft des Staatsgerichtshofes von Pennsylvanien gewählt worden, und zwar auf die Dauer von 10 Jahren. Ich trat das Amt im Januar 1946 an. Meine Wiederwahl für eine zweite Amtsperiode erfolge im Januar 1956. Im Sommer 1948 – damals hatte ich den Rang eines Obersten der Reserve – erhielt ich von der Armeeführung die Aufforderung, als Mitglied einer von ihr berufenen Kommission zu wirken. Sie sollte die Fälle deutscher Offiziere und Mannschaften untersuchen, die vor amerikanischen Militärgerichtshöfen in Dachau 1946 angeklagt worden waren. Dabei waren Todesstrafen verhängt worden, die General Lucius Clay gebilligt hatte. Die Prüfung der Akten in über 1000 Fällen, Einvernahme einer erheblichen Zahl von Zeugen und sorgfältige Beratungen unter uns drei Kommissionsmitgliedern vermittelten mir ein Wissen aus erster Hand über das weitreichende »Experiment« Kriegsverbrecherprozesse. Als Ergebnis dieser wertvollen Erfahrungen habe ich die Überzeugung gewonnen, daß Prozesse gegen Angehörige eines geschlagenen Volkes nach Kriegsende grundsätzlich schlecht sind. Es mag angehen, daß solche Verfahren in Fällen bekanntgewordener krimineller Delikte, begangen von einzelnen (etwa Mord, brutale Folterungen usw.), angestrengt werden sollten. Die Bestrafung solcher Delikte muß der besiegten Nation selbst überlassen werden, was bis zu einem gewissen Grade in einem Friedensvertrag zwischen den vormals kriegführenden Völkern vereinbart werden kann. Meine Schlußfolgerung lautet, daß die Kriegsverbrecherprozesse insgesamt aber weder auf Recht noch auf Moral basieren. Das gilt für die Internationalen Gerichtshöfe mit Mitgliedern aus mehreren Siegervölkern wie auch für die Militärgerichte einer einzigen Siegernation, wie dies bei den von unserer Kommission untersuchten Dachauer Pro-

RODEN

zessen der Fall gewesen ist. Das Verfahren wegen des Massakers von Malmedy war einer der von unserer Kommission untersuchten Fälle. Ungeachtet des furchtbaren Ausmaßes an Falschmeldungen, die über diese entsetzliche Tragödie im Umlauf sind, gab es nach Aktenlage gegen die deutschen Angeklagten, einschließlich Oberst Peiper, keinen einzigen Beweis, der vor einem Gericht der Vereinigten Staaten für einen Schuldspruch ausgereicht hätte. Oberst Peiper wie auch Admiral Dönitz mußten für Jahre ins Gefängnis, weil sie für ihr Vaterland genau das getan haben, was jeder gute und pflichtbewußte Offizier der US-Armee für sein Land getan hat. Es bleibt die Erkenntnis, daß die Siegernationen des Zweiten Weltkrieges, noch im Fieberhaß des Krieges, Patrioten der Feindnation für schuldig befunden haben, nur weil sie ihre vaterländische Pflicht erfüllten. Das ist offenkundig rechtswidrig und unmoralisch. Einer der beschämendsten Vorfälle im Zusammenhang mit den Kriegsverbrecherprozessen hängt mit den Vernehmungen und Vorbereitungen der Verfahren zusammen. Die von unserer Kommission gesichteten Akten enthüllten, daß die große Mehrheit der von der US-Regierung in Dienst genommenen offiziellen Untersuchungsbeamten Personen waren, die von vornherein Widerwillen gegen die Angeklagten hatten. Sie verloren sich zu einer Anzahl illegaler und grausamer Methoden und Zwangsmaßnahmen, um Schuldgeständnisse sowie gegenseitige Bezichtigungen der Angeschuldigten zu erreichen. Tatsache ist, daß im Fall Malmedy nur Selbsteinlassungen der Angeklagten für Schuldspruch und Strafmaß angeführt worden sind. Diese gegenseitigen Beschuldigungen der Angeklagten hatte man erreicht durch Täuschung, falsche Versprechungen, Scheinhinrichtungen, Bedrohungen. Unser Land ist Großadmiral Dönitz sowie vielen anderen Männern zur tiefsten Entschuldigung verpflichtet für das, was wir ihnen an Leid zugefügt haben. Hoffentlich war diese Tragödie für uns eine Lehre, die wir nie vergessen. Mögen wir solche Vorgehensweise nie wiederholen. Wollen wir hoffen, daß Admiral Dönitz und andere Patrioten der einstigen Feindseite gewahr werden, daß eine große Zahl loyaler Amerikaner sich des Gebarens jener in unserer Staatsführung schämen, die für das, was angerichtet wurde, verantwortlich gewesen sind.

EDWARD LEROY VAN RODEN

Amerikanischer Gerichtspräsident, Staatsgerichtshof von Pennsylvanien; Oberst der Reserve der US-Armee; Mitglied und Schriftführer der Armee-Kommission zur Aufklärung des Falles Malmedy 1948

RODRIGUEZ: Es war Admiral Dönitz, der von Beginn des Zweiten Weltkrieges an gegen die »Operation Gisela« opponiert hatte, einen Blitzfeldzug mit Besetzung Spaniens und Portugals, der Kanaren und der Azoren einschließlich Gibraltars, um, wie Hitler erklärte, »diese Flanke der angelsäch-

RODRIGUEZ

sischen Offensive zu zerschlagen und Deutschland den Weg zu einer starken Stellung im Mittelmeerraum zu ebnen«. Dönitz setzte sich mit seiner Meinung durch, daß ein solcher Schlag nicht ohne Spaniens Einverständnis ausgeführt werden könne und dürfe. Es sollte nicht in Vergessenheit geraten, daß dieser Alleingang unter den Männern des Dritten Reiches in seiner ritterlichen Art Karl Dönitz als jemanden ausweist, der die Grundsätze achtete, die für Sieger und Besiegte zu gelten haben. Nun konkret zur Verurteilung von Admiral Dönitz zu zehn Jahren Gefängnis durch das sogenannte Internationale Militär-Tribunal zu Nürnberg: Diesem Urteil mangelt es nicht nur an rechtlicher Grundlage. Es ist auch beispiellos in der Geschichte der Kulturnationen. Admiral Dönitz hat gemäß seiner Stellung als Berufsoffizier im Dienste seines Vaterlandes gehandelt, wie es jeder ranghohe Befehlshaber unter ähnlichen

Umständen tun würde oder getan hat. Er hielt sich bei seinen Handlungen im Zweiten Weltkrieg strikt an die Anforderungen, die an einen Berufsoffizier gestellt werden, und führte die speziellen Befehle, die ihn von höherer Stelle erreichten, aus. Keinesfalls konnte er die erteilten Befehle mißachten, umgehen, diskutieren, dagegen protestieren. Seine Kriegshandlungen beschränkten sich darauf, die Seestreitkräfte der Feindstaaten zu bekämpfen, deren Schiffe unbrauchbar zu machen oder zu vernichten, ihre Nachschubwege zu unterbrechen, ihre Stützpunkte zu attackieren, insgesamt: ihre Kampfkraft auszuschalten. Das war die Aufgabe von Admiral Dönitz, die er auf allen Weltmeeren erfüllte. Und wo immer seine U-Boot-Fahrer auf ein feindliches Schiff trafen, einen Tanker oder ein Versorgungsschiff, handelten sie, so wie etwa die Alliierten handelten, indem sie eine Blockade gegen Deutschland verhängten, ungeachtet des Schicksals von Millionen Zivilisten, die man unbarmherzig dem Hungertod aussetzte. Rechtsprechung und Urteilssprüche des sogenannten Internationalen Militär-Tribunals haben eine Lehrstunde an niedriger Gesinnung erteilt, die die Soldaten und Staatsmänner im Falle eines Dritten Weltkrieges im Gedächtnis haben sollten. Künftige Krieger treten zu einem Kampf von wilder Raserei an, weil die totale Vernichtung des Feindes das Ziel ist. Männer eines künftigen Krieges werden sich sagen, daß Kapitulation ausgeschlossen ist, weil sie den Strang oder Schande bedeutet. Sie alle tragen das bittere Gedächtnis an die Gemetzel von Nürnberg und Tokio in sich.

AMADEO RODRIGUEZ

General der kolumbianischen Armee; Zivil- und Militärbefehlshaber der Amazonas-Region 1932; Generalkonsul Kolumbiens in Barcelona 1955; Abgeordneter der Versammlung von Cundinamarca; Mitglied des Parlamentes

ROPER: Stets war es meine Ansicht, daß die Kriegsverbrecherprozesse insgesamt und das Verfahren gegen Admiral Dönitz insbesondere einen bedauerlichen Präzedenzfall geschaffen haben – mit Folgen für unsere politischen wie militärischen Führer in künftigen Kriegen, die schauderhaft sind. Daß der uneingeschränkte U-Boot-Einsatz als einzig gangbarer Weg betrachtet worden ist, hat sich in der Kriegführung aller beteiligten Parteien erwiesen. Unsere eigene Kriegsmarine hat genug Beispiele für uneingeschränkten U-Boot-Krieg im Kampf gegen die Japaner geliefert. Wir wissen nicht, wie es unseren Führern ergangen wäre, hätte uns das Schicksal einer Niederlage getroffen. Die beste Lehre, die man ziehen kann, ist wohl, daß wir es uns ganz einfach nicht erlauben können, auf der Verliererseite zu stehen.

JOHN W. ROPER

Vizeadmiral der US-Kriegsmarine; befehligte die U.S.S. »Wisconsin« im Zweiten Weltkrieg; Chef des Marinepersonalamtes 1949; Kommandeur der Kreuzer/Zerstörer der Pazifikflotte 1951

ROSE: Die Nürnberger Urteile haben einen für die Zukunft gefährlichen Präzedenzfall gesetzt. Hat sich eine Nation erst einmal entschlossen, Krieg zu führen, müssen die militärischen Führer vom international anerkannten Kriegsrecht ausgehen können. Sie haben ihr Äußerstes zu geben, was sehr weit auszulegen ist. Krieg wie er nun einmal ist, führt unvermeidlich zur Anwendung unbarmherziger Maßnahmen. Admiral Dönitz wurde Opfer des Hasses und mußte deshalb leiden.

EARL G. ROSE

Vizeadmiral der US-Küstenwache; Geschwaderführer der Grönland-Patrouille 1943-1945; Kommandeur der Einsatzgruppe 24, 1945/46; Leiter der Einsätze des Küstenschutzes 1946-1949

ROTALDE: Es besteht kein Zweifel, daß das gegen Admiral Dönitz vom Nürnberger Sondertribunal gefällte Urteil ein Unrechtsakt war, der wohl nur vor dem Hintergrund der Verwirrung der Welt am Ende eines blutigen Krieges mit entfesselten Leidenschaften möglich war, als jede Ritterlichkeit vergessen schien. Sämtliche Offiziere aller Kriegsmarinen der Welt hätten sich an Admiral Dönitz' Statt ebenso verhalten wie er es zur Verteidigung seines Vaterlandes tat. Dies umso mehr, als die in internationalen Abkommen festgelegten Normen (des U-Boot-Einsatzes) seit dem Ersten Weltkrieg unanwendbar und unmöglich einzuhalten geworden sind. In der Praxis gab es keine Handelsschiffe, die nicht am Kampfe beteiligt waren. Sie alle waren im Grunde genommen Kriegsschiffe im Dienste des Feindes.

CARLOS A. ROTALDE

Vizeadmiral der peruanischen Kriegsmarine

ROWE: Einen Offizier wegen unbedingter Beachtung seiner Befehle, seiner Pflichten und Obliegenheiten zu bestrafen, kommt einem kolossalen Fehlurteil gleich. Es ist schweres Unrecht an dem Betreffenden und könnte – unrevidiert als Präzedenzfall in der Zukunft angewandt – sehr wohl das Militärwesen unterminieren. Außerdem kann sich eine derart mißratene Logik nur zu leicht auch auf andere Bereiche ausdehnen, was zu unbeschreiblichem Chaos führen würde. Möglicherweise entspricht das ja auch den Hintergedanken der »Prozesse«. Letztendlich ist ein Offizier Diener der Nation, der er geschworen hat, ihr treu und nach besten Kräften zu dienen. Aus dem eigenen Volk erwächst ihm die Autorität seines Berufsstandes. Ist er zu bestrafen, so nur von der eigenen Nation.

GORDON ROWE

Konteradmiral der US-Kriegsmarine; Kommandeur der Marinebasis auf Midway

RUCKER: Vor dem Zweiten Weltkrieg habe ich in der U-Boot-Waffe gedient und während der Schlacht im Atlantik in der U-Boot-Abwehr. Ich hatte dabei das Kommando über drei Schiffe, zwei Abteilungen und einen ganzen Truppenteil. Schon immer erschienen mir die verschiedenen zwischen den Großmächten vor dem Zweiten Weltkrieg geschlossenen Abkommen zur eingeschränkten U-Boot-Kriegführung als völlig wirklichkeitsfremd. Hätten die Vertragspartner tatsächlich gemeint, was sie sagten, hätte überhaupt kein Erfordernis mehr zum U-Boot-Bau bestanden. Was Admiral Dönitz betrifft: An ihn kann man nur als an einen brillanten Befehlshaber der U-Boot-

Waffe denken. Kurz gesagt: Ich glaube nicht, daß ein rechtswidriges Vergehen in seiner Kriegführung zu finden ist. Ich meine, daß Admiral Dönitz seine Befehle eben wie ein Offizier ausgeführt hat. Ihm mögen manche Fehler unterlaufen sein, jedoch keine, die rechtliche oder moralische Schuld begründen. Mir ist keine Anordnung von ihm bekannt, die die grundlegenden Bestimmungen des Kriegsrechtes verletzt hätte.

COLBY G. RUCKER

Konteradmiral der US-Kriegsmarine; befehligte die U.S.S. »Owl« und andere Schiffe im Atlantik während des Zweiten Weltkrieges; Kommandeur der Geleitschutzzüge vor Marokko; barg das deutsche Unterseeboot U-505

RUDDOCK: Meines Erachtens waren die Kriegsverbrecherprozesse eine Karikatur des Rechts. Sie verletzten die angelsächsischen Vorstellungen, daß gerichtliche Verfolgung ex post facto ausgeschlossen ist. Hinzu kommt, daß das ganze Theater veranstaltet worden ist, um auch die Führer künftiger Besiegter verfolgen, verurteilen und gegebenenfalls hinrichten zu können. Solche Führer sind vorverurteilt, nur weil sie Befehle ihrer Staatsmacht erfüllen. Befehlsverweigerung wird letztlich als Ungehorsam, wenn nicht gleich als Verrat ausgelegt, und so soll es auch sein. Deshalb steht nun der Militärführer der Zukunft zwischen zwei Feuern. Entweder gehorcht er dem Befehl der eigenen Regierung und hat mit einem Prozeß als Kriegsverbrecher zu rechnen, sofern eine Niederlage droht, oder er verweigert die Befehle und riskiert damit einen Prozeß als Meuterer. Die Nürnberger Prozesse waren im seinerzeit gültigen Völkerrecht nicht verankert, auch nicht in irgendeiner Verpflichtung, die die Kriegführenden eingegangen waren. Die Prozesse waren rachsüchtig. Sie sollten als Beruhigungspille für eine in Wallung geratene Öffentlichkeit dienen.

THEODORE D. RUDDOCK jr.

Vizeadmiral der US-Kriegsmarine; Chefassistent im Amt für Artilleriewesen 1941-1943; Kommandeur der 4. Schlachtschiff-Abteilung 1944; Direktor der Kriegswaffenproduktion für die Marine 1946-1948

SAKELLARIOU: Was den Prozeß gegen Großadmiral Dönitz angeht, so war ich erschüttert über das Ansinnen, einen Berufsoffizier »rechtmäßig« durch seine Feinde

SAKEL-LARIOU

wegen von ihm begangener »Greueltaten« anzuklagen, die mit Kriegshandlungen zusammenhingen, welche er nicht im eigenen Interesse, sondern zum Wohle seines Vaterlandes unternommen hatte. Die niederträchtigen Nürnberger Prozesse waren ein Fehler sondergleichen.

ALEXANDER E. SAKELLARIOU

Admiral der Königlich Griechischen Kriegsmarine; Oberkommandierender der griechischen Seestreitkräfte 1932-1937 und 1942/43; Stellvertretender Ministerpräsident von Griechenland

SALDIAS: Ich stimme der Anschauung zu, daß Admiral Dönitz' Verbrechen darin bestand, zur Kriegszeit die Seestreitkräfte seines Vaterlandes professionell und wirkungsvoll geführt zu haben; ein »krimineller Tat-

SALDIAS

bestand«, für den jeder Soldat verurteilt werden könnte. Was mein Freund, Konteradmiral Gallery, in seinem Buch hierzu festgestellt hat, trifft den Nagel auf den Kopf: »Nackte Heuchelei.« Oder muß man erst an die wahllose Bombardierung deutscher Städte, die Einsätze der US-U-Boote im Pazifischen Ozean und die Atombomben auf Hiroschima und Nagasaki erinnern? Und wie ist es mit der gewaltige Summen verschlingenden Entwicklung von Atomwaffen und ballistischen Raketen? Ist es denn wirklich möglich, solche Waffen nur auf militärische Ziele zu begrenzen? Es ist bestens, daß Sie sich für eine geschichtliche Neubewertung des gefährlichen Präzedenzfalles von Nürnberg einsetzen.

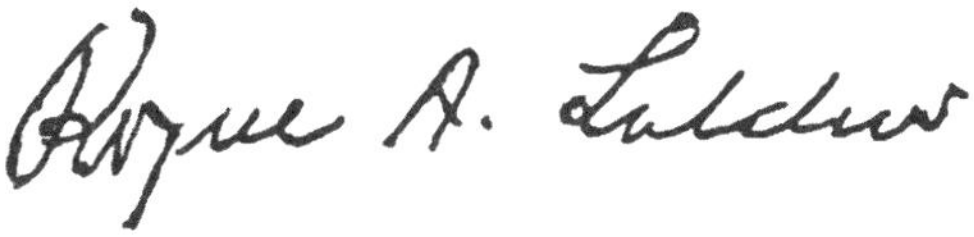

ROQUE A. SALDIAS

Vizeadmiral der peruanischen Kriegsmarine; peruanischer Marine- und Luftwaffenminister 1937-1939; Ministerpräsident und Marineminister 1947; erneut Marineminister ab 1948; Vorsitzender des Ministerrates 1954

SANBORN: Daß die barbarische ex post facto-Verzerrung des Rechtes und der Moral, wie sie die Nürnberger Prozesse darstellten, niemals mit den aufrichtigen Erwartungen der entsprechend propagandistisch bearbeiteten amerikanischen Öffentlichkeit im Einklang stand, habe ich bei meinen Protesten in der Zeit der Nürnberger Gewaltakte und danach klargestellt. Ich für meinen Teil – und, wie ich glaube, auch die Mehrheit der amerikanischen Öffentlich-

SANBORN

keit – bitte Admiral Dönitz sowie das deutsche Volk um Verzeihung für das, was ihnen in unserem Namen, doch ohne unsere Billigung oder Zustimmung, angetan worden ist und zu einem solchen jedermann betroffen machenden Unrecht geführt hat.

HERBERT C. SANBORN

Geschichtsprofessor und Publizist; Direktor der Fachabteilung Philosophie und Psychologie der Vanderbilt Universität (em.)

SANDERS: Erfreut nutze ich die Gelegenheit, zum Fall Großadmiral Dönitz Stellung nehmen zu können. Einen so ehrenhaften Angeklagten wie Großadmiral Dönitz der

SANDERS

Kriegsverbrechen oder des Bruchs des Briand-Kellogg-Paktes für schuldig zu befinden, entbehrt jeder Grundlage. Die Behauptung, ein im Kampf stehender Berufsoffizier, der im Einklang mit seinem Amtseid und dem allgemein anerkannten Kriegsrecht ficht, sei eines »Kriegsverbrechens« schuldig, ist unberechtigt, beispiellos und unvereinbar mit den Grundsätzen christlicher Moral. Die Anklage gegen Admiral Dönitz hat keinerlei Verankerung im Militär-, Straf- oder Völkerrecht. Wie er sich als Offizier der Kriegsmarine geführt hat, ist über jeden Zweifel erhaben. Er leitete seine Truppe wirkungsvoll. Die Einsätze seiner U-Boote waren nicht uneingeschränkter als die der unsrigen. Die Prozesse gegen ehrbare Berufsoffiziere in Nürnberg erscheinen nach Abklingen der Kriegsleidenschaften immer mehr als ungeheuerliche Fehljustiz und zunehmend als Racheakte des Siegers am Unterlegenen. Ich greife die Gelegenheit beim Schopfe und bekunde, daß ich Großadmiral Dönitz für einen der befähigsten Marinebefehlshaber der Geschichte halte. Er verrichtete seinen Dienst in höchstem Maße ehrenhaft und ausgezeichnet. Das Unrecht und die Demütigung durch die Nürnberger Prozesse trug er mit Geduld und Würde. Er gibt ein Beispiel, daß sich Charaktergröße in Sieg wie in Niederlage gleichermaßen offenbart.

HARRY SANDERS

Vizeadmiral der US-Kriegsmarine; Befehlshaber des Ausbildungskommandos der Pazifik-Flotte; Stellvertretender Chef der Floteneinsätze; Befehlshaber der Minenlegerkräfte der Atlantikflotte; Kommandeur der 1. Kreuzer-Abteilung im Koreakrieg

SAXON: Stets habe ich die Kriegsverbrecherprozesse als eine große Schande betrachtet, für die eine juristische Bruderschaft Großbritanniens mit den Vereinigten Staaten unmittelbar verantwortlich gewesen ist. Die Prozesse hatten nicht nur keinerlei Verankerung im Völkerrecht, sondern waren auch ein Bruch unserer angelsächsischen Verfassung und verfassungsmäßiger Grundsätze. Die amerikanische Juristenschaft hat es zu ihrer großen Schande unterlassen, sich hinter die mutigen Bemühungen von Robert A. Taft zu stellen, diese infamen Prozesse zu stoppen.

O. GLENN SAXON

Amerikanischer Ökonomie-Professor an der Yale-Universität ab 1931; Finanz- und Kontrollkommissar des Staates Connecticut

SETTLE (an Großadmiral Dönitz): Als Soldat der US-Kriegsmarine habe ich in Kampfgebieten des Ersten und Zweiten

SETTLE

Weltkrieges gedient. Die deutschen Marinestreitkräfte waren leistungsfähige, ehrenvolle und ritterliche Gegner, vor denen wir hohen Respekt hatten. In der Zeit zwischen den Weltkriegen habe ich eine Anzahl deutscher Marineoffiziere kennengelernt und feste freundschaftliche Kontakte zu ihnen geknüpft. Selbstverständlich betrachten die Berufssoldaten aller Nationen die Nürnberger »Prozesse« gegen Offiziere als schändlich, als einen Makel in der Geschichte der Siegernationen und als völlig verantwortungslose Verhöhnung des Soldatentums. Ich bin umfassend unterrichtet über Ihre hervorragende Laufbahn und darüber, wie glänzend Sie die deutschen U-Boot-Streitkräfte im letzten Kriege befehligt haben. Ich empfinde für Sie, Sir, höchste Bewunderung, Achtung und Respekt. Ich darf Ihnen meine herzlichsten guten Wünsche für viele glückliche und schöpferische Jahre im Ruhestand entbieten, wobei Sie wissen sollten, daß Ihre Kriegsgegner von einst und »Waffenkameraden« der Nachkriegszeit Sie sehr verehren.

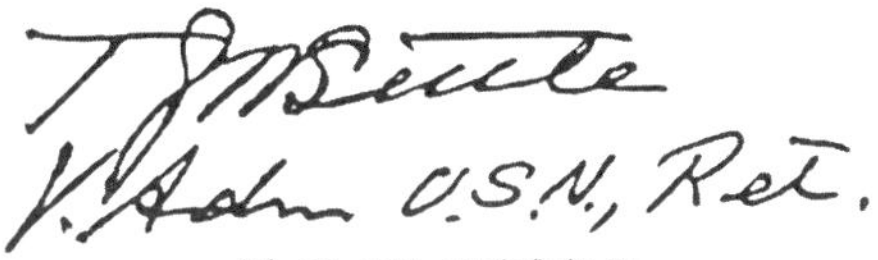

T. G. W. SETTLE

Vizeadmiral der US-Kriegsmarine; stellte 1933 einen Höhenflugweltrekord auf; Kommandeur der Luftschiffe (Blimps) der Pazifikflotte 1943/44; befehligte den Schweren Kreuzer U.S.S. »Portland« 1944/45; stellvertretender Leiter des Marine-Materialwesens 1950; Kommandeur der Atombombentesteinheit 131 1950/51; Befehlshaber der Amphibien-Einheiten der Pazifik-Flotte 1954-56

SEYMOUR: Meinem Gefühl als Historiker ist es grundsätzlich zuwider, einen inter-

SEYMOUR

nationalen Gerichtshof einzusetzen, um Offiziere eines geschlagenen Volkes für Handlungen anzuklagen, in die sie im Verfolg ihrer militärischen Pflichten zu Lande oder auf See verwickelt worden sind.

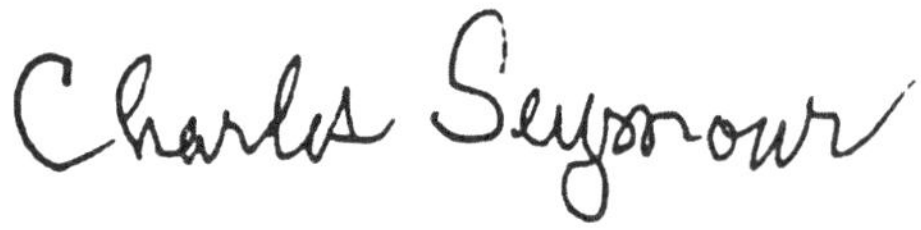

CHARLES SEYMOUR

Amerikanischer Historiker und Schriftsteller; emeritierter Präsident der Universität von Yale

SHAFROTH: Ich kann zum Glück feststellen, daß ich Admiral Dönitz zu keinem Zeitpunkt als einen »Kriegsverbrecher« betrachtet habe. Als Großadmiral der deutschen Kriegsmarine war es ganz klar seine Pflicht, die Seestreitkräfte unter seinem Kommando zur größtmöglichen Schlagkraft für den Sieg seines Vaterlandes zu führen. Das ist die Aufgabe einer jeden Kriegsmarine und weltweit sämtlicher Offiziere. Die Vorstellung, Führer besiegter Nationen als »Kriegsverbrecher« vor Gericht zu bringen, ist ein erster Schritt zurück in finstere Zeiten. Davon können die Offiziere aller Waffengattungen sämtlicher Länder betroffen werden, denen das Unglück widerfährt, eine Niederlage zu erleiden. Ich bin hoch erfreut, daß Admiral Dönitz freigelassen worden ist und hoffe, daß die ihm verbleibende Lebensspanne gekennzeichnet ist von Ehrerbietung und Zuneigung seines Vaterlandes, dem er so treu und tüchtig in seiner langen Laufbahn als Marineoffizier gedient hat.

SHAFROTH

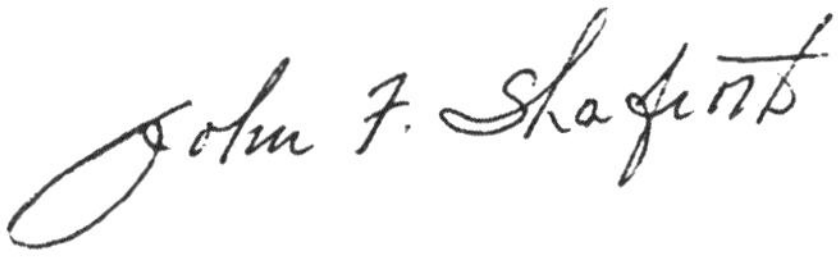

JOHN F. SHAFROTH

Vizeadmiral der US-Kriegsmarine; Kommandeur in der Region Südlicher Pazifik 1943; Befehlshaber der 8. Schlachtschiff-Abteilung 1944

SHERRILL: Ich stimme der seinerzeit unpopulären Auffassung des verstorbenen Senators Taft über die Kriegsverbrecherprozesse zu.

SHERRILL

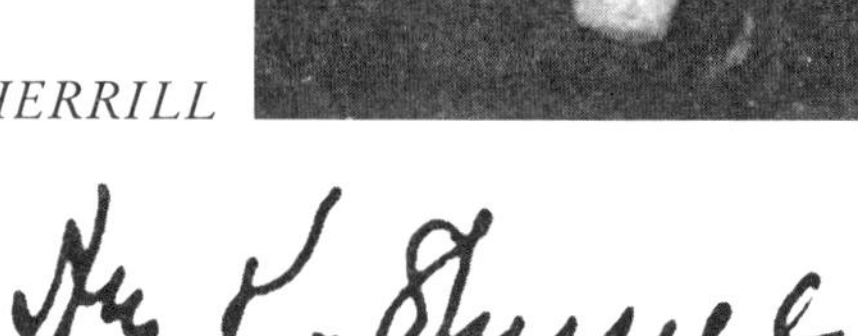

HENRY KNOX SHERRILL

Vorsitzender der Bischofskonferenz der Protestantisch-Episkopalen Kirche

SHOEMAKER: Die Kriegsverbrecherprozesse waren unter allem Niveau und eine Farce. Ich freue mich, daß Dönitz das alles überstanden hat und freigekommen ist. In der amerikanischen Kolonie in Berlin war er sehr beliebt, und er hat viele amerikanische Freunde gewonnen. Ich übermittle ihm meine Hochachtung und alle guten Wünsche.

HENRY W. SHOEMAKER

Oberst des militärischen US-Nachrichtendienstes; Gesandter in Bulgarien; Herausgeber der »Altoona Times Tribune« (Pennsylvanien); Vorsitzender der Historischen Kommission von Pennsylvanien

SIKORSKY: Ich freue mich über die Freilassung von Admiral Dönitz und bedaure nur, daß sie nicht schon viel früher erfolgt ist. Ich konnte die Nürnberger Prozesse zu

SIKORSKY

keinem Zeitpunkt als faire und gerechte Verfahren akzeptieren. Das trifft insbesondere auf den Fall eines altgedienten Soldaten zu, der seine Pflicht gegenüber seinem Vaterland zu erfüllen und den Befehlen seiner Vorgesetzten Gehorsam zu zollen hatte.

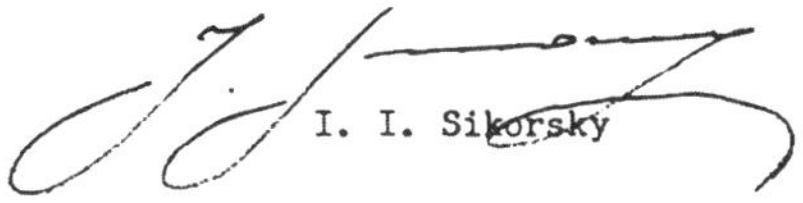

IGOR I. SIKORSKY

Flugzeugbauer in den USA; einer der Erfinder des modernen Hubschraubers; baute und flog das erste mehrmotorige Flugzeug

SIMEON II.: Seine Majestät der König stimmt Ihren Ansichten vollinhaltlich zu. Mehrfach schon hat er betont, daß die unbesonnenen Urteile des »Internationalen Militär-Tribunals« von Nürnberg Unrecht wa-

SIMEON II.

ren. Der König hat mit großem Interesse Großadmiral Dönitz' Buch gelesen und hält es für einen wertvollen Beitrag zur Geschichte sowie für einen entscheidenden Schritt, den Ruf der deutschen Kriegsmarine von düsteren Legenden zu reinigen, die von jenen verbreitet wurden und manches Mal immer noch werden, die Deutschland für alle Zeiten vernichtet sehen wollen. Seiner

Majestät ist erinnerlich, daß sein verstorbener Vater eine hohe Meinung von Großadmiral Dönitz hatte, und er teilt diese Einschätzung. Wahrheit und Gerechtigkeit liegen unserem König gerade wegen des Unrechts, das Bulgarien seit dem Zweiten Weltkrieg widerfahren ist, besonders am Herzen.

(Oberst George Guentcheff, Chef der königlichen Kanzlei, im Namen von Seiner Majestät Simeon II., König von Bulgarien)

SKEEN

SKEEN: Die Nürnberger Prozesse standen im Zeichen emotioneller Nachwirkungen des Krieges. Ihre Konsequenzen hinsichtlich der Stellung von Soldaten in künftigen Kriegen sind nur von wenigen Weitblikkenden erkannt worden. Für die Politiker gingen natürlich momentane Nützlichkeitserwägungen über alles. Viele von uns mit Fronterfahrung haben sich die Frage gestellt, wie es wohl ausgegangen wäre, hätten wir auf der Verliererseite gestanden und in welche Lage wir, des Nürnberger Präzedenzfalles eingedenk, in künftigen Kriegen geraten mögen. Es ist kaum zu bezweifeln, daß diese Prozesse rein politische Schauspiele gewesen sind, veranstaltet, um den Zorn der Massen zu besänftigen, die im Kriege zu leiden hatten. Sie hatten keine Rechtfertigung im Völkerrecht seinerzeitiger Prägung. Es handelte sich um Affentheater auf dem Niveau einer Nachtwächterposse mit anschließender Lynchjustiz. Sieger vergangener Zeiten haben sich weniger Umstände gemacht. Sie ließen die Besiegten an sich vorbeimarschieren und richteten sie dann hin oder warfen sie den Löwen in der Arena zum Fraße vor. Im 20. Jahrhundert hat man der im Prinzip gleichen Prozedur ein legalistisches Mäntelchen umgehängt. Doch im Ergebnis kommt es auf dasselbe heraus, nur daß alles unehrlicher ist. Der Fall Großadmiral Dönitz war von herausragender Bedeutung, und es will scheinen, daß sein wahres »Verbrechen« darin bestand, daß er ein ihm von Hitler angetragenes Amt, das er nicht angestrebt hat, annahm und sich dann bemühte, alles, was er nur konnte, für sein Vaterland herauszuholen. Man kann nicht ernsthaft behaupten, daß er durch uneingeschränkten Krieg auf See ein Kriegsverbrechen begangen habe. Denn diese war Strategie und Taktik aller Kriegführenden und ebenso tadelnswert wie die Bomben auf die Zivilbevölkerung, die von beiden Seiten geworfen wurden. Das Prinzip Kriegsverbrechertribunal, die Hexenjagd der Sieger nach einem Krieg, gibt ein höchst gefährliches Vorbild ab. Es wird gewiß dereinst von irgendeinem kommunistischen Eroberer angewandt, der dann mit diesen »legalen« Methoden im unterworfenen Land solche Führer zu beseitigen trachtet, die möglicherweise erfolgreich Widerstand gegen die Okkupanten leisten könnten. Die westlichen Nationen sollten diese Gefahr ausschalten und das Vertrauen durch die Erklärung, daß diese Prozesse ein Fehler waren, zu dem man niemals mehr Zuflucht nimmt, wiederherstellen.

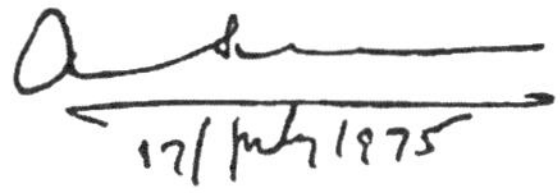

ANDREW SKEEN

Brigadegeneral; rhodesischer Soldat und Staatsmann; leistete Dienst in der britischen Armee von 1926 bis 1947; Chef der vereinigten Operationsabteilung in Indien 1944; Stellvertretender Leiter des Kriegsgefangenenamtes in London 1945/46; Mitglied des rhodesischen Parlamentes 1966-1974; Hoher Kommissar (Botschafter) Rhodesiens in England 1965

SKINNER: Ich bestreite sowohl Gerechtigkeit wie auch Weisheit, wenn nach dem Gutdünken einer der Kriegsparteien über schuldhafte »Kriegsverbrecher« Strafgericht gehalten wird. In einem Punkte sollten wir doch alle übereinstimmen, nämlich daß, ist der Krieg erst einmal vorüber, Geduld und Toleranz geübt werden sollten mit dem Ziel, wieder normale friedliche Beziehungen zwischen den Kriegführenden herzustellen.

ROBERT P. SKINNER

US-Botschafter in Griechenland, Estland, Lettland, Litauen, in der Türkei und in Abessinien.

A. E. SMITH: Es gab keine gesetzliche oder tatbestandsmäßige Berechtigung des Gerichtes, Admiral Dönitz beim Internationalen Tribunal in Nürnberg zu verurteilen und einsperren zu lassen. Er verhielt sich und führte seine Unternehmungen sowie sein Amt in derselben Art und Weise und nach denselben Maßstäben, wie es alle ehrenhaften Offiziere der Vereinigten Staaten von Amerika, Britanniens, Kanadas und Australiens in der Geschichte und im Zweiten Weltkrieg taten.

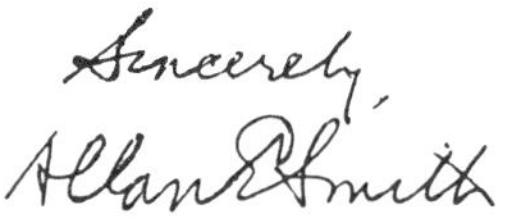

ALLAN E. SMITH

Vizeadmiral der US-Kriegsmarine; Kommandeur der Einsatzgruppe Alëuten und Südpazifik 1943-1945; Befehlshaber der Kreuzer der Atlantik-Flotte 1948-1950; Kommandeur der UNO-Blockadekräfte in Korea 1950/51.

E. W. SMITH: Als Jurist scheint es mir doch so zu sein, daß niemand von irgendeinem Tribunal, sei es militärisch oder sonstwie geartet, verhaftet, eingesperrt, angeklagt oder verurteilt werden darf, wenn er kein Gesetz verletzt hat, das zur Tatzeit galt. Darüber hinaus muß meines Erachtens das Verbrechen, dessen er bezichtigt wird, in krimineller Absicht vorsätzlich verübt worden sein. Für mich steht außer Frage, daß ein Offizier, der seine Pflicht befehlsgemäß erfüllt hat, deswegen nicht eines kriminellen Deliktes für schuldig befunden werden darf. Es fällt mir schwer zu rechtfertigen, daß ein Angehöriger der Streitkräfte bestraft wird, wenn er guten Glaubens seine militärischen Befehle pflichtbewußt ausgeführt hat.

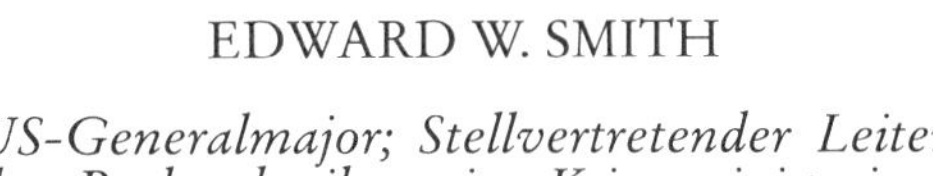

EDWARD W. SMITH

US-Generalmajor; Stellvertretender Leiter der Rechtsabteilung im Kriegsministerium 1942-1945; Kommandierender General der 108. Luftlandedivision 1947-1950; Vizepräsident und Generalbevollmächtigter der Southern Bell Telephone & Telegraph Co.

H. A. SMITH: Mit Interesse nehme ich zur Kenntnis, daß derart viele Offiziere und andere Persönlichkeiten, deren Stimme Gewicht hat, nun den Standpunkt teilen, den ich schon von Anfang an vertrat. Stets habe ich die Behauptung aufgestellt, und dies auch niedergeschrieben, daß die Kriegsverbrecherprozesse vom Völkerrecht her gänzlich illegal waren. Meine eigenen Wahrnehmungen beim Belsen-Verfahren öffneten mir 1945 die Augen, daß Gefühlsausbrüche und Rachsucht die Oberhand über Gesetz und Gerechtigkeit gewannen.

HERBERT A. SMITH

Professor für Völkerrecht an der Universität London 1928- 1946; Mitglied der britischen Gesandtschaft in den USA im Ersten Weltkrieg; Professor der Rechtswissenschaften und des Völkerrechts an verschiedenen englischen und kanadischen Universitäten; Verfasser zahlreicher rechtswissenschaftlicher Bücher, einschließlich »The Law and Custom of the Sea« (1948).

W. W. SMITH: Nach meinem Dafürhalten ist Admiral Dönitz zu Unrecht verfolgt worden. Erstens ist es die Pflicht eines Offiziers eines jeden Landes, die politischen Vorgaben seiner Staatsführung zu erfüllen. Armer Staat, in dem es anders wäre! Darüber hinaus stand Dönitz nicht vor einem Kriegsgericht, sondern er wurde von einem Internationalen Tribunal schuldig gesprochen, und zwar gemäß einem Recht, das zum Zeitpunkt der Feindseligkeiten gar nicht bestand. Das war meiner Meinung nach Unrecht, und es war beispiellos.

WILLIAM W. SMITH

Vizeadmiral der US-Kriegsmarine; Rektor der Akademie der US-Kriegsmarine; Kommandeur der Einsatztruppe auf den Aleuten; Chef des Marinetransportwesens; Vorsitzender der US-Schiffahrtskommission.

SNYDER: Schon immer war es mir unbegreiflich, wie unsere Regierung jemals Mitverantwortung für die sogenannten Internationalen Militär-Tribunale übernehmen konnte. Es gab für sie weder eine Grundlage

W. W. SMITH

SNYDER

noch einen Präzedenzfall im Völkerrecht, das keine Strafbestimmungen kennt.

CHARLES P. SNYDER

Admiral der US-Kriegsmarine; Kommandeur der Schlachtschiffe der Pazifikflotte 1939; Generalinspekteur der Kriegsmarine 1942-1946

SOTTIAUX: Admiral Dönitz hätte wegen Führens uneingeschränkten U-Boot-Krieges nicht verurteilt werden dürfen. Ein anderes Vorgehen war ihm unmöglich, und die Entscheidung über diese Art des Krieges war, nebenbei bemerkt, Sache der Staatsführung.

V. SOTTIAUX

Generalleutnant der Königlich Belgischen Armee; Artillerie-Oberst im Jahre 1940; Kriegsgefangener 1940-1945; Generalmajor in der militärischen Einberufungskommission 1946-1949

SPIVEY: So wahr ich mein ganzes Leben lang Berufssoldat gewesen bin – ich habe im Kriege sämtliche Befehle meiner rechtmäßigen Vorgesetzten ausgeführt. Befehle, die Kampfeinsätze betrafen, habe ich ganz besonders prompt befolgt, auch wenn sie meinen Tod hätten bedeuten können oder sie meinen eigenen moralischen und ethischen Vorstellungen nicht entsprachen. Unterschiedslos alle Befehle sind von den Befehlsempfängern ausgeführt worden, mögen sie nun auf die Bombardierungen offener Städte in Deutschland oder auf den uneingeschränkten U-Boot-Krieg im Pazifik gerichtet gewesen sein. Schon zur Zeit der Nürnberger Prozesse fand ich, daß etliche Angeklagte, einschließlich Admiral Dönitz,

SPIVEY

nichts anderes getan hatten, als ihre Befehle auszuführen. Ich bin sicher, daß ich an ihrer Stelle dasselbe getan hätte. Mir scheint, daß der Präzedenzfall, der bei den Kriegsverbrecherprozessen gegen Berufsoffiziere gesetzt worden ist, genau den gegenteiligen Effekt auf das Berufssoldatentum haben dürfte, den die Initiatoren der Prozesse wohl erhofft und erwartet hatten. Hat man vor Augen, daß man selbst in ähnlicher Art und Weise wegen Pflichterfüllung angeklagt werden könnte, wird man im Kriege nach meiner Einschätzung alles nicht mehr so genau nehmen und nur noch zusehen, auf Teufel komm raus zu siegen; koste es, was es wolle.

DELMAR T. SPIVEY

Generalmajor der US-Luftwaffe; Kriegsgefangener in Deutschland 1943-1945; Führungsoffizier im Kriegsgefangenenlager mit 9500 Offizieren; Chef der Kriegsplanungsabteilung der US-Air Force 1949; Stellvertretender Kommandeur der Luftwaffen-

streitkräfte in Japan; Kommandeur der Luftwaffen-Akademie 1954; Direktor der Culver-Militärakademie

SPRUANCE: Soldaten, die gekämpft haben wie es sich gehört, sollten nicht angeklagt und verurteilt werden, weil ihr Land einen Krieg begonnen und ihn verloren hat. Die Regeln der Kriegführung haben sich mit der Entwicklung der Waffentechnik verändert, und was man in einem Zeitalter für unzivilisiert und barbarisch hält, könnte in einem späteren als normal angesehen werden. Der uneingeschränkte U-Boot-Krieg ist dafür ein Beispiel wie auch die Bombardierung von Wohnvierteln mit weitreichender Vernichtung von Menschenleben und Wohnstätten, wobei Schäden an militärischen Objekten eher nur zufällig entstehen. Im Zweiten Weltkrieg habe ich Schiffe stets als militärische Ziele betrachtet. Bei Luftangriffen habe ich mich bemüht, militärische Ziele wie Schiffe, Flugfelder, Marinebasen, Fabriken usw. zu zerstören und die Schäden in reinen Wohngebieten so gering wie möglich zu halten.

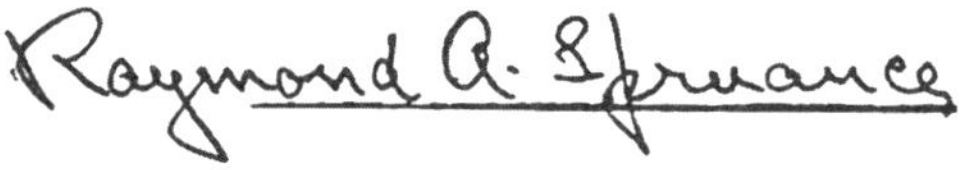

RAYMOND A. SPRUANCE

Admiral der US-Kriegsmarine; Kommandeur der Streitkräfte im mittleren Pazifik bei den Kämpfen um Saipan, Tinian und Guam; Kommandeur der 5. Flotte bei den Einsätzen im Zentralpazifik 1943-1945; Oberbefehlshaber der Pazifik-Flotte 1945/46; Rektor der Hochschule der Kriegsmarine 1946-1948; US-Botschafter auf den Philippinen 1952-1955

STARK

STARK: Von einer rechtmäßigen Grundlage der Kriegsverbrecherprozesse gegen Männer, die ehrenhaft und sauber für ihr Vaterland gekämpft haben, ist mir nichts bekannt. Wie schon zur Zeit der Prozesse kommt es mir auch heute noch so vor, daß es eine offenkundige Ungerechtigkeit gewesen ist, Soldaten wegen eidgetreuer Ausführung ordnungsgemäßer Befehle ihrer Staatsmacht vor Gericht zu bringen.

HAROLD R. STARK

Admiral der US-Kriegsmarine; Chef der Marine-Operationen 1939-1942; Kommandeur der US-Marinestreitkräfte in Europa 1942-1945

STENBECK: Prozesse, die aufgrund eigens zu ihrem Zwecke geschaffener Rechtsvorschriften, von den Siegern diktiert, gegen

STENBECK

die Besiegten eines Krieges geführt werden, verdamme ich von Grund auf.

NILS STENBECK

Generalmajor der Königlich Schwedischen Armee; Chef des 5. Infanterieregiments 1934-1937; Stellvertretender Kommandant des 2. Militärbezirks 1942-1945; Militärgouverneur von Stockholm 1945-1950

STOCKHOLM (an Großadmiral Dönitz): Gehorsamkeit und Loyalität gehören stets zu den unverzichtbaren Anforderungen an den Marineoffizier. Diese Charakterzüge sind von allen Kämpfern weltweit immer bewundert worden. Es ist meine feste Überzeugung, daß Ihnen sämtliche denkfähigen Soldaten für Ihre stets bewiesene Treue zu Ihrem eigenen Vaterland Respekt zollen.

CARL STOCKHOLM

Präsident der Marineliga der Vereinigten Staaten

STRATEMEYER (an Großadmiral Dönitz): Als Berufssoldat seit dem 1. März 1910 übermittle ich Ihnen meine Grüße.

STRATE-MEYER

Möge Ihnen ein Lebensabend voller Freude beschieden sein. Gott wird sich um Sie und in gebührender Weise auch um jene kümmern, von denen Sie zu Unrecht eingesperrt worden sind. Gott segne Sie.

GEORGE E. STRATEMEYER

Generalleutnant der US-Luftwaffe; Kommandierender General des Luftwaffeneinsatzkommandos Burma im Zweiten Weltkrieg

STUDDERT: Über die Kriegsverbrecherprozesse im Anschluß an den Zweiten Weltkrieg, bei denen Führer von Streitkräften

STUDDERT

wegen Erfüllung ihrer Amtspflichten angeklagt wurden, war ich stets erzürnt. Sie waren unfair und fanden im Stile jenes politischen Abenteurertums statt, das gegen die Helden unserer Konföderierten des Bürgerkrieges 1861-1865 angewandt worden ist. Was Admiral Karl Dönitz betrifft, so stimme ich Admiral Daniel V. Gallerys Buch »Twenty Million Tons Under The Sea« von ganzem Herzen zu. Bitte übermitteln Sie Admiral Dönitz meine Empfehlungen und beste Wünsche für die Zukunft sowie mein persönliches Bedauern über das ihm beim sogenannten Kriegsverbrecher-Tribunal zugefügte Unrecht.

WILLIAM W. STUDDERT

Konteradmiral der US-Kriegsmarine; Kommandierender Offizier der Baupionier-Regimenter im Pazifik im Zweiten Weltkrieg

STUMP: Die von haßerfüllten und gemütserhitzten Richtern abgehaltenen Kriegsverbrecherprozesse konnten gar

STUMP

nicht fair und unparteiisch ablaufen und hätten deshalb erst gar nicht durchgeführt werden sollen. Ein die Befehle seiner Staatsführung ausführender Berufsoffizier hat keinen eigenen Handlungsspielraum und darf deshalb auch keinesfalls bestraft werden. Tatsächlich geschehene Kriegsverbrechen zu ahnden, ist Sache der eigenen, nicht feindlicher Regierungen.

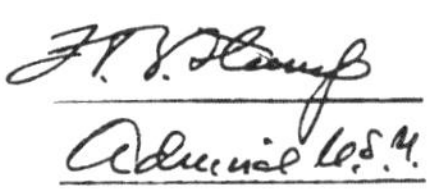

FELIX B. STUMP

Admiral der US-Kriegsmarine; Oberkommandierender der Pazifikflotte; Kommandeur der Luftwaffe der Atlantikflotte

SUBBA RAO: Meine Stellungnahme zum Thema bezieht sich auf zwei Gesichtspunkte: 1. inwieweit die Urteile des Internationalen Militär-Tribunals zu Nürnberg vom Völkerrecht gestützt werden; 2. ob die Verurteilung von Karl Dönitz, Großadmiral der Deutschen Kriegsmarine, triftig war. Artikel 6 der Charta des Internationalen Militär-Tribunals zur Aburteilung der Kriegsverbrecher gab dem Gerichtshof Vollmacht, drei Kategorien von Verbrechen zu ahnden, nämlich: 1. Verbrechen gegen den Frieden, 2. Kriegsverbrechen (Verstöße gegen Regeln und Gebräuche im Kriege), 3. Verbrechen gegen die Menschlichkeit. Der Vorwurf gegen die Angeklagten vor dem besagten Tribunal lautete, sie hätten sich im Verfolg eines gemeinsamen Planes zum Führen eines Angriffskrieges verschworen und diesen Plan unter Bruch internationaler Verträge, Übereinkommen und Verpflichtungen in die Tat umgesetzt. Ziele der Verschwörung seien gewesen, den Versailler Vertrag und seine Rüstungsbeschränkungen aufzuheben, die im Ersten Weltkrieg Deutschland verlorengegangenen Gebiete zurückzuholen und weitere Territorien des europäischen Kontinents auf Kosten der Nachbarn wie anderer Staaten an sich zu reißen. Die Angeklagten machten zu ihrer Verteidigung geltend, es dürfe keine Strafe für ein Verbrechen ohne vorherige gesetzliche Bestimmung geben (nullum crimen sine lege, nulla poena sine lege), rückwirkende Strafen seien dem Recht aller zivilisierten Völker zuwider, kein souveräner Staat habe den Angriffskrieg zum Zeitpunkt der angeklagten Taten zu einem Verbrechen erklärt, Angriffskrieg werde weder in einem Gesetz definiert noch habe es dafür eine Strafvorschrift gegeben, auch keinen Gerichtshof zur Verurteilung eines solchen Verbrechens; sie hätten unter Hitlers Befehl gestanden und seien daran gebunden gewesen, seine Weisungen auszuführen. Das Tribunal verwarf dieses Vorbringen. Es machte geltend, oberste Richtschnur sei ein Rechtsprinzip, aber keine Beschränkung staatlicher Souveränität; die Angeklagten hätten die von Deutschland unterzeichneten Verträge zur Kriegsächtung gekannt; Deutschland habe in kriegerischer Absicht besagte Abkommen gebrochen; die erwähnten Verträge seien Völkerrechtsgesetz, weshalb ein an den Plänen zur Kriegführung Beteiligter ein Verbrechen an der Menschheit begangen habe. In meinen Augen ist diese Rechtsprechung angreifbar. Grundlagen waren die Pariser Verträge (1919). Doch die nähere Prüfung des Vertragswerkes erschließt, daß darin lediglich ein Abkommen der Signatarmächte enthalten ist und nicht die Erklärung des Krieges zum internationalen Verbrechen dergestalt, daß sich jeder Kriegsbetreiber eines international kriminellen Deliktes schuldig machen würde. In der Tat spielte das Abkommen bei Kriegen, die Unterzeichner gegeneinander geführt haben, keine Rolle und war damit nur ein Stück totes Papier. Wenn aber dieses Abkommen keine entsprechende internationale Rechtskraft hatte, und genau dieser Meinung bin ich, war der gesamte auf Bruch dieses Vertrages fußende Nürnberger Schuldspruch irrig. Die vorerwähnten beiden Grundsätze des Strafrechtes, daß es keine Bestrafung für nicht zuvor festgelegte Verbrechen geben darf und daß rückwirkende Strafen dem Recht aller zivilisierten Staaten widersprechen, sind unverzichtbare Bestandteile internationalen wie innerstaatlichen Rechts. Davon abgesehen ist es unmöglich, genau zu unterscheiden, wer von beiden denn nun der Aggressor in einem Konflikt zwischen zwei Staatengruppen ist. Hätten die Alliierten den Krieg verloren, hätte Deutschland sie genauso einleuchtend als Aggressoren anklagen können. In alten Zeiten schlachtete der Eroberer die Führer der besiegten Nation ab und raubte und plünderte das Eigentum des bezwungenen Landes. Der Nürnberger Prozeß ist nichts anderes als die Institutionalisierung dieser Art rachsüchtiger Vergeltung. Der Angreifer vernichtete die geschlagenen Führer durch ein Tribunal unter Mißachtung aller Grundsätze vorgegebenen Rechts. Die Richter wurden von den Siegernationen benannt. Die Führer der Besiegten wurden wegen seinerzeit nicht existierender Gesetze schuldig gesprochen. Der gesamte Prozeß war einseitig und stand im Gegensatz zur Gerechtigkeit. Meines Erachtens wurde Großadmiral Karl Dönitz illegal verurteilt. Er stand unter Hitlers Befehl. Hätte er andersherum gehandelt, wäre er vor ein Kriegsgericht gekommen. Auch bei größter Einbildungskraft kann man ernsthaft nicht behaupten, daß er Mitglied einer Verschwörung zum Führen eines Angriffskrieges gegen die Alliierten gewesen sei. Obschon ich der Meinung zustimme, daß der Nürnberger Prozeß den Ansprüchen der Gerechtigkeit nicht genügte, bin ich doch energisch für ein internationales Tribunal, das sich objektiv mit Kriegsverbrechen befaßt, und zwar ohne Rücksichtnahme darauf, ob sie vom Verlierer oder vom Sieger verübt wurden, und das auf der Grundlage eines klaren und präzisen internationalen Gesetzes über Kriegsverbrechen arbeitet.

K. SUBBA RAO

Richter am Obergericht von Madras/Indien 1948-1954; Höchstrichter am Obergericht von Andhra 1954-1956 sowie des Obergerichtes von Andhra Pradesh 1956-1958; Richter am Obersten Gerichtshof Indiens 1958-1967; Oberster Richter Indiens 1966/67

SVENSSON: Wenn wir die Grundlagen des Verfahrens gegen Dönitz anerkennen, dann bin ich als Berufssoldat, dann sind alle meine Kameraden in diesem Lande in Stellungen, die irgend etwas mit Kriegsplanung zu tun haben, dann sind überhaupt Männer des Militärs einer jeden Nation, wie friedfertig ihre Absichten und Politik auch sein mögen, wenn sie Pläne zur militärischen Verteidigung ihres Volkes entworfen haben, genau wie Dönitz wegen »Verschwörung zum Angriffskrieg« schuldig. Das ist absurd. Es ist von Grund auf ungerecht, militärische Befehlshaber oder Stabsoffiziere wegen treuer Pflichterfüllung gegenüber ihrem Vaterland vor Gericht zu stellen. Doch offenbar wird nur bestraft, wer Angehöriger eines geschlagenen Volkes ist. Diejenigen aber, die denselben Pflichten auf seiten der Sieger nachkamen, werden weiter als Helden und Patrioten bejubelt. Dieses zweierlei Maß ist offenkundig unfair.

E. H. F. SVENSSON

Brigadegeneral der US-Armee; Chef der Planungsabteilung, G-3 im Streitkräfteamt 1955/56; Leiter der Militärgesandtschaft in der Türkei 1956-1958

SVERDRUP (an Großadmiral Dönitz): Als Soldat, der in zwei Kriegen gekämpft hat, kann ich nicht verhehlen, daß mich die »Kriegverbrecherprozesse« gegen Offiziere des Heeres, der Kriegsmarine und der Luftwaffe aufs äußerste empört haben. Wie viele andere habe auch ich mich gefragt, was mit »Angriffskrieg« eigentlich gemeint sein soll. Soweit ich weiß, ist es die vorrangige Absicht eines jeden kriegführenden Landes, den Sieg davonzutragen. Der einzige Unterschied zwischen einem Kriegsverbrecher und einem Kriegshelden besteht offenbar darin, daß letzterer gewonnen hat. Gemäß diesen nach dem Zweiten Weltkrieg entwickelten Vorstellungen ist die Zukunft militärischer Führer auf der Verliererseite tatsächlich finster. Ich weiß nicht, ob es für Sie tröstlich ist, zu wissen, daß sehr viele Frontkämpfer so empfinden wie ich. Ich habe im Zweiten Weltkrieg ausschließlich im pazifischen Raum gedient. Wollte man unsere U-Boot-Kriegführung als etwas anderes denn als »aggressiv« bezeichnen, wäre ich verblüfft. Wir hatten unseren Job zu tun und taten es auch. Viel Glück.

L. J. SVERDRUP

Generalmajor der US-Armee; Kommandierender General des Baupionierkommandos im Raum Südwestpazifik während des Zweiten Weltkrieges; Kommandierender General der 102. Infanteriedivision-1946/47

TANSILL (an Großadmiral Dönitz): Stets habe ich den Nürnberger Prozeß als eine Karikatur der Gerechtigkeit betrachtet. Die Farce wurde durch die Teilnahme Rußlands als Richter nur umso ekelhafter. Ich habe Ihre Laufbahn mit sorgfältigem Interesse und allerhöchster Achtung verfolgt und möchte Ihnen meine herzlichsten Grüße übermitteln.

CHARLES CALLAN TANSILL

Geschichtsprofessor an der Universität von Georgetown; Publizist und Historiker; Berater des Senatskomitees für Auswärtige Beziehungen

TESTRUP: Der Nürnberger Urteilsspruch gegen Großadmiral Dönitz wegen seines pflichtbewußten Wirkens als Befehlshaber der deutschen Kriegsmarine erscheint mir

TESTRUP

als Schande für das Tribunal, für die Sieger und für die Menschheit. Es handelte sich um eine beschämende Offenbarung der Mentalität »Vae Victis« – Wehe den Besiegten!

ERIK TESTRUP

Generalleutnant der Königlich Schwedischen Armee; Militärgouverneur von Stockholm 1937-1954; Direktor des Königlichen Militärlazaretts seit 1947

THEBAUD

ohne Vorwarnung versenkt. Hätten die Japse den Krieg gewonnen, wäre, so nehme ich mal an, Charlie Lockwood genauso als Kriegsverbrecher schuldig gesprochen worden, wie es Karl Dönitz passiert ist. Ich stimme Admiral Gallery zu, der all dies als eine »Verhöhnung des Soldatentums« bezeichnet hat.

HEWLETT THEBAUD

Vizeadmiral der US-Kriegsmarine; befehligte die U.S.S. »Boise« bei der Italieninvasion; Kommandeur der 10. Kreuzer-Abteilung der Pazifik-Flotte 1943/44; Direktor des Nachrichtendienstes der Kriegsmarine 1944/45

THEBAUD: Für mich war Karl Dönitz zu keinem Zeitpunkt ein Kriegsverbrecher, wie auch immer man diesen Begriff definieren mag. Er war lediglich ein Berufsoffizier der Kriegsmarine, und zwar ein verdammt guter. Er erfüllte seine Pflicht so ähnlich wie Admiral Charles Lockwood unsere U-Boote der Pazifikflotte führte und damit seine Pflicht tat. Unsere U-Boote wurden zur uneingeschränkten Kriegführung eingesetzt; sie haben jedes Schiff, das sie erwischten,

THEOBALD (an Großadmiral Dönitz): Als Offizier, der 42 Jahre im Dienste der Kriegsmarine seines Landes stand, habe ich Prozeß und Urteil gegen Sie stets mit größtem Widerwillen betrachtet. Ihr »Verbrechen« bestand, so wie ich es sehe, darin, daß Sie den größten Teil Ihres Lebens in den Dienst der hohen Schlagkraft der Kriegsmarine Ihres Vaterlandes gestellt haben. Dies so erfolgreich, daß Sie zum Oberbefehlshaber dieser Kriegsmarine in einem gewaltigen

THEOBALD

Waffengang aufstiegen. Nach dem Gusto des Nürnberger Gerichtshofes war dieser letzte Aspekt Ihrer Laufbahn wohl der Hauptbestandteil Ihres »Verbrechens«. Ich habe die Nürnberger Prozesse immer für völlig unentschuldbar und für ein furchtbares Zerrbild der Gerechtigkeit gehalten, besonders weil Männer der Streitkräfte bestraft worden sind, die im Kriege nichts anderes taten als sich selber treu zu bleiben. In Erfüllung ihrer Pflichten führten solche Offiziere selbstverständlich buchstabengetreu aus, was ihnen von der Staatsführung befohlen worden war. Würde der Offizier jemals, auch nur für einen Augenblick, erwägen, die Anordnungen seiner Staatsmacht zu mißachten oder den Gehorsam zu verweigern, würden die Streitkräfte aus den Fugen geraten, und sie taugten nichts mehr für ihren Daseinszweck, nämlich die erfolgreiche Kriegführung im Interesse ihres Vaterlandes. Ich hoffe, der nun vor Ihnen liegende Lebensabschnitt hilft Ihnen, über die Erinnerungen an die zehn Jahre illegaler Haft hinwegzukommen.

ROBERT A. THEOBALD

Konteradmiral der US-Armee; Kommandeur der Streitkräfte im nördlichen Pazifik 1942/43; Stabschef der US-Flotte; Verfasser des Buches »The Final Secret of Pearl Harbor« (erschienen 1954)

THOMAS: Ich bin dankbar für die Möglichkeit, als einer von zahlreichen Veteranen des Zweiten Weltkrieges einem wahrhaft großen Offizier und Seemann huldigen zu dürfen. 1944 hatte ich den Befehl über die Kampfgruppe Nordöstliches Grönland der US-Atlantikflotte. Ich finde, es war eines

THOMAS

der bemerkenswertesten und heldenhaftesten Husarenstücke in der Geschichte der U-Boot-Waffe, als ein deutsches U-Boot annähernd 100 Seemeilen unter dem Packeis zurücklegte, um nahe der Küste aufzutauchen und eines meiner Schiffe, die »Northland«, zu attackieren. Ich hatte das für ausgeschlossen gehalten. Wir erinnern uns, wie außerordentlich die transpolare Navigation der »Nautilus« und der »Skate« unter dem Eis waren. 1944 jedoch, vor dem Aufkommen der Inertial-Navigation, des Atom-Antriebes und anderer moderner Mittel für die Dauerfahrt, vollbrachte jener unerschrokkene deutsche U-Boot-Kommandant (zur Unterstützung des »Unternehmens Edelweiß«) eine solche Leistung – mit der Geschwindigkeit abdriftender ostgrönländischer Eisberge, gleichsam wie ein fliegender Teppich des Eismeeres die lebensgefährlichen Tiefen durchmessend. Ich bin sicher, daß Admiral Dönitz viel Anerkennung für seine fachlichen Leistungen erfahren hat. Dem schließe ich mich in aller Bescheidenheit an. Vielleicht steuert ein Bericht über meine Unterhaltung mit Oberleutnant Karl Schmidt von der deutschen Kriegsmarine beim Essen an Bord der »Eastwind« 1944 noch etwas zur Sache bei: Er stimmte der Ansicht zu, daß nur ein außergewöhnlicher Führer in der Lage sei, U-Boot-Fahrer zu solch kühnen Leistungen zu inspirieren. Ich bemerkte: »Ich wünschte, Admiral Dönitz stünde auf unserer Seite.« Der Kurs unserer Politik, deutsche Führer wegen »Kriegsverbrechen« anzuklagen, war meines Erachtens dümmlich. Wir können jede Menge von diesen Männern lernen, die Deutschland über fast sechs Jahre auch dann kampfbereit erhalten haben, als man annehmen konnte, daß es reif für den Zusammenbruch sei.

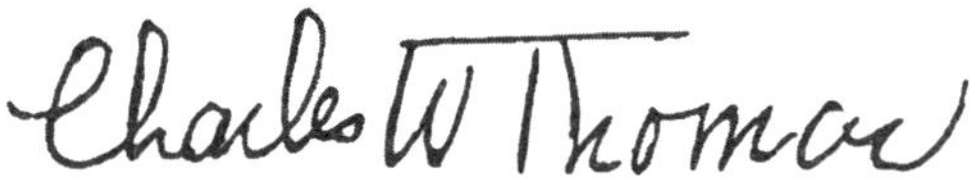

CHARLES W. THOMAS

Konteradmiral der US-Kriegsmarine; befehligte die Eisbrecher »Northwind« und »Eastwind«; Kommandeur der Grönland-Patrouille der Atlantik-Flotte, Kommandeur der Kampfgruppe 43,6 (Antarktis); Verwalter der Fachgruppe Wissenschaftliche Polarforschung an der Universität Washington

THOMSON: Ich habe die Kriegsprozesse, die in Deutschland und Japan nach dem Zweiten Weltkrieg durchgeführt worden sind, abgelehnt. Nach wie vor betrachte ich sie als barbarisch wie sonst nichts seit Urzeiten. Der Himmel möge Amerika davor behüten, jemals einen großen Krieg zu verlieren. Widerfährt es uns doch, können wir damit rechnen, unsere Führer genauso als Kriminelle angeklagt und hingerichtet zu sehen, wie es den Deutschen und Japanern erging, wobei es auf die tatsächliche Art der Kriegführung der Vereinigten Staaten gar nicht ankäme.

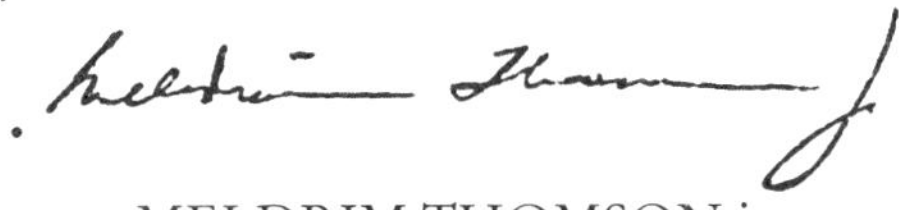

MELDRIM THOMSON jr.

Gouverneur des US-Bundesstaates New Hampshire; Rechtsanwalt und Herausgeber von Gesetzessammlungen

THORNE: Was die Sache mit den Nürnberger Prozessen angeht, erinnere ich mich an meine seinerzeitige Schlußfolgerung, als Berufssoldat nur von Glück sagen zu können, auf der Siegerseite gestanden zu haben. Die Nürnberger Verfahren erscheinen mir wie ein weiteres Beispiel internationalistischer Gemütsaufwallung, in welcher eine Gruppe siegreicher Nationen sich anmaßte, die Verlierer zu bestrafen, weil sie sie nicht zu übertreffen vermochte. Besonders fair kommt mir das nicht vor!

SIR ANDREW THORNE

Britischer General; Oberkommandierender der alliierten Landstreitkräfte in Norwegen 1945

THORNELL: Es trifft meines Erachtens den Kern, bezeichnet man die Nürnberger »Kriegsverbrecherprozesse« als grundsätzlichen Bruch der allgemeinen Prinzipien zivilisierter Rechtsprechung. Offenbar ging es mehr um Rache nach dem Prinzip »Vae victis« als um unparteiische Justiz. Insbesonde-

THOR-NELL

re vom soldatischen Standpunkt ist die Verurteilung von Männern wie Dönitz und Raeder als Kriminelle empörend. Es kann sich in der Zukunft zu einem höchst gefährlichen Präzedenzfall auswachsen. Durch die Nürnberger Prozesse haben sich die Westmächte gewiß nicht mit Ruhm bekleckert. Was den uneingeschränkten U-Boot-Krieg anbetrifft, so kann ich keinen moralischen Unterschied zum Abwurf von Bomben auf unverteidigte Städte erkennen.

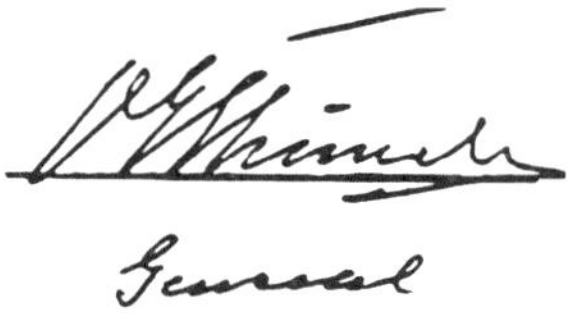

OLOF GERHARD THORNELL

General der Königlich Schwedischen Armee; Oberkommandierender der schwedischen Streitkräfte 1940-1944; Generalstabschef König Gustavs V. 1944-1950

TIMMERMAN: Als der Gerichtshof für die Nürnberger Kriegsverbrecherprozesse gebildet wurde, hatte ich den Eindruck, daß da jemand mit Dynamit herumspielt. Ich stellte mir vor, wir hätten den Zweiten Weltkrieg verloren, Hitler und seine Verbündeten wären die Sieger und hätten beschlossen, Gericht zu halten wie wir es taten: Roosevelt und Churchill wären geeignete Kandidaten für den Gang zum Galgen gewesen. Aus diesem Blickwinkel ist die ganze Sache erschreckend. Es besteht noch großer Aufklärungsbedarf, bis die Luft wieder rein ist von der barbarischen Atmosphäre des Nürnberger Verfahrens. Worin besteht eigentlich der Unterschied zwischen Nürnberg und dem Anketten der gefangenen Besiegten an die Streitwagen der Sieger, um sie unter dem Gejohle von deren Lakaien durch die Arena zu schleifen?

GEORGE BELL TIMMERMAN

Amerikanischer Jurist; Richter am Bezirksgerichtshof Süd-Carolina; Mitglied des Abgeordnetenhauses von Süd-Carolina

TISDALE: Ich bin zwar kein U-Boot-Fahrer, doch hatte ich 1942 auf See im Range eines Konteradmirals das Kommando über Kampfgruppen im südlichen Pazifik. Alle unsere Befehle in sämtlichen Kampfbereichen – in der Luft, unter Wasser, auf See – zielten auf uneingeschränkte Kriegführung. Zahlreiche unserer Einsatzbefehle endeten einfach nur mit: »Tötet Japse!« Das bedeutete: jeden Japaner, auf den wir trafen, mit Ausnahme derer, die kapitulierten. Das sogenannte Völkerrecht existierte nicht. Unser Job war zu siegen, und das so schnell wie möglich. Jeder von uns wurde tagtäglich gemäß der »Kriegsverbrechen«-Kriterien schuldig. Doch wir konnten nicht anders handeln, auch wenn wir es gewollt hätten. Als Berufssoldaten hatten wir eine alles von uns fordernde Aufgabe zu bewältigen, für die wir die meiste Zeit unseres Lebens geübt hatten. Das war die Anforderung an uns und das erwartete die Regierung der Vereinigten Staaten von uns. Hätten wir den Befehl verweigert, wäre ein Strafgericht die Folge gewesen. Admiral Dönitz und viele andere, die man angeklagt hat, waren in der gleichen Lage wie wir. Sie hatten keine Wahl. Es gibt nicht den geringsten Zweifel, daß die Nürnberger Prozesse eine Verhöhnung des Soldatentums waren. Ich empfand damals tiefes Mitgefühl für jene wirklich großen Könner, die wegen Pflichterfüllung bestraft wurden. Viele in unseren Reihen sagten: »Dank Gottes Gnade bin ich gerade noch mal davongekommen«. Ein Soldat zeiht den Gegner nicht, weil er seine Pflicht getan hat. Ich hoffe, daß aus diesem gefährlichen Präzedenzfall die Luft raus ist, bevor sich die Hysterie auf ein neues steigert. Im Falle Dönitz hatte ein geachteter Admiral einen ungerechten Tribut zu zollen. Es tut mir leid.

MAHLON S. TISDALE

Vizeadmiral der US-Kriegsmarine; Zerstörer- und Kreuzerkommandant der Pazifik-Flotte im Zweiten Weltkrieg

TOMPKINS: Was die Kriegsverbrecherprozesse im allgemeinen und den Fall Dönitz im besonderen angeht, habe ich stets die Ansicht vertreten, daß solche Verfahren ein Fehler gewesen sind. Militärische Befehlshaber der Verliererseite sollten nicht vor einem von den Siegern errichteten Internationalen Militär-Tribunal der Kriegsverbrechen angeklagt werden.

WILLIAM F. TOMPKINS

Generalmajor der US-Armee; Leiter der Abteilung Sonderplanung im Kriegsministerium 1943-1945

TORRES HEVIA: Ich halte die Nürnberger Prozesse für Unrecht. Besiegte Admirale wurden als Kriegsverbrecher verurteilt, während sie in Wahrheit nichts anderes getan hatten als ihr Vaterland mit anerkennenswertem Patriotismus zu verteidigen. Sie stellten all ihre professionellen Fähigkeiten in den Dienst eines Kampfes, in welchem keine der Parteien sich sonderlich um die Beachtung des Völkerrechts geschert hat, ganz gemäß den neuen Anforderungen eines »totalen Krieges«. Meines Erachtens sind wir in Zeiten zurückgefallen, deren Motto »Wehe den Besiegten« lautete. Wir sollten aber daran denken, daß Rom den Sturm erntete, nachdem es Wind gesät hatte.

CARLOS TORRES HEVIA

Vizeadmiral der chilenischen Kriegsmarine

TOWERS: Mein Ehemann, Admiral Towers, ist vor zwei Jahren verstorben. Er hat

TOWERS

oft von Großadmiral Dönitz als einem großartigen und tüchtigen Seemann gesprochen.

Mrs. JOHN H. TOWERS

Witwe von Admiral Towers, des Kommandeurs der Luftwaffe der US-Pazifikflotte 1942-1945

TRAIN: Es ist wohl reichlich pathetisch, sich bei einem Manne zu entschuldigen, nachdem er gewissermaßen aufgeknüpft worden ist. Gewiß war es ein Verbrechen, Admiral Dönitz zehn Jahre lang einzusperren. Die Auswirkungen auf die Moral der U-Boot-Streitkräfte sind unabsehbar. Erkennt man U-Boote als Waffe im Kriege an, muß man auch die Tatsache akzeptieren, daß ihr Erfolg davon abhängt, daß sie aus dem Verborgenen operieren. Sonst sind sie verloren. Wer in Kriegszeiten zur See fährt, als Passagier oder Mannschaft, ist sich bewußt, daß sein Transportmittel definitiv ein legitimes Angriffsziel des Feindes darstellt. Wer an Bord geht, kalkuliert das ein. Was auch immer der Sinn der Kriegsverbrecherprozesse gewesen sein mag, – ich jedenfalls erkenne ihn nicht. Wer den »uneingeschränkten U-Boot-Krieg« beseitigen will, der muß die Unterseeboote ganz einmotten, und zwar nicht etwa auf Zeit, sondern auf ewig. Atombomben auf unverteidigte Städte (Hiroschima) – das ist für mich unverzeihlich! Schiffe auf See aber stellen zur Kriegszeit ganz selbstverständlich ein feindliches Angriffsziel dar. Krieg ist nun mal die Hölle.

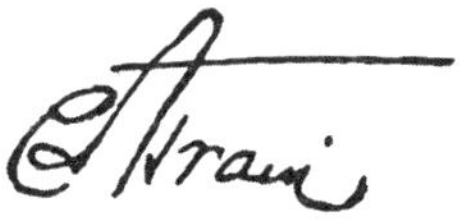

CHARLES P. TRAIN

Konteradmiral der US-Kriegsmarine; befehligte die U.S.S. »Henderson« und »Utah«; Mitarbeiter des US-Präsidenten Herbert Hoover für Marinefragen, Kommandeur der 3. Kreuzer-Abteilung und der 2. Schlachtschiffabteilung

TRAPNELL: Der bei den Nürnberger Prozessen gesetzte Präzedenzfall, daß Offiziere der Streitkräfte von einem Gericht aus Nichtmilitärs krimineller Delikte bezichtigt werden, und zwar wegen Handlungen, die normale Pflichterfüllung in der Kriegszeit waren, stellt mit Sicherheit eine ernste Bedrohung auch unserer eigenen Kampfkraft dar. Ich empfinde den Fall des Admirals Dönitz als einen schweren Justizirrtum und stimme von Herzen dem Vorhaben zu, ihm diese Einschätzung zur Kenntnis zu bringen.

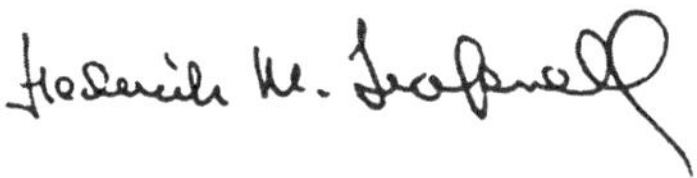

FREDERICK M. TRAPNELL

Vizeadmiral der US-Kriegsmarine; Kommandierender Offizier der U.S.S. »Breton« 1943/44; Kommandant des Marineluftwaffenausbildungs-Zentrums; Kommandant der U.S.S. »Coral Sea« 1950/51.

TRESTER: Wie viele andere, so verabscheue auch ich die sogenannten Kriegsverbrecherprozesse gegen Berufsoffiziere, die doch nicht mit freiberuflichen Handlungsreisenden zu vergleichen sind. Admiral Dönitz war Marineoffizier von Beruf, und er tat, was seine politische Führung für notwendig erachtete. Unser General Grant schrieb die Regeln des totalen Krieges im Bürgerkrieg der 1860er Jahre. So wie ich US-General Grant bewundere, so ordne ich den uneingeschränkten U-Boot-Einsatz in den Rahmen des totalen Krieges ein.

GLENN E. TRESTER

Konteradmiral der US-Küstenwache

TWISS: In meinen Augen war das gegen Admiral Dönitz verhängte Urteil ungerecht. Der Prozeß gegen ihn hätte gar nicht stattfinden sollen, weil er niemals irgendwelche Greueltaten begangen hat. Ich schätze die »uneingeschränkte Kriegführung« auf See, d.h. die Versenkung von Handelsschiffen usw., nicht als ungesetzlich ein. Wir haben damit gerechnet, daß uns die Nahrungsmittelversorgung aus Übersee abgeschnitten wird. Ich habe die Angriffe feindlicher U-Boote und anderer Kriegsschiffe auf unsere Handelsschiffe nie als Verstoß gegen die anerkannten Regeln der Kriegführung betrachtet. Einen guten Teil meiner 41 Dienstjahre habe ich beim Nachrichtendienst abgeleistet, und fünf Monate war ich als Mitglied der britischen Militärdelegation Teilnehmer der Pariser Friedenskonferenz von 1919. Soweit ich mich erinnere, war nie die Rede davon, daß »uneingeschränkte« Angriffe auf unsere Nachschubkonvois mit Lebensmitteln usw. in irgendeiner Weise illegal wären. Sie spielten eine höchst unangenehme Rolle im Kriege, und dem mußte man ins Auge sehen. Bei keinem anderen Urteil dieser Art habe ich so ein schlechtes Gefühl wie beim ungerechten Schuldspruch gegen Admiral Dönitz. Denn ich habe niemals von auch nur einer einzigen illegalen oder barbarischen Handlung gehört, die auf seinen Befehl begangen worden wäre. Ganz entschieden vertrete ich die Meinung, daß Soldaten aller Waffengattungen, deren einziges »Verbrechen« die wirkungsvolle und fachkundige Führung der ihnen unterstellten Truppe war, auf keinen Fall vor derartigen Gerichten zur Rechenschaft gezogen werden sollten.

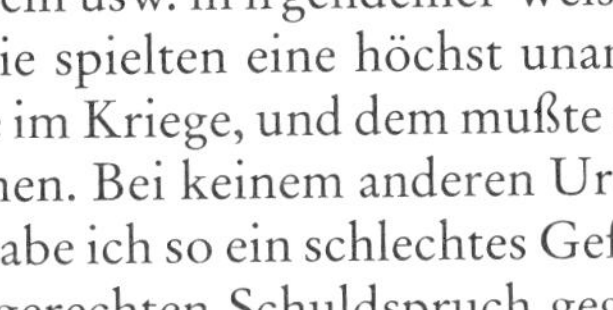

SIR WILLIAM L. O. TWISS

Generalmajor der britischen Armee; Kommandierender General der britischen Armee in Burma

VALDETARO: Die Laufbahn des Soldaten setzt Glanzlichter und fordert Opfer. Der Berufssoldat gehört zu jenen, deren wichtigste Lebensaufgabe es ist, ihrem Va-

VALDETARO

terland zu dienen – und das ungeachtet aller Hindernisse, die überwunden werden müssen, und der Feuerproben, die in Erfüllung der Pflicht zu bestehen sind. Ohne jeden Zweifel hat Admiral Dönitz im Zweiten Weltkrieg seinen Eid gehalten. Als ein rechter Befehlshaber setzte er all seine Kenntnisse und Geschicklichkeit ein, um seine Kriegsmarine zum Siege zu führen. Er war ein Könner. Wenn es exzessive Taten und Ungehörigkeiten Untergebener gab, kann er dafür wahrlich nicht schuldig gesprochen werden. Wer vermag in einer solchen Atmosphäre Gefühlsaufwallungen im Zaume zu halten, wenn die Männer auf See vor lauter Unterwasserbomben in ständiger Lebensgefahr schweben? Wird es denn etwa jemals gelingen, die Auswirkungen des Einsatzes von Nuklear-Raketen so auf militärische Ziele zu begrenzen, daß das friedliche Umfeld nicht in Mitleidenschaft gezogen wird? Der Soldat hat es mit Feindseligkeiten zu tun. Als Gefangener in Feindeshand kann er nicht mit lauter Nettigkeiten rechnen. Die Geschichte bietet dafür viele Beispiele. Für bedeutende Soldaten endet der Krieg nicht immer mit der Feuereinstellung. Strenge

Verfahren können ihnen blühen – eine karthagische Rache des Siegers bzw. ungerechte Herabwürdigung durch dessen Führer, auch Gleichrangigen gegenüber.

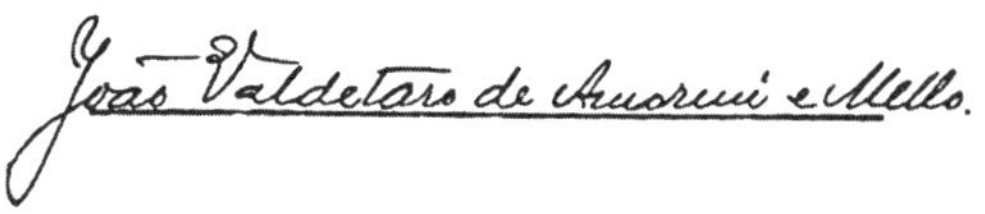

JOÃO VALDETARO DE AMORIM E MELLO

Marschall der brasilianischen Armee; Chef des Militärkabinetts von Präsident Dutra 1948-1950; Minister für Öffentlichkeitsarbeit im Kabinett von Präsident Dutra 1950/51; Leiter des Pionierwesens der Armee; Erster Stellvertretender Stabschef der brasilianischen Armee 1955-1957; Kommandant des Militärbezirks Rio de Janeiro 1958

VARGAS PRADA: Obwohl es klar auf der Hand liegt, daß der Fall des Großadmiral Karl Dönitz, der vom sogenannten Internationalen Militär-Tribunal als Kriegsverbrecher verurteilt wurde, der wohl berüchtigste ist, bin ich der Auffassung, daß wegen der ganzen Natur der Verfahren an sich kein Unterschied zwischen dieser Causa und den anderen verurteilten »Kriegsverbrechern« gemacht werden sollte. Erforderlich ist nicht die isolierte Beurteilung eines Verfahrens, man muß stattdessen den ganzen schändlichen Präzedenzfall, der in Nürnberg gesetzt worden ist, in der kräftigsten überhaupt denkbaren Weise verdammen. Durch diese Entartung, nämlich ein von den Siegern errichtetes »Internationales Militär-Tribunal«, wurden die Tore zur Barbarei aufgestoßen. Der Sieger macht sich zum Herrn über das Leben der Besiegten. Wenn in Nürnberg ein Mann wie Dönitz verurteilt werden konnte, einzig und allein deshalb, weil er sein militärisches Amt höchst wirkungsvoll ausgeführt hat, wie es ihm seine Vaterlandsliebe und sein berufliches Können geboten, wer wäre dann noch überrascht, wenn in einem künftigen Streite der Sieger es für erforderlich hielte, nicht nur die politische und militärische Führung zum Tode zu verurteilen, sondern gleich die ganze Mannschaft, die deren Befehlen gefolgt ist? Was nun die »uneingeschränkte Kriegführung« angeht: Gibt es denn überhaupt eine andere Art der Kriegführung? Waren etwa die Bombenangriffe auf Städte nicht auch »uneingeschränkt«? War der Abwurf der Atombombe denn vielleicht »eingeschränkt«? Wer wäre je auf die Idee gekommen, den Feind vor dem Abwurf von Bomben auf eine Stadt von dem Angriff in Kenntnis zu setzen, um das Leben der Einwohner zu retten? Krieg ist eine harte, grausame Angelegenheit. Die Pflicht der Soldaten besteht darin, den Sieg mit Waffengewalt zu erringen, mit welchen Mitteln auch immer, so schnell wie irgend möglich.

FELIX VARGAS PRADA

Konteradmiral der peruanischen Kriegsmarine

VAUGHAN: Hinsichtlich der Kriegsverbrecherprozesse neige ich nach reiflicher Überlegung der Meinung zu, daß sie ein schwerer Fehler und ungesetzlich waren, ein Fall von Kriegshysterie, die sich bei jedem Waffengang einstellt. Wir müssen uns auch dafür schämen, wie wir unsere Bürger japanischer Herkunft an der Westküste behandelt haben. Einen militärischen Führer ziviler Gerichtsbarkeit zu unterwerfen, weil er Befehlen gehorcht hat, widerspricht allen Regeln des Soldatenstandes in der geschriebenen Geschichte. Hätten die Deutschen

VAUGHAN

gesiegt, hätte Patton vielleicht wegen seiner aggressiven Kriegführung mit Panzern und Spaatz wegen der Bombardierung Berlins

und anderer deutscher Städte angeklagt und verurteilt werden können.

HARRY H. VAUGHAN

Generalmajor der US-Armee; Mitarbeiter des Präsidenten Harry S. Truman in Militärfragen; diente in den US-Streitkräften 1942/43 in Australien

VEALE: Die Verurteilung der Admirale Raeder und Dönitz durch das sogenannte Internationale Militär-Tribunal sollte von den anderen Urteilsprüchen in Nürnberg unterschieden werden. Tat das Tribunal ansonsten nichts anderes, als die Angeklagten aufgrund neugeschaffener, rückwirkender Tatbestände zu verurteilen, verstieß es mit dem Urteilsspruch gegen die beiden Admirale nicht nur gegen elementare Grundsätze des Rechtes, sondern auch noch gegen die neuen Prinzipien, die es selbst aufgestellt hatte. Das Tribunal nahm für sich das Recht in Anspruch – und hatte gewiß auch die Macht dazu –, jede beliebige Handlung als Kriegsverbrechen zu bezeichnen. Doch legte es den entsprechenden Artikel 6 der selbstfabrizierten Charta so aus, daß alle

VEALE

Handlungen der Siegermächte dabei außer Betracht blieben. Daraus folgte, daß keine Tat der Sieger vom Tribunal als Kriegsverbrechen deklariert wurde. Aus diesem Grunde blieb etwa die wahllose Bombardierung der Zivilbevölkerung, mit der Großbritannien unbestreitbar begonnen hat, bei den Beratungen des Tribunals über Kriegsverbrechen unberücksichtigt. Admiral Raeder und Admiral Dönitz wurden wegen Planung und Führens eines Angriffskrieges angeklagt, weil sie die Invasion Norwegens ausgearbeitet und ausgeführt hatten. Es war schon seinerzeit bekannt und ist seither auch offiziell zugegeben worden, daß Großbritannien, mit Deutschland wetteifernd, einen Angriff auf Norwegen geplant und mit der Verwirklichung dieses Planes sogar wenige Stunden vor den Deutschen begonnen hatte. Alle Einzelheiten der britischen Invasionspläne und der ersten Schritte, die dazu bereits unternommen worden waren, sind im ersten Band der offiziellen britischen Geschichte des Zweiten Weltkrieges unter dem Titel »The Campaign in Norway« publiziert worden. In einer Besprechung dieses Werkes notierte die »Times« am 10. Dezember 1952 zynisch: »Britannien feilschte noch mit sich selbst über die abgewandelte Fassung des ursprünglichen Planes, sich Narvik zu sichern, und Truppenteile waren schon auf Kriegsschiffe geschafft worden, als Hitler am 9. April 1940 in der Frühe losschlug. Mit Ausnahme von Oslo, das in unseren Plänen nie eine Rolle spielte, waren die deutschen Invasionsziele in Norwegen präzise und unvermeidlich dieselben Häfen, deren Einnahme die Alliierten schon monatelang eifrig ausgeheckt hatten.« Den feierlich verkündeten eigenen Grundsätzen des Tribunals gemäß aber konnte eine von einer der Siegermächte verübte Tat nicht als Kriegsverbrechen belangt werden. Das Tribunal hüllte sich in ein Leichentuch von rechtlicher Ignoranz. Es lehnte jeden Beweisantrag über die britischen Pläne und ersten Schritte zur Invasion Norwegens ab. Damit setzte es sich in Widerspruch zu seinem eigenen Grundsatz, daß die Planung und Führung eines Angriffskrieges ein Kriegsverbrechen sei. Die Invasion Norwegens durch Deutschland im April 1940 aber war ein Angriffskrieg. Sowohl Admiral Raeder als auch Admiral Dönitz spielten eine führende Rolle bei dieser Invasion. Deshalb wurden beide verurteilt. Jener zu lebenslänglicher Haft, dieser zu 10 Jahren Gefängnis. Überflüssig zu betonen, daß die Admirale Raeder und Dönitz pflichtgemäß die Befehle ihrer Staatsmacht ausgeführt hatten, und zwar in genau dem gleichen Geiste, in dem ausgezeichnete britische und französische Generale und Admirale im Herbst 1956 die Befehle ihrer Regierungen ausführten, als sie die Invasion Ägyptens planten und verwirklichten.

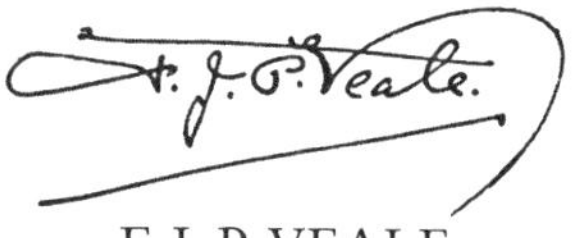

F. J. P. VEALE

Englischer Jurist und Publizist

VENTIRIS: Um der Wahrheit die Ehre zu geben, muß man eingestehen, daß die totale Kriegstechnik nichts anderes als die Masse der Zivilbevölkerung aufs Korn nimmt. Die sogenannten Kriegsverbrechen der deutschen U-Boote erscheinen aus heutiger Sicht als minder schwere Fälle verglichen

VENTIRIS

mit der ungeheuerlichen Metzelei von Hiroschima oder den schrecklichen Folgen eines künftigen Atomkrieges. Die Zivilbevölkerung von Admiral Dönitz' eigenem Land hatte schwer unter den Luftangriffen der alliierten Streitkräfte zu leiden.

KONSTANTIN VENTIRIS

General der Königlich Griechischen Armee; Oberkommandierender der griechischen Armee 1944; Generalstabschef 1947; Chef des Einsatzstabes (1949) und Ratgeber von König Paul

VERISSIMO: Der internationale Militärgerichtshof in Nürnberg bedeutet einen Rückschlag für die Rechtsordnung, ist eine Verzerrung unserer Vorstellung von Zivilisation und hat ein für Moral und Gewissen

VERISSIMO

der westlichen Welt unwürdiges Bild abgegeben. Was in Nürnberg geschah, trägt den Stempel des Orients. Es war der rachsüchtige Geist »Auge um Auge, Zahn um Zahn«. Es wurde keine Rücksicht darauf genommen, daß Justiz nicht nach Rache trachten darf. Inwiefern hatte man es in Nürnberg tatsächlich mit Kriminellen zu tun? Das heißt: Standen auf der einen Seite Männer, die gesellschaftliche Harmonie hochhielten, also Solidarität in den zwischenmenschlichen Bezichungen, und auf der anderen Seite solche, die vorsätzlich diese Eintracht gestört hatten? Es gibt hierauf nur eine Antwort: Auf beiden Seiten verletzten Menschen, die in den Kampf auf Leben und Tod verwickelt waren, die Harmonie auf Erden. In diesem ungeheuerlichen Kampf gab es keine Möglichkeit, zwischen dem Tod auf dem Schlachtfeld, durch Bombenangriffe auf Städte oder in Konzentrationslagern zu unterscheiden. Alles das bedeutete Tod, Ruinen, Massaker, Vernichtung. Und da gibt es noch Hiroschima und Nagasaki mit Tausenden und Abertausenden vernichteten unschuldigen Menschenleben durch den Abwurf der Atombomben (dahinter steckte derselbe Geist wie hinter Nürnberg). Politische Führer befahlen den Atombombeneinsatz, Piloten brachten die Bomben zum Ziel und klinkten sie aus, Wissenschaftler hatten sie hergestellt: allesamt in der Rolle von Kriegsverbrechern. Die Wahrheit ist, daß das monströse Vorbild Nürnberg Kriegsverbrecher-Gerichtshöfe rund um die Welt schaffen wird. Diese Gerichte erwecken das bestialische römische »Vae Victis!« (Wehe den Besiegten!) wieder und machen zwei Jahrtausende christlicher Zivilisation vergessen. Laßt uns Nürnberg verdammen! Laßt uns Prozesse verdammen, bei denen Menschen wegen Fehlern angeklagt werden können, die aus den Fehlern anderer entstanden sind! Die Voraussetzung für Gerechtigkeit ist die Verteidigung der Gesellschaftsordnung gegen ihre Zerstörung, nicht aber die Rache einer Gruppe von Unruhestiftern unter den Siegern an einer Gruppe von besiegten Störenfrieden.

IGNACIO JOSÉ VERISSIMO

Marschall der brasilianischen Armee; Kommandant des 5. und 8. Militärbezirks; Kommandeur der 3. Armee

VILLARI: Der Prozeß gegen der Kriegsverbrechen bezichtigte Deutsche, Bürger eines besiegten Landes, geführt von Richtern der Siegermacht, war an sich schon eine ungeheuerliche Verletzung elementarer Grundsätze von Recht und Gerechtigkeit. Wenn ein solcher Prozeß denn überhaupt stattfinden soll, müßten die Richter zumindest aus den Reihen Neutraler gesucht werden. Die Rechtsgrundlage dieser Prozesse wurde von den Siegermächten aus dem Stand geschaffen, nachdem die behaupteten Delikte bereits begangen worden waren. Der Gerichtshof maßte sich das ohne jede

VILLARI

gesetzliche oder verfassungsmäßige Grundlage an. Die Handlungen, derer man die Angeklagten bezichtigte, waren zu einer Zeit verübt worden, als sie nicht als strafbar galten. Durch Anwendung rückwirkenden Rechtes wurde das Prozeßgeschehen in höchstem Grade unrechtmäßig. Vergleichsweises war bei den Prozessen gegen Ludwig XVI. und Marie Antoinette und gegen die neapolitanischen Revolutionäre im Jahre 1799 geschehen. Allerdings waren in diesen Fällen die Richter gleicher Staatsangehörigkeit wie die Angeklagten. Doch auch so schon wurden diese Verfahren seinerzeit als höchst ungesetzlich betrachtet. Die Tatsache, daß einer der Nürnberger Richter ein Russe war, das heißt offizieller Vertreter einer Regierung, die sich ungezählter Verbrechen schuldig gemacht hat, und zwar weit schlimmerer als jener, die man den Deutschen anlastete, beraubte den Gerichtshof auch des letzten Scheins von Recht und Billigkeit. Die Art, wie man sich für die Anklage Beweise beschaffte, hat Anlaß zu schärfster Kritik gegeben: Bestechung und Belohnung, Drohungen und Erpressungen jeder Spielart. Der letzte Schrott an »Beweisen« wurde zugelassen, ohne Rücksicht auf den Wahrheitsgehalt. Hauptsache, es ging zu Lasten der Angeklagten. Einmal wurde sogar das Katyn-Massaker, bekanntlich ein Werk von Russen, gegen die Deutschen ins Feld geführt, was man später allerdings wieder fallenließ. Die Angeklagten wurden wegen Handlungen angeklagt, die sie den Befehlen ihrer eigenen Vorgesetzten gemäß ausgeführt hatten. Der Vorwurf, daß ein Angeklagter Kriegspläne gegen den einen oder anderen Staat entworfen hätte, kann allein schon deshalb nicht aufrechterhalten werden, weil Führer aller Waffengattungen notwendigerweise in Friedenszeiten Pläne für alle möglichen Kriege gegen alle möglichen Feinde zu entwerfen haben. Versäumen sie dies, machen sie sich einer Pflichtvergessenheit gegenüber ihrem eigenen Vaterland und ihrer ordnungsgemäßen Staatsführung schuldig.

LUIGI VILLARI

Großoffizier der italienischen Krone; italienischer Diplomat; Mitglied des Generalsekretariats des Völkerbundes; Mitglied der italienischen Delegation bei der Londoner Seekonferenz

VOGEL: Als ich vor vielen Jahren Kadett der Kriegsakademie West Point war, lehrte man uns folgende Definition von Disziplin gemäß General Appleby: »Umgehend und bereitwillig allen Befehlen gehorchen und – wenn kein Befehl vorliegt – so handeln, wie es vermutlich Befehl wäre.« Ich nehme an, daß man Berufssoldaten anderer Länder, auf die wir später im Kampfe trafen, ähnlich eingeschworen hat. Krieg ist kein sportlicher Wettkampf mit Regeln, die von Schiedsrichtern überwacht werden; er ist

VOGEL

tödlich und üblicherweise der letzte Ausweg, um die nationale Sicherheit zu wahren. Im Krieg hat der Berufssoldat keine andere Wahl als seine Befehle auszuführen. Stets war ich der Auffassung, daß die Idee, »Kriegsverbrecherprozesse« durchzuführen, ein großer Fehler war. Sie haben keinen anderen Zweck als den, ein unvernünftiges Verlangen nach Rache zu befriedigen. Sie sind ein Unrecht an Militärführern, gegen die sie sich richten. So sehr es mich auch bekümmert, daß Admiral Dönitz und viele seines Schlages zu Unrecht bestraft worden sind, noch mehr quält mich der Gedanke an einen Militärgerichtshof, wie er nach Japans Kapitulation einberufen wurde, um General Yamashita anzuklagen und ihn zum Tode zu verurteilen. Ein solches Vorgehen ist einer großen Nation, die steten Großmut im Siege gezeigt hat, unwürdig.

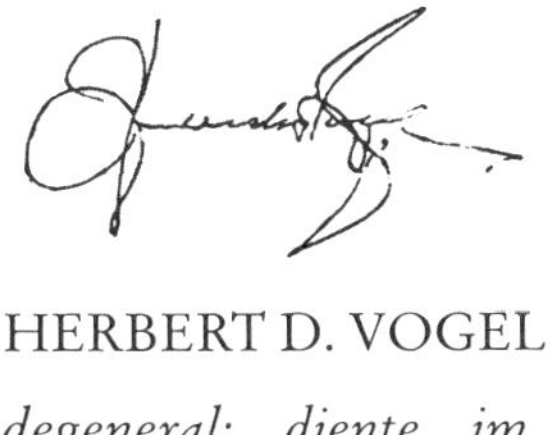

HERBERT D. VOGEL

US-Brigadegeneral; diente im Zweiten Weltkrieg im Südwest-Pazifik; Stellvertretender Gouverneur der Panama-Kanalzone 1949-1952; Divisions-Pionierführer im US-Pionierkorps 1952-1954; Vorstandsvorsitzender der Tennessee Valley Authority 1954-1962; Ratgeber der Weltbank 1963-1967

VOKES: Ich stimme der Ansicht zu, daß Soldaten aller Waffengattungen in Krieg und Frieden die Diener der Staatsführungen sind und ihnen als solche zu gehorchen haben. Der moderne Krieg ist ein grausames Geschäft: Vernichte den Feind oder er vernichtet dich. Deshalb kommt er nicht ohne Haß auf den Feind aus. Während Frontsoldaten recht rasch ihren Haß auf den geschla-

VOKES

genen Feind verlieren, geht das Vergessen bei anderen viel langsamer vonstatten. Das ist besonders dann der Fall, wenn das Heimatland etwa durch feindliche Bomben verwüstet worden ist und infolgedessen Verluste an Menschenleben und Elend zu beklagen waren. Endet der Krieg für eine davon betroffene Nation siegreich, ertönt der Ruf nach Rache, und zwar nicht nur an den politischen Häuptern der Geschlagenen, sondern auch an ihren hochrangigen militärischen Dienern. Das ist ein menschlicher Charakterzug, der nicht gerade menschlich ist. Die einzige Lösung bestünde darin, den Krieg grundsätzlich als Mittel nationaler Politik bei allen Völkern abzuschaffen. Doch die ganze Geschichte über war die Waffengewalt immer wieder der letzte Ausweg zur Lösung internationaler oder auch nationaler Konflikte, nachdem alle friedlichen Mittel versagt hatten. Daher kann ich unmöglich daran glauben, daß der Krieg jemals als Mittel staatlicher Politik ausgeschlossen wird. Beispiele, daß Nationen oder Staatenbündnisse sich im Siege großmütig erwiesen hätten, sind doch äußerst selten. Das kann man im nachhinein nur bedauern.

CHRIS VOKES

Kanadischer Generalmajor; Kommandierender General der 1. und 2. kanadischen Infanterieeinheiten in Italien 1942-1944; Kommandierender General der 4. Panzerdivision 1944/45: Befehlshaber der kanadischen Besatzungstruppen in Deutschland 1945/46; Kommandierender General der kanadischen Armee, Kommando Mitte 1946-1950; Kommandierender General, Kommando West, 1951-1959

VOORST: Ich habe die Ehre, Ihnen meine Sicht des Falles des deutschen Admirals Dönitz mitteilen zu dürfen. Es ist etwas Wahres daran, was viele altgediente Offiziere einer Nation, die als erste die Atombombe zielgerichtet gegen die Zivilbevölkerung eingesetzt hat, bekunden: Beide Seiten haben im letzten Weltkrieg einen rücksichtslosen Kampf geführt. Schon deshalb ist Admiral Dönitz kein Kriegverbrecher. Ich halte die in Nürnberg gegen ihn verhängte 10jährige Haftstrafe für wahrheitsblindes Unrecht.

VOORST

BARON VAN VOORST TOT VOORST

Generalleutnant der Königlich Niederländischen Armee; Delegierter bei der Abrüstungskonferenz 1932; Kommandeur des Feldheeres und der Festung Holland 1937; Kommandeur des niederländischen Feldheeres 1940

WADE: Ich möchte mich den lobenden Worten, die Sie bereits für Ihre ganz ausgezeichnete Arbeit zur Enthüllung des Geheimnisses um das »Internationale Militär-Tribunal« erhalten haben, anschließen. Hocherfreut pflichte ich diesen Bemühungen bei. Sie können auf meine Unterstützung zählen. Gleich nach der ersten Bekanntmachung der »Prozesse« habe ich deren Rechtmäßigkeit bezweifelt und mich angestrengt, irgendwo eine Grundlage für deren Berechtigung zu finden. Mir ist es bis heute nicht gelungen, darauf eine befriedigende Antwort zu erhalten. Nach meiner Überzeugung ist die Moral der Truppe als Ergebnis dieser »Prozesse« gefährdet. Diese meine Ansicht beruht auf Gesprächen, die ich sowohl mit aktiven als auch mit im Ruhestand befindlichen Soldaten unseres Landes sowie mit vielen befreundeten ausländischen Militärs und Diplomaten geführt habe.

LEIGH WADE

Generalmajor der US-Luftwaffe; Kommandant der Luftwaffenbasis San Antonio auf Kuba 1941-1946; Luftwaffen-Attaché an den US-Botschaften in Athen und Rio de Janeiro 1949-1953; Kommandeur der Luftwaffenabteilung der vereinigten Militärkommission USA-Brasilien 1953-1955

WAHAB: Die Kriegsverbrecherprozesse haben auf mich einen niederschmetternden Eindruck gemacht. Meine ganze Sympathie galt den tapferen militärischen Führern, die angeklagt waren, weil sie ihre vaterländische Pflicht und ihre Befehle ritterlich wie rechtschaffen erfüllt hatten, wofür ein Soldat nor-

WAHAB

malerweise gelobt und gepriesen wird. Würden die Richter von Nürnberg ein ähnliches Verfahren erwarten oder erhoffen, verlören sie einmal einen Krieg? Unserer Geschichte und Tradition gemäß ist es, einen in Gefangenschaft geratenen feindlichen Führer ehrenvoll zu behandeln. Ein Soldat zu sein und sein Land zu verteidigen, ist eine noble und ehrenhafte Aufgabe, und mit einem Kriegsgefangenen ist gesetzmäßig und anständig zu verfahren. Warum denn sollten Führer der Besiegten als Kriminelle vor Gericht gestellt werden? Hier liegt ein ernster Präzedenzfall vor, der zum Verfall der Sitten beitragen kann, der zweischneidig ist und Offiziere aller Seiten betreffen kann. Ich muß schon sagen, daß jene, die diese Sache eingefädelt haben, wahrlich keine glückliche Hand hatten.

AHMED ABDEL WAHAB

Sudanesischer Generalmajor; Innenminister 1958/59

WAHBA: Hinsichtlich der »Kriegsverbrecherprozesse« im Anschluß an den Zweiten Weltkrieg gestatte ich mir die Bemerkung,

WAHBA

daß es reichlich unanständig war, die Besiegten vor Gericht zu bringen. In meinen Augen ist die Niederlage Strafe genug. Besonders, daß es gegen Berufssoldaten aller Waffengattungen wegen erfolgreicher Führung der bewaffneten Streitkräfte ihres Vaterlandes zu Verfahren kommen konnte, ist äußerst ungerecht.

Hafiz Wahba

SCHEICH HAFIZ WAHBA

Saudiarabischer Jurist und Diplomat; Erziehungsminister 1927-1929; Botschafter in Großbritannien 1930-1956; Botschafter zur besonderen Verfügung

WAINWRIGHT: Gehe ich auf die Straße und ermorde einen Menschen durch Erschießen, werde ich mit Recht als Mörder angeklagt, wie es ja auch ein Gesetz gegen Mord gibt. Befinden wir uns aber im Kriege, und ich erblicke einen Feind, schieße auf ihn und töte ihn vorsätzlich, erfülle ich meine

Pflicht. Töte ich nennenswert oft, bekomme ich einen Orden. Darin liegt der grundsätzliche Unterschied. Es gibt kein Gesetz, jemanden wegen Tötungen infolge Kriegshandlungen zu bestrafen. Im Kriege haben wir den Befehlen unserer Vorgesetzten zu gehorchen. So hat man es uns gelehrt. Würden wir den Befehl verweigern, kämen wir vors Kriegsgericht. Jeder, der in den beiden Weltkriegen gedient hat, war höheren Stellen verantwortlich und unbedingt gehalten, all ihre Anweisungen auszuführen. Nie gab es ein Gesetz, das reine Kriegshandlungen mit Strafe bedrohte. Deshalb waren die Nürnberger Prozesse illegal und schaden der Disziplin. Bei mir steht Admiral Dönitz in höchstem Ansehen. Sein Verfahren und seine Inhaftierung waren empörend.

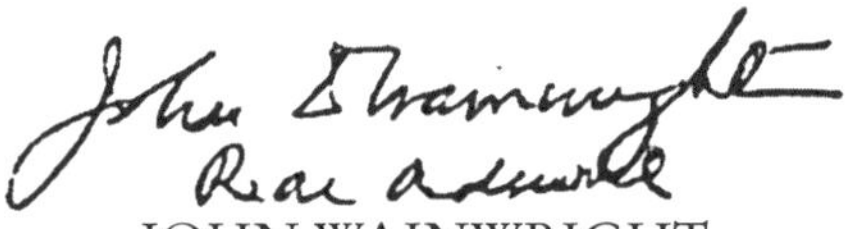

JOHN WAINWRIGHT

Konteradmiral der US-Kriegsmarine; befehligte die Patrouille am Jangtse 1938 und die 3. Schlachtschiff-Abteilung 1940

WAITT: Ich halte die »Kriegsverbrecherprozesse« gegen Berufssoldaten für unentschuldbar und für einen Gewaltakt. Sie schufen einen Präzedenzfall, den so mancher Jüngere unter den Beteiligten, wie ich befürchte, noch zu Lebzeiten bereuen wird. Schon als die Prozesse abliefen, hielt ich sie für falsch. Später hatte ich dieses Empfinden noch stärker. Amerikaner sollten sich dieser Prozeß-Farce und der furchtbaren Bestrafung japanischer wie deutscher hoher Militärs schämen. Diese Meinung verfechte ich heute stärker denn je.

ALDEN H. WAITT

Generalmajor der US-Armee; Stellvertretender Befehlshaber für Einsätze, Truppenteil Chemische Kriegführung; Chef des Korps für Chemische Kriegführung der US-Armee 1945-1949

WALKER: Zu spät haben wir mit Entsetzen die wahren Auswirkungen des Kriegsschuldartikels im Versailler Vertrag erkannt. Decken wir nun einiges vom Vorspiel des Zweiten Weltkrieges auf, so staunen wir

WAITT

WALKER

abermals nicht schlecht, wer sich diesmal des Angriffskrieges schuldig gemacht hat. Ich persönlich bin der Auffassung, daß die Zeit gekommen ist, alle jene »Kriegsverbrecherprozesse« einer beherzten Nachprüfung zu unterziehen, an denen sich die Vereinigten Staaten nach dem Zweiten Weltkrieg beteiligt haben. Ein offizielles Abrükken unseres Landes von den Anklagepunkten, für die es keine Grundlage in einem vorher geschlossenen Vertrag, Statut oder sonstigem Übereinkommen gegeben hat, ist erforderlich. Die »Kriegsverbrecher«prozesse, besonders jene, die sich gegen Militärs richteten, lasten den Soldaten aller Nationen ungerechterweise eine Bürde auf. Was daraus alles folgen kann, wurde für jedermann 1959 bei den Prozessen auf Kuba und im Irak offenkundig. Ich bin peinlich berührt – und ich meine, es sollte jeden Amerikaner mit Scham erfüllen –, wenn ich mir anschaue, unter welchen Umständen solche Prozesse wie in Nürnberg mit dem Segen unseres Landes durchgeführt werden konnten. Wollen wir hoffen, daß der Tag nicht mehr fern ist, an dem die Vereinigten Staaten Kraft und Mut aufbringen, ihren Standpunkt zu revidieren. Zu viele unserer Verbündeten sind schon von den Kommunisten als Kriegsverbrecher verdammt worden, als daß wir an diesem befremdlichen Nürnberger Kodex noch festhalten sollten.

RICHARD L. WALKER

US-Universitätsprofessor; Direktor der Abteilung Internationale Studien an der Universität von Süd-Carolina

WARD: Ich war und bin aus Prinzip gegen Kriegsverbrecherprozesse. Nur ganz ausnahmsweise kann es sie geben. Die Kriegs-

WARD

verbrecherprozesse schufen einen gefährlichen Präzedenzfall, der eines Tages zum Schuß nach hinten werden könnte. Solche Sachen wie bedingungslose Kapitulation, Kriegsverbrecherprozesse und »Balance of Power« sollten gar nicht erst erwogen werden, ohne die geschichtliche Perspektive und vor allem die Folgen für die Zukunft in Betracht zu ziehen. Sonst üben Gefühlsaufwallungen des Augenblicks einen unheilvollen Einfluß aus.

ORLANDO WARD

Generalmajor der US-Armee; Kommandierender General der 1. und 20. Panzerdivision im Zweiten Weltkrieg; Kommandierender General des 5. Korps 1946 und der 6. Division in Korea

WEDEMEYER (an Großadmiral Dönitz): Stets bin ich davon überzeugt gewesen, daß Sie und viele Ihrer bei den Nürnberger Kriegsverbrecherprozessen verurteilten Kameraden als Berufssoldaten nur ihre Befehle ausgeführt und dabei keine Verbrechen bzw. Verstöße gegen das Völkerrecht oder die Menschlichkeit begangen haben. Ich hoffe,

WEDE-MEYER

daß Sie im Lebensabend bei guter Gesundheit bleiben und daß Ihnen viel Freude zuteil wird. Als einstiger Berufssoldat bin ich sicher, daß Sie sich für eine bessere Verständigung zwischen den Völkern unserer Vaterländer einsetzen werden.

A. C. WEDEMEYER

General der US-Armee; Kommandeur auf dem chinesischen Kriegsschauplatz 1944; Direktor der Axe Science and Electronics Corp.

WEEKS: Was die Nürnberger Prozesse angeht, so konnte ich mich nie für sie erwärmen, zumindest nicht dafür, einen Offizier unter Anklage zu stellen, der wohl nichts anderes getan hat als nur seine Befehle auszuführen.

WEEKS

SINCLAIR WEEKS

US-Handelsminister 1953-1958

WEYGAND: Ich bin der Meinung, daß es einfach unmöglich ist, militärische Führer, welchen Ranges auch immer, als Kriegsverbrecher zu bezeichnen, wenn sie lediglich

WEY-GAND

ihr Vaterland verteidigt und Befehle ausgeführt haben, die diesem Zwecke dienten. Wie Monsieur Pierre Etienne Flandin meine auch ich, daß die U-Boot-Kriegführung nicht krimineller ist als jede andere Art der Vernichtung des Feindes, die ja schließlich

Kriegsziel ist. Die Verurteilung von Admiral Dönitz war meines Erachtens nicht gerecht.

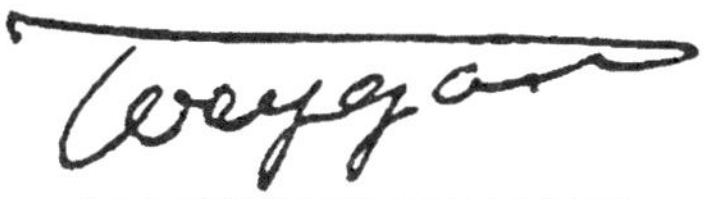

MAXIME WEYGAND

Französischer Armeegeneral; Mitglied der Académie française; Oberkommandierender der französischen Armee 1931-1935 und 1940; Verteidigungsminister 1940

WHEELER: Ich stimme mit Admiral Gallerys Feststellung überein, daß die »Kriegsverbrecher«-Prozesse ein ungesetzliches Verfahren und eine freche Heuchelei waren. So empfand ich es während der Prozesse, und dabei ist es geblieben.

BURTON K. WHEELER

Senator des US-Bundesstaates Montana 1923-1947; Kandidat für das Amt des US-Vizepräsidenten 1924; Rechtsanwalt

J. C. WHITE: Wie zwischen Siegern und Besiegten, so ist es schwer, eine Trennungslinie zwischen Recht und Rache zu ziehen. Wird Rache über die Feindseligkeiten hinaus bevorzugt, ist ein Gerichtshof nun wirklich nicht das beste Mittel, sie auszuüben. Wegen der Schwierigkeiten, eine unbefangene Justiz aus den Reihen der Kriegführenden sicherzustellen, ergibt sich die Notwendigkeit, andere als die Sieger dafür zu gewinnen, um die Verfahren unparteiisch zu gestalten. Wenn Neutrale und Besiegte nicht von der Unparteilichkeit des Tribunals überzeugt sind, kommt dessen Urteilen kaum mehr Glaubwürdigkeit zu als politischen Prozessen hinter dem Eisernen Vorhang. Genauso beschwerlich ist die Klärung der Frage, was denn eigentlich ein strafrechtlich relevantes Kriegsverbrechen ist. Wenn auch wohl die »Aggression« unter dem Bannfluch steht, werden doch Verteidigungsanstrengungen als unverzichtbar betrachtet, bis die maßgeblichen Staaten den Krieg an sich als Mittel der Politik verworfen haben. Doch: Wo endet Verteidigung und wo beginnt die Aggression? Es ist ja nicht unbedingt immer so, daß der, der den ersten Schuß abgibt, auch der eigentliche Aggressor ist. Nach Lage der Dinge ist es so, daß die Verliererseite immer der Angreifer sein wird. Der Krieg ist eine Kollektivhandlung. Sich Einzelpersonen zur Bestrafung herauspicken zu wollen, ist grundsätzlich wirklichkeitsfremd und unfair. Diejenigen, die die Entscheidung zur Kriegführung treffen, lassen sich von der allgemeinen politischen Atmosphäre in den von ihnen regierten Ländern leiten. Soldaten und andere Staatsdiener führen nur ihre Befehle aus. Tun sie das nicht, ist Anarchie die Folge. Aus diesen Darlegungen ergibt sich, daß ich die Verurteilung und Bestrafung von Großadmiral Dönitz nur schief ansehen kann.

CAMPBELL WHITE

US-Diplomat; Gesandter und Botschafter in Haiti 1940-1944; Botschafter in Peru 1944/45

W. R. WHITE: Karl Dönitz, Großadmiral der deutschen Kriegsmarine, ist vor dem Nürnberger Gerichtshof illegal angeklagt worden. Seine Verurteilung zu zehn Jahren Haft ist unfaßbar. Es war eine Verletzung aller modernen Rechtsvorstellungen. Sowohl Gericht als auch Urteilsspruch waren

W. R. WHITE

beispiellos. Dem durch Völkerrecht abgesegneten und bei allen zivilisierten Nationen üblichen Kriegsrecht als Ausdruck von Christentum und westlicher Kultur ist Gewalt angetan worden. Zweifellos wird die Geschichte das Unrecht, das Dönitz erleiden mußte, zurechtrücken. Wahrscheinlich wird sie seinem Wirken im Zweiten Weltkrieg, dem letztlich der Erfolg versagt blieb, Lob zollen. Seinerzeit erfüllte er treu seine Pflicht, indem er sich bemühte, zum Sieg seines Vaterlandes beizutragen. Führertum jeder Art könnte künftig furchtsam und unsicher werden, erhält Großadmiral Dönitz von dieser und der nachfolgenden Generation nicht Ehrung und Beifall wie es ihm gebührt.

WILLIAM RUSSELL WHITE

Konteradmiral der US-Kriegsmarine; befehligte die U.S.S. »Vixen« im Ersten Weltkrieg; Mitarbeiter des Gouverneurs der Jungferninseln; Stellvertretender Inspekteur für Marine-Material im Zweiten Weltkrieg

WHITEHEAD: Den zuständigen Offizier mit der unmittelbaren Verantwortung für die Operationen zur See zu betrauen, ist meines Erachtens die wirksamste Art der Marine-Kriegführung. Seine Pflicht besteht

WHITE-HEAD

darin, die Aufgabe bestmöglich zum Wohle seines Vaterlandes zu erfüllen. Den zu bestrafen und einzusperren, der auf diese Weise seinem Heimatland gedient hat, würde die den Sieg erstrebenden Befehlshaber aller Völker in Gefahr bringen, vor Gericht zu landen. Ich glaube nicht, daß ein solches Vorgehen mit dem Kriegsrecht vereinbar ist.

RICHARD F. WHITEHEAD

Vizeadmiral der US-Kriegsmarine; Kommandeur der Luftwaffen-Hilfseinheiten der Pazifik-Flotte im Zweiten Weltkrieg; Leiter der US-Marinegesandtschaft in Brasilien 1952

WIJKMARK: Es drängt mich, der Ansicht Konteradmiral Gallerys, wie er sie in seinem Buch zum Ausdruck gebracht hat, in welchem er die »Kriegsverbrecherprozesse« als

WIJK-MARK

eine »Verhöhnung des Soldatentums« bezeichnet, voll zuzustimmen. Der in Nürnberg geschaffene gefährliche Präzedenzfall muß rückgängig gemacht werden.

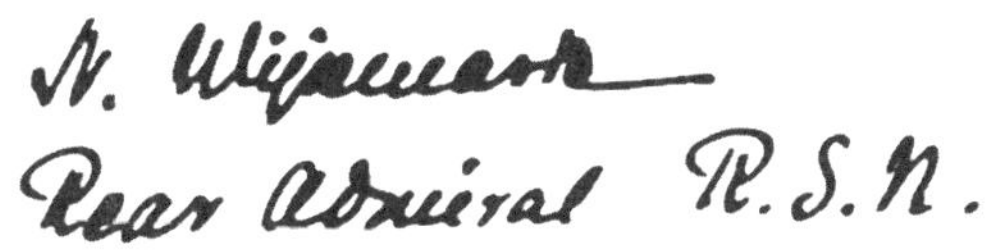

NILS WIJKMARK

Konteradmiral der Königlich Schwedischen Kriegsmarine; Geschwaderkommandeur; Chefadmiral in Karlskrona 1936-1944

WILL: Den Feststellungen amerikanischer Seeleute vom Schlage eines Admirals Nimitz oder eines Vizeadmirals Lockwood ist eigentlich nichts mehr hinzuzufügen. Ich stimme voll und ganz mit dem überein, was Admiral Gallery zum Ausdruck gebracht hat. Admiral Dönitz war ein ehrenhafter Marineoffizier. Er war davon überzeugt, nur seine Pflicht zu tun; und das tat er in einer

WILL

Weise, die jeden Amerikaner mit Stolz erfüllen könnte. Ich wünsche ihm alles Gutes.

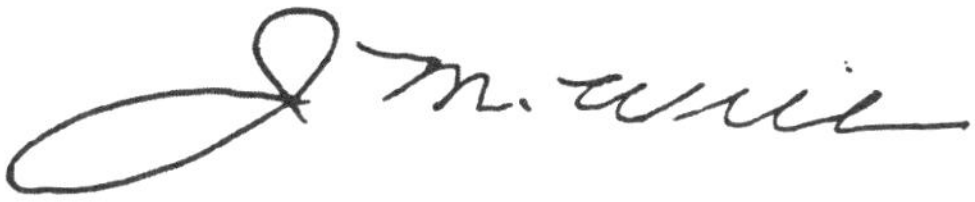

JOHN M. WILL

Admiral der US-Kriegsmarine; Kommandeur der Amphibienstreitkräfte im westlichen Pazifik 1953/54; Kommandeur des militärischen Seetransportwesens

G. W. WILLIAMS: Während wir und andere ständig von Gesetz und Ordnung schwätzen, fürchte ich, daß wir durchaus nicht immer praktizieren, was wir predigen. Denken wir nur an den Fall Berglong oder an den Briefwechsel zwischen Wilson und Lansing im Ersten Weltkrieg. Selbstgerechtigkeit scheint die Regel zu sein, und unsere sowie gewisser anderer Leute Handlungen werden so gerechtfertigt, als seien sie sakrosankt. Ich bekenne mich voll und ganz zu unserer Verfassung und anderen rechtlichen Grundsätzen unseres Staates, bin aber häufig ganz dagegen, was jene, die in Amt und

Würden sind, unter Berufung darauf anrichten. Im Falle Nürnberg scheinen wir in Atavismus verfallen zu sein, was auch auf den Eichmann-Prozeß zutrifft. Wer Zweckmäßigkeitserwägungen zur Grundlage des Rechtes und des eigenen Tuns macht, rechtfertigt im nachhinein Hitlers Ansichten. Viele wollen nicht wahrhaben, was George Washington in seinen Abschiedsworten geäußert hat, daß nämlich das Recht die entscheidende Kraft sein muß. Ich meine, daß jemand, der gemäß Befehlen seiner ordnungsgemäßen Staatsmacht gehandelt hat, von Schuld entbunden ist, egal, wie tadelnswert die Befehle auch sein mögen. Alles andere bedeutete, daß wir uns in ein barbarisches Handeln flüchten, was auch immer an Ausreden dafür vorgebracht wird.

GEORGE WASHINGTON WILLIAMS

Amerikanischer Jurist; Berater des Gouverneurs der Jungferninseln 1921-1924; Bezirksrichter 1924-1930; Staatsanwalt gegen Kartellmißbrauch bei der US-Bundeshandelskommission

S. T. WILLIAMS: Obwohl ich als Infanterieoffizier in beiden Weltkriegen gegen die Deutschen gekämpft habe und infolgedessen nicht gerade milde Gefühle ihnen gegenüber hege, kam ich doch 1946 zur Ansicht, daß die US-Regierung mit der Beteiligung an den Kriegsverbrecherprozessen vor dem Internationalen Militär-Tribunal einen großen Fehler begangen hat. Im Februar 1946 wurde ich zuerst als stellvertretender Kommandant, dann als Kommandant des Standortes Nürnberg-Fürth abkommandiert und blieb für einige Monate auf diesem Posten.

S. T. WILLIAMS

In dieser Zeit hatte ich wiederholt Gelegenheit, dem Prozeßverlauf im Gerichtssaal des Nürnberger Justizpalastes zu folgen. Damals wie heute ist es meine Ansicht, daß, wenn schon die US-Regierung es für nötig erachtete, deutsche Militärbefehlshaber vor Gericht zu stellen, dies nur ein Kriegsgericht der Vereinigten Staaten hätte sein dürfen. Den Angeklagten hätten dann dieselben Rechte wie amerikanischen Soldaten in der gleichen Lage zugestanden. Zweifellos wird unsere Beteiligung am Internationalen Militär-Tribunal und unsere Zustimmung zur Prozeßführung als außerordentlich schwerer Fehler in die Geschichte eingehen.

SAMUEL T. WILLIAMS

US-Generalleutnant; Kommandierender General der 25. Infanterie-Division und des 9. und 15 Armeekorps 1952-1954; Kommandierender General der 4. US-Armee 1954/55; Befehlshaber der amerikanischen Hilfstruppen in Vietnam 1955-1960

E. E. WILSON: Ich halte die »Kriegsverbrecherprozesse« für das größte Verbrechen des Zweiten Weltkrieges. Es war ein Verbrechen gegen die Angeklagten und ein noch schwereres gegen die westliche Zivilisation. Die Grundsätze des Kriegsrechtes im Völkerrecht wenden die Zehn Gebote nach Moses auf souveräne Nationalstaaten an. Die Gebote zeigen Schranken, die sich Menschen notwendigerweise selbst auferlegen müssen, wollen sie in Ruhe und Sicherheit miteinander leben. Das Verbrechen derer, die bei den Kriegsverbrecherprozessen vor Gericht standen, beruhte aber darauf, daß sie den Krieg verloren hatten. Und diese Niederlage hatte viel mit einer empörenden Taktik, genannt »strategische« Bombenangriffe, zu tun, deren Ziel es war, durch direkte Angriffe auf die Zivilbevölkerung unter vorsätzlicher Verhöhnung des Völkerrechts »die Moral der Zivilisten zu erschüttern«. Durch die Bestrafung der Besiegten statt der für diese barbarische Taktik Verantwortlichen haben die Nürnberger Prozesse festgeschrieben, daß im nächsten Krieg jede Waffe, sei sie noch so barbarisch, unbegrenzt und ohne Rücksicht auf das Überleben der Menschheit bzw. der Zivilisation eingesetzt werden kann. Durch diesen Kurswechsel in der Geschichte der westlichen Zivilisationen haben die Nürnberger Prozesse der Menschheit tatsächlich den Totenschein ausgestellt. Indem wir Admiral Dönitz die Ansichten nachdenklicher Amerikaner zur Kenntnis bringen, leisten wir zumindest etwas an Wiedergutmachung für das Verbrechen der Kriegsverbrecherprozesse. Wir wollen wenigstens das Mindestmaß dessen, was die Gerechtigkeit gebietet.

EUGENE E. WILSON

US-Marineflieger, Flugzeugbauer und Schriftsteller; Stabschef der Luftwaffengeschwader der Kampfflotte 1927/28; Vorstandsvorsitzender der Vereinigung der amerikanischen Flugzeugindustrie; Präsident der United Aircraft Corp.

R. E. WILSON: Mit großem Interesse habe ich das Memorandum über die »Kriegsverbrecherprozesse« gegen Offiziere und insbesondere über den Fall des Großadmirals der deutschen Kriegsmarine, Karl

R. E. WILSON

Dönitz, zur Kenntnis genommen. Ich möchte zum Ausdruck bringen, daß ich die Grundsätze dieser Kriegsprozesse lebhaft ablehne. Für mich stellen sie eine totale Verzerrung der Gerechtigkeit dar. Sie waren absolut ohne jede gesetzmäßige Grundlage und eine Beleidigung aller Militärdienstleistenden sämtlicher Staaten der Welt, deren einziger Antrieb Patriotismus und Hingabe für die Belange ihres Vaterlandes ist. Die Prozesse verkörpern die bösartigste Form der Kriegs- bzw. Nachkriegshysterie. Die Welt geriete tatsächlich in einen jämmerlichen Zustand, würden Vaterlandsliebe und patriotische Hingabe jemals wieder als Verbrechen betrachtet werden.

RALPH E. WILSON

Vizeadmiral der US-Kriegsmarine; Marineverbindungsoffizier, Guadalcanal 1943; Einsatz-Offizier der 3. Pazifikflotte 1944; stellvertretender Kommandeur der Marinetransportstreitkräfte 1951; Kommandeur der 5. Kreuzerabteilung 1953; Stellvertretender Chef der Marineoperationen 1957-1960; Vorsitzender des Bundesamtes für Marineangelegenheiten 1961

WILSON OF LIBYA: In meiner Zeit als Oberkommandierender auf den Kriegsschauplätzen des Mittleren Ostens und der Mittelmeerregion sind mir keine Verletzungen des internationalen Seerechts durch die Achsenmächte zur Kenntnis gelangt. Mein eigenes Empfinden in dieser Sache war, daß jene, die Kriegsverbrechen begangen haben, gleich nach dem Waffenstillstand von Militärgerichtshöfen abzuurteilen gewesen wären und daß die Nürnberger Prozesse die Bühne für politische »Kunststückchen« abgaben.

WILSON OF LIBYA

LORD HENRY MAITLAND WILSON OF LIBYA

Britischer Feldmarschall; Oberkommandierender im Mittleren (Nahen) Osten 1943; Oberbefehlshaber der Alliierten auf dem Kriegsschauplatz Mittelmeer 1944

WISE: Als Student der Geschichte, Politik und Militärwissenschaften vor über einem halben Jahrhundert ist es mir eine besondere Freude, tiefe Befriedigung über die Freilassung von Großadmiral Karl Dönitz ausdrücken zu können. In dem Feuereifer der Amerikaner, zum Zwecke ihrer Selbstverteidigung Deutschland knappe zehn Jahre nach den Prozessen gegen deutsche Offiziere und Patrioten wiederzubewaffnen,

WISE

erblicke ich die kräftigste Selbstverfluchung wegen eigener Fehler, die es in der Geschichte meines Landes je gegeben hat.

JENNINGS C. WISE

Oberst der 80. US-Division in Europa im Ersten Weltkrieg; Berater der Gemischten US-Kommission für Reparationsforderungen, 1921-1923; Mitarbeiter der US-Generalstaatsanwaltschaft; Verfasser zahlreicher Bücher

J. S. WOOD: Meine seinerzeit offen bekundete Meinung über die infamen Nürnberger Prozesse lautete, daß unser Land sei-

J. S. WOOD

ne Beteiligung an einem solch beschämenden Zerrbild der Gerechtigkeit niemals wieder vergessen machen kann. Auch heute stehe ich zu dieser Einschätzung trotz des Blendwerks von Richter Jackson und anderen, die an dieser düsteren Tragödie beteiligt waren.

JOHN SHIRLEY WOOD

US-Generalmajor; Kommandierender General der 4. Panzerdivision 1942-1945

R. E. WOOD: Ich habe die sogenannten Kriegsverbrecherprozesse seit eh und je als ungerecht und als einen Makel für die Vereinigten Staaten empfunden. Ich bin erfreut, daß Admiral Dönitz, ein ehrenhafter Soldat, letztlich in Freiheit gekommen ist.

ROBERT E. WOOD

US-Brigadegeneral; Stellvertretender Generalquartiermeister der US-Armee im Zweiten Weltkrieg; Aufsichtsratsvorsitzender der Sears Roebuck & Co.

WOODCOCK: Ich bin über den Versuch erfreut, eine klarere Sicht der Nürnberger Prozesse zu schaffen. Es ist ein erheblicher Unterschied, wegen Greueltaten oder wegen Führens eines Angriffskrieges angeklagt zu werden. Im Winter 1945/46 verbrachte ich drei Monate in Tokio mit dem Studium der Anklageakten für die Kriegsverbrecherprozesse. Infolge einer Erkrankung meiner Schwester mußte ich die Untersuchung abbrechen. Doch die Zeit hat ausgereicht, um zum Schluß zu kommen, daß wir falsch lagen. Es gab keine stichhaltigen Beweise für Greueltaten in diesen Fällen. Tatsächlich ging es darum, Staatsführer wegen eines Angriffskrieges unter Anklage zu stellen. Ich erinnere mich an die aufschlußreiche Nachricht, daß in Paris 1919, als der Schrei, den Kaiser anzuklagen und zu hängen, mächtig erscholl, unsere Delegation und – kurios genug – die Japaner einwandten, daß es im Völkerrecht keine Verankerung für ein solches Verfahren geben würde. Zur staatlichen Souveränität gehört nun einmal, daß die Führung den Kurs einschlagen kann, der ihr am besten erscheint.

AMOS WALTER WRIGHT WOODCOCK

US-Anwalt und Brigadegeneral; Staatsanwalt in Maryland; Sondermitarbeiter der Generalanwaltschaft der USA; Staatsanwalt bei der Anklagevorbereitung gegen die japanischen »Kriegsverbrecher« 1945/46; Präsident des St. John's College

WOOLDRIDGE: Ich habe die Meinung vertreten, daß eine Siegernation, die die achtbaren hohen deutschen Soldaten wegen Kriegsverbrechen vor Gericht bringt, Heuchelei begeht. Damals hatte ich wie auch heute den Eindruck, daß ein Präzedenzfall für die Zukunft geschaffen wurde, in dem ein unterlegenes Volk mit ansehen muß, wie seine militärische und politische Führung ungeachtet der Kriegsursachen hingerichtet wird. Ich persönlich hege höchste Sympathie für Admiral Dönitz. Er erfüllte im Kriege seine Pflicht gemäß der Befehle der Staatsführung. Mir ist unerfindlich, welche andere Richtschnur für einen Berufssoldaten gelten soll. Was die Vorhaltungen angeht, die man Admiral Dönitz wegen seiner Beteiligung am uneingeschränkten U-Boot-Krieg macht, so kann ich nicht den geringsten Unterschied zu den wahllosen Flächenbombardements von Städten erkennen, bei denen militärisch lohnenswerte Ziele gar nicht groß beachtet wurden. Admiral Dönitz hat mein tiefempfundenes Mitgefühl für die Art und Weise, wie man mit ihm als Folge seiner Kriegshandlungen umgegangen ist.

WOOLD-RIDGE

E. T. WOOLDRIDGE

Admiral der US-Kriegsmarine; Kommandeur der Nationalen Kriegsakademie; Kommandeur der Zweiten Flotte der US-Atlantikflotte; Kommandeur der Schlachtschiffe/Kreuzer der US-Atlantikflotte; Kommandeur der NATO-Einsatzflotte

WORRELL: Zutiefst bedauern wir die Tatsache, daß so mancher unserer US-Staatsbürger an jenen Prozessen teilhatte, bei denen Admiral Dönitz illegal zu einer Haftstrafe, zu verbüßen im Spandauer Gefängnis (Westberlin), verurteilt worden ist. Admiral Dönitz war ein ehrenhafter Soldat, der seine Befehle ausgeführt und die See-

WORRELL

streitkräfte seiner Nation im Kriege erfolgreich geleitet hat.

MARGARET HOPKINS WORRELL

Präsidentin der »Ladies of the Grand Army of the Republic«; 21 Jahre lang Richterin am Gerichtshof des Innenministeriums für indianische Angelegenheiten; Organisatorin der gewerkschaftlichen »Federal Employees Union« und der Liga der amerikanischen öffentlich Bediensteten

F. F. WORTHINGTON: Meine Meinung deckt sich mit der von Konteradmiral Daniel V. Gallery von der US-Kriegsmarine und mit der von Generalmajor J.F.C. Fuller. General Fuller und ich sind alte Freunde, und wir haben die ganze Sache bei verschiedenen Gelegenheiten durchdiskutiert. Im Grunde ist schon alles gesagt. In meinen Augen muß gleiches Recht für alle gelten. Wäre dies zur Zeit der Prozesse der Fall gewesen, so hätte eine ganze Anzahl hochrangiger Offiziere der Sieger vor Gericht gehört. Ich hoffe, daß dem Versuch, diesen gefährlichen Präzedenzfall zu tilgen, Erfolg beschieden ist.

F. F. WORTHINGTON

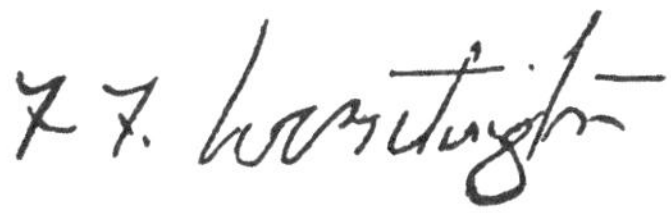

FREDERICK F. WORTHINGTON

Generalmajor der britischen Armee; Kommandierender General einer Panzerdivision 1942; Kanadisches Pazifik-Kommando 1945; Kommando West 1946; Zivilverteidigungskoordinator für Kanada seit 1948

J. M. WORTHINGTON: Hinsichtlich der Kriegsverbrecherprozesse im allgemeinen bezweifle ich schon seit Jahren die Sittlichkeit und die Berechtigung, den Soldaten irgendeines Volkes wegen Erfüllung seiner militärischen Aufgaben anzuklagen, solange er sich den Umständen entsprechend im Rahmen seiner Möglichkeiten an die allgemein anerkannten Grundsätze des Völkerrechts gehalten hat. Meines Erachtens ist es ganz wichtig, diese ethische Frage nach Verstreichen einer gehörigen Frist seit dem Zweiten Weltkrieg zu untersuchen, um die richtige Perspektive zu gewinnen. Dann erst hat sich das in der Hitze des Gefechts entstandende ungestüme Meinungsklima beruhigt und kann die Sache ordentlich behandelt werden. Was nun den Fall Dönitz insbesondere angeht, also des Befehlshabers der deutschen Kriegsmarine, so habe ich den Eindruck, daß er die Befehle seiner Staatsführung ausführte, indem er uneingeschränkten U-Boot-Krieg betrieb. Das kann ihn nicht zum »Kriegsverbrecher« stempeln, bedenkt man, daß die Kriegsmarinen beider Seiten uneingeschränkten U-Boot-Krieg im Zweiten Weltkrieg geführt haben. Deshalb erscheint dieser Anklagepunkt unberechtigt. Der uneingeschränkte Einsatz von Unterseebooten ist ein extremer, aber höchst erfolgversprechender Versuch, die feindliche Kampfkraft zu vernichten. Beide Seiten haben den kürzesten Weg gesucht, um den Konflikt zu einem für sie günstigen Abschluß zu bringen. Daß wir uns schließlich durchsetzen konnten und nicht der Feind, reicht nicht als Begründung, die den unseren entsprechenden Absichten der Gegenseite als »Verbrechen« zu bewerten. Ich war tief betroffen, als wir so weit gingen, jene hohen Soldaten zu bestrafen, die nichts anderes getan hatten als zu erfüllen, wozu sie ihr ganzes Leben gedrillt worden waren, nämlich ihre militärischen Pflichten im Einklang mit ordnungsgemäßen Befehlen, die sie direkt von ihren Vorgesetzten erhalten hatten. Wenn wir über die historische Neubewertung des gefährlichen Präzedenzfalles von Nürnberg nachdenken, sollten wir die Tatsache im Auge haben, daß wir es heutzutage mit den Sowjets und Vertretern anderer ähnlich unzivilisierter Weltanschauungen zu tun haben, die gar nicht erst ein rechtliches Vorbild brauchen, um wahllos führende Politiker, Militärs oder auch einfache Zivilpersonen umzubringen.

J. M. WORTHINGTON

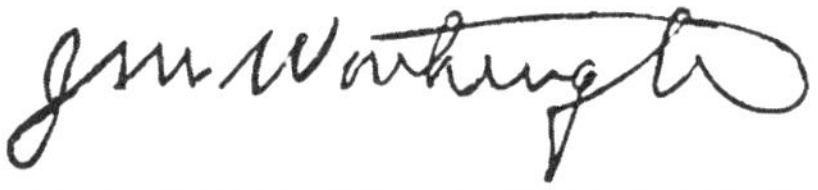

JOSEPH M. WORTHINGTON

Konteradmiral der US-Kriegsmarine; Kommandierender Offizier der U.S.S. »Benham« 1941/42; Kommandeur des 57. Zerstörer-Geschwaders 1945; Kommandierender Offizier der U.S. »Rochester« 1948/49

E. K. WRIGHT: Gestatten Sie mir, mich Ihnen und der Vielzahl von Berufssoldaten des Heeres, der Marine und der Luftwaffe hinzuzugesellen, die die bei den Nürnberger Kriegsverbrecherprozessen aufgekommene tragische Heuchelei verdammen. Nichts anderes in der Geschichte hat das Soldatentum derart verhöhnt und seine ethische Lauterkeit dermaßen herabgewürdigt. Würde der Nürnberger Präzedenzfall verewigt, könnte dies die Vernichtung unserer traditionellen patriotischen Ideale und unseres Eides auf »Pflicht, Ehre, Vaterland« bedeuten. Der Berufssoldat empfindet nichts als Abscheu für die Vergewaltigung unserer Verfassungsgrundsätze und das Zerrbild des Völkerrechts, mit denen die Nürnberger Prozesse »glänzten«, die sich gegen solche Berufsoffiziere richteten, deren einziges »Verbrechen« in professioneller Befähigung und patriotischem Einsatzwillen bestand. Die Höhe war der Fall des Großadmiral Dönitz! Als Berufssoldat kann ich nur hoffen, daß Admiral Dönitz weiß, wie ihn das amerikanische Soldatentum wegen seines Mutes, seiner Grundüberzeugungen, seiner Fähigkeiten und seines dynamischen Führertums respektiert und bewundert.

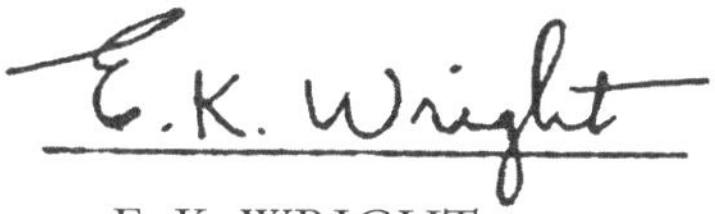

E. K. WRIGHT

US-Generalmajor; Chef der Panzerabteilung der 12. Armeegruppe 1943-1945; Stellvertretender Direktor der Central Intelligence Agency (CIA) 1946-1949; Kommandierender General der 6. Infanteriedivision

L. WRIGHT: Eh und je habe ich die Nürnberger Prozesse schon vom Ansatz her als krankhaft empfunden. Unter keinen Umständen lassen sie sich mit geltendem Recht, sei es international oder innerstaatlich, vereinbaren. Ich hatte das Vergnügen, der Debatte zwischen dem großen Staatsmann Senator Robert A. Taft und Senator Fulbright über die Nürnberger Prozesse beiwohnen zu dürfen, die einen starken Eindruck auf mich machte. Unbegreiflich, wie noch irgend jemand, der etwas auf die Grundregeln des Fair play im Recht gibt, die sogenannten Kriegsverbrecherprozesse von Nürnberg zu rechtfertigen vermag.

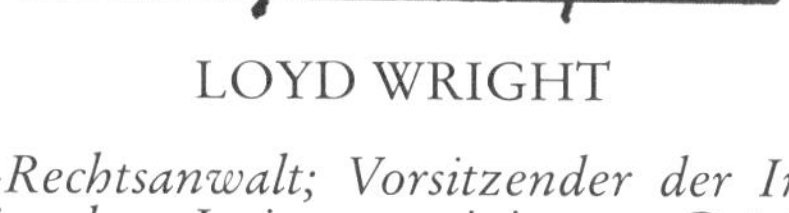

LOYD WRIGHT

US-Rechtsanwalt; Vorsitzender der Internationalen Juristenvereinigung, Präsident der Kommission für staatliche Sicherheit

YARNELL: Der Urteilsspruch gegen Großadmiral Dönitz stellt, ebenso wie jener gegen Admiral Raeder, ein Zerrbild der Gerechtigkeit dar. Vor Gericht wurde gebracht, wozu jeder getreue Offizier in Kriegszeiten

YARNELL

verpflichtet ist. Das Urteil von Nürnberg schafft einen gefährlichen Präzedenzfall für alle Soldaten, die bei künftigen Kriegen auf der Verliererseite stehen.

HARRY E. YARNELL

Admiral der US-Kriegsmarine; Oberkommandierender der Asienflotte

Dritter Abschnitt

KARL DÖNITZ

Sein Leben in Bildern

Karl Dönitz

wurde am **16. September 1891** in Grünau bei Berlin als Sohn eines Ingenieurs geboren. Er trat am **1. April 1910** in die Kriegsmarine ein. Am **27. September 1913** erfolgte seine Beförderung zum Leutnant zur See. Nach Ausbruch des Ersten Weltkrieges, im **August 1914**, diente er als Adjutant und Wachoffizier des Kreuzers »Breslau«. Zeitweise wirkte er als Fliegerbeobachter über der Dardanellenfront und als Flugplatzleiter bei Gallipoli bei den türkischen Verbündeten des Deutschen Reiches. Am **2. Dezember 1916** wurde Dönitz zur U-Boot-Waffe versetzt. Nach Besuch der Unterseeboot-Schule diente er **1917** als Wachoffizier auf »U 39« unter Kapitänleutnant Walter Forstmann, dem zweiterfolgreichsten U-Boot-Kommandanten des Ersten Weltkrieges. Am **1. März 1918** übernahm Dönitz zunächst das Kommando an Bord des Unterseebootes »UC 25«, dann von »UB 68«, mit dem er außerordentliche Erfolge erzielen konnte. Am **4. Oktober 1918** geriet er, nachdem »UB 68« im Kampf auf der See gefechtsunfähig geschossen worden war, in britische Gefangenschaft, aus der er im **Juli 1919** heimkehrte. Karl Dönitz war u. a. mit beiden Eisernen Kreuzen und dem Hohenzollernschen Hausorden ausgezeichnet worden, der höchsten preußischen Kriegsdekoration nächst dem Pour le mérite und dem für Unteroffiziere bestimmten Goldenen Militär-Verdienstkreuz. **1921** erfolgte seine Beförderung zum Kapitänleutnant, im **Herbst 1928** zum Korvetten-Kapitän. Ab **1930** diente er als Admiralstabsoffizier. **1934** übernahm Dönitz das Kommando des Kleinen Kreuzers »Emden«, und **1935** wurde er Kommodore der nach dem deutschen U-Boot-Helden Weddigen benannten neuen ersten U-Boot-Flottille des Deutschen Reiches. Am **1. Januar 1936** zum Führer der U-Boote ernannt, oblag ihm der Neuaufbau der deutschen U-Boot-Waffe. Seit dem **12. September 1939** wirkte Dönitz als Befehlshaber der U-Boote (B. d. U.), ab **1. Oktober 1939** im Range eines Konteradmirals. Die von ihm entworfene Taktik (»Rudel-Angriffe«) zeitigte mit minimalen Kräften – das Deutsche Reich war auch maritim nicht für einen großen Krieg gerüstet – gewaltige Erfolge und führte England, wie britischerseits eingestanden, an den Rand des Zusammenbruchs, bevor die gewaltige materielle Überlegenheit der Westmächte nach dem US-Kriegseintritt auf die Dauer die Wende brachte. Am **21. April 1940** hatte Dönitz als fünfter Angehöriger der Kriegsmarine das Ritterkreuz erhalten, am **1. September 1940** wurde er zum Vizeadmiral, am **13. April 1942** zum Admiral und am **30. Januar 1943** zum Großadmiral sowie Oberbefehlshaber der Kriegsmarine ernannt. Am **7. April 1943** folgte die Auszeichnung mit dem Eichenlaub. Ab **Januar 1945** leitete Dönitz die Rettung von Millionen Menschen aus dem Osten über die Ostsee vor dem Zugriff der Truppen Stalins. Es war die größte See-Rettungsaktion der Weltgeschichte. **Mitte April 1945** zum Oberbefehlshaber in Norddeutschland ernannt, erhielt Dönitz am **30. April 1945** die Nachricht, daß er von Hitler testamentarisch zum Staatschef und Oberbefehlshaber der Wehrmacht bestimmt worden war. Am **2. Mai 1945** bildete der neue Reichspräsident in Plön eine Geschäftsführende Reichsregierung unter der Leitung des parteilosen Grafen Schwerin von Krosigk, der bereits zur Weimarer Zeit als Minister gedient hatte. Am **3. Mai 1945** nahm Dönitz mit der deutschen Staats- und Wehrmachtführung Sitz in der Marineschule zu Flensburg-Mürwik. Durch Teilkapitulationen gegenüber den Westalliierten suchte er das Blutvergießen zu beenden, während er den Kampf im Osten fortführte, um noch möglichst viele Flüchtlinge zu retten. Am **7./8. Mai 1945** erfolgte auf Dönitz' Geheiß die Gesamtkapitulation der Deutschen Wehrmacht. Am **23. Mai 1945** wurde der Reichspräsident mit seiner Regierung von Briten völkerrechtswidrig »abgesetzt« und »verhaftet«. In der Internierung in Mondorf/Luxemburg verfaßte Dönitz im **Juni 1945** die »Mondorfer Erklärung« über die Rechtswidrigkeit der »Regierungsübernahme« der Alliierten in Deutschland und über den rechtlichen Fortbestand des Deutschen Reiches, welches nicht selbst, sondern nur dessen Wehrmacht sich bedingungslos den feindlichen Verbündeten ergeben habe. Ab **20. November 1945** gehörte Dönitz zu den in Nürnberg als »Hauptkriegsverbrecher« Angeklagten. Am **1. Oktober 1946** wurde er wegen »Verbrechens gegen den Frieden« zu 10 Jahren Haft verurteilt, die Nürnberger »Mindeststrafe für erwiesene Unschuld«, wie sein Verteidiger, Flottenrichter Kranzbühler, kommentierte. Am **1. Oktober 1956** erfolgte Dönitz' Entlassung aus dem Viermächtegefängnis zu Berlin-Spandau. **1958** veröffentlichte er sein Erlebnisbuch »Zehn Jahre und zwanzig Tage«, **1968** seine Erinnerungen »Mein wechselvolles Leben«, **1970** »Die Strategie zur See im Zweiten Weltkrieg«. **1979** kamen »40 Fragen an Karl Dönitz« heraus, in denen er seine Sicht der zeitgeschichtlichen Ereignisse darlegte. Karl Dönitz starb am **24. Dezember 1980** im holsteinischen Aumühle bei Hamburg, wo er auch – unweit der Bismarck-Gruft – bestattet wurde.

Der französische Historiker Léonce Peillard schrieb in seinem Buch »La Bataille de l'Atlantique« (Paris 1974; deutsch: »Die Schlacht im Atlantik«, 2 Bände, Wien/Berlin 1974):

»Wer wie ich das Naziregime verabscheute und haßte, der wird überrascht, ja vielleicht schockiert feststellen, daß das Vorwort zum ersten Teil dieses Buches aus der Feder des Mannes stammt, der von Januar 1943 an Oberbefehlshaber der Kriegsmarine war. Wie General Weygand (ehemaliger französischer Oberbefehlshaber) halte ich jedoch den Großadmiral Karl Dönitz für einen Ehrenmann, der seine Pflicht tat und sein Vaterland so human verteidigte, wie es die erbarmungslose Schlacht im Atlantik zuließ. Diese Ansicht teilen die meisten Seeleute – vor allem die ehemaligen U-Boot-Fahrer – ebenso wie der britische Admiral Sir Peter Gretton, der seine Unterschrift neben die von Dönitz setzte. Nicht selten statteten seine einstigen Gegner Dönitz einen Besuch ab, sofern sie ihm nicht bei den Zusammenkünften des Verbandes deutscher U-Boot-Fahrer begegneten.«

Karl Dönitz (in der Mitte sitzend) als Fähnrich zur See 1911.

Der spätere Großadmiral als Wachoffizier auf dem Unterseeboot »U 39«, Sommer 1917.

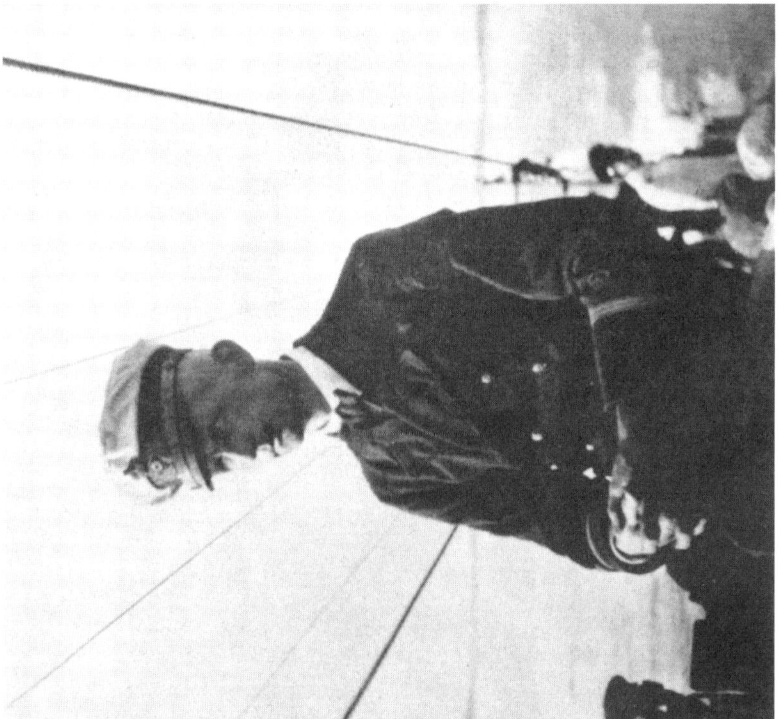

Zu Kriegsbeginn 1939: Konteradmiral Dönitz, Chef der deutschen Unterseeboot-Flotte.

November 1939: Konteradmiral Dönitz zeichnet die Besatzung eines U-Bootes mit dem Eisernen Kreuz aus.

Auszeichnung deutscher Unterseeboot-Männer nach erfolgreicher Feindfahrt, Ende 1940.

Dönitz mit dem Sieger von Scapa Flow, Prien, am 20. Februar 1941. Tags drauf lief Prien zu seiner letzten Fahrt aus. Auch er fand den Tod im schrecklichen Völkerringen.

Karl Dönitz auf der Titelseite einer deutschen Illustrierten im September 1941. Links: Ritterkreuzträger Herbert Wohlfahrt (U 556).

Großadmiral Dr. Erich Raeder, Vizeadmiral Dönitz.

Unten: Dönitz (hinten rechts) mit Großadmiral Raeder bei der Besichtigung eines Stützpunktes deutscher U-Boote am Atlantik.

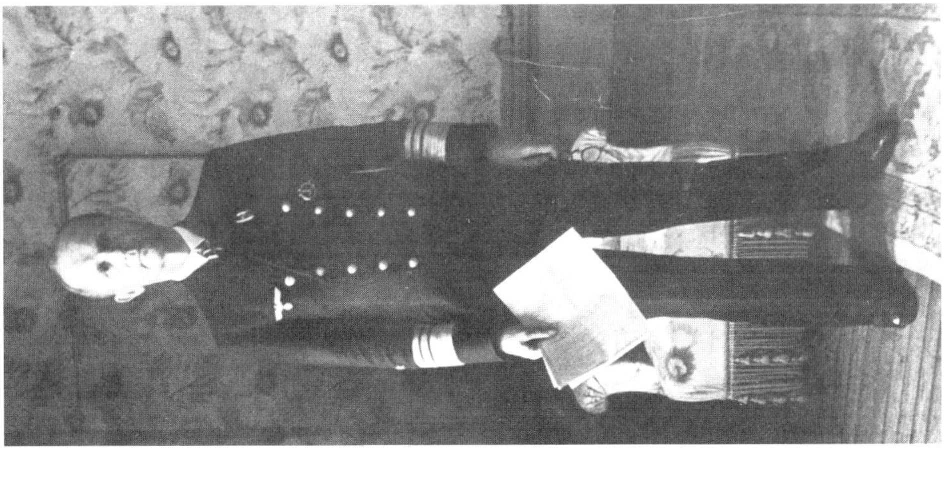

Der Befehlshaber der Unterseeboote (B.d.U.).

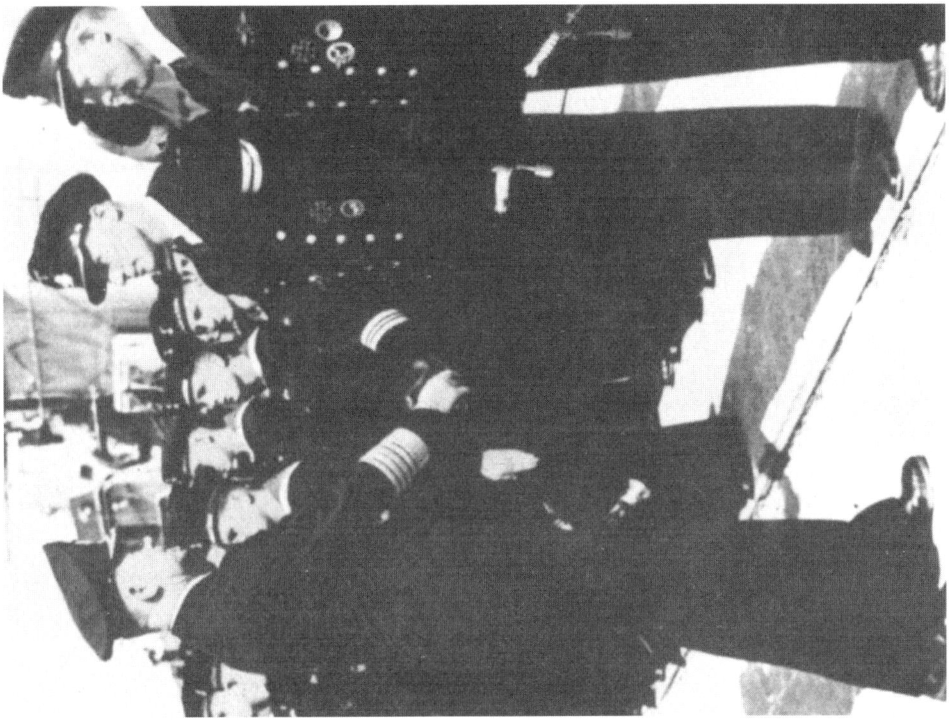

Der B.d.U. begrüßt eine Torpedoboot-Besatzung nach Rückkehr von der Feindfahrt.

Dönitz mit italienischen U-Boot-Offizieren. Rechts Admiral Parona.

Das EK I für eine U-Boot-Besatzung aus den Händen von Dönitz.

Dönitz mit Kapitän z.S. Godt und Kapitänleutnant Schnee bei einer Lagebesprechung zur Schlacht im Atlantik.

Karl Dönitz mit seinen U-Boot-Männern.

Dönitz' Sohn Peter. Er fiel auf einem U-Boot im Atlantik im Mai 1943.

Klaus Dönitz, Sohn des Großadmirals, fiel im Mai 1944 auf einem Schnellboot im Ärmelkanal.

Kapitänleutnant Günther Hessler, Dönitz' Schwiegersohn, mit seiner Frau Ursula, der Tochter des Großadmirals.

Inmitten seiner Soldaten.

Dönitz bei einer Ansprache 1943.

Der Großadmiral bei einer Front-Flottille.

Großadmiral Dönitz im Jahre 1944.

Standortgebäude der Marineschule Flensburg-Mürwik, vom 3. bis zum 23. Mai 1945 Sitz der deutschen Staats- und Wehrmachtführung unter Karl Dönitz. In den letzten Monaten des Zweiten Weltkrieges leitete Dönitz die Rettung von Millionen Menschen aus dem Osten über See.

Reichspräsident Großadmiral Dönitz mit seinem Adjutanten Lüdde-Neurath (links) in Flensburg-Mürwik, Mai 1945.

Mitglieder der deutschen Führung mit Vertretern der Alliierten bei letzten Verhandlungen an Bord der »Patria«. Rechts: Generaladmiral von Friedeburg, Großadmiral Dönitz, Generaloberst Jodl.

Völkerrechtswidrige Festsetzung der deutschen Staats- und Wehrmachtführung durch die Engländer am 23. Mai 1945.

Der Reichspräsident und Großadmiral in der Gewalt der Sieger. Hinter ihm Professor Speer und Generaloberst Jodl.

Unter schwerer Bewachung wird Dönitz mit Speer und Jodl alliierten Bildberichtern vorgeführt.

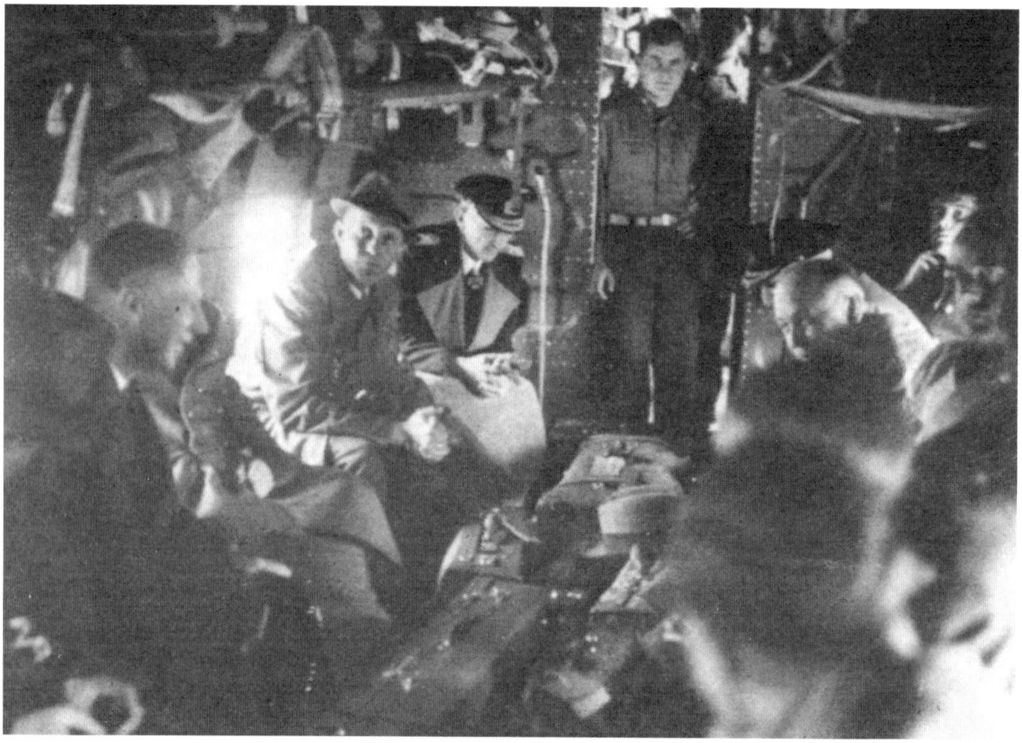

Abflug nach Bad Mondorf (Luxemburg), wo die deutsche Führung zunächst arrestiert wird.

In diesem Gebäude im luxemburgischen Bad Mondorf wurde die deutsche Führung bis zum Beginn des Nürnberger Prozesses gefangengehalten. Hier verfaßte Reichspräsident Dönitz seine »Mondorfer Erklärung« über die völkerrechtswidrige Festsetzung der Reichsregierung und gegen die alliierte »Regierungsübernahme« im Deutschen Reich, das völkerrechtlich fortbestehe, wie der Internierte betonte.

Flottenrichter Otto Kranzbühler, Dönitz' Verteidiger in Nürnberg.

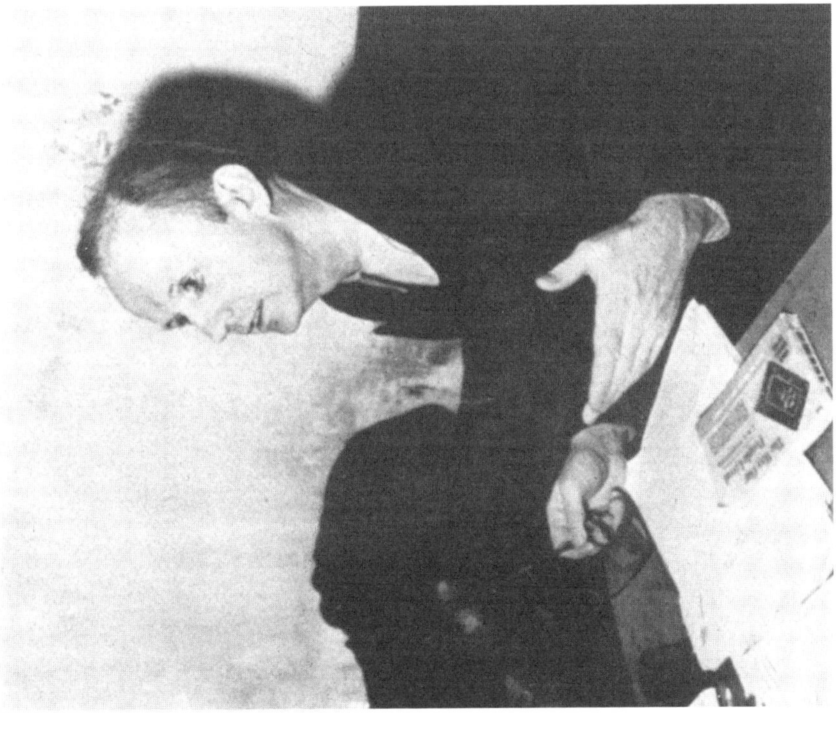

Als Gefangener in Nürnberg.

Karl Dönitz (stehend) vor dem Tribunal der Sieger.

Dönitz im Nürnberger Zeugenstand.

Dönitz (Mitte) im Spandauer Gefängnishof. Links Funk, rechts Freiherr von Neurath.

1956 wurde Dönitz aus dem Spandauer Gefängnis entlassen. Der Großadmiral mit Gattin, Tochter, Schwiegersohn und Enkelkindern.

Dönitz in den 60er Jahren.

Wo immer Karl Dönitz im Kreise seiner einstigen U-Boot-Männer erschien, wurde er freudig und ehrfurchtsvoll begrüßt.

Karl Dönitz mit seinen Erinnerungen »Mein wechselvolles Leben«.

Ehrenwache alter Kameraden am Sarge des toten Karl Dönitz.

Abertausende gaben Dönitz am 6. Januar 1981 in Aumühle bei Hamburg das letzte Geleit; Ritterkreuzträger trugen den Sarg.

Auch ausländische Soldatenverbände (hier: Italiener) entsandten Abordnungen zur Beisetzung des Großadmirals.

Der katholische Pfarrer Karl Keil, selbst Träger hoher Kriegsauszeichnungen, segnet den toten Großadmiral.

Vierter Abschnitt

NÜRNBERG UND DIE FOLGEN

Was danach geschah

In den Jahren nach Ende des Nürnberger Tribunals gegen die sogenannten Hauptkriegsverbrecher mäßigten sich die Westalliierten im Umgang mit den besiegten Deutschen. Zwischen ihnen und ihrem einstigen Verbündeten Stalin war der kalte Krieg ausgebrochen; eine wachsende Zahl einflußreicher Persönlichkeiten des Westens gewann den Eindruck, es sei »das falsche Schwein geschlachtet« worden. Viele Millionen Menschen aus dem Lager der Westalliierten hatten sich, als Frontsoldaten oder als Besatzer, davon überzeugen können, wie weit die antideutsche Propaganda von der Wirklichkeit entfernt war. Zudem meldeten sich immer vernehmlicher rechtsstaatlich gesinnte Persönlichkeiten im einstigen Feindeslager zu Worte. Sie hatten erkannt, daß bei den Siegertribunalen Unrecht verübt worden war und wollten weiteren Rechtsbruch verhindern. Nicht zu unterschätzen ist beim Prozeß der Mäßigung des Westens der Einfluß des damaligen geschlossenen deutschen Widerstandes gegen alliierte Willkür und Sieger-»Rechtsprechung«. Denn in der frühen Bundesrepublik bestand im großen und ganzen Einvernehmen darüber, bei aller prinzipiellen moralischen Verurteilung der Untaten des NS-Regimes die Siegergerichtsbarkeit doch als ungerecht zu verdammen und ihren Opfern beizustehen.

Während die Zahl der Todesurteile bei westalliierten Siegertribunalen zurückging, mehrten sich die Freisprüche. Mit Freispruch endete beispielsweise am 30. Oktober 1948 das Nürnberger Verfahren gegen den Generaladmiral der deutschen Kriegsmarine, Otto Schniewind. Wegen gleicher und ähnlicher Vorwürfe waren zwei Jahre zuvor die deutschen Großadmirale Karl Dönitz und Dr. Erich Raeder in Nürnberg noch zu zehn Jahren bzw. lebenslänglicher Haft verurteilt worden. 1953 wurde SS-Gruppenführer und General der Waffen-SS Wilhelm Bittrich, im Kriege Befehlshaber des II. SS-Panzerkorps, von einem französischen Militärtribunal in Marseille von der Anklage der Kriegsverbrechen freigesprochen. Britische und amerikanische Generale hatten zugunsten des Schwerterträgers ausgesagt. Wenige Jahre zuvor wäre er trotzdem zum Tode verurteilt worden.

Bleibt nachzutragen, daß Schniewind, Bittrich und andere Freigesprochene von volkspädagogischen Scharfrichtern, wie sie in den 90er Jahren in Bundesdeutschland in Medien marktbeherrschend geworden sind, ohne weiteres stets schuldig gesprochen und an den Galgen gebracht worden wären.

Ein solches geistiges Klima aber war nach Gründung der Bundesrepublik Deutschland unvorstellbar. Damals bestand als ein Zentrum bundesdeutscher offiziöser Anstrengungen, den Opfern alliierter Tribunale zu helfen, das Heidelberger Dokumentenarchiv, eine Gründung des Rechtswissenschaftlers Professor Dr. Eduard Wahl (Universität Heidelberg). Er hatte als Verteidiger im IG-Farben-Prozeß die Nürnberger Gerichtsbarkeit der Sieger kennengelernt; von 1949 bis 1969 vertrat er die Christdemokraten im Deutschen Bundestag. Das Heidelberger Dokumentenarchiv konnte sich auch auf die Hilfe maßgeblicher Sozial- und Freidemokraten sowie hochrangiger Vertreter der katholischen und der evangelischen Geistlichkeit stützen. An den Treffen beteiligten sich u. a. maßgebliche Repräsentanten des Bundesjustizministeriums, des Bundeskanzleramtes und des Bundesaußenministeriums.

Bald nach Gründung der Bundesrepublik schuf Bonn die Zentrale Rechtsschutzstelle. Sie hatte die Aufgabe, deutschen Opfern von Siegertribunalen beizustehen und Unrecht bei den alliierten Prozessen zu dokumentieren. Was an Folter und Terror bei den Schautribunalen des Ostens geschah, ist im wesentlichen publik gemacht worden. Doch die Akten der Zentralen Rechtsschutzstelle über die »Kriegsverbrecherprozesse West« werden im Bonner

Auswärtigen Amt immer noch, nach rund einem halben Jahrhundert, unter strengem Verschluß gehalten. Es handelt sich um mehr als eintausendeinhundert Aktenordner mit zehntausend Einzelfällen.

Aus Furcht, ihr Gesicht zu verlieren, fanden sich die Westmächte nicht bereit, Urteile der Tribunale zu revidieren, auch wenn das Unrecht offen zutage lag. Doch war man geneigt, den Deutschen durch Amnestie und Begnadigungen entgegenzukommen und so auch dem wachsenden heimischen Widerstand gegen das Unrecht der Siegertribunale Rechnung zu tragen.

Am 31. Januar 1951 erließen US-Hochkommissar McCloy und US-General Handy eine erste umfassende Amnestie: Von den 89 Häftlingen in der amerikanischen Strafanstalt Landsberg am Lech, die bei den Nürnberger Prozessen verurteilt worden waren, kamen 79 in den Genuß des »Gnadenaktes«. Darunter auch der ehemalige ranghöchste Beamte im Reichsaußenministerium unter Joachim von Ribbentrop, Ernst von Weizsäcker, der Vater des nachmaligen Bundespräsidenten Richard von Weizsäcker.

1953 nahmen »Gemeinsame Gemischte Gnadenausschüsse« ihre Arbeit auf: Jeweils einer für das Gebiet einer der früheren Besatzungszonen in Westdeutschland. In diesen Gnadenausschüssen waren neben Abgesandten der jeweiligen Siegermacht auch deutsche Delegierte vertreten. Die Ausschüsse hatten das Recht, Empfehlungen für eine Begnadigung bzw. Entlassung auf Bewährung auszusprechen, um die entweder der Gefangene oder Angehörige nachgesucht hatten. Die entsprechenden US-Bestimmungen waren in einer Anordnung des amerikanischen Hochkommissariates und des Europäischen Hauptquartiers der US-Armee vom 4. September 1953 erlassen worden.

Im 1955 mit den Westmächten geschlossenen Überleitungsvertrag vermied die Bundesrepublik Deutschland bewußt und ausdrücklich eine Anerkennung der Urteile der Siegertribunale als rechtsverbindlich. Der am 26. Mai 1952 in Bonn unterzeichnete, 1955 in Kraft getretene Deutschlandvertrag, der das Besatzungsstatut ablöste, brachte die bundesweite Institutionalisierung des Gemeinsamen Gemischten Gnadenausschusses, bestehend aus jeweils einem Vertreter der USA, Großbritanniens und Frankreichs sowie drei Abgesandten der Bundesrepublik Deutschland. Der Ausschuß nahm seine Tätigkeit am 11. August 1955 auf. Zu diesem Zeitpunkt saßen - neben den Spandauer Häftlingen - noch 27 als Kriegsverbrecher Verurteilte in der französischen Haftanstalt Wittlich, zwei in der französischen Haftanstalt Neuwied, 26 in der britischen Haftanstalt Werl, 49 im amerikanischen Gefängnis Landsberg am Lech; 201 Kriegsverurteilte befanden sich unter US-»Bewährungsaufsicht« in bedingter Freiheit.

Frankreich und Großbritannien entließen nun die Kriegsverurteilten auf deutschem Boden verhältnismäßig zügig; die USA nahmen sich länger Zeit. Trotz Druck der deutschen Bundesregierung, aller Bonner Parteien, sämtlicher maßgeblicher gesellschaftlicher Gruppen, auch der Kirchen und der Gewerkschaftsbünde, dauerte es bis zum Sommer 1958, bis der letzte als Kriegsverbrecher von den Alliierten verurteilte Deutsche in Deutschland auf freien Fuß gesetzt war und Landsberg verlassen konnte.

Die »Hauptkriegsverbrecher« aber blieben in Spandauer Haft; von 1966 bis zum Tode 1987 war Rudolf Heß der einzige Gefangene im 600 Zellen-Bau. Relikte aus Tribunalzeiten stellten die fortgesetzten Inhaftierungen deutscher Kriegsverurteilter in Gaeta (Italien) und Breda (Niederlande) sowie in Polen (Gauleiter Koch) dar.

Obzwar offiziell nicht zur Revision von Urteilen der Tribunale bereit, richteten die Vereinigten Staaten von Amerika in den 50er Jahren doch amtliche Untersuchungskommissionen ein, die Terror- und Foltermethoden gegen deutsche Angeklagte ans Licht der Öffentlichkeit brachten. Hier ist insbesondere die Untersuchungskommission unter Vorsitz von Richter Gordon Simpson vom obersten texanischen Gerichtshof zu nennen. Sie befaßte sich mit den Folterpraktiken von US-Vernehmern in Dachau und Schwäbisch Hall (siehe hierzu die Aussagen von Richter van Roden, einem der Kommissionsmitglieder, in diesem Buch). Ein Untersuchungsausschuß des US-Kongresses zu den Massakern von Katyn widerlegte antideutsche Anklagen und wies Stalins Schuld nach. Ein anderer US-Kongreßausschuß unter Vorsitz von Charles Kersten untersuchte die Massenmorde von Winniza. Auch sie waren den Deutschen angelastet worden. Das Ergebnis der Ermittlungen des US-Ausschusses wurde am 21. Dezember 1954 der US-amerikanischen Volksvertretung übergeben: Stalins NKWD hatte die Genickschußmassaker von Winniza verbrochen.

Eine besonders wichtige Entwicklung ist seit dem Zusammenbruch der Sowjetmacht im Osten festzustellen: Vor allem in Rußland, aber auch in Weißrußland und ansatzweise in Litauen, ist es seit Beginn der 90er Jahre zur offiziellen Rehabilitierung Tausender Deutscher gekommen, die einst als angebliche Kriegsverbrecher von Tribunalen verurteilt worden waren.

Die ersten dieser deutschen »Kriegsverbrecher« wurden gemäß eines Erlasses von Präsident Gorbatschow vom 13. August 1990 »über die Wiederherstellung der Rechte aller Opfer politischer Repression der 20er bis 50er Jahre« rehabilitiert. Im Oktober 1991 trat dann, nun unter der Regierung Jelzin, das Gesetz der Russischen Föderation »über die Rehabilitierung von Opfern politischer Repression« in Kraft. Diesem Gesetz zufolge haben die zuständigen Staatsbehörden auch die Rehabilitierung von Deutschen zu prüfen, »die auf russischem Territorium Repressivmaßnahmen ausgesetzt wurden«. Der russische Justizminister N. W. Fjodorow erläuterte: »Wir berücksichtigen dabei, daß ein Teil der deutschen Kriegsgefangenen wegen Handlungen, die sie als Soldaten in Ausübung ihrer Dienstpflicht für ihr Vaterland begangen haben, den Repressivmaßnahmen ungerechtfertigt ausgesetzt gewesen sein könnten. Sie werden selbstverständlich wieder zu Ehren gebracht.«

Im Juni 1993 besuchte der für die Rehabilitierung zuständige russische Militäroberstaatsanwalt Oberst Walery Alexandrowitsch Wolin erstmals die Bundesrepublik Deutschland. Von etablierten Medien weitgehend unbeachtet, äußerte er, die deutschen »Kriegsverbrecher« seien damals »in dubiosen Schnellverfahren« abgeurteilt worden; ein jedes Mal habe es schwere Rechtsbrüche gegeben. Bei seinem Besuch führte der Rehabilitierungsstaatsanwalt der Russen Klage, daß das offizielle Deutschland im Unterschied etwa zu Japan oder Polen kaum Anstrengungen unternehme, eigene Landsleute vom Makel des »Kriegsverbrechertums« zu befreien.

Welch ein Unterschied zu den Verhältnissen vier Jahrzehnte zuvor! Nun muß der Vertreter einer einstigen Siegermacht das offizielle Deutschland mahnen, sich engagierter für die Interessen kriegsverurteilter Landsleute einzusetzen!

Überlebende deutsche Opfer der Stalin-Tribunale bzw. deren Angehörige bemühen sich auf eigene Faust, Rehabilitierung zu erreichen. Anfang 1994 hatten die russischen Behörden von rund 1500 deutschen Rehabilitierungsanträgen bereits 300 positiv beschieden. Ein Jahr später, im Mai 1995, war die Zahl der Rehabilitierungen nach offiziellen Moskauer Angaben auf zirka 3000 gestiegen. Wie die deutsche Botschaft in Moskau am 1. Februar 1996 bekanntgab, war zu diesem Zeitpunkt in bereits 4163 Fällen die Rehabilitierung Deutscher erfolgt; die Zahl der ablehnenden Bescheide belief sich auf 120.

Zu den bekanntesten deutschen Soldaten, die von Moskau offiziell rehabilitiert worden sind, zählt Helmuth von Pannwitz, im Zweiten Weltkrieg mit dem Eichenlaub ausgezeichneter Generalleutnant der deutschen Wehrmacht und Führer der auf deutscher Seite kämpfenden Kosaken. Nach einem Schautribunal hatte er am 16. Januar 1947 in Moskau den Gang zum Galgen antreten müssen. Man lastete ihm »Massenerschießungen« an. Im Rehabilitierungsbeschluß der Moskauer Generalstaatsanwaltschaft vom 13. April 1996 hieß es: »Es liegen keine Beweise vor, daß von Pannwitz oder die ihm unterstellten Einheiten Greueltaten gegen die sowjetische Zivilbevölkerung und die gefangengenommenen Rotarmisten zugelassen haben.« Gestützt auf die »Ermittlungen« und den Schuldspruch der stalinistischen »Justiz« ist Generalleutnant von Pannwitz über viele Jahre in bundesdeutschen Medien, Schul- und Geschichtsbüchern als Prototyp des Kriegsverbrechers dargestellt worden. Seine Rehabilitierung wurde in etablierten Medien, wenn überhaupt, nur als Randnotiz vermerkt.

Daß Japan, im Zweiten Weltkrieg ebenso besiegt wie Deutschland, im Gegensatz zu Bonn energisches Interesse an der Rehabilitierung siegerverurteilter Landsleute hat, nimmt kaum wunder. Denn bei den Japanern konnte sich eine Bewegung, die die Siegertribunale als gerecht und rechtens charakterisiert, nicht ausbreiten. 1960, als in Bundesdeutschland das Klima bereits zu »kippen« begann, meldete die amerikanische Nachrichtenagentur UPI anläßlich des 15. Jahrestages des US-Atombombenabwurfs auf Hiroschima:

»Tokio. Die Japaner haben ein Mahnmal für General Hideki Tojo und sechs andere japanische Hauptkriegsverbrecher gebaut, die erhängt wurden. Es wird das ›Denkmal der Sieben Märtyrer‹ genannt und soll in der Präfektur Aichi in Mitteljapan am 15. August unter sorgfältig vorbereiteten Zeremonien enthüllt werden. Eben vollendet, steht das Monument auf dem Gipfel des Berges Mitsune im Nationalpark Mikawa Ban und blickt in Richtung Vereinigte Staaten von Amerika. Die Baukosten kamen durch eine Spendensammlung zusammen. Eine Inschrift auf dem hohen Granit-Denkmal lautet: ›Diese Märtyrer wurden aufgrund eines rückwirkenden Gesetzes hingerichtet, nachdem die Nation zur Kapitulation gezwungen worden war, als die Vereinigten Staaten die Atombomben einsetzten und die Sowjetunion ihren Nichtangriffspakt brach. Laßt uns unsere Augen weit auf den Pazifik hinaus richten und prüfen, wer die Schuld an diesem Krieg trägt‹ ... Tojos Witwe, Frau Katsuko Tojo, und andere Witwen ehemaliger Kriegsverbrecher werden der Enthüllungsfeier beiwohnen. Außer für Tojo hat man das Denkmal zu Ehren der Generale Kenjo Doihara, Ishine Matsui, Akira Muto, Seishiro Itagaki, Kouki Hirota und Heishiro Kimura errichtet, die alle hingerichtet worden waren.«

Was offenkundig von einem angehenden Regierungschef vor Amtsantritt in Japan erwartet wird, las sich am 16. August 1995 in der »Frankfurter Allgemeinen Zeitung« in bezug auf den designierten Ministerpräsidenten Ryutaro Hashimoto wie folgt:

»Hashimoto ließ es sich erwartungsgemäß am Dienstag nicht nehmen, dem Yasukuni-Schrein einen Besuch abzustatten. In dem ehemaligen Hauptheiligtum des Staats-Schintoismus werden zweieinhalb Millionen japanische Gefallene aus allen Kriegen seit Mitte des 19. Jahrhunderts, allerdings auch sieben 1948 als Kriegsverbrecher Hingerichtete, als Gottheiten verehrt. Hashimoto, acht weitere Minister und knapp siebzig Parlamentsabgeordnete scheren sich mit ihrer Verneigung vor Japans Kriegshelden demonstrativ nicht um die verfassungswidrige Verknüpfung von Religion und Staat. So war es, mit wechselndem Personal, in jedem Jahr.«

◆

Der 1993 gestorbene Robert M. W. Kempner, einer der US-Chefankläger bei den Nürnberger Siegertribunalen, maß den Prozessen gegen die Hauptkriegsverbrecher zeit seines Lebens eine »große historische Bedeutung« bei. Nürnberg habe überragende Fortschritte für die Humanität auf Erden gebracht, verkündete er noch viereinhalb Jahrzehnte nach Vollzug der IMT-Todesurteile. Kempner wörtlich: »Erst seit den Nürnberger Prozessen wird der Begriff ›Menschenrechte‹ großgeschrieben.« Wer auch nur versuche, dieses Verdienst der Tribunale zu schmälern, rücke »bedenklich in die Nähe von Adolf Hitlers Vorstellungen«.

Man muß aber nun wirklich kein Anhänger Adolf Hitlers sein, um Zweifel an Kempners Behauptung anzumelden. In Wahrheit ist das halbe Jahrhundert seit Nürnberg von entsetzlichen Massenverbrechen gegen die Menschlichkeit, von Kriegen ohne Ende, von Völkermord und Elend in der Welt ohnegleichen gekennzeichnet. Nichts spricht dafür, daß die Siegertribunale irgendwie zur Humanisierung auf Erden beigetragen hätten.

Daß durch die Nürnberger Prozesse eine »Heilung« oder auch nur eine Besserung der Führungen der Großmächte erreicht worden sei, kann spätestens seit 1968 niemand mehr glauben, der seine Sinne beisammen hat. Es war das Jahr, als sich der US-Vernichtungskrieg in Vietnam seinen furchtbarsten Exzessen näherte und die Sowjetunion in einem barbarischen Akt nackter Aggression über Tschechen und Slowaken herfiel. Mit diesem Jahr der besonders eklatanten Schändung der Menschenrechte durch zwei Nürnberger Richter- und Henkermächte soll eine kurze Aufzählung von Schlaglichtern über die »Humanisierung« seit dem IMT-Galgen 1946 beginnen:

1968: Das US-amerikanische Nachrichtenmagazin »US News & World Report« veröffentlicht eine Untersuchung, derzufolge sich die Zahl der Kriege auf der Erde in der Dekade 1958 bis 1967 im Vergleich zu den vorangegangenen zehn Jahren auf fünfundvierzig nahezu verdoppelt habe. Die Zahl der Kriege von 1958 bis 1967 lag demzufolge um mehr als das Fünffache höher als von 1928 bis 1937.

1981: Der Kriegsforscher Istvan Kende gibt bekannt, daß der zwischen dem Irak und dem Iran ausgebrochene Kampf um den Schatt el-Arab der einhundertsiebenundzwanzigste militärische Konflikt seit Ende des Zweiten Weltkrieges sei. Im »Journal for Peace Research« beziffert er die Schreckenssumme der Kriegsopfer seit 1945 gemäß Computer-Analyse des Brooking-Institutes Washington auf weit über zweiunddreißig Millionen Menschen. Die Gesamtdauer der Kriege und militärischen Konflikte umfasse von 1945 bis 1980 nicht weniger als dreihundertneunundsechzig Kampfjahre.

1983: Als Gemeinschaftswerk internationaler Kriegs- und Konfliktforscher erscheint in London »The War Atlas« (deutscher Titel: »Die Aufrüstung der Welt. Ein politischer Atlas.

Kriege und Waffen seit 1945«). Eingangs heißt es in dem Buch, daß es seit 1945 »keinen einzigen Tag ohne Krieg und nur wenige Inseln der Ruhe« auf der Erde gegeben habe. Besonders aufschlußreich ist die Tabelle des Buches über die »Internationale Militärordnung«. Aus ihr ergibt sich für die vier Nürnberger Richter- und Henkermächte:

	Kriegsjahre 1945 - 1982	Kriege im Ausland 1945-1982	Anteil am weltweiten Waffenexport 1977 - 1982
Frankreich	38	21	10,8%
Großbritannien	37	29	3,8%
USA	25	13	43,3%
UdSSR	19	6	27,4%

1985: Dem »Jahresbericht über die soziale Situation auf der Erde« der Vereinten Nationen zufolge, starben seit 1945 täglich zwischen eintausend und zweitausend Menschen in Kriegen. Die Ausgaben für Rüstung haben sich demzufolge mit umgerechnet mehr als zweieinhalb Billionen Mark jährlich im Verhältnis zu 1945 vervierfacht. Am 3. Oktober meldet die Nachrichtenagentur Associated Press: »Seit dem Ende des Zweiten Weltkrieges hat es weltweit einhundertneunundfünfzig Kriege gegeben. Zu diesem Ergebnis kommt die Arbeitsgemeinschaft Kriegsursachenforschung an der Hamburger Universität. 1984 dauerten dreißig Kriege an.«

1990: Nach Berechnungen des schwedischen Kriegsforschers Lindgrén hat sich die Zahl der in jedem Jahr ausgefochtenen Kriege auf der Erde zwischen 1945 und 1989 versiebenfacht (K. Lindgrén: »Världens Krig«, Stockholm 1990).

1991: Die UNICEF-Nachrichten des Kinderhilfswerkes der Vereinten Nationen melden in ihrer Ausgabe Nr. 2/91: »In einhundertfünfzig Kriegen, die seit 1945 registriert wurden, starben sechzig Millionen Kinder. Das geht aus einem in Mexiko veröffentlichten Bericht von UNICEF hervor.«.

1992: Zwei Tage vor dem Heiligen Abend meldet die Nachrichtenagentur dpa: »Im Verlaufe des Jahres 1992 sind weltweit zweiundfünfzig Kriege gezählt worden. Mit dieser Bilanz zeigten die beginnenden 90er Jahre ein seit 1945 nie dagewesenes Maß kriegerischer Gewalt, erklärte das Institut für Politische Wissenschaft der Universität Hamburg. Wie die von Professor Klaus Jürgen Gantzel geleitete Arbeitsgruppe Kriegsursachenforschung weiter berichtete, wurden in den 50er Jahren jährlich durchschnittlich ›nur‹ zwölf Kriege gezählt. In den 60er Jahren stieg die Zahl auf zweiundzwanzig, in den 70er Jahren auf zweiunddreißig und in den 80er Jahren auf über vierzig Kriege an.«

1993: Nachricht der Agentur Associated Press (AP) vom 17. Februar: »Barbarei und Mißachtung grundlegender Menschenrechte haben nach Einschätzung des Internationalen Komitees vom Roten Kreuz ein beispielloses Ausmaß erreicht. ›Wir sind Zeugen einer Ablehnung aller Humanität‹, sagte IRK-Präsident Sommaragua in Genf. ›Wir haben den tiefsten Punkt der Barbarei erreicht‹. Soweit es um Verstöße gegen das internationale Menschenrecht gehe, sei 1992 das bisher schlimmste Jahr überhaupt gewesen.«

1994: »Auf der Erde werden derzeit weit mehr als fünfzig Kriege geführt«, meldet die Tagespresse am 27./28. November unter Berufung auf Forschungsergebnisse des Ethnologen Erwin Orywal vom Institut für Völkerkunde der Universität Köln. Nach dem Ende des Zweiten Weltkrieges habe es noch nie so viele in einem Jahr ausgetragene bewaffnete Konflikte gegeben wie 1994. Damit habe sich die Gesamtzahl der seit 1945 geführten Kriege auf einhundertneunzig erhöht.

1995: Nach einer Zählung der »Arbeitsgemeinschaft Kriegsursachenforschung« an der Universität Hamburg hat es seit Ende des Zweiten Weltkrieges einhundertfünfundneunzig Kriege gegeben. Nur ein einziges Mal, im September 1945, habe für einige Tage weltweit kein Krieg getobt.

1996: Nach Angaben von UNICEF, des Kinderhilfswerkes der Vereinten Nationen, sind seit Gründung der Organisation vor fünfzig Jahren »wahrscheinlich niemals mehr Kinder von Krieg betroffen gewesen als gegenwärtig«. Wie UNICEF-Direktorin Carol Bellamy sagte, leben rund 28 Millionen Kinder in Kriegsregionen. Die Massaker in Ruanda beispielsweise hätten rund dreihunderttausend Kindern und Jugendlichen das Leben gekostet. In Mosambik seien schätzungsweise sechzehn Prozent aller Mädchen im Kriege vergewaltigt worden. In Kambodscha habe der Krieg eine Viertelmillion Kinder zu Waisen gemacht. Hunderttausende Kinder seien beim Ballspielen, Viehhüten oder bei der Feldarbeit durch Minen verwundet oder getötet worden.

So also ist die »neue gerechte Weltordnung«, die man am Ende des Zweiten Weltkrieges verhieß, beschaffen!

Zu bedenken ist dabei, daß in die meisten der inzwischen deutlich über zweihundert Kriege seit 1945 mindestens eine der Nürnberger Anklage-, Richter- und Henkermächte direkt oder indirekt verwickelt war.

»Erst seit den Nürnberger Prozessen wird der Begriff ›Menschenrechte‹ großgeschrieben.«

ROBERT M. KEMPNER, ANKLÄGER BEIM IMT

US-Atombombe. Washington läutete das »neue gerechte Zeitalter« nach dem 8. Mai 1945 mit der atomaren Vernichtung von Hiroschima und Nagasaki ein.

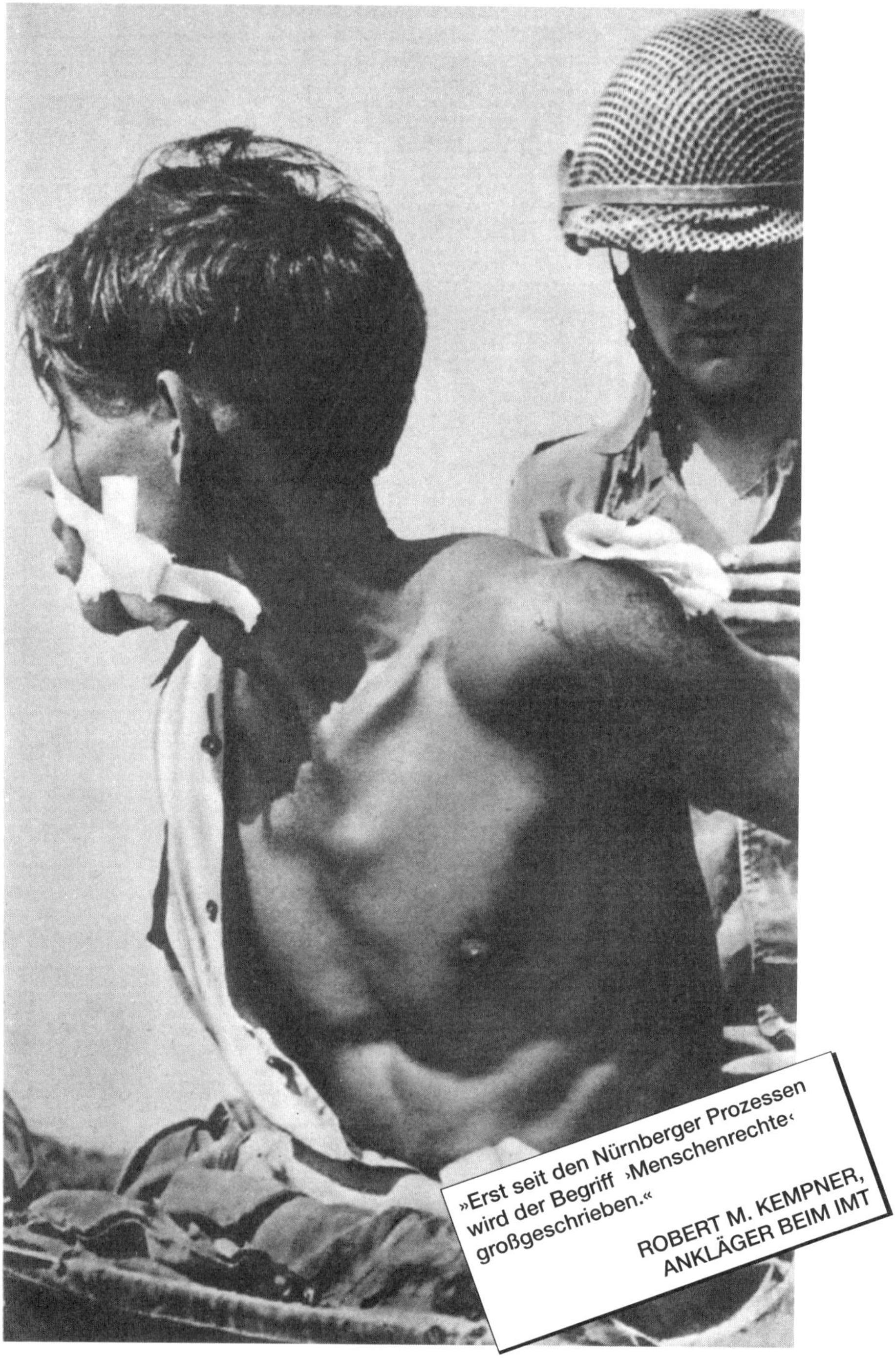

In den ersten anderthalb Jahrzehnten nach Nürnberg tobten zahlreiche furchtbare Kolonialkriege. Das Bild stammt aus dem Indochina-Krieg, den Frankreich führte.

Ein Dorf wird ausradiert

Britische Vergeltungsmaßnahme

Singapur, 18. Februar. (AP) Das malaiische Dorf Jenderam im Staate Selangor wird in den nächsten Tagen von Flugzeugen der britischen Luftwaffe dem Erdboden gleichgemacht werden, um ein berüchtigtes „Wespennest" kommunistischer Terroristen zu vernichten. Die 1500 Malaien, Chinesen und Indonesier zählende Bevölkerung wurde in das Internierunglager Kluang im Staate Johore abtransportiert. Sie wird beschuldigt, die Terroristen im Kampf gegen die britischen Sicherheitsverbände aktiv unterstützt zu haben.

In einer der größten Polizeiaktionen Malaias wurde das Dorf am vergangenen Donnerstag von über tausend Soldaten und Polizisten umstellt. Die Häuser wurden ausgeräumt und verschlossen, das Vieh und die bewegliche Habe der Eingeborenen öffentlich versteigert, der Erlös den Eigentümern übergeben. Die Räumung des Dorfes, das im wesentlichen von Kautschuk-Arbeitern und Padi-Pflanzern bewohnt wird, ging reibungslos vonstatten. Jenderam galt bisher als wichtiger Versorgungsplatz und Zufluchtsort der Banditen und war das Zentrum des kommunistischen Propagandanetzes in Malaia. Über 50 Terrorakte wurden in den vergangenen Wochen in der Umgebung des Dorfes begangen. Als die Kommunisten kürzlich den Schulleiter von Jenderam ermordeten und die Bevölkerung der Polizei die Aussage verweigerte, entschloß man sich zu der Polizeiaktion.

Meldung von »Associated Press« (AP) vom 18. Februar 1951.

»Erst seit den Nürnberger Prozessen wird der Begriff ›Menschenrechte‹ großgeschrieben.«
ROBERT M. KEMPNER, ANKLÄGER BEIM IMT

»Erst seit den Nürnberger Prozessen wird der Begriff ›Menschenrechte‹ großgeschrieben.«
ROBERT M. KEMPNER, ANKLÄGER BEIM IMT

Algerien

Trauer am 8. Mai wegen Gemetzels vor 50 Jahren

TUNIS, 8. Mai (dpa). In Algerien wurde der 8. Mai nicht als Feier-, sondern als Trauertag begangen. An diesem Tag vor 50 Jahren begann ein mehrere Tage dauerndes Gemetzel der französischen Kolonialmacht, bei dem nach algerischen Angaben fast 45 000 Menschen ums Leben kamen. Monumente in Setif, Guelma und Constantine erinnern noch heute an das Massaker. Hunderttausende Algerier waren am 8. Mai in mehreren Städten auf die Straße gegangen, um bei den offiziell genehmigten Siegesfeiern zugleich ihr Recht auf Unabhängigkeit einzuklagen.

Dies um so mehr, als rund 250 000 algerische Soldaten in den Reihen der Anti-Hitler-Koalition für die Befreiung Europas vom Faschismus gekämpft hatten.

Meldung der Agentur dpa vom 8. Mai 1995.

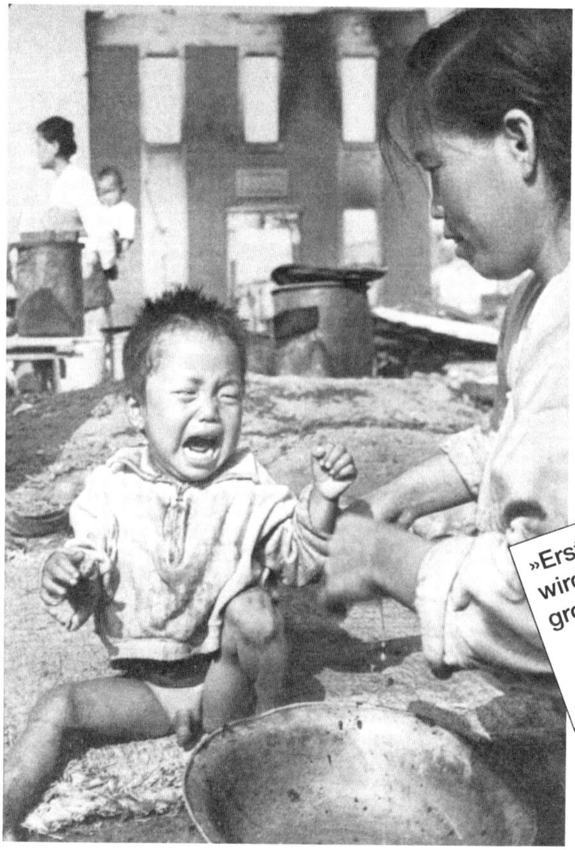

»Erst seit den Nürnberger Prozessen wird der Begriff ›Menschenrechte‹ großgeschrieben.«

ROBERT M. KEMPNER, ANKLÄGER BEIM IMT

Bilder aus dem Koreakrieg 1950-1953

Oft angefacht von den Großmächten (»Stellvertreter-Kriege«), gab es zahlreiche bewaffnete Konflikte in der Dritten Welt. Bild: Krieg im Kongo

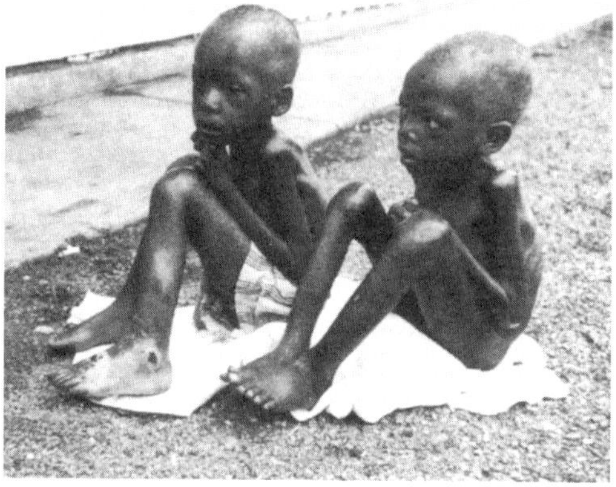

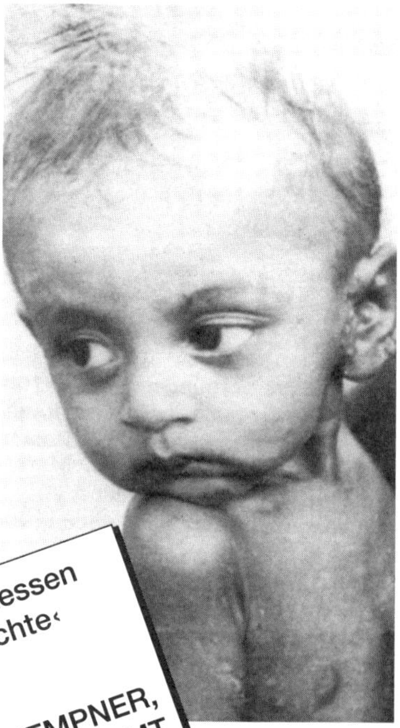

»Erst seit den Nürnberger Prozessen wird der Begriff ›Menschenrechte‹ großgeschrieben.«

ROBERT M. KEMPNER,
ANKLÄGER BEIM IMT

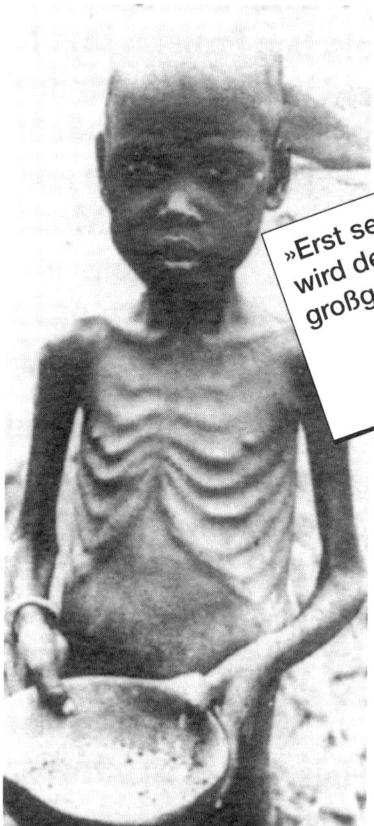

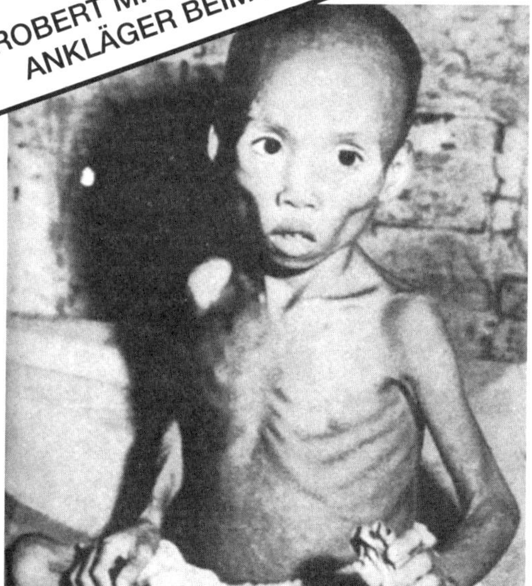

Laut UNICEF, dem Kinderhilfswerk der Vereinten Nationen, kamen seit 1945 sechzig Millionen Kinder in Kriegen oder durch kriegsbedingtes Elend ums Leben.

»Erst seit den Nürnberger Prozessen wird der Begriff ›Menschenrechte‹ großgeschrieben.«

ROBERT M. KEMPNER, ANKLÄGER BEIM IMT

Seit Jahrzehnten Krieg und Terror im Nahen Osten. Bild aus dem zertrümmerten Beirut.

»Erst seit den Nürnberger Prozessen wird der Begriff ›Menschenrechte‹ großgeschrieben.«

ROBERT M. KEMPNER, ANKLÄGER BEIM IMT

Opfer der Nahost-Kriege

»Erst seit den Nürnberger Prozessen wird der Begriff ›Menschenrechte‹ großgeschrieben.«

ROBERT M. KEMPNER,
ANKLÄGER BEIM IMT

Furchtbares Leid brachte der Krieg in Indochina in den 60er und 70er Jahren.

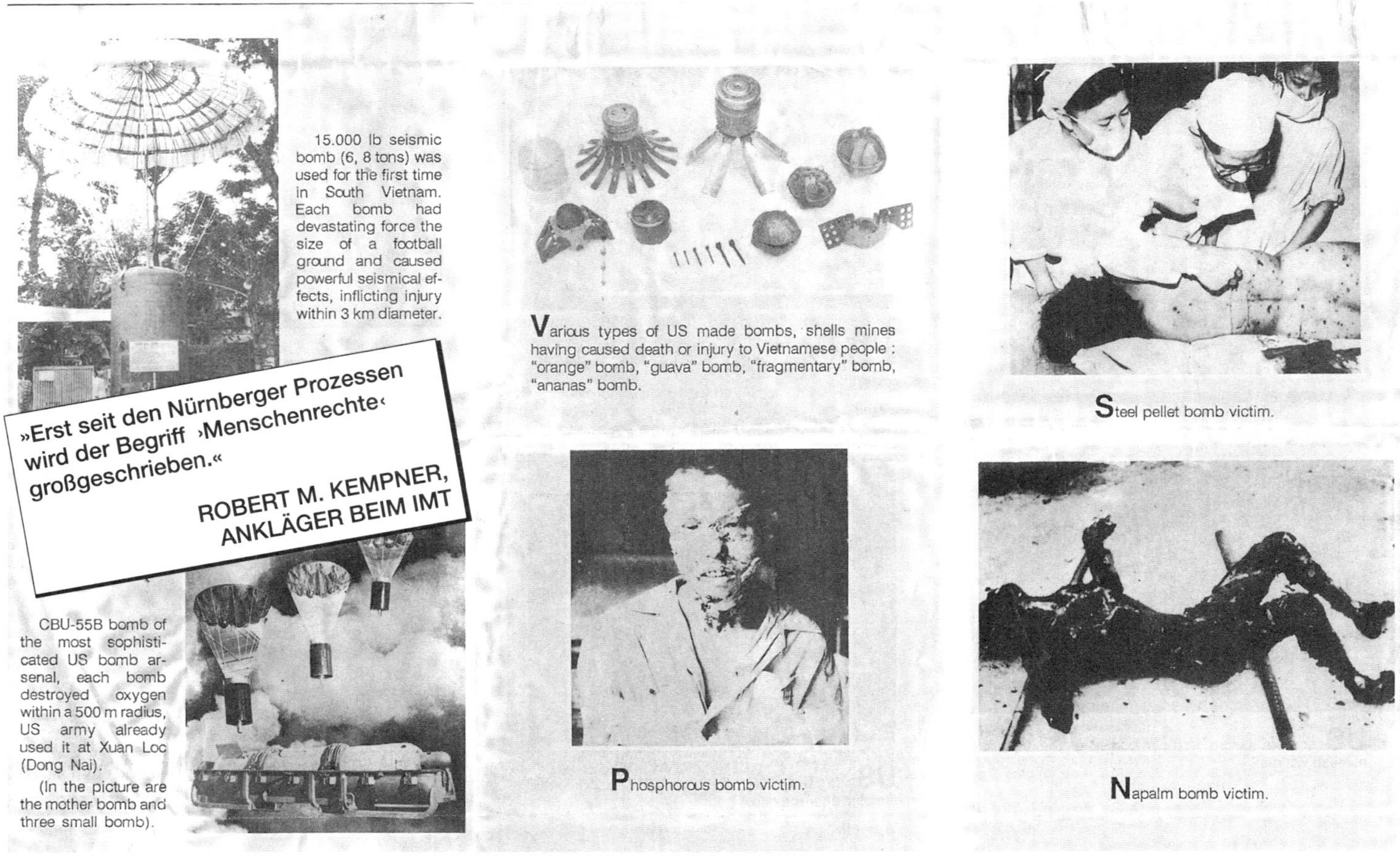

Bildtafeln aus der Kriegsverbrechen-Gedenkstätte in Ho-Tschi-Minh-Stadt (Saigon).

Sowjet-Überfall auf die Tschechoslowakei, August 1968.

Im kriegszerstörten Kabul (Afghanistan).

»Erst seit den Nürnberger Prozessen wird der Begriff ›Menschenrechte‹ großgeschrieben.«

ROBERT M. KEMPNER, ANKLÄGER BEIM IMT

Krieg in Ex-Jugoslawien.

»Erst seit den Nürnberger Prozessen wird der Begriff ›Menschenrechte‹ großgeschrieben.«

ROBERT M. KEMPNER, ANKLÄGER BEIM IMT

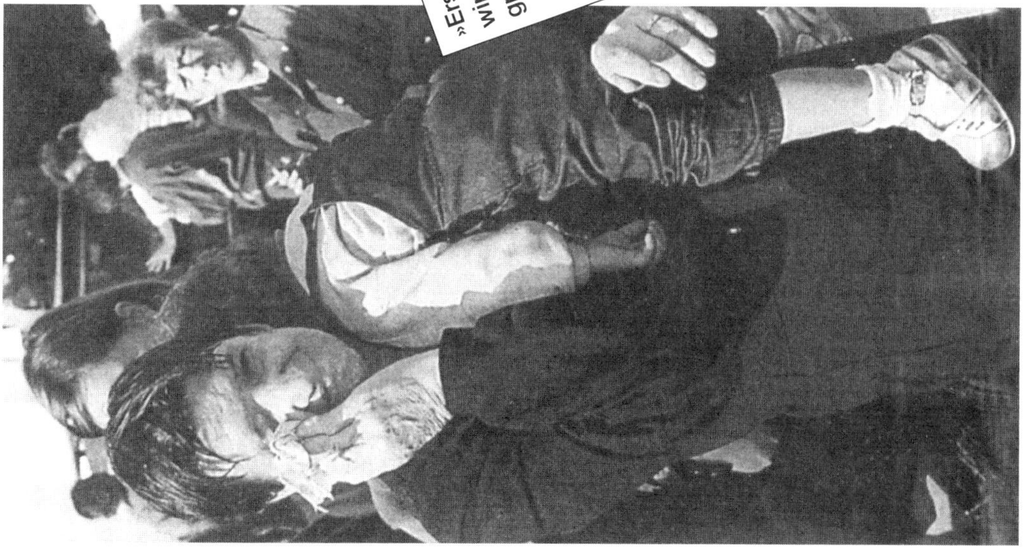

Kriegselend im ehemaligen Jugoslawien.

Tschetscheniens Hauptstadt Grosny: Ein Trümmermeer.

»Erst seit den Nürnberger Prozessen wird der Begriff ›Menschenrechte‹ großgeschrieben.«

ROBERT M. KEMPNER, ANKLÄGER BEIM IMT

Völkermord in Ruanda.

An Nachworts Statt
EINE GALEN-REDE VON 1946

Anläßlich des 50. Todestages von Kardinal Graf von Galen (er starb am 22. März 1946), der wegen seiner Unbeugsamkeit gegenüber Unrecht der nationalsozialistischen und der alliierten Diktatur »Löwe von Münster« genannt wurde, erschienen in bundesdeutschen Medien Lebensbeschreibungen des katholischen Kirchenführers, die man nur als Karikaturen bewerten kann. Allenfalls beiläufig erwähnt, meist sogar verschwiegen wurde sein mutiges Auftreten gegen Willkür der Sieger, denen er sogar ankreidete, das KZ-Unrecht Hitlers in den Schatten zu stellen. Und unter den Tisch fiel Graf von Galens zeitlebens bewahrte deutschpatriotische Grundeinstellung, mit der er heutzutage als »Rechtsextremist« in den sogenannten Verfassungsschutzbericht käme. Wie sein Biograph Günter Beaugrand berichtet, sagte der »Löwe von Münster« auf dem Sterbebett, wenige Atemzüge vor dem Ende seines irdischen Daseins: »Gott schütze das liebe Vaterland!«
Kurz nachdem Bischof Graf von Galen in St. Peter vom Papst die Kardinalsinsignien empfangen hatte (21. Februar 1946), hielt er in Rom eine beeindruckende Rede zum Thema »Rechtsbewußtsein und Rechtsunsicherheit«. Eingangs geißelte der Kardinal mit aller Schärfe Unrecht, das von der NS-Gewaltherrschaft ausging. Dann aber hielt von Galen wie folgt Gericht über die Sieger-Machenschaften:

In der vom breitesten Publikum gelesenen »Illustrated« vom 29. September 1945 erklärte der Journalist Edwin Rosenthal, daß es nur eine Sorte von guten Deutschen gebe, nämlich tote Deutsche. »We felt that there was one kind of good German, I said, what kind? A dead one.« Das ist dieselbe Tendenz, die man hörte, als die schamlose Ausrottung der Indianer zu den Zielen des weißen Mannes gehörte. »Every is a bad Indian. Only a dead Indian is a good Indian.«
In dem Lande der unbeschränkten Demokratie, Amerika, wurden die Indianer in grausamster Weise ausgerottet, dort gab es eine Bewegung »Ku-Klux-Klan«, die sich die wildesten Ausschreitungen gegen die Neger erlaubte, dort gibt es eine starke Bewegung, die ihrer Abneigung gegen die gelbe Rasse offen Ausdruck verlieh. Wir haben nie davon gehört, daß alle Amerikaner deshalb in englischen Zeitungen als schlechte Menschen gebrandmarkt worden sind. Eine so gewissenlose Bemerkung wie die oben zitierte des Journalisten Rosenthal kann gefährliche Folgen haben. Eines Tages werden vielleicht Deutsche und Russen herausfinden, daß es nur eine Art von guten Amerikanern gibt, nämlich tote Amerikaner usw.

Clemens August Graf von Galen. Als Bishof von Münster zeigt er sich in der NS-Diktatur unbeugsam. Als Kardinal geißelte er Siegerwillkür und die Heuchelei beim Nürnberger Tribunal.

Was die nationalsozialistische Komponente des Nationalismus angeht, so war sie vielleicht die notwendige Folge der ständigen Demütigungen, denen Deutschland ausgesetzt war. Diese Demütigungen begannen mit der Präambel des Versailler Vertrages, sie begannen mit den Schmähungen, von denen die Presse während des Weltkrieges angefüllt war, sie begannen mit der Behandlung der Deutschen in der Tschechoslowakei und Polen, die nicht wegen irgendwelcher staatsfeindlicher Gesinnung, sondern zunächst wegen ihres deutschen Namens geschmäht wurden. Aber gleichzeitig gab es in Deutschland selbst Staatsbürger, die sich ebenso bemühten, jedes Nationalgefühl verächtlich zu machen. Man wollte freilich einen übertriebenen Nationalismus treffen, aber man traf auch ein Nationalgefühl, das sittlich berechtigt ist und das jedem Engländer als eine Selbstverständlichkeit gilt. Der deutschen Jugend wurden aber immer die Demütigungen und Schmähungen des Deutschtums vor Augen geführt, und es konnte nicht ausbleiben, daß diese Jugend, an die keine der vor 1933 bestehenden Parteien wirkliche große und ideale Anforderungen stellte, einem übertriebenen Nationalismus verfiel. Aber mußte man Deutschland unter allen Umständen demütigen? Ist es notwendig, den Besiegten zu schmähen und verächtlich zu machen? Ob Hitler bei seinem Antritt der Regierung verbrecherische Pläne hegte, das konnte damals kein deutscher Staatsbürger wissen.

Zwar sind den Deutschen seit der Besatzung durch die Alliierten alle Zeitungen entzogen, aber gerade deshalb sind sie soweit zur Besinnung gekommen, daß sie erkennen, welches groteske Spiel mit dem Wort »Demokratie« getrieben wird. Außerdem weiß das Volk, daß zur Zeit nicht die Demokratie, sondern eine Militärdiktatur in Deutschland regiert.

Die Alliierten setzen in Deutschland eine Militärpolizei ein, die außerhalb des Bereichs aller ordentlichen Gerichte steht und keinem Gericht verantwortlich ist. Die Polizei bedarf ebensowenig wie die Gestapo eines richterlichen Befehls, um einen deutschen Bürger zu verhaften. Sie verhaftet Männer und Frauen, wenn sie einer Parteiorganisation angehörten oder nach Ansicht der Militärpolizei dafür gearbeitet haben. Sie verhaftet harmlose Ortsgruppenleiter, Lehrer, die in der NSV, also einer staatlichen Wohlfahrtsorganisation, gearbeitet haben, sie verhaftet Frauen, die als Frauenschaftsleiterinnen Winterkleider für die Soldaten oder für Flüchtlinge beschafften, sie verhaftet Tausende von Männern, die kleine Ämter in der Partei übernahmen, ohne auch nur im geringsten vom nationalsozialistischen Gedankengut angesteckt zu sein, sich aber verpflichtet fühlten, solche Posten zu übernehmen, um Schlimmeres zu verhüten. Sie verhaftet auch, genau wie die Gestapo, die Männer nachts, holt sie ohne Angabe des Grundes der Verhaftung aus den Häusern, schafft sie weg, ohne der Familie Mitteilung zu machen, wohin sie gebracht werden, schneidet jede Verbindung zwischen der Familie und den Häftlingen ab, hält sie monatelang im Lager, ohne sie zu verhören, kurz, sie hat die Methode der Gestapo übernommen.

Nach Meldungen englischer Tageszeitungen befinden sich zur Zeit in ehemaligen Konzentrationslagern etwa eine halbe Million Häftlinge, Männer und Frauen. Es sind nicht nur Verbrecher, die sich in diesen Lagern befinden, sondern eben solche, die verdächtig sind, Nationalsozialisten gewesen zu sein. In diesen KZ gibt es zwar keine Folterkammern mehr, aber es ist eine immerhin mit Humanität nicht zu vereinbarende Methode, diese Häftlinge in einem Maße hungern und frieren zu lassen, daß sie dem sicheren Tode

entgegengehen. Man kann darüber im Zweifel sein, was schlimmer ist, Menschen umzubringen oder sie so am Leben zu erhalten, daß sie nicht völlig Hungers sterben, aber geschwächt werden im Laufe der Zeit, daß sie dauernd am Rande des Grabes stehen. Es ist bedauerlich, daß die Militärregierung solche jedem Rechtsbewußtsein hohnsprechende Methode fortführt. Die Schrecken dieser KZ aber auch der nationalsozialistischen KZ werden indes maßlos übertroffen durch das, was sich im Osten Deutschlands ereignet. In den englischen Zeitungen werden Berichte darüber stehen, die an Deutlichkeit nichts zu wünschen übriglassen. Wenn schon ein englischer Korrespondent erklärt, daß die KZ, durch das, was im Osten geschähe, in den Schatten gestellt werden, so brauchen wir dem kein Wort hinzuzufügen.
Wenn dann die Alliierten erklären, daß sie Gebietsveränderungen nie ohne den Willen der Bevölkerung vornehmen werden, gleichzeitig aber zulassen, daß Millionen von Deutschen von Haus und Hof verjagt werden, daß Russen, Polen und Tschechen sich des Bodens und des Eigentums der Deutschen bemächtigen, so müssen sie sich nicht wundern, wenn die Deutschen den Glauben an eine gerechte Behandlung durch die Alliierten verloren haben. Sie brauchen freilich im Osten Deutschlands keine Abstimmung mehr vorzunehmen, nachdem die deutsche Bevölkerung ermordet und vertrieben worden ist.

In Nürnberg hat man Anklage erhoben im Namen der »Menschlichkeit«. Die Deutschen sind in ihrer großen Mehrheit, man darf getrost sagen zu 90 Prozent, durchaus nicht gewillt, Verbrechen, die von den führenden Nationalsozialisten begangen wurden, zu verteidigen. Aber wenn sie der Verbrechen gegen die Menschlichkeit angeklagt werden sollen, dann muß klar gesagt werden, welchen Inhalt der Begriff der Menschlichkeit haben soll. Das muß deshalb mit aller Entschiedenheit gefordert werden, weil in dem Gerichtshof zu Nürnberg Richter sitzen, die anscheinend verschiedene Anschauungen der Menschlichkeit haben. Es muß ferner verlangt werden, weil mit Einführung des Begriffes der Menschlichkeit die Geschichte der letzten hundert Jahre vor Gericht zitiert wird. Denn es müssen auch alle Lehrmeister und Vorbilder der verbrecherischen deutschen Staatsmänner bestraft werden. Eine Propaganda, mag sie auch noch so laut ertönen, über die Unmenschlichkeit der Deutschen kann doch die Unmenschlichkeit, die von den Bolschewisten begangen wurde, nicht vergessen machen. Wie ist es aber möglich, daß der Vertreter einer Macht, die die unmenschlichsten Foltermethoden ersann, in dem Gerichtshof sitzt, der deutsche Verbrechen im Namen der Menschlichkeit anklagt? Wir verweisen auf die Memoires englischer Staatsmänner, die ein anschauliches Bild von den Methoden des bolschewistischen Rußlands geben. Nach den unwidersprochenen Schilderungen aus russischen KZ, die schon fast 20 Jahre bestanden, ehe Hitler nach diesen Vorbildern KZ schuf, waren die in Deutschland eingerichteten Lager noch harmlos gegen die russischen.

Als die nationalsozialistische Regierung zum ersten Male in dem Prozeß gegen den angeblichen Urheber des Reichtagsbrandes eine Änderung der Prozeßordnung mit rückwirkender Kraft einführte, da hat die ganze europäische Juristenwelt aufbegehrt. Dasselbe geschah im Jahre 1934 nach den Morden des 30. Juni. Sicherlich war das der schwerste Schlag gegen das Rechtsbewußtsein des deutschen Volkes und der Welt. Aber gegenwärtig haben die Alliierten die Praxis der Nationalsozialisten übernommen. Sie haben die Gesetze geschaffen, die sie jetzt zum ersten Male in Nürnberg mit rückwir-

kender Kraft anwenden, sie haben ein Gericht konstruiert, das vorher nie bestanden hat und in keiner Strafverfassung der ganzen Welt vorgesehen ist, ein Gericht, wie es die Welt noch nicht gesehen hat. Dieses Gericht lehnt Anzweiflungen seiner Zuständigkeit von vornherein ab und nimmt eine Verantwortung auf sich, die für menschliche Gewissen zu groß ist. Dieses Gericht zieht entwickelte geschichtliche Vorgänge vor ein Forum und stellt einseitig nur einige Hauptakteure unter Anklage, obwohl jeder Gymnasiast weiß, daß die Verurteilung des Alcibiades die Schuld oder Unschuld an dem Ausbruch des großen und vernichtenden Bruderkrieges nicht entscheidet. Das Gericht möchte aber die Welt glauben machen, daß in Nürnberg die Schuldfrage restlos geklärt wird und alle Verbrechen angemessen gesühnt werden. So beginnt dieses Gericht mit einer großen Unwahrheit. Dieses Gericht wendet einseitig Gesetze auf deutsche Kriegsverbrecher an, ohne die Kriegsverbrecher anderer Nationen überhaupt zu erwähnen.
Warum zieht man nicht neutrale Richter heran, wenn man Verbrechen gegen die Menschlichkeit aburteilt? Gibt es nicht Richter in der Schweiz und in Schweden, die von der Haßpsychose frei und in der Lage sind, objektiv zu urteilen? Dafür werden die jetzt nachträglich konstruierten Gesetze einseitig angewandt auf deutsche Kriegsverbrecher.

Glaubt der Internationale Gerichtshof, daß irgendein Deutscher, der die durch die alliierte Luftwaffe im Inneren deutscher Städte angerichteten Zerstörungen sieht, von der Notwendigkeit dieser Zerstörungen zu überzeugen ist? Gibt es gebildete Engländer und Franzosen, die die Zerstörung der künstlerisch einzig dastehenden Innenstadt Dresdens für eine militärische Notwendigkeit des verflossenen Krieges ansehen? Wird man die Generäle vor Gericht stellen, die solche Zerstörungen befahlen?

Man wird im deutschen Volk sagen, daß der Prozeß nichts mit Recht, Gerechtigkeit und Gesetz zu tun hat, daß er wie ein Theaterstück vor der Weltöffentlichkeit über die Bühne läuft, um der Masse in den alliierten Ländern das Gefühl befriedigender Rache, um den Politikern billiges Material für eine Greuelpropaganda gegen Deutschland, um den Mächten die Möglichkeit zu geben, die Menschen über die unüberwindlichen Schwierigkeiten dieser Nachkriegszeit hinwegzutäuschen und einen Vorwand zu schaffen, deutsches Eigentum zu konfiszieren. Und dann wird das deutsche Volk den Schluß daraus ziehen, daß Hitler doch recht hatte, wenn er immer betonte, es gäbe gar kein Recht in dieser Welt, es gäbe nur Macht und der die Macht habe, bestimme, was Recht und Unrecht sei. Sein Grundsatz »Recht ist, was dem deutschen Volk nützt« wird dann in einer extremen Form von den Siegern übernommen, die uns erklärten, daß das Recht ist, was den Siegern ermöglicht, an den Besiegten Rache zu nehmen.

Die Alliierten haben aber auch die Möglichkeit, die Kriegsverbrechen wirklich im Sinne des Rechtes zu ahnden. Sie mögen deutsche Richter bestimmen für die Verbrechen, die an den Deutschen begangen worden sind, sie mögen Richter aus all den Ländern, in denen außerhalb Deutschlands Verbrechen begangen worden sind, zu Gericht sitzen lassen gegen die Deutschen, die sich in anderen Ländern gegen bestehende Gesetze vergangen haben. Wenn das ordnungsgemäß und wie es in den Gerichten aller Länder vorgesehen ist, durchgeführt wird, dann wird das deutsche Volk erkennen, daß die Alliierten wirklich fest entschlossen sind, dem Rechte wieder Geltung zu verschaffen und dann werden sie das Rechtsbewußtsein des deutschen Volkes nicht wieder niederknüppeln.

Namenverzeichnis

Werke zur geschichtlichen Aufklärung und nationalen Neubesinnung:
NEU
DEUTSCHER KALENDER 1997
DM 24,80
David Korn
Wer ist wer im Judentum
Lexikon der jüdischen Prominenz. Ihre Herkunft. Ihr Leben. Ihr Einfluß.
DM 49,90
Dr. Robert L. Brock (Hg.)
FREISPRUCH FÜR DEUTSCHLAND
Ausländische Historiker und Publizisten widerlegen antideutsche Geschichtslügen
DM 19,95
SO LÜGT DAS FERNSEHEN
NEU
Die 100 größten Betrugsfälle auf dem deutschen TV-Bildschirm
DM 19,90
DEUTSCHE SOLDATEN
MÖRDER ODER HELDEN ?
Die Wahrheit über das deutsche Soldatentum
NEU
DM 49,90
Horst Waldenburg
IN DER HÖLLE DER SIEGER
TAGEBUCH DER "BEFREIUNG"
Mit Dokumentation
DIE KZ-VERBRECHEN DER ANDEREN
Ungesühnte Schandtaten der Sieger
DM 49,90
FZ-VERLAG GMBH
81238 München
Telefon (089) 896 08 50
Telefax (089) 834 15 34
Prof. Dr. Paul Berlin (Hg.)
8. MAI –
BEFREIUNG ODER KATASTROPHE ?
DM 19,95
VORSICHT FÄLSCHUNG!
1000 antideutsche Lügen in Bild und Text
DM 49,90
DEUTSCHLAND WIE ES WIRKLICH WAR
1000 BILDER
DIE DAS FERNSEHEN NICHT ZEIGT
DM 49,90
UNTER DEM DEUTSCHEN REICHSADLER
100 Deutsche Hauptstädte
In Geschichte und Gegenwart
DM 49,90
DEUTSCHES NATIONAL-LEXIKON
DM 49,90
Dr. Otto Scrinzi
ICH BIN STOLZ, DEUTSCHER ZU SEIN
Die Antwort an die Nestbeschmutzer
2000 große deutsche Leistungen aus Geschichte und Gegenwart
DM 49,90
DIE BESTEN SOLDATEN DER WELT
Die Deutsche Wehrmacht aus der Sicht berühmter Ausländer
Deutsche National-Denkmale
500 bedeutende Monumente
DM 49,90
Deutsche National-Helden
DM 49,90
Deutschland, Deutschland über alles
Die ganze Nationalhymne und viele vaterländische Lieder
CD DM 29,90
Verheimlichte DOKUMENTE
Band 2
Massenmord-Lügen gegen Deutschland
Vertuschte Siegerverbrechen
Was Prominente unter Hitler trieben
DM 49,90
Ulrich Stern
Die wahren Schuldigen am Zweiten Weltkrieg
Ursachen und Anstifter im Licht der neuen Forschung
DM 49,90